本书承蒙
中山大学"一带一路"研究院科研经费
中山大学学科建设经费
资助出版

中山大学国际问题研究文库

袁丁 主编

"适合女性"
20世纪新马华人妇女的职业变迁

"Suitable for Women":
Career Changes of Chinese Women in Singapore and Malaysia
during the 20th Century

范若兰 著

中国社会科学出版社

图书在版编目（CIP）数据

"适合女性"：20世纪新马华人妇女的职业变迁／范若兰著．—北京：中国社会科学出版社，2022.7

（中山大学国际问题研究文库）

ISBN 978-7-5227-0121-9

Ⅰ.①适… Ⅱ.①范… Ⅲ.①华人—妇女—职业—研究—新加坡—20世纪②华人—妇女—职业—研究—马来西亚—20世纪 Ⅳ.①D634.333.9②D634.333.8

中国版本图书馆CIP数据核字（2022）第066713号

出 版 人	赵剑英
选题策划	宋燕鹏
责任编辑	金　燕
责任校对	季　静
责任印制	李寡寡

出　　版	中国社会科学出版社
社　　址	北京鼓楼西大街甲158号
邮　　编	100720
网　　址	http://www.csspw.cn
发 行 部	010-84083685
门 市 部	010-84029450
经　　销	新华书店及其他书店
印　　刷	北京君升印刷有限公司
装　　订	廊坊市广阳区广增装订厂
版　　次	2022年7月第1版
印　　次	2022年7月第1次印刷
开　　本	710×1000　1/16
印　　张	32.5
插　　页	2
字　　数	565千字
定　　价	178.00元

凡购买中国社会科学出版社图书，如有质量问题请与本社营销中心联系调换
电话：010-84083683
版权所有　侵权必究

目 录

导 论 ………………………………………………………………（1）

第一编
时代巨变与职业变迁：数据"表"达

第一章 20世纪上半叶新马华人女性的职业变化与影响 ………（19）
  第一节 华人妇女的行业分布和职业变化 ……………………（20）
  第二节 华人妇女的职业发展特点及其影响因素 ……………（32）
  第三节 华人职业妇女的影响与贡献 …………………………（53）

第二章 20世纪下半叶新加坡华人妇女职业变迁及影响 ………（61）
  第一节 新加坡政治经济发展与华人妇女职业变迁 …………（61）
  第二节 新加坡华人妇女职业变化特点及影响因素 …………（70）
  第三节 妇女职业变迁对新加坡发展的影响 …………………（97）

第三章 20世纪下半叶马来西亚华人妇女职业变迁及影响 ……（115）
  第一节 马来西亚政治经济发展与华人妇女职业变迁 ………（116）
  第二节 马来西亚华人妇女职业变化特点及影响因素 ………（124）
  第三节 妇女职业变迁对马来西亚发展的影响 ………………（145）

第二编
职业群体与工作感受：文献"叙"事

第四章 女劳工的工作感受与权利抗争 ……………………………（163）
  第一节 吃苦耐劳的女胶工和女淘锡工 ………………………（163）

第二节　流水线上的车衣女工与电子女工……………………（178）
　　第三节　阶级意识与权利抗争………………………………（189）
第五章　公共与私人服务业中的华人女性……………………………（197）
　　第一节　女佣群体的跨国流动与职业变迁…………………（197）
　　第二节　"污名"与"正名"：女招待、舞女和理发女
　　　　　　职业变迁……………………………………………（216）
　　第三节　改变性别刻板印象：女警察与女司乘人员………（245）
第六章　专业技术职业华人女性的工作与感受………………………（260）
　　第一节　教书育人的女教师…………………………………（260）
　　第二节　救死扶伤的医务人员………………………………（280）
　　第三节　女律师、女工程师和女建筑师……………………（297）
第七章　文秘、企业家和政治家中的华人女性………………………（309）
　　第一节　文秘职业"女性化"及其影响……………………（309）
　　第二节　华人女企业家与"女强人"迷思…………………（319）
　　第三节　华人女政治家及其制约因素………………………（334）
第八章　从公娼到私娼：20世纪新马华人娼妓业及其治理…………（350）
　　第一节　公娼发展及殖民政府的治理………………………（350）
　　第二节　禁娼之后：殖民政府的私娼治理及成效…………（358）
　　第三节　独立后新马的娼妓业及政府治理…………………（372）

第三编
口述访谈与个体经验：个人"述"说

第九章　胶工、厂工与女佣的个人访谈………………………………（383）
　　第一节　我自己是拼命做工不要给人家看不起
　　　　　　——陈金美访谈……………………………………（383）
　　第二节　我一直给家里做工
　　　　　　——李思云口述……………………………………（388）
　　第三节　我做很多份工
　　　　　　——陈添素口述……………………………………（390）

第四节　跨国女工
　　——李双凤口述……………………………………………（393）

第五节　裁缝、店主与月嫂
　　——南希口述………………………………………………（395）

第六节　我的一生好像波浪线
　　——张秀玉口述……………………………………………（396）

第七节　从小保姆到管家
　　——侯巧珠口述……………………………………………（399）

第十章　书记、营养师和教师的个人访谈……………………………（404）

第一节　书记·家庭主妇·保险代理
　　——郑玉梅访谈……………………………………………（404）

第二节　我是很幸运的人
　　——郑冰如访谈……………………………………………（409）

第三节　我想回马来西亚做贡献
　　——黄永宝访谈……………………………………………（416）

第十一章　律师、社会活动家和企业家的个人访谈…………………（421）

第一节　能够帮助弱势群体是我最大的满足
　　——黄玉珠访谈……………………………………………（421）

第二节　我的性格就是有点爱打抱不平
　　——李素桦口述……………………………………………（431）

第三节　我投入最多精力的是妇女行动会
　　——何玉苓口述……………………………………………（442）

第四节　我最喜欢的就是解决困难
　　——邹慧冰口述……………………………………………（449）

第五节　从中国到新加坡，从护士到创业者
　　——索菲娅访谈……………………………………………（455）

第十二章　政治家的个人访谈…………………………………………（462）

第一节　窗外依然有蓝天
　　——陈清凉口述……………………………………………（462）

第二节 关注妇女议题，跳出妇女议题
　　——周美芬访谈 …………………………………………（477）
第三节 女性政治人物不能只是谈妇女课题
　　——郭素沁访谈 …………………………………………（485）

结　语 …………………………………………………………（493）
参考文献 ………………………………………………………（498）
后　记 …………………………………………………………（513）

导　　论

一　缘起与意义

本书的主旨是探讨20世纪新加坡和马来西亚华人妇女的百年职业变迁。在进入正题之前，先要对"职业变迁"进行界定。所谓"职业"，《现代汉语词典》的解释是"个人在社会中所从事的作为主要生活来源的工作"[1]。换言之，是人们为了谋生所从事的工作。这个定义不够全面，严格来说，职业除了是谋生的工作，还具有社会意义，是劳动者的社会声望和地位的标志。所谓"变迁"，《现代汉语词典》的解释是"（情况和阶段的）变化转移"[2]。职业从来都不是静态存在的，而是在不断变迁中，一方面，从某一职业发展来看，随着政治变革、经济发展、科学技术进步、性别观念变化，职业的内容和级别，劳动者的教育、性别、收入构成在不断地变化之中；另一方面，从劳动者个人来说，随着生命历程、教育水平提高、性别观念变化，个人职业也在不断变化中，可以说，"职业通过个人的职业流动、职业结构的变动、职业阶层间的利益冲突和调适，积聚社会变迁的功能"[3]。职业变迁既是长时段社会变化的反映，也是短时段个人经历的体现，因此，通过考察特定群体在一定历史时期内的职业变迁，不但可以了解该群体和个人本身的发展状况，还能从侧面折射出时代的变化。

妇女的职业变迁尤其如此。在古代社会，妇女一直从事赚取生活来源的工作，如种地、纺织、帮佣、经商、"三姑六婆"[4]。但在父权制"男外女

---

[1] 中国科学院语言研究所词典编辑室编：《现代汉语词典》，商务印书馆2016年版，第1683页。
[2] 中国科学院语言研究所词典编辑室编：《现代汉语词典》，商务印书馆2016年版，第80页。
[3] 张彦、陈晓强：《劳动与就业》，社会科学文献出版社2002年版，第240页。
[4] 三姑六婆是指古代民间妇女的几种职业。元代陶宗仪在其《辍耕录》卷十三中指出："三姑者，尼姑、道姑、卦姑也；六婆者，牙婆（介绍人口买卖）、媒婆、师婆（巫师）、虔婆（鸨母）、药婆（治病）、稳婆（接生）也。"

内"的性别分工框架下，男人被认为属于公共领域，妇女被认为属于私人领域，属于家庭，于是，男人是挣钱养家者，女人成了被养活者，她们的职业能力被淡化或贬低。近代以来，妇女解放运动日益高涨，目标是争取妇女的教育权、就业权、参政权、婚姻家庭权利，女性经济独立被认为是妇女解放的前提和基础，正如恩格斯指出的："只要妇女仍然被排除于社会生产劳动之外，而只限于从事家庭私人劳动，那么妇女的解放，妇女同男子的平等，现在和将来都是不可能的。妇女的解放，只有在妇女可以大量地、社会规模地参加生产，而家务劳动只占她们极少的工夫的时候，才有可能。""妇女解放的第一个先决条件就是一切女性重新回到公共的劳动中去。"[①] 恩格斯提出妇女解放的两个命题，一是经济独立，其前提是要有谋生的手段；二是重新回到公共劳动中去，是要走出家门，从事职业。所以，"职业"对妇女这个父权社会的边缘群体具有更重要的意义，因为职业不仅带来收入，还能参与公共生活，开阔视野，提升女性的政治、文化、体能素质，提升女性的社会威望和社会地位。因此，提倡女子职业，是近代以来妇女解放的重要内容，也是社会进步的标准之一。随着经济发展、教育水平提高、科技进步和性别观念变化，妇女的职业领域不断拓展，从以前有限的女性职业向一直由男性控制的职业扩展。可以说，妇女的职业变迁不仅映射了时代变化，也反过来推动了性别平等与社会进步。

本书选取20世纪新马华人妇女的职业变迁作为研究对象，是基于以下考虑：

首先，20世纪新加坡和马来西亚的政治、经济、社会剧变对发展中国家妇女职业变迁研究具有的普遍意义。

20世纪是世界巨变的世纪，两次世界大战、世界经济危机、国际移民、科技进步、民族独立运动、妇女解放运动，影响了殖民地和后殖民地国家的政治形态、经济发展和社会走向，也对妇女的经济参与和职业变迁产生深刻影响。作为曾经的殖民地以及后来的发展中国家，20世纪的新加坡和马来西亚也经历了巨变。在政治层面，20世纪上半叶新马是英国殖民地，统称为"英属马来亚"。"二战"结束后，新马开始独立进程，马来亚1957年独立，新加坡1965年独立，两国实行英国式议会内阁制，但经历了长期的威权统

---

① [德]恩格斯：《家庭、私有制和国家的起源》，载《马克思恩格斯列宁斯大林论妇女》，人民出版社1978年版，第152、128页。

治，到20世纪末21世纪初，新马的政治现代化发展到民主转型或协商式民主。从殖民到独立，从威权到民主转型或民主协商，20世纪的新马经历了政治巨变；在经济层面，新马从殖民地经济起步，独立后开始实行进口替代战略、出口导向战略，积极致力于现代经济发展，新加坡成为亚洲"四小龙"（韩国、新加坡、中国台湾、中国香港）之一，并在20世纪末跻身发达国家行列，马来西亚成为亚洲"四小虎"（马来西亚、泰国、菲律宾、印度尼西亚）之一，处于发展中国家的前列。从落后的殖民地经济到发达经济，从单一到多元经济结构，20世纪的新马经历了经济巨变；在社会层面，新马从传统社会向现代社会转变，伴随着婚姻家庭、性别关系、各种观念的巨大变革，从20世纪初的"男尊女卑"是主流意识形态，发展到20世纪末"男女平等"成为主流意识形态，表明20世纪的新马经历了社会巨变。

20世纪新马政治、经济、社会巨变对妇女的职业变迁产生深刻影响。20世纪初，妇女所能参与的职业非常有限，只有农民、佣人、淘锡工、裁缝、妓女等；20世纪上半叶，妇女职业扩大到胶工、厂工、教师、护士、文秘、店员、理发师、招待等，但她们主要是低层级的劳工阶层，中级的专业技术人员人数极少；20世纪下半叶，妇女职业逐渐拓展到所有领域，更多职业逐渐"女性化"，如中小学教师、护士、佣人、文秘、理发师等，同时，在一向由男人把持的"男子职业"也出现越来越多女性的身影，如律师、医生、工程师、企业家、政治家。而女性个体职业变动，也体现了职业变迁，从文秘到经理，从教师到企业家，从教师到政治家，甚至从女工到老板。经济发展是女性职业变迁的关键因素，而教育水平提高、政治发展、性别观念变化同样是女性职业变迁的重要因素，同时，女性职业参与又反过来促进了经济、政治、性别观念的变革。20世纪新马巨变是大多数发展中国家的缩影，其妇女职业的百年变迁也是大多数发展中国家妇女所经历的，因此，以新马妇女的职业变迁作为研究案例，可以丰富、深入研究发展中国家政治、经济、社会变革与妇女职业变迁的互动关系。

其次，20世纪新马华人妇女职业变迁研究，对于研究海外华人社会具有特殊意义。

新加坡和马来西亚有密切相连的历史，殖民地时代，新马同为英属马来亚，1963—1965年曾组合为一个国家，即使后来分裂，两国也保持密切的政治、经济、社会联系，而华人是两国关系密切的纽带之一。新加坡和马来西亚也是中国之外华人占人口比例最多的国家，20世纪中叶，新加坡华人占该国人口的76%左右，马来西亚华人占该国人口的37%。在殖民地时代，英属马来亚华人社会具有移民、城镇和性别失衡的特点，新马独立后，华人社会的特点有所改变，从移民到定居，从性别失衡到性别平衡，但仍保持工商社会的特点。

上述特点及其变化，对新马华人妇女职业变迁有较大影响。一是早期华人社会性别严重失衡，黄赌毒盛行，所以20世纪初华人妓女人数众多，在马来联邦，妓女曾是华人妇女的第一大职业群体，其他少数的几个职业，如女佣、裁缝、女农民的人数都少于妓女。随着女性职业拓展和政府治理，华人妓女逐渐减少，到20世纪末，人数在职业统计中几乎可以忽略不计；二是早期华人女性移民极少，佣人这一在中国是由女性为主的职业，在马来亚也多由华人男性充任，换言之，佣人职业是"男性职业"，随着30年代中国女性大量移民新马进入佣人队伍，佣人职业开始"女性化"；三是中华传统性别观念"男外女内""男主女从""男强女弱""男刚女柔"影响华人对妇女职业选择的认知，一方面，因为"男外女内"，20世纪上半叶华人妇女大部分是家庭主妇，较少人从事职业，这种情况到20世纪下半叶才有所改变，但照顾孩子等家庭责任始终影响到职业女性的职业生涯；另一方面，20世纪上半叶大部分华人对为女性服务的职业、需要知识的职业，如女教师、接生妇、女护士、女医生，认为是"适合"女性的职业，而对为男性服务的职业，如女招待、舞女、女理发师等需要出卖"色相"的职业则持反对态度，进而将这些新兴女性职业"污名化"，到20世纪下半叶，随着更多女性进入，这些职业才"正常化"。四是族群就业优势和政府族群政策对华人妇女职业变迁的影响，与马来人和印度人相比，新马华人女性的职业变迁层级相对更快，如在从农民向产业工人转移的时间上，女工成为华人女性第一大职业群体的时间要早于马来妇女和印度妇女，之后女文秘成为华人女性第一大职业群体，其时间点也早于马来人和印度人，这是因为新马华人多从事工商业，华人女性具有族群就业优势。而马来西亚政府所奉行的马来人优先政策，则影响到华人女公务员和女政治家远远少于马来女性。

新马华人社会与中国有千丝万缕的联系，而华人妇女职业变迁，既受到中国因素的影响，如劳动力迁移、职业互动、性别观念移植，也受到所在国政治、经济和社会变化的影响。因此，研究新马华人妇女的职业变迁，有助于探讨海外华人社会的普遍性与独特性。

最后，20世纪新马华人妇女职业变迁，对于研究女性劳动力跨国流动具有一定的借鉴意义。

20世纪上半叶，新马蓬勃的经济发展机会吸引了华南中国人"下南洋"，他们是新马经济发展的主要劳动力来源。同时，中国妇女也下南洋谋生，她们在中国是农民、裁缝、女工、女佣、教师，到新马后成为胶工、淘锡工、女佣、裁缝和教师，中国妇女的跨国流动，促进了新马华人妇女职业增长和拓展。20世纪下半叶，新加坡积极回应国际产业链转移，率先实现经济起飞，其经济发展速度快于马来西亚，收入高于马来西亚，加之马来西亚实行不平等的族群政策，"拉力"和"推力"之下，大量马来西亚华人到新加坡工作，马来西亚成为新加坡重要的劳动力来源。其中，马来西亚华人妇女也跨国到新加坡工作，她们中有些从事车衣女工，或当女佣和月嫂，或当女招待或理发师，有些从事文秘、经理、教师等工作。

女性劳动力的跨国流动是很有意义的课题，研究新马华人妇女职业变迁，可以看到中国与马来亚、新加坡和马来西亚和中国的经济差序、文化联系、亲族关系对女性劳动力跨国流动的影响，以及企业和职业的合作、模仿与竞争。尤其是新加坡与马来西亚劳动力的跨国流动，是一种"近距离"跨国流动，可以每天往返，或可称为"日常跨国流动"，与远距离跨国流动有很大不同，对华人女性迁移和职业变迁有何影响？

有关新马华人妇女的学术史，笔者在《性别与移民社会：新马华人妇女研究》（修订版）中有详细介绍和评论，[1] 在此只简单指出与华人妇女职业相关的研究。

学界对殖民地时代新马华人妇女职业有一些综合研究，最早的是新加坡学者赖雅英的《农民、无产者和妓女：华人妇女在马来亚殖民地工作的初步考察》，该书运用性别分析和阶级分析方法，主要探讨殖民地时代华人劳动妇女的职业与性别关系，论述了妓女、妹仔、锡矿女工、橡胶园女工和阿妈（女仆）的工作条件、经历和作用。[2] 另一本是笔者的《移民、性别与华人社会：马来亚华人妇女研究（1929—1941年）》，主要探讨20世纪30年代新马华人妇女在教育、经济、社会参与、婚姻家庭方面的变化，及其对华人社会的影响，其中有较大篇幅探讨华人妇女的职业变化，包括女教师、女

---

[1] 范若兰：《性别与移民社会：新马华人妇女研究》（1929—1941），暨南大学出版社2019年版，第6—18页。

[2] Lai Ah Eng, *Peasants, Proletarians and Prostitutes: A Preliminary Investigation into the Work of Chinese Women in Colonial Malaya*, Singapore: ISEAS, 1986.

佣、女胶工、女淘锡工、舞女、女招待、妓女等。① 此外，马来西亚学者何德明的《凤飞：马来西亚华人女性先驱》是最近出版的一本描写马来联邦华人妇女的著作，② 作者结合自己的家族史，描写华人与太平、峇都芽也、务边、金宝、怡保等地发展的关系，重点叙述早期华人女性的身份与作用。

学界对当代新马华人妇女职业研究主要是从宏观经济参与着眼，较少专门的职业研究。新加坡学者简丽中等人的《现代新加坡妇女》研究新加坡独立后妇女在经济、政治、家庭中的地位和角色，认为妇女虽然取得了法律上的平等地位以及参与社会经济的机会，但妇女的社会地位和职业并非如人们所期望的那样发生根本改变，"性别歧视无处不在，尽管宣称男女就业机会均等，同工同酬，在工作领域妇女仍然受到不平等的对待，她们受到培训和升迁的机会很少，一般进行的是低收入的非技术类工作"。③ 简丽中等人编写的论文集《新加坡妇女——变化的30年》，④ 有多篇论文涉及华人妇女的职业，尤其是《经济参与》一文运用大量的统计数据、图表来说明新加坡妇女的职业构成、工资水平、年龄等，但缺乏妇女的职业感受及其生存状态。贾杉的硕士论文《新加坡华人妇女职业变迁》主要探讨1959—1979年新加坡华人女性的经济参与及职业变迁，并对这一时期华人女佣、女理发师、巴士售票员和司机、女警察、女工、女教师、女文秘的职业发展进行了重点介绍。⑤ 对当代马来西亚妇女职业变迁与经济参与的研究主要体现在两本论文集中，即马来西亚学者Jamilah Ariffin编的《马来西亚妇女与发展论文集》，两本书分别出版于1994年和2009年，⑥ 对1957年以来马来西亚各族群妇女的经济参与率、职业分布、教育水平等有较详细的数据，但没有具体探讨妇女的职业状况。

---

① 范若兰：《移民、性别与华人社会：马来亚华人妇女研究（1929—1941年）》，中国华侨出版社2005年版。
② Ho Tak Ming, *Phoenix Rising: Pioneering Chinese women of Malaysia*, Ipoh: Perak Academy, 2015.
③ Aline K. Wong, *Women in Modern Singapore*, Singapore: University Education Press, 1975, p. 8.
④ Aline K. Wong and Leong Wai Kun, eds., *Singapore Women: Three Decades of Change*, Singapore: Times Academic Press, 1993.
⑤ 贾杉：《新加坡华人妇女职业变迁》（1959—1979），硕士学位论文，中山大学，2004年。
⑥ Jamilah Ariffin, ed., *Readings on Women and Development in Malaysia*, Luala Lumpur, 1994. Jamilah Ariffin, ed., *Readings on Women and Development in Malaysia*, Petaling Jaya: Mediate Communications Sdn Bhd, 2009.

学界对新马华人妇女具体职业有一些研究，研究较多的是妓女、[1] 女佣、[2] 建筑女工"红头巾"、[3] 女淘锡工、[4] 女教师，[5] 对华人女性的其他职业，如女律师、女政治家、女企业家的研究相对较少。[6]

从已有对新马华人妇女职业研究来看，有下述特点，其一，对华人妇女经济参与的宏观研究较多，但对女性职业群体及个体职业变迁研究相对较少。学者们运用人口普查和劳动力调查数据，探讨了华人女性就业率、行业分布和职业分布，但对女性职业群体的工作感受、职业特点及变化等问题研究不多，只有对妓女、女佣、红头巾的研究相对较多；其二，对战前华人妇女职业研究相对较多，对战后，尤其是70年代以后华人妇女职业变迁研究较少；其三，研究以短时段为主，缺乏长时段研究，因而难以把握华人妇女

---

[1] James Francis Warren, *Ah Ku and Karayuki-san: Prostitution in Singapore (1870–1940)*, Singapore: Oxford University Press, 1993.［新］王福祥、林家发等:《社会的另一面——新加坡娼妓调查》，新加坡云南书局1970年版。范若兰:《战前马来亚的私娼治理及成效》，（新加坡）《华人研究国际学报》2020年第2期。

[2] Kenneth Gaw, *Superior Servants: the Legendary Cantones Amahs of the Far East*, Singapore: Oxford University Press, 1988. M. Topley, Chinese Women's Vegetarian Houses in Singapore, *Journal of the Malayan Branch of the Royal Asiatic Society*, Vol. 27, 1954. Ho It Chong, *The Contonese Domestic Amahs: A Study of a Small Occupational Group of Chinese Women*, The Department of Social Studies, University of Malaya, Singapore, 1958. 陈印陶、方地:《广东省顺德县女性人口国际迁移的原因及其特征》，《南方人口》1987年第2期。叶汉明:《华南家族文化与自梳风习》，载李小江等主编《主流与边缘》，生活·读书·新知三联书店1999年版。范若兰:《二战前新马华人女佣的工作与社会活动》，载［新］黄大志、王业苎主编《新加坡、马来西亚华族民生文化的演变》，新加坡炎黄文化研究会2005年版。

[3] Tang Chee Hong, *The Cantonese Women Building Laborers: A Study of a Group of San-Sui Women in the Building Trade*, Singapore: University of Singapore, 1960. 吴佩瑾:《建设或建构:以新加坡"红头巾"为例探讨女性与国家的关系》，人类学硕士学位论文，新竹清华大学，2010年。徐霞辉和蔡丽云:《广东三水籍赴新女华工"红头巾"研究》，《广州大学学报》2008年第10期。Kelvin E. Y. Low, *Remembering the Samsui Women: Migration and Social Memory in Singapore and China*, British Columbia: UBC Press, 2014.

[4]［马］陈爱梅:《被遗忘的工作女性——1930年代经济大萧条时期的马来亚霹雳州客家琉琅女》，《华侨华人历史研究》2015年第2期。

[5] Christine Inglis, The Feminization of the Teaching Profession in Singapore, in Lenore Manderson ed. *Women's Work and Women's Role: Economics and Everyday Life in Indonesia, Malaysia, and Singapore*, Canberra: Australian National University, 1983.［新］刘玉玲:《教育家刘韵仙与新加坡女子教育研究》，荣誉学士学位论文，新加坡国立大学，2002年。范若兰:《性别与教育:战前新马华人妇女教育研究》，《华侨华人历史研究》2004年第4期。范若兰:《战前新马华侨女子教育的发展》，《东南亚研究》2004年第2期。

[6]［马］周美芬:《维权律师:林碧颜与她的时代》，拉曼大学陈祯禄社会与政策研究中心2019年版。范若兰:《红颜祸水:二战前新马华人女招待的污名与困境》，《华侨华人历史研究》2019年第1期。范若兰:《马来西亚华人女性权力参与试析》，《华侨华人历史研究》2015年第1期。

职业变迁的轨迹、特点和影响因素。

本书在前人和笔者研究的基础上,以20世纪百年为研究的时间段,着重梳理和探讨以下问题:第一,新马华人妇女职业变迁与经济、政治、教育发展的动态互动关系;第二,华人妇女职业变迁与性别规范的关联;第三,华人女性在职业拓展中的能动作用;第四,华人女性群体和个体的职业变迁与工作感受。

二 理论与方法

(一) 理论思考

1. 职业层级与性别差异

职业种类众多,依据收入、权力和社会威望等因素,不同职业被划分为不同的层级,通常权力越大、社会威望越高、收入越高,职业层级越高,而职业层级越高,对女性的排斥就越强,女性就越少。随着经济政治教育社会发展,女性的能动性加强,其从事的职业种类逐渐拓展,职业层级也逐渐提升。

20世纪新马华人妇女的职业种类和层级基本符合这一特征,(1)底层职业:20世纪初,华人女性最大职业群体是妓女,处于职业和社会最底层。(2)低层职业:20世纪上半叶,女农民、女裁缝、女淘锡工、女胶工、女佣、小贩、女工数量增加,到20世纪末,这些职业的华人女性逐渐减少,有些职业甚至消失。上述职业都是低收入、低技术、低社会威望的职业,没有任何权力可言。30年代出现女店员、女招待、舞女、女理发师等新兴女性职业,收入虽然高于女劳工阶层,女理发师也有一定的技术含量,但因为不符合"男女授受不亲"的性别规范,被"色情化"和"污名化",社会威望并不高,属于低级。到20世纪下半叶,这些服务行业女性化,也"正常化"。(3)中层职业:20世纪上半叶出现女教师、女护士、女文秘,并在20世纪下半叶"女性化",这些职业需要一定的教育水平,有一定的技术含量,收入高于女劳工阶层,又因为符合社会对女性角色的期望,拥有一定的社会威望,但权力并不大,属于中低级职业。而女医生、女律师、女工程师、大学中学女教师职业需要较高的教育水平,具有较高的技术含量,收入较高,有较高的社会威望,拥有一定权力,属于中高级职业,这些职业本属于"男性职业",但到20世纪末,女性在这些职业的人数越来越多,有些甚至接近或超过一半。(4)高层职业:女经理管理人员,包括女企业家和政治家,拥

有较大权力，具有较高社会威望，较高收入，属于高层级职业，这些职业仍是"男性职业"，女性人数相对较少。（参见表0-1）

表0-1　　20世纪新马华人妇女的职业分层

分层	职业分类	具体职业
高级	管理人员	企业家、政治家等
中高级	专业技术人员	医生、律师、建筑师、工程师、记者、大学中学教师、一般经理
中低级	专业技术人员、文秘	小学教师、护士、文秘、保险代理
低级	商业服务人员	店员、招待、理发员、售票员、佣人、小贩等
低级	工厂工人	食品、纺织、裁缝、车衣、电子工人等
低级	劳工苦力	农民、胶工、淘锡工、建筑工等
底层	娼妓业	妓女

资料来源：笔者自制。

新马华人职业女性群体的职业层级随着经济政治教育发展而呈上升趋势。20世纪10年代，妓女是第一大职业群体，20—50年代，女农民（包括胶工）是华人妇女第一大职业群体，60—80年代，制造业女工上升为华人妇女第一大职业群体，90年代，女文秘上升为华人妇女第一大职业群体。新马的百年巨变，也体现在华人妇女的职业变迁上。

尽管新马华人女性职业层级在逐渐上升，但其职业层级低于男性。华人男性的职业分层也是依照收入、权力和社会威望分为低、中、高三个层级，不同的是，每一个层级，男性都处于比女性更高的等级，而女性处于次等级。如在劳工层级中，男性更多是技术工人、领班、工头等，而女性多为无技术或半技术工人，在教师层级中，教授、校长多为男性，讲师或普通教师多为女性，在企业家和政治家中，男性人数远远多于女性，职位高于女性。研究表明，男性集中的职业往往带有"男性化技术和工作环境"，如"重体力劳动""极端恶劣工作环境""数理技术""职权岗位"等，而女性集中的职业往往带有"女性化的技术和工作环境"特征，如"灵巧技能""文秘职责""抚育技能"或"服从性工作"等。[①] 除此之外，女性集中职业还应加上"外貌优势"，即对女性从业者的外貌审视。女性职业特征与父权制性别

---

① 转引自李春玲等《性别分层与劳动力市场》，中国社会科学出版社2011年版，第42页。

观念和性别认知密切相关。

2. "适合女性"话语与赋权女性

新马华人女性在职业拓展中具有较强的自主性和能动性。笔者在阅读文献和访谈职业妇女时，不断看到和听到某一职业"适合女性"的说法，当20世纪初华人女性进入佣人这一男人主导的职业时，人们认为佣人在家庭内服务，"适合女性"；当20世纪60—80年代以制衣、电子为主的劳动密集型产业发展，人们认为女工细心、耐心、手指灵活，所以制衣和电子工作"适合女性"；当20世纪七八十年代女文秘大量出现并开始取代男文秘时，人们认为文秘职业需要细心、认真、服从、温柔、善解人意，所以文秘职业"适合女性"；当20世纪下半叶警察职业出现女性时，人们强调警察需要处理与妇孺相关案件，处理内勤工作，这些工作"适合女性"，于是女性挤进了警察行列；律师一向是"男子职业"，但一些涉及婚姻、儿童、财产的案子"适合"女律师，医生也是"男子职业"，但妇产科、儿科"适合"女医生；电脑程序员几乎都是男性，人们也将其视为男性职业，但新加坡科技界精英郑慧珊却认为，编程需要细心，而且可以居家工作，因此"编程是一个很适合女生的行业"。[①]

说"适合女性"的人，有女性也有男性，有一般人也有管理者。这是从女性本体论出发，强调女性的性别优势，附和父权制性别规范对女性的"温柔、细心"等女性气质建构，在某种程度上强化了女性在职业发展上的次等、辅助角色，以及职业的"女性化"，使女性局限在所谓"适合女性"的职业，导致她们处于低技术、低收入、低职位领域。

但是我们更要看到，"适合女性"也是一种女性的赋权策略，推动妇女进入更多职业领域。所谓赋权，"是指人——女性和男性——能支配自己的生活：制定自己的生活议程，获得技能，建立信心，解决问题，能够自立。它不仅是集体的、社会的、政治的过程，而且还是个人的过程。它不仅是一种过程，也是一种结果。其他人不能给妇女赋权，只有妇女才能给自己赋权来代表自己进行选择或发言"。[②] 女性有意识或无意识地通过"适合女性"话语，为拓展妇女的职业领域创建有利的环境。首先，为妇女进入某一职业

---

① 李雅歌：《欢庆新加坡女性年 打破刻板印象 书写女性故事》，《联合早报》2021年3月28日。

② 转引自林志斌、李小云《性别与发展导论》，中国农业大学出版社2001年版，第37页。

建立信心，也使男性更容易接受女性进入这一职业；其次，大量女性进入这一职业，改变了职业评价标准，使之更"适合女性"，如文秘职业；最后，进入这一职业的女性并不满足于只在"适合女性"的位置，她们会"外溢"到其他职位，如女医生不会只局限于妇产科儿科，她们会进入内科和外科，女律师不会只局限于处理家庭案件，而会扩展到地产、房屋合同，甚至刑事案件，从而将"适合女性"的边线不断扩大。从长时段妇女职业变迁来看，"适合女性"话语为女性撬开了某一职业大门，使她们能进入其中并有机会施展自己的能力，不仅证明自己"适合"这一职业，而且干得更好，从而为她们的职业拓展和提升打开了更大的空间。

所以，"适合女性"话语既是华人女性赋权策略，也是分析新马华人妇女职业变迁的核心议题，通过对"适合女性"话语的解构，我们可以看到，20世纪新马华人妇女在"适合女性"话语下，不仅固守"女性职业"，同时向"男性职业"进军，将有些"男性职业"变为"女性职业"，或者在"男性职业"占有一席之地，并不断扩大边线范围。

(二) 研究方法

本书的研究方法主要是数据分析、文献解读和口述访谈，可以称为"三角交叉检视法"，综合了多种研究方法。因为单一的资料来源、量化方法都有其缺陷。本书以数据分析、文献资料和口述访谈进行研究，互相检验、补充和整合，尽可能完整展现20世纪新马华人妇女职业变迁、工作感受和个体经验，并进行诠释和分析。

1. 数据分析

探讨妇女的职业发展，需要大量统计数据分析其宏观走向与微观变化，而职业变迁与经济和教育发展的密切关联，也需要大量统计数据。因此本书运用数据分析方法，利用大量经济统计数据，包括经济增长率、产业结构变化来分析其对华人女性就业率和职业变化的影响，运用大量教育统计数据，包括劳动力的教育构成、女大学生入学率和所学专业的变化，分析其对华人女性职业分布和提升的影响。

本书更多使用殖民地时代及新马独立后的历次人口普查数据，每十年进行的人口普查详细列出族群、性别、职业、教育、居住地、年龄、宗教等资料，是研究新马华人妇女的职业变迁最完整、最详细的资料。

2. 文献解读

仅有统计数据，存在只见"数据不见人"的缺陷，不能完整勾画出女性职业变迁所取得的成就与问题，以及对女性群体和社会的影响，缺乏活生生的工作感受和个体经验。因此，本书还利用大量文献，包括前人已有研究、回忆录、当时报刊的报道，梳理女性职业群体的工作感受和职业变化。特别需要指出的是，本书的主要文献来源是新马的华文报纸，包括《叻报》（1887—1932）、《总汇新报》（1908—1946）、《槟城新报》（1895—1941）、《南洋商报》（1923— ）、《星洲日报》（1929— ）等，上述报纸发行时间长达数十年，内容编排有国际新闻、中国新闻、福建新闻、广东新闻、南洋新闻或外埠新闻、本埠新闻、文艺副刊等。有关华人妇女的活动是报导的内容之一，在"本埠新闻"和"外埠新闻"版上事无巨细地报道妇女的新闻，有婚姻家庭、女子教育、女子体育、妇女移民、女子职业、失业和罢工问题、妇女参与筹款救亡活动等。

新马独立后华人报纸有所变化，《星洲日报》《南洋商报》继续发行，1967年《新明日报》在新加坡创刊，1982年新加坡政府将《南洋商报》和《星洲日报》合并，改为《联合早报》（1983年至今）和《联合晚报》（1983年至今），但马来西亚仍继续出版《南洋商报》和《星洲日报》。上述报纸有大量女性话题的报道，对妇女职业尤为关注，1971年《南洋商报》主办的全国报刊妇女版编辑会议上，提出妇女版的任务："在现阶段的社会生活中，我们职业妇女到底面临些什么问题？……工厂中的女性她们的生活是怎样的呢？这些都是值得反思的现实。"[①] 因此，报纸妇女版中设置了"职业妇女生活""女工手札""生活线上"等反映妇女职业及其生活的专栏，文章的作者一般是来自各个行业的职业妇女，她们描述自己工作情况和感受，也有不少文化水平较低的妇女通过自己口述他人代笔的方式，叙述自己的职业与生活，还有一些妇女向报纸写"读者来信"，投诉自己在工作中面临的问题。这些反映妇女自己工作体验和心声的文献，是非常珍贵的一手资料，低层职业妇女的工作和生活"被看见"，那些生动的细节，个体的经历，以及与家国的关联，可以修正和补充传统研究方法在资料使用上的不足和偏差，也可以还原"有血有肉"的妇女职业史。

上述文献不仅提供了女子职业的资料，更提供了解读文本，从中可以看到父权制性别观念对妇女经济参与的影响，女性角色与职业角色的纠结，国家父权制对家庭父权制的冲击与维护，"适合女性"的赋权策略。

[①] 《新妇女聚会谈》，《南洋商报》1971年3月1日。

3. 口述访谈

鉴于官方和正史很少有关于妇女的记载，口述访谈是重构妇女史的重要方法。对于女性职业变迁研究来说，口述访谈也是必不可少的，因为数据分析只能提供女性的宏观职业变迁，文献研究只能提供女性群体的职业变迁和工作感受，而女性个体职业变迁不能很好地呈现，更缺乏鲜活的个体经验，口述访谈则部分弥补了这些局限，可以完整地呈现个体生命历程、职业变化与工作感受。

笔者于2019年1月前往马来西亚，访谈了25位华人女性，她们的职业包括胶工、女佣、营养师、律师、教师（小学教师、补习教师、大学教师）、女工、月嫂、企业家、政治家、社会活动家、保险经纪等，年纪最大的80多岁，最小的40多岁。笔者询问的主要问题，除了受访者基本情况（出生年、出生地、教育程度、父母职业及受教育程度、结婚年龄、丈夫职业和教育程度、子女数量等），主要是她们的职业变化和工作感受，包括第一份工作时间及收入，以后的职业变化及换工作原因，工作的好处与困难，如何协调职业与家庭的关系？等等。通过访谈可见，华人女性受教育程度与其职业变化有直接关系，两者结合，对其职业意愿、职业感受和社会参与有直接影响。

遗憾的是，由于新冠疫情，笔者未能去马来西亚进行补充访谈，也未能去新加坡进行访谈，只通过线上方式，对新加坡一位新移民华人女性进行了访谈。新加坡职业妇女口述访谈的不足，只能通过文献资料来弥补。

三 思路与框架

本书探讨20世纪新马华人妇女的职业变迁，希望既有对华人妇女百年职业变迁宏观走势的梳理，也有对女性具体职业群体变迁的分析，更有对女性个体职业变化的微观描绘，本书尤其注重研究对象——华人职业女性的主体叙事和主体意识。基于研究方法和内容，本书分为三编，十二章。

第一编"时代巨变与职业变迁：数据'表'达"，主要运用数据对20世纪新马华人妇女的职业变迁趋势及其决定因素进行宏观探讨。第一章《20世纪上半新马华人女性的职业变化与影响》，主要探讨殖民地时代新马经济发展与华人妇女的职业分布，职业特点及影响因素，华人职业妇女对社会进步和经济发展的贡献；第二章《20世纪下半叶新加坡华人妇女职业变迁及影响》，主要探讨新加坡自治和独立以来经济和教育发展对华人女性经济参与及职业分布的影响，华人女性的职业拓展与跨国流动，以及妇女职业变迁对新加坡发展的影响；第三章《20世纪下半叶马来西亚华人妇女职业变迁及影响》，主要探讨马来（西）亚独立以来经济发展、教育发展、族群政策对华人妇女职业分布的影响，华人妇女职业变迁特点，及对马来西亚发展的影响。

第二编"职业群体与工作感受：文献'叙'事"，主要运用文献对20世纪新马华人主要职业群体的演变、工作特点和权利维护进行分析。第四章《女劳工的工作感受与权利抗争》，主要探讨女胶工、女淘锡工、女制衣工和女电子工的职业消长，分析女工在不同时代的阶级意识与权利抗争。第五章《公共与私人服务业中的华人女性》，主要探讨女佣群体的跨国流动与职业变迁；女招待、舞女、女理发师职业从"色情化"到"正常化"的变化；巴士女售票员和女司机职业的兴衰；女警察职业的发展壮大。第六章《专业技术职业华人女性的工作与感受》，主要探讨女教师职业的百年变迁、工作感受与权利争取；接生妇、女护士、女医生职业变迁与工作感受；女律师、女工程师、女建筑师的工作感受。第七章《文秘、企业家和政治家中的华人女性》，探讨女文秘从"花瓶"到"白领丽人"的形象变化及文秘职业"女性化"的影响；华人女企业家的产生路径和特点；华人女政治家的崛起及其制约因素。第八章《从公娼到私娼：20世纪新马华人娼妓业及治理》，探讨华人娼妓业的百年兴衰，及殖民地政府、新加坡和马来西亚政府对其的治理。

第三编"口述访谈与个体经验：个人'述'说"，主要收录数篇华人女性的访谈文稿，从中可见女性个体职业变迁的轨迹及工作感受。第九章《胶工、厂工和女佣的个人访谈》，受访者的职业包括胶工、厂工、月嫂、女佣等，她们出生于20世纪30—60年代，教育程度大多是文盲或小学未毕业，婚姻状况有已婚、离婚、丧偶、未婚。从她们的个人口述，可以看到低层职业的女性如何辛勤工作，如何支撑起家庭。第十章《书记、营养师和教师的个人访谈》，受访者的职业主要是书记、保险经纪、教师、营养师等，她们通常受过高中、大学及以上教育，婚姻状态有已婚和未婚，从她们的口述，可以看到职业选择与性别规范、族群政策的关联。第十一章《律师、社会活动家和企业家的个人访谈》，主要收录五位女性的访谈，她们受过高中及大学教育，从事过多种职业，包括记者、律师、护士、秘书、经理等，教育为她们提供了职业向上流动的能力，她们有很强的进取心及社会责任感，不少人不仅从事专业工作，也愿意从事社会活动，推动性别平等。第十二章《政治家的个人访谈》主要收录三位女政治家的访谈，她们都接受过大学教育，从事过教师、记者、经理等职业，最后转向从政。从她们的口述，可以看到女政治家的进取心和责任感，及受到的政党政治和性别规范的制约。

第一编

时代巨变与职业变迁:数据"表"达

第一章

20世纪上半叶新马华人女性的职业变化与影响

新加坡和马来西亚曾经是英国的殖民地，统称英属马来亚，亦简称"新马"。英国人1786年正式占领槟城，1794年占领马六甲，1819年占领新加坡，并于1826年将这三地组成"海峡殖民地"（Straits Settlement），实行直接统治。之后以海峡殖民地为基地，向马来半岛扩张，于1876年将霹雳、雪兰莪、森美兰和彭亨四州组成"马来联邦"（Federated Malay States），1914年将柔佛、玻璃市、吉兰丹、吉打和丁加奴五州组成"马来属邦"（Unfederated Malay States），实行间接统治。殖民统治一直到1957年马来亚独立，1963年马来西亚建立才终结。

为了进行殖民地开发，英国人引入外来劳工，19世纪中叶以来，中国人和印度人大量移民新马，从事种植业、锡矿业、商业、金融业、制造业和建筑业。早期移民绝大多数都是男性，女性极少，20世纪上半叶华人女性移民人数才有所增加。这一时期新马华人社会具有以下特征，一是移民性，大部分人口属于移民，但随着中国妇女的大量移民和人口自然繁衍，逐渐形成稳定的华人社会。二是从属性，华人从属于殖民统治，对政治没有发言权。三是城镇性，华人主要从事工商矿业，大多居住在城镇，但也有不少华人从事水稻和橡胶种植，居住在农村。四是性别失衡性，华人社会一直处于男多女少的性别失衡状态，尽管20世纪二三十年代随着中国妇女的大量移民和自然繁衍，华人社会性别失衡现象有所缓解，但仍然存在。[①]

20世纪上半叶马来亚殖民地的经济发展和华人社会的四大特征，都深刻

---

① 范若兰：《性别与移民社会：新马华人妇女研究（1929—1941）》，暨南大学出版社2019年版，第300页。

影响了新马华人妇女的职业生成、分布和走向。

第一节 华人妇女的行业分布和职业变化

一 新马殖民地经济发展与华人妇女劳动力行业变化

19世纪新马经济以农业、矿业和转口贸易为主。英国殖民当局将新加坡和槟城设为自由港，实行贸易自由政策，同时实行吸引外来移民的政策，促进了海峡殖民地发展，尤以新加坡发展最为迅速，主要是转口贸易带动商业、工业、服务业的发展。新加坡和马来半岛除传统水稻种植外，还种植胡椒、甘蜜、甘蔗、丁香、木薯、咖啡、烟草等国际市场需求高的经济作物，华人在甘蜜、胡椒、木薯、甘蔗等种植园中占支配地位。同时，19世纪马来半岛的锡矿业发展，绝大部分锡矿场为华人所经营，95%的锡产量出自华人锡矿场，[①] 华人在锡矿业占据主导地位。

20世纪上半叶，新马产业发生较大变化，原来兴盛一时的木薯、甘蔗等种植业在世纪之交衰落，取而代之的是橡胶业的极度繁荣，而锡矿业在引进新技术和资本后获得更大发展，同时，出现一些新的产业，如制造业、银行业等。

橡胶业是20世纪马来亚的支柱产业之一。马来亚在1890年代开始种植橡胶，并取得成功。20世纪初，随着汽车业的发展，世界橡胶需求增加，马来亚橡胶业迎来大发展的机遇，橡胶种植面积急剧扩张，到1913年，橡胶业已成为半岛的单一经济作物。第一次世界大战期间，橡胶价格上涨，马来半岛橡胶园更是遍地开花，1917年橡胶面积超过100万英亩，1918年马来亚橡胶产量占世界橡胶产量的63%，其中70%出口到美国。[②] 到1940年，马来半岛橡胶园面积达350万英亩，占半岛可耕地面积的70%以上，出口橡胶达547000吨。[③] 橡胶面积和产量都居世界第一位，从事与橡胶相关工作的主要是印度人和华人。

采锡业是20世纪马来亚的另一个支柱产业，主要分布在马来联邦。20

---

① 转引自林远辉、张应龙《新加坡、马来西亚华侨史》，广东高等教育出版社1991年版，第162页。
② 彭家礼：《英属马来亚的开发》，商务印书馆1983年版，第52—54页。
③ [马] 董总课程总局编：《历史（第三册）》，马来西亚华校董事联合会总会1992年版，第221页。

世纪初，马来亚的表层锡矿已基本开采完毕，而深层锡矿的开采需要更多资本和更先进技术，于是拥有巨额资本和先进采矿技术的英国资本大举进入马来亚锡矿业。但锡矿工人仍主要是华人，1901年97%的锡矿劳工是华人，马来人为2.6%，印度人只占0.3%。到1947年，华人在锡矿业的劳工仍占76.5%，印度人占12.4%，马来人占11.6%。[1]

此外，制造业、商业、银行业在20世纪上半叶得到初步发展，尤其是第一次世界大战导致工业品短缺，刺激了马来亚制造业的发展，橡胶加工、水泥、建材、卷烟、肥皂、家具等小型工厂出现。

英属马来亚经济发展和产业构成影响到劳动力的行业构成。农业领域集中了大部分劳动力，从事种稻、种菜、种橡胶、甘蜜、养猪等，矿业集中了相当多劳工，制造业、商业、服务业的从业人数在增多。

华人劳动力的行业分布随殖民地产业结构调整而变化。1911年以前海峡殖民地人口普查有关职业的统计，没有区分族群，但马来联邦1901年和1911年人口普查有详细的职业分类，并区分了族群和性别，是非常珍贵的史料，笔者对马来联邦这两次人口普查数据进行重新计算，可以看出华人劳动力的行业分布和职业变化。据表1-1数据，1901年华人男性从业最多的行业是工业（包括矿业），占其职业分布的75.6%，这与马来联邦，尤其是霹雳、森美兰、雪兰莪发达的锡矿业有关，男性主要充当锡矿劳工，其次是农业和商业，各占华人男性职业的8.6%和8.1%。而华人女性人口远远少于男性，女性多集中于家庭（包括主妇、女童和女仆），占66.7%，其次为妓女，人数为2483人，占华人女性职业的8.2%，华人女性亦有从事商业和农业，分别占6.8%。1911年马来联邦华人男女人数都有所增加，华人男性仍在工业中占据最多劳动力，为45.7%，同时在农业的比例上升，达17.8%，这是因为橡胶种植业开始兴起。在服务业的比例为16.5%，商业为9%。华人女性仍在"家庭"分类中占据多数，为62.6%，其次为服务业，占13.2%，再次为农业，占10.6%，娼业从业人数仍有2230人，但所占华人女性职业比例下降到3.2%。

---

[1] Kennial Singh Sandhu, *Indians in Malaya: Some Aspects of Their Immigration and Settlement (1786-1957)*, Cambridge University Press, 1969, pp. 280, 248.

表1-1　1901年和1911年马来联邦华人行业分布（人数和比例）　　单位：人

行业	1901年			1911年			
	男性人数	男占%	女性人数	女占%	男性人数	男占%	女性人数	女占%
专业	6410	2.3	122	0.4	6225	1.7	225	0.3
家庭（无职业）	9610	3.5	20080	66.7	28865	7.9	42813	62.6
商业	22228	8.1	306	1.0	32954	9.0	487	0.7
农业	23533	8.6	2050	6.8	64871	17.8	7264	10.6
工业	207528	75.6	2053	6.8	166953	45.7	6397	9.3
服务业					61442	16.5	8992	13.1
未分类	4975	1.8	2483	8.2	3551	0.9	2230	3.2
总计	274279	100.0	30094	100.0	364861	100.0	68408	100.0

注：(1) "专业"包括政府公务员和专业技术人员。
(2) 1901年"家庭"包括妇女、儿童、家佣。1911年"家庭"为无职业。
(3) 1901年"工业"包括矿业。1911年"工业"包括矿业、无技术劳工。
(4) "未分类"包括妓女及相关人员。

Source：(1) *Census of the Federated Malay States*, 1901, p.40.
(2) Compiled by A. M. Pountney, *The Census of the Federated Malay States*, London, 1911, pp.144-148.

1921年以后，海峡殖民地、马来联邦和马来属邦的人口普查都有详细的职业统计，而且区分了性别和族群，在此以1921年马来亚的人口普查数据为依据（见表1-2），重新计算华人男女的行业分布。从马来亚华人男性行业分布来看，农业是华人男性第一大行业，集中劳动力最多，他们又主要集中于种植业，而不是种稻等传统农业，华人男性劳动力第二大行业是商业，第三大行业是服务业。华人妇女的行业分布与男性有同有异，同的是华人妇女劳动力的第一大行业也是农业，占妇女就业者的10.86%，且以种植业从业人员最多，第二大行业是服务业，占9.47%，且以个人服务业为最多，第三大行业是矿业，占3.84%，且以锡矿业劳工最多。

第一次世界大战刺激了新马经济发展，20年代马来亚的橡胶业、锡矿业、商业、制造业发展势头良好，但1929—1933年世界经济危机沉重打击了马来亚的橡胶业和锡矿业，也导致进出口贸易、商业、制造业的萧条。1931年马来亚人口普查就是在这种背景下进行，其职业统计反映了经济危机下的行业分布。1941年年底日本侵占新马，1945年日本投降，战后新马百业复兴，1947年人口普查的职业调查，表明华人行业分布发生较大变化。

第一章 20世纪上半叶新马华人女性的职业变化与影响

表1-2　1921年马来亚华人劳动力行业分布（人数与比例）

单位：人

行业		海峡殖民地		马来联邦		马来属邦		全部		女占该行业%	女占女子就业的%
		男	女	男	女	男	女	男	女		
农业	渔业	5337	122	4979	74	1940	91	12256	287		
	种植业	30330	1069	78969	10913	58935	2022	168234	14004		
	种稻茱伐木等	15606	2499	28864	5016	13468	1733	57938	9248		
	总计	51273	3690	112812	16003	74343	3846	238428	23539	8.98	10.86
矿业	锡矿	177	0	59280	7927	4536	184	63993	8111	11.28	3.69
	其他矿业	1461	4	2866	189	1006	8	5156	201		
	总计	1461	4	62146	8116	5542	192	69149	8312	10.73	3.84
制造业	总计	39591	1818	27024	1429	8344	317	75735	3564	4.49	1.64
建筑业	总计	5558	187	3215	2	1091	0	9864	187	1.86	0.09
交通通信业	交通业	58340	0	15111	22	4402	3	64853	25		
	通信业	928	3	259	4	57	0	1244	7		
	总计	46268	3	15370	26	4459	3	66097	32	0.05	0.01
商业金融业	商业	50739	1616	37427	2113	16156	1105	104322	4834		
	金融业	459	4	149	3	99	0	707	7		
	总计	51198	1620	37576	2116	16255	1105	105029	4841	4.41	2.23
服务业	公共服务	5266	445	5352	156	1973	23	12591	624		
	娱乐业	1229	259	809	148	208	0	2246	607		
	个人服务	21780	15546	15731	6142	5811	1512	43322	19200		

续表

行业		海峡殖民地 男	海峡殖民地 女	马来联邦 男	马来联邦 女	马来属邦 男	马来属邦 女	全部 男	全部 女	女占该行业%	女占女子就业的%
服务业	其他	12485	68	6057	22	507	0	19049	90		
	总计	40760	12518	27949	6468	8499	1535	77208	20521	20.99	9.47
其他	总计	22368	0	24326	2387	9897	375	56542	2761	4.66	1.27
无报酬人员	家庭主妇	0	85641	0	49316	0	15366	0	150323	100.0	69.36
	无职业或失业者	57172	50101	41426	39034	15080	12735	113678	101870		
	上学者	20023	5947	13938	3647	2110	432	36071	10026		
	乞丐	558	12	173	2	31	4	762	18		
	总计	77753	141701	55537	91999	17221	28537	150511	262237		
全部		336230	161541	365955	128546	145651	35910	848563	325994		
15 岁以上人口								827836	216730	20.75	

注: "女占女子就业的%" 是指占 15 岁以上劳动力的比例。

Source: J. E. Nathan, *The Census of British Malaya*, London: Dunstable and Watford, 1922, pp. 289 – 301.

据表1-3,1931年华人男女的第一大行业都是农业,其中大都集中于橡胶业,华人女性橡胶从业人员有20822人,占华人女子就业的10.42%。华人男性第二大行业是商业,第三大行业是服务业,第四大行业是制造业,而华人女性第二大行业是服务业,占女子就业的6.62%,第三大行业是矿业,占女子就业的2.46%,第四大行业是商业,占女子就业的1.43%。此外,1930—1931年正是经济危机影响下失业最严重之时,"无业"统计中男性高达265136人,除去学生,男性失业人数极多,女性无业人数是491161,包括失业者、家庭主妇和学生。1947年华人男性第一大行业仍是农业,但从业人数较1931年下降,第二大行业是商业,第三大行业是制造业,第四大行业是服务业。华人女性第一大行业也是农业,占女子就业的16%,第二大行业是服务业,占女子就业的8.52%,第三大行业是商业,占2.3%,第四大行业是制造业,占2.15%。

表1-3　　　　　　1931年和1947年马来亚华人行业分布　　　　　　单位:人

行业	1931年 男	1931年 女	妇女占该行业的%	妇女占女子就业的%(15岁以上)	1947年 男	1947年 女	妇女占该行业的%	妇女占女子就业的%(15岁以上)
农业 其中橡胶业	292193 163725	38968 20822	11.77 11.28	10.42 5.57	285124 119466	90243 50309	24.04 29.63	16.0 8.91
矿业 其中锡矿	73027 63762	9211 8905	11.20 12.25	2.46 2.38	24609 21517	7301 4356	22.88 16.83	1.25
制造业	89206	2698	2.94	0.72	124963	12346	8.99	2.15
建筑业	15020	1244	7.45	0.32	7513	262	3.37	0.04
交通运输通信业	59228	140	0.24	0.04	54264	579	1.06	0.1
商业及金融业	141539	5346	3.64	1.43	143625	12987	8.29	2.3
服务业	108672	24759	18.56	6.62	114736	48049	29.95	8.52
其他	76443	3271	4.10	0.87	44727	8163	15.43	1.48
无业 家庭主妇 学生	265136	491161	64.94		479619 5379 237277	1008516 440609 121468	67.77 98.79 33.86	78.1

续表

行业	1931年				1947年			
	男	女	妇女占该行业的%	妇女占女子就业的%（15岁以上）	男	女	妇女占该行业的%	妇女占女子就业的%（15岁以上）
总计	1120464	576798	33.98		1426456	1188211	45.44	
15岁以上人口	901274	374097	29.33		640239	564112	46.84	100.0

资料来源：（1）C. A. Vlieland, British Malaya: A Report on the 1931 Census and Certain Problems of Vital Statistics, London, 1932, pp. 268-321. 重新统计。

（2）1947年数字见华人问题研究会：《马来亚华人问题资料》，联合书店1950年版，第20—32页，重新统计。

从1931年和1947年华人男女行业分布横向对比来看，华人女性劳动力在大部分行业的人数和占比都有所提高，占比最高的是服务业，从1931年的18.56%提高到1947年的29.95%；其次是农业，从11.71上升到24%，华人女性劳动力尤其在橡胶业增长最快，人数增加了一倍，占比从11.28%增长到29.63%；第三是矿业，华人女性在该行业的比重，从1931年的11.2上升到1947年的22.88%；第四是制造业，占比从同期的2.94%上升到8.99%；第五是商业，占比从3.64%上升到8.29%。只有在建筑业，华人女性的占比呈下降趋势，从7.45%下降到3.37%。

二 华人妇女的职业分布变化

早在19世纪下半叶，华人妇女已进入劳动市场，但当时华人女性人口极少，所能从事的职业更少。新加坡1871年人口普查表明，有职业的妇女约为5000人，其中有650名裁缝、550名女仆、240名织补工、215名编筐工、400名小贩、500名渔妇，职业未分类的妇女有1653人，脚注说这类妇女主要是妓女。[1] 上述职业统计未区分族群，华人妇女的职业主要是裁缝、女仆、小贩、编筐工和妓女，当时新加坡的妓女大都是华人，1868年新加坡

---

[1] J. F. A. McNair, Report of the Census Officers for the Straits Settlement of Singapore 1871, Straits Settlement Press, 1872. 转引自Ed. By Aline K. Wong and Leong Wai Kum, Singapore Women: Three Decades of Change, Singapore: Times Academic Press, 1993, p. 176.

有 349 间妓院,据官方统计妓女有 2061 人,其中华人妓女为 1644 人,占 79.8%。①

1891 年霹雳州的人口普查有族群、性别和职业统计,华人女性最多人数集中在"家庭"分类,包括主妇、女童和女仆,共 4314 人,第二多人数的是"未分类"(脚注指"未分类"是"妓女"),共 1019 人。第三多人数的是"商业",为 271 人,此外还有"农业"143 人,"工业"136 人,"专业"22 人。② 由此可知,当时霹雳华人女性的最大职业群体是妓女,这与霹雳当时华人男女比例严重失衡的现象有一定关联,1890 年,霹雳州的华人男女比率是 15∶1,③ 英国殖民官瑞天咸形容,霹雳州的锡矿城镇经常有劳工在妓院附近溜达,为了微不足道的挑衅行为而大打出手。④ 1901 年霹雳州华人职业统计中,佣人被分在"家庭分类中",其中男佣为 1730 人,女佣为 470 人。在"商业"分类中,女小贩和店员分别为 32 人和 29 人。农业分类中,华人女性从业最多的是园丁(145 人)和水稻种植者(305 人)。在"工业"分类中,女淘锡工(亦称"琉琅婆")最多,为 242 人,其次是裁缝(164 人),编筐者(123 人)。"未分类"女性共 1220 人,妓女最多,为 1140 人。⑤ 总的来看,妓女仍是霹雳华人女性的最大职业群体。

从 1911 年马来联邦人口普查更详细的职业分类来看(见表 1-4),华人女性从业最多的是锡矿业,共有 5749 人,其中女淘锡工有 1514 人,女锡矿工人有 2270 人,琉琅婆有 1965 人,⑥ 女性占采锡职业的 3.7%。女性从业第二多的裁缝,共 4928 人,占该职业的 61.4%,女菜农人数第三,有 4262 人,占该职业的 25.2%,女仆人数第四,有 3177 人,占该职业的 19.8%。娼业中,有鸨母 241 人,妓女 1989 人,男老鸨只有 8 人,妓女已下降到华人妇女职业的第五位。此外,这一时期马来联邦华人女性专业技术人员极少,只有女教师 13 人,女医生 6 人,接生妇 18 人,这些接生妇是受过新法接生

---

① Appendix N, Abstract of Return of Brothels and Prostitutes of Singapore, in Governor of Straits Settlement to Colonial Office, 24 February 1869, CO273/91.

② *Census of the Federated Malay States*, 1901, p. 40.

③ *Perak Annual Report* 1890, p. 18.

④ Lenore Manderson, *Sickness and the State: Health and Illness in Colonial Malaya, 1870-1940*, Cambridge: Cambridge University Press, 1996, p. 174.

⑤ *Census of the Federated Malay States*, 1901, pp. 102-103.

⑥ Compiled by A. M. Pountney, The Census of the Federated Malay States, 1911, London, 1911, p. 148.

训练并在政府注册，但大部分接生婆未受过专业训练，仍采用传统方式接生。而在公务员、警察、律师、工程师等职业中，华人女性人数为0。

表1-4　　　　　　　　1911年马来联邦华人主要职业　　　　　　单位：人

	男性人数	女性人数	女占该职业的%
政府公务员	567	0	0.0
警察	38	0	0.0
教师	471	13	2.7
医生	647	6	0.9
接生妇	0	18	100.0
律师	30	0	0.0
工程师	128	0	0.0
演员	915	158	14.7
家佣	12847	3177	19.8
裁缝	3097	4928	61.4
中间商、店员	15668	374	2.3
菜农	12677	4262	25.2
锡矿工人	148014	5749	3.7
妓女和老鸨	8	2230	99.6

Source: Compiled by A. M. Pountney, *The Census of the Federated Malay States* (1911), London, 1911, pp. 144-148.

海峡殖民地1901年和1911年人口普查虽有男女职业分类，但没有区分族群，因此不能清楚知道华人女性的职业情况，只能大体知道女性的职业分布。以1911年海峡殖民地人口普查为例，新加坡女佣有2958人，女裁缝有892人，女菜农有170人。与男性相比，女性在上述职业中占比极低，在家佣业中，女性占8.7%，在菜农中，女性占5.6%，在裁缝中女性占比相对较高，为24.5%。[①]

三四十年代马来亚华人女性劳动力相较一二十年代大大增加，表现在女性在各职业的就业人数都有所增长，而且女性参与的职业种类有所拓展。据表1-5数据，在橡胶园、胶厂工作的女胶工是华人女性的第一大职业群体，

---

① *Census of the Straits Settlement*, 1911, pp. 91-109.

人数从 1921 年的 3019 人增到加 1947 年的 48621 人,占该职业比例从 16.27% 上升到 31%。女佣是华人女性的第二大职业群体,人数从 1921 年的 13215 人增加到 1931 年的 17774 人,1947 年增加到 33173 人,占该职业的比例也从 1921 年和 1931 年的 32% 左右,上升到 1947 年的 67%。种稻种菜女农民是华人女性的第三大职业群体,从 1921 年的 1489 人、1931 年的 1460 人增加到 1947 年的 10661 人,占该职业的 23.9%。女小贩是华人女性的第四大职业群体,1921 年为 1884 人,1931 年为 2417 人,1947 年增加到 9435 人,占该职业比例从 1921 年的 5.88% 上升到 1947 年的 14.12%。女工是华人女性的第五大职业群体,1921 年为 3564 人,1931 年有所下降,为 2692 人,1947 年增加到 8321 人,占该职业的比例从 4.52% 上升到 6.96%。

除原来就有的女仆、女胶工、琉琅婆、建筑女工、工厂女工外,华人妇女从事白领职业的人数也有所增长。首先女教师人数大大增加,1921 年新马华人女教师只有 227 人,1931 年为 778 人,1947 年增加到 3011 人,占华人教师总数的比例从 12.58% 上升到 19.28%,再上升到 1947 年的 34.63%。其次女文秘人数虽少,但增长最快,1921 年新马只有 90 个女文秘,1931 年增加到 199 人,1947 年增加到 1994 人,十多年间几乎增长了 10 倍。第三是看护和助产士的人数也增加了,从 1921 年的 85 人增加到 1947 年的 1323 人,这一职业几乎都是女性。此外女医生也增长较快。1921 年华人女医生只有 50 人,1931 年增加到 67 人,占总数的 2.27%,1947 年华人女医生增加到 886 人,占 15.67%。此外,过去完全没有的女影像师、女律师、女银行职员、女会计师、女记者、女电话接线员等,也开始出现,尽管人数很少。1947 年华人女律师只有 1 位,女记者有 9 位。

还有极少数华人妇女跻身于基本由男性主导的经理管理人员行列。从 1921 年、1931 年和 1947 年人口普查米看,华人女性在种植园、商店老板、经理中人数相对多些,这是因为华人小橡胶园较多,商店以小杂货店为主,使得极少数女性因为各种原因成为园主或店主。1931 年女店主的人数反而少于 1921 年,与该年正值经济危机,华人商店大量破产有关。华人妇女在大商人阶层中人数是 0,在中小商人中有数百位。

20 世纪上半叶华人女性的职业领域尽管有所拓展,但在教育程度要求高的职业,如律师、高级职员等简直是凤毛麟角,在工程师、建筑师等职业领域,更是完全没有她们的身影。

表 1-5　1921—1947 年新马华人主要职业分布

单位：人

职业		1921 年 男	1921 年 女	1921 年 女占%	1931 年 男	1931 年 女	1931 年 女占%	1947 年 男	1947 年 女	1947 年 女占%
农民	渔民	12256	287	2.29	16250	140	0.85	20466	185	0.89
	种稻菜	6435	1489	18.79	5192	1460	21.95	33976	10661	23.88
	橡胶园	15533	3019	16.27	159247	20674	11.49	108063	48621	31.03
	其他种植园	63063	8064	11.34	3769	188	4.75	109710	28982	20.9
工人	锡矿工人	9815	189	1.89	63526	8899	12.29	19924	4316	17.8
	建筑工人	75372	3564	4.52	13510	1237	8.39	8635	279	3.34
	工匠，厂工	6943	3145	31.45	88562	2685	2.94	111220	8321	6.96
	裁缝	25538	465	1.79	10337	1343	11.5	14792	3832	20.57
商人	店员	30142	1884	5.88	45116	986	2.14	38117	1332	3.38
	小贩	27967	13215	32.09	45921	2407	4.98	57376	9435	14.12
个人服务	家用（包括酒店佣人）	3563	24	0.67	39099	17774	31.25	16293	33173	67.06
	理发师	1577	227	12.58	6452	86	1.3	5433	931	14.63
专业技术人员	教师	16925	90	0.53	3257	778	19.28	5684	3011	34.63
	秘书、打字、簿记、拍卖、信贷、保险、银行职员	707	7	0.98	31042	199	0.64	40594	1994	4.68
	宗教人士	642	185	22.37	742	5	0.67	1748	31	1.74
	医生	2364	50	2.07	1166	144	10.99	1016	1276	55.67
	工程师	197	0	0.0	2880	67	2.27	4688	886	15.67
	影像师	289	0	0.0	161	0	0.0	267	0	0.0
					548	12	2.14	1527	191	11.12

第一章 20世纪上半叶新马华人女性的职业变化与影响　31

续表

	职业	1921年 男	1921年 女	1921年 女占%	1931年 男	1931年 女	1931年 女占%	1947年 男	1947年 女	1947年 女占%
专业技术人员	律师、法官	23	0	0.0	33	1	2.94	75	1	13.16
	编辑记者等	18	0	0.0	n.a	n.a		245	9	3.54
	演员	1694	319	15.85	1359	378	21.76	1668	456	21.47
	看护、助产士	0	85	85.0	54	785	93.56	50	1323	96.36
经理管理人员	种植园主、经理、管理人员	13175	897	6.37	4720	156	3.2	12906	1785	12.15
	矿山主、经理、管理人员	727	1	0.14	295	12	3.9	598	28	4.47
	工厂主、建筑商、包工头	123	0	0.0	1556	8	0.51	9412	184	1.91
	车主、商店主、经理、副经理	48612	2488	4.87	48620	1938	3.83	47057	2070	4.21
	政府雇员、警察	1556	5	0.32	859	9	1.04	1695	16	0.94
	家庭妇女	0	150323	100.0		491154		5379	440609	98.79
	学生	36071	10026	21.7	264674		65.0	237277	121468	33.86
	无职业者或失业者	113678	101870	47.2				1433	360	20.08

资料来源：（1）J. E. Nathan, *The Census of British Malaya*, London: Dunstable and Watford, 1922, pp. 289 – 301.
（2）C. A. Vlieland, *British Malaya: A Report on the 1931 Census and Certain Problems of Vital Statistics*, London, 1932, pp. 268 – 321. 重新统计。
（3）1947年数字见华人问题研究会《马来亚华人问题资料》，联合书店1950年版，第20—32页，重新统计。

第二节　华人妇女的职业发展特点及其影响因素

一　20世纪上半叶华人妇女职业特点

20世纪上半叶新马华人妇女职业有所变化，就业人数由少变多，职业领域由窄变宽，与20世纪下半叶相比，这一时期华人女性经济参与和职业分布具有如下特点：

（一）华人女性就业人数逐渐增加，但就业率较低。

20世纪上半叶新马华人女性经济参与人数增长缓慢，1921年人口普查表明，新马参与经济活动的华人妇女共63757人，占华人劳动者的8.37%，1931年人口普查表明就业华人妇女共85637人，占华人劳动者的9.1%，十年间仅增加一万多人，占劳动者的比例仅增加0.7个百分点，说明20年代华人妇女就业人数增长缓慢。但三四十年代华人妇女经济参与人数急剧增长，1947年人口普查表明参与经济活动的华人妇女人数为179930人，比1931年增加了一倍多，占全部华人劳动者的比例上升为18.37%。[1]

尽管华人女性经济参与呈增加趋势，但占15岁以上华人女性人口的比例极低，华人妇女就业率基本在20%左右，1921年新加坡妇女就业率为19%，1931年为12.8%，1947年为18.1%，[2] 1947年马来亚（不包括新加坡）华人妇女就业率为22.7%。[3] 从历年的人口普查来看（见表1-5），绝大部分华人妇女主要当家庭主妇，1921年占69.36%，1947年占78.1%。需要指出的是，"家庭主妇"并不意味着只做家务和照看孩子，她们实际上在从事临时或半时工作，杂货店的老板娘要帮忙看店和卖货，咖啡店老板娘要帮忙招待客人，工人的妻子要接各种活计在家做，以帮补家用，她们的临时、非正规工作没有被视为正式职业。

（二）华人女性职业逐渐拓展，但主要集中于劳工阶层。

20世纪最初几年，新马华人女性的职业领域十分狭窄，只有仆人、裁

---

[1]　范若兰：《性别与移民社会：新马华人妇女研究（1929—1941）》，暨南大学出版社2019年版，第138页。
[2]　Lenore Manderson, ed., *Women's work and Women' Roles: Economics and Everyday live in Indonesia, Malaysia and Singapore*, Canberra: The Australian National University, 1983, p.220.
[3]　范若兰：《战后西马华人妇女劳动力就业结构分析》，《华侨华人历史研究》1997年增刊，第40页。

缝、农民、琉琅婆、接生婆、编筐、妓女等几个职业，而且妓女人数最多。

如果将妓女视为一种职业的话，那么妓女是华人妇女在 20 世纪最初几年的最大职业群体。19 世纪到 20 世纪上半叶，新马华人社会男女比例严重失衡，导致娼业发达，1906—1915 年海峡殖民地每年都有 500 多间妓院，3000 多名妓女，其中华人妓女最多，占 70% 以上，日本妓女位居第二（见表 8-1）。马来联邦的妓女人数与海峡殖民地不相上下，1906 年有 3647 名注册妓女，华人妓女占 63.9%，日本妓女第二，占 31.8%。[①] 以上数据仅是公娼，还有众多私娼未统计在内。殖民政府宣布 1930 年取缔所有妓院，但公娼被禁，私娼仍然存在，随着华人妇女增多、妇女职业的增多，到 20 世纪三四十年代，妓女只占华人妇女职业的极少人数。

女农民很快在 20 世纪初成为华人妇女的最大职业群体。最初，华人女农民主要从事种菜养猪，橡胶业兴起后，华人女胶工的人数逐渐增加，20 年代以后成为华人女性的第一大职业群体，1937 年在橡胶园工作的华人女工为 15362 人，占华人胶工的 20.5%，1949 年为 27901 人，占 41.7%。[②] 她们主要从事割胶、除草和种树等工作。

女锡矿工和琉琅婆是 20 世纪上半叶华人妇女的较大职业群体。华人妇女大约在 20 世纪初几年开始在锡矿工作，主要从事冲锡和淘锡，"琉琅婆" 专指在锡矿用淘锡盆淘洗琉琅（dulang washing）的妇女，从事这一职业的大都是客家妇女，其人数可以从当局发放的淘锡纸（dulang pass）数量推算，殖民地政府第一次向妇女发出淘锡纸是在 1907 年，1908 年发放淘锡纸数量是 8278 张，1915 年是 15859 张，1920 年是 12867 张，领取淘锡纸的基本上都是华人妇女，这表明以淘锡为生的华人妇女有上万名。二三十年代琉琅婆数量有所减少，大多数年份在 9000 人以下，但到 40 年代末，琉琅婆人数每年都达 20000 人以上，1946 年是 22937 人，1947 年是 21109 人。[③]

女佣也是 20 世纪上半叶华人妇女的较大职业群体。女佣是华人女性最早的职业之一，19 世纪已出现在新马华人社会，但在 20 世纪 30 年代以前，

---

① Lenore Manderson, *Sickness and the State: Health and Illness in Colonial Malaya (1870 – 1940)*, New York: Cambridge University Press, 1996, p. 171, table 6.1.

② Charles Gamba, *The National Union of Plantation Workers: The History of the Plantation Workers of Malaya (1946 – 1958)*, Singapore: Eastern Universities Press LTD, 1962, p. 250.

③ R. N. Jackson, *Immigrant Labour and the Development of Malaya (1785 – 1920)*, Luala Lumpur: Government Press, 1961, p. 146.

由于华人妇女人数较少，家佣业也以男性为主，随着华人女佣人数增多，到20世纪40年代，华人女佣人数超过男佣。

女工群体的人数随着制造业的发展而增加。20世纪初几年新马几乎没有现代制造业工人，只有传统工匠，华人妇女只有裁缝和编筐工。随着新马制造业在"一战"后开始发展，以轻工业为主的工厂吸收了一些华人女工，如卷烟厂、火柴厂、食品厂等，据《南洋商报》记者1940年3月对新加坡工厂的调查，有不少工厂雇用女工多于男工者，如汽水厂、饼干厂、乳胶厂、烟厂、树胶厂等。具体统计如下：汽水厂八间，女工220人，比男工多36名；乳胶厂四间，女工451名，比男工多371名；饼干厂及制饼厂23间，女工787人，比男工多186人；烟厂三间，女工191人，比男工多128人；树胶厂三十间，女工279人，比男工多639人。该调查指出，男工最多的是建筑业（包括公共工程），共计8107人，最少的是玻璃厂，只有10人。女工最多的是树胶厂，共2793人，最少的是锡器店，只1人。[1] 上述调查弥补了人口普查的缺憾，为我们提供了1940年新加坡制造业华人男女工人的分布情况，从中可知女工在轻工制造业人数多于男工，但在重工业和珠宝业少于男工。

华人建筑女工俗称"红头巾"。在20世纪初出现，她们主要从事运土、运砖、和泥等无技术工作，据记者的调查，1938年全马来亚有6000名左右建筑女工，其中新加坡大约有3000人，[2] 华人建筑女工人数并不算多，但她们特别引人注目，主要是因为这些女工装束奇特，头戴红头巾、身穿蓝、黑衣衫，被称为"红头巾"。

除上述职业外，华人妇女的职业也拓展到专业技术领域，女教师是专业技术人员中人数最多的职业。新马女子学校出现在19世纪上半叶，主要是教会学校，女教师由来自欧美的修女担任，没有华人女教师。新马第一所华文女子学校是建于1908年的坤成女校，但第一位华人女教师不知出现于何时，应该是1910年前后，马来联邦1911年人口普查表明有13位华人女教师（见表1-4）。随着新马教育发展和学校增多，女教师人数逐渐增加。1927年海峡殖民地和马来联邦的英文学校中，共有华人教师448人，其中女教师

---

[1] 《新加坡华工的分布》，《南洋商报》1941年9月26日。
[2] 《建筑女工访问记》，《南洋商报》1938年5月26日。

103人，占23%。而新加坡的华人女教师最多，占36%。[①] 1935年殖民地教育厅对华文学校的调查表明，海峡殖民地华文学校共有1177名教师，其中男教师796人（华文教师644人，英文教师152人），女教师381人（华文教师326人，英文教师55人），女教师的比例高达32%。[②] 同年马来联邦华校男教师887人（华文教师720人，英文教师167人），女教师370人（华文教师253人，英文教师117人），女教师占29.4%。[③] 1937年海峡殖民地英文学校有华人男教师267人，女教师106人，女教师占28.4%。[④] 华文教师多来自中国，而英文教师则以马来亚出生者为多。

华人女文秘人员大约出现于20世纪10年代，人数很少，1921年只有90人，1947年也只有1994人，只占该职业的4.7%（见表1-5）。换言之，这一职业还是男性占绝对主导的职业。女文秘大都受过小学及以上教育，以英文教育为主，大部分集中在新加坡和槟城。

1933年《槟城新报》曾专门刊文《槟城女子职业面面观》，历数华人妇女的职业及其收入情况，如下：

> 捲朱律：朱律又名雪茄，槟城原有宜生栈、老万全两铺，设厂卷雪茄，工人多用女子，老少不等。市场好时，手脚麻利者，每日可得二三元，也有一元几角，少的数角不等。女工以闽粤人为多，老者有50多岁，做折烟叶的工作，小的有六七岁，也是折烟叶，中青年女工，从事捲烟工作，从早上7点到晚上六点，可捲七八百枝，"为槟城女界之一种良好职业"。
>
> 做小工：过去建筑工，粗重活都是男子，轻活则由妇人完成，女工工资较低，比男工少一二倍，女工年龄多在20—30多岁，工资每日4、5角。
>
> 拾老枳：老枳亦名槟榔，老枳良莠不齐，堆在一处，分销不易。故需要拾老枳这项工作，雇佣大批妇女，在炎热下，拾取好老枳另放一

---

① 《马来亚七州府英文学校中的华侨学生和教师》，《侨务月报》1931年第1卷第1期，第69页。
② 《马来亚三州府华校教员生活状况之调查》，《侨务月报》1936年第3卷第5、6号，第13页。
③ 《马来亚四州府华校教员之调查》，《侨务月报》1936年第3卷第7、8号，第2页。
④ Colonial Office, *Higher Education in Malaya: Report of the Commission Appointed by the Secretary of State for the Colonies*, London: H. M. S. O., 1939, p. 15.

堆，很辛苦的工作。

剪头发：槟城理发店近年多雇用女技师，以招徕顾客，除少数乡村小剃头铺外，几乎家家聘用女技师，女理发师月薪10—15元，技术一般，但人情所好，能吸引顾客。

敲生蚝：槟城附近小岛如木蔻山等地，海边石上多长生蚝，采蚝者多惠安人，他们的家乡就有这类生物，妇女多谙采之。槟城敲生蚝的都是赤足健妇，每天出发时，三五成群，持篮带锤，附小船去，傍水而敲生蚝。

折橡皮：橡胶制成后，上有污点，如不除去，卖不出好价钱。槟城胶厂，都雇用大批女工做折橡皮工作，每日工资与小工等，只有五角，但工作相对较轻，用尖嘴钳，摘去污点，除去除污点外，还要驮负胶片，兼做男人工作，较重。

卖咖啡：咖啡茶室多雇用女招待，以招徕顾客。

补衣衫：多为年老妇女，一日亦可得数角。

买物无：多为20多岁女子，拿一小箱，内放饰物、油、粉、胭脂等，沿户叫卖"买物无"，时在人家出入，做家庭妇女生意，一般守旧家庭少女亦能做此生意。

执教鞭：女教员，女子最高尚职业，辅友女学校专用女教员，其他学校也有女教员。

任律师：林鸣凤，她在英国考得律师资格，是马来亚女律师第一人，其兄也是律师，开设律师楼，其妹林明德，也在英国取得法律学位。此为槟城女子职业之最尊贵者。

当店员：槟城一般新式商店，都有雇用女店员，如百货商店、陈嘉庚鞋店雇用多名女店员。女店员要通多种语言，月薪20元左右不等。还有女推销员，向家庭妇女推销。

做书记：精通英汉文，月薪40—60元，还有通译员。

为记者：槟城报界有女记者，以黄碧霞为先进人物，她仅十八九岁，精通英文及华文，曾任某西报记者，自己驾驶汽车，采访新闻，开华人女记者之记录。

切薯签：番薯切条，薯条原来多自中国来，近年来槟城番薯出产量较多，也开始切条，多雇用女工。

作使婆：即女佣。

赶座儿：茶楼酒馆中，有妙龄女子，唱曲，清唱推销货物。
种菜蔬：开田种菜。①

1934年新加坡也有对女子职业之调查，有女教师、女看护、接生妇、女店员、女优伶、琵琶仔、女工人、佣妇、舞女、女招待、女理发师，等等。②

可见，华人妇女职业在20世纪上半叶有所拓展。除19世纪就有的妓女、裁缝、女佣、编筐工、女农民、小贩、接生婆等职业外，华人妇女职业新增加了许多，有胶工、淘锡工、建筑工、工厂女工、女教师、女文秘、女医生、女护士、女记者、女律师、女演员、舞女、女招待、理发女等，除政府官员、工程师、军人、人力车夫等少数职业外，大部分职业都有华人女性涉足。

但华人职业妇女90%以上集中在低级职业层级，如农民、胶工、厂工、矿工、家佣、小贩等，而在中级职业层级，如教师、文秘、医生、记者、律师，则人数极少，不到华人职业妇女的10%。

（三）移民妇女是职业妇女的主体。

新马华人社会是移民社会，早期华人女性移民极少，20世纪10年代以后，中国妇女移民新马者逐渐增多，她们大部分是随丈夫或家人迁移，也有一些是自主迁移到新马谋生。香港船政司曾对经香港出洋的中国妇女的身份进行统计（见表1-6），尽管这一统计没有区别移民妇女的目的地，但从移民目的地统计可知，1906年经香港出洋的中国成年妇女共7923人，其中前往海峡殖民地的妇女有7871人，占99.3%，1920年经香港出洋的成年女性13768人，去海峡殖民地的有11924人，占86.6%，③因此该统计可视为移民新马的妇女身份统计。据表1-6，1906年和1920年出于"与丈夫或家人同行"或"投靠丈夫亲戚"目的而出国的妇女占54%以上。同时，因谋生而出洋的妇女也占40%以上，其中女佣人数最多，其次是妓女，再次是女裁缝，还有女农民、女矿工，也有一位女教师。

---

① 《槟城女子职业面面观》（一、二、三），《槟城新报》1933年8有30日、8月31日、9月2日。
② 《胶价高涨声中新加坡女子职业之调查》，《槟城新报》1934年6月15日、16日。
③ 转引自［日］可儿弘明《近代中国的苦力和猪花》，东京岩波书店1979年版，第251页，表48，第246页，表44，计算。

表 1-6　　中国成年妇女移民的身份构成（16 岁以上，香港除外）　　单位：人

身份	1906 年 人数	%	1920 年 人数	%
与丈夫家人同行	2468	22.25	2839	21.92
投靠丈夫、亲戚	3588	32.35	4286	33.09
女演员	8	0.07	4	0.03
理发师	14	0.12	54	0.41
尼姑	14	0.12	5	0.03
算卜者	1		—	
农民、矿工	25	0.22	366	2.82
妓女	822	6.9	1198	9.25
教师	1		1	
学生	1		—	
女佣	3533	31.85	2833	21.87
裁缝	616	5.55	732	5.65
厨师	—		633	4.88
总计	11091	100.00	12951	100.00

资料来源：[日] 可儿弘明：《近代中国的苦力和猪花》，岩波书店 1979 年版，第 211 页，表 43。

马来亚的妓女主要来自中国，有自愿为妓者（见表 1-6），但更多的是从广东拐卖而来。19 世纪末广东拐卖妇女和少女出洋盛行，新加坡是拐卖人口的最大集散地，据估计，海峡殖民地妓院中 80% 的妓女是被拐卖来的。[①] 20 世纪上半叶，被拐中国妇女仍以广府妇女居多，因此新马各大城市妓院中的华人妓女几乎都是广府人。[②]

新马的女劳工主要是来自中国闽粤地区的贫苦妇女，她们为谋生而移居经济发展迅速的马来亚，从事种菜、割胶、洗琉琅、建筑工、家佣、裁缝等

[①] Memorandum on Brothel Slavery, Proceedings of the Legislative Council, Straits Settlement, 1899, 转引自 Lim Joo Hock, *Chinese Female Immigration into the Straits Settlement, 1860-1901*, （新加坡）《南洋学报》1967 年总 22 期，第 80 页。

[②] 20 世纪 20 年代黄强在吉隆坡看到"妓女来自广州香港"。黄强：《马来鸿雪录》，商务印书馆 1928 年版。据一份 1883—1938 年华人注册和不注册妓女的不完全统计表明，31 名妓女中，闽南籍妓女只有 2 人，其余都是广府人。James Francis Warren, *Ah Ku and Karayuki-san: Prostitution in Singapore, 1870-1940*, Singapore: Oxford University Press, 1993. 附录一，第 391—392 页。

职业。闽粤妇女，尤其是客家妇女和广府妇女在中国就以勤劳能干著称，她们在新马也以勤劳给人以深刻印象。时人写道："吉隆坡以惠州人居多。故由马六甲来吉隆坡时，一逾芙蓉，即可见操惠州客话之妇女，头戴黑大之凉帽，几由田间工作，路上挑物，触目皆是。"① 客家妇女主要从事种菜、割胶、洗琉琅、建筑工等职业，广府妇女主要从事女佣、种菜、割胶、建筑工等职业，闽南妇女主要从事种菜、割胶、厂工等职业。

华人女教师也多来自中国。20世纪上半叶新马教育发展，需要大量教师，华校教师大都来自中国，1936年海峡殖民地华校共有1177名教师，华文教师共有970人，665人出生于中国，占68.5%，英文教师207人，38人出生于中国，占18.3%。② 换言之，华文教师主要来自中国，英文教师主要来自本地。女教师更是多来自中国，从静方女校1929年教师来源看，是年该校共有8名教师，只有1人毕业于本地学校，1930年该校共有9名教师，全部毕业于中国的大学和中学。③ 1933年坤成女校教师共14人，毕业于中国大学和中学者共11人，只有3名教师毕业于本地学校。④ 1935年南洋女校共有23名教师，毕业于中国各级学校和外国学校的共有17人，占74%，新加坡本地学校毕业生才6人。⑤ 1938年静方女校教师共20人，13人毕业于中国，7人毕业于本地学校。⑥ 与女劳工主要来自闽粤不同，女教师主要来自江浙、湖南等地，因为这些地区女子教育水平相对较高。

可见，中国作为新马华人的移出地，为新马提供了源源不断的劳动力，也是新马华人职业妇女的主要来源。

（四）同工不同酬与低职位和低收入。

新马华人职业妇女90%以上属于劳工阶层，她们在职业分层中处于低层，与同处于低层的男性相比，她们又更多集中于低层的次等级，也就是一般苦力和无技术工人，如橡胶工人、女佣、工厂工人等，而在工匠等技术工人中人数极少。如在制造业，女工大都集中在无技术或半技术领域，在技术

---

① 黄强：《马来鸿雪录》（上册），商务印书馆1928年版，第119页。
② 《马来亚三州府华校教员生活状况之调查》，《侨务月报》1936年第5—6期，第116—118页。
③ 《静方女学校校刊》，新加坡：静方女学校，1930年，第11页。
④ 坤成百年校史编委会：《坤成百年校史汇编》（1908—2008年），下册，坤成中小学暨幼儿园2010年版，第143页。
⑤ 《新嘉坡公立南洋女子中学校校刊》，新加坡：南洋女校，1935年。
⑥ 《星洲静方女学校筹款建校及概况特刊》，新加坡：静方女学校，1938年，第38—40页。

工人中人数很少，1921年和1931年只占0.25%和0.64%，1947年技术女工也仅占1.99%。① 华人妇女在中层的人数极少，主要集中于中级的第二等级，也就是教师和文秘中，而在医生、律师和公务员等更高一层的人中凤毛麟角。即使在教师中，女教师也处于男性之下，如广福学校共有教员17人，男教师7人，女教员10人，7位男教员占据了校长、教务主任、训育主任、文书主任、专务主任、英文主任、体育主任等职位，女教师除担任图书主任、体育歌舞主任和美术主任外，其他都是教员。② 而在高层级，也就是大商人、大矿场主、大种植园主、大银行家中，基本没有华人妇女的踪影。

从华人妇女在职业中的等级序列看，妇女在每个等级都处于次等地位，而且随等级秩序的升高而人数减少，到最高等级——大商人一级，已没有妇女列身其中。大商人是新马华人社会声望最高和权力最大的阶层，华人妇女在这一阶层缺失，意味着她们在职业和社会参与中的低度性和次等性。大商人掌握了华人社会的领导权，占据了所有宗乡会馆的主席和董事职位，妇女在这一层级失声，就决定了妇女在华人社会事务方面毫无发言权。③

职业女性面对许多不平等对待，不论是政府机构，还是私营机构。如在殖民政府工作的女公务员、公立学校的女教师、公立医院的女医生和护士面临不公平的对待，一是男女同工不同酬；二是已婚女性不能担任永久职位，她们一结婚，要么被辞退，要么转成临时职位；三是临时职位者没有住房补贴，不能升职，不能领取养老金。为什么如此？按殖民地官员的说法，之所以让已婚妇女辞职，是因为身为妻子，她们要对丈夫和家庭承担更多责任，这些责任经常与其职业要求不一致，因为永久性公务员，要将其全部时间用于工作，贡献于公众事务。另外，如果已婚妇女继续占据职位，会影响男性和未婚女子就职，况且，已婚妇女亦难以调遣到其他地方服务，而政府部门之工作要调遣他地服务。④

同工不同酬也被认为是天经地义的，以教师的收入为例，不论是官办学校还是华校，男教师收入都高于女教师。1938年殖民地政府提高英校教师待

---

① 范若兰：《性别与移民社会：新马华人妇女研究（1929—1941）》，暨南大学出版社2019年版，第143页。
② 《广福学校今年阵容》，《星洲日报》1941年2月24日。
③ 范若兰：《性别与移民社会：新马华人妇女研究（1929—1941）》，暨南大学出版社2019年版，第178页。
④ 《马代理财政部长声称 政府不准已婚妇担任永久性职位》，《星洲日报》1952年9月12日。

遇，男子第一级教师最高月薪为 300 元，超高级 A 级月薪 400 元，超高级 B 级月薪 350 元。女教师最高月薪，以前为 200 元，现在加上超高级 C 级为 300 元，超高级 D 级为 250 元。① 也就是说，英校女教师最高级只能达到超高级 C，比男教师收入要低得多。华校同样如此，当时最好的男子中学——华侨中学校长月薪为 200 元，教员月薪为 70 元—80 元不等，最好的女子学校南洋女校校长刘韵仙月薪 100 元，教员月薪 65 元—75 元不等。② 如果说男校和女校男女教师工资差别因学校而异外，那么在有男女教师的学校，工资的性别差别一开始就存在，雪兰莪州立吉隆坡小学"教员新到者男支月薪六十五元，女支五十五元，按年递增二元，至多增至一百二十元"③。也就是说，女教员的工资永远比男教员少十元。

劳工普遍存在劳动条件恶劣、劳动时间长和工资低等问题，工人劳动没有任何安全保护，经常发生工伤事故，④ 劳动时间一般长达 9—10 个小时，没有加班费，收入甚低。如怡保四家华人烟草公司雇用女工三百多人，实行计件工资，女工早上 7 时上工，晚上 6 时或 9 时下工，女工用最快的手法，一刻不停地干活，平均每天只可得工钱 0.45 元，手法较慢者仅得 0.2 元或 0.3 元。⑤ 这点收入在当时甚至难于糊口。而且女工工资也低于男工，殖民地官员布莱斯在一个制橡胶鞋工厂看到，女工大都从事缝纫和切割，工资为计件制，男工大都掌管机器，实行日工资。一般女工最低的周工资为 4 元，男工周工资一般为 8 元—12 元。⑥ 橡胶园工人的工资一直是男女有别，1929 年，马六甲的割胶工日工资是 45 分—55 分，除草男工日工资为 40 分—50 分，女工为 35 分—45 分。⑦ 1932 年，马六甲橡胶园男工工资降为 28 分—40 分，女工降为 24 分—30 分。⑧ 上述工资标准是印度人工资，华人工资大都实行计件制，女工工资低于男工。

---

① 《海峡殖民地改良政府英校教师待遇》，《南洋商报》1938 年 12 月 14 日。
② 黄麟书：《考察南洋华侨教育意见书》，广州，1935 年，第 11—17 页。
③ 黄麟书：《考察南洋华侨教育意见书》，广州，1935 年，第 17 页。
④ 《松土突倾泻，女工遭埋没》，《星洲日报》1938 年 4 月 13 日。
⑤ 《怡保四家华人烟草公司，全体女工实行罢工》，《星洲日报》1939 年 12 月 13 日。
⑥ W. L. Blythe, *Methods and Conditions of Employment of Chinese Labour in the Federated Malay States*, Kuala Lumpur: Federated Malay States Government Press, 1938, p. 41.
⑦ L. Jarman, ed., *Annual Report of the Straits Settlements* (1929), Volume 9, London: Archive Editions Limited, 1998, p. 241.
⑧ L. Jarman, ed., *Annual Report of the Straits Settlements* (1932), Volume 10, London: Archive Editions Limited, 1998, p. 233.

此外，职业女性还要面对职场中的性骚扰。女招待、理发女、舞女是性骚扰的重点对象，她们所从事的职业被"色情化"，受到男顾客的性骚扰是家常便饭，只能哑忍，"女招待遇顾客轻薄，动手动脚，如果稍现不悦之色，则老板必怒，轻则斥责，重则立即解雇。常有茶花，因被顾客轻薄，忍至不能忍，泪水盈眶，而其内心之痛苦，可以知也"。[①] 橡胶园女工和工厂女工经常面对监工和工头的性骚扰，"在新加坡吉隆坡各大商埠，有英美烟草公司，这些工厂完全雇用女工，且多属未婚的青年女子，在厂里虽然要受那些经理或账房的男人的调戏与玩弄，但为了生活的压迫，也只好忍辱受屈"。[②]

新马华人职业妇女的较低地位与其所处的阶层和性别密切相关，一方面，作为劳动者，她们进入种植园、工厂、矿场和学校，从事蓝领和白领工作，另一方面，作为女性，她们在"男尊女卑""男主女从""男强女弱"等性别观念的规范下，只能接受同工不同酬，接受较低的收入和职位，她们更多从事临时的、无技术的和低收入的工作，还要面对身为女性所带来的歧视和性骚扰。[③]

二 华人女性职业特点的影响因素

为什么20世纪上半叶新马华人妇女的经济参与人数逐渐增多，职业领域扩大？为什么移民妇女是新马华人职业妇女的主体？为什么华人妇女处于低职位低收入状态？这与新马产业结构变化和移民政策变化有关，也与女子教育水平提高和传统性别观念密切相关。

（一）新马经济的曲折发展为华人妇女扩大经济参与提供了机会

19世纪末20世纪初马来亚因发展锡矿业和橡胶业而完成资本积累，第一次世界大战刺激了马来亚经济，尤其是华人经济的发展，使得受战争影响最大的经济部门，如航运业、橡胶加工业和制造业迅速发展。[④] 20世纪上半叶华人妇女职业拓展到胶工、淘锡工、厂工，就是得益于上述产业的发展。

---

① 《新嘉坡社会素描（二）》，《南洋商报》1933年3月9日。
② 刘挚夫：《华侨妇女生活》，《华侨半月刊》1936年第92期，第25页。
③ 范若兰：《性别与移民社会：新马华人妇女研究（1929—1941）》，暨南大学出版社2019年版，第184页。
④ 参见徐钧尧《两次世界大战期间的马来亚华人经济》，载梁初鸿、郑民编《华侨华人史研究集》（二），海洋出版社1989年版。

1929—1933年经济危机扭转了马来亚经济蓬勃发展的势头,尤其是橡胶业和锡矿业这两个支柱产业衰退引发其他产业不景气,造成华工大量失业,橡胶园的工人减少一半,锡矿工人失业更为严重,1929年12月马来联邦锡矿工人有144468人,到1932年4月,只剩下49444人。[1] 失业和收入减少,导致大部分华人生活十分贫困,普遍的生活贫困将华人妇女挤压进劳动力市场,迫使越来越多的华人妇女挣钱养家。

同时,由于女工工资低于男工,为降低成本,企业主宁愿招收女工和童工,于是橡胶园和轻工制造业工厂,大量招收女工和童工。以橡胶业为例,1937年是30年代橡胶价格最高,经济形势最好的一年,新马橡胶园就业的华人男工为59505人,女工为15362人,童工为2000人,1938年橡胶价大跌,于是园主辞退部分男工,多雇用女工和童工,男工人数下降到54456人,女工和童工人数分别增加到18439人和2298人。[2] 这就是为什么30年代华人男性在橡胶业从业人数下降,而女性从业者增多的原因。其他行业同样如此。新加坡制造业工厂多雇用女工,"因其性情忍耐,工值较廉,各工厂相继而行,一时各厂中之女工,遂有与男工并驾齐驱之势"。[3]

日本占领新马时期,实行"以战养战"的经济政策,将马来亚经济纳入战时轨道,优先满足日本的侵略需要。日本占领破坏了新马原有经济结构,窒息了商品经济,导致粮食奇缺,物品短缺,物价飞涨。华人经济一落千丈,他们不得不开垦土地种稻种菜以维持生计,日本当局也鼓励开荒种地,还制定"勤劳奉仕"政策,允许华人开垦荒地,种植稻米。据不完全统计,到处开垦土地的农耕华人有40万人,[4] 这是1947年人口普查华人女农民群体位居第一的原因。同时,因为与欧美经济联系断绝,新马建起更多轻工业工厂以满足战争和民生需要,制造业多雇佣女工,因为男子被日军征用去修铁路和公路,1944年日本当局制定《限制男性雇佣法令》(*The Restriction of Male Employment Ordinance*),使得女工能填补男工的空缺,如制绳业为上万

---

[1] 叶绍纯:《从几种统计数字上来观察南洋华侨的苦况(三)》,《南洋情报》1933年第1卷第5期,第183—184页。

[2] Charles Gamba, *The National Union of Plantation Workers: The History of the Plantation Workers of Malaya, 1946-1958*, Singapore: Published by Donald Moore for Eastern Universities Press, 1962, pp. 250-251.

[3] 《调剂失业之动机》,《南洋商报》1929年8月8日。

[4] [马]林水檺等合编:《马来西亚华人史新编》(第二册),中华大会堂总会1998年版,第349页。

的妇女和少女提供了就业机会。① 日据时期华人女性在制造业究竟有多少，没有统计数字，但从1947年华人制造业女工上升为第五大职业群体可见，日据时期及战后制造业发展，促进了女工人数的增长。

（二）殖民地政府移民政策促使中国妇女大量移民新马，增加了女性劳动力

新马华人社会性别比例一直严重失衡，引起一系列"黄赌毒"等社会问题，殖民当局认为"妇女的流入会从物质上有助于殖民地安宁，（因为）中国人天性驯良，他们会在自己妻子和孩子的包围下，安分守己，和睦相处"②。因而对中国女性移民一直采取鼓励的政策。事实上，中国女性的身影尽管在19世纪中叶已出现在新加坡，而且在19世纪下半叶女性移民人数逐年增加，但她们的人数和比例很低。如1881—1890年和1891—1900年，进入新马的中国妇女分别为43485人和91047人，仅占华人移民总数的3.39%和5.19%。③ 进入20世纪后，女性移民的人数和比例有所上升，1901—1910年每年移民新马的华人成年妇女超过上万人，占华人成年移民的比例平均为7%以上。④ 1911—1920年每年平均进入新马的华人成年女性人数为20000人左右，占华人成年人的比例达到10%—19%。⑤ 20年代是新马殖民地经济发展的高潮时期，移民人数也达到高潮，中国女性移民的人数和比例都较以前大为提高，每年进入新马的女性移民人数少则18213人（1922），最多达50000多人（1927年和1928年），女性占成年移民的比例从13%到18%不等。⑥

1929—1933年经济危机引发的企业倒闭和失业狂潮导致的一个后果是英国殖民地当局修改移民政策，于1930年颁布宣布《移民限制法令》（Immi-

---

① Lai Ah Eng, *Peasants, Proletarians and Prostitutes: A Preliminary Investigation into the Work of Chinese Women in Colonial Malaya*, Singapore: Institute of Southeast Asian Studies, 1986, p. 91.

② J. D. Vaughan, *The Manners and Customs of the Chinese*, Kuala Lumpur: Oxford University Press, 1977, p. 33.

③ Lim Joo Hock, *Chinese Female Immigration into the Straits Settlement, 1860 – 1901*, （新加坡）《南洋学报》1967年总22期，第99页。

④ L. Jarman, ed., *Annual Report of the Straits Settlements (1901 – 1910)*, Volume 5 – 6, London: Archive Editions Limited, 1998, pp. 274, 81, 554.

⑤ L. Jarman, ed., *Annual Report of the Straits Settlements (1911 – 1920)*, Volume 6 – 7, London: Archive Editions Limited, 1998, pp. 554, 76, 133, 188, 277, 477.

⑥ L. Jarman, ed., *Annual Report of the Straits Settlements (1921 – 1928)*, Volume 7 – 9, London: Archive Editions Limited, 1998, pp. 626, 126, 263, 391, 527, 659, 153, 306.

gration Restriction Ordinance），从 1930 年 8 月 1 日起对进入殖民地的男性新移民进行名额限制，每月限额为 6016 人。① 1933 年 4 月 1 日殖民政府颁布《外侨法令》（Aliens Ordinance）代替《移民限制法令》，根据经济情况和劳动力需求，随时调整移民限额。该法令仍只针对男性新移民，对女性移民不加限制。这就导致 30 年代移民新马的华人女性迅速增加。1929 年和 1930 年经济危机的影响尚未显现，中国男性移民以及随丈夫或家人迁移的女性移民都比较多，为 40000 余人，成年女性移民只占成年移民的 18.98% 和 22.19%，1931—1933 年经济危机的结果开始显现，移民人数锐减，华人女性移民也大幅下降，只有 8000 多人，但华人男性移民下降更多，所以女移民在移民中的比例加大，从 25.91% 上升到 37.72%。1934 年以后，华人女性移民人数持续上升，占成年移民比例也呈上升趋势，1934 年为 36.33%，1935 年为 32%，1936 年为 41.5%，1937 年为 48.67%。1937 年是华人女性移民最多的一年，成年女性为 94548 人②，一方面由于这一年是经济危机以来新马经济发展最好的一年，需要劳动力，中国男女移民大量增加，③ 另一方面由于日本全面侵华，人们为避战火纷纷下南洋。

1938 年新马经济进一步恶化，就业形势严峻，殖民政府又修改移民法令，规定自 1938 年 5 月 1 日起，对华人女移民也实行限制，每月限额与男性移民一样为 500 人。这是因为，随着中国妇女的大量移入，以及自然繁衍，华人社会男女比例不平衡的现象大大缓解，更重要的是，经济危机在导致男性大量失业的同时，也迫使妇女进入劳动力市场以补贴家用，她们的工资较男工低廉，雇主更愿意雇用女工从事低技术或无技术工作。尤其是 1937 年日本全面侵华，妇女南来增多，当时人认为："她们抵星后，因情愿接受较低之工资，故有男子会因她们的排挤而告失业。"④ 殖民政府发现妇女在与男性争夺劳动力市场本来就不多的职位，加剧了失业危机，于是，政府最终改变了对中国女性移民不加限制的移民政策。这个政策导致 1938 年华人女

---

① L. Jarman, ed., *Annual Report of the Straits Settlements* (1930), Volume 9, London: Archive Editions Limited, 1998, p. 551.

② Ed. By Robert L. Jarman, Annual Reports of the Straits Settlements (1855–1941), Volume 9、10、11 (1927–1941), London: Archive Editions Limited, 1998, 相关年度。转引自范若兰《性别与移民社会：新马华人妇女研究（1929—1941）》，暨南大学出版社 2019 年版，第 54—55 页。

③ 当时报纸经常登载这方面的消息，如 1937 年 4 月 9 日有千余名男女华工抵达槟城，大部分是妇女。《槟城市景繁荣下之象征》，《槟城新报》1937 年 4 月 10 日。

④ 《中日战争以来我国妇女抵星每月多至八千》，《南洋商报》1938 年 3 月 21 日。

性移民比1937年减少，但女性移民超过成年男性，占华人移民的57.84%。这是因为1938年3月政府预先公布将要对女"新客"实行限制后，许多妇女要抓住限制实施前的最后时机，于是1938年5月1日前中国妇女蜂拥南来。据当时报纸报道："我国妇女近日南来之数额，突破数年来之录，每由厦门、汕头、香港、琼州抵埠之轮船，至少有妇女孩童五百名以上，而每月由祖国南来之载客轮船，则有十余艘，其南来数目足可惊人矣。"① 估计，每月抵新加坡的华人妇女为8000人。②

鼓励中国妇女的移民政策，以及妇女大量移入新马，最直接的影响是新马华人人口构成和性别构成的改变。二三十年代中国妇女移民高潮导致华人女性人口增长快于男性人口增长，加速了华人人口的自然繁衍，使得新马华人男女性别比例趋于接近。19世纪新马华人男女比例严重失衡，这一情况直到20世纪初仍没有根本改变，1911年马来亚1000个华人男子中，妇女只有311人，1921年上升到430人，1931年缓慢上升到535人。随着30年代中国女性大量移民新马，妇女人口急剧上升，反映在1947年人口普查中，每千名华人男子对应的是817名妇女，男女性别比例接近平衡，③ 这对新马华人社会发展产生了深远的影响。

一方面，有助于新马华人社会从移民社会最终转向定居社会。移民社会指以暂时居留者为主，而定居社会则指永久居留者为主。新马华人妇女增多意味着家庭增多、儿童增多、当地出生人口的增多，从1921年和1947年马来亚人口普查来看，1921年出生于马来亚的华人只占华人人口的22%，华人社会还是一个标准的移民社会，但到1947年，当地出生的华人已占华人人口的62.5%，④ 华人人口构成也趋于年轻化和低龄化。当地出生人口越多，就越增加了定居的倾向，尽管此时马来亚华人社会仍是移民社会，但定居社会的条件已经成熟，并在50年代最终转化为定居社会。⑤ 同时，侨生女子大量增加，她们也成为女性劳动力的重要来源，未受过教育者多从事胶工、淘锡工、农民、女佣、厂工、女招待等职业，受过教育者多从事教师、

---

① 《限制妇女进口前夕，南来妇女日众》，《星洲日报》1938年3月21日。
② 《中日战争以来我国妇女抵星每月多至八千》，《南洋商报》1938年3月21日。
③ 《南洋年鉴》，新加坡南洋报社有限公司1951年版。新加坡，乙，第21页；马来亚，丙，第28—29页。
④ [英]巴素：《东南亚之华侨》，郭湘章译，台北正中书局1974年版，第395—396页。
⑤ 范若兰：《性别与移民社会：新马华人妇女研究（1929—1941）》，暨南大学出版社2019年版，第78页。

文秘、医生、护士、记者、律师等职业。

另一方面，中国女性移民为谋生而来，成为最廉价的劳动力来源。1933年新加坡的豆腐街（盒巴珍珠街）是著名的找工集中地，"粤妇三五，蹲坐地上，遍街皆然，而以东莞县妇女最多，盖妇女做工集合之地点。如各园主临时雇佣女工几何，即于此街招集之。当树胶价涨时，每晚集候于此者数千人"。① 移民劳工妇女成为胶工、农民、女佣、淘锡工、建筑工等，知识女性则成为女教师，还有一些年轻女性充当女招待、舞女、理发师等。大量女性移民的到来不仅增加了女性劳动力，也增加女性经济活动能力，拓展了她们的职业领域。

（三）女子教育发展在一定程度上促进了女性的职业参与

早在19世纪上半叶，新加坡就出现教会办的女子学校，学校的语言主要是英语，学习内容偏重宗教，学生主要是欧洲人、欧亚混种、华人和马来人，华人女生只占较少人数。新加坡第一所由华人专为华人女子创办的学校是1899年建立的华人女校，该校招收对象是海峡华人女孩，教授华文、英文、数学、缝纫刺绣、家政等课。

1907年晚清政府颁布《奏定女子师范学堂章程三十六条》和《女子小学章程二十条》，将女子教育正式纳入教育体制。在中国的影响下，海外华人社会也兴起开办女学的热潮，1908年第一所女子华文学校——坤成女校在吉隆坡建立，1911年华侨女校在新加坡建立。以后华文女校逐渐发展，据不完全统计，1941年以前新马华文女校累计有50余所，成立于20年代以前的有10多所，女子教育规模很小，每个女校学生数量一般只有数十人，20年代成立的女校有20多所，大部分学校仍是数十人，少部分学校女生超过100人（南洋女校、崇福女校、福建女校、爱群女校、霹雳女子学校、坤成女校等），到30年代，很多著名女校的学生数都超过数百人，甚至上千人。一般女校也有学生上百人。②

1928年海峡殖民地和马来联邦共有华校学生43961人，其中女生为9917人，占学生总数的22.56%。③ 1934年女生增加到14315人，占学生总数的25%强，1938年女生人数上升到24889人，女生占学生总人数的比例也上升

---

① 郑建庐：《南洋三月记》，中华书局1935年版，第45页。
② 范若兰：《性别与移民社会：新马华人妇女研究（1929—1941）》，暨南大学出版社2019年版，第90—94页，表2-3。
③ 钱鹤编：《南洋华侨学校之调查与统计》，暨大南洋文化部1930年版，第534页。

到27%强（见表1-7）。从1928年到1938年10年间，华校女生人数增长了2倍多。

表1-7　　　海峡殖民地和马来联邦华文学校学生（1931—1937）　　　单位：人

年份	海峡殖民地			马来联邦		
	男生	女生	女生占%	男生	女生	女生占%
1931				14394	4488	23.77
1932	16533	5495	24.95	14384	5446	27.46
1933	18376	6477	26.06	16475	5795	26.02
1934	21451	7423	25.71	18852	6892	25.84
1935	24178	8308	25.57	21706	7822	26.49
1936	26985	9674	26.39	24998	8828	26.1
1937	29673	10620	26.37	28855	10845	27.32
1938	34373	12794	27.12	32272	12095	27.26

资料来源：(1) 杨建成主编：《英属马来亚华侨》，中华学术院与南洋研究所1986年版，第53页。

(2) *Annual Report on the Social and Economic Progress of the People of the Federated Malay States*, 1935. London: H. M. S. O. imprint 1932-1939.

在英校学生中，各族群学生都有，但以华人学生最多，从海峡殖民地英文学校学生统计看（见表1-8），华人男生从1921年的9981人增加到1937年的17792人，增长了1.78倍，华人女生从同期的2507人增加到6844人，增长了2.73倍，女生人数少于男生，但增长速度快于男生，1938年英校华人学生人数有所下降，但女生在华人学生中的比重从20%上升到30%强。

需要指出的是，华文女校尽管出现晚于英文女校，但其发展却快于英校，无论是学校数量还是学生数量，华文女校和女生都多于英校，以女生人数最多的1937年为例，是年海峡殖民地英校女生共6844人，而华校女生为10620人（见表1-7、表1-8）。

马来亚华校最高级别是中学，最早的华文中学是华侨中学（男校），建于1919年，华校女中直到1930年才出现，是为南洋女中，1940年坤成女校也设立高中。新马英文学校不仅中学发展较早，还发展出大学教育，共有两所高等院校，一是爱德华七世医科大学，二是莱佛士学院（1928年建立），两所学校注册学生很少，女生更是凤毛麟角，1930—1937年每年接受高等教

表 1-8　海峡殖民地英文学校的学生（族群与性别）

单位：人

年份	欧洲人 男	欧洲人 女	马来人 男	马来人 女	华人 男	华人 女	女生占%	印度人 男	印度人 女	华人女生占所有女生%
1921	1235	1249	1114	18	9981	2507	20.07	1062	166	63.63
1926	1387	1339	1716	47	11402	3515	23.56	1169	271	67.96
1927	1602	1355	1859	68	11727	3642	23.7	1401	326	67.56
1928	1405	1421	2107	80	12236	3843	23.9	1633	349	67.5
1929	1457	1474	1996	93	12536	4110	24.69	1310	431	67.48
1930	1512	1409	1999	108	12673	4255	25.13	1819	586	66.92
1931	1611	1552	2037	116	12676	4646	26.82	1937	586	67.33
1932	1662	1580	2015	138	13066	4812	26.91	1891	630	67.2
1933	1699	1506	1559	123	12223	4718	27.85	1828	667	67.26
1934					11881	4896	29.18			
1935					16707	6065	26.63			
1936					16985	6429	27.46			
1937					17792	6844	27.78			
1938	1440	1422	1285	185	12444	5404	30.28	2197	994	67.75

资料来源：（1）中华民国驻新加坡总领事馆：《海峡殖民地之略历反近二十年之政治经济统计简表》，载南京《外交部公报》，1934 年 12 月，第 7 卷第 8 号，第 264 页。
（2）杨建成主编：《英属马来亚华侨》，中华学术院与南洋研究所 1986 年版，第 53 页。
（3）*Annual Report on the Social and Economic Progress of the People of the Federated Malay States*, 1938, London: H. M. S. O. imprint 1932 – 1939, p. 169.

育的女生不超过60人，女生大部分是海峡华人。①

新马华人女子教育的发展，对于提高女子教育水平、促进女子经济参与和社会参与具有特别重要的作用。

一是使华人妇女教育水平有所提高。20世纪上半叶华人女子教育水平很低，文盲占绝大多数，1921年即使在城市，华人妇女每1000人中也只有120人识字，海峡殖民地还不到100人（见表1-9）。1931年新马每1000名华人妇女中，识字人数仅为97人，经过30年代女子教育的发展，1947年妇女识字人数增长到188人，其中15岁以上年龄组识字人数从105人增加到208人。②

表1-9　　　　　　　　新马华人识字率（每1000人）　　　　　　单位：人

年份	性别	新加坡	槟榔屿	马六甲	马来联邦	马来属邦	总计
1921	男	487	524	452	520	454	487
	女	96	87	84	194	139	120
1931	男	389	448	428	468	379	422
	女	113	119	85	103	65	97
1947	男	483	（马来亚联合邦）			495	492
	女	176				193	188

注：1921年数字为城市人口的识字率。

资料来源：(1) J. E. Nathan, *The Census of Brithsh Malaya*, London: Dunstable and Watford, 1922.

(2) C. A. Vlieland, *Brithsh Malaya: A Report on the 1931 Census and Certain Promblems of Vital Statistics*, London: Crown Agents for the Colonies, 1932.

(3) ［英］巴素：《东南亚之华侨》，郭湘章译，台北正中书局1974年版，第400页。

二是扩大了华人妇女职业范围和就业机会，尤其是为英文学校和华文学校输送了女教师。女教师职业是女校，尤其是华文女校毕业生的首选，以南洋女校为例，1920—1929年初中师范毕业生共44人，其中20人当教师。1930—1935年初中师范毕业生共116人，其中33人当教师。1934年和1935

---

① 范若兰：《性别与移民社会：新马华人妇女研究（1929—1941）》，暨南大学出版社2019年版，第99页。

② 巴素（Victor Purcell）：《东南亚之华侨》，郭湘章译，台北正中书局1974年版，第399—400页。

年高中师范毕业生共5人，有4人当教师。① 再以静方女校为例，1930—1937年共毕业54名师范生，其中当教师者最多，共27人，占所有毕业生的50%。② 而从其第一届（1938年）校友会名单来看，共有校友68人，当教师者为32人，商界7人，报界1人，产科1人，赋闲9人，家务9人。③ 英文女校的毕业生也首选当教师，如30年代莱佛士学院毕业了39名女生，对其毕业后去向的调查表明，有6人继续深造，26人当教师，6人婚后放弃教职，1人无业。④ 因为新马女子教育的发展，到40年代和50年代，新马女教师的主要来源地不再是中国，而是本地。如1950年福建女校教师共54人，来自中国的教师只有18人，占33%，其他都毕业于新马的学校，其中27人毕业于福建女校，9个毕业于本地英文学校。⑤ 南洋女校、南华女校、坤成女校、福建女校、莱佛士学院、美以美女校等中学和办有师范班的女校是提供女教师的主力，新马华校本地产女教师大都来自这些学校。⑥ 这表明，二三十年代女子教育的发展，为本地教育提供了日益充足的教师来源。

除当教师外，受过小学和中学教育的女性还能从事文秘、记者、店员等工作，当时公司招聘女职员要求是通达中文、英文和各种方言，如《星洲日报》一则聘请女职员广告："（1）年龄在十八岁以上三十岁以下；（2）英文须七号毕业，中文须初中程度，能操流利英语及各种方言；（3）须品行端正以前未有不名誉行为。"⑦

教育水平决定了女性的职业层级。由于新马华人女子大部分是文盲，她们只能从事胶工、淘锡工、女佣、厂工等无技术工作，属于低层职业；少部分华人女性受过教育，但接受中学和大学教育者极少，她们只能担任专业技术中相对次等的职位，如小学教师和文秘；只有极少数海峡华人女子能上本地大学或到英国留学，她们毕业后从事医生或律师职业。

---

① 《新加坡南洋女中校刊》，新加坡：南洋女中，1935年，第132—143页。
② 《星洲静方女学校筹款建校及概况特刊》，新加坡：静方女学校，1938年，第41页。
③ 《星洲静方女学校筹款建校及概况特刊》，新加坡：静方女学校，1938年，第41页。
④ Colonial Office, *Higher Education in Malaya: Report of the Commission Appointed by the Secretary of State for the Colonies*, London: H. M. S. O., 1939, p. 25.
⑤ 《福建女学校三十年周年纪念特刊》，新加坡，1950年。
⑥ 南洋女校、福建女校、南华女校、中华女校等学校教师学历统计表明了这一点。参见《新加坡公立南洋女子中学校校刊》，1966年。《福建女学校三十周年纪念特刊》，1950年。《南洋女校新阵容》，《星洲日报》1941年2月14日。《中华女校新阵容》，《星洲日报》1941年2月19日。
⑦ 《广告聘请男女职员启示》，《星洲日报》1936年1月20日。

（四）性别观念对女性职业选择有重要影响。

20世纪上半叶新马华人社会是保守的父权社会，性别观念是"男尊女卑""男主女从""男外女内""男强女弱""男刚女柔"，对女性的要求是"三从四德"，"贤妻良母"，照顾孩子和家庭。1913年李珠娘曾在伦敦《皇后》杂志上发表了一篇介绍海峡华人女子生活的文章，指出华人女子很少受较高教育，出外工作谋生被认为是可耻的。

> 华人女孩罕有受高深教育的，如读完第三年级和第四年级的程度，就被认为是很足够了。结果她所具有的关于英国人的礼节和习惯只是极模糊的概念。父母把教育女儿看做是浪费金钱，她们被认为无可能在需要的时候来维持家庭的生活，有鉴于此，依照华人的习惯，让女孩为她们的生活而工作那是不适合的和可耻的，因为那必需给她们不断地出动而在公众目光下抛头露面。①

基于传统性别观念和性别规范，华人社会对于女子抛头露面挣钱养家并不赞成，认为男子应该承担养家之责，女子应该在家照顾孩子，因此大部分华人女性只能做"家庭主妇"，这是人口普查中华人女性在"家庭主妇"种类中高居榜首的根本原因。

"男外女内"被认为是男女分工的合理模式，与"内"相关的照顾、教育孩子、做家务等事被认为是妇女的特长，在现代社会，妇女的这一"特长"甚至被延伸到职业领域，小学教师、护士、文秘、家仆等都成为"女性职业"。但在20世纪初的新马华人社会，所有职业都是男性的一统天下，只有少数职业是"女性职业"，如护士和接生妇，90%以上的护士是女性，100%的接生妇是女性，因为涉及男女大防、男女分工，这两个职业是标准的"女性职业"。

而家仆业由男性职业逐渐变为女性职业。30年代以前，男性家仆（住家工）主要是海南籍男工，他们以厨师（英人称为cookboy）和家仆闻名，亦被称为"西崽"，服务于欧洲人和富裕华人家中，直到1931年人口普查，男性仍占家仆业的69%。因为当时华人妇女人数极少，家仆只能由男性来充

---

① 转引自宋旺相《新加坡华人百年史》，叶书德译，新加坡中华总商会1993年版，第411—413页。

当,换言之,底层男性不得不从事"女性职业"。30年代随着妇女移民的大量到来,女性在家务上的优势使她们迅速取代海南男子成为雇主首选的雇佣对象,当时人看到,"今则闽省韶安属之妇女,充住户工者居其多数,大有后来居上之势,缘彼等主人以其潇洒男子,充当杂工,接近闺阁,未免有玷家风,故不得不僵桃代李,改雇韶安妇女充厥职,韶安妇女有此机会,率相南渡者,正不知凡几,而吾琼少年之住户工为其所占者,比比皆是。现在男子充住户工者,须年在十五岁以下为合格,若年逾冲龄者,可无劳过问焉"。[①] 顺德"妈姐"更以其善烹饪、长家务、干净勤快、独身,成为女佣的首选,海南妇女也多充家佣,她们通常与丈夫一起受雇。到1947年,女仆占家仆业的67%,超过男性。可见,按照"男外女内""男刚女柔"的性别认知,女性具有的"抚育技能",佣人被认为是"适合女性"的职业,加上女性移民的增加,使家佣职业逐渐"女性化"。

教师职业仍以男性居多,并没有成为"女性职业"。20世纪上半叶华人男教师始终占多数,这是因为,基于性别隔离,男校多聘请男教师,而女校多聘请女教师,男校多于女校,加之女子教育落后于男子教育,所以男教师也多于女教师。但华校教师工资低,声望又不高,男子当教师是不得已而为之,而女子当教师,被认为是"适合女性"的职业,华人女教师逐渐增多。

文秘职业还是华人男性的一统天下,女性所占比例一直很低。20世纪上半叶新马的文秘职业还是"男子职业",一是因为文秘职业收入相对较高,是受过一定教育的男性比较中意的职业,女性很难与他们竞争;二是华商的经营方式尚未习惯于雇用女秘书、女书记,受华文教育者很难找到书记职业;三是受"男外女内"性别观念的影响,当时人们对女子出外就业不以为然,尤其是家道小康以上的人家,妇女一般不出外就业。

第三节 华人职业妇女的影响与贡献

20世纪上半叶华人职业妇女尽管是少数,但其所从事的职业,不仅使她们在经济上能够自立,也使她们因职业而产生群体意识,进而推动她们参与妇女运动和社会运动。

[①] 云愉民:《新加坡琼侨概况》,海南书局1931年版,第48页。

一 群体意识与女性意识的觉醒

职业加强了女性的经济自立,也促进了女性意识的觉醒。新马华人妇女运动产生较晚,受过教育的职业女性是推动妇女运动的重要力量。1933年坤成校友会成立,校友刘秀兰女士发表激情演说,勉励会友从速做起,脚踏实地,做一番轰轰烈烈的事业,为人群谋利益,为妇女作先驱。另一会友林如兰女士发表演说,"论述妇女解放之基础,力言妇女对妇运应有之认识,及应有之毅力,语气豪迈"。①

从1937年起,新马各大城市华人妇女界都会举行盛大集会庆祝"三八"妇女节,职业妇女是积极参加者,并借此平台推动妇女运动和抗日救亡运动。1937年3月8日,新加坡青年励志社举行"三八节妇女纪念会",参加者有各女校师生代表、妇女界闻人、励志社社友,静方女校校长杨瑞初在发言中,从历史、性质、目的三方面,详细而严谨地介绍三八妇女节。② 同一日,槟城华人妇女界近百人举行集会纪念三八节,主席陈慧卿的致辞给人留下深刻印象,她指出,在男权中心的社会里,一切事情都是男子决定,现在女性应该有独立精神,"凡是女子自己的事,我们都要自动起来做,自己来决定,男性给我们的意见,我们可以诚意来接受,但是我们应该努力做到不受任何男性的帮忙。同时,在可能内,还要尽力来推动男性、纠正男性"。③ 1938年3月8日新加坡妇女庆祝"三八"节大会,出席者来自各阶层,发言人都是职业妇女,有女教师代表刘韵仙、舞女代表许丽姐和建筑女工代表江澜。江澜一身黑衣,女工打扮,她以粤语演说,给人留下深刻印象。她说,救亡运动是每个妇女的责任,女工也不例外,她希望改善女工生活,实行八小时工作制,更希望各界知识姐妹,多多指导劳动妇女,教育不识字的劳动群众,促使全新加坡劳工妇女界,更加团结,负起抗日救亡的责任。④

华人职业妇女还组织起行业协会。(1)舞女协会,舞女协会于1939年11月7日成立,有三个目标,一是抗日救亡,努力团结加紧筹赈,二是参与推动妇女解放运动,三是改革不良生活,维护舞女权益。⑤ 舞女协会的建立

---

① 《坤成校友会成立典礼 各校友踊跃发言》,《益群日报》1933年5月6日。
② 《新加坡破题儿第一遭 热烈纪念三八妇女节》,《总汇新报》1937年3月9日。
③ 陈慧卿:《妇女节献词》,《南洋商报》1937年3月19日。
④ 《星华妇女庆祝"三八"节》,《星洲日报》1938年3月9日。
⑤ 陈湄湄:《我对于舞女协会的希望》,《星洲日报》1939年11月12日。

大大加强了舞女筹赈和宣传的能力,有助于纠正一般人对舞女的偏见。(2) 女佣互助会,女佣是新马华人妇女中较为独立的职业群体,她们有经济收入,较少家庭拖累,因此当抗战一开始,女佣就投入筹赈救国活动中去,1937年10月8日新加坡600余名粤籍女佣组织临时赈济祖国难民会,此次临时筹赈会共筹得2000余元,悉数捐给祖国。① 筹赈会的成功使佣妇认识到团结的重要,她们谋求建立佣妇互助会,1940年2月8日,筹备已久的女佣组织终于成立,名为"粤华妇女互助会",其宗旨是"经济自立,团结一致,互助、捐输"。② 可以说,在抗日救亡运动的大背景下,舞女和女佣的职业使其能在筹赈中发挥较大作用,其群体意识觉醒,认识到团结的重要性,率先建立行业组织。(3) 新加坡女看护协会。该会不知成立于何时,宗旨是维护女护士的权利。

华人职业妇女也参加工会组织。女工加入男女都有的行业或工会组织,如女理发师加入新加坡粤帮理发公会店员部,该会规定凡粤籍男女店员,均可加入,男女会员人数有四五百人,"可谓全星工业界人数最多之集团,亦可谓妇女工业界首先参与社会组织之先声也"。1937年6月13日店员部开会,到会人数120人,其中女会员20多人,女工代表何佩珍发表讲话呼吁男女工人团结,"今日为吾同业工友之一难逢之聚会,亦男女店员团结之开始也,妇女职业,在马来亚未被注意,女工业界,素无联络,……希望诸位同业,应以工人利益为前提,互相提携,共图合作"。③ 各理发行业工会成立"理发工友联合会",女理发师也加入,邢疏华积极参与理发师为争取权益的斗争,"战前曾替理发工人的团结尽了许多心血,理发工人能有今天,有大半是她的辛劳促成的"。④ 还有许多工会为吸引女工,在制定规章时专门提及女工,如1937年成立的"石行工友互助会"在制定章程时,规定男会员交纳会费一元,女会员五角,男会员月捐五角,女会员二角。⑤ 1947年柔佛胶业公会成立女工部,关注女工的权利。

政府、公立学校和医院的女公务员、女教师和女护士、女医生也抗争不平等对待。50年代初,马来亚职工总会发表一报告书,呼吁"给予妇女自

---

① 《粤籍佣妇临时筹赈会筹得二千余元赈款》,《星洲日报》1937年10月9日。
② 《粤华妇女互助会昨举行开幕礼》,《星洲日报》1940年2月9日。
③ 《粤帮理发公会店员部会议》,《星洲日报》1937年6月14日。
④ 《本报特写》,《南侨日报》1947年3月28日。
⑤ 《石行工友互助会,已通过全部章程》,《星洲日报》1937年11月22日。

由，盖因在一文明进步之社会，妇女殊不应遭贬为较男人低劣之地位"。报告指出，马来亚妇女在公共服务部门的待遇不平等，同工不同酬，女公务员在结婚时，即要提交辞呈，如继续服务，就要转成逐月计算之临时性工作，她们在房屋津贴、生活津贴、申请假期方面，也不平等。①

但总地来看，殖民地时期，女工较少加入工会和组织工会，从事专业技术工作的女性也较少组织起来，她们争取权利的行为尚处于自发阶段。

二 对社会进步的影响

20世纪上半叶新马华人社会是传统父权社会，恪守"男外女内"的性别分工，强调妇女的首要责任是照顾家庭和孩子。但是，进步人士提倡女子职业，因为经济自立是妇女解放的前提，对于争取妇女的平等地位至关重要，职业妇女是"新女性"，应该"在思想行动上，对社会革命化、国家思想应当有相当的了解，更需着力于生活自立问题，以谋女权的扩张，和男子们同登平等之路"。② 人们认为，新女性在教育上，要有充分的学识；在经济上，要有相当的职业，脱离倚赖男子的习惯；在态度上，要思想新颖。③ 李声如在《妇女的职业问题》一文中反驳了将妇女局限于家务的观点，提出：

> 我们知道男女不同的现象，是由各种不同环境所造成，并不是生下来即有差异的，我们更要确定男女对于各种职业的能力也是一样的。那些因环境压迫所生的结果，男女两性能力的差异，不见得比男子与男子间和女子与女子间的差异来得大。……所以我们更深信女子有择业的自由，并无何种范围和拘束，她们可以做家中主妇，可以做学校里的教师，可以做工厂里的工人，可以做医院里的看护妇和医生，可以做幼稚园里的保姆，也可以做牛顿，也可以做莎士比亚，也可以做拿破仑，也可以做罗素，也可以做杜威，也可以做……这其间有绝对的选择自由，家庭和丈夫不能有任何权力去干涉她。④

职业妇女面对的难题之一是双重负担，因为传统对妇女的家庭责任要求

---

① 《马职工总会报告书称 男女地位应平等》，《星洲日报》1952年10月6日。
② 玲玲女士：《怎样做一个新女子》，《总汇新报》1931年11月7日。
③ 凯女士：《新女性的三个问题》，《总汇新报》1932年7月31日。
④ 李声如：《妇女的职业问题》，《星洲日报》1934年11月4日。

没有改变，而她们又要承担繁重的工作。女工大都要工作 9 小时以上，如锡矿女工每天从早上七点工作到下午四点，一些女工还利用休息时间"跑到山上，弯着身子收拾干枯的树枝，用麻绳打成一捆一捆的，放工的时候顺手担回家去，从中节省掉一笔买柴炭的钱"①。放工后女工还要做饭、洗衣、缝衣、带小孩、种菜等，她们一天几乎工作 14—16 个小时。女教师除了上课，下课后还要备课、改作业、做家务、带孩子，十分辛苦。当时社会风气不容许男性做家务，女性的双重负担特别沉重。

当中国出现"女子回家去"的讨论时，新马华人社会也有回响，一些人恪守传统，认为妇女的职责在家庭，应放弃工作回到家庭。1937 年一篇署名伟仁女士的文章《女子应否回到家庭去》就主张：

> 家庭是组织社会的分子，有了良好的家庭，才有良好的社会，良好的国家，由此可知家庭的重要性了。家庭由于□□的组织，男女各方均有所任务，古来的"内子""外子"的称呼，就是告诉我们男主外、女主内的意思。家庭既然是组织社会之基础，家庭的工作与社会的工作是同样重要的，女子为求与男子平等，何必要在职业上竞争，就在家庭工作上求就够了。这就是女子的分内事。②

她的观点引来进步人士的激烈批评，有的人从女子自身发展的角度反驳："女性们回家庭去，做男子的管家婆，诚如此，那么柯泰夫人、卢森堡女士、宋美龄女士、秋瑾女士、傅善祥、丁玲、白薇等女士，这些杰出的天才就不会产生了。因为假如使她们回家庭去，最多是产生出贤妻良母，忠于男性、善烹调、缝纫、理家务的女子：因为她们的天才埋没了。"③ 有人从经济独立的角度反驳："女子要求与男子平等，先决的条件是要求经济的独立，如经济权还操在男子手里的话，女子的要求平等是不会达到目的的。"④ 从讨论的激烈程度看，知识妇女（包括部分男性）要求职业和经济独立的呼声占上风，绝大部分知识妇女不认同只做家庭妇女，她们希望获取职业以求得经济独立，进而回报国家和社会。

---

① 冷然：《我们在矿场里》，《星洲日报》1940 年 8 月 4 日。
② 伟仁女士：《女子应否回到家庭去》，《星洲日报》1937 年 5 月 30 日。
③ 义和：《女子可以回到家庭去吗?》，《南洋商报》1937 年 6 月 11 日。
④ 水源：《一点意见》，《星洲日报》1937 年 6 月 27 日。

在轰轰烈烈的抗日救亡运动中，新马华人妇女也充分动员起来，积极参与筹赈活动，而职业妇女以其组织能力和经济能力，在筹赈活动中发挥中坚作用。女教师在领导、宣传和组织女学生方面起了不可替代的作用，一方面通过组织女学生卖花、演戏、宣传，进行募捐活动，另一方面自己通过常月捐、特别捐进行捐款。女工群体也是筹赈活动中的中坚力量，女工尽管没有多少文化，但有微薄的收入，有组织有觉悟，相当多的女工参加到抗日救亡运动中，一些女工象女学生一样，组织劝募队，进行宣传和募捐活动。① 粤籍女佣组织性最强，在新马抗日救亡运动中特别引人注目，她们最常用的方式是组织演剧筹赈，最先行动的是新加坡女佣，于 1937 年 10 月通过演剧，筹得 5000 元。1938 年 3 月雪兰莪女佣演剧筹赈团，售券达 5000 元。1938 年 5 月芙蓉女佣筹组剧团表演粤剧筹赈，此次演剧卖票收入 220 余元，女佣合捐基金 300 余元，场内卖物 200 余元，加上其他收入，共募得 1780 多元，上交筹赈会。② 除演剧筹赈，粤籍女佣还交纳常月捐和出售贺卡助赈。粤籍女佣能在救亡运动做出如此好的成绩，除了她们的爱国觉悟，也与她们有经济自立能力和职业组织能力有关。舞女群体在筹赈活动中更是表现亮眼，她们个人捐款数额较大，一般是上百元。舞女还组织剧团，充分发挥自己长于表演的优势，表演粤剧、话剧等，募捐数额巨大。抗战以来，舞女前后两次演剧筹赈，共得叻币 8000 元左右。③ 舞女所特有的舞蹈能力和表演能力，在需要演剧筹赈的环境下成为一种极大的优势，加上她们良好的组织能力，使得舞女群体筹赈能力惊人。舞女也充分利用抗日救亡话语，将谋生、筹赈、爱国通过伴舞和演剧结合起来，于是，在抗日救亡环境下，舞女成功打造了自己爱国、进步的新形象。

职业妇女具有经济自立能力和组织能力，加强了她们的社会参与能力，使她们能在抗日救亡运动中发挥中坚作用。而她们所表现出的觉悟和能力，一定程度上改变了男尊女卑等传统观念，有助于推动社会进步。

三 华人女性的经济贡献

20 世纪上半叶华人妇女经济参与逐渐增强，不论是种植业、矿业、制造

---

① 《各业女工，经组织劝募队，恳请星华妇女筹赈会予以赞助》，《星洲日报》1937 年 11 月 18 日。

② 范若兰：《性别与移民社会：新马华人妇女研究（1929—1941）》，暨南大学出版社 2019 年版，第 231 页。

③ 《舞女义演爱国情绪溢全场》，《南洋商报》1940 年 7 月 30 日。

业、建筑业，还是服务业，都有她们活跃的身影。就华人妇女在新马各行业的人数、比例和所处职业层级来说，她们都低于男性，但这并不表明华人妇女在经济发展中是无足轻重的。

首先，华人女性对制造业发展有所贡献。卷烟厂、食品厂、胶厂大量雇用女工和童工，是因其工资低廉，易于管理，如1938年《星洲日报》报道，各工厂雇用女工和童工，尤其是饼干厂、黄梨厂削梨部所雇童工甚多，每小时工钱仅两三分钱。[①] 烟厂也大量雇女工，很多是未满15岁的少女，由于劳工法禁止雇用未满15岁之少女，华民政务司对此进行调查。[②] 可以说，华人女工一方面因其生产能力，另一方面因工资低廉降低了生产成本，在某种程度上促进了殖民地经济的复苏和发展。正如赫夫所指出的："到两次世界大战之间，新加坡工业开始在某种程度上依靠廉价的女性劳动力。这给妇女（当时几乎全是华人）提供了离家就业的一个主要机会，也使新加坡工资水平向更具有国际竞争力的方向变化。"[③]

其次，华人妇女对锡矿业和橡胶业的贡献。锡矿业和橡胶业是马来亚的支柱产业，华人和印度人是这两大产业的主要劳动者，华人妇女在这两个产业中有特殊贡献，尤其是锡矿业。锡矿中的淘锡职业，是华人妇女的专门职业，淘锡产量占全部锡产量的份额在20年代约为4%或5%，三四十年代华人妇女大量进入淘锡业，淘锡产量的比重逐年上升，据统计，1946年淘洗出来的锡米占全部锡产量的25.4%。[④] 也就是说，只淘锡一项妇女对锡矿业的贡献就占四分之一，加上从事其他锡矿工种的妇女，华人妇女在锡矿业的重要作用可见一斑。

在橡胶业，华人妇女和印度妇女举足轻重，她们参与了橡胶园中的所有工种，而且人数和比例不断增加。这一方面是由于女工价廉，园主愿意雇用女工以降低成本，另一方面也是因为殖民政府限制男性移民，每当经济形势略有好转时，橡胶园人工不足，于是大量雇用女工。因此，从某种意义上来说，女工是维持橡胶园生产的重要保证。

---

① 《各工厂竞用童工，生活恶劣待遇菲薄》，《星洲日报》1938年3月22日。
② 《巴株某烟厂雇用未满劳作年龄女工》，《星洲日报》1940年3月21日。
③ ［英］W. G. 赫夫：《新加坡的经济增长》，牛磊等译，中国经济出版社1997年版，第209页。
④ Y. H. Yip, *The Development of the Tin Mining Industry*, Kuala Lumpur: University of Malaya Press, 1969, p. 402.

最后，华人妇女对服务业的贡献。1929—1933年经济危机导致的百业萧条，对服务业打击巨大，店家各想奇招，雇用女性来招徕生意，于是，女招待、女店员、舞女、理发女成为服务业的亮丽风景，虽然这些职业被"色情化"，但不可否认的是，女招待使得餐饮业兴旺，舞女则带动了娱乐休闲业的发展，这些行业曾在经济危机的打击下惨淡经营，女性的加入使其重现生机。

妇女在家仆业占多数，她们克勤克俭，小有积蓄，甚至带动了银行业务的拓展。如怡保华人银行因经济危机惨淡经营，1934年后业务大增，因为该银行推出一元即可存钱的业务，"此项业务极为发达，且储蓄者多为佣妇、劳动妇女等。惟彼等因无受教育机会，不能签名，其存款时，常以盖指印以作署名，每当职员按其手打印时，年事少者，多怀羞怯之态……"鉴于不识字的女顾客增多，该银行"拟于下月起，聘任一女职员，专理妇女部，若然，则不仅一般娇羞妇女深得便利，而该行之营业亦有补助"[1]。

人们通常关注到华人男性对新马经济发展的贡献，却对华人妇女的经济贡献知之甚少，甚至完全忽略。其实，华人妇女经济活动的贡献是多重的，包括对个人、家庭、殖民地和侨乡。经济参与为华人妇女提供了收入和自立的机会，一些妇女甚至成为家庭经济的支柱。当时人记载，"洗留郎的妇人，凡闽粤各县都有，最多还是新会、新宁、赤溪一带的人。她们在国内不能谋活了，就跑来南洋洗'留郎'，等到积蓄了许多金钱才写信去叫她的丈夫或家人到南洋来"[2]。当丈夫失业或缺失时，妇女的收入能够养家糊口。还有很多华人妇女汇款给家乡，促进了侨乡的发展。这在自梳女群体中表现最为突出，一些身为自梳女的女佣将钱汇回家乡，帮助父母、兄弟和子侄。[3] 如黄爱群14岁时随姑姑到新加坡帮佣，生活节俭，剩下的钱都寄回家，她27岁时"梳起"，母亲也赞成，因为做工的钱可以寄回家。[4] 应该说，闽粤侨乡的发展也有她们的一分功劳。

---

[1]《怡何华侨银行分行拟设妇女部》，《星洲日报》1934年11月1日。
[2] 刘挚夫：《华侨妇女生活》，《华侨半月刊》1936年第92期，第25页。
[3] 参见叶汉明《华南家族文化与自梳风习》，载李小江主编《主流与边缘》，生活·读书·新知三联书店1999年版，第94页。
[4] 黄爱群口述访谈，屈宁、高丽记录。李小江主编：《让女人自己说话：文化寻踪》，生活·读书·新知三联书店2003年版，第139页。

第二章

20 世纪下半叶新加坡华人妇女职业变迁及影响

20 世纪下半叶新加坡的政治、经济、社会发生巨变。新加坡于 1959 年取得自治地位，李光耀领导的人民行动党在大选中获胜，开始了该党的长期执政。1963 年新加坡加入马来西亚，1965 年退出，取得独立地位。人民行动党实行威权统治和精英治国，施政高效廉洁，新加坡经济持续高速发展，不仅成为亚洲"四小龙"之一，也是东南亚最富裕的国家，成功晋身发达国家行列。

新加坡华人人口占 77% 左右，被认为是华人国家。新加坡政治经济发展深刻影响到华人妇女，女性政治经济参与率不断提高，教育水平迅速提升，职业领域大大拓展，性别平等意识增强，推动了新加坡的性别平等和社会进步。

第一节 新加坡政治经济发展与华人妇女职业变迁

一 新加坡经济发展战略与劳动力就业结构变化

新加坡是一个港口城市，在殖民地时代主要靠转口贸易取得繁荣。但"二战"后东南亚国家纷纷独立，采取直接贸易形式，新加坡的转口贸易经济不断衰退，1959 年自治时，新加坡的失业率高达 13.2%。[①] 为改变经济困境，新加坡政府实行进口替代战略，主要是进口天然资源进行加工生产，初

[①] ［新］游保生、林崇椰主编：《新加坡 25 年来的发展》，南洋·星洲联合早报 1984 年版，第 159 页。

步发展了小规模的进口加工工业，如纺织、成衣、食品和木材加工业等，还在裕廊建立工业区。李光耀认为新加坡缺乏自然资源和人力资源，也缺乏广大的市场，而新加坡和马来亚在殖民地时期是联系密切的经济体和政治体，如果新马合并，将在经济上对两邦产生更大助益——新加坡多了一块腹地，马来亚多了一个出入港，因而积极推动马来西亚计划。经过多方谈判，1963年8月31日，马来亚、新加坡、砂拉越和沙巴联合组成马来西亚，但由于政治、族群方面的矛盾，1965年8月9日新加坡退出马来西亚，成为一个独立国家。

新独立的新加坡面临极大的生存困境。一是在国际冷战格局下，两大阵营严重对立，新加坡也有势力强大的左翼运动挑战人民行动党政府；二是经济困难，1965年新加坡失业率高达14%，人民生活困苦。为摆脱困局，新加坡政府实行威权统治，致力于发展经济，继续推行进口替代战略，促进工业化发展，1959—1967年，制造业年均增长率高达16.3%，其在国内生产总值的比重从8.6%上升到16.7%，失业率下降到8.1%。[1]

1967年新加坡政府实行出口导向战略，积极吸引外资，发展制造业和金融业。1967年新加坡颁布《经济扩展法案》，为发展面向出口的企业提供多种优惠措施。这一时期，新加坡以劳动密集型产业为主的制造业得到迅速发展，尤以木材、橡胶加工、纺织、制衣、电子等产业最为突出，1967—1979年，新加坡GDP年均增长率高达10%，制造业所占比重上升到27%，1979年失业率降至3.3%。[2] 新加坡实现了经济起飞，被誉为亚洲"四小龙"之一，成为新兴工业化国家。20世纪80年代随着劳动力成本上升，新加坡政府致力于产业升级，积极发展资本和技术密集型产业，逐渐淘汰劳动密集型产业，于是以电子、石化为主的技术密集型产业迅速发展。80年代中期，新加坡经济曾出现过短暂衰退，政府积极推动高科技产业以提高企业的国际竞争力，因此，电子产业成为制造业的龙头，到2000年其产值已占制造业的48%，电子产品出口占国内产品出口的55%，新加坡成为全球重要的集成电路、芯片和磁盘驱动器生产基地。同时，制造业发展促进了服务业发展，新加坡成为东南亚的金融中心、运输中心和国际贸易中心。[3]

---

[1] 王勤：《新加坡经济发展研究》，厦门大学出版社1995年版，第11页。
[2] 明晓东：《新加坡工业化过程及其启示》，《宏观经济管理》2003年第12期。
[3] 沈红芳等著：《东南亚的工业化、外国直接投资与科技进步》，厦门大学出版社2014年版，第45页。

经济战略调整与产业升级改变了新加坡的产业结构。从各产业在国内生产总值的构成变化来看（见表2-1），金融保险业增长最快，从1980年的17.3%上升到1993年的28.8%，制造业长期维持在27%以上，商业位居第三，交通运输业位居第四，建筑业位居第五，农业和矿业基本萎缩。

表2-1　　　　　　新加坡国内生产总值的部门构成（%）

年份	农渔业	采掘业	制造业	公用事业	建筑业	商业	运输通信	金融保险	其他
1980	1.3	0.3	28.6	2.3	6.4	23.7	14.2	17.3	5.9
1985	0.8	0.3	23.6	2.0	10.7	17.0	13.4	27.4	4.8
1990	0.3	0.1	29.6	1.9	5.5	18.6	13.0	26.1	4.9
1993	0.2	0.1	27.5	1.7	7.4	17.8	12.1	28.8	4.4

资料来源：根据新加坡统计局《新加坡统计年鉴》有关年份编制。

产业结构变化必然引起就业结构的变化。据表2-2数据，1957年新加坡尚未开始工业化，以农业和矿业为主的第一产业还有5.9%的就业比重，到1990年新加坡劳动力在第一产业的就业比重几乎可以忽略。随着工业化，尤其是制造业的发展，在第二产业就业的劳动力从1957年的15.6%上升到1990年的36%，而以商业金融、服务业为主的第三产业始终保持较高的就业比例。随着商业金融服务业的发展，新加坡劳动力在第三产业就业不断增长，到2005年，新加坡劳动力就业人数最多的是社区与个人服务业，其次是商业，第三是制造业（见表2-5）。

表2-2　　　1957—1990年新加坡各族群劳动力行业分布（%）

族群	产业	1957年	1970年	1980年	1990年
华族	第一产业	11.2	4.4	2.1	0.5
	第二产业	22.3	30.8	36.0	38.1
	第三产业	66.5	64.8	61.9	61.4
	总计	100.0	100.0	100.0	100.0
马来族	第一产业	5.0	1.6	0.5	0.2
	第二产业	10.1	22.4	44.3	25.9
	第三产业	84.9	76.0	55.2	63.9
	总计	100.0	100.0	100.0	100.0

续表

族群	产业	1957年	1970年	1980年	1990年
印度族	第一产业	1.7	0.7	0.4	0.1
	第二产业	14.4	18.0	20.4	24.1
	第三产业	83.9	81.3	69.2	65.8
	总计	100.0	100.0	100.0	100.0
全部	第一产业	5.9	2.2	1.0	0.2
	第二产业	15.6	23.7	33.6	36.0
	第三产业	78.4	74.0	62.1	63.4
	总计	100.0	100.0	100.0	100.0

资料来源：新加坡历年人口普查。[新]苏瑞福：《新加坡人口研究》，薛学了等译，厦门大学出版社2009年版，第293页。

二 华人女性劳动力行业分布变化

新加坡经济发展，尤其是劳动密集型产业的发展，大大推动了华人女性参与经济活动，对其行业分布产生重要影响。据表2-3，在尚未实行进口替代战略之前的1957年，华人女性劳动力的最大行业是社会和个人服务业，占所有就业妇女的44.5%，其次是制造业，为21%，再次是商业，占16%，最后是农业，占12.5%。1967年实行出口导向战略后，新加坡制造业有所发展，反映在1970年人口普查中，华人妇女在社区和个人服务业就业人数仍为第一，但比例有所下降，制造业仍为第二，但比例上升迅速，为32.2%，商业仍为第三位。

表2-3　　1957年和1970年新加坡各族群妇女的行业分布（%）

行业	1957年			1970年		
	华族	马来族	印度族	华族	马来族	印度族
农业、林业、渔业	12.5	8.1	2.8	3.4	1.0	0.3
采矿业	0.2	—	—	0.1	—	0.1
制造业	21.0	3.7	2.1	32.2	31.2	18.9
电力、天然气、水力	0.1	0.1	0.6	0.4	0.2	0.6
建筑业	2.2	0.3	1.2	2.0	0.2	0.8
商业	16.0	10.9	8.5	19.6	11.8	12.8
交通运输业	1.0	0.5	2.3	2.4	3.1	3.2

第二章 20世纪下半叶新加坡华人妇女职业变迁及影响　　65

续表

行业	1957年			1970年		
	华族	马来族	印度族	华族	马来族	印度族
金融、保险、商业服务业	2.3	0.6	1.7	3.6	0.9	2.3
社区、社会及私人服务业	44.5	75.7	80.4	36.2	51.6	60.9
其他	0.2	0.1	0.4	0.1	—	0.1
总计（%）	100.0	100.0	100.0	100.0	100.0	100.0

资料来源：（1）Saw Swee-Hock, *Singapore Population in Transition*, Philadelphia：University of Pennsylvania Press, 1970, p. 130.
（2）P. A rumainathan, *Report On The Census of Population 1970*, Singapore, 1973.

1980年新加坡女性劳动力在各行业所占比例都有所上升，据表2-4数据，女性在制造业占46.2%，几乎接近一半，在金融保险业占40.2%，在社区和个人服务业占36.1%，在商业占34.1%。从女性劳动力占女子就业的分布来看，制造业跃居第一，占40.4%，第二、第三是社区和个人服务业和商业，占21%强。随着80—90年代新加坡致力于发展技术和知识密集型产业，女性劳动力在制造业就业比例有所下降，1994年为41.4%，位于社区和个人服务业（51.4%）和金融保险业（48.7%）之后，与商业（41.2%）不相上下。从女性劳动力占女子就业的分布来看，1994年女性在社区和个人服务业就业比例最高，占27.4%，制造业位居第二，占26.4%，商业第三，为23.5%，金融保险业第四，为14.6%。上述数据虽然没有专门统计华人女性行业构成，但由于华人妇女占新加坡女性的77%以上，[1]可在很大程度上反映华人妇女的行业变化。

表2-4　　1980年和1994年新加坡劳动力的行业分布（人数与比例）　　单位：人

行业	1980年				1994年			
	男性人数	女性人数	女占该行业%	女占女子就业%	男性人数	女性人数	女占该行业%	女占女子就业%
制造业	173659	148942	46.2	40.4	247766	174773	41.4	26.4

---

[1] 华人妇女在妇女总人口中的比例1972年是77.2%，1978年是77%，1980年是77.4%。*Report On National Survey On Married Women, Their Role In The Family And Society*, Research Branch Ministry of Social Affairs, Singapore, 1984, p. 9.

续表

行业	1980年 男性人数	1980年 女性人数	1980年 女占该行业%	1980年 女占女子就业%	1994年 男性人数	1994年 女性人数	1994年 女占该行业%	1994年 女占女子就业%
公用事业	7308	1156	13.6	0.3	见其他	见其他		见其他
建筑业	65833	5236	7.4	1.4	96490	12333	9.5	1.9
商业	150461	77932	34.1	21.1	221380	155495	41.2	23.5
交通仓储通信业	101009	18643	15.6	5.1	136086	38655	22.1	5.8
金融、保险、商业服务业	50210	33763	40.2	9.2	101846	96750	48.7	14.6
社区、个人服务业	141014	79866	36.1	21.7	171885	181719	51.4	27.4
农、林、渔业	13801	2996	17.8	0.8	见其他	见其他		见其他
矿业	969	169	14.8	0.05	见其他	见其他		见其他
其他	348	65	15.7	0.02	11684	2434	17.2	0.4
全部	704612	368768	34.3	100.0	987137	662159	40.1	100.0

Source: (1) 1980 Census Release No, 4. Singapore.
(2) *Report on the Labour Surrey of Singapore* 1994, Singapore: Ministry of Manpower, 1994.

到2005年，新加坡高技术和知识型产业发展达到较高水平，各族群的行业分布都有所改变，据表2-5数据，华人女性劳力在制造业从业者占女子就业的比例进一步下降为第三位（15.4%），位居第一的仍是社区与个人服务（22%），第二是批发零售业（20.9%），第四位是商业服务（13.3%）。马来和印度妇女与华人女性行业分布有相同之处，即在社区和个人服务业位居第一，商业服务和制造业分属第二、第三，批发零售业位居第四，在金融服务业上低于华人妇女。

表2-5　　　　2005年新加坡常住劳动力的行业分布（%）

行业	华人 总数	华人 男	华人 女	马来人 总数	马来人 男	马来人 女	印度人 总数	印度人 男	印度人 女
制造业	17.0	18.2	15.4	15.9	16.0	15.8	15.2	16.9	11.8
建筑业	5.5	7.9	2.3	2.6	3.6	0.9	2.9	3.8	1.1
批发零售业	20.0	19.3	20.9	10.9	10.1	12.2	14.2	15.4	11.8
餐厅酒店	6.3	5.3	7.7	6.8	4.8	10.0	5.3	5.1	5.7

续表

行业	华人 总数	华人 男	华人 女	马来人 总数	马来人 男	马来人 女	印度人 总数	印度人 男	印度人 女
运输储存	9.1	12.3	4.9	15.9	20.3	8.5	10.0	12.3	5.4
信息通信	3.8	3.7	3.9	2.8	2.3	3.6	6.3	6.6	5.7
金融服务	6.6	4.8	9.0	3.4	2.4	5.2	5.4	5.3	5.7
商业服务	11.7	10.5	13.3	15.8	17.1	13.5	14.8	15.2	14.1
社区及个人服务	19.0	16.8	22.0	23.6	20.1	29.6	24.5	17.8	37.7
其他	0.9	1.1	0.6	2.3	3.2	0.7	1.4	1.6	1.0
总计	100.0	100.0	100.0	100.0	100.0	100.0	100.0	100.0	100.0

资料来源：[新] 苏瑞福：《新加坡人口研究》，薛学了等译，厦门大学出版社 2009 年版，第 294 页。

三 新加坡华人妇女职业构成变化

新加坡经济发展和女性劳动力行业构成的变化，决定了女性职业发展的走向。据表 2-6 数据，1957 年新加坡经济尚未发展，仍处于前工业化社会，华人女性的最大职业是服务人员，包括女佣等，占 35.7%，女工是第二大职业群体，占 27.6%，女农民渔民是第三大职业，占 12.5%。随着工业化发展，1980 年女工成为华人职业女性的最大职业群体，占 30.7%，女文秘人员成为第二大职业群体，占 29.6%，服务人员下降为第三大职业群体，占 12.9%，女农民渔民下降为最少的职业群体，仅占 1%。

表 2-6　1957 年、1970 年及 1980 年新加坡 10 岁以上华人妇女职业构成比例（%）

职业	1957 年	1970 年	1980 年
专业、技术及相关人员	8.2	13.2	10.5
行政、管理人员	0.2	0.4	2.5
文秘	5.0	16.9	29.6
销售人员	10.7	11.2	11.7
服务人员	35.7	22.7	12.9
农民、渔民	12.5	3.5	1.0
工人	27.6	31.7	30.7
其他	0.1	0.4	1.1

续表

职业	1957年	1970年	1980年
总计	100.0	100.0	100.0

资料来源：(1) Saw Swee-Hock: *Singapore Population in Transition*, Philadelphia: University of Pennsylvania Press, 1970, p. 132.

(2) P. A. Rumainathan, *On The Census of Population* 1970, Singapore, 1973, Table. 83.

(3) Tania Li, *Malays in Singapore: Culture, Economy, and Ideology*, Singapore: Oxford University Press, 1989, pp. 102, 104.

据表2-7，从1980年新加坡女性占所在职业的男女比例来看，女文秘人员高居榜首（62.7%），其次是服务员和零售人员（43.7%），再次是专业技术人员（38.9%），女工占工人的26.6%。到1994年，女文秘人员占该职业比例上升到74.6%，女工占工人职业的64%，这两个职业的女劳动力都超过男性，女销售员占43%，女低级技术人员占41.3%。

表2-7　1980年和1994年新加坡劳动力的职业分布（人数和比例）　　单位：人

职业	1980年 男性人数	1980年 女性人数	1980年 女占该职业%	1980年 女占女子就业%	1994年 男性人数	1994年 女性人数	1994年 女占该职业%	1994年 女占女子就业%
议员、官员和管理者(1)	44322	7311	14.1	2.1	146959	31806	17.8	4.8
专业人员					67994	38395	36.0	5.8
技术人员和助理专业人员	57009	36372	38.9	10.5	145511	102527	41.3	15.7
文秘人员	59048	99188	62.7	28.6	61698	181589	74.6	27.4
销售人员	110289	45228	29.1	13.0	125895	95192	43.0	14.4
服务员、商店零售人员	64753	50212	43.7	14.5	159162	13988	8.0	2.1
工匠及相关职业	见其他	见其他			156955	97367	38.3	14.7
产业工人	284775	103350	26.6	29.8	55953	99671	64.0	15.1
清洁工、农民及相关职业	见其他	见其他			65009	1623	2.4	0.2
其他	74524	5252	6.5	1.5				

续表

职业	1980年				1994年			
	男性人数	女性人数	女占该职业%	女占女子就业%	男性人数	女性人数	女占该职业%	女占女子就业%
全部	694720	346913	33.3	100.00	987136	662158	40.1	100.0

注：(1) 1980年此项分类仅包括行政管理人员。

Source: *Report of Labour Force Survey of Singapore*, 1994. Singapore: Ministry of Manpower, 1994.

而从女性的职业构成和排名来看，据表2-7，1980年女工人是女性就业者中人数和比例最高的，占29.8%，女文秘人员位居第二（28.6%），之后是服务员和零售人员（14.5%）、销售人员（13%），专业技术人员（10.5%），女性管理经理人员最少（2.1%）。到1994年，从事文秘职业的女性人数和比例位居第一（27.4%），专业技术人员位居第二（21.5%），女工下降到15.1%，下降比例最快的当属服务员、商店零售人员，从1980年的14.5%剧降到1994年的2.1%，女性管理和经理人员略有上升（4.8%）。

21世纪初，据表2-8数据，文秘职业仍是华人女性的第一大职业，占24.8%，其次是自由职业者和技术人员（23.7%），服务与销售人员位居第三（15.9%），专业人员第四（12.6%），与此同时，女工（包括制造业技工、操作工、装配工）急剧下降，仅占6.6%。产业结构变化对马来族和印度族女性职业也有较大影响，文秘职业也是马来和印度女性第一大职业，自由职业者和技术人员也是印度女性的第二大职业，是马来女性的第三大职业，此外，马来妇女在女工中占较大比例。

表2-8　　　　　2005年新加坡常住劳动力的职业分布（%）

职业	华人		马来人		印度人	
	男性	女性	男性	女性	男性	女性
高级官员与管理者	18.4	9.7	2.8	1.7	14.4	5.3
专业人员	12.6	12.6	3.2	6.9	19.6	15.5
自由职业者与技术员	17.3	23.7	12.7	16.7	15.5	20.3
文秘	5.1	24.8	9.9	33.3	7.2	27.7
服务与销售人员	12.2	15.9	21.6	18.1	16.2	11.6
制造业技工与相关人员	10.6	1.4	14.2	1.0	7.2	0.5

续表

职业	华人 男性	华人 女性	马来人 男性	马来人 女性	印度人 男性	印度人 女性
工厂、机器操作员与装配工	13.6	5.2	20.0	11.4	9.5	7.3
清洁工、民工与相关人员	4.4	6.3	10.8	10.8	4.6	11.2
其他	5.8	0.3	4.7	0.1	5.7	0.6
总计	100.0	100.0	100.0	100.0	100.0	100.0

资料来源：[新]苏瑞福：《新加坡人口研究》，薛学了等译，厦门大学出版社2009年版，第302页。

第二节　新加坡华人妇女职业变化特点及影响因素

20世纪下半叶新加坡发生翻天覆地的变化，从国家独立和威权统治，到经济快速增长和产业不断升级，这一切为新加坡女性提供了前所未有的发展机遇和空间，促进其积极参与经济活动，不断拓展职业领域。与殖民地时代相比，20世纪下半叶新加坡华人女性职业呈现新变化，影响其变化的重要变量是经济发展、教育发展和政府政策导向，笔者试从性别角度进行分析。

一　华人女性就业率大幅度提高

1947年新加坡华人女性就业率不到20%，1957年也只有24.5%，1980年提高到44.5%，1990年提高到52%，2005年提高到53%（见图2-1），换言之，有超过一半的华人女性劳动力参与就业。与此同时，马来和印度族女性就业率也大幅提高，马来妇女就业率从1957年的7.1%上升到2005年的43.3%，印度族妇女从同期的8.2%上升到47.1%，略低于华人女性。

华人女性就业率逐渐提升的最大影响因素是新加坡飞速的经济增长。60年代以来，新加坡工业化进程大大提升了该国的经济发展速度，除个别年份受国际经济危机影响出现经济发展迟缓外，大部分年份新加坡经济都保持高速增长，1960—1970年经济增长率为9.1%，1970—1980年为9.0%，1980—1990年为7.1%，1990—2000年为7.4%。[①] 经济高速增长不仅使新

---

① 沈红芳等著：《东南亚的工业化、外国直接投资与科技进步》，厦门大学出版社2014年版，第41页。

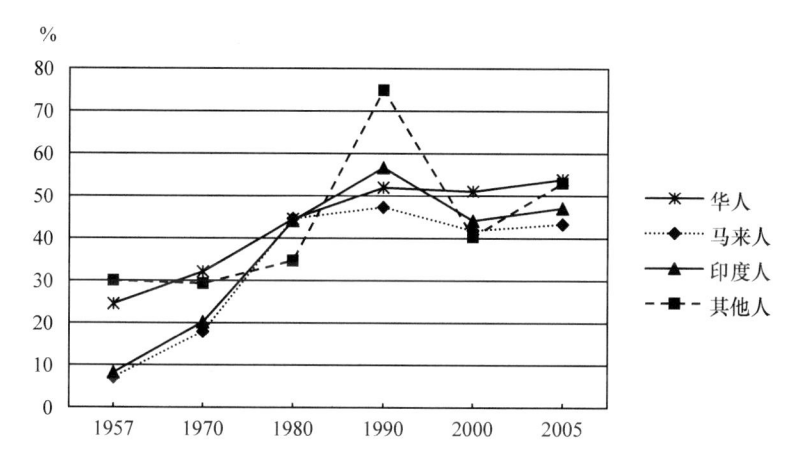

图 2-1　1957—2005 年新加坡女性劳动力参与率（%）

注：2000 年和 2005 年为常住人口劳动力。

资料来源：新加坡历年人口普查。[新]苏瑞福：《新加坡人口研究》，薛学了等译，厦门大学出版社 2009 年版，第 283 页。

加坡步入发达国家的行列，而且提升了华人妇女的就业机会和就业率。新加坡独立以前，经济发展畸形而缓慢，1959—1965 年失业率居高不下，维持在 13% 左右。华人妇女失业现象比较严重，求职困难，1960 年《南洋商报》刊登的一篇专门反映女工的文章指出："本邦工厂的女工有供过于求的现象。曾有一次某饼干厂要招请 40 名女工，很快的就来了几百人，任由厂方挑选。先选年轻再选未婚，其次又要长得漂亮。近二三年来，本邦许多工厂完全没有增加过新女工，如有女工辞职则另雇男工代替。"① 在严峻的失业压力下，有的妇女甚至绝望选择了不归路，1963 年 20 岁的华人少女林芳英在 4 年时间中"屡次申请工作皆不如愿以偿，乃萌短见，投海自杀"②。尽管这样的悲剧只是少数，但从侧面反映了当时妇女求职艰难。60 年代中期以后，政府实施的出口导向战略显出成效，尤其是劳动密集型产业的发展提供了大量就业机会，新加坡失业率不断下降，到了 70 年代末下降到 3%—4%，实现了"充足就业"。随着就业机会的增加，越来越多的妇女进入劳动力市场，就业率逐年增长。

---

① 《本邦女工现状》，《南洋商报》1960 年 11 月 20 日。
② 《失业四年精神苦闷 遂萌短见投海轻生》，《南洋商报》1963 年 10 月 29 日。

教育发展也促进了新加坡华人妇女的经济参与。新加坡独立以来，政府大力发展教育，女子教育得到长足发展，1960 年，女生占小学生的 44.1%，1990 年上升到 47.4%，受过中学教育的女性大幅度增加，1960 年新加坡女中学生占中学生总数的 39%，1980 年达到 51.5%，以后一直占一半左右。[①] 1960 年新加坡女大学生占学生的比例为 23.9%，1980 年上升到 32.2%，1990 年上升到 43%。[②] 1997 年女大学生占比达到 49.7%，[③] 已占大学生一半。

教育水平提高促进了女性的经济参与能力和意愿。通常受教育程度越高，就业意愿与能力越强。据 1975 年对新加坡女性劳动力教育水平的统计，文盲女性的就业率最低，只有 17.5%，完成小学教育女性的就业率是 28.7%，完成中学教育女性的就业率是 65.9%，完成高等教育女性的就业率是 65%。[④] 到 1990 年，各级教育水平的女性就业率都有所提高，受过大学教育的女性就业率高达 91%，小学学历是 77%，未受过正规教育的妇女只有 43% 参与就业。[⑤] "女性教育的增加是她们在 U 形曲线向上上升时加入现代经济部门的一个先决条件，是女性进入白领工作的转折点。"[⑥] 受过大学教育的女性能够从事专业技术、秘书和管理经理工作，受过中学教育的女性一般从事书记、电子厂工人、销售等职业，受过小学教育的女性一般从事制衣、纺织业工人等职业。

经济和教育发展为女性扩大就业提供了坚实的基础，增加了她们的就业愿意。其中，赚钱养家的经济动机是促使女性就业的最大因素之一。由于生活水平不断提高，家庭开支增多，"干什么都要用钱，丈夫就得赚更多钱来维持。从前三百元可以养一家五口，现在即使一千元也不够了，加上分期付款方法，使到下等家庭欲过中等生活，高等的要过更高的……在力不从心

[①] Grace C. L. Mark, ed., *Women, Education, and Development in Asia: Cross - National Perspectives*, New York: Garland Publishing, 1996, p. 137.

[②] Singapore Ministry of Community Development, *Women in Singapore: A Country Report*, Singapore, 1995.

[③] Ministry of Education Singapore, *Education Statistics Digest*, Singapore, 1998, p. 25.

[④] Cheng Siok - Hwa, Singapore Women: Legal Status, Educational Attainment, and Employment Patterns, *Asian Survey*, No. 4, 1977, p. 370.

[⑤] Grace C. L. Mak, ed., *Women, Education and Development in Asia: Cross National Perspectives*, Yew York: Garland Publishing, 1996, p. 154.

[⑥] 费涓洪：《妇女与劳动力市场研究》，时事出版社 2017 年版，第 253 页。

时，妻子就得外出工作以应付高昂的开支"。[①] 经济动机在刺激妇女就业率增长中起着不小的作用，据1973年简丽中对新加坡900名华人已婚妇女所做的抽样调查显示，促使妇女们外出工作的原因主要都是经济方面的，占66%，其中具体包括"满足家庭生活基本需求""购买'大件'奢侈品"及"存钱以备将来不时之需"三项理由。而出于"喜欢职业生涯的挑战""相信妇女应像男人一样就业""工作给我充足感和安全感""不想浪费自己的教育""想对社会有用"而工作的女性占29%，[②] 表明虽然经济原因是女性就业的最大动机，但为了建功立业而工作的女性也为数不少。

二 就业女性年龄构成和婚姻构成变化巨大

华人职业妇女的年龄构成变化较大。在殖民地时代，新加坡华人妇女各年龄段就业率都不高，已婚妇女更是极少就业，绝大部分妇女是"家庭主妇"，但劳动妇女为生存和养家要出外做工，如女佣、建筑女工、工厂女工等，这反映在1957年人口普查中，反而是44—59岁年龄段女性就业率最高。随着经济起飞及女性就业率增长，女性初婚年龄也不断提高，据统计，新加坡华人和印度妇女初婚年龄1960年是24岁，1980年为24岁，1990年为26岁，2005年为27岁，华人妇女的初婚年龄通常高于印度族妇女，马来妇女初婚年龄普遍偏低，相关年份为21岁、23岁、24岁和24岁。[③]

图2-2的女性劳动力年龄构成统计包括各族群妇女，1957年新加坡各年龄段女性就业率都不高，最高不超过30%。1970年15—19岁和20—24岁年龄段女性就业率最高，分别为43%和53.6%，25—39岁后进入婚龄和育龄，女性就业率下降为30.8%、22.7%和19.3%。1980年女性在20—24岁年龄段就业最高（78.4%），之后随年龄段增长而下降，但在25—39岁也保持较高的就业率（58.7%、44.2%和37.1%）。1990年女性在20—24岁年龄段就业率高达82.2%，在25—49岁年龄段也保持较高的就业率（77.9%、65.5%、57.9%）。2000年和2005年，女性最高就业率年龄段为25—29岁，而在30—54岁年龄段亦保持60%以上的就业率。

---

① 《职业妇女何去何从》，《南洋商报》1976年10月23日。
② Aline K. Wong, Women's Status and Changing Family Values, in Eddie C. Y. Kuo & Aline K. Wong, eds., The Contemporary Family in Singapore, Singapore：Singapore University Press, 1979, p. 44.
③ ［新］苏瑞福：《新加坡人口研究》，薛学了等译，厦门大学出版社2009年版，第116—117页。

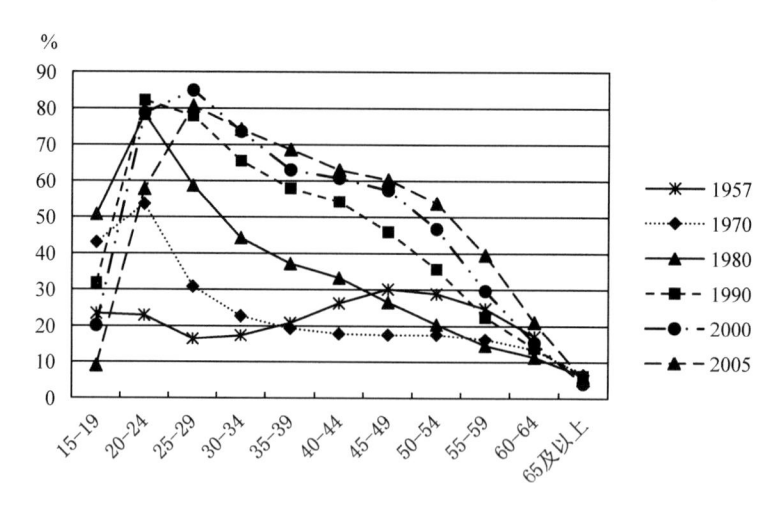

图 2-2　1957—2005 年新加坡女性劳动力年龄构成（%）

注：2000 年和 2005 年为常住人口劳动力。

资料来源：新加坡历年人口普查。[新]苏瑞福：《新加坡人口研究》，薛学了等译，厦门大学出版社 2009 年版，第 285 页。

据表 2-9，新加坡就业妇女的婚姻状态也有较大变化。单身女性就业率增长最快，1970 年为 35.6%，1980 年上升到 53.1%，1990 年上升到 68.9%。已婚妇女就业率亦不断上升，从 1970 年的 14.7%，上升到 1990 年的 43.2%。离婚女性就业率始终保持较高，1970 年为 47.6%，1990 年上升到 67.1%，与单身女性不相上下。

表 2-9　1957—1990 年新加坡妇女劳动力的婚姻状况构成（人数和比例）　　单位：人

年份	单身 人数	单身 参与率%	已婚 人数	已婚 参与率%	丧偶 人数	丧偶 参与率%	离婚 人数	离婚 参与率%
1957	34465	24.8	33326	14.0	14875	25.8	774	46.5
1970	125570	35.6	48812	14.7	11029	15.5	2042	47.6
1980	230626	53.1	134772	29.8	13366	16.1	6588	61.7
1990	280500	68.9	275200	43.2	16100	16.5	11200	67.1

Source: Shirlena Huang and Brenda S. A. Yeoh, Ties That Bind: State Policy and Migrant Female Domestic Helpers in Singapore, *Geoforum*, Vol. 27, No. 4, 1996, p. 483.

新加坡女性初婚年龄提高，及越来越多女性保持不婚，这是单身女性就业率最高的原因。女性在婚前大量就业，婚后有不少人退出劳动力市场，最大的原因是要照顾孩子和家庭。基于传统性别观念和男外女内的分工模式，女性的主要职责被认为是照顾孩子和家庭，因此倾向于婚后辞职。据1975年简丽中对900位华人母亲的调查，她们91%的人年龄在35岁以下，最多有三个孩子，有238位继续工作，有662位不再就业，不工作的原因，83%是因为要照顾孩子。[1] 1983年对3000名已婚妇女所做的调查表明，她们88.9%在婚前曾经就业，但现在有64.5%没有就业，中止工作的原因，68.6%是因为怀孕和照顾孩子，12%是因为没有合适工作，4%是想休整一下，还有3.2%是因为身体不好。[2] 可见，照顾孩子是已婚妇女中止就业的最主要原因。

但新加坡经济快速发展，面临严重的劳动力不足问题，已婚育龄妇女是劳动力的重要组成部分，因此新加坡政府积极采取措施推动妇女就业：

一是兴建幼儿园，以解决就业母亲照顾幼儿问题，促进已婚妇女就业。70年代已婚妇女就业增多，学龄前儿童照顾是个大问题，许多人呼吁多设立托儿所，尤其是在住宅区内建立托儿所，方便孩子入托。当时报纸上刊登一位妇女的来信，赞同多设立托儿所。

> 现在女工缺乏，那些孩子小的母亲，早有工作的念头，但孩子无人照顾，等孩子大了，而母亲年纪也进入中年，许多工厂又嫌她们年纪大，工作效率低，不欢迎。我是个中年妇女，受教育不多，以前一路来，我都想到工厂工作，以补贴家用。以前孩子小，托儿所虽有，但离家远，要搭车到托儿所去，将孩子放下，再搭车上工，放工后要搭车到托儿所去接孩子，再搭车回家，麻烦得很，而且在时间、金钱上又不合算，所以工作了一段时间，便辞工回家。现在孩子大了，而人已到中年，谁还愿意雇佣呢？所以我十二分赞成以上名士的建议，多设立托儿所，设在住宅区或工业区，以方便职业妇女不致浪费时间和金钱。[3]

---

[1] Eddie C. Y. Kuo and Aline K. Wong, *The Contemporary Family in Singapore*, Singapore: Singapore University Press, 1979, p. 44.

[2] *Report On National Survey On Married Women, Their Role In The Family And Society*, Research Branch Ministry of Social Affairs, Singapore, 1984, p. 38.

[3] 《中年妇女心声广设托儿所》，《南洋商报》1976年9月22日。

新加坡政府也认为多设立幼儿园有助于帮助有孩子的职业女性，因而鼓励私人建立托儿所和幼儿园，税率优待。1984年新加坡有幼儿园39个，入托儿童2000名，到1995年6月幼儿园数量增加到368个，入托儿童达28161人。①

二是实行弹性工作制，促进已婚妇女就业。1981年政府实行兼职计划，聘用已婚妇女为"临时工作人员"，她们可以担任的临时兼职工作有：律师、工程服务员、医生、管理训练员、语言教师、研究员、编辑、图书管理员、护士、社会福利事务员、高级社会福利事务员、口述历史组访员、文献记录员、出版助理、翻译员、书记（五级）、助理邮务书记、档案助理、技术员、图表美术员、图书技术员（二级）、统计助理、高级社会福利助理、打字员、电话接线员、原产工人、信差、档案保管员、绘图员（一级）等。② 2000年政府宣布推行弹性工作制，公共部门在保证生产率和服务标准不下降的情况下，每个雇员的工作时间可以在每周42小时的范围内进行调整。③ 还鼓励私人部门多设灵活工作时间，方便妇女参加工作。④

三是引进外国女佣，从事照顾孩子和家务工作。1978年5月新加坡劳工部宣布允许从外国聘请女佣，要求雇主交付10000元保证金。由于10000元保证金过高，一般家庭难以负担，劳工部又在同年10月将保证金下调为5000元。⑤ 雇主还要支付外国女佣收入的30%作为税金。1984年11月，新加坡政府规定聘请外国女佣要缴纳每月120元的劳工税，以"制止雇主因为外国女佣便宜而竞相聘请外国女佣，此外，也可以制止雇主让女佣做家务以外的工作"⑥。总的来看，新加坡政府虽允许输入外国女佣，但并不鼓励，尽管如此，"无可否认的，外籍女佣已成为一些非常需要帮手的家庭的一分子，她们协助了一些有学识的妇女，重新走出厨房，投入工作。据劳工部去年的一项调查，14%聘有外籍女佣的已婚妇女，在有了女佣后，便加入劳动队伍

---

① Singapore Ministry of Community Development, *Women in Singapore: A Country Report*, Singapore, 1995, p. 13.
② 《政府计划聘请已婚妇女担任兼职工作》，《星洲日报》1981年6月19日。
③ ［新］苏瑞福：《新加坡人口研究》，薛学了等译，厦门大学出版社2009年版，第233页。
④ M. Shamsul Haque, Representation of Women in Governance in Singapore: Trends and Problems, *Asian Journal of Political Science*, Vol. 8, No. 2, 2000, p. 76.
⑤ 《劳工部发表文告宣布 雇用外地女佣人 保金减为五千元》，《星洲日报》1978年10月1日。
⑥ 《从11月开始聘请外国女佣一律缴120元劳工税》，《联合早报》1984年9月30日。

重新投入工作"①。

此外,生育控制政策也对已婚女性就业有一定影响。60年代新加坡政府认为人口过多,开始实行控制生育政策,华人出生率从1955年的6.4%下降到1980年的1.66%。② 节育政策在客观上有助于妇女的职业生涯,在一定程度上缓和了母亲们兼顾工作与家庭的压力,让更多已婚妇女可以继续就业。1987年政府认为人口过少,重新调整生育政策,允许妇女生育三至四个孩子,为此改变个税减免政策,还改革带薪产假制度以鼓励生育。1987年4月,政府延长已婚女性公务员所能享受的无薪假期,由原来的一年延长到四年,此外,已婚女公务员一年内享有15天的额外事假,让她们可以照顾幼儿。这些措施对不愿意中断工作的职业妇女是一个更好的选择,但此举更重要目的,是鼓励女性多生育,"既可鼓励职业妇女多养育孩子,又可让那些事业心重而不愿意结婚的女性公务员提供更好的选择,希望她们能因此改变初衷,而负起'传宗接代'的责任。"③

新加坡政府的上述措施对促进已婚妇女就业有一定作用,但新加坡是典型的国家父权制,奉行"国家至上,家庭为根"原则,政府对妇女的第一个定位是"贤妻良母",照顾好孩子和家庭,辅助丈夫,对妇女的第二个定位是"好劳动力",为国家经济增长做出贡献。本质上,"贤妻良母"与"好劳动力"这两个定位是矛盾的,有时难以兼顾,因此新加坡政府的妇女政策围绕着这两个有点矛盾的定位不断调整,④ 已婚妇女就业率虽然有所提高,但比较缓慢,因为对女性的定位首先是母亲和妻子,当"贤妻良母"与"好劳动力"冲突时,后者要为前者让位。

三 华人妇女的职业长消与拓展

殖民地时代新加坡华人妇女职业较少,主要集中在佣人、教师、工人等为数不多的职业上,而且人数较少。20世纪下半叶,尤其是70年代以后,新加坡华人女性经济参与人数大大增加,职业领域也大大拓展。从表2-6、表2-7、表2-8统计数据可见,新加坡华人女性职业变化极大,主要表现在以下几个方面:

---

① 林凤英、周玉琴、林思云:《你谈我说 女佣问题》,《联合早报》1984年1月1日。
② [新]苏瑞福:《新加坡人口研究》,薛学了等译,厦门大学出版社2009年版,第177页。
③ 《优待职业妇女的措施》,《联合早报》1987年3月7日。
④ 范若兰:《新加坡妇女权利与国家父权制关系试析》,《东南亚研究》2016年第1期。

第一，新加坡华人女工职业变化最大，人数和比例大大增加，出现剧烈的此消彼长。

殖民地时代新加坡也有不少华人女工，主要在制胶厂、卷烟厂、食品厂工作，还有不少三水女工在建筑业工作，以"红头巾"著称，她们在五六十年代仍活跃在建筑工地，从事担水泥、扛木板等辅助性工作，盖起一座座高楼大厦。随着新加坡大力发展新兴制造业以及女子教育水平的提高，"红头巾"在70年代逐渐消失。70年代末新加坡纺织业达到顶峰，1984年制衣业达到顶峰，90年代电子业大发展。六七十年代以后女工主要集中在上述产业，1972年女工在纺织厂占74%，在制衣厂占90%，在电子厂占85%，到1982年，女工在上述三种产业仍占据多数，分别为67%、90%和71%（见表2-10），60年代、70年代、80年代女工成为华人女性最大的职业群体。

表2-10　　　　女性在新加坡劳动密集型产业的人数和比例

行业	1972年		1982年	
	工人人数	女工占%	工人人数	女工占%
纺织业	12390	74.0	6313	67.0
制衣业	17824	90.0	28262	90.0
食品加工业	9514	44.0	9900	39.0
电子业	27267	85.0	60747	71.0

Source：Hoeleen Heyzer ed., *Daughters in Industry：Works Stills and Consciousness of Women Worker in Asia*, Kuala Lumpur：Asian and Pacific Development Centre, 1988, p. 369.

新兴制造业工厂聘请的女工都接受过小学及以上教育，年龄在16—24岁，要求眼疾手快、心灵手巧。南大纺织厂负责人苏先生在接受采访时说，他的工厂有950多位工人，女工占800多位，多为未婚。操作女工的年龄要求是16—22岁，身体健康，该厂的女工年龄平均在21岁左右。[①] 随着制造业大发展，新加坡劳动力严重不足，年轻女工更是缺乏，即使如此，工厂也不愿聘请男工。一是因为厂家认为男工缺乏女工的灵巧，女性手指灵巧，在包装细小的产品时比男工更加快捷。二是聘请男工要付比女工更高的工资。三是厂家认为女性的性情比较适合生产操作员较刻板的工作，她们能全心全意工作，不会因为坐足7个半小时而投诉，而男工辞职率很高，"很多人只

---

① 谭幼今：《摆脱枷锁走出厨房献身社会今日我国新女性》，《南洋商报》1976年9月7日。

图 2-3　建筑女工"红头巾"（作者 Liu Kang，1951 年）

图片来源：新加坡国立大学博物馆收藏。

做上三、两天便说'闷'，不干了！"所以，很多电子厂都坚持只聘请女工。① 可见，女工的"灵巧身体""安心工作"使制衣业、电子业成为"适合女性"的职业。

劳动力缺乏，报纸上的招工广告昭示着招工不易（见图 2-4）。新加坡劳动力成本上升，纺织业、制衣业在 80 年代开始下滑，劳动密集型产业逐渐被技术密集型产业取代，到 90 年代，制造业女工人数下降，不再是新加坡最大的女性职业群体。

第二，在白领等专业技术领域，女性的人数和比例大大增加。义秘、教师和护士职业已成为"女性职业"，而在律师、医生、工程师等所谓"男性职业"，女性的人数也在增加。

表现最突出的是女文秘职业，女性占据该职业的绝大多数，1980 年是 62.7%，1994 年高达 74.6%（见表 2-7），是职业妇女的第一大职业群体。该职业在 20 世纪上半叶还是"男性职业"，但到 20 世纪下半叶，已成为标准的"女性职业"。

---

① 《厂家为何不请男工》，《联合晚报》1989 年 4 月 16 日。

80　"适合女性"——20世纪新马华人妇女的职业变迁

图2-4　制衣厂招工广告。

图片来源:《联合晚报》1987年7月2日第4版。

　　女教师人数和比例也大大提升。1970年新加坡的女教师已经超过男性，据教育部统计，1970年新加坡共有20395名教师，女教师占55.2%，其中，小学女教师最多，占65.4%，中学女教师略少于男教师，占47.8%。在大专学院，男教师则远超过女教师，女教师仅占16.0%。[①] 1981年，新加坡教

[①] 《本邦学校教师人数女性经已超过男性》,《南洋商报》1971年8月17日。

师总数是17570人，女教师占61.5%，其中，小学教师中，女教师占66.5%。中学与大学先修班的女教师也超过男教师，占55.5%，初级学院女教师则占57.1%，[1] 女教师在小学、中学和初级学院的人数和比例都超过男教师，只是在大学教师中仍低于男教师。到1997年，新加坡的小学女教师为8970人，占全部小学教师的78.6%，中学女教师共5853人，占全部中学教师的64%，专科学院的女教师有949人，占58.7%（见表2-11）。大学女教师人数和比例也有所增长，1962年，新加坡大学、南洋大学、新加坡工艺学院、义安工艺学院、教育学院五所大学共有736名女教师，占大学教师总数的13.8%，1981年大学女教师比例有所上升，占19%，1996年女大学教师占31%。[2] 可见，到20世纪下半叶，教师职业，尤其是小学和中学，已成为"女性职业"，但大学教师仍以男性居多。

表2-11　**1997年新加坡各级教育机构的教师和行政人员（人数和比例）**　　单位：人

教育级别	小学			中学			专科学院		
	全部	女性	女占%	全部	女性	女占%	全部	女性	女占%
教师	11406	8970	78.6%	9141	5853	64.0%	1617	949	58.7%
副校长	144	88	61.1%	115	76	66.1%	14	12	85.7%
校长	186	100	53.7%	70	14	20%	14	12	85.7%

Source: Ministry of Education Singapore, *Education Statistics Digest*, Singapore, 1998, p.5.

除了文秘、教师和护士等"女性职业"，女性也进入一向被视为"男子职业"的律师、医生、工程师等职业，而且人数逐渐增多。

女律师是人数增长较快的职业。殖民地时代，华人女律师可谓凤毛麟角，屈指可数，1950年新加坡仅有一位女律师，即李光耀夫人柯玉芝。60、70年代新加坡女律师增多，1979年新加坡律师公会有660名会员，女律师占1/3。[3] 到20世纪末，新加坡华人女律师超过律师人数的1/3，1991年女律师占39%。[4]

女医生人数也在增长。据1976年新加坡卫生部对全国医生的调查，在

---

[1] 《1981年教育统计 我国女教师万余名比男教师多4千人》，《星洲日报》1982年7月5日。
[2] UNESCO, *UNESCO Statistical Yearbook 1997*, Paris: UNESCO, 1997, p.262.
[3] 《陈宝莲小姐当选 星律师公会会长》，《星洲日报》1979年1月5日。
[4] Aline K. Wong and Leong Wai Kum, eds., *Singapore Women: Three Decades of Change*, Singapore: Times Academic Press, 1993, p.277.

受调查的1196名医生中，女医生占医生总数的1/3，医生中华人占82%，印度人占13%，马来人占0.4%，其他占4.3%。① 1981年新加坡女医生占医生总数的30%，女专科医生占20.5%。②

女工程师女建筑师也开始出现。战前，新加坡从来没有华人女工程师和建筑师，60年代出现女建筑师和女工程师，但极少，到1977年年底，新加坡共有3134名工程师，其中女性只有2%。③ 1996年，新加坡工程师学会有6619名会员，其中566名是女性。女工程师占8.5%。④

在管理经理职业中，华人女性的人数和比例也有所增长。从表2-6和表2-8可见，1970年华人女性行政和管理人员只占华人女性就业者的0.4%，2005年上升到9.7%。到21世纪，女经理管理人有较大增长，2012年新加坡女性在企业高层主管中的比例是23%，2013年是27%，高于同年全球平均值的21%和24%。⑤

在20世纪百年中，新加坡华人女性的职业已拓展到所有领域，除了在所谓"女性职业"中占据多数，还在一向被视为"男性职业"的领域占据不少领地。

第三，服务业商业的女性从业者沧桑巨变。

服务业和商业是华人女性从业最多的行业之一，从女佣、女理发师、女招待、女小贩、女店员，到新出现的女售票员、女司机、女保险经纪人，等等，女性从业者随着这些行业的剧变而消长。

最显著的是女佣的变化。20世纪上半叶，女佣曾是新加坡华人女性最大的职业群体，到20世纪60年代末，随着原来的妈姐退休、制造业发展、女性教育水平提高，华人女性几乎不再以当女佣为业，新加坡开始出现"女佣荒"，"新加坡缺乏女佣的现象，是近两三年的事。这是裕廊工业区以及住宅区的轻工业将原先当佣人的少女，抢到工厂做工的缘故。自从本邦大力发展

---

① 《卫生部调查报告书披露 执业医生多在本地 接受基本医药训练》，《星洲日报》1976年8月27日。
② 《女医生婚后走入厨房是否时间与金钱的浪费？—女医生撰文批评引述统计数字作反证》，《星洲日报》1981年10月5日。
③ 《全国工程人力调查显示新加坡工程师人数迄去年共三千余人》，《南洋商报》1978年9月11日。
④ 《口哨声中起高楼——土木工程师李美花》，《联合早报》1996年4月29日。
⑤ 《我国高层职位女性比率远高出全球平均》，联合早报网，2013年3月9日，http://www.zaobao.com/lifestyle/woman/living/story20130309-200980。

工业以来，不仅抢走了家庭佣工的后备军，同时，使大量女佣走出厨房，进入工厂。"① 到70年代，"女佣荒"更甚，新加坡职业介绍所的数据能部分反映这一现象，1968年，90%的雇主在职业介绍所找到佣人，1971年和1972年，只有34%和40%的雇主能找到佣人，1973年下降到22%。与此同时，前往职业介绍所求职的女佣也逐年减少，1969年登记人数是125人，1973年（到9月底），只有57人。② 新加坡华人女性不再当女佣，马来西亚华人女性填补了这一空缺，六七十年代一些马来西亚华人妇女南下新加坡充当女佣，但很快，她们也进入制造业工厂工作，于是来自菲律宾、印尼的女佣成为家庭佣工的主要群体，华人女性只有极少人当自由度更高、收入更高的钟点女佣或月嫂。可以说，到20世纪末，新加坡的华人女佣屈指可数。

20世纪下半叶新加坡华人女性职业变迁和拓展，最重要影响因素之一是经济结构调整和产业升级。新加坡从进口替代到出口导向的发展战略调整，从劳动密集型到技术和知识密集型产业的不断升级，导致女农民职业最早消失，取而代之的是制造业女工成为最大职业群体，之后女文秘成为最大职业群体，而一些传统上从业人数较多的华人女性职业，如女佣，则逐渐消失。

另一个同样重要的影响因素则是女子教育水平，尤其是大学所学专业变化，对拓展女子职业和提升女子职业层级至关重要。早在70年代初，新加坡劳工就业服务处主任马国良就指出，在公共服务中，只有18%的女性是行政人员，在工商业的9000名行政和管理人员中，只有7%是女性，他认为，除非女性有机会攻读大学的经济学、商科、工业行政专业，否则她们进入最高级行政的机会不会迅速增加。③

确实，六七十年代，大学女生所读专业大部分集中于文科和师范，据表2-12数据，1960年，新加坡女大学生在教育师范专业占比最大，为63.6%，其次是人文学科，占36.5%，在医学、法律和理科所占比例不高，在工科几乎没有女生。1971年女生仍在教育和文科占多数，但在法律和社会科学专业也接近半数，在理科专业上升到38.6%，值得一提的是，女生开始进入工科专业，学习建筑、机械等专业，尽管只占6.6%。这表明，性别刻板印象反映在学生的专业选择上，女生更倾向于就读所谓"适合女性"的教

---

① 陈昌明：《家庭女佣日益缺乏》，《星洲日报》1971年2月2日。
② 日明：《星加坡的女佣危机》，《星洲日报》1973年12月24日。
③ 《"妇女就业问题"座谈会》，《星洲日报》1973年4月8日。

育、文科专业。

表2-12　　　　　新加坡大学生学习专业分布（性别和人数）

专业	1960年 全部学生	1960年 女生人数	1960年 女生占%	1971年 全部学生	1971年 女生人数	1971年 女生占%
	3448	824	23.9	13983	4378	31.3
人文学科	778	284	36.5	1223	767	62.7
教育	77	49	63.6	1462	1065	72.8
艺术	—	—	—	1018	196	19.2
法律	227	42	18.5	374	154	41.2
社会科学	747	131	17.5	2411	1088	45.1
理科	877	164	18.7	1392	537	38.6
工科	—	—	—	5144	339	6.6
医学	692	153	22.1	828	232	28.0

Source：UNESCO Regional Office for Education in Asia，*Progress of Education in Asian Region*：*Second Statistical Supplement*，Bangkok，1975.

70年代以后女性接受大学教育人数逐渐增多，所学专业范围扩大，为了适应新加坡蓬勃发展的经济，女生所学专业逐渐从文科向医科、商科、理科、工科扩展。1976年以工科为主的新加坡工艺学院的女生增多，在3100名新生中，有140名是女生。几乎每个专业都有女生，包括电气、电子、电信机械等。记者访问了一些女生，三名电子科的女生说，父母对她们选择这些专业并不反对。现在国家正在大力发展电子产业，这个行业很有前途。① 同一年，新加坡大学建筑学院的女生也大大增加。② 到80年代，越来越多女生选修工科，据新加坡工艺学院1984/1985年度常年报告披露，是年该学院在读学生共12378名，女生是2789人，占22.5%。女生选修土木工程和建筑学科的最多，其次顺序是化学加工、机械与生产工程、电子与电信工程等。女生在建筑和建筑估价专业占65.5%，在绘测技师、土地测量、化学加工和海事专业占55%，已超过男生。③

---

① 《星女性逐渐打进男人天地攻工艺科女性人数越来越多》，《南洋商报》1969年10月4日。
② 《新加坡建筑协会披露新大建筑学院中女生人数比男多》，《南洋商报》1976年5月4日。
③ 《越来越多女生选修土木工程》，《联合晚报》1985年11月4日。

1997年，新加坡女大学生已占学生的一半，她们进入所有专业领域学习，据表2-13数据，女生在许多专业人数过半，如文科、商科、理科、会计、药剂、法律、建筑和物业管理，只在少数专业人数不如男生多，如计算机、机械工程、医科和牙科，其中机械工程女生最少，但也占到21.7%，较1971年有所增加，表明女生所读专业已经颠覆了人们的刻板印象。

表2-13　　1997年新加坡所有大学注册和毕业女性的专业分布

专业	注册学生 全部	注册学生 女生	注册学生 女生占%	毕业学生 全部	毕业学生 女生	毕业学生 女生占%
全部	30934	15375	49.7	8679	4403	50.7
会计	2370	1517	64.0	680	453	66.6
建筑、物业管理	1095	669	61	294	163	55.4
人文学科	6294	4658	74.0	2195	1584	72.1
商科	4019	2770	68.9	1256	808	64.3
计算机	2604	856	32.8	796	248	31.1
牙科	142	58	40.8	30	10	33.3
工程机械	9603	2089	21.7	1931	303	15.7
法律	652	355	54.4	187	97	51.9
医学	789	225	28.5	147	40	27.2
药剂学	208	171	82.2	69	60	86.9
理科	3158	2007	63.5	1090	637	58.4

Source：Ministry of Education Singapore, *Education Statistics Digest*, Singapore, 1998, p.25.

新加坡政府的导向在女生选择专业时亦发挥一定作用。如女生读工科得到政府的鼓励，1996年新加坡政府估计未来五年需要16000名工程师，本国的工程人才已供不应求，工程师的严重短缺必将影响经济建设。为了培养新加坡经济发展所需要的人才，政府鼓励女生学习工科。1996年教育部长李玉全在南洋理工大学举行的"女性与工程"研讨会上，宣布教育部今后为吸引更多女生选修这些科目，将采取两大策略，即加强工程及理科课程的吸引力，改变女生对工程专业的传统观念。[①] 但新加坡政府对女生学医则采取限

———————

① 《改变传统错误观念吸引女生读理工科》，《联合早报》1996年10月23日。

制措施，政府认为许多医学院毕业女生在结婚和生子后会放弃医生职业，"浪费"了她们的医学教育，因此限制招收女医科生。新加坡国立大学医学院1979年规定招收的女生不得超过学生总数的1/3，无论她们成绩多高，这一歧视性政策直到2003年才取消，是以新加坡医学专业的女生只占27.2%。

无论如何，大学女生所学专业奠定了她们未来的职业基础，大部分女生所学的文科、商科、会计，决定了她们未来主要从事教师、文秘、会计、经理、公务员等职业，法律专业的女生逐渐增多，为女律师提供了后备人才。建筑、机械工程等专业的女生，则成为女建筑师、女工程师的后备人才。由此，新加坡女性的职业从教师、文秘，拓展到经理、律师、建筑师、工程师、医生等过去被视为"男性职业"的领域。

四　华人女性劳动力跨国流动

新加坡是移民国家，殖民地时代，来自中国和印度的外来劳工使其保持源源不断的廉价劳动力，华人女教师、女工、女佣、妓女的来源地主要是中国。"二战"后，随着新中国成立和新加坡独立，来自中国的移民基本中断，新加坡的外来劳工主要来自马来西亚、印尼、菲律宾，之后扩大到柬埔寨、印度、孟加拉、斯里兰卡等国，外来劳工占新加坡就业人口的比例呈增长趋势，据统计，1980年在新加坡工作的外籍员工只有13.2万人，2010年已增加到111万人，占该国总劳动人口的35%。[①] 新加坡政府通过发放就业准证（Employment Pass）和工作准证（Work Permit）的方式来接受和管理外籍劳工，前者主要是针对专业技术人员，后者是针对外籍工人，包括工人和女佣两类。

新加坡外籍员工主要集中于制造业和建筑业，充当工人和服务人员。从1980年统计数据来看，外来劳动力中，46.1%就业于制造业，20.2%就业于建筑业，商业只占9.4%。从职业分布看，64.7%是生产工人，服务人员占7.4%，专业技术人员占9.9%，管理经理人员占8.6%。[②] 1990年和2000年外籍劳工职业分布有所变化，据表2-14，生产工人和清洁后勤人员是外籍劳工的主要职业，二者相加，占70%或80%以上。

[①] 廖小健：《新加坡外籍员工政策的变化及影响》，《东南亚纵横》2011年第10期，第62页。
[②] Pang Eng Fong, *Labour Market Developments and Structural Change: the Experience of ASEAN and Australia*, Singapore: Singapore University Press, 1988, p. 217.

表2-14   1990年和2000年新加坡外劳的职业分布

职业	1990年 人数（千人）	1990年 比例	2000年 人数（千人）	2000年 比例
清洁、后勤服务	90.1	36.3	234.4	38.3
生产工人	116.4	46.9	225.0	36.8
管理经理人员	11.0	4.4	37.3	6.1
专业技术人员	7.0	2.8	36.7	6.0
销售、服务人员	9.6	3.9	29.2	4.8
技术工人	8.8	3.5	16.9	2.8
文秘人员	5.2	2.1	16.9	2.8
其他	0.4	0.1	1.1	0.2
总计	248.2	100.0	612.2	100.0

资料来源：2000年新加坡人口普查。

在外籍劳动力中，华人占一半，据表2-15，1970年、1980年和1990年华人占外籍员工的46.6%、51.9%和48.1%，他们主要来自马来西亚、中国台湾和香港。从性别来看，女性外籍员工也占一半，相关年份分别是48.6%、44.8%和52.5%。

表2-15   新加坡非居民的族群与性别   单位：人

年份	非居民人数	华人 人数	华人 占非居民%	女性 人数	女性 占非居民%
1970	60944	28420	46.6	29626	48.6
1980	131820	68421	51.9	59071	44.8
1990	311264	149905	48.1	163549	52.5
2000	754524	—	—	—	—

资料来源：新加坡历年人口普查。[新] 苏瑞福：《新加坡人口研究》，薛学了等译，厦门大学出版社2009年版，表3.8、表3.9重新计算。

上述统计数据没有区分国籍，实际上，外籍员工中马来西亚人占多数，马来西亚人中，又以华人占多数，尤其在1990年以前。这主要是受以下因素影响，其一，60年代以来，新加坡抓住第三波国际经济结构调整与产业链转移的机遇，在东南亚国家中率先实现经济起飞，产业结构调整和经济发展快于邻国马来西亚,这种经济发展差距促成了劳工跨国流动,马来西亚华人纷纷到新加坡淘金;其二,新加坡与马来西亚有密切的政经关系,马来西亚在新加坡的外来劳工政策中处于特殊地位,被视为"传统来源国",引入劳工的政策与其他"非传统来源国"有所不同,更加容易,尤其是柔佛的新山与新加坡一堤相隔,更方便马来西亚人到新加坡打工;其三,马来西亚华人在新加坡没有任何文化障碍,他们很容易通过留学和工作,成为新加坡的永久居民和公民,也更方便马来西亚的亲戚到新加坡打工。需要指出的是,随着80年代马来西亚经济起飞,华人到新加坡从事制造业和建筑业劳工人数逐渐减少。1990年以后,随着中国改革开放,来自中国的移民有所增加,他们中有一部分是从中国大陆到欧美的留学生,毕业后到新加坡从事高科技工作,一部分是从中国大陆直接来的就业准证和工作准证持有者,在新加坡经商,从事教师、护士、文秘、工程师等工作,或从事工人、司机等工作。

在此重点探讨马来西亚华人女性到新加坡的职业变化情况。新加坡经济发展吸引了马来西亚华人女性,纷纷前来淘金,她们在新加坡主要充当纺织、制衣、电子厂的女工,也有人从事美容美发、女佣、月嫂等服务性行业,还有人从事专业技术工作,上述职业随着新加坡产业升级而不断变化。

首先,华人制造业女工的变化。马来西亚华人女性从60年代末开始就业于新加坡的纺织、制衣厂,70年代初新加坡制衣厂工人短缺,越来越多的新加坡雇主,特别是那些大工厂向长堤彼岸的马来西亚征聘工人以克服其劳工缺乏。[①] 从新加坡一家制衣厂的广告可见,公司为吸引马来西亚女工,强调待遇和工作条件优厚,公司代办工作准证。

> 新加坡东盟纤维工业私人有限公司为扩充营业,欲聘请大量星马公民来厂服务。该厂现有员工几近二千人,坐落于文庆路七层楼大厦,全厂冷气设备,豪华雄伟。近日为供应大量生产之需要,拟再聘用车衣部女工五百名,其待遇与工作条件甚为优厚,应聘者只须具备小学或五年级离校证书或文凭,以便该公司代办工作准证(属马来西亚公民者)。凡有意应征者可径向该公司人事部接洽,电话号码:2584811。[②]

---

① 《星加坡因劳工缺乏 越来越多工厂 征聘大马雇员》,《星洲日报》1972年9月29日。
② 《东盟工业 聘车衣女工广告》,《星洲日报》1973年10月10日。

70年代末，新加坡的制造业工厂严重缺乏员工，继续从柔佛聘请马来西亚人去工作，工资比马来西亚同类性质工作要高，而且提供免费交通工具接送，或提供免费宿舍，以及其他优惠条件。如一家在新加坡投资的日本电子厂，在当地聘请不到女工，只好到新山聘请150名马来西亚女工。新加坡多家纺织厂也在新山招聘女工，有无工作经验均可，新员工日薪8元，计件工每日可得10元—14元，而且有轮班及换班津贴，花红、常年加薪、奖励金、医药服务。另一家纺织厂，提供每月高达350元以上的工作奖励，提供免费宿舍给马来西亚员工，并补贴从马来西亚到新加坡的车资，如果介绍工人，每位员工的介绍费是50元。[1] 为应对劳工短缺问题，新加坡经济发展局还提出采用日薪工人工作准证，这样雇主每天可从新山载工人到新加坡工作，[2] 这是专门针对马来西亚工人的工作准证。笔者访问的马来西亚女性不少人都谈到自己或亲戚朋友到新加坡当车衣女工，如何书南在新加坡当了三年车衣女工，她的大姐也在新加坡工作，陈金美的三个女儿都到新加坡工作，郑冰如说她的小学女同学几乎都去新加坡工作。[3]

80年代中期，新加坡制衣厂所雇用的工人超过29000名，其中半数是马来西亚人。一位研究者看到，这一时期新加坡的纺织工厂，80%的女工来自马来西亚，20%来自新加坡。[4] 马来西亚女工以华人居多，其次是印度人，马来人最少，她们之中有年轻的未婚少女，也有三四十岁的中年妇女。每天早晨天还未亮，这些女工身穿厂服聚在约定地点，等待专车载送，通过新柔长堤到新加坡的工厂上班。"她们的专车分别从古来以北的加拉巴沙威，一直沿着大道南下。只见一辆辆的工厂巴士车轰隆隆，鱼贯飞驰南下，把在路旁等候的女工，悉数载走。"[5] 由于大量年轻女性到新加坡打工，造成马来西亚劳工短缺。80年代马来西亚受女工短缺影响最深的是纺织业，据相关人士调查，马来西亚本地几乎80%的纺织厂都面对人手短缺问题，他们通过各种征聘办法，却很难聘到女工，有的工厂为了聘请女工，不惜重本将工厂装修

---

[1] 《新加坡一些工厂面临员工短缺 转向新山聘请工人》，《南洋商报》1979年6月1日。
[2] 《经济发展局向厂商提出两种办法解决劳工短缺问题发给集体工作准证》，《南洋商报》1978年7月19日。
[3] 何书南访谈，陈金美访谈，郑冰如访谈，访谈人：范若兰，时间：2019年1月18—19日，地点：麻坡。
[4] Noeleen Heyzer, *Working Women in Southeast Asia: Development, Subordination and Emancipation*, Philadelphia: Open University Press, 1986, p.100.
[5] 《在我国柔佛女工每月带走千万元》，《联合晚报》1988年8月5日。

一番，还安装冷气，也无济于事。① 许多马来西亚女工在车衣手工熟练后，纷纷外流到新加坡赚取外币，导致马来西亚一些条件差的制衣厂难以招到女工，很难再支持下去，不得不关门大吉。②

随着新加坡产业升级，劳动密集型产业被取代，加之马来西亚经济发展，教育水平提高，90年代以后马来西亚华人女性在新加坡制造业当工人的人数大大减少。

其次，华人在服务业的变化。来自马来西亚的华人女性除了当工厂女工，也有不少充当女佣或月嫂。"在六十年代，到我国当女佣的都是马来西亚人，那时我国的就业机会没有那么多，工作准证也不易申请，到新加坡来，要找一份吃住都有着落的工作．最好就是当家庭女佣。"③ 70年代以后新加坡出现"女佣荒"，一方面，由于经济发展和就业机会增多，新加坡女性大量参与经济活动，需要女佣照看孩子和家务，另一方面，原来的妈姐渐渐年老，退休或返回原乡，年轻一代女性宁愿到工厂工作，也不愿当女佣。于是，马来西亚的华人女性南下到新加坡当女佣，但她们更愿意当工厂女工，"解决女佣荒，一个办法是从外国输入，西马跟新加坡只一水之隔，想向外发展的多的是，因此不少西马女性南下当女佣。这些人也并非个个想长久打住家工，多数抱着'骑牛找马'的态度，一旦找到新工作，马上辞职高飞"。④ 八九十年代马来西亚经济也在快速发展，加之女性受教育程度提高，来自马来西亚的女佣日渐减少，于是菲律宾女佣和印尼女佣被大量引入新加坡，据1987年统计数据，菲律宾海外女佣共有81037人，在香港的人数最多，占36.8%，新加坡第二，占20.5%。⑤ 菲佣比较受欢迎，一是她们比新加坡或马来西亚女佣的薪金要便宜得多，二是由于她们人生地不熟，不像马来西亚华人女佣那样熟悉环境和有支持网络，因而更能安于现状，专心工作。⑥ 但大量外国女佣涌入也带来一系列问题，包括挤占公共资源、从事非家佣工作、文化差异等，因此新加坡政府以征收劳工税的方式，限制外籍女佣，但马来西亚女佣不属此列，因为马来西亚属于传统来源国家，从马来西

---

① 《女工纷纷越过长堤大马劳工严重短缺》，《联合早报》1988年4月19日。
② 《订单大减及女工外流到新 利民达30%制衣厂停业》，《联合早报》1992年11月3日。
③ 林凤英、周玉琴、林思云：《你谈我说 女佣问题》，《联合早报》1984年1月1日。
④ 日明：《星加坡的女佣危机》，《星洲日报》1973年12月24日。
⑤ Philippine Overseas Employment Administration, 1987.
⑥ 林凤英、周玉琴、林思云：《你谈我说 女佣问题》，《联合早报》1984年1月1日。

亚聘请女佣的雇主无须交纳劳工税，只需为女佣交纳公积金。

除住家女佣外，马来西亚华人妇女在新加坡还当月嫂。所谓月嫂，亦称陪月，专门照顾产妇和初生婴儿。马来西亚华人女性虽然不愿意在新加坡当住家女佣，但愿意当月嫂，因为月嫂收入很高。80年代末，月嫂的薪酬从500新元—1600新元不等，陪月女佣清一色是华人，她们中有新加坡人，还有不少是马来西亚华人，年龄介于三十岁至五十多岁。[①] 90年代新加坡女性很少愿意当陪月，但这个工作对马来西亚怡保妇女有吸引力，因为收入比怡保高出许多，在怡保当"陪月"的基薪是介于900马元—1200马元，而在新加坡工作一个月，薪金和红包，一般可得1100新元，如果是红牌"陪月"，收入可高达2000新元。于是马来西亚怡保妇女越过长堤到新加坡给产妇当"陪月"，已成了一门新兴行业。[②] 笔者访谈的马来西亚女性南希就曾在新加坡做过裁缝和月嫂，她在80年代中去新加坡，先做裁缝和服装设计师，后来专门在华人家做月嫂，大约一个月有3000新元，这应该是90年代末的行情，直到2000年她才返回马来西亚。[③]

到21世纪，在新加坡女性外籍劳工中，女佣群体占绝大部分，2002年为140000人，2010年为201400人，2015年为231500人，[④] 她们主要来自菲律宾、印尼、缅甸、斯里兰卡等国，来自马来西亚的华人住家女佣几乎绝迹，只有为数不多的月嫂。

此外，新加坡理发厅中的女理发师，80%是马来西亚人。[⑤]

再次，有不少华人女性从事专业技术工作和管理工作，但没有具体的统计资料。据1976年新加坡卫生部对1196名医生的调查，其中有16%为非新加坡公民，在这些非公民中，2/3是马来西亚人，57%获得永久居民身份。[⑥] 另据新加坡科学与工艺部发表的全国工程人力调查报告，1977年年底，新加坡共有3134名工程师，其中非公民占38%，非公民中，有47%是马来西亚

[①] 叶淑美：《陪月女佣——产妇的好帮手》，《联合早报》1989年9月26日。
[②] 《月入可达两千元 怡保妇女纷纷到新给产妇当"陪月"》，《联合早报》1993年6月29日。
[③] 南希访谈，访谈人：范若兰，2019年1月21日，地点：巴生。
[④] Official website of Singapore's Ministry of Manpower, http://www.mom.gov.sg/statistics-publications/others/statistics/Pages/ForeignWorkforceNumbers.aspx.
[⑤] 《劳工部控制工作准证发出 新潮理发厅 人手严重短缺》，《联合晚报》1983年4月22日。
[⑥] 《卫生部调查报告书披露 执业医生多在本地 接受基本医药训练》，《星洲日报》1976年8月27日。

人，这些工程师中，女性只有2%。① 可见，专业技术人员的非公民中，马来西亚人居多数，但不知华人女性有多少。笔者访谈的黄永宝教授是曾在新加坡从事专业研究的马来西亚华人女性之一，黄教授1951年出生于新加坡，后来随父母到马来西亚，是马来西亚公民，她本科毕业于新加坡国立大学社会学系，后在德国取得博士学位。1989年申请马来西亚大学的教职，未成功，但申请新加坡东南亚研究院的研究职位获得成功。此后十年，她在新加坡从事研究工作，还曾担任新加坡东南亚研究院副院长。② 还有不少马来西亚华人女性在新加坡读书和工作，后来成为新加坡公民。如新加坡国会议员李美花1963年出生于马六甲，父母都是胶工，她1980年考入马来亚大学，但因为大学招生固打制，她读的不是她所喜爱的工程系，入读一个月后，她接到新加坡南洋理工大学工程系的录取通知书，于是毅然从马大退学。南洋理工大学毕业后，李美花继续留在新加坡工作，成为女建筑师（详见第六章第三节），随后入籍，2006年开始从政，当选国会议员，蝉联三届。另一位女议员伍碧虹也是出生于马来西亚，在新加坡留学及工作，而后成为新加坡公民。在新加坡新传媒担任主播的董素华出生于柔佛，柔佛不少华人为了让孩子接受更好教育，不惜花费及舟车劳苦，让孩子从小就每天跨越长堤到新加坡的学校读书，董素华也是其中一员，从小学二年级就开始在新加坡念书，每天往返于柔佛的家与新加坡的学校，她的小学、中学到大学都在新加坡完成。她从新加坡国立大学数学系毕业后进入新传媒，1998年成为新加坡永久居民，2002年入籍新加坡，2004年及2006年赢得新加坡广播业最高荣耀——红星大奖（最佳新闻播报及时事主持）。③

在国际经济体系中，各国经济发展水平和产业结构形成差序，为国际分工和劳动力跨国流动提供了基础。在东南亚，新加坡处于经济发展的第一梯队，马来西亚属于第二梯队，菲律宾和印尼属于第三梯队，新加坡经济发展和产业升级造成劳动力短缺，最先是由马来西亚提供劳动力，当马来西亚经济发展和产业升级，也面临劳动力短缺时，就由菲律宾、印尼、斯里兰卡、孟加拉等国提供劳动力。马来西亚紧邻新加坡，一道长堤连接起新山和新加

---

① 《全国工程人力调查显示新加坡工程师人数迄去年共三千余人》，《南洋商报》1978年9月11日。
② 黄永宝访谈，访谈人：范若兰，时间：2019年1月25日，地点：吉隆坡。
③ 《新加坡吸引外国移民是"现实"的必然》，瑞投咨网，2012年9月19日。http://immigrant.65singapore.com/ymdt/6234.html。

坡，这种"短距离"跨国流动对马来西亚华人特别有利，华人女性到新加坡工作也成为普遍现象。新加坡能提供较高收入和良好教育，有相似的文化环境，有亲族网络支持，融入容易，回家方便，减少了"远距离"跨国流动的焦虑和困难，因而很多马来西亚华人女性都有到新加坡工作和留学的经历，一些人最终留在新加坡。随着新加坡和马来西亚经济发展与产业升级，女佣工作被来自菲律宾、印尼等国的女性接手。可见，女性劳动力的跨国流动和职业变迁与国际经济差序、文化亲缘关系、政府政策密切相关。

五 华人女性大多集中在低技术低收入职业

新加坡华人女性经济参与大幅度提高，职业领域也大大拓展，不少女性跻身于管理经理和高级专业技术领域，但与华人男性相比，华人女性职业处于"三低"状态，即低职位、低技术、低收入。正如 1977 年一篇报道所言：新加坡"妇女多从事非技术或半技术工作，如书记、店员、汽车站工人、餐厅和美容院劳工等，而在每五个职业妇女中，有三位是月薪在 200 元以下，这种情形在制造业中更为明显。女性劳工通常从事传统上被视为妇女的工作，而很少在重工业、需要高度技术的工作、或高级经理与执行上任职。女性在专业和技术职业中占 38%，但她们大多是教师和护士"①。主管新加坡工会工作的符喜泉在 1980 年亦指出，"新加坡从事高薪职业的妇女只有 2.1%，从事书记和服务业的职业妇女占 97.9%。从事专业技术及相关工作的女性，月薪少于 600 元的女性雇员占 45.5%，男性占 55.5%。月薪在 3000 元以上者，女性只有 3.1%，男性占 96.9%。"② 换言之，新加坡职业妇女大多集中在低职位、低技术、低收入层级，这三者是互为联系的。

从新加坡技术人员的行业分布来看，女性在大部分行业的技术人员比例都较男性为低。据表 2-16 的数据，1976 年男性在制造业的技术人员占 15.6%，女性只有 2.3%，1984 年男性上升到 19.4%，女性上升到 4.1%。在金融保险业，男女技术层级差别也较大，1976 年男性技术人员占 31.1%，女性占 12.6%，1984 年男性上升到 44.7%，女性上升到 20%。但在社区和个人服务业，女性技术人员的比例要高于男性，1984 年女性是 36.7%，男

---

① 《随着经济情况的转变 我国女性劳工人数 较六六年前增两倍》，《星洲日报》1977 年 10 月 25 日。

② 《符喜泉指出我国职业妇女 只有二点一巴仙从事高薪职位》，《星洲日报》1980 年 7 月 7 日。

性是21.7%。

表2-16　　　　　　相关年份主要行业技术人员的分布（%）

行业	性别	1976年	1980年	1984年
制造业	男	15.6	13.7	19.4
	女	2.3	2.1	4.1
商业	男	4.4	6.1	9.4
	女	3.4	2.4	3.8
交通通信业	男	10.4	13.4	14.5
	女	13.8	7.2	8.8
金融保险业	男	31.1	41.1	44.7
	女	12.6	13.7	20.0
建筑业	男	18.1	17.7	9.8
	女	12.8	13.2	16.4
个人社区服务	男	17.1	17.6	21.7
	女	37.7	40.8	36.7
全部	男	13.3	14.5	17.4
	女	12.9	11.7	13.8

Source: *Report of Labour Force Survey of Singapore*, 1976, 1980 and 1984.

从职位来看，女性多集中在中下级职位，在高级和领导职位中人数较少。如在政府部门，新加坡担任高级职位的不多，即使是女性占多数的社区服务领域，女性官员比例也不高。新加坡基层组织包括社区中心（Community Centres, CCs）、社区中心管理委员会（Community Centre Management Committees, CCMCs）、市民咨询委员会（the Citizens' Consultative Committees, CCCs）、居民委员会（the Residents' Committees, RCs），等等。90年代末女性在社区中心管理委员会占11.3%，在居民委员会中占18.5%，在市民咨询委员会只占5.6%。她们担任这些机构领导职务的人数更少，如担任主席职位的女性在81个市民咨询委员会只有1位，在401个居民委员会中只有50人，在109个社区中心管理委员会中只有3位。[①] 在新加坡职工总工会中，1988年女工会会员占48%，但女性在工会中央委员会中只占10%，在执行

[①] Seet Ai Mee, "Singapore", in Economic and Social Commission for Asia and the Pacific, UN, ed. *Women in Politics in Asia and Pacific*, New York: United Nations, 1993, p.152.

委员会中占19%，在分会领导中占25%。①

在教师职业中，女教师人数已经超过男教师，如前文所述，绝大多数女教师都集中在小学和中学，而大学仍然是男教师占主导地位。而且，女教师尽管在小学和中学占多数，但小学和中学校长却是男性占多数。1970年，在新加坡校长级别的教师中，女性仅有26%，到了1980年，这个比例几乎没有什么变化。② 直到90年代末，小学的女校长才超过一半，占53.7%，但中学女校长仍只占20%（见表2-11）。

正是由于女性多集中于低技术和低职位层级，她们的收入也就低于男性。从表2-17的数据来看，1984年女性平均月收入是511新元，男性是703新元，女性工资是男性的73%，男女收入差别最大的是销售人员、服务人员和工人，差别最小的是文秘人员，表明教育程度越低、技术含量越低的职业，男女收入差别越大，而在专业技术、管理经理和文秘这类职业，女性通常受过较高教育，技术水平相对较高，工资差别有所缩小。1996年，女性月收入与男性之比上升到78%。③

表2-17　　　　　1984年新加坡劳动力的职业和性别工资差别

	平均月收入（新元）		
	女	男	女性工资是男性工资的%
全部	511	703	73
专业技术	1221	1659	74
管理经理	1692	2375	71
文秘	605	705	86
销售人员	466	752	62
服务人员	356	563	63
工人	390	619	63

Source: *Report of Labour Force Survey of Singapore*, 1984, Singapore: Ministry of Manpower, 1984.

---

① Aline K. Wong and Leong Wai Kum, eds., *Singapore Women: Three Decades of Change*, Singapore: Times Academic Press, 1993, p. 310.
② Christine Inglis, The Feminization of the Teaching Profession in Singapore, in Lenore Manderson, ed., *Women's Work and Women's Role: Economics and Everyday Life in Indonesia, Malaysia, and Singapore*, Canberra: Australian National University, 1983, p. 219.
③ ［日］田村庆子：《新加坡的妇女与劳动——变化的经济政策与人民期待的女性形象》，乔云译，《南洋资料译丛》2004年第1期，第55页，表2。

具体来看,在电子厂,工人一入职的工资就存在性别不平等,男工每小时0.6元—1.68元,女工每小时0.54元—1.25元。试用三个月正式雇佣后,男工平均每小时0.65元—1.70元,女工平均每小时0.65元—1.25元。[①] 在经理队伍中,女经理的职位和收入都低于男性。据1981年新加坡经理人员的调查显示,共有3095名经理人员接受调查,其中84%是男性。而且,男经理多担任中级或高级经理地位,女经理人员多属初级或中级经理;男经理的薪金比女性高,前者平均年收入在6万元以上,后者平均是2.5万到4万。主要原因是女经理入职时间较晚,资历较浅,大多处于中级或初级级别,收入自然较大多由男性占据的高级经理为低。[②]

为什么职业女性已经在教育程度上与男性差别不大,就业率节节升高,但职业女性的低职位、低技术、低收入状况仍然存在？其影响因素主要是性别规范和职业性别隔离。

传统性别观念是男外女内、男强女弱、男主女从,反映在职业领域,传统性别观念影响到职业定位和职位期望。男性是一家之长,承担赚钱养家的主要责任,女性虽然也挣钱养家,但收入只是家庭经济的补充;男性被认为身体壮、能力强、拼劲足,能胜任管理经理职位,而女性则被认为进取心不强,体力较弱,能力不足,难以胜任更高的工作;女性要承担照顾孩子的责任,中止就业,或因照顾孩子,而影响其职业发展。如一纺织厂,男工一入厂就有7元或更高的日薪,比女工多,厂方负责人对此的解释是,"首先,厂方在分配工作时,通常把比较重的工作分配给男性,以纺织厂来说,机器修理或烧焊之类重工都落在男性身上,女性多分配在运转部门,所从事的工作,不需要太多的劳力。不是说我们歧视女性的工作能力,而是因为男女体质有别。其次,男性的家庭负担比较重,社会对他们的要求也比较高,照情照理,都应该得到较多的酬劳"。[③] 上述说辞,是对男强女弱、男主女从传统观念最好的演绎。

职业存在所谓"男性职业"和"女性职业"的性别隔离,"女性职业"仍是其家庭角色的延伸。华人妇女大量从事的小学教师职业,是典型的女性家庭角色在社会分工中的重现,正如新加坡教育部政务部长蔡崇语所强调

---

① 《电子工业协会最近调查显示跳槽造成工人流动》,《南洋商报》1978年7月18日。
② 《管理学院调查显示 居高位领高薪经理级多属男人天下》,《联合晚报》1984年10月3日。
③ 谭幼今:《摆脱枷锁走出厨房献身社会今日我国新女性》,《南洋商报》1976年9月7日。

的:"小学教育的重点,是在于学童人格的塑造,我们的女教师,她们本身就是为人母或长姐,她们自然地能充分发挥她们与生俱来的母性本能,配合她们所拥有的职业专才,训练学生们成为服从、聪慧健全的年轻国民。"于是小学教师成为"女性化"职业。"女性职业"的另一个特点是低工资,男性因为工资低微不能养家而另谋高就,女性大量进入,加剧了这些职业的低工资定位。

第三节 妇女职业变迁对新加坡发展的影响

2014年,在新加坡国立大学政策研究所的年会上,与会者被问及一个问题:过去五十年来,哪一个社会领域的差别已经变小?选择范围包括:语言、族群、宗教、性别、教育、收入和阶层,大部分人选择"性别"。确实,50年来新加坡性别平等取得较大进步,曾是大学讲师,后来从政的简丽中认为,妇女在大部分领域已取得与男人几乎同等的成绩,有些领域甚至超过男人。[1] 而妇女广泛参与各种职业,并不断拓展和提升职业空间,不仅促进了新加坡女性地位的提高,也推动了新加坡的社会进步。

一 职业拓展促进了女性性别意识和主体意识的提升

20世纪50年代的新加坡,人们认为,"在今日这社会里,很多女人的工作能力还是不能和男人竞争的",原因在于,"一是女子本身对于职业的认识不够彻底,她们不会想到要献身给职业,这样无形中便减少她们工作的效率;二是女子养成一种弱者的心理,她们认为她们根本就拼不过男人,所以失掉竞争的心理,这无形中也减少她们的工作能力"。[2] 女性需要通过职业建功立业,获得经济独立和社会地位,从而获得自信与自尊。

随着职业女性人数增多和职业拓展,新加坡华人妇女的主体意识日益提升,主要表现在她们的进取心和自信上。妇女在职业上的优秀表现,使她们越来越意识到在工作上自己并不比男性差,女性一样也能工作得很出色。正如一位职业妇女所说:

---

[1] Aline Wong, Fifty Years of Change and Struggle for Equality, in Kanwaljit Soin and Margaret Thomas, eds., *Our Lives to Live: Putting a Women's Face to Change in Singapore*, New Jersey: World Scientific, 2015, p. 2.

[2] 华青:《关于妇女工作能力》,《星洲日报》1953年5月23日。

> 谁说女人是弱者？……有许多种职业，过去本来由男人独占的，现在已经分出一半给女人担任了。譬如：银行里的行员，商店里的店员，图书馆的管理员……甚至上门售货的推销员，至于那些需要交际口才的地产经纪、保险经纪、广告经纪等，女人的活动力更强，女人做起来也比男人更加出色。……也许你以为男人体力强，那些需要体力的工作，女人一定不能胜任了。但树胶园里有女工，锡矿厂里有女工，建筑地盘也有女工，她们付出劳力，换取工资，一样能胜任愉快。……还有新兴的职业，如女警察，更加智勇双全。她们穿上制服以后，可以用柔道制服歹徒，她们脱下制服，恢复便装以后，又可以扮成无知少女，计诱色狼跌入警方所设陷阱。一切男人能够做的事，现在几乎女人都会做了。"[①]

陈庆珠是新加坡著名的女外交家，她曾任新加坡驻加拿大高级专员、驻墨西哥大使、驻美国大使和常驻联合国大使。陈庆珠大学的专业是政治学，毕业后在大学担任政治学教授，1989 年进入外交界。陈庆珠从自己的职业经历，认为职业女性要克服的第一个障碍，是对抱负的畏惧和缺乏，"那些在自己选择的领域里做先锋的女性会告诉你，她们不允许对有野心的女性进行抵毁和非议，……我认为现在情况好多了，但在我的时代有很多这种不友好的行为"。第二个障碍是要处理工作和生活的平衡。[②]

妇女主体意识提升，表现在她们的自主性和独立性增强。

妇女通过从事各种职业，取得经济独立，她们意识到自己是自立的主体，可以掌握自己的命运，不需要完全依附男性，这可从职业妇女与全职主妇结婚动机的差异清楚看出。简丽中 1973 年所作的社会调查表明，那些没有职业的华人妇女，结婚最主要的目的是获得"安全感"，通俗地说就是通过婚姻得到一张"长期饭票"，不用为未来的生活担心；而职业妇女则不同，她们经济独立，不必因为"长期饭票"而结婚。因此，她们中大多数人认为结婚最主要的动机应该是"爱情"和"消除寂寞"。一位受访的年轻秘书金小姐说："如果一个妇女有自己的职业，她就不必过早结婚，她应该继续学

---

① 《谁说女人是弱者》，《南洋商报》1965 年 1 月 14 日。
② Kanwaljit Soin & Margaret Thomas, eds., *Our Lives to Live: Putting a Woman's Face to Change in Singapore*, New Jersey: World Scientific, 2015, pp. 33 – 34.

习知识，然后努力找到更好的工作。……人们总是对参与经济活动的妇女表示称赞。在当今新加坡这个物质社会里……一个妇女如果不想结婚的话也完全可以独立生活。"还有妇女认为，时代不同了，女人照样可以接受高深的教育，做与男人同样的工作，"既然有了独立生存的条件，我并不认为结婚有多么必要。"① 更多的女性迟婚，这也是新加坡初婚年龄提高和存在大量未婚女性的根源，正如一位接受访问的电子工程师陈楚云所言，"我目前这份工作虽然是满溢趣味性，但同时也是很繁重的，家庭与事业很难两相兼顾——为了家庭幸福，必须放弃事业，若想事业有所成就。必须保持独身。因此，我希望我能尽量延迟结婚的年龄！"② 80年代末的一项调查显示，1464个样本中有71%的人认为"女人并不是只有靠婚姻才有幸福生活"③。

但国家父权制大家长——新加坡政府对存在如此多的大龄未婚知识女性忧心忡忡，基于"家庭为根"原则和"贤妻良母"定位，政府希望高学历的女性尽量婚嫁。1983年8月14日李光耀总理在国庆群众大会上发表讲话，鼓励高学历女性结婚和生育。李认为基于优生学，高学历的男性应该娶高学历的女性，才能生出聪明的孩子，而男性囿于传统文化，只愿意娶各方面低于自己的女子，使得高学历的女子嫁不出去。④ 此话一出，招来众多批评，引发"婚嫁大辩论"，一些女性认为，结婚是个人私事，不劳政府费心，一些女性反应激烈，一个大龄高知女性向报纸写信："我是一个未婚的成功专业女性，现年40岁。我保持单身，因为这是我的选择。有人竟然认为区区一点钱财奖励就能让我跟第一个吸引我的男人上床，然后为了新加坡的未来生育一个天才儿童，这实在是莫大的污辱。"⑤ 这种观点代表了相当多受过高等教育的职业女性，她们追求事业成功，独立自主，不以"贤妻良母"为自己的第一人生目标。

---

① Aline K. Wong, *Women in Modern Singapore*, Singapore：University Education Press, 1975, pp. 63, 64.
② 《电子工程·满溢趣味——访电子工程师陈楚云》，《南洋商报》1978年12月20日。
③ S. R. Quah, "Education and Social Class in Singapore". In S. R. Quah, S. K. Chiew, Y. c. Ko and M. C. Lee, *Social Class in Singapore*, Singapore：Centre for Advanced Studies, 1991, p. 263.
④ ［新］李光耀：《李光耀回忆录：经济腾飞路》，外文出版社、新加坡联合早报2001年版，第128—130页。
⑤ 转引自［新］李光耀《李光耀回忆录：经济腾飞路》，外文出版社、新加坡联合早报2001年版，第130页。

二 促进新加坡的性别平等

职业女性被融合进现代机构中,具有组织性强、自主性强、独立性强等特点,她们最先意识到职业中的性别、族群、阶级不平等,进而意识到这是父权制社会根深蒂固不平等的反映,从追求同工同酬,维护妇女权利,到追求更广泛的性别平等。

职业妇女率先组织起来,谋求改变。由于因袭殖民时代的惯例,50年代新加坡的女公务员面临很多不平等的对待,一是同工不同酬,女公务员所获得的薪金大约只有男性同事的80%。二是女公务员结婚之日就失去永久地位,改为临时雇员,以后没有养老金。三是女性45岁就要退休(而男性通常退休年龄是55岁)。

1954年人民行动党建立后,该党的女党员陈翠嫦、何佩珠和胡书贞等人,在1956年建立妇女联盟(Women's League),致力于平等权利、平等机会和同工同酬。1956年妇女联盟集会庆祝三八妇女节,有2000多人参加,其他妇女组织领袖也受邀出席,大会通过三个决议:(1)支持一夫一妻制,(2)支持同工同酬,(3)将"三八"妇女节列为公共假日。

1957年新加坡的职业妇女组建"职业妇女公会",参与者主要是属于政府雇员的女教师、女护士、女医生,主席是萧白龙。在"职业妇女公会"成立大会上,萧白龙致词,指出该会成立最大目标,是争取男女平等地位,获得同工同酬,她历数男女不平等的种种现象,最后提出:"故吾人希望,本坡在莫迪卡(独立)后,不仅是为男子所获得莫迪卡,同时亦是为女子所获得的莫迪卡,同时希望民选政府应认识妇女地位的重要。"① 1959年新加坡的职业妇女公会、毕业教师公会、星加坡文凭班教师公会、高级官员公会等四个团体联名向部长议会提呈一备忘录,要求同工同酬和已婚女公务员的永久职位,备忘录指出,结婚并不会影响女教师、女医生、女看护的工作效率,反而会更有助于理解儿童及病人,并增加她们的责任感,事实证明,已婚妇女的工作与未婚妇女的工作同样不受影响。② 与此同时,新加坡还存在多个职业公会,如新加坡私人接生妇联谊会、新加坡舞女协会、新加坡理发

---

① 《职业妇女界怒吼 要求男女平等 实现同工同酬》,《星洲日报》1957年7月14日。
② 《职业妇女会等团体要求 职业妇女应享有 同工同酬的权利》,《星洲日报》1959年3月17日。

师公会等，争取会员的权利。

1959年大选时，人民行动党为争取妇女支持，将支持"一夫一妻制"列入竞选口号，还提出提高妇女地位的措施，其中包括：为妇女就业开辟新渠道；支持已婚妇女有全职工作的机会，包括在各部门就业的权利，制定法律和产假。鼓励雇主为女雇员提供托儿所，政府也将建立托儿所。[1] 人民行动党大获全胜。在几个妇女组织，包括人民行动党政府的推动下，1961年新加坡议会通过《妇女宪章》（Women's Charter），这是一部针对非穆斯林的婚姻法，包括结婚、离婚、抚养权、赡养费、继承权、财产所有权等，规定所有非穆斯林家庭都应为一夫一妻制婚姻；结婚必须进行登记；已婚妇女有权保留本姓；女性有权从事任何职业；女性有权管理和处置其名下的财产。在孩子的照顾和赡养问题上，妻子和丈夫具有同等权利，并有权从丈夫处获取赡养费。[2]

《妇女宪章》的通过大大鼓舞了妇女的斗志。1961年11月人民行动党妇女联盟向政府提交一项关于男女同工同酬的备忘录，被政府接受。1962年3月3日新加坡政府宣布，接受男女同工同酬原则，接受已婚妇女可担任永久性公务员职位原则，女公务员退休年龄提高到与男公务员一样，现任女公务员如过去因结婚蒙受影响，其地位将加以调整。具体内容包括：

> 日薪女工同酬；
>
> 生活津贴相同，有子女的女工和寡妇，每月基薪118元以下，现在将与领取相同基薪的男工一样得到相同的生活津贴率，她们亦将得到目前男工享有的最高津贴。
>
> 退休年龄一样；
>
> 结婚无碍任期，已婚女性继续留在永久职位，除非她们选择他途。
>
> 可享受退休利益。女公务员结婚后将被允许继续其永久职位并享有养老金的地位。
>
> 结婚不再降级。女书记由于结婚降级为助理书记的办法将停止，那

---

[1] Wu Teh-yao, ed., *Political and Social Change in Singapore*, Singapore: ISEAS, 1975, pp. 20-21.

[2] Lenore Lyons, *A State of Ambivalence: The Feminist Movement in Singapore*, Leiden: Brill, 2004, p. 27.

些已降级的将恢复以前的地位。①

这是新加坡职业妇女争取平等权利的里程碑，政府原则上接受同工同酬，而且职业女性不会因结婚而改为临时职位，是对女性职业权和职业成就的承认。

在取得《妇女宪章》和同工同酬等阶段性成果后，60年代后期新加坡妇女组织陷入沉寂，新加坡政府致力于发展经济，性别平等让位于生存追求，许多妇女组织因完成了它的"历史使命"而被解散。各种工会组织被纳入政府的掌握之下，新加坡政府雇员的各种公会组成"新加坡公共机构雇员联合总会"，如果发生劳务纠纷，由该总会与政府协商，协商不成，则交由工业仲裁庭仲裁。同时，建立由政府控制的新加坡全国职工总会。六七十年代女工人数增多，1973年全国职工总会代表大会下设妇女委员会，当年女工会会员占会员总数的32%，1980年为39%，1990年为43%，工会妇女委员会主张改善女工劳动条件，建立更多幼儿园和托儿所，实行弹性工作制，加强对女工的技术培训。80年代工会妇女委员会的主要目标是：（1）通过参与教育、社会和休闲活动推动妇女进入工会运动，培养符合条件的妇女当领导；（2）提高妇女的工作能力，改善她们的技术水平、工资和工作条件，促进妇女的就业；（3）提高妇女的社会、政治、经济地位，使其为国家发展做贡献。②

新加坡女律师公会于1974年5月12日成立，是女律师的职业组织，该会不仅关注女律师权益，还关注妇女权益，其宗旨是：（1）附属于国际女律师联合总会，以便在互相尊重与平等基础上建立友善关系；（2）促进对比较法律的研究；（3）加强与促进妇女与儿童的福利；（4）进一步传播各国的法律知识；（5）提高妇女在工业、商业、教育及专业等方面的机会；（6）为提高及保护妇女儿童寻求法律途径；（7）主办座谈会讨论一切和妇女及儿童有关的问题。③ 新加坡女律师公会定期举行法律服务，并事先在报纸上刊登时间、地点及注意事项（见图2-5）。

1975年是国际妇女年，也推动了新加坡妇女组织的发展，新加坡建立了

---

① 《妇女界大喜讯：男女平等原则确立！》，《星洲日报》1962年3月4日。
② Aline K. Wong and Leong Wai Kum, eds., *Singapore Women: Three Decades of Change*, Singapore: Times Academic Press, 1993, pp. 308-309.
③ 《女律师协会》，《星洲日报》1974年7月10日。

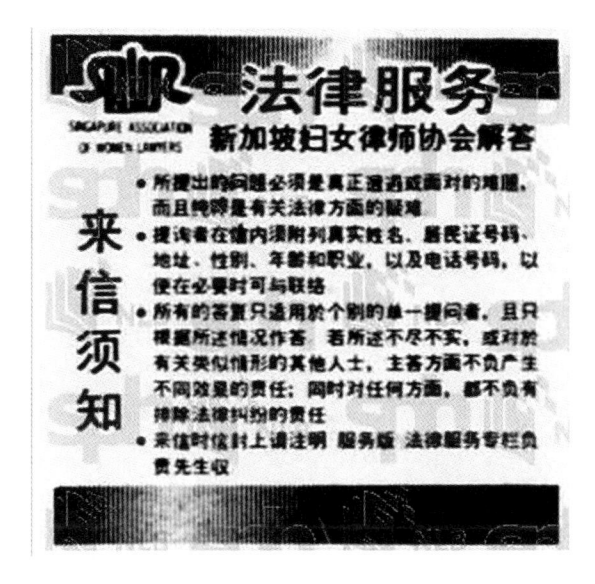

图 2-5　新加坡女律师公会服务大众

图片来源：《南洋商报》1982 年 12 月 29 日第 37 版。

全国妇女理事会，该会是一个针对妇女事务建立的国家咨询委员会，目标在于协调妇女团体的活动并消除（社会）对女性的歧视。1980 年全国性的妇女联合组织成立，即新加坡妇女组织理事会（Singapore Council of Women's Organizations，SCWO），并获得政府批准。新加坡妇女组织委员会下属 40 多个妇女组织，代表了 10 万多名女性。该会定期举办论坛和工作坊，还为妇女提供训练，支持新加坡政府的相关政策和计划。

1985 年新加坡妇女行动与研究协会（Association of Women for Action and Research，AWARE）建立，这是新加坡最著名的非政府妇女组织之一。该会宗旨是：(1) 在各个领域提高女性的认知度和参与度；(2) 促进实现性别平等；(3) 为女性提供平等的机会。[①] 该协会的活动主要有服务热线，组织各种论坛和讲座，从事研究，还进行游说和参与政策制定。

上述妇女组织的精英大都受过高等教育，从事专业技术或管理工作。女律师公会是由女律师组成，妇女行动与研究协会成员主要是职业女性，会长

---

① Lenore Lyons, *A State of Ambivalence: The Feminist Movement in Singapore*, Leiden: Brill, 2004, p. 42.

苏英是医生，1995年会员身份构成：36.4%是教师，11.7%是行政人员，13.4%是管理人员，8.7%是牧师，还有7.4%是学生，5.1%是家庭主妇。[1]这些精英女性高度关注性别平等和妇女权益，她们不再局限于职业范围，而是从宏观和微观方面审视立法和政策中的性别不平等。

妇女组织关注法律中的性别不平等。女律师公会指出，宪法存在性别不平等，如新加坡宪法第十二条（1）规定："在法律面前人人平等，受到法律的平等保护。"十二条（2）规定："任何法律、或在任命官员、或在公共机构就业时不能由于宗教、种族、血统、出生地歧视新加坡公民……"但是"性别"没有包括在内。女律师协会及简丽中指出，宪法公民权部分也存在歧视性条款，对于出生在新加坡之外的人，如果父亲是新加坡公民，他（她）可取得公民权，如果母亲是新加坡人而父亲是外国人，他（她）不能取得公民权；外国籍妻子嫁给新加坡丈夫可申请公民权，但新加坡女子嫁的外国籍丈夫不可申请公民权。[2]

妇女组织指出一些法律涉及性别歧视。（1）1997年《妇女宪章》修正案只规定离婚时丈夫必须向妻子支付赡养费，却没有妻子向丈夫支付赡养费的条款。而妇女组织和女议员认为时代已经改变，一些家庭是妻子出外赚钱养家，丈夫在家照顾孩子，所以《妇女宪章》修正案也应包括妻子向丈夫支付赡养费。（2）在刑事犯罪方面，同样犯罪行为，女性不会受到惩罚，而男性要受到惩罚。（3）终身监禁或死刑不能保释，但法庭可能会对女犯人允许保释，而所有男犯人会加以拒绝，除非他有病或年龄在16岁以下。（4）一个男人与14岁以下女孩发生性关系将被判最高14年监禁，而一个女人与14岁以下男孩发生性关系最多判5年。（5）男人诱惑已婚妇女离开丈夫是犯罪，但女人诱惑已婚男人离开妻子却没有相应惩罚。[3]

简丽中还指出新加坡政府的政策存在性别歧视，如妻子如果没工作，丈夫可以声称为妻子每年少交1500新元的收入税，但如果丈夫没工作，只有妻子工作，她却不能要求为其夫减少交税。男公务员的家庭成员可以享受

---

[1] Lenore Lyons, *A State of Ambivalence: The Feminist Movement in Singapore*, Leiden: Brill, 2004, p. 102.

[2] Aline K. Wong and Leong Wai Kum, eds., *Singapore Women: Three Decades of Change*, Singapore: Times Academic Press, 1993, pp. 255, 273.

[3] Aline K. Wong and Leong Wai Kum, eds., *Singapore Women: Three Decades of Change*, Singapore: Times Academic Press, 1993, pp. 277–278.

60%的门诊补贴,而女公务员的家庭成员却不能享有同样待遇,除非她们是离婚、寡妇或合法分居并需要抚养孩子。①

精英女性关注女性的政治参与,新加坡女性政治极低,1970—1984年,新加坡议会中竟然没有一个女议员,之后虽然出现女议员,但1984—2000年仍只有3—4位,所占比例不足5%。② 为促进妇女参政,增加议会中的女议员,妇女行动与研究协会领导人苏英医生提议,在新加坡实行的集选区选举中,除了一定要有一位马来人或印度人候选人,还要有一位女候选人,以增加国会中的女议员。③

妇女行动与研究协会关注教育中的不平等,针对新加坡国立大学医学院对招收女生实行名额限制,认为这是赤裸裸的性别歧视,等于让男性获得优先入学权,限制了女生学医的权利。还指出学校让男生修习技术科目,让女生必修家政课,无助于培养性别平等,应该男女生都上家政课。

上述意见和建议,有些获得新加坡政府采纳,有些未获理睬。但不论采纳与否,其对于推动新加坡性别平等都有重要意义,这些议题的提出和讨论,让民众和政府意识到妇女问题的存在,认识到性别不平等的存在,以往习以为常的事,需要重新审视。正如妇女行动与研究协会后任主席Zaibun Siraj指出的,该会"启发了女性问题意识,使得无论是新加坡的人民还是政府都意识到了女性问题的存在……并将该问题记在心里"④。

3. 对婚姻家庭的影响

父权制社会的性别观念是男外女内,男主女从、男强女弱,女性最重要的职责是照顾家庭和孩子,因此,"贤妻良母"与"职业妇女"是一种纠结的关系。一些人认为"做丈夫的好妻子,做孩子的好妈妈,料理家庭工作,就是一项出路,一项好事业"⑤。而受过教育的女性认为"家庭妇女"是传统角色,"职业妇女"才是进步的。如何解决两个角色的纠结?是20世纪下半叶新加坡华人女性的大问题之一。

---

① Aline K. Wong and Leong Wai Kum, eds., *Singapore Women: Three Decades of Change*, Singapore: Times Academic Press, 1993, p. 277.
② 范若兰:《东南亚女性的政治参与》,社会科学文献出版社2015年版,第232页。
③ Jill M. Bystydzienski and Joti Sekhon, eds., *Democratization and Women's Grassroots Movements*, Bloomington: Indiana University Press, 1999, p. 81.
④ Jill M. Bystydzienski and Joti Sekhon, eds., *Democratization and Women's Grassroots Movements*, Bloomington: Indiana University Press, 1999, p. 74.
⑤ 雪江兰:《做好妈妈协助丈夫 就是伟大的工作》,《星洲日报》1959年11月8日。

首先，如何协调"贤妻良母"与"职业妇女"的双重角色，是已婚职业妇女面对的难题。

"贤妻良母"是女性的家庭角色，"职业妇女"是女性的社会角色，女性的职业角色和家庭角色并不一致，甚至是对立的。相比之下，男性的职业角色和家庭角色是一致的，男性通过外出工作，在建功立业的同时，也完成了性别赋予他们的养家糊口的角色。随着越来越多已婚妇女成为职业女性，职业与家庭的双重压力造成了她们的角色紧张。一位华人妇女这样描述角色紧张给妇女们带来的精神苦闷：

> 作丈夫的每月只要交出家用，就算尽了他的责任，下班之后，大可优哉优哉的看报纸、看电视、访朋友。而作妻子的，每天下班回家，就要穿上围裙，在厨房、丈夫、孩子的身上忙得团团转。当然家中多数有请工人，可是对于工人雇佣的安排，丈夫、孩子的起居饮食，她不能不管啊！①

在双重压力下，许多职业妇女不得不进行选择：要么放弃职业，回归家庭；要么淡化家庭或者独身，投身职业生涯。一些女性选择了前者，一位放弃职业走入厨房的妇女谈到她抉择时的心路历程：

> 起初，我总认为，一个受过教育的青年人……把自己的力量放在家里是一种自私的行为，也是一种可怕的浪费。就这样，我毅然走进了社会，放下了家务，跟着，放下了两个孩子。但是，后来我才发现，踏进社会工作，固然在经济上能够协助丈夫一臂之力，然而，我因抛下了家务，孩子所造成的损失，却是无可补偿的。为了这，我难过，我自责。我给这个家庭带来了什么呢？除了给这个家找多几个钱之外，我什么也没有给予。每次看到家里凌乱的一切，孩子的顽皮、无知，我不能够再忍受了。……经过长时期慎重考虑后，我终于辞去了商行的职位，由社会走进了厨房。②

---

① 《女人的苦闷》，《南洋商报》1969年1月13日。
② 《由社会走进厨房》，《南洋商报》1974年3月7日。

一些男性更倾向于妻子在家里做"贤妻良母",认为如果家庭没有经济压力,孩子又小,"在这种情形下留在家里安份的做个贤妻良母,对她们来说会更适合和称职,……我想绝大部分的妇女都会认为婚后如果能安心的相夫教子是件十分福气的事"。① 男性将操持家务、相夫教子看成"福气""轻松",根本没有意识到家庭主妇工作的繁杂、琐碎和紧张。

其次,华人妇女大量参与职业,对夫妻关系产生一定影响。

一方面,加剧夫妻间的紧张关系。传统新加坡华人社会的婚姻关系相对比较稳定,妻子们没有经济能力,即使婚姻不幸福也多半选择忍耐,离婚率较低。随着女性越来越多出外就业,她们面临诸多职业压力,"回到家里还要整理家务,有了孩子更不容易,你会忘记给丈夫一点温暖,丈夫的性情焦急,大抵是日间职业上带回来的情形——女人又何独不然。两个人都焦虑,他们家庭就等于两人的公寓,这便失去了家庭的意义了。爱情在这种情形下,很容易挫折"。② 加之妻子有经济能力,不再仰丈夫之鼻息,当感情破裂后,双方较容易离婚,新加坡华人的离婚数量呈逐年递增趋势,1980年是926宗,1985年为1125宗,1990年为1920宗,2000年为2714宗,相关年份华人的离婚率分别为5.5%、6.7%、11.2%、17.2%。③ 离婚率的上升与华人妇女就业率的快速增长及职业空间的拓展同步发生,尽管离婚还有许多其他因素,但不得不承认华人妇女的职业参与在某种程度上推动了她们婚姻关系的变化。

另一方面,促进夫妻关系的平等。职业妇女的收入是家庭经济的一部分,她们不再是"被养活者",而是家庭经济的稳定来源。"妇女出外工作,是维持生活的需要,也是社会的需要。单靠丈夫一人挣钱,不行,也需要妻子挣钱养家。举一个月薪800多元的书记为例,这位商行高级书记,月薪扣去公积金后,到手只有600余元,他个人每天的车费、午餐费、茶点费得八七元,他不抽烟、不喝酒,一年到头买不到三件衣服,这样节省,个人每月开支也得300元,如果遇到亲友婚丧事,贺仪白金又得一笔,剩下的300元得维持一家几口的生活,以及孩子求学费用,不够。实际上,有许多月入千元的高级职员,如果是一人工作,到月底也手头紧。因此,妻子出外工作就

---

① 李赛:《走出厨房的问题》,《联合早报》1985年1月16日。
② 玉姬:《婚后就职问题》,《星洲日报》1965年12月7日。
③ [新]苏瑞福:《新加坡人口研究》,薛学了等译,厦门大学出版社2009年版,第142页,表7.3。

成为必要。如果夫妇都工作的家庭，生活上一般宽裕得多。"① 妇女的重要经济作用提高了她们在家庭中的地位，表现在对家庭支出的控制方面，她们不但可以按自己意愿购置所需的物品，而且在一些较大支出等方面也都是通过男女共同商议来决定。

职业妇女面临双重负担，为解决这一问题，丈夫做家务是可以接受的，"家庭是夫妻共有，丈夫帮忙妻子料理家务和照顾孩子是天经地义的，也是丝毫无损男性的尊严。在夫妻相互合作与体谅的情况下，职业妇女才能有更多的时间和精力从事工作，才能够为国家为人群做出更大之贡献"。②

尽管职业参与导致夫妻关系有所改变，但新加坡华人社会传统的"男外女内、男主女从"观念仍处于主导地位。有人就认为，职业妇女一定要保持丈夫的男性尊严，男人分担家务，就可能造成男内女外，影响父亲的形象。"通常，当一位妇女在外就业，她在家中的地位会随之提高，大小事务的决定，常和丈夫享有同等的表决权。这个时候，做妻子的不要忘了该给丈夫一份男性的尊严，这种尊重对方的表现，不但能维护夫妻之间的和谐气氛，对子女心理的健全发展也是重要因素之一。丈夫分担家务，可能成为男主内女主外的不平衡现象，这种角色的转变，尤其是父亲形象的改变，会对于子女造成很大的冲击，使得子女日后对性别认同产生混淆与困扰。"③ 1994 年一项对新加坡 516 位已婚人士的调查表明，77% 的男性和 78% 的女性都认为丈夫永远都是一家之主，76% 的受访者认为丈夫应当承担养家糊口的责任，64% 的受访者认为妻子应当完成家务，但只有 37% 的男性和 24% 的女性认为妻子应当在任何时候听从丈夫。④ 这表明大部分人虽然不再认为妻子必须无条件服从丈夫，但丈夫是一家之主的观念深入人心，人们普遍认可男人主要承担挣钱养家责任，夫妻商量决定家庭事务。

再次，职业母亲对子女教育的影响。

职业妇女忙于工作，如何照顾和教养孩子是一个大问题。不少人认为，"主妇要是都出来工作，孩子便得不到父母的教育，少年犯势必增加。……

---

① 麦新：《妇女就业面面观》，《星洲日报》1982 年 3 月 6 日。
② 《丈夫做家务的问题》，《星洲日报》1976 年 11 月 18 日。
③ 伟莲：《职业女性能负起相夫教子责任吗》，《星洲日报》1982 年 3 月 15 日。
④ Cherian George and Wang Hui Ling, Family Roles: Couples Still Conservative, *Straits Times*, 24, Dec. 1994, p. 1; Cherian George and Wang Hui Ling, Singaporeans Not Ready Yet for Complete Equality of the Sexes, *Straits Times*, 24, Dec. 1994, p. 24.

为了教育和照顾自己的子女，女人还是且慢走出厨房为妙。① 还有医生从心理学角度，认为父母外出工作，与孩子接触机会较少，"一个学童放学回来时，父母不在家，他们在精神上会感觉不安"，他呼吁政府重新检讨鼓励妇女外出工作的政策。但职业妇女及专业妇女不赞成上述观点，认为看管儿女是男女双方的责任，不能为了抚育儿女，便牺牲良好的职业，使她们的专长埋没。② 此观点虽然反对妇女牺牲职业来照顾孩子，但并不反对职业母亲的子女容易出现教育问题的观点。更有人直接指责正是由于职业妇女疏于对子女的教养，才导致了 70 年代后期出现的青少年犯罪问题，认为政府应该检讨从 60 年代开始推行的一系列刺激妇女职业发展的政策。③ 这种将少年犯罪完全归咎于妇女就业，而不考虑其他社会因素的影响，并不公正，也不符合事实。但不少人相信这样的说法，80 年代初对已婚妇女的调查，问及"一个工作的母亲比不工作的母亲对孩子更好"时，有 71% 的人认为更好，11.2% 人认为同样好，3.5% 的人认为更坏。④ 可见绝大部分人认为职业母亲对于孩子教养来说是不利的。

其实，职业妇女对于她们的子女，特别是女儿的行为模式，有积极的影响。据有学者 1977 年对 152 名中学三年级的华人女生为样本所做的一次社会调查表明，那些母亲是职业妇女的女生，比那些母亲是全职家庭主妇的女生，具有更强的主体意识，对传统女性角色更加不认同；前者的学业更加优秀，对成功的渴望也比较强；前者中有 2/3 的人都对女性发展自己的事业持积极看法，而后者中则有近 2/3 的人对此态度比较消极。⑤ 所以少数人也赞成职业母亲对孩子教育有正面影响，根据研究指出，职业母亲的子女，比一般家庭主妇的子女，有较强的独立性、自主性和判断力，在学业成绩上的表现也较令人满意。研究还指出，就业母亲对女儿的影响远比对儿子影响大。⑥ 如新加坡人力部长杨莉明的母亲廖菊秋对她影响很大，廖菊秋是个警察，"遇到难题时，她习惯性地耸耸肩说'有什么好怕的'？然后卷起袖子开始

---

① 森国：《谈谈"走出厨房"》，《星洲日报》1959 年 11 月 15 日。
② 艾萍：《职业妇女的困扰 希望多设托儿所》，《星洲日报》1976 年 11 月 13 日。
③ 《照顾孩子与女性就业》，《南洋商报》1976 年 9 月 16 日。
④ *Report On National Survey On Married Women, Their Role In The Family And Society*, Research Branch Ministry of Social Affairs, Singapore, 1984, p. 53.
⑤ Boey Chee Yin, Daughters and Working Mothers, in Eddie C. Y. Kuo & Aline K. Wong, eds., *The Contemporary Family in Singapore*, Singapore: Singapore University Press, 1979, p. 62.
⑥ 伟莲：《职业女性能负起相夫教子责任吗》，《星洲日报》1982 年 3 月 15 日。

解决问题,她总是那么坚忍,那么有办法,这也感染了我"。1991年杨莉明在伦敦求学时,母亲把《海峡时报》报道驻美大使陈庆珠教授获得英文杂志《她的世界》(Her World)年度杰出女性奖的剪报寄给她,这是母亲对女儿寄以厚望,激励她取得更高成就,"这让我有些害怕,担心会让她失望,但同时我有了要下功夫的决心。"母亲的榜样,以及母亲对女儿的更高期望,都鼓励杨莉明努力进取,她先后在经发局、苏州工业园区和全国职工总会工作,2006年从政,当选国会议员,2017年出任部长。[①]

最后,迟婚与不婚。

随着教育和经济参与的提高,新加坡华人女性,尤其是高学历女性迟婚或不婚成为普遍现象。原因是多方面的,(1)不论男女,若要在学业上有成就自然要花不少时间在他们的学业上,之后就业,等到事业稳定的时候多半已经30岁左右了。(2)谈婚论嫁时,主要是基于爱情和合适,女性不再为结婚而结婚,如果找不到适合的对象,干脆不结婚。这是明智之举,并没有错。[②](3)女性经济独立,追求事业成功,不希望因结婚生子而影响事业。(4)传统性别观念是男强女弱,男高女低,男性结婚对象倾向于"向下",而女性婚配对象倾向于"向上",高学历男性可以找低学历女性,而高学历女性不能找低学历男性,结果高学历女性的适婚对象大大减少。

对于女性迟婚或不婚,大部分华人家庭已经接受,认为是她们自己的选择,并不催婚。反而是新加坡政府,认为高学历女性迟婚或不婚是个"问题"而提出来,引发了"婚嫁大辩论"。许多高学历女性对此十分反感,她们认为婚姻是私事,婚后生多少个孩子也是私事,不必劳动这么多"热心"人士为她们摇旗呐喊,增加她们的难堪。亦有女性认为这是在开倒车,朝反妇女解放的方向发展,是在学习日本的大男人制度。[③]

四 "家庭为根"原则及变化

职业女性认为结婚、生育是"私事",但新加坡政府从来不认为这是"私事",而是认为这是关乎国本的"公事"。

随着现代化,新加坡日益"西化",政府担心新加坡变成"伪西方社

---

① 胡洁梅、宋慧纯、杨萌:《议员母女心连心 把爱说出来》,《联合早报》2019年5月12日。
② 孔大山:《压力》,《联合晚报》1983年9月3日。
③ 曾渊沧:《令人难堪的话题》,《联合早报》1983年9月10日。

会"。西方社会存在单亲家庭、未成年妈妈、青少年犯罪、性关系混乱等问题，在李光耀和吴作栋看来，西方的社会问题"严重的不得了"。新加坡也出现离婚率上升，传统家庭观念淡化，还出现不赡养父母的现象，以及子女教育问题，尤其是双职工家庭，孩子交给外国女佣。李光耀认为："那么多夫妇都同时外出赚钱，孩子没人照顾，问题就来了。"[①] 为了使新加坡保持东方社会的传统，80年代新加坡政府提出亚洲价值观，以儒学为亚洲价值观的基础，强调集体主义、好政府、有秩序的社会、家庭是社会的基础。

在亚洲价值观的基础上，1991年新加坡政府又提出"共同价值观"，即"国家至上，社会为先；家庭为根，社会为本；关怀扶持，同舟共济；求同存异，协商共识；种族和谐，宗教宽容"。[②] 政府强调家庭的重要性，因为这是社会稳定的基石，李光耀总理一再指出："家庭是绝对重要的社会单位。从家庭，到大家庭，到家族，再到国家。"[③] 这个稳定系统是建立在父权制基础之上的，李光耀努力维护这样的家庭系统，"我们必须不惜任何代价加以避免的，就是决不能让三代同堂的家庭破裂……这是一个家庭结构、社会结构、把家庭单位连成一体的伦理关系和结合力的问题"。[④] 家庭是承担养育孩子、照顾老人、提供亲情的场所，家庭稳定则社会稳定。

基于"家庭为根"原则，政府支持"男主女从"观念，1994年新加坡政府强调"丈夫是家庭的支柱和核心，而妻子则是丈夫的辅助者"。在政府看来，"在一个家长制社会中，由于男女之间的不对称性，要求男女平等是不可能和不明智的，因此任何对男人是一家之主的传统结构的改变都是不现实的"。[⑤] 由是，政府不支持妇女组织提出的如果丈夫没工作，妻子可以要求为其夫减少交税的建议，因为这不符合男人是"一家之主"的定位。对于妇女组织建议修改《妇女宪章》，增加离婚妻子向丈夫支付赡养费的条款，政府认为违背了男外女内、男主女从的性别规范，不能接受。[⑥] 此外，对于妇女组织提出的女公务员的家庭成员也应该享受医疗补贴的建议，政府也不接

[①] 转引自吕元礼《亚洲价值观：新加坡政治的诠释》，江西人民出版社2002年版，第231页。
[②] White Paper, *Shared Values*, Singapore National Printers, 1991.
[③] 李光耀：《新加坡的改变——李总理向国大与南洋理工学生发表演讲全文》，《联合早报》1988年8月30日。
[④] [新]《联合早报》编：《李光耀40年政论选》，现代出版社1994年版，第411页。
[⑤] 详见孙小迎主编《东南亚妇女》，广西人民出版社1995年版，第59—60页。
[⑥] 范若兰：《东南亚女性的政治参与》，社科文献出版社2015年版，第244页。

受，吴作栋总理说："这将改变男女在家庭中的责任。亚洲社会一向强调男人要负起责任，他是最重要的养家者，而不是妻子，如果……丈夫要依靠妻子的医疗补贴，新加坡男人将变得像英国男人一样，成为一个'可有可无'的角色。"[1] 由于这不符合男主女从的性别规范，所以政府一直坚持公务员条例中的这一性别不平等规定，直到2004年才修改。

基于"家庭为根"原则，李光耀总理支持职业妇女应暂停工作，留在家里亲自照顾孩子，直到他们念小学三、四级后再回到社会上工作，"我们必须进一步完善我国的政策，……从而使受过高等教育的妇女将生育更多的孩子。……我们需要提供平等的工作机会，但是我们不能让女性去从事那些不能让她们兼顾母亲角色的工作。……你们（女性）不可能内外兼顾，既完成一个诸如医生、工程师等全日制的辛苦工作，又照顾好家庭和孩子"。[2] 1996年劳工部部长李文献也强调新加坡职业妇女必须平衡家庭和工作，她们应该离开岗位几年，专心照顾孩子。[3] 同时多提供非全职和弹性工作时间，以方便母亲照顾孩子。为此政府以增收劳务税的方式限制外国女佣，这一方面是为了减少众多外劳占用更多社会资源，另一方面也是希望幼小孩子由母亲亲自照顾，而不是丢给外国女佣。这一政策令职业妇女不解："政府如果有意鼓励我国的妇女到社会上工作，就该考虑不要在这方面加重家庭的负担，……政府的这个决定将导致一些妇女放弃原本的工作，而走回厨房。"[4]

基于"家庭为根"原则，政府强调稳定的一夫一妻制婚姻家庭，所以对高学历女性不婚现象忧心忡忡，这个问题与高学历母亲生育高质量孩子的考虑联系在一起，就变成政府高度关注的问题，为此政府充当"红娘"，建立社交发展署（SDU），为在政府部门、国企工作的高学历男女提供社交、联谊、婚介服务，后又建立社交俱乐部（SDS）为非大学学历的大龄青年提供上述服务。政府反对未婚生育和单亲家庭，认为这是对传统婚姻家庭的破坏，所以不批准未婚母亲和35岁以下单身人士申请组屋。正如传达政府意志的《联合早报》一篇社论《维护传统婚姻观念刻不容缓》指出的，如果

---

[1] Goh Chok Tong, "Moral Values: The Foundation of a Vibrant State", National Day Rally Address, 21 August 1994.

[2] Lenore Lyons, *A State of Ambivalence: The Feminist Movement in Singapore*, Leiden: Brill, 2004, p. 30.

[3] M. Shamsul Haque, "Representation of Women in Governance in Singapore: Trends and Problems", *Asian Journal of Political Science*, Vol. 8, No. 2, 2000, p. 74.

[4] 《政府调高外国女佣劳工税 女雇主：沉重负担》，《联合早报》1988年12月4日。

批准这些人的组屋申请,就是"鼓励"这种风气,所以政府"必须同时通过政策和公众教育,对维护传统的家庭结构和婚姻观念有所动作,最重要的是传达,政府固然同情单身者的处境,但是,不能因此而鼓励更多年轻人选择单身"①。

新加坡妇女的公民权也因国家的人才需要才能得到平等对待。如前所述,妇女组织多次要求修改关于公民权的性别歧视规定,无果。但当政府为了增加人口吸引海外人才到新加坡工作时,1999年议会通过修订的《公民身份法》,允许新加坡妇女的外籍丈夫申请新加坡公民身份,2004年议会修订公民身份法,规定新加坡母亲在国外生育的孩子有资格获得新加坡公民身份。②

总的来看,女性大量就业对新加坡婚姻家庭有一定影响,这导致政府更加重视"家庭为根",重视"贤妻良母"定位,二者互相影响。一方面,越来越多职业女性不婚或迟婚,以抵抗婚姻对她们的职业束缚,所以政府的"红娘"角色基本失败。另一方面,很多人接受"贤妻良母"定位,不少职业妇女因为养育孩子而中止就业,孩子长大后重新就业,努力平衡"贤妻良母"与"好劳动力"两个角色。

五 对新加坡经济发展的贡献

新加坡是一个城市小国,自然资源匮乏,最宝贵的就是人力资源。新加坡妇女占劳动力的一半,其就业率逐年提高,在所有行业中都发挥重要作用,为新加坡经济飞速发展贡献了自己的力量。

新加坡华人妇女对劳动密集型产业发展贡献最大。60—80年代,新加坡大力发展劳动密集型产业,需要大量无技术和半技术廉价劳动力,妇女以其心细手巧、工资低廉、耐心勤劳,而成为制衣、纺织、电子业的主力军,这些产业在新加坡出口中占据重要地位。纺织制衣业在1973年产出占7.6%,1990年为3.0%,电子产品在1980年产出占16.8%,到1990年上升到39.1%,位居所有制造业产出的第一位。③电子业女工在经济上的贡献可见

---

① 《联合早报社论:维护传统婚姻观念刻不容缓》,《联合早报》2012年10月16日。
② [新]苏瑞福:《新加坡人口研究》,薛学了等译,厦门大学出版社2009年版,第267—268页。
③ [英]W.G.赫夫:《新加坡的经济增长》,牛磊等译,中国经济出版社2001年版,第319页,表11-13。

一斑。总的来看，制造业在新加坡经济发展中具有举足轻重的地位，因此当越来越多的华人妇女进入制造业工作，她们在新加坡经济中的角色也愈加重要。

新加坡华人妇女在教师、文秘、护士等职业占绝对多数，亦进军律师、工程师、建筑师等职业，随着华人妇女职业领域不断扩展，她们在国家中的经济角色也在向更广阔的层面上延伸。

一位记者在访问了诸多职业妇女后，不禁感慨："平心而论，在工业发展日臻进步的今日，女性劳动力，是不可忽视；女性的功劳，也是不可抹杀的！"[1] 即使是妇女主要从事的家务劳动，也创造不小的价值，据计算，1986年新加坡的家务劳动产值为20亿新元，是年GDP为390亿新元，家务劳动占新加坡GDP的5%。[2]

正因为女性对国家的贡献巨大，已经消逝的建筑女工"红头巾"在80年代逐渐被政府树立为新加坡精神的象征。"红头巾"人数虽少，但她们以头包红巾的形象、吃苦耐劳的形象，成为新加坡劳动妇女的经典形象，象征着新加坡人艰苦奋斗的移民史、建国史、建设史，而新加坡政府和人民接受"红头巾"作为精神象征，实际上是认可华人妇女对国家的贡献。

---

[1] 谭幼今：《摆脱枷锁走出厨房献身社会今日我国新女性》，《南洋商报》1976年9月7日。
[2] Aline K. Wong and Leong Wai Kum, eds., *Singapore Women: Three Decades of Change*, Singapore: Times Academic Press, 1993, p.161.

第三章

20世纪下半叶马来西亚华人妇女职业变迁及影响

20世纪下半叶是马来西亚政治、经济、社会发展巨变的时代。1957年马来亚独立，1963年马来西亚建立。马来西亚是多族群国家，主要包括马来人、华人、印度人、伊班人、卡达山人等，马来人和东马原住民被称为"大地之子"，享有特殊权利，华人为第二大族群，印度人为第三大族群，各族群人口比例有所变动，大地之子从1970年占人口55.6%增加到2000年的65.9%，华人从34.4%下降到26.3%，印度人从8.6%下降到7.7%。① 由于族群间政治经济地位不平等，1969年5月13日吉隆坡爆发族群流血冲突，"5·13"事件深刻影响了马来西亚的历史发展进程，政治上，以巫统为主导的国民阵线长期执政，实行威权统治；经济上，实行扶持马来人的新经济政策，推动工业化，实施出口导向发展战略，从劳动密集型向技术密集型产业不断升级，马来西亚经济快速发展，成为亚洲"四小虎"之一。

马来西亚政治经济发展深刻影响到妇女地位的变化，女性经济参与率不断提高，职业领域大大拓展。而族群政治和族群经济差异使得不同族群女性职业发展有所异同，本章主要分析马来西亚华人女性职业变迁，兼及其他族群妇女。

---

① 廖小健：《战后马来西亚族群关系：华人与马来人关系研究》，暨南大学出版社2012年版，第27页。

第一节　马来西亚政治经济发展
　　　　与华人妇女职业变迁

一　马来西亚经济发展战略与劳动力就业结构变化

殖民地时代，马来亚经济具有浓厚的殖民和族群色彩，马来人的主要职业是农民，华人的主要职业是劳工和商人，印度人的主要职业是种植园劳工。1957年马来亚独立后，政府实施进口替代战略，1958年颁布《先驱产业法令》，目标是发展多元经济，减少进口和增加就业机会。1957—1967年的进口替代战略时期，马来（西）亚经济发展缓慢，族群职业模式依然如故，1957年马来人在农林渔业的就业比例高达61%，1967年仍然高达62%，在制造业的比例从19%增加到26%，在商业就业的比例从17%略提升到26%。而华人就业于农业的比例较低，1967年只有25%，在制造业和商业的比例高达67%和66%。从职业的族群分布上来说，马来人的农民职业最高，1970年高达65%，专业技术人员从1957年的41%上升到1970年47%，管理经理人员较低，1970年只占22%，销售人员只占26%。华人在管理经理人员上比例高达62%—64%，销售人员为65%，农民只有22%。[①]

族群间的职业差别造成收入差别，华人收入远远高于马来人，经济不平等和政治不平等导致1969年的"5·13"事件，促使马来西亚政府重新检讨发展政策。政府认为"5·13"事件的根源就在于马来人的贫困和族群间经济不平等，因此要实行新经济政策，目标在于消除族群间的经济差别，重组社会，实现国民团结。

1968年颁布《投资激励法》，标志着马来西亚从进口替代向出口导向的转变。1971年马来西亚政府实施"新经济政策"（NEP），重点是扶持马来人经济能力，同时要推动工业化，提高马来西亚的经济发展水平。[②] 同年还制定《第一经济展望纲要》，出台《自由贸易区法》，鼓励建立自由贸易区和出口加工区，1975年制定《工业协调法》。这些政策的主旨是促进工业化和经济增长，消除贫困，实现社会重组，促进马来西亚各族群

---

① Donald R. Snodgrass, *Inequality and Economic Development in Malaysia*, Oxford: Oxford University Press, 1980, pp.86–87.
② 详见范若兰、李婉珺、[马]廖朝骥《马来西亚史纲》，世界图书出版公司2018年版，第202—204页。

均衡发展。

马来西亚促进出口导向政策吸引了本国和外资投资两种产业，一是资源型产业，如传统的橡胶、锡矿、棕榈油和木材的出口加工，二是非资源型的劳动密集型产业，如电子、服装、纺织、制鞋、玩具等，在增加就业、扩大出口方面卓有成效。马来西亚70年代经济增长率为7.8%，其中出口商品年均增长率高达18.5%。[1]

80年代上半期西方发达国家经济陷入滞胀，引发马来西亚陷入严重的经济衰退。为促进经济增长，1986年政府颁布《促进投资法》，将马来西亚的工业分为两部分，即资源为基础的工业和非资源为基础的工业，实行两个基础工业并行发展的战略，并给予投资面向出口的制造业企业、先驱企业更多的优惠措施。1987年修改《工业协调法》，放宽对外资投资的限制，规定外资参股比例可达100%；允许外国银行和保险公司在马来西亚开业；对原来雇工10人以上企业要进行申请准字的做法进行修改；放弃"新经济政策"中对以出口导向的制造业所规定的一切限制；改善政府对私人部门的资助。在这些措施的刺激下，马来西亚的外国投资迅速增长，1986年流入外资为21亿美元，1987年为30亿美元。[2] 经济增长大幅度提高，1988年增长率为8.9%，1989年为8.7%，1990年为9.8%。[3]

1991年马来西亚制定《第二经济展望纲要》，同年以"新发展政策"取代新经济政策，新发展政策的目标是实现国家团结与经济的均衡发展，强调应该在"经济增长与平等分配"的原则上进行经济运营，为了取得经济增长，必须进一步推行工业化。新发展政策不再强调马来人优先，而是强调各族群的合作，也是在这一年，马哈蒂尔总理提出《2020年宏愿》（Wawasan 2020），亦称《2020年先进国建设方略》，提出要在一代人时间内将马来西亚建成一个充分发达和工业化的国家。为此要重视人力资源开发，促进制造业向资本和技术密集型转化，重点支持电子、化工、机械等产业集群的发展。

马来西亚以工业化、出口导向为主的经济发展促进了产业结构变化，主要表现在，过去在经济结构中位居第一的农业在国民经济中的比重不断下

---

[1] 陈晓律等：《马来西亚——多元文化中的民主与权威》，四川人民出版社2000年版，第223页。
[2] 石翔：《"新经济政策"对马来西亚经济的影响》，《东南亚研究》1989年第3期，第61页。
[3] 廖小健：《世纪之交的马来西亚》，世界知识出版社2002年版，第18页。

降，而工业的比重不断上升。1960年农业仍占GDP的37%，但随着工业化进程，农业比重逐年下降，1980年为24%，1998年为12%，与此同时，工业则从同期的18%上升37%，再到1998年的48%，其中制造业占工业的比重更是不断上升，从9%上升到34%。服务业所占GDP比重变化不大，始终在40%左右（见表3-1）。

表3-1　　　　马来西亚产业结构的变化（占GDP的比重,%）

年份	农业	工业（制造业）	服务业
1960	37	18（9）	45
1970	29	25（12）	46
1980	24	37（23）	39
1987	22	39（22）	40
1998	12	48（34）	40

资料来源：沈红芳：《东亚经济发展模式比较研究》，厦门大学出版社2002年版，第244页。

经济发展和产业结构变化对马来西亚劳动力就业结构产生深刻影响。工业化发展促使农村劳动力向城市、向工厂转移，加速了劳动力的地域流动和职业流动，导致农业领域劳动力就业比重不断下降，非农业领域劳动力就业比重不断上升（见图3-1）。马来西亚过去是个农业国，1960年在农业领域

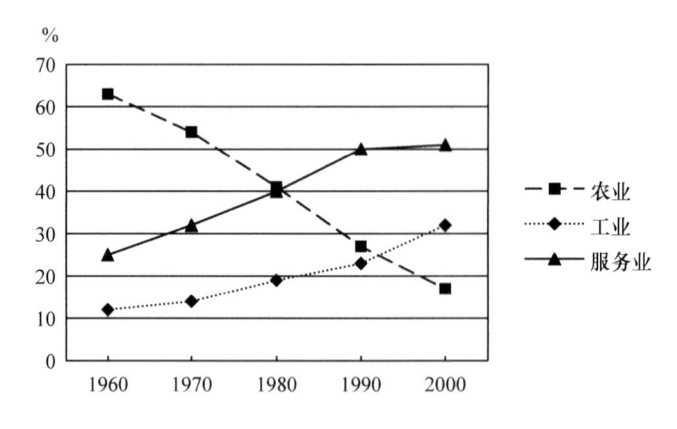

图3-1　马来西亚劳动力行业分布（%）

资料来源：（1）世界银行《世界银行发展报告》1983年，1996年。
（2）马来西亚统计局：https://www.statistics.gov.my，重新计算。

就业者高达63%，随着工业化发展，2000年农业劳动力下降到17%，同时在工业和服务业领域就业者不断增加，分别从同期的12%增加到32%，25%增加到51%。

二 马来西亚女性劳动力行业分布变化

马来西亚从农业社会向工业社会的转变，尤其是劳动密集型产业的发展，大大推动了妇女的经济参与，促使其行业分布变化。

在马来西亚工业化早期，也就是60年代实施进口替代战略时期，马来西亚经济发展缓慢，农业集中了最多的劳动力，其次是服务业，制造业只占较少比重。西马地区女性劳动力行业分布同样如此，1957年在农业就业的女性劳动力高达77.1%，1970年略下降到64.7%，在服务业就业者从同期的11.7%上升到17.6%，在制造业就业者分别只占同期的4.3%和9.3%。[1] 与其他族群相比，华人女性在农业领域就业者减少，在商业和服务业就业者较多。据表3-2数据，1957年华人女性在农业领域就业者占58.9%，1970年下降到41.7%，农业是华人女性最大的就业领域，她们主要从事橡胶、蔬菜、水稻种植；服务业是华人女性第二大就业领域，1957年占华人女性就业者的20.9%，1970年上升到27.1%；制造业是第三大就业领域，1957年占华人女性就业者的7.3%，1970年上升到15.6%，上升速度最快；商业是华人女性的第四大就业领域，1957年占华人女性就业者的5.6%，1970年上升到11.1%。华人男性的行业分布与女性有所差异，农业是第一大就业领域，商业位居第二，制造业位居第三，服务业位居第四。

表3-2　　1957年和1970年西马各族群男女劳动力行业分布（%）

行业	马来人 1957年 男	马来人 1957年 女	马来人 1970年 男	马来人 1970年 女	华人 1957年 男	华人 1957年 女	华人 1970年 男	华人 1970年 女	印度人 1957年 男	印度人 1957年 女	印度人 1970年 男	印度人 1970年 女
农林渔业	70.9	87.5	63.6	78.2	35.7	58.9	27.1	41.7	45.6	89.5	40.8	75.9
矿业	1.3	0.1	1.3	0.1	5.5	4.7	5.7	2.2	2.8	0.6	2.6	0.3
制造业	2.4	3.6	5.0	6.6	14.9	7.3	18.2	15.6	4.4	0.2	5.7	1.2

---

[1] Charies Hirschman, Industrial and Occupational Change in Peninsaula Malaysia, *Journal of Southeast Asian Studies*, 1982, No.1, p.16.

续表

行业	马来人 1957年 男	马来人 1957年 女	马来人 1970年 男	马来人 1970年 女	华人 1957年 男	华人 1957年 女	华人 1970年 男	华人 1970年 女	印度人 1957年 男	印度人 1957年 女	印度人 1970年 男	印度人 1970年 女
建筑业	2.9	0.0	1.4	0.0	5.1	2.0	5.7	1.3	4.8	1.8	1.4	0.3
电气水业	0.5	0.0	1.0	0.1	0.5	0.1	0.5	0.1	1.8	0.2	3.0	0.5
商业	3.3	3.0	5.2	3.9	20.6	5.6	22.0	11.1	14.4	0.6	14.1	1.8
交通通信	3.5	0.1	5.3	0.4	5.5	0.5	5.4	0.9	8.9	0.4	9.9	0.7
服务业	15.1	5.6	18.0	10.7	12.6	20.9	15.4	27.1	19.0	6.8	25.5	19.8

Source：1957年和1970年人口普查。*The Population of Malaysia*, 1974, https://www.mycensus.gov.my/index.php/census-product/publication/census-1974。

随着出口导向战略的实施，以劳动密集型产业为主的制造业在八九十年代大大发展，马来西亚成为新兴工业化国家，女性劳动力行业分布随之发生剧变。据表3-3数据，1980年农业仍是女性就业的第一大领域，但比重较前已大大下降，服务业仍位居第二，制造业位居第三，商业位居第四。1990年，制造业取代农业，成为女性就业的第一大行业，农业位居第二，服务业退居第三。2000年，女性在制造业从业者高居第一，农业退居第四，服务业和商业分居第二和第三位。从具体数据来看，女性在农业的就业比例，从1980年的43.8%下降到2005年的9%，在制造业的比例从同期的18.4%上升到31.7%，在服务业的比例从23.2%上升到28.6%，在商业的比例从12%上升到18.7%。除这四种行业外，女性在金融保险业就业的比例从1.6%提高到7.8%，增长速度引人注目。

表3-3　　1980—2005年马来西亚男女劳动力的行业分布（%）

行业	1980年 女	1980年 男	1985年 女	1985年 男	1990年 女	1990年 男	1995年 女	1995年 男	2000年 女	2000年 男	2005年 女	2005年 男
农林渔	43.8	33.9	33.8	28.6	25.3	26.4	16.9	21.6	11.9	17.3	9.0	15.2
矿业	0.4	1.3	0.2	1.1	0.2	0.8	0.2	0.5	0.2	0.6	0.1	0.6
制造业	18.4	14.9	19.0	13.0	26.8	16.2	29.4	20.2	33.5	24.5	31.7	27.0
水电气	0.2	1.9	0.1	0.8	0.2	1.0	0.2	0.9	0.2	1.1	0.3	1.2
建筑业	1.0	8.1	1.2	10.7	0.8	9.4	1.5	11.3	1.5	11.8	1.4	10.2
商业	12.0	15.7	19.1	16.8	19.2	17.7	20.5	16.6	19.0	16.0	18.7	17.0

续表

行业	1980年 女	1980年 男	1985年 女	1985年 男	1990年 女	1990年 男	1995年 女	1995年 男	2000年 女	2000年 男	2005年 女	2005年 男
交通通信	1.0	6.1	1.3	5.9	1.5	6.2	1.7	6.2	1.8	6.7	2.4	7.8
金融保险商业服务	1.6	1.9	3.9	3.8	4.0	3.8	5.6	4.3	6.1	5.0	7.8	6.1
社区个人服务	23.2	18.2	21.3	19.3	22.1	18.7	24.0	18.4	25.8	17.0	28.6	14.9
全部	100	100	100	100	100	100	100	100	100	100	100	100

Source: Jamilah Ariffin, ed., *Readings on Women and Development in Malaysia*, Petaling Jaya: Mediate Communications Sdn Bhd, 2009, p.35.

三 马来西亚妇女职业构成变化

马来西亚经济发展和女性劳动力行业构成的变化,决定了其职业发展的走向。据表3-4数据,1957年马来亚刚刚独立,尚未启动工业化,农业是第一大产业,女农民是第一大职业群体,马来女农民比例高达87.8%,印度族女农民高达86.4%,华人女农民比例最低,也高达57.3%,位居华人女性职业排名第一位。到1980年,工业化初见成效,女农民比例有所下降,马来和印度族女农民占50%多,华人女农民下降到22.8%,是华人女性的第二大职业群体,而女工上升到24.4%,成为华人女性的第一大职业群体。华人女性第三大职业群体是文秘人员,从1957年的2%上升到1980年的17.2%,第四大职业群体则是服务人员,占13%,较1957年有所下降。与此同时,女工也是马来和印度女性的第二大职业群体,文秘职业也是马来女性的第三大职业群体,而印度族女性第三大职业是服务人员。需要指出的是,各族女性在专业技术人员的比例上升速度较快,但在管理经理人员中,各族女性比例都很低。

表3-4   1957—1980年西马各族群妇女的职业分布(%)

职业	马来妇女 1957年	马来妇女 1970年	马来妇女 1980年	华人妇女 1957年	华人妇女 1970年	华人妇女 1980年	印度妇女 1957年	印度妇女 1970年	印度妇女 1980年
专业技术人员	2.6	4.0	9.1	4.8	8.2	9.4	1.6	7.1	7.2
管理经理人员	0.0	0.1	0.2	0.1	0.2	0.5	0.0	0.0	0.1
文秘人员	0.3	2.3	9.6	2.0	7.3	17.2	0.5	2.8	6.0

续表

职业	马来妇女			华人妇女			印度妇女		
	1957年	1970年	1980年	1957年	1970年	1980年	1957年	1970年	1980年
销售人员	3.0	3.6	5.7	5.3	9.0	12.6	0.5	1.4	2.6
服务人员	2.8	5.2	7.2	14.8	14.7	13.0	4.0	8.8	9.0
工人	3.1	6.1	17.5	10.7	18.5	24.4	2.6	2.7	22.0
苦力	0.4	1.2		5.0	2.5		4.4	3.5	
农民	87.8	77.5	50.8	57.3	39.7	22.8	86.4	73.5	53.1

资料来源：马来西亚相关年份人口普查。

八九十年代马来西亚制造业大发展，使得女工取代女农民，成为最大的职业群体。1990年女农民占28.1%，是马来西亚女性劳动力第一大职业群体，女工占22.3%，是第二大职业群体。2000年，女工占就业女性的22.6%，成为第一大职业群体，女农民急剧下降到14.8%，成为第四大职业群体，而文秘和服务人员成为第二、第三大职业群体。[①] 但华人女性职业发展与其他族群略有不同，其实根据表3-4，女工早在1980年已成为华人女性的第一大职业，到2000年，据表3-5，文秘人员占华人就业女性的24.5%，是华人女性的第一大职业，专业技术人员占20.3%，是华人女性的第二大职业，服务和销售人员占18.4%，是第三大职业，工人占12.7%，下降为第四大职业。到2010年，华人女性职业分布又有所变化，专业技术人员占女性就业者的22.6%，成为华人女性的第一大职业，服务和销售人员为21.6%，是华人女性的第二大职业，文秘人员占15.9%，下降为第三大职业，女工为15.1%，是华人女性的第四大职业。

华人女性职业与男性职业分布排序略有差别，2000年，华人男性第一大职业是工人（包括工匠和工厂工人），占29.7%，第二大职业是专业技术人员，占16.5%，第三大职业是管理经理人员，占14.5%，第四大职业是服务与销售人员，占14.2%。而华人女性的职业排序是文秘人员、专业技术人员、服务销售人员、女工。如果从职业的性别差来看，除文秘职业外（从2000年的75.9%，上升到2010年的88.1%），大部分职业的性别差呈缩小

---

① Jamilah Ariffin, ed., *Readings on Women and Development in Malaysia*, Petaling Jaya: Mediate Communications Sdn Bhd, 2009, p.63.

表3-5 2000年和2010年马来西亚华人职业构成（人数和比例）

单位：人

职业	2000年 全部人数	2000年 占男性就业者%	2000年 占女性就业者%	2000年 女性占该职业%	2010年 全部人数	2010年 占男性就业者%	2010年 占女性就业者%	2010年 女性占该职业%
司法、高级官员和管理人员	265899	14.5	7.7	21.2	230649	8.3	7.5	36.9
专业人士	143863	5.9	7.9	40.5	265334	7.5	11.9	50.9
技术和一般专业人士	243758	10.6	12.4	37.3	331498	12.1	10.7	36.4
文秘人员	237740	3.9	24.5	75.9	204502	7.2	15.9	88.1
服务和销售人员	340472	14.2	18.4	39.8	641768	22.8	21.6	38.1
有技术农民和渔民	118587	6.5	3.4	21.3	108592	4.1	3.2	33.9
工匠和传统手艺人	319655	18.8	6.7	15.5	326663	13.8	7.7	26.7
工厂和机器操作工人	201548	10.9	6.0	22.0	260708	10.1	7.4	32.4
初级职业	217741	10.2	9.9	32.6	154967	6.1	4.4	32.1
未分类	84121	4.2	3.1	27.9	241028	7.7	9.4	44.3
全部	2173364	100.0	100.0	33.8	2549729	100.0	100.0	39.7

资料来源：2000年和2010年马来西亚人口普查。
(1) https://www.mycensus.gov.my/index.php/census-product/publication/census-2000.
(2) https://www.mycensus.gov.my/index.php/census-product/publication/census-2010.

趋势。据表3-5，女性在专业人士这一职业占比，从40.5上升到50.9%，在司法、管理、经理这一职业差距缩小最快，从21.2%上升到36.9%，在服务和销售职业，女性接近40%。

第二节 马来西亚华人妇女职业变化特点及影响因素

20世纪下半叶马来西亚政治经济剧变，从殖民到独立，威权政治与族群政治相结合，出口导向战略与劳动密集型产业相结合，经济发展与产业升级相结合，为马来西亚女性提供了前所未有的机遇和发展空间，促使她们走出家门拓展职业领域。与20世纪上半叶相比，与其他族群妇女职业相比，与华人男性职业变化相比，华人女性职业变迁呈现新的特点，影响其变化的主要变量是经济发展、教育水平提高、政府政策、性别观念，笔者试从性别角度进行解析。

一 华人女性就业率大幅度提高

马来西亚各族群女性就业率有较大差异，据图3-2，1957年印度族女

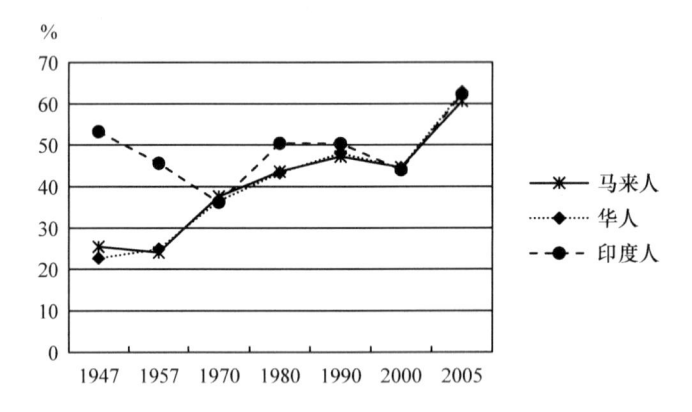

图3-2 西马三大族群妇女就业率增长（%）

资料来源：马来西亚历次人口普查。

(1) Saw Swee-Hock, *The Population of Peninsular Malaysia*, Singapore: Singapore University Press, 1988, p. 225.

(2) Jamilah Ariffin, ed., *Readings on Women and Development in Malaysia*, Petaling Jaya, Selangor: Mediate Communications Sdn Bhd, 2009, p. 30.

性就业率高达45.6%，马来族和华人妇女就业率较低，为24%。随着工业化发展，三族妇女就业率趋同，且呈增长之势，1970年为30%左右，1990年三族妇女就业率增长到48%左右，2005年三大族群女性就业率都增加到60%以上，华人妇女最高，为62.8%。从20世纪下半叶各族群女性就业率增长来看，华人女性就业率增长速度最快。

女性就业率的年龄构成也呈增长趋势。1970年马来西亚工业化处于初起阶段，三大族群女性就业率都有所提高，但各年龄段就业率有所差别。据图3-3，华人女性最先进入制造业工厂，在婚前就业率较高，15—19岁年龄组达39.9%，20—24岁年龄组更高达51.2%，25岁以后随着结婚生育，华人妇女就业率逐渐下降。马来女性的就业率一直呈上升趋势，并没有随着结婚生育而下降，在45—49岁年龄组达到就业顶峰，为47%。而印度族女性就业率与马来女性相似，不因结婚生育而下降，在35—39岁年龄组达到顶峰，为47.2%。

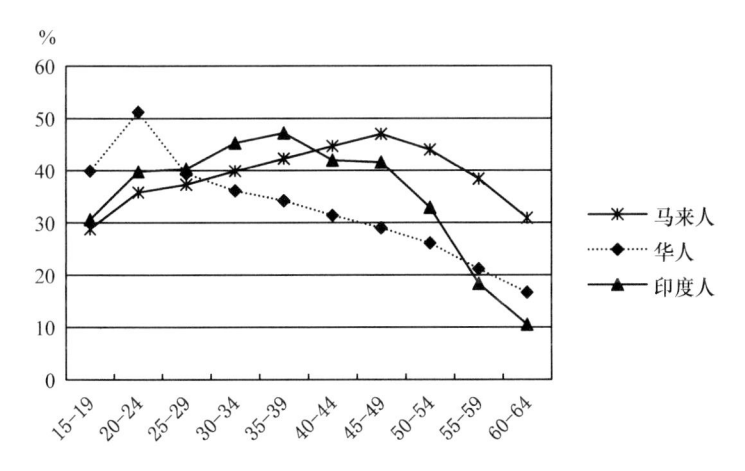

图3-3 1970年西马主要族群女性劳动力各年龄段就业率（%）

资料来源：马来西亚1970年人口普查，https://www.mycensus.gov.my/index.php/census-product/publication/census-1974.

八九十年代马来西亚工业化大发展，女性各年龄就业率都大大提高，在20—29岁年龄组达到就业顶峰，据图3-4，20—24岁年龄组就业率最高，1980年为54%，1990年和2000年为64%，25—29岁年龄组的就业率2000年和2005年维持在63%以上，这两个年龄组女性处于婚前或生育前，大量就业。但即使是婚后或育龄的25—44岁年龄段，女性就业率都维持在50%

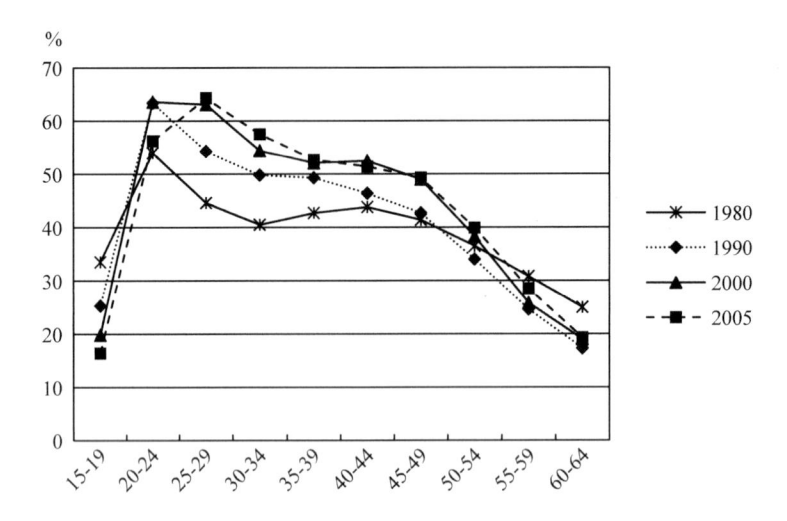

左右，尤其是 1995 年以后，始终维持在 50% 以上。

图 3-4　1980—2005 年西马地区妇女劳动参与率的年龄构成（%）

Source：Jamilah Ariffin, ed., *Readings on Women and Development in Malaysia*, Petaling Jaya, Selangor: Mediate Communications Sdn Bhd, 2009, p. 28.

女性就业率大幅提升的最大影响因素是马来西亚快速发展的经济。1970—1980 年，马来西亚国内生产总值年均增长率为 8%，1981—1990 年降为 6%，这主要是由于 80 年代初全球经济衰退和 1985—1986 年锡与石油价格暴跌，马来西亚经济增长短暂停滞，之后迅速回升，1988—1996 年均增长率在 9% 以上，[①] 1997 年由于亚洲金融危机，马来西亚经济遭受重挫，之后缓慢回升。80—90 年代是马来西亚最好的经济发展期，它也是亚洲"四小虎"中发展最快的国家。经济发展为劳动力提供了大量就业机会，降低了失业率。马来西亚 1961 年失业率为 6.1%，1970 年高达 8%，1980 年为 5.5%，[②] 1993 年为 3.3%，[③] 以后失业率一直维持在 3% 左右。一般认为，失业率在 4% 以下即为"充分就业"。马来西亚面临劳动力短缺问题，迫切需要女性劳动力参与，尤其是以纺织、制衣、电子业为主的劳动密集型产

[①] [马] 连惠慧主编：《当代马来西亚：经济与金融》，华社研究中心 2016 年版，第 2—3 页。

[②] Pong Eng Fong ed. *Labour Market Developments and Structural Change: The Experience of ASEAN and Australia*, Singapore: Singapore University Press, 1988, p. 108.

[③] Rajah Rasiah, Labour and Industrialization in Malaysia, *Journal of Contemporary Asia*, 1995, No. 1, p. 87.

业，更是需要大量女工，促使马来西亚女性就业率大幅提高。

女性就业率提高的另一个同样重要的影响因素是教育水平的提高。马来西亚独立以来，教育取得长足发展，女子教育同样如此。据表3-6，到80年代，小学和初中女生的比例几乎占一半，高中女生比例从1986年的46.4%增加到2000年的52.4%。同时，女大学生人数和比例也有较大提升，1986年女大学生占学生总数的40.8%，2000年超过半数，占56.2%。教育发展提高了马来西亚女性经济参与能力和意愿，1985年小学学历的女性就业率为42.5%，中学为46.6%，大学学历的女性就业率为67.2%。[1] 教育水平提高不仅增加了女性从农村向城市流动的能力，也增加了她们从农民向工人、从教师、文秘向管理经理和高级专业技术人员流动的能力。

表3-6　官办和官助的小学、初中、高中、大学女生人数和比例

教育级别	年份	女生	全部	女占%
小学	1986	456138	935265	48.8
	2000	620296	1253029	49.5
初中	1986	1085331	2232575	48.6
	2000	1425889	2933877	48.6
高中	1986	165114	355702	46.4
	2000	365396	697717	52.4
大学	1986	48655	19847	40.8
	2000	211564	118945	56.2

Source: Jamilah Ariffin, ed., *Readings on Women and Development in Malaysia*, Petaling Jaya: Mediate Communications Sdn Bhd, 2009, pp. 164, 165.

此外，马来西亚政府也鼓励已婚妇女出外就业。早在70年代，马来西亚劳工及人力部长在国会回答议员质询时就说，不鼓励已婚妇女工作，不是我国政府的政策。[2] 政府也鼓励开办幼儿园、实行灵活工作时间等措施，促进已婚妇女就业。1996年马哈蒂尔总理在讲话中指出要大力提升女性劳动参与率，"我们有大量妇女，尤其是家庭主妇，没能进入就业。政府正重新检

---

[1] Jamilah Ariffin, ed., *Readings on Women and Development in Malaysia*, Petaling Jaya: Mediate Communications Sdn Bhd, 2009, p. 31.

[2] 《劳工及人力部设委员会调查电子工厂女工安全健康福利问题》，《南洋商报》1974年1月12日。

讨1955年《就业条例》，要修改部分时间就业者的相关法规。也要提供给妇女更多教育和培训机会，以改善她们在劳动力市场晋升的能力。我也想鼓励企业采取更多措施促进妇女就业，诸如职业中断、职位分享、灵活时间等。这种家庭友好的措施将提高职业妇女的灵活性，在工作和家庭间分配好时间"。[1] 政府还出台一系列政策，如鼓励兴办幼儿园、为女公务员提供60天有薪产假、90天无薪产假，长达五年的无薪育婴假等，以鼓励女性重返职场。

经济增长需要大量劳动力，教育发展提高了女性的就业意愿和能力，政府出台鼓励女性进入职场的政策，都推动了包括华人妇女在内的马来西亚女性就业率的提高。

二 华人妇女的职业消长与拓展

20世纪上半叶，马来亚华人女性的主要职业是女农民、女佣、女工、教师、妓女等，20世纪下半叶，华人妇女的职业扩大到所有领域，主要职业是女工、文秘、专业技术人员、销售等（见表3-4、表3-5），具体来说，华人女性职业的消长和拓展表现在以下几个方面：

第一，马来西亚华人女工群体构成变化极大。

殖民地时代马来亚华人女工主要是女胶工、女淘锡工、工厂女工和建筑女工。20世纪50—70年代，马来亚刚开始工业化进程，女胶工、女淘锡工仍占华人女工的较大比例，比如女胶工，1957年马来亚大橡胶园的华人男胶工有20705人，女胶工为24206人，女胶工占华人胶工总数的53.9%，[2] 加上华人家庭小橡胶园，从事割胶的女性更多。但随着制造业兴起和橡胶业衰落，华人女胶工人数越来越少，到20世纪末，几乎可以忽略不计。比如女淘锡工，主要是琉琅婆，1950年人数高达18702人，1960年还高达7889人，但随着锡业的衰落，制造业兴起及教育水平提高，华人女性不再从事又苦又累的淘锡工作，七八十年代女淘锡工逐渐消失，1980年大概不足1000人从

---

[1] Jamilah Ariffin, ed., *Readings on Women and Development in Malaysia*, Petaling Jaya: Mediate Communications Sdn Bhd, 2009, p.235.

[2] Charles Gamba, *The National Union of Plantation Workers: The History of the Plantation Workers of Malaya (1946–1958)*, Singapore: Eastern Universities Press LTD, 1962, p.75.

事这一行业。① 比如女建筑工，一些华人女性在建筑工地充当小工，这个工作是重体力劳动，十分辛苦，随着制造业兴起和教育水平提高，华人女性不再从事这一职业，而由外劳取代。

华人女性在制造业工厂当女工者大大增加。50年代马来亚的制造业工厂主要是制胶厂、卷烟厂、食品厂等，1957年华人女工在制造业女工中占59.6%，在华人制造业工人中占72%。70年代随着以纺织、制衣、电子业为主的制造业兴起，吸收了大量女工，1976年华人妇女在制造业女工中占比49.4%，仍占第一位，马来女工占45.5%，增长迅速，印度妇女仍主要从事橡胶种植业，在制造业占比较低（见表3-7）。马来西亚电子业在70年代迅速兴起，1972年年初尚无一家电子厂，但到是年底，已有十家电子厂投入生产，这些工厂大多位于自由贸易区，如在槟城的峇六拜、马六甲的峇都伯里南、雪兰莪的双溪威。到1974年1月，政府已批准90家电子厂，提供58000个职位，几乎都是雇用女性。当地官员说，妇女更适合电子这种精细工作。②

表3-7　　　　1957—1976年西马制造业各族群女工所占比例

年份	马来人 占全部制造业女工%	马来人 占制造业马来工人%	华人 占全部制造业女工%	华人 占制造业华人工人%	印度人 占全部制造业女工%	印度人 占制造业印度工人%	其他 占全部制造业女工%	其他 占制造业其他工人%
1957	39.4	19.6	59.6	72.0	0.7	7.5	0.3	0.9
1970	38.3	29.0	59.9	65.3	1.6	5.3	0.2	0.5
1976	45.5	36.1	49.4	56.3	4.8	7.0	0.3	0.6

Source: Evelyn Hong, ed. *Malaysian Women: Problems and Issues*, Penang, Consumers' Association of Penang, 1983, p.53.

80年代制衣业和电子业是集中女工最多的行业。1987年制衣女工在马来西亚制造业女工中占21%，位居第一，电子女工占20.4%，位居第二，

---

① Jomolwame Sundaram, *A Question of Class: Capital, the State, and Uneven Development in Malaysia*, Singapore: Oxford Iniversity Press, 1986, pp.158-159.
② 《数年内增设六十间电子厂可为妇女界提供四万五千个职位》，《南洋商报》1974年3月18日。

食品厂女工占 13.1%。从制造业男女工人占比来看，女工超过男工的行业主要是制衣、电子、制鞋、纺织等，女工在制衣业占 78.1%，在电子业占 72.4%，在制鞋业占 62.9%，在纺织业占 58%。① 在与新加坡一堤之隔的新山，制衣业蓬勃发展，尤其是新加坡不少商人在新山开设制衣厂，使得新山地区车衣厂逐渐增加，导致对车衣女工的需求颇大，一些厂在薪金和福利方面也相应提高，"使车衣女工如天之骄女，身价百倍"。②

70 年代以来制造业的发展，使得女工群体成为马来西亚最大的女性职业群体。华人女工在 50—70 年代人数最多，80 年代以后，马来女工人数最多。

第二，在"白领"和专业技术人员中，华人女性人数和比例也大大增加，她们不仅集中在文秘、教师、护士等"女性职业"，也向一直是男子占据的律师、医生、工程师等职业领域拓展。

表现较突出的是文秘职业。文秘包括书记、秘书、簿记、速记等，受过中学教育的华人女性愿意从事这种"白领"工作。随着马来西亚产业升级和女性教育水平的提升，大量女性进入文秘职业，到 20 世纪末，文秘职业成为华人女性从业人数最多的职业。

女教师人数大大增加，50 年代，不论是中学还是小学，女教师都少于男教师，以 1958 年雪兰莪华校为例，12 所华文中学，共有男教师 191 人，女教师 44 人，占中学教师的 18.7%。华文小学共 118 所，男教师共 864 人（不算兼职教师），女教师共 537 人，占小学教师的 38.3%。③ 到 1980 年，女教师占教师总数的 41.7%，在女教师中，马来女性占 55.5%，华人女性占 36.3%，印度女性占 7.5%。④ 到 80 年代末，女教师人数超过男教师，1987 年马来西亚共有 164319 名教师，其中女教师占 51.5%，男教师为 48.5%。⑤ 华文中小学也出现女教师多于男教师的现象，如位于新山的宽柔中学，1963 年男教师有 41 人，女教师只有 11 人（占 21%），到 1994 年，华人男教师为 53 人，华人女教师为 122 人（占 69.7%）。位于麻坡的中化中

---

① Susan Horton, ed,. *Women and Industrialization in Asia*, London and New York: Routledge, 1996, p. 219.
② 《新山制衣业好景车衣女工身价涨》，《联合早报》1989 年 6 月 10 日。
③ 《全雪华文学校近二百间 学生人数超八万 教师一千八百人》，《星洲日报》1959 年 7 月 23 日。
④ Jamilah Ariffin, ed., *Readings on Women and Development in Malaysia*, Luala Lumpur, 1994, Table 8.
⑤ 《教育界阴盛阳衰是利是弊尚未知》，《联合早报》1987 年 12 月 9 日。

学，1962年女教师只占17.9%，1982年占40%，1992年超过男教师，占53.3%。① 而位于吉隆坡的中华独立中学，早在80年代女教师已超过男教师，1985年女教师有38位，男教师只有21位，女教师占总数的64%。② 到2011年，马来西亚华文独立中学女教师共有24680人，占独中教师总数的65%。③

在大学教师中，女教师逐渐增长。1971年，西马大学教师共1633人，其中女教师占24%，1972年沙捞越的大学教师有52人，女教师占18%。1980年马来西亚的大学教师共3299人，女教师占23%。④ 到2000年，大学女教师占42.8%，⑤ 较70年代大大提高。大学华人女教师人数和比例没有统计，但可以肯定的是，随着华人女性受硕士、博士教育的人数增多，她们任大学教师的人数逐年增加，尤其在私立大学。

华人女性除了在文秘、教师、护士等"女性职业"就业人数增加，还进入律师、医生、工程师等一直由男性主导的职业。

20世纪50—70年代，马来西亚的女医生、女律师、女工程师、女建筑师人数极少，随着女性教育的提高，上述职业的女性人数大大增加，1982年马来西亚律师公会有175名女律师，占律师的12%。有不少女性在司法机构服务，包括女推事、庭主、高庭主簿官，联邦律师，副检查司，政府部门的法律顾问等，她们在履行职责上，并不逊于男性。⑥ 据表3-8数据，到2005年，女律师有5322人（占44.9%），女牙医有1463人（占56.2%），女内科医生有5779人（占37.2%），女建筑师有334人（占25%），女工程师有310人（占2.7%）。到2011年，在注册的专业人士当中，女牙医占62.8%、

---

① 古鸿廷：《教育与认同：马来西亚华文中学教育之研究（1945—2000）》，厦门大学出版社2003年版，第209、211、240页。
② 古鸿廷：《教育与认同：马来西亚华文中学教育之研究（1945—2000）》，厦门大学出版社2003年版，第173页。
③ 王焕芝：《抗争与坚守：马来西亚华文教师队伍历史演进研究》，社会科学文献出版社2015年版，第211页。
④ 范若兰：《战后东南亚妇女参与高等教育教学与管理试析》，《妇女研究论丛》2001年第3期，第46页。
⑤ Jamilah Ariffin, ed., *Readings on Women and Development in Malaysia*, Petaling Jaya: Mediate Communications Sdn Bhd, 2009, p.266.
⑥ 《古玛拉士瓦美律师建议委任女性为高庭法官》，《星洲日报》1982年2月28日。

女律师占48%、女会计师占48.5%、女医生占45.6%。①

表3-8　　　　2005年马来西亚注册专业人士人数及女性占比　　　　单位：人

职业	全部	女性	女占%
牙医	2601	1463	56.2
律师	11841	5322	44.9
会计	21289	9144	43.0
内科医生	15574	5779	37.2
兽医	1399	464	33.2
施工技术员	1878	613	32.6
建筑师	1334	334	25.0
专业建筑师	1652	226	13.7
毕业的工程师	37678	4812	12.8
专业工程师	11523	310	2.7
勘测师	405	1	0.2

Source: Jamilah Ariffin, ed., *Readings on Women and Development in Malaysia*, Petaling Jaya: Mediate Communications Sdn Bhd, 2009, p.175.

上述数据没有区分族群，华人女专业人士也有不少，据马来西亚华人女律师黄玉珠估计，到2019年，马来西亚律师公会的女律师大概是16000人，占律师行业的55%，华人女律师大约在其中占20%。② 最著名的华人女律师是林碧颜（1915—2013年），她1938年在英国获得剑桥大学文学士学位，1946年在英国完成律师资格考试，1948年获得英国律师公会大律师（高级律师）资格。最著名的华人女建筑家是陈佩英，她1984年毕业于墨尔本大学建筑专业，回国成为建筑师，之后自己开办建筑事务所，取得杰出成就，2001年当选马来西亚建筑师公会主席，这是马来西亚有史以来第一个建筑师公会女主席，2006年她当选亚洲建筑师公会副主席，2013年担任主席。③

---

① 《纳吉：国家团结催化剂 妇女是精明转型伙伴》，南洋网，2011年8月25日，http://www.nanyang.com.my/node/378615。
② 黄玉珠访谈，访谈人：范若兰，时间：2019年1月21日，地点：吉隆坡。
③ ［马］邓婉晴：《建筑界铁娘子——陈佩英》，载《马来西亚中华大会堂总会妇女部二十五周年纪念》，吉隆坡，2018年。

第三,在管理经理职业中,女性人数最少,但也有所增长。

马来西亚的女性管理人员逐渐增多。1957年马来亚政府只有女性行政官员107人,其中华人女性34人。[①] 1969年马来西亚出现第一个女部长,是来自巫统的法蒂玛·哈桑(Fatimah Hashim)。华人女政治家周宝琼1982年担任文化青年体育部副部长,这是第一个华人女性出任副部长级别的官职,黄燕燕2008年担任妇女、家庭及社会发展部部长,她是第一位华人女部长。此外,华人女性林碧颜1971出任马来西亚驻联合国副常任代表,1973年出任南斯拉夫和奥地利大使,是马来西亚第一位女大使。

在私人机构担任管理职位的华人女性略多于政府部门,1957年,担任董事、经理、企业主的华人女性有283位,担任董事长和总经理的华人女性只有10位,人数极少。[②] 不论是在政府机构还是私人机构,华人女性管理经理人数都极少,仅占华人职业妇女的0.1%(见表3-4)。80年代以后,马来西亚女性管理经理人员有所增长。据表3-9,1988年女性管理经理人员有1.47万人,2002年增加到18.17万人,占该职业的比例从11%上升到23.1%。华人女性在这一职业领域呈缓慢增长趋势,到2000年,她们在管理经理职业占华人女性就业的7.7%,占华人该职业的21.2%(见表3-5)。

表3-9 1988—2002年马来西亚女性管理人员的人数和比例

年份	全部管理职位(千人)	女性管理者(千人)	女占%
1988	128.0	14.7	11.0%
1990	144.8	17.5	10%
1995	247.7	46.6	18.8%
2002	786.3	181.7	23.1%

Source: Jamilah Ariffin, ed., *Readings on Women and Development in Malaysia*, Petaling Jaya: Mediate Communications Sdn Bhd, 2009, p. 214.

第四,服务业女性从业人员沧桑变化。

20世纪华人女性充当各种服务人员,如女佣、女招待、店员、理发员、

---

① Tham Seong Chee, *Malays and Modernization*, Singapore: Singapore University Press, 1983, p. 62.
② Tham Seong Chee, *Malays and Modernization*, Singapore: Singapore University Press, 1983, p. 62.

售票员、保险代理、公务员等，既有私人服务人员，也有公共服务人员，经历了沧桑剧变。

女佣是华人妇女最早从事的职业之一，从业人数也较多，1980年女性占家佣总数的87%，其中，马来女佣占45.7%，华人女佣占39.1%，印度女佣占14.6%。[1] 20世纪80年代以后，华人女佣逐渐减少。笔者访问的侯巧珠是为数不多的华人管家之一，她出生于1961年，小学没毕业，1976年出来帮佣，先做小保姆，"70年代我出来做的时候，还有很多华人帮佣，没有外劳的，那时候帮佣全部都是本地人"。[2] 到80年代，随着女性教育水平提高和制造业兴起，华人女佣逐渐减少，马来西亚也如新加坡一样，面临"女佣荒"，开始引入菲律宾女佣。而一般家庭也倾向于聘请菲佣，因为"这些外国女佣，多数受过基本教育，甚少惹事生非，而且刻苦耐劳。反观本地女佣，有些只上工一两天，就一声不响的收拾包袱离去，使雇主手忙脚乱。此外，本地女佣提出的条件比较苛刻，一些甚至要求雇主提供'观赏录影带'之类的娱乐"。而且菲佣工资较低，月薪一般在300马元至350马元，而本地的女佣，通常一开口就是四五百元。[3] 菲佣增长迅速，1986年大约3000名，1987年增加到6000名。[4] 90年代以来，印尼女佣开始进入马来西亚，21世纪以后，柬埔寨女佣也进入。到21世纪初，只有极少数华人女性愿意当住家工，她们被尊称为"管家"，而不是"女佣"。

保险代理则是华人女性从无到有的职业。20世纪上半叶，没有华人女性从事保险业，20世纪中叶，出现女保险经纪，据1957年人口普查，保险代理、保险经纪中有14位华人女性，[5] 可谓凤毛麟角。70年代以前很少有女性从事保险业，大概80年代华人女性开始更多进入保险业，90年代以后保险业比较成熟，保险代理以女性居多，至少都占65%，而且女性在保险行业经理级的很多，表现得非常好。曾做过11年保险经理的李书祯认为，"女性有一些优势，解释得比较清楚，比较贴心，会为他们设想资金来源，不是应

---

[1] Jamilah Ariffin, ed., *Readings on Women and Development in Malaysia*, Luala Lumpur, 1994, Table 8.
[2] 侯巧珠访谈，访谈人：范若兰，时间：2019年1月20日，地点：吉隆坡。
[3] 《菲女佣涌入大马》，《联合晚报》1986年5月14日。
[4] 《李金狮指出 在马工作菲女佣都受到雇主善待》，《联合早报》1988年2月8日。
[5] Tham Seong Chee, *Malays and Modernization*, Singapore: Singapore University Press, 1983, p. 64.

付式的。"① 笔者访问的郑玉梅就是在 1987 年开始作保险代理，她中学毕业，从事过书记职业，生孩子后主要做家庭主妇，保险代理不需要朝九晚五上班，能照顾到家务和孩子，又能赚钱帮补到家用，所以后来她就一直做保险代理。② 可见，保险代理能照顾家庭，而且，女性善于沟通，亲和力强，使保险代理被认为是"适合女性"的职业。

总的来看，独立以来马来西亚女性的职业变化较大，女农民和女佣的人数大大减少，制造业女工的人数大大增加，女文秘和女教师人数大大增加，超过男性，这两个职业成为标准的"女性职业"，女性管理和经理人员虽然有所增加，但与男性相比，还处于少数。华人女性职业变迁也符合上述趋势。

影响 20 世纪下半叶华人女性职业变迁的主要因素之一，是马来西亚的经济结构调整和产业升级，马来西亚从进口替代到出口导向的发展战略调整，从劳动密集型到技术密集型产业的升级，导致华人女农民人数大大减少，取而代之的是制造业女工成为华人女性的最大职业群体，之后女文秘成为最大职业群体。

同样重要的第二个影响因素是教育，女子接受教育及其所学专业的变化，对拓展女子职业和提升女性职业至关重要。据表 3-10，五六十年代，马来西亚女大学生人数极少，主要集中在文科和教育（师范），但也未超过该专业的 40%，砂拉越女大学生只有教育专业，西马地区女大学生有极少数学习理科、工科、医科和农科，但人数屈指可数。如马大牙科毕业生，1955 年只有 2 位女生，1956 年 1 位，1957 年没有女生，1958 年 2 位，1959 年 3 位。③

七八十年代，女生仍然多选择文科，但学习理工科的女生也略有增加，因为理科更容易找工作，据笔者访谈的华人女营养师郑冰如回忆，她的兄弟姐妹都是读理科，"我大哥是读化学系，我二姐读会计系，我二姐读地理系，四姐念农业经济系，我念农业化学系，妹妹念电脑专业，一个弟弟念化工。为什么我们会选择理科？因为我们知道理科出来比较容易找工作，我们都拼命念理科，没有人读文科的。当然我们理科也学得好，但更重要的是因为环境，我们就是认为读理科才容易找工作"。④

---

① 李书祯访谈，访谈人：范若兰，时间：2019 年 1 月 24 日，地点：吉隆坡。
② 郑玉梅访谈，访谈人：范若兰，时间：2019 年 1 月 19 日，地点：麻坡。
③ 《马大牙科学生 女性只有五名 还是打破过去的纪录》，《星洲日报》1960 年 2 月 23 日。
④ 郑冰如访谈，访谈人：范若兰，时间：2019 年 1 月 18 日，地点：麻坡。

表 3-10　1963—1971 年马来西亚女大学生专业分布

单位：人

地区	年份	性别	总数	文科	教育	艺术	法律	社会科学	理科	工科	医学	农业	未分类
砂拉越	1965	全部	146	—	146	—	—		—	—	—	—	—
		女	57	—	57	—	—		—	—	—	—	—
		女占%	39.0	—	39.0	—	—		—	—	—	—	—
	1971	全部	440	—	440	—	—		—	—	—	—	—
		女	155	—	155	—	—		—	—	—	—	—
		女占%	35.2	—	35.2	—	—		—	—	—	—	—
西马	1963	全部	8455	908	6135	—	—		398	800	40	174	—
		女	2750	327	2299	—	—		85	25	5	49	—
		女占%	32.5	36.0	37.5	—	—		21.3	3.1	12.5	28.1	—
	1971	全部	19262	4375	3476	394	36	3310	1978	1988	654	1344	1707
		女	5781	1588	1541	89	10	1127	495	139	118	192	482
		女占%	30.0	36.3	44.3	22.6	27.7	34.0	25.0	6.9	18.0	14.3	28.2

Source: UNESCO, *Progress of Education in Asian Region: Second Statistical Supplement*, Bangkok: UNESCO Regional Office for Education in Asia, 1975.

到 90 年代，马来西亚女大学生不仅人数大大增长，还在许多专业上占据半数以上。据表 3-11，女生在教育、文科、法律、社会科学、商业管理、传播、贸易、计算机、医疗保健等专业学习人数超过或接近 50%，在过去女生较少的理科达到 46%，在建筑设计专业达到 31.4%，只有在工科占比较少，为 14.3%。从女生选修专业的人数和比例来看，教育专业仍是女生最中意的专业，表明当女教师是不少女生的首选，其次是商业管理，第三是文科专业。

表 3-11　　1990/1991 学年马来西亚女大学生人数及专业分布

专业	总数	女生	女生占总数的%	占女生的%
	121412	54370	44.7	100.0
教育	29995	16950	56.5	31.1
文科	10224	5550	54.2	10.2
艺术	1186	550	46.3	1.0
法律	2307	1155	50.0	2.1
社会科学	6432	3159	49.1.	5.8
商业管理	24727	12987	52.5	23.9
传播	1836	1131	61.6	2.0
贸易	652	320	49.1	0.5
理科	8776	4043	46.0	7.4
数学和计算机	4557	2322	50.9	4.2
医疗保健	3144	1632	51.9	3.0
工科	12693	1826	14.3	3.3
建筑设计规划	2412	757	31.4	1.4
工艺	640	258	40.3	0.4
农业	4279	1459	34.1	2.7
未分类	7552	271	3.5	3.6

Source: UNESCO, *UNESCO Statistical Yearbook* 1997, Paris: UNESCO, 1997.

女大学生所学专业奠定了她们未来的职业基础，大部分女生所学的文科、教育、商业贸易等专业，决定了她们未来主要从事教师、文秘、经理、公务员等职业，法律专业的女生逐渐增多，为女律师和司法人员提供了后备人才。建筑、机械工程等专业的女生，则成为女建筑师、女工程师的后备人才,有助于女性从教师、文秘,拓展到经理、律师、建筑师、工程师、医生等过去被视为"男性职业"的领域。

三 女性大多集中于低职位低收入层级

马来西亚女性职业大大拓展,也进入一向由男子控制的职业领域,但除了少数女性晋身高职位、高收入层级,大部分女性处于低职位、低收入层级。

从教育职业来看,小学和中学女教师占多数,但校长多为男性。1999年马来西亚官办和官助小学女校长有1014人,只占小学校长的15.9%,中学女校长有392人,占中学校长的29.32%,而州教育主任,则无一女性担任。在大学中,1997年马来西亚高校女教师占39.2%,但她们在教授中只占13.2%,在副教授中占23.1%,在讲师中占44.94%,换言之,女大学教师在职别最高的教授一级占比最少,在职别最低的讲师一级占比最多。[①]

马来西亚女性也与其他国家一样,收入普遍低于男性。以制造业为例,女工的工资普遍低于男性,据马来西亚政府的数据(见表3-12),在女工占多数的纺织业和电子业,女工的工资也较男工为低,尤其是生产管理和领班,男女工资差别最大,如纺织业,1974年女生产管理和领班的工资只是男性的66.2%,1990年提高到75.2%,同期电子业女生产管理和领班的工资从55.5%提升到82.8%。操作工的男女工资差别较小,纺织业女工个别年份的工资甚至超过男工,但电子业女工的工资始终低于男工。其他职业女性的工资也少于男性。1974年女化验师的月收入是男性的77.65%,1983年是72.85%,文秘职业男女收入差距有所缩小,1974年女职员收入是男性的77.8%,1983年是94.8%。[②] 总的来看,女性收入低于男性,但这种差距在逐渐减小,1973年女性收入是男性的57%,1984年是69%,1997年是72%。[③]

[①] Metro Manila, *Gaining ground?: Southeast Asian women in politics and decision - making, ten years after Beijing: a compilation of five country reports*, Philippines: Friedrich Ebert Stiftung, Philippine Office, 2004, pp. 90 - 91.

[②] Jamilah Ariffin, ed., *Readings on Women and Development in Malaysia*, Luala Lumpur, 1994, table 14.

[③] Cecilia Ng, Noraida Endut, Rashidah Shuib, eds., *Our Lived Realities: Reading Gender in Malaysia*, Pulau Pinang: Universiti Sains Malaysia, 2011, p. 114.

表 3-12　1974—1990 年马来西亚制造业女工月收入与男子之比（男 = 100）

行业	具体职位	1974 年	1980 年	1990 年
橡胶业	生产管理和领班	57.9	52.5	86.2
	操作工	45.1	53.1	72.4
纺织业	生产管理和领班	66.2	69.7	75.2
	纺纱工	85.6	101.7	93.8
	纤维粗纱工	88.5	89.0	103.0
	机器织布工	126.9	74.7	111.0
电子业	生产管理和领班	55.5	62.1	82.8
	生产操作工	—	97.4	82.7

Source：*The Sixth Malaysia Plan*（*1991 – 1995*），National Printing Department，Kuala Lumpur，1991.

女性处于低职位、低收入的重要影响因素，除了教育水平和资历，还有性别观念。"男外女内""男主女从""男强女弱"的性别分工和性别认知，深刻影响到人们（包括女性）对职业抱负和家庭责任的看法，男人作为"养家者""强者"，当然要追求更高的职位、更高的薪水，而女性作为"照顾家庭者""弱者"，应该以照顾家庭为主，不要追求更高的职位，承担更多的工作责任，女性的收入只是家庭经济的补充，可以接受较低的收入。"有家庭的职业妇女一般在职业方面没有什么雄心，她们不大喜欢担任诸如管工、经理、主任等比较重的、具有挑战性的职位，也不乐意做危险粗重的机械修理员之类的工作，她们偏爱责任轻、时间短及清洁的职业。"[1] 而一些男性更是认同传统的"重男轻女"性别观念，曾担任马来西亚政府副部长的周美芬就对一位林姓华人富豪的"重男轻女"印象深刻，这位富豪有众多子女，在他自己的企业里，儿子全是董事或经理，女儿则在办公室里做书记。"我首次出任政务次长的时候，他对我说，'你做到这样就够了，女孩子不用做那么高了'。"[2]

女性自己也深受传统性别观念的影响。笔者访问化验师兼营养师郑冰如时，她提到经理职位多是男性，很少女性，因为经理要负责营销，有压力，为了做到好业绩，要去外面见客户，还要应酬，"所以做营销的大都是男生，

---

[1] 刘太太：《漫谈妇女与职业》，《星洲日报》1971 年 12 月 25 日。
[2] 周美芬访谈，访谈人：范若兰，时间：2019 年 1 月 26 日，地点：吉隆坡。

基本上没有什么女生跑外面做营销的。我们女生不大愿意接受这么大的压力,而且女生比较容易满足。"她指出,"男性比较积极向上,马来西亚主要还是男生负责养家,所以男生会比较积极。"

> 有一年,我们马来西亚的总营养师要出国留学,公司让我们自己申请这个职位。结果女生都不去申请,只有一个男生申请,他只是学士,他太太跟他本来是同学,在一个大学工作,一直读学位,读完硕士还去读博士,他只是一个学士,那么他就必须用职位来表现,所以他就会积极去申请,跟老板要求他做这个职位。而我们女生都不敢接受这种挑战,因为觉得不是这么容易做。①

从郑冰如的回忆,可以看到,基于传统性别规范,男性要符合"主外""强者"要求,他们更积极进取,勇于接受挑战,而女性不愿意承受更大压力,也不大敢接受挑战。"男女两性的工作取向受到性别角色认同的限制,职业抱负也会有明显差异。在工作中,他们会根据自己的性别确定自己的发展方向。男性的社会化过程充满奋斗,社会性别认同与自我性别认同都比较明确地指向有报酬的工作和事业成就;而对于女性来说,性别职业角色的定位内化于自身的价值选择,这降低了她们对自身职业优势与发展的期望值。"② 因此,即使教育水平相同,入职时职务相同,但女性的"主内""弱者"定位,使她们不愿争取高职位,因此更多处于较低职位,接受较低收入。

四 妇女职业的族群差异

20世纪下半叶马来西亚各族群妇女的职业发展都出现较大变化,总的趋势是女农民逐渐减少,制造业女工增多,女文秘人员增多,女专业技术人员增多,女管理经理人员增多。

但马来西亚各族群女性职业变迁亦有差异,据表3-2、表3-3、表3-4、表3-5,各族群妇女的行业分布和职业构成,在农民职业中,马来妇女较多,而华人妇女较少;在制造业女工中,先是华人女工最多,马来

---

① 郑冰如访谈,访谈人:范若兰,时间:2019年1月18日,地点:麻坡。
② 费涓洪:《妇女与劳动力市场研究》,时事出版社2017年版,第59页。

女工后来居上；在文秘职业中，华人女性最多；在专业技术人员中，华人女性和马来女性不相上下，在管理人员，主要是公务员中，马来女性远远多于华人女性，据1980年人口普查，在女公务员中，马来女性最多，占72.6%，华人女性占20.1%，印度女性占6.6%。马来女公务员比例远远超过她们的人口比例。在商业金融业中，华人妇女要多于马来族和印度族妇女，据1980年人口普查，在女批发商中，华人妇女占69.9%，马来妇女占25.1%，印度妇女占4.1%。在女零售商中，华人妇女占61.4%，马来妇女占34.1%，印度妇女占3.9%。在女银行职员中，华人女性占54.5%，马来女性占38.8%，印度女性只占5.8%。在女保险员中，华人妇女占63.8%，马来妇女占24.5%，印度女性占1%。在餐饮业中，也是华人女性最多，如在餐馆、咖啡店女侍者中，华人女性占55.2%，马来女性占42%，印度女性占2.4%。[①]

从2000年马来西亚人口普查数据来看（见表3-13），各族群女性的职业分布，华人女性第一大职业是文秘职业，高达24.5%，第二大职业是专业技术人员，占20.3%，第三大职业是服务和销售人员，占18.4%；马来女性第一大职业是专业技术人员（包括专业人士和技术专业人士），占26%，第二大职业是女工（包括工匠和工厂工人），占22%，第三大职业是文秘，占18.7%，；印度女性第大职业是女工，占30.8%，第二大职业是专业技术人员，占17.6，第三大职业是文秘人员，占14.8%。

表3-13　　2000年马来西亚主要族群妇女的职业构成（%）

职业	马来妇女	华人妇女	印度妇女
司法、高级官员和管理人员	4.1	7.7	2.9
专业人士	8.5	7.9	5.1
技术和一般专业人士	17.5	12.4	12.5
文秘人员	18.7	24.5	14.8
服务和销售人员	10.8	18.4	7.5
有技术农民和渔民	6.4	3.4	7.4
工匠和传统手艺人	3.4	6.7	3.7

---

① Jamilah Ariffin, ed., *Readings on Women and Development in Malaysia*, Luala Lumpur, 1994, Table 8.

续表

职业	马来妇女	华人妇女	印度妇女
工厂和机器操作工人	18.6	6.0	27.1
初级职业	7.9	9.9	14.5
未分类	3.8	3.1	4.3
全部	100.0	100.0	100.0

资料来源：2000年马来西亚人口普查。https://www.mycensus.gov.my/index.php/census-product/publication/census-2000。

影响各族群女性职业差异的因素，除了上文分析的经济发展、产业升级和教育因素，还与族群就业优势及政府的族群政策有关，本节重点分析这两个因素。

所谓族群就业优势，是指就业过程中劳动者与族群优势行业相结合的程度，包括工作性质、聘用条件、工作环境、劳动关系等。各族群妇女的职业分布深受本族群优势行业的影响，以华人为例，"二战"后华人投资领域主要是商业、金融业、建筑业、制造业，1970年华人在批发商中占78.5%，在零售店中占74.6%，其销售额在批发和零售业中分别占66%和81%，[①] 因此华人妇女在商业就业比例高也就不足为奇。在制造业，1970年华人制造业企业数目为2478家，占所有西马制造业企业的77.6%，固定资产366.6百万马元，占西马所有固定资产的32.5%，雇佣人数82146人，占西马所有制造业雇佣人数的55.4%，[②] 族群就业优势就体现在华人妇女更容易在制造业工厂就业，因为她们在华人投资较多的制造业易于找到自己的职位，所以早在1980年，女工就成为华人女性的第一大职业。相比之下，马来人的优势行业是农业，马来妇女也主要就业于农业，1980年以前，女农民是马来妇女的第一大就业群体；印度人的优势行业是种植业，印度妇女也主要就业于种植园，1980年以前，女农民也是印度女性的第一大职业，她们在制造业和商业领域就业者低于华人女性。

80年代以后，随着工业化进程，马来西亚产业升级，从劳动密集型向技

---

① Yuan-Li Wu and Chun-Hsi Wu, *Economic Develpment in Southeast Asia: the Chinese Dimension*, Palo Alto: Stanford University Press, 1980, p. 38.
② 刘集汉:《华人在西马来西亚私营经济部门的贡献》，转引自日本《海外市场》1977年10月。

术密集型产业转化,华人仍在工商金融领域占有优势地位,华人女性的职业向上升级,文秘职业成为华人女性第一大职业,专业技术人员是第二大职业,服务和销售人员是第三大职业;马来女性的职业也向上升级,专业技术人员是第一大职业,女工是第二大职业,文秘是第三大职业是;印度女性的职业排名大抵是女工、专业技术人员和文秘人员。因为马来人和印度人在制造业和商贸领域不占优势,她们从事服务与销售的人员相对较少。

政府的族群政策对各族群女性职业发展也有重要影响。马来人被认为是原住民,拥有被优待和照顾的"特权",尤其是1971年马来西亚政府实施"新经济政策",不仅大力推动工业化,也大力扶持马来人,包括改变不合理的就业结构。该政策要求各行业就业比率要符合马来西亚各族群人口结构比率和各族群就业结构比率,换言之,要使马来人在重要部门和各企业的就业比例达到50%。具体而言,马来人在各部门所占的就业比例是:第一产业从1970年的67.6%下降到1990年的61.4%,在第二产业从38%上升到51.9%,第三产业从37.9%上升到48.4%,其他族群的职业结构也相应调整。[①] 新经济政策推动马来妇女进入制造业,她们从农村进入制衣和电子工厂,在制造业就业的人数大大增加,最终超过华人妇女。

新经济政策也大大提升了马来人的受教育水平。1957年马来女性的识字率只有22%,低于华人女性的30%和印度女性的31%。[②] 到1998年女性劳动力的教育构成中,马来妇女在中学学历上略低于华人和印度族女性,但在大学学历上已高于其他族群,为19.4%,高于华人女性的17.8%和印度族的11.8%(见表3-14)。这是因为1971年马来西亚的大学招生实行"固打制",即不以学生的成绩,而是以族群的人口比例作为国立大学录取学生的依据,对马来人优先录取,使得马来人大学入学率大大提升,马来女大学生入学率也随之提升。

表3-14 1998年马来西亚各族群女性劳动力的教育水平 单位:%

教育水平	马来族妇女	其他土著妇女	华族妇女	印度族妇女	其他
非正规教育	7.2	32.1	5.1	6.6	18.6

[①] 范若兰、李婉珺、[马]廖朝骥:《马来西亚史纲》,世界图书出版公司2018年版,第203页。

[②] Lim Chong-Yah, *Economic Development of Modern Malaya*, Oxford: Oxford University Press, 1969, p.301.

续表

教育水平	马来族妇女	其他土著妇女	华族妇女	印度族妇女	其他
小学	18.9	24.0	19.7	27.2	32.5
中学	54.4	37.1	57.4	57.4	39.0
大学	19.4	6.7	17.8	11.8	9.9
全部	100	100	100	100	100

Source: Jamilah Ariffin, ed., *Readings on Women and Development in Malaysia*, Petaling Jaya: Mediate Communications Sdn Bhd, 2009, p.174.

而马来女性教育水平的提高有助于她们在专业技术职业领域就业率的上升，加上政府的族群政策，到2000年，马来妇女的第一大职业是专业技术人员。因为政府部门优先录取马来人，马来女性也大量成为公务员，所有公立学校的教师、公立医院的医生和护士都属于公务员，相比之下，华人女公务员较少，只有华文小学因属于公立小学，教师属于公务员，而华文独立中学不属于公立中学，教师亦不属于公务员。公立大学的教职人员也属于公务员，华人在公立大学任职相对较少，因为大学更倾向于招收马来人。前文提到的黄永宝在博士毕业后，曾于1989年先申请马来西亚的大学教职，但未成功，因为要优先录用马来人。她感叹："你要做公务员，如果你不是马来人，是很难，如果你是女生，even more difficult（更加困难）。"[①] 另一位在马来亚大学任研究员的受访人傅向红也指出"马来人优先"政策对华人担任公立大学教职的影响：

> 我觉得升职的族群政治太严重了，同样影响到（华人）女性和男性。我跟我的同事，我们在马来亚大学华人研究中心的合约快到期了，我们两个现在前途茫然。在马来亚大学，我只有转换到教学部门，才有可能有固定位置。那个固定位置属于公务员，由联邦政府的公务员部负责，公务员部每年有高校固定的职缺，会分到各个国立大学，假如今年马大拿到50个公务员职缺，这个名额一进到马大，所有学院都要抢。而学校更重理科，轻人文和社会科学，所以通常理科会优先拿到名额，到人文社会科学院的名额就很少，还要通过各系去竞争，而到了系里面

[①] 黄永宝访谈，访谈人：范若兰，访谈时间：2019年1月25日，访谈地点：吉隆坡。

又是族群问题了,系主任当然不希望有太多华人进来,所以我们转为固定岗位很难。①

所以在马来西亚的公立大学,除中文系外,华人教职员相对较少,华人女教师更少。同样在政府部门的基层公务员中,华人较少,华人女性更少。在管理经理人员中,行政官员中马来女性多于其他族群,这是基于马来人优先的族群政策,而在企业的管理经理人员中,华人女性多于其他族群(按族群人口比例),这是基于族群就业优势。可见,各族群女性的职业差异也与马来西亚的族群政治密切相关。

第三节 妇女职业变迁对马来西亚发展的影响

一 女性主体意识之成长

随着教育提升和职业拓展,华人女性经济参与和社会参与能力增强,女性主体意识也在不断成长。女性通过职业生涯积累社会经验,树立人生抱负,建功立业。

第一,职业女性之人生抱负。

坤成女校校长林宝权的座右铭是:处事勤劳、对人谦逊、行己中和,并常以这个座右铭来鼓励学生。②她特别告诫女生"我希望你们能使人敬,而不只是使人爱。女生未来的路途很坎坷,只有用学识和操行,赢得赏识和尊重,才是瑰宝。"③她也在校刊上撰文,指出教育与科学可以决定一个国家的命运,而女生亦须加强信念,坚定立场,必其所能,为国家而努力。她的教导对坤成女学生们影响极大,后来成为拉曼学院院长的黄丽绥认为,林校长给她立下了很好的基础,④陈达真也一直念念不忘林校长的教诲,她后来成为女教师、音乐学院院长、社会活动家,有较强的女性意识。

著名女律师林碧颜曾在马来亚大学向全国中学校长会议发表有关《妇女

---

① 傅向红访谈,访谈人:范若兰,访谈时间,2019年1月23日,地点:吉隆坡。
② 李又宁:《访教育家林宝权》,载《坤成百年校史汇编(1908—2008)》,坤成中小学暨幼儿园2008年版,第214页。
③ [马]杨洁:《热心服务的华社大姐——陈达真》,载《马来西亚中华大会堂总会妇女部二十五周年纪念》(1992—2018),马来西亚中华大会堂总会妇女部2018年版,第158页。
④ 《黄丽绥访谈》,载《坤成百年校史汇编(1908—2008)》,坤成中小学暨幼儿园2010年版,第477页。

在国家发展中的角色》讲演,指出在国家建设中,尤其是对于发展中国家,主要的问题是如何利用资本和人力资源,她批评一些妇女只关心栽花打麻将,她认为,妇女应该利用空闲时间来做更有建设性的工作。教师们应当教育学生认识她们的社会责任,使她们将来成为有道德和有纪律的公民。[1] 林碧颜以自己的职业能力和理念,树立了杰出女性的形象,她"所展现的正义、为公正挑战权威的勇气和先进的维权律师形象,不但是许多男性所望尘莫及,她为后来的律师树立了典范,也是我国独立至今无出其右的女性代表"。[2] 林碧颜成为女性的榜样,槟城的父母这样鼓励孩子:"用功读书,长大像林碧颜那样杰出。"[3]

黄兼博(1929—)是马来西亚广播界第一位全职华人女性,她在1949年任职丽的呼声广播电台,三年后进入政府电台,一直工作到1984年退休。作为一个职业女性,黄兼博的视野较广,她认为要干好本职工作,必须具备以下几点:(1)高度的责任心,不推卸责任,(2)对国家效忠,(3)为服务而奉献,(4)不怕困难,不取巧,(5)不断的上进心。这些成为她自励、自省的准绳,"为了证明女性也可在广播界进军,我必须战战兢兢,付出双倍的努力去学习,去工作,希望建立人们对女性在广播界服务的信心。于是我接受任何的任务、任何的挑战,并且尽心尽力,从不以自己是女性为借口而推诿责任和任务"。她也是马来西亚第一位乘坐直升机采访的女性,当时她甚至没有太多犹豫和害怕,"只要是男同事可以担当的工作,我也一样要去担当尝试"。[4]

黄玉珠(1954—)是马来西亚著名律师和社会活动家。曾担任马来西亚妇女发展机构署理总会长,隆雪华堂妇女组主席。作为律师,她关注女性权利和弱势群体。她认为,"为普罗大众提供免费的法律辅助,让一些弱势群体,或者是经济有困难的人,能够得到协助,那反倒是我觉得最有成就的。曾经有一段时期,我把每个星期六定下来,在我的事务所里提供免费的

---

[1] 《林碧颜向中学校长演讲指出妇女不应只顾家务应当负起建国工作》,《南洋商报》1967年4月11日。

[2] [马]周美芬:《维权律师:林碧颜与她的时代》,拉曼大学陈祯禄社会与政策研究中心2019年版,第128—129页。

[3] [马]周美芬:《维权律师:林碧颜与她的时代》,拉曼大学陈祯禄社会与政策研究中心2019年版,第54页。

[4] [马]黄兼博:《兼博人生:广播、妇女关怀、信仰的如此一生》,文桥传播中心有限公司2013年版,第74、81、81页。

法律咨询，这个工作我做了好几年。一直到今天，我还是不定期的为弱势群体提供免费的法律咨询服务"。①

李素桦（1957— ）是马来西亚著名女律师，曾担任隆雪华堂妇女组主席和马中总商会法律委员会主席，她的第一个职业是记者，八年记者生涯"给我非常多的人生体验，让我了解马来西亚政治的操作，也扩大了视野"。后来她学习法律成为律师，这与她好打抱不平的性格有关，"我自己非常倾向于弱者，所以我的律师工作专长是女性跟小孩。我一开始都是专打女性跟小孩的案子，还有公民权的，这些都是我的专长。"②

第二，职业生涯丰富了女性的阅历，敏锐地意识到性别不平等以及自己的责任，进而关注女性议题，提升女性主体意识。

《星洲日报》执行董事胡美一指出，女性在商业上的不利处境，有时是因为我们囿于传统，不积极进取，因此，"我们不必限制自己的工作领域，我们没有充分考虑到我们的潜能，我们接受男人的支配，愿受传统旧思想的影响，而这种态度，是从母亲中继承来的，这削弱我们女性在现代经济方面的贡献"。③

黄兼博在职业上的进取心，也培养了她的性别平等意识，尤其是1975年国际妇女年，促进了她对妇女课题的关注，1976年她在文章和讲演中，提出女性要培养"自警、自励、自立、自主"，摒除"自私、自利、自卑、自大"，"要培养能力，加强信心，培养正确观念、观察力和判断力，要不断地教育自己，改进自己"。④ 黄兼博基于自己的职业经历，强调女性要有进取心和抱负，要自立自强，要与男性合作，与男性并肩战斗，争取性别平等。

黄玉珠认为，传统的"男主女从""男强女弱"观念不利于女性的发展，"我们有所谓谦虚的美德，可是过于谦虚，人家会认为你没有能力。你看在会馆，包括隆雪华堂，男性居多，领导也是男性。其实女性也有领导能力，可是我们往往会觉得和男人去争是不对的，这些东西就让男性去做吧。久而久之，就形成了男性主导，女性辅佐。我觉得这种现象或思维必须要

---

① 黄玉珠访谈，访谈人：范若兰，访谈时间：2019年1月21日，地点：吉隆坡。
② 李素桦访谈，访谈人：范若兰，访谈时间：2019年1月24日，地点：吉隆坡。
③ 《胡美一扶轮社演讲 畅论商业与妇女》，《星洲日报》1977年2月2日。
④ ［马］黄兼博：《兼博人生：广播、妇女关怀、信仰的如此一生》，文桥传播中心有限公司2013年版，第158—159页。

改变。"①

建筑家陈佩英进入一向由男子独霸的建筑业,饱受性别歧视,所以她在担任马来西亚建筑师公会主席后,致力于推动性别平等,她强调:"我们都是专业建筑师,受过专业训练,考过一样的试,无论是男还是女,我们都应该受到一个建筑师应有的尊敬,以能力来评估,而不是刻板印象。"②

职业女性更敏锐地意识到职场中的性别不平等,及传统性别观念对女性的偏见和束缚,她们的女性主体意识形成,开始关注女性议题及争取妇女权利。

二 争取妇女权利与推动性别平等

马来亚独立以来,职业妇女积极争取同工同酬等权利,经过多年抗争,60年代马来西亚职业妇女取得同工同酬、已婚妇女成为永久雇员的权利(详见第六章)。

如果说70年代以前马来西亚妇女运动主要体现为职业妇女争取平等权利,关注领域较窄的话,那么80年代以后马来西亚妇女运动蓬勃发展,妇女组织增多,关注的议题广泛而深入,在更广泛的层面推动性别平等。

首先,80年代以后马来西亚涌现许多新的、活跃的妇女组织,其产生得益于以下因素,一是欧美新女权运动方兴未艾,马来西亚的女留学生们深受影响,参与当地学生运动和女权运动,当她们学成归国,一方面从事律师、教师、经理等职业,另一方面关注马来西亚妇女问题,建立多种组织致力于改革社会和性别观念;二是1975—1985年为联合国妇女十年,马来西亚政府要推动相关活动,妇女组织也获得更多活动空间。在这种有利环境下,一批妇女组织应运而生:

妇女援助机构（The Women's Aid Organisation，WAO），成立于1982年,致力于反对暴力对待女性,为受虐待妇女提供避难所、咨询服务和儿童保护。艾薇·约舒亚（Ivy Josiah）是创办人之一,长期服务于这一机构。林碧颜曾加入这一组织,后因理念不同而退出。

妇女危机中心（Women's Crisis Centre，WCC——2003年改名为妇女变

---

① 黄玉珠访谈,访谈人:范若兰,访谈时间:2019年1月21日,地点:吉隆坡。
② [马]邓婉晴:《建筑界铁娘子——陈佩英》,载《马来西亚中华大会堂总会妇女部二十五周年纪念》,吉隆坡,2018年,第171页。

革中心，亦译妇女醒觉中心），成立于1982年，1985年注册为一个非营利性的志愿社团，主要基地在槟城，致力于帮助那些遇到家庭暴力无处寻求帮助的妇女。该组织努力将不同的妇女组织与福利团体、大学和其他志愿的非政府组织联系在一起，并建立第一个危机中心为受虐妇女提供咨询和避难所。华人妇女玛丽亚陈（Maria Chin Abdullah）是创始人之一。

妇女集体发展中心（Women's Development Collective，WDC），形成于80年代初，于1988年正式注册。主要聚焦在研究、教育和训练，进行性别和女性主义分析，为女工、女性领导人和组织者提供培训。华人女性吴春心是创始人之一。

妇女行动协会（All Women's Action Society，AWAM），是一个致力于提高马来西亚妇女地位的组织，1985年建立，1988年正式注册。该协会的宗旨是建立一个妇女受到尊敬的公正和平等的社会，妇女免受任何形式的暴力和歧视。其活动方式主要包括（A）公共教育（例如：展览，信息陈列厅，讨论，研讨会，媒体声明，外展计划）；（B）训练（例如：性别分析，性暴力，性骚扰，女性主义咨询）；（C）游说和宣传（例如：和性暴力有关的法律修正案，家暴法案的通过，在主要的政府医院开启一站式危机中心，介绍阻止和根除工作场所性骚扰的实务守则）；（D）服务（例如：电话和面对面咨询，法律咨询服务）；（E）调查（例如：关于强奸、性骚扰和媒体对妇女的歧视描写）。[1] 华人女性何玉苓是创始人之一。

伊斯兰姐妹（Sisters in Islam，SIS），成立于1988年，领导人是宰娜·安瓦尔（Zainah Anwar）。伊斯兰姐妹主张发展伊斯兰中的男女平等，追求公正和民主原则，伊斯兰姐妹的主要宗旨是：（A）发展和提高妇女在伊斯兰中的权利，并结合妇女的经验和现实；（B）促进改变男尊女卑的行为和观念，消除对妇女的不公正和歧视；（C）提高公众意识，进行有关伊斯兰倡导的平等、公正和民主的法律和政策改革。[2] 该组织是马来妇女组织，最初只有12个成员，她们是律师、记者、大学教师和女权活动家，后来发展壮大。

---

[1] Cecilia Ng, Maznah Mohamad and Tan Beng Hui, *Feminism and the Women's Movement in Malaysia*, London: Routledge, 2006, p. 169.
[2] Maila Stivens, (Re) Framing Women's Rights Claims in Malaysia, in ed. by Virginia Hooker and Norani Othman, *Malaysia: Islam, Society and Politics*, Singapore: Institute of Southeast Asian Studies, 2003, pp. 140–141.

其次，在上述组织的推动下，马来西亚妇女运动日趋活跃，主要关注下述问题：

(1) 推动修改性别不平等的法律

妇女组织认为马来西亚的许多法律条文存在性别不平等，首先是联邦宪法第八条（2）规定不得对国民有基于宗教、种族、出生地的歧视，但却没有列上"性别"。宪法第三部分公民权规定，一名与外国人结婚的马来西亚妇女若在国内生下子女，该子女可取得公民权，但她的孩子如果在国外出生，这个孩子就不能取得马来西亚公民权。相反，一名娶外国女子的马来西亚男子，他的孩子无论是在国内还是国外出生，都可自动享有马来西亚公民权。宪法还规定马来西亚女子嫁给外国人，她的丈夫不能成为公民。但是马来西亚男子娶外国女子，其妻子可以取得公民权。妇女组织认为这些条款是歧视女性，应予修改。

1958年遗产分配法令规定，已婚女子如果没有立下遗嘱，她的遗产都归丈夫。但是，已婚男性如果未立遗嘱，其妻可以继承1/3，子女继承2/3。妇女组织认为这项法令对女性不公平，1993年隆雪华堂妇女组向政府提出修改该法律的建议及备忘录，最终修改了该法。

妇女组织指出有一些法律依据传统的男主女从，强调妻子依附丈夫，已经不能适应时代，应予修改。如1961年儿童监护权法令规定，只有父亲是孩子的合法监护人，即使夫妻离婚，孩子归母亲抚养；1963年移民法令规定马来西亚女性或在该国工作的女性，她们的外籍丈夫不能获得移民厅颁发入境准证，他们只能持观光准证或游客签证入境，相反，马来西亚男子的外籍妻子可以家眷身份入境及申请工作；1969年劳工社会保险法令规定如果劳工因工死亡，其遗孀可以领取赔偿金，不论该遗孀是否完全依赖死者为生；相反，女工死亡，其丈夫必须证明"在妻子生前，他完全靠妻子养活"才能领取赔偿金。[①] 上述法律都是依据男性为主制定，违背男女平等原则。

妇女组织还提出改善就业环境，包括提供托儿所，在工作中促进健康、安全和非歧视；在各就业部门实行最低工资。[②]

---

① Prema E. Devaraj, ed.《马来西亚妇女与法律》，李燕枝、杨丽卿译，Luala Lumpur：法律援助中心2003年版，第27—28页。

② Maria Chin Abdullah, Expanding Democracy, Enlarging Women's Spaces, in Metro Manila ed., *Gaining Ground? Southeast Asian women in politics and decision - making, ten years after Beijing: a compilation of five country reports*, Philippines: Friedrich Ebert Stiftung, Philippine Office, 2004, p. 111.

(2) 针对妇女的暴力问题

80 年代建立的妇女组织就是在针对妇女暴力增多的刺激下出现的。女活动家强调，无论是女权还是人权，"最基本的一个议题是无暴力社区、无暴力工作场所、无暴力家庭。因为两性之间权利不平衡，社会以男性主义为主导，导致妇女往往成为暴力的受害者。所以反对向妇女施暴成为我们的主要议题"。[①] 许多组织主要关注家庭暴力和性暴力问题，1985 年全国妇女组织委员会提出修改强奸法令的备忘录，并在全国开展"反性暴力运动"，妇女组织联合起来，组成"抵抗暴力侵害妇女联合行动组织"（Joint Action Group against Violence Against Women，JAG—VAW），在反对妇女暴力方面发挥了巨大作用。

针对强奸妇女和女孩现象，妇女组织以各种方式引起公众对这类问题的关注。1987 年一个 9 岁的女孩洪美凤（Ang Mei Hong）在回家的路上被强奸，并被残忍地杀害，妇女集体发展中心发起建立一个公民反对强奸论坛（Citizens against rape，CAR），在洪美凤遇害的咖啡店外组织游行，发布多语种的文告和小册子，指责警察和政府当局无视日益增多的强奸案件和对妇女与女孩的性暴力。这次事件以及妇女组织的行动引起公众极大关注，在多个妇女组织的共同努力下，1989 年 3 月议会通过了一个关于反强奸的立法，妇女组织提出的几条修正案被接受了，包括：对强奸犯强加至少 5 年的监禁——包括鞭刑；把强奸受害者的法定年龄从 14 岁提高到 16 岁；如果一个医生认为堕胎对保护一个强奸幸存者的身体和精神健康是必须的话，那么允许堕胎；禁止在法庭上对强奸受害者的过往性交史进行盘问，除非这和被告有联系；由女警官处理性犯罪。[②]

针对家庭暴力，马来西亚几乎所有妇女组织都参与其中。1989 年妇女行动协会在母亲节组织专题讨论会"直面家暴"，同年妇女援助机构发动明信片签名反对家暴运动，收集到 14000 个签名。1992 年抵抗暴力侵害妇女联合行动组织向议会提交反家庭暴力议案，来自公众和非政府组织的大约 300 人约见族群团结和社会发展事务部长那波沙·欧麦尔（Napsiah Omar），同时也是负责妇女事务的部长，他代表政府正式接受这项议案。在妇女组织的努力

---

① ［马］周美芬编著：《风华策动：女社会运动分子的掏心分享》，策略资讯研究中心 2013 年版，第 123 页。

② Cecilia Ng, Maznah Mohamad and Tan Beng Hui, *Feminism and the Women's Movement in Malaysia*, London: Routledge, 2006, p. 45.

下，1994年议会通过《家庭暴力条例》，禁止家庭暴力，规定警察对实施家庭暴力者可以拘押，并在公立医院建立一站式危机中心。

针对职场性骚扰问题，妇女组织积极游说立法反对性骚扰。在妇女组织的积极争取下，1999年人力资源部部长发布《防止和消除工作场所性骚扰守则》(the Code of Practice on the Prevention and Eradication of Sexual Harassment in the Workplace)，妇女行动协会等非政府组织应邀参加起草守则。但许多公司无视这项政策，受害者投诉无门，如2000年槟城一家宾馆的6位女管理人员反映外籍总经理对她们进行性骚扰，这家宾馆的管理层将这6位女性送到一个特定地方，通宵向她们调查此事件，却不对总经理进行调查。由于害怕受到更进一步的伤害，这些女性向妇女改革中心（WCC）寻求帮助。然而，当妇女改革中心联系宾馆管理层的时候，对方声称他们和劳动部门都没有权利干涉这件事，此事凸显了《防止和消除工作场所性骚扰守则》的无力。因此，妇女组织呼吁制定《性骚扰法令》，2000年5月妇女改革中心进行请愿活动，在一个月内，成功地征集到了12000个签名，并且得到64个非政府组织的公开赞同。①

妇女组织积极进行反强奸、反家暴和反性骚扰活动，使这些以前被认为是私人的问题成为公共问题，引起极大关注，正如女活动家何玉苓指出的，"26年前，我们通过谈性暴力、强奸、家庭暴力和性骚扰来提高性别醒觉时，当时能接受此议题的人，包括女性也不多。不过今天，大家都已认同性暴力与各种暴力是应该被谴责的，并应该采取行动来减少、阻止性暴力的发生"。②

（3）鼓励妇女参政

非政府妇女组织高度关注政治，她们认为社会运动、妇女权利、人权与政治息息相关。1990年大选时11个妇女组织联合发表《90年代妇女宣言：我们政治家的问题》(Women's Manifesto for the 90s)，宣言指出：种族和宗教继续分裂着马来西亚人；宪法的几个修正案侵犯了很多基本人权；女性仍然是被歧视的；发展成果的分配极不公平。宣言集中提出七项议题：妇女和工作；法律；对妇女的暴力；发展；健康；腐败；民主和人权。在每一项议题

---

① ［马］周美芬编著：《风华策动：女社会运动分子的掏心分享》，策略资讯研究中心2013年版，第220页。
② ［马］周美芬编著：《风华策动：女社会运动分子的掏心分享》，策略资讯研究中心2013年版，第124页。

后都提出对政府和政党的质问和要求,最后,宣言向妇女发出呼吁:女性们!明智地投票!让我们的选票有助于构建一个更加美好的马来西亚。①1998年妇女集体发展中心(WDC)、妇女行动协会(AWAM)和伊斯兰姐妹等非政府组织积极参与烈火莫熄运动,要求民主和正义,1999年5月,包括上述组织在内的七个妇女组织联合提出"妇女改革议程"(women's agenda for change),发出11点诉求,目标是(1)提高女性和男性在马来西亚妇女问题上的意识;(2)加强马来西亚女性的政治参与和声音,以此来促进并获得两性平等,为公正与民主的社会而奋斗;(3)加强妇女组织和非政府组织的合作,为提高马来西亚妇女的地位做出努力。②《妇女改革议程》得到70多个非政府组织的支持,在马来西亚产生巨大反响。

(4) 推动制定婚姻家庭法

马来西亚非穆斯林婚姻存在的主要问题是一夫多妻、包办婚姻等,妇女组织、马华公会和印度国大党妇女组70年代致力于确立一夫一妻制的婚姻改革,林碧颜被任命为非穆斯林婚姻离婚法委员会委员,与其他人一起制定非穆斯林婚姻法,最终国会于1982年通过《非穆斯林婚姻法》,规定废除一夫多妻,实行一夫一妻制;建议最低婚龄为18岁,任何21岁以下结婚者都需获得父母或监护人的同意;男女有同等的离婚权。

再次,妇女运动推动了性别主流化和社会进步。

在妇女运动和妇女组织的推动下,性别平等在马来西亚成为主流话语,被认为是社会进步的标志之一,政府出于多种考虑,对妇女权利的诉求有限度地加以接受。

从立法来看,马来西亚出台了一些维护妇女权益的立法。

一个重要的立法是对宪法第八条的修正案。马来西亚1957年宪法第八条第2款禁止基于宗教、族群、血统或者出生地基础上的歧视,但却忽略了基于性别的歧视。妇女组织一直要求修正这一条,2001年8月马来西亚国会终于通过修订联邦宪法中第八条,增加不准有任何基于性别的歧视,9月获得批准并生效。妇女组织在这条修正案上发挥了关键作用,对该条款的质疑使公众知道宪法存在性别不平等,使政府为了争取选民支持而在其需要的时

---

① Cecilia Ng, Maznah Mohamad and Tan Beng Hui, *Feminism and the Women's Movement in Malaysia*, London: Routledge, 2006, pp. 176–181.

② Cecilia Ng, Maznah Mohamad and Tan Beng Hui, *Feminism and the Women's Movement in Malaysia*, London: Routledge, 2006, p. 174.

候修正宪法,妇女组织的作用在于提出问题和要求,引起公众关注,推动政府部门支持,最终导致宪法的修改。[1]

在政策与规划方面,妇女被纳入政策规划。

1990年政府通过《国家妇女政策》(National Policy on Women),这是马来西亚政府第一次专门阐述女性议题的指导方针。之后马来西亚第六个五年计划(1991—1995年)第一次将妇女发展包括在内,[2] 承认妇女是一个重要的经济资源,要将妇女结合进国家发展的各领域,以改善其生活质量、减少贫困、扫除文盲,等等。这些是80年代妇女组织的活动取得实质性进展的结果。

马来西亚政府制定《2001——2010年国家展望政策》(National Vision Policy,NVP)也将妇女纳入,内容主要包括:增加女性参与劳动力市场;向妇女提供更多教育和训练机会,以满足知识经济的要求,改善她们向上流动的能力;提高妇女进入商业的能力;评估压制妇女进步的法律和法规;改善妇女的健康状况;减少女家长家庭的贫困;加强增加妇女参与发展和财富的研究活动。[3] 2006年政府制定《马来西亚第九个发展计划》,提出2010年议会中女议员比例要达到30%,总理巴达维后来将这一比例降至20%。[4]

在妇女组织的推动下,马来西亚的性别平等和性别主流化取得一定成就,但还存在许多不足,马来西亚毕竟仍是父权制国家,许多性别不平等法律的修改非常艰难,至今仍未获修改,妇女组织在继续努力,华人女社会活动家在其中发挥了重要作用。

三 对婚姻家庭关系的影响

马来西亚各族群传统性别观念具有相似性,强调"男外女内""男主女从""男强女弱",妇女走出家庭出外就业,势必带来家庭角色、家庭分工、家庭关系的诸多变化。

---

[1] 范若兰:《东南亚女性的政治参与》,社会科学文献出版社2015年版,第217页。
[2] 在马来西亚第三个五年计划(1976—1980年)中,只有一段文字提到妇女发展问题;第四个五年计划(1981—1985年)没有提到妇女发展;第五个五年计划(1986—1990年)也只有一段文字提到妇女发展。
[3] Ministry of Women, Family and Community Development, *The Progress of Malaysian Women Since Independence 1957–2000*, Kuala Lumpur, 2003, pp. 22–23.
[4] Andrea Fleschenberg and Claudia Derichs, *Women and Politics in Asia: A Springboard For Democracy*, Singapore: ISEAS, 2012, p. 27.

首先，职业妇女拥有"贤妻良母"的家庭角色和"职业妇女"的社会角色，双重角色带来双重负担，如何协调？

70年代，马来西亚女职工会的古鲁沙美夫人（她也是全国教师职工会副主席）认为，家庭是第一位的，妇女如果发现自己的工作与家庭生活发生冲突，必须毅然放弃自己的职业，"以专心培养下一代成为有用的公民"。她劝告妇女们不可为了事业牺牲家庭，一定要永远把家庭放在第一位。① 这种观点代表了许多人的看法，所以马来西亚女性在结婚生育前大量就业，生育后，为照顾和教育孩子，通常中断就业。有一个公司，几位女职员都是工作多年，不得不因为照顾孩子而辞职。一位是L女士，工作十年，为了照顾两个孩子，只好辞职。一位S女士，在公司工作七八年，结婚四年，有两个孩子，大女儿三岁，小儿子刚满一岁，她母亲照顾不过来，她只好辞职。面对同事的送别，她依依不舍，眼含泪水。公司其他女同事也心有戚戚："孩子是母亲的命根，为了孩子，为了家庭，母亲可以牺牲，是否女人结了婚，有了家庭，在事业上就难以发展？或者有点成就，但却不能持久？女人最终都得进入厨房？这些问题一直困扰着我们。"② 这是职业女性不得不面对的问题，当时人指出，"妇女在就业方面与男人有许多差别，新婚的职业妇女，大多继续婚前的职业，一旦生育之后，便暂时放弃职业，负起母亲的天职，直到最小的孩子长大入学才再外出工作。我们从来没有听说过一个男人因为要负起'父亲的天职'而放弃工作"。③

通常女教师、专业人士不会中止就业，而是努力协调工作和家庭。女建筑师陈佩英有两个孩子，孩子出生一个星期后她就回公司开会，完全没有中断职业。为了协调工作与家庭，她除了雇用两个菲佣，父母和家人也多帮忙。她自己会将工作带回家来做，陪孩子做功课，做到工作和教育孩子两不误。中学女教师陈秋菱有二个孩子，丈夫也是教师，她雇有佣人照顾家务和孩子，自己也带孩子和工作。④

其次，角色期待及对夫妻关系的影响。

---

① 《工作与家庭生活如有磨擦，毅然放弃职业，职工会工作者劝告妇女》，《南洋商报》1971年3月1日。
② 百合：《家庭与事业》，《星洲日报》1975年6月18日。
③ 刘太太：《漫谈妇女与职业》，《星洲日报》1971年12月25日。
④ ［马］曾丽萍、杨洁：《乐学敬业的教育企业家——陈秋菱》，载《马来西亚中华大会堂总会妇女部二十五周年纪念》，吉隆坡，2018年，第176页。

在传统性别观念中，妻子的角色是"贤妻"，应该善解人意，理解和安慰丈夫，"因此，一个主妇如对丈夫寄以极大的希望，则首先必须对丈夫的事业有认识，然后再给予精神上的鼓励，如丈夫在事业上偶遇了挫折，妻子应凭自己了解他的心情，并作建设性的建议，解决困难的办法，使他意志不至动摇"。[1]

但是妻子成为"职业妇女"，可能挑战了丈夫对"男外女内""男主女从""男强女弱"的认知，引起他们的不满，加剧夫妻的紧张关系。"妇女走出家庭还受到一些阻挠和打击。最具有影响力的是丈夫的态度，有些男人认为妻子'抛头露面'去赚那几个钱，严重伤害了'男人大丈夫'的所谓'尊严'，也有一部分自私的男人，恐怕妻子就业会影响他的事业，更怕太太做夜班。不论丈夫的见解多么不近人情，做妻子的不得不'投降'，忍气吞声地做个'贤妻'。"[2]

此外，随着社会进步，越来越多的男性接受性别平等观念，职业女性的经济能力和见识，也可能促进平等的夫妻关系。黄兼博认为，职业妇女可以追求"新贤妻形象"：新贤妻不一定要走出厨房，把家务放下不管，而是要求和伴侣共同负担在家内家外的责任，两人互相帮助，并肩携手；不是驾凌男人，不是和他们斗争，也不要做他们的奴隶，而是互相尊重、互相亲爱。[3]

邹慧冰曾任跨国公司亚洲区副总裁，工作非常忙，她如何能兼顾家庭？是因为丈夫很支持她，她不禁感叹，"一个成功女人的后面也有个男人。我老公有自己的公司，上班时间比较灵活，不用早九晚六，随时随地都可以离开，有时间照顾孩子，我老公都知道我孩子的同学家住哪里，因为他是好好先生，补习完后，载她们一个个送回家"。[4] 邹慧冰的丈夫承担不少"内"务，照顾孩子，可以说是夫妻携手，互相帮助。

有大量研究表明，伴侣之间的平等关系会让双方更快乐，妻子在外工作，分担养家糊口的责任时，夫妻关系也更稳固，当妻子贡献一半的家庭收入，丈夫分担一半的家务劳动时，离婚的风险概率也会降低一半。[5]

---

[1] 琦：《贤良主妇的责任》，《星洲日报》1960年2月14日。
[2] 刘太太：《漫谈妇女与职业》，《星洲日报》1971年12月25日。
[3] ［马］黄兼博：《兼博人生：广播、妇女关怀、信仰的如此一生》，文桥传播中心有限公司2013年版，第158—159页。
[4] 邹慧冰访谈，访谈人：范若兰，访谈时间：2019年1月25日，访谈地点：吉隆坡。
[5] ［美］谢丽尔·桑德伯格：《向前一步：女性、工作及领导意志》，颜筝等译，中信出版社2014年版，第101页。

再次,"良母"对孩子教育的影响。

很多人认为,职业母亲没有时间照顾孩子,对儿童教育不利。但大量研究证明,"职业母亲"是孩子的榜样,她们可以是"新良母",培养正确的人生观、公民观及男女平等观,然后潜移默化灌输给孩子。为了培养自尊、敬人、负责进取,勤劳朴实,勇敢坚强的下一代,母亲们本身要尽力做到一个好榜样,以言行感化孩子,做孩子的妈妈,也做孩子的朋友。[1]

事实上,成功的母亲是女儿最好的榜样。"当父母都拥有自己的事业时,孩子、父母和婚姻三方面都能得到极大的发展。"[2] 邹慧冰工作很忙,从国外回来的时候,"三个女儿都会跑到我床上去,我们一起谈天,我会讲公司的一些非机密的事情,比如有什么活动之类的。后来我三个女儿都很有做生意的头脑,可能是从小培养了做生意的观念"。[3]

最后,"女儿"对家庭的重要作用。

传统"女儿"是从属者。马来人对女孩的要求是谨言慎行、不与男孩交往,在家里帮母亲干活,照看弟妹,"女孩要用娴静、文雅、恭敬的举止培养自己,以符合未婚女子的行为"。[4] 华人传统是"重男轻女",女儿也要照顾弟妹做家务,她们的感受通常受到忽视。随着工业化进程,马来西亚城镇和自由贸易区的工厂、酒店、娱乐场所吸引了大批18—25岁未婚农村女青年,据估计,1976年马来西亚农村年轻女性加盟制造业的人数达60000人以上。[5] 这些未婚农村女青年是雇主最欢迎的受雇对象,她们吃苦耐劳,不需要托儿所等福利设施,也不需要过多的医疗费用,因此,在外国人和本国人开办的电子、制衣、纺织等劳动密集型产业中,来自农村的年轻女工占绝大多数,尤其是马来女工。

工业化扩大了人们的生活空间,带来思想、交往和行动自由。对于马来西亚城镇和自由贸易区的女工来说,这种变化更为明显,她们从农村迁移城

---

[1] [马] 黄兼博:《兼博人生:广播、妇女关怀、信仰的如此一生》,文桥传播中心有限公司2013年版,第158—159页。

[2] [美] 谢丽尔·桑德伯格:《向前一步:女性、工作及领导意志》,颜筝等译,中信出版社2014年版,第12页。

[3] 邹慧冰访谈,访谈人:范若兰,访谈时间:2019年1月25日,访谈地点:吉隆坡。

[4] Lenore Manderson, *Women, Politics, and Change: the Kaum Ibu UMNO, Malaysia, 1945-1972*, Kuala Lumpur: Oxford University Press, 1980, p. 33.

[5] Evelyn Hong, ed., *Malaysian Women: Problems and Issues*, Penang: Consumers' Association of Penang, 1983, p. 52.

市,远离父母,与其他女工合租房子,白天上班,晚上去跳舞,或与其他男子约会,不穿传统服装而穿T恤和牛仔裤。她们的交往圈子扩大,思想观念也有很大改变。在有些人看来,少女们热衷打扮,与异性交往,受骗堕落,是"伤风败俗"之事,因而有不少马来保守人士呼吁禁止马来少女到城市打工。

事实上,"女儿"通过外出就业,用自己的收入帮助维持家庭生计,成为家庭供养者之一,经济独立带来了家庭地位提高。有学者曾在80年代末对设在马来西亚农村地区的几家挪威投资工厂的女工进行调查,发现大部分女工每月拿出一半或小部分钱给父母或监护人,女工们还支付家里的水电、报纸、医药费用,剩下的一半自己存起来。当问及村民对女工工资收入的看法时,普遍反映是"从事有酬工作是件正常事,现在她能养活自己","现在年轻人比以前更独立,她们能自己挣钱,给自己买东西"。当问及女工这一问题时,她们认为,有收入使自己变得更独立,"当你挣自己的钱时,你就少依赖别人养活你","我想有收入,那样我就能独立并帮助父母"。[1] 尽管女工的收入只是家庭生计的一种补充,但对她个人而言,却是经济独立不可或缺的基础。

笔者访谈的李思云十多岁就在乡下帮家里割胶,到锡矿淘锡,因为周围人多到城市打工,她也很向往,一心想出去,于1971年鼓足勇气来到吉隆坡这个大城市打工,先在一个衣档学车衣,算是学徒,一个月才10块钱,还不包吃。她结婚后,她的家成为落脚点,弟弟来投奔她,在吉隆坡找到工作,之后,侄子也出来,很多家人出来了,"所以我是第一个带头出来的,好像一颗种子一样,慢慢就发芽了,慢慢都走出来了"。[2] 李思云成为家里的功臣,是她第一个走出农村来到城市,并将家人一个个带到城市。

20世纪下半叶,马来西亚华人妇女的职业变迁深受经济发展、教育提高、族群政策和性别观念的影响,呈现与其他族群妇女职业变迁相似又有所不同的特征。华人妇女就业率增长最快,职业升级的时间最早,这表现在从农民向工人转移的时间最早,女文秘成为第一大职业群体的时间最早,女专业技术人员成为第一大职业的时间最早。

---

[1] Merete Lie and Ragnhild Lund, *Renegotiating Local Values: Working Women and Foreign Industry in Malaysia*, Richmond: Curzon Press Ltd, 1994, pp. 114 – 117.

[2] 李思云访谈,访谈人:范若兰,时间:2019年1月21日,地点:巴生。

华人妇女与其他族群妇女一样,为马来西亚经济增长和国家建设做出重大贡献。2011年,总理纳吉布在演讲中指出,如果妇女没有给予机会,国家将会失去50%向前进步的潜能,……从国家独立至今,妇女在各领域取得骄人成就,妇女已成为国家经济发展进程的一部分。"妇女扮演角色和贡献越来越显露,我们可以看到在重要的经济领域,都是由女性主导,这包括国家银行、经济策划单位、证券监督委员会、中小型企业、农业银行等,这证明政府认同及信心妇女领袖的能力。"[1]

---

[1] 《纳吉:国家团结催化剂 妇女是精明转型伙伴》,南洋网,2011年8月25日,http://www.nanyang.com.my/node/378615。

第二编

职业群体与工作感受：文献"叙"事

第四章

女劳工的工作感受与权利抗争

劳工是20世纪新马女性最大的职业群体之一,主要包括胶工、淘锡工、建筑工、工厂工人(简称厂工)等。女劳工群体随着新马经济发展而不断变化,在20世纪大多数时间,橡胶业和锡矿业是马来亚的支柱产业,胶工和淘锡工是华人女性最大职业群体,20世纪60—90年代,制造业是新马支柱产业,工厂女工成为华人女性最大职业群体。劳工阶层最吃苦耐劳,从事沉重体力劳动,拿菲薄工资,养活自己和家人。她们在不平等的劳动和剥削中萌发阶级意识和抗争精神,并采用多种方式争取自己的权利。

第一节 吃苦耐劳的女胶工和女淘锡工

一 女胶工

橡胶业是马来西亚的支柱产业之一,也是一种经济效益最理想的农作物,对依靠割胶为生者十分友好。它具有下述特点:(1)橡胶树适应多种土壤,产胶时间长达25—30年,而且橡胶树不需要投入大量资金和管理,播种6—7年后,就可产胶汁,因此,"橡胶园成为一个生产单位,同时也是一个就业单位。这可以帮助普通农民成为小业主"。(2)橡胶生产是全年性的,不受季节的约束,种植者可以每天割胶(下雨天除外),每天都有收入。"这让普通的种植者具有一定的经济安全感。"(3)不论是上千公顷的大园丘,或者是一至两公顷的小园地,橡胶的经济效益没有明显的区别,这使得种植橡胶成为一种大众化的经济产品。[1] 因此马来半岛农村地区的华人妇女普遍从事割胶工作,或为自家的小胶园割胶,或受雇于大胶园,因而,橡胶

---

[1] [马]文平强:《聚族于斯:马来西亚华人研究》,新纪元大学学院2018年版,第247页。

工人在20世纪大部分时间是新马华人职业妇女的最大人群。

与橡胶有关的工种包括割胶、田间管理（除草、种树、整枝）和制胶，女工参与了上述所有工种，她们有些在大橡胶园割胶，有些在小胶园工作，有些在胶厂从事撕胶和洗胶工作，工作非常辛苦，日晒雨淋不说，还要遭受工头的剥削和压迫。

割胶通常被认为是技术活，男女工人都有，除草等活是无技术的，更多是由女工和童工来完成。在工资收入上，男工和女工有一定差别。战前橡胶园有三种收入方式，一是固定日工资，二是按工作量付酬，三是按交售的制成干胶量付酬。印度工人大都取第一种付酬方式，华人劳工大都取第二、三种付酬方式，但也有按固定工资取酬的。

割胶是人工操作，技术和方法变化不大，都是由工人在胶树上割口，胶汁顺着口流入胶碗，由工人收集，点上胶醋，制成胶片。割胶工人的工作十分辛苦，他们通常早上五点上班割胶，因为黎明时是割胶的最好时机，然后将胶汁收入胶桶，点上胶醋，制成胶片，下午三点下班，其间只有半小时午饭时间。有时中午就能干完回家。

对于割胶工作，当时人有不少描述，但大都以旁观者的眼光，轻描淡写，有一篇树胶园参观记中说："割胶实非苦工，最适宜于女工。"① 这位作者根本没干过割胶，也就不知道割胶的辛苦，更不能反映橡胶园工人的真实感受。有一位割胶女工张浙芳写了一篇《我是一个女胶工》，详细记录了她在橡胶园一天的工作和感受，这是女工自身经历的真实记录。

"每当晨鸡开始引吭长啼，天将明晓的时候……我赶紧爬起来，吃些儿点心——饼干或面包，便穿上沾满胶汁的衣服，头额戴着一盏昏黄的小油灯，挑着胶桶或骑踏脚车载着个方形的胶桶，向胶园而去。到了园口的集合站，等那高而瘦的身材和铁青着脸的工头，一一来点到名字，然后，才冒着冷的朝气，匆匆直向那监牢似的阴暗胶园里去……在黑沉沉的胶园里，正是成群毒蚊的寄生所，它们在我的头上、手上、肢上嗡嗡地围攻着，真是痛痒得难于忍受。但是，我已经习惯了，好似没有毒蚊在缠绕我一样，依旧地割着、割着；地面上、荒草上，树上蓄集着许许多多晶莹的露珠慢慢地化成水滴，掉落在我的身上、头上，湿淋

---

① 佚名：《树胶园中之生活》，姚楠译述，《南洋研究》第3卷第5号，1931年，第111页。

淋的真似落汤鸡一般的。……

有时,我割了一大半,却落起阵阵的雨来,我这辛辛苦苦割来的胶汁便被雨水冲洗了,白费了我的精力,这胶汁变成了废物,……有时,还遭受工头不幸的威胁和辱骂,我的心总是忍不住的,可又不得不忍下去,不知暗地里流过多少眼泪呢。有时,遇着了大雨,不能割胶,更不幸运的,工头却监督或唤我到胶园去除草,种橡胶树,或砍斩老的、废的、烂的胶树,否则工头是不给工资的;如因病或私事请假了,工资依数值照扣。

……每当我割完了胶树,便挑着桶去收取胶汁,那时,已是九点了,等到太阳悬在正中的时候,便把这胶汁挑到胶厂里头去,首先须把胶汁加滤清过胶醋,存放在长方形的模型盆子里,使胶汁凝结。那时候,我匆匆回家随便吃点饭,饭后,仍到胶厂里去,把凝结了的胶汁,绞成胶片,拿在阳光下去晒,之后再把胶片熏干,一片片收折在仓库里。"[1]

从这段描述,我们看到女胶工的工作非常辛苦,早上很早起床,冒着毒蚊和露水割胶,还要受工头的辱骂。

如果只是早上割胶,天气相对凉爽,还容易忍受,胶工们一致认为,最辛苦的是"割双工",即早上割一次,下午割一次。据一个割胶女工回忆,一般胶工都怕割双工,因为工作较平常辛苦数倍。胶工在天未亮时就出门工作,直到天黑才能回家,十几个小时在胶园割胶,所以,一般姐妹把这"割双工"称为"从鸡啼做到鬼叫"。

每逢做割双工的日子,我们必须在凌晨四点起身,准备饮食及处理家务,然后吃点早餐,大约五点就得出门,临走时顺手带"格"稀粥和一些咸鱼,以作午餐。和一群姐妹骑着脚踏车四五里,才到达胶园,经财副点了名,领了胶桶后,各自向自己的胶号走去,开始一天的工作。这时已经六点多了,我赶快一棵一棵地割去。我一向认为一个熟练的胶工,对于割胶并不视为难事,因为早晨空气清新,在胶园里奔跑,是最

---

[1] 张浙芳:《我是一个女胶工》,载《我是一个职业女子》,新加坡南方晚报社1952年版,第89—90页。

图 4-1 割胶女工

图片来源：[马] 徐威雄、张集强、陈亚才等编：《移山图鉴：雪隆华族历史图片集》，吉隆坡：华社研究中心，2012—2014年。

好的运动。但是令人苦恼的却是人为的制度，这种"割双工"制度，就是其中之一。

我早上10点就能将"早号"（上午班）割完，想早点收工去割"双号"，但园方规定，必须在11：40分才开始收胶，等到收完胶汁，送到胶厂过磅后，已经是12点多了。吃了午餐，又得领胶桶去割"迟号"（下午班），割"迟号"是最辛苦的，因为午后太阳极强，晒到浑身烧痛，还要遭受蚊虫叮咬，身上既热且痛，苦不堪言。要是再突然来一场太阳雨，身上被淋湿，不生病才怪。

下午天气热，胶汁不易流出来，即使流了，也只有小半杯，收胶要小心翼翼，工作起来特别慢。等到胶液倒到胶厂的大桶里，我的工作才算做完。这时已经傍晚，做了整天工作，感到筋疲力尽，又饥又渴。①

50年代马来西亚森美兰女胶工的薪水有两种算法：一种是受薪，受雇于园主，每月有八九十元的工资，没有假期，雨季不能工作，也照常领薪水。另一种是计件工，遇到割新树而且胶价好的时候，她们每月能够割到150元。两种薪水的计算方法各有利弊，前者薪水少，但有基本薪金保障，遇到胶价跌的时候，薪水也降低，但在胶价好的时候，如果她们不集体请求，园主是不会自动加薪给她们的。后者薪水多，但是到雨季时，有时候两三个星期不能出门上工，没有工作就没有薪水，她们只能向公司预支薪水，以后逐月归还，不加利息。②

女胶工陈秀伶最发愁的就是每年年尾的雨季和三四月份的旱季，雨季时，一个多月只有三几天晴天能够出门割胶；而旱季则是橡胶树落叶、长新芽的季节，胶树流出的胶汁稀少。据她的孩子回忆，"即便如此，母亲照样在旱季每天到胶园去割胶讨生计。妈妈说手停则口停，即使旱季天气特别炎热，胶汁特别稀少，总还是有些许收入。妈妈常挂嘴边的一句话是，看天吃饭的人，需要存'雨来本'。何谓'雨来本'？那就是割树胶需要看天气，如果雨天，胶工就无法割胶，没有收入，所以一定要有积蓄，以备雨天的开销"。③

马来西亚出生于农村的华人女性大都以割胶为生，有些是为大胶园割，有些是为自家小胶园或别家小胶园割。尤其是出生于20年代、30年代、40年代的女胶工，大部分都有相同的经历，她们生于穷困家庭，父母重男轻女，自己没有读过书，自小随父母割胶，结婚后继续胶业。一本《平凡妇女镌刻生命：20个平凡妇女拼搏生活的故事》，是马来西亚彭亨州百乐县多位华人所写的对母亲的回忆录，共收录20位平凡华人女性的生命故事，她们

---

① 诗英：《割双工》，《南洋商报》1975年2月1日。
② 红玫瑰：《漫谈森美兰的女胶工》，《南洋商报》1957年7月14日。
③ [马]刘清清：《我家的小巨人》，载马婷、[马]章维新主编《平凡妇女镌刻生命：20个平凡妇女拼搏生活的故事》，简䇝书社2021年版，第196页。

除了两位出生于 60 年代，其他都出生于 20—40 年代，基本上都没有上过学，婚姻大多是包办，生育子女数量大多在 8 个以上，她们绝大部分人都以割胶为主要生计，通常上午割胶，下午种菜养猪种稻，或制作糕点售卖，辛劳劳作，成为家庭的主要经济支柱（见表 4 - 1）。

表 4 - 1　　　　　　20 位华人女性的生命历程和工作情况

姓名	祖籍	出生年	教育程度	结婚年龄及方式	子女	劳作情况
陈再春	福建德化	1918 年	没上过学	18 岁，童养媳	4 男 3 女	割胶、采咖啡果实
叶丽秀	广东	1923 年		16 岁，相亲	4 男 2 女	制作糕点出售
苏豆	福建德化	1928 年	没上过学	18 岁	4 男 5 女	上午割胶，可割 400 棵，下午洗衣、种地
陈桂缘	福建永春	1930 年	没上过学	20 岁，包办	5 男 4 女	家庭女佣
苏再	福建泉州	1931 年	没上过学	17 岁，童养媳	4 男 6 女	每天凌晨骑单车去割胶
廖彩霞	福建安溪	1932 年			5 男 6 女	割胶、种菜养猪
徐雅妹	福建安溪	1934 年	没上过学	包办	3 男 7 女	11 岁就是熟练的割胶工
胡树兰	福建安溪	1935 年	没上过学	19 岁，包办	3 男 6 女	割胶、种菜
施月凤	福建达埔	1935 年	没上过学		3 男 5 女	割胶为生
石玉枝	福建南安	1935 年	没上过学		2 男 6 女	12 岁就可以一上午独自割胶 400 棵，婚后继续为夫家和其他园主割胶，开垦新芭、养猪
郭原英	福建永春	1937 年	小学三年级	19 岁，包办	3 男 7 女	上午割胶，下午制作糕点、喂猪
苏秀华	福建仙游	1937 年		自由恋爱		上午割胶，下午开垦荒地、种植橡胶
胡宝翊	山东胶州	1938 年	没上过学	20 岁，相亲	4 男 4 女	婚前割胶，婚后割胶、开垦新芭

续表

姓名	祖籍	出生年	教育程度	结婚年龄及方式	子女	劳作情况
陈梅凤	福建永春	1940年	没上过学	自由恋爱、离婚、再婚	4子1女	家庭佣工、割胶
涂秀英	福建泉州	1940年	没上过学		8男1女	割胶、种菜、养猪、制作糕点出售、开杂货店
陈秀伶	福建德化	1942年		25岁	3男3女	上午割胶，下午种稻
柯辉凤	福建莆田	1943年	小学六年级		4男9女	割胶、种菜养猪
廖美玉	福建安溪	1961年	小学五年级	18岁	3男3女	婚前割胶，婚后与丈夫经营水果档、油棕园、农场
苏英梅	福建德化	1962年	中学		1男6女	小时帮家里割胶，婚后继续割胶

资料来源：马婷、[马] 章维新主编《平凡妇女镌刻生命：20个平凡妇女拼搏生活的故事》，吉隆坡：简牍书社，2021年。

上述女胶工大多自小就随父母割胶，结婚后，男方大多也是胶工，她们仍然割胶，除割胶外，她们还要承担所有家务，种菜养猪，辛苦异常，即使挺着大肚子，也要去割胶。如出生于1937年的郭原英，身高只有145厘米，割胶技术了得，"割胶如小飞人，无人能及"。据她的女儿们回忆，她的日常劳作如下：

> 每天凌晨二四时，母亲就骑着自行车到15公里远的橡胶园割胶。橡胶园漆黑一片，她以蜡烛照明后便开始割胶。之后收割胶水，倒模搅和，待胶水凝固后，即用人工搅平机把胶块扁压成长方形的胶片，然后以自行车载回家，再把一片片的胶片摊开往高处折吊晒干，洗完澡吃过午饭，母亲就得从井里汲水洗衣物，帮祖父母制作豆沙饼、香饼与莲蓉饼。而后还须骑自行车去寻香蕉茎秆，载回家切割剁碎，而后烹煮。烹煮好了的猪食倒入两个大铁桶后，就挂在自行车后座的左右边，载到一公里外的猪寮喂养猪只，然后又匆忙赶回家烧饭煮食，供夫家一家食用。

生活逼人,母亲除了分娩坐月子以及橡胶树无胶汁时暂停割胶,其他日子她总是在胶园中飞驰。母亲怀胎分娩每每都是感到阵痛,才从园地赶回家通知接生婆前来接生。记得有一次接生婆还没到,母亲忍着阵痛一入房间,孩子就从她双腿间滑落下来,待接生婆来了才剪下脐带。……那时坐月子不像现在有人伺候与煮食。母亲分娩后的数日里,父亲会为她做饭,然后母亲就须自己下厨了,还得照料孩子、洗衣及处理其他家务。

常年辛苦劳作,郭原英在夜里睡觉时经常发出"我苦啊……我苦啊……"的梦呓声。"面对艰苦与压力,母亲闭嘴不提难字苦字,靠着自己小小的身躯扛起了重担,且坚强面对生活中的林林总总。而夜里那一声声的梦呓,却是她命苦的真实告白,抒发了她长期积累心中的苦涩。此后,母亲的梦呓声一直伴随着她,直到孩子都长大成人、生活有了改善后,午夜的梦呓声才成了绝响。"[①] 郭原英的艰苦劳作,化作夜里的一声声"我苦啊……我苦啊……"的梦呓,这是身体对劳作和生活重压的本能反应,也是一代代女胶工艰苦劳作的真实写照。

笔者访问的陈金美也是这样的经历,她从来没有上过学,未嫁以前,在娘家就开始割胶。出嫁以后,继续割胶。早上五六点起床,骑脚踏车去胶园,最远的胶园有五六公里,骑脚踏车过去大概半小时。胶园不是一整片的,而是分散几处,所以要"这边跑那边跑",一上午跑三个地方,要处理三四亩。"做得很累,差不多要到十二点才做完。"如果下雨,胶汁淋雨,就白费了。到70年代末80年代,改为坐摩托车去割胶。[②]

女胶工们大多没有读过书,她们重视儿女的教育,拼命也要让孩子多读书,摆脱做苦工的命运。苏秀华经常对女儿们说,"女人家最适合当老师,可以有自己的事业,也可以兼顾家庭"。在她的鼓励下,几个女儿都努力学习,当上了老师。[③] 柯辉凤受过小学教育,她不甘心女儿像她一样做胶工,告诫女儿,如果你不上大学,"以后就会跟我一样结婚、生子、割胶过一辈

[①] [马]张秀聪、张秀玲:《风雨中的铁柱》,载马婷、[马]章维新主编《平凡妇女镌刻生命:20个平凡妇女拼搏生活的故事》,简牍书社2021年版,第25、26—27、29—30页。

[②] 陈金美访谈,访谈人:范若兰、郑名烈,访谈时间:2019年1月18日,访谈地点:麻坡。

[③] [马]陈宝凤:《一生只为了付出》,载马婷、[马]章维新主编《平凡妇女镌刻生命:20个平凡妇女拼搏生活的故事》,简牍书社2021年版,第65页。

子。这样的人生似乎一眼就望到了尽头"。女儿深知母亲的苦楚,下决心"我一定要上大学"。① 70 年代接受记者访问的业嫂也说,她从来没有上过学,很羡慕人家有机会进学校,她说以前父母都有重男轻女思想,不喜欢女儿读书,认为女孩读书会"跟佬"走,她的几个姐妹只有一个读书到中学。她有五个儿女,搏老命也要让自己的女儿读书。② 前面提到的新加坡国会议员李美花的父母都是马六甲的割胶工人,她是长女,还有五个弟弟和一个妹妹,家中经济困难,四弟出生时,父母曾想让她停学照顾弟弟,"在那个年代,女生没有完成学业是很平常的事"。后来老师到家中劝父母让李美花继续读书,母亲支持她求学。为了帮补家用,李美花开始半工半读,不但教补习、卖文具,放学后到砖厂卖炸香蕉,还"承包"了为橡胶园除杂草的工作。③ 后来她考入新加坡南洋理工大学工程系,毕业后成为女建筑师(详见第六章第三节),加入新加坡国籍,2006 年开始从政,当选国会议员,蝉联三届。

出生于 40 年代、50 年代、60 年代的华人女胶工通常读点书,在十多岁时开始割胶,有些人一直从事割胶工作,但更多人转去城镇当厂工或女佣。割胶工作的好处是下午有点空闲,一些女胶工就去学其他技术,比如裁缝,一个女胶工回忆:"我学习的这所裁缝所教我们各种款式的衣服,通常我们学的是普通穿的衣、裙等,大部分是女装。和我一起学的女孩子有十多位,负责教我们的师傅是一位年青小姐。经过六个月的学习,我总算毕业了,懂得了制衣服的基本原理,虽然技术很'水皮',但应付自己或弟妹的衣服是绰绰有余,这也是我花了金钱和时间后所感欣慰的。"④

除了在橡胶园割胶,在制胶厂工作的女工也很多,据记者 1934 年对槟城九间制胶厂(胶栈)的调查表明,九间胶栈共有工人 557 名,其中女工有 399 人,男工 158 人,女工占 71.6%。工作时间是早上 7:30 上工到下午 5:00 放工,中间一小时午饭时间。胶栈的工作由工头一手包工,再由他雇用工人和分配工作,男工工资是计件制,大约每人每天可挣得一元二角,女工的工资分为三种:(1)撕胶的三角五占(分)一天;(2)装箱的四角五

---

① [马]苏淑萍:《给母亲的一封信》,载马婷、[马]章维新主编《平凡妇女镌刻生命:20 个平凡妇女拼搏生活的故事》,简牍书社 2021 年版,第 170 页。
② 小草:《听——女胶工诉心声》,《星洲日报》1976 年 6 月 14 日。
③ 胡洁梅、宋慧纯、杨萌:《议员母女心连心 把爱说出来》,《联合早报》2019 年 5 月 12 日。
④ 彭倩妮:《学裁缝记》,《星洲日报》1974 年 5 月 21 日。

占；(3) 选胶兼剪胶的六角。女工工资远远低于男工。"在这个生活困苦的时代，一个女工，高的能得一天六角的工资，也算是足以维持一家几口的普通生活了。"①

50年代新加坡的胶厂中女工主要分布在绞胶部、烟花部、烟房部，在上述部门，女工占90%以上。根据非正式统计，新加坡临时与固定男女胶工，最多时达到6万名，1959年也有不下一万人，其中有一半以上是临时性的胶工。为什么女工在胶厂中人数多于男工？主要原因是男工工资高于女工，因此凡能够由女工承担的工作，厂方尽量雇用女工。女胶工的工作主要是剪胶、撕胶与装配。剪胶，是指女工用剪刀将胶片中的污秽、不纯粹的地方剪出来，迅速而准确，也需要技术。撕胶，即将胶块撕成小胶块。其他如包装、翻胶、洗胶，也需要较多力气。胶厂空气不好，胶味、烟房与烘胶之热度，都令人难受。女胶工平均日薪：剪胶3.50元，选胶3.32元，装箱3元，出磅4元，撕胶3.4元，洗胶2.3元。②

60年代霹雳胶厂的绞胶部工人大部分是女工，女工工资一天只有3元，低于男工，所以工厂大都请女工。③

随着橡胶业的衰落，90年代油棕园取代橡胶园，加之教育水平提高，70年代以后出生的马来西亚女性基本不再割胶。女胶工的女儿们大都成为教师、文秘、经理、厂工，实现了职业的代际升级。

二 女淘锡工

女淘锡工，亦称"琉琅婆"或"琉琅妹"，也有译成"留郎婆"，专指在锡矿用淘锡盆淘洗琉琅（dulang washing）的妇女，她们的年龄从十多岁到六七十岁，从事这一职业的几乎都是华人妇女。

锡业是马来（西）亚最重要的产业之一。采锡主要有三种方式，即铁船采矿法（dredging）、沙泵冲水法（gravel pumping）和淘锡法。沙泵冲水法是用水力冲射，而后将混有锡米的泥浆输至木制的水槽里，冲洗沉淀，分离出锡米。这种方法会有不少锡米被排出，因此附近的小河或水塘，就流出不少锡米沉淀下来，形成琉琅底。女淘锡工的工作，就是用琉琅盆淘洗出沙石

---

① 《槟城胶栈工人之生活状况》，《南洋商报》1934年6月11日。
② 詹士：《胶厂里的女工》，《南洋商报》1959年2月14日。
③ 霹雳苦力：《绞胶片》，《星洲日报》1968年5月21日。

里的锡米。

华人女性何时开始在马来亚淘洗锡米,并不清楚。霹雳矿务局（Mines Department）成立于 1896 年,马来联邦矿务局（Federal Mines Department）1904 年成立,政府开始对琉琅工作进行管制,要求淘洗琉琅者必须持有准证,俗称弗琅纸,或琉琅纸。这些准证发给女性及十岁的男孩,她们必须持准证方能售卖锡米,1907 年官方开始有对琉琅纸发放的统计。这表明,1904 年以前就有华人女性从事淘锡工作,从 1932 年至 1950 年的统计资料可知,97%以上持有琉琅准证的是华人。[1]

20 世纪新马从事淘锡工作的华人女性人数可从当局每年发放的琉琅纸得知。据表 4-2,1910—1922 年,每年女淘锡工有上万人,1923—1939 年每年不足一万人,1923 年女淘锡工人数锐减,是因为当年政府规定申请琉琅纸者需缴交 1 元的申请费。1929—1933 年世界经济危机对马来亚锡矿业打击甚巨,锡价大跌,锡矿倒闭,锡矿工人大量失业,但 30 年代女淘锡工人数比 20 年代一些年份为多,是因为经济压力下,愿意从事洗琉琅工作的女性增加了,包括印裔女性。[2] 日据时期女淘锡工人数没有统计,但当时日本急需锡,因而大量发放琉琅纸,这从战后数年女淘锡工每年高达二万多人可以看出。1952 年霹雳矿务局大幅度减少琉琅纸的发放,被吊销之琉琅纸达万余张,1954 年 7 月—1955 年 6 月 30 日发放的琉琅纸只有约 4300 多张,矿务局不再发出新琉琅纸的理由如下:（1）有若干妇女并非真正以淘锡为生；（2）她们经常到禁区淘洗锡米；（3）她们经常到私人拥有之矿地内偷偷洗锡米,致主人投诉。[3] 到 60 年代前,马来西亚各地锡矿已经被开发完毕,锡矿业逐渐走向衰落,琉琅妇越来越少了。[4] 1970 年只有 200 人,1980 年有 990 人。

表 4-2　　　　　　马来亚锡矿劳动力（按劳动方法分类）　　　　　单位:人

年份	锡矿劳工	洗琉琅工人
1903	186337	—

---

[1] Siew Nim Chee, *Labour in The Chinese Tin Mining Industry of Malaya a Preliminary Survey*. Thesis B. A. Singapore: University of Singapore, 1951, p. 27.
[2] ［马］陈爱梅:《被遗忘的工作女性——1930 年代经济大萧条时期的马来亚霹雳州客家琉琅女》,《华侨华人历史研究》2015 年第 2 期,第 60 页。
[3] 《霹上年度发出琉琅纸 总共四千三百张》,《星洲日报》1954 年 7 月 4 日。
[4] 醉梦斋:《洗琉琅》,《星洲日报》1966 年 1 月 28 日。

续表

年份	锡矿劳工	洗琉琅工人
1910	170361	10257
1911	196427	10907
1912	211409	12031
1913	225032	14155
1914	171689	14877
1915	164457	15859
1916	139143	14007
1917	123340	13870
1918	144621	15774
1919	114107	15553
1920	89559	12867
1921	86338	13418
1922	82195	12753
1923	105662	7849
1924	106479	7794
1925	107257	7792
1926	110293	5923
1927	122888	7536
1928	109141	10409
1929	104468	8947
1930	80528	7784
1931	57038	8739
1932	44455	8975
1933	42862	9028
1934	50464	9696
1935	62844	9701
1936	80218	9851
1937	88285	9858
1938	57663	9687
1939	69334	9822
1946	24784	22973

第四章 女劳工的工作感受与权利抗争

续表

年份	锡矿劳工	洗琉琅工人
1947	41767	21109
1948	50515	20281
1949	51988	19306
1950	51532	18702
1960	36045	7889
1970	50036	200
1980	40493	990

Source: Jomokwame Sundaram, *A Question of Class: Capital, the State and Uneven Development in Malaya*, Singapore: Oxford University Press, 1986, pp. 164-166.

　　女淘锡工的劳动和收入方式有三种：一种是日薪方式，女淘锡工受雇于公司，专门为公司淘洗锡米；另一种是计件方式，以淘洗获得锡米的数量作为计算工资的根据，即每担锡米支付若干工资；还有一种是承包锡矿底（琉琅底），矿主以招标方式请女淘锡工前来探测矿场底的含锡米量，然后竞标，出高价者得。中标者在规定范围和时间（通常为10—14天）淘洗锡米，所得锡米归中标者。[1] 如果包得富含锡砂的琉琅底，她们的收入相当可观。30年代，"一天中，（琉琅婆）有的可淘得锡米一斤两斤，有的可淘得三斤五斤，有时碰到锡米多的所在，淘得十斤八斤也不一定。所以这些留郎婆，洗过三年两年的留郎，存积得三五千银的大有人在"。[2]

　　女淘锡工必须持有琉琅纸才可淘锡。战前琉琅纸申请费1元，战后为2元，管理越来越严格。1958年吉隆坡南北区矿务换新琉琅纸通告如下：(1) 凡持有将于本年（1958年）6月30日满期之琉琅纸者，换取新证，每张费银2元；(2) 照片2张；(3) 新琉琅纸有效期，至1959年6月30日。(4) 每张琉琅纸每月出售锡米额，已减至不得超过15斤；(5) 所有换琉琅纸者必须设法准时至指定地点，交出旧纸，换取新纸；(6) 凡迟来换纸者，需出具医生之证明书，或发誓纸，证明迟来换纸之理由，否则，换新纸权，将被取消。[3]

---

[1] [马] 丘思东：《马来西亚的沙泵锡矿工业》，南洋印务有限公司1984年版，第40页。
[2] 刘挚夫：《华侨妇女生活》，《华侨半月刊》1936年第92期，第25页。
[3] 《琉琅纸售锡分配额 割减办法正式实施》，《星洲日报》1958年6月12日。

琉琅纸对女淘锡工特别重要，不仅是她们淘锡的许可证，也是她们出售锡米的凭证，每张琉琅纸的出售额度根据锡产量的需求而不断变动。1927—1930年，每张琉琅纸每个月平均可出售24斤锡米。1932—1934年，每张准证每个月的售锡量为15斤。[1] 随着锡价的上升，1935—1938年，每张琉琅纸每月可卖20斤。[2] 战后数年，每张琉琅纸每个月可出售25斤锡米。1958年由于锡量限产，每张琉琅纸减为15斤。[3] 但减少锡米出售将影响靠此为生的女淘锡工的生计，因此她们联名向北马矿务局呈文，反对当局减少出售锡米的规定，说她们世代以淘锡为生，每张琉琅纸出售25斤，仅够维持一家之生计，如果减少到15斤，将严重影响到她们的生计。希望当局收回成命，仍能出售25斤，使她们能在困难中维持最低之生活。[4] 1967年霹雳政府宣布开放政府土地让女淘锡工洗琉琅，但要求她们：（1）申请琉琅纸，（2）禁止在私人土地上洗琉琅，（3）每月不可超过25斤锡米。[5]

淘锡的工具很简单，主要是一个大木盆，大的重达一二十斤，小的也有七八斤，另一个工具是挖砂的挖壳。女淘锡工的工作非常辛苦，她们在烈日下头戴斗笠站在齐膝深的水里，弯着腰用琉琅盆一遍遍地淘洗沙石，淘出锡苗。一篇60年代的特定，生动地描述了琉琅婆的具体工作情况：

> 琉琅妇，一手挟着琉琅，一手提着小桶和小勺子，每天早晨，三三五五结成一队，走到矿地去。公司的新码头转了，有了新的琉琅潭了，她们便到这里来淘洗。那混浊的水里，常有尖利的石头和枯木，她们要小心潜入水中，挖掘潭底的泥沙，黄的、白的、棕色的，在各色泥土里，都包含着锡砂，早上的水很冷，她们也要浸入水中，站在水中，弯着腰，手捧琉琅，不停摆动，冲去泥砂，最后剩下的是黑色的锡米。
>
> 阳光极强，背上被晒得疼痛，水也反射阳光，她们的脸被灼得黑黑的，失去了光彩。

---

[1] Siew Nim Chee. Labour in The Chinese Tin Mining Industry of Malaya a Preliminary Survey. Thesis B. A. Singapore：University of Singapore, 1951, p. 28.

[2] ［马］陈爱梅：《被遗忘的工作女性——1930年代经济大萧条时期的马来亚霹雳州客家琉琅女》，《华侨华人历史研究》2015年第2期，第61页。

[3] 《数千琉琅妇生活受威胁》，《星洲日报》1958年6月1日。

[4] 《琉琅纸洗锡分配额割减 琉琅工纷纷投诉 生活受严重威胁》，《星洲日报》1958年6月19日。

[5] 《北马矿务署宣布开放全吡土地供琉琅妇淘锡》，《南洋商报》1967年3月21日。

第四章 女劳工的工作感受与权利抗争　　177

　　淘锡姑娘，13、14 岁的年纪，也跟着她们的女伴或母亲去淘锡，她们大多没有进过学校。一天劳作下来，两腿麻木的几乎不能动弹，挽着琉琅，挽着桶，踏上归途。

　　看看今天的收获，大约是 2 斤，售价是每斤 2.05 元。目前限售已放宽，每月准售 25 斤。①

图 4 - 2　女淘锡工

图片来源：Ho Tak Ming, *Phoenix Rising: Pioneering Chinese Women of Malaysia*, Ipoh: Perak Academy, 2015.

　　淘锡工作虽然极为辛苦，而且因为长期浸泡在水中，容易患上关节炎之类的疾病，手脚关节弯曲粗大，但淘锡所得收入却是贫困家庭的重要经济来源，所以女淘锡工不会放弃这个工作，琉琅纸在家庭成员之间转换，以维持这个经济来源。据陈爱梅对 30 年代霹雳琉琅纸转换的研究，当女淘锡工因死亡、搬家、回中国、年老等原因不再从事这一职业时，她们的琉琅纸会转换给姐妹、姑嫂、女儿、儿媳、孙子等。② 战后琉琅纸的转换有了新规定，

---

① 《淘锡》，《星洲日报》1960 年 4 月 25 日。
② [马] 陈爱梅：《被遗忘的工作女性——1930 年代经济大萧条时期的马来亚霹雳州客家琉琅女》，《华侨华人历史研究》2015 年第 2 期，第 63—64 页。

1954年霹雳矿务局在更换新纸时,规定如果淘锡人已死亡,琉琅纸即被取消,不能转换给任何人。①

随着马来西亚锡矿业的衰落,更重要的是随着制造业的兴盛和教育水平的提高,从事淘锡职业的华人女性越来越少。70年代记者访问女淘锡工黄亚仙,她34岁,有四个孩子,家在文冬新村,曾做过杂工,数年前转做琉琅妇。她说一天收入不定,有时没有所获,有时可得十元八元,她的四个孩子正在上学,她努力工作,挣钱养家,供孩子读书。问到为什么做琉琅妇,她说洗琉琅虽然辛苦,但比起其他工作也有好处,因为是自己做工,不是替人打工,时间和工作都由自己支配。②笔者访问的李思云10多岁时曾随母亲去淘锡,但她更向往的是城市,1971年来到吉隆坡学习车衣。

20世纪90年代,马来西亚几乎已经没有女淘锡工了。

第二节 流水线上的车衣女工与电子女工

二三十年代新马华人开始兴办食品加工、纺织、制鞋、火柴厂、卷烟厂、汽水厂等工厂,这类轻工业工厂雇用不少华人女工,基本上占工人一半以上。但因为制造业不发达,厂工占华人职业妇女的较少部分。60年代以后,以制衣、电子为代表的劳动密集型工厂吸收了大量女工,使得厂工成为七八十年代华人女性最大职业群体,本节只简述制衣女工和电子女工的工作和感受。

一 裁缝与车衣女工

裁缝是新马华人妇女最早的职业。从19世纪的人口普查,及出洋妇女的职业调查,都有为数不少的女裁缝(表1-4,表1-5,表1-6)。20世纪初女裁缝主要靠手工缝制衣服,之后出现裁缝铺,通常夫妻两人一起做,生意好的话,再雇两三个伙计。如后来成为企业家的曾启东早年学过裁缝,与同干裁缝的妻子开裁缝店,两人一起推动着夫妻店发展,"我们夫妻两缝纫衣服,然后出售"。③

---

① 《霹上年度发出琉琅纸 总共四千三百张》,《星洲日报》1954年7月4日。
② 惠娘:《琉琅女 生活苦》,《星洲日报》1977年1月6日。
③ 曾启东,口述历史录音访谈文稿,新加坡口述历史档案馆,编号A000198/05。

"二战"后，新马制衣业扩大，50年代出现较大规模的制衣厂，女子学习缝纫当裁缝成为一个新兴职业。制衣女工主要分为两种：（1）裁缝，亦称"洋服"，要求做工精细，通常在裁缝店做衣服，也有人从裁缝店领活，在家里做；（2）车衣女工，亦称"新衣"或"车水货"，她们在制衣厂大量生产衬衫，车衣女工占制衣业的90%。据非正式之统计，1959年，新加坡制衣工不下3000人，女性占2/3，其中在车衣厂工作的有1500—1800人。[1]

制衣业分为"旺月"和"淡月"，每年以开斋节前、中秋节后、圣诞节、春节那几个月为"旺月"，车衣女工活多，收入大增。其他"淡月"，收入就少很多。当时人认为，"无论如何，车衣这一行，不失为妇女最合适的行业，因此在新马的职业妇女中，恐怕也要以这一行的从业者为最多"。[2] 22岁的谭玉莲说，她干裁缝这一行并不是因为兴趣，而是为了生活，她小学毕业后，学了几个月裁缝就去做学徒，除了食宿，只有30元。她认为念书不多的女性学这门手艺很合适，起码可以养活自己，而且婚后可当家庭副业，一边兼顾家庭、孩子，一边接衣服在家做，增加收入，可以补贴家用。[3] 可见，人们普遍认为制衣是"适合女性"的职业。

一位制衣女工茹清属于"裁缝"，她车西装和女装，按件计酬，工作辛苦，收入菲薄，以下是她的车衣工作和感受：

> 车衣这一门工作是当今女性在社会最普遍的一种谋生技能，我是在报章上读到征聘车衣女工后去应聘的。
>
> 我们的工资是以件数来计算的，车得件数多，工资当然可以多得一些；车得少呢？无疑是少得一些工钱。可是一件女恤衫的工钱只不过三四角而已，一件西装裙不会超过1.2元的。由于工资菲薄，手艺又须精细，就算是熟练的车衣老手，一天顶多能车到两件西装裙，这已可说是够本领了。
>
> 像我这算不上是熟练者，每天除了用午餐外，全部时间都全神贯注在工作上，一天只能车得一元几角钱而已。看是一套多么简单的衣裙，可是缝制起来，工夫可不少啊，所以一套西装分配到手，就得伤脑筋，

---

[1] 詹士：《新加坡女裁缝业》，《南洋商报》1959年2月18日。
[2] 郁茵：《车衣女工的生活》，《南洋商报》1963年7月7日。
[3] 雅兰：《制衣姐妹多辛酸》，《星洲日报》1976年12月23日。

花精神，整天埋首，手脚不停息地车啊、缝啊、车呀、缝呀，一天从早到晚埋着头手忙脚踏地车，终于将零碎的布块缝制成一件件的服装，然后将衣衫奉上老板面前。这也是令我们感到提心吊胆的事，老板一双眼睛盯住衣裙，双手就像那鸡爪在地上找食物般，东翻西寻，"车到这个样子，你知道错在哪里？拿回去拆过再车"。这样的命令传下来时，我们只好惟命是从，取回了衣裙，小心翼翼地拆了再车，直到老板满意为止。

有时候生意不景气，货物卖不出去，我们就得在在避开老板的怒容，万一触犯了他，饭碗可要跳舞。而老板又偏偏来你身旁督促工作，检查何处车错，倒霉时，有些地方车错被他查出，他就把生意欠佳的原因，全盘罪过倒在你的身上："看你车到这个样子，无怪货物卖不出去。"接着他就克扣工钱，把一件衣裙的工钱减低到两三角。而我们这些为他赚钱的女工敢怒不敢言。[①]

许多制衣厂是小型的家庭工业社，通常是先生负责采购销售，妻子负责主持生产，承担剪裁的工作，或者聘请一两名裁剪师，再聘请数名或十数名车衣女工。大多数的车衣女工都是少女，她们之前在裁剪学校学过，半年毕业，便可担任车衣工作，她们通常自己带缝纫机，每日按时上工，也有人是领了活计在自己家做。车衣工作一般都是计件，大部分家庭工业社以制作童装为主，也有少量是少女装，车好一件童装，0.1元—0.2元。50年代初新加坡女性思静就曾在一个家庭工业社车衣，这个工厂的两层楼内共有数十个工人，二楼摆放着数十架针车，都是女工自己带去的。楼下店铺是批发和裁剪部，缝制的多是夏威夷恤和衣裤。采用分工合作的方式，一件衣服分成几个不同部分，如衣袋、衣领、袖子、衫身，分别车好，最后合成一件。工作由管工分配，没有选择余地。工钱以打计算，每打从2角起到最高1元不等。一拿就是几打，工资实在微薄，一天顶多只能赚三四块钱。她说"车水货"不需要精细的手艺，要的只是眼明手快，人人脚下都用尽全力加速地踏，轮子飞快地转动，人和针车混成一体，辛苦地完成一打又一打的衣服。[②]

50年代，车衣厂平均日薪（月薪与计件合起来）：车衣者最低为3.28

[①] 茹清：《工资菲薄的车衣女工》，《星洲日报》1965年6月22日。
[②] ［新］思静：《我是妈姐的养女》，新加坡文艺协会1994年版，第75页。

元，最高 7.45 元，平均 4.97 元。①

60 年代以来新马制衣厂大规模建立，雇用大量女工生产成衣，出口到欧美和东南亚邻国。车衣厂的工作是流水作业，先是裁剪，将布展开在三十码长的裁床上，一层一层地叠起来，有七八寸高，然后在上面钉上图，用电剪将布裁成小片，分给女工分别缝制，有女工专门车领子，有的专门车口袋，然后才加以组合成衬衫，再钉扣、打纽洞、检查、剪线、熨衣、包装，才算完成。车衣女工收入按计件，工资多少按车衣难易分为二等，容易车的工资较低，较难车的是领子、袖口，工资较高。

1967 年一位新加坡车衣女工的自述，详细描述了工作种类、收入、辛苦和感受，如下：

> 我是贫苦人家的女儿，而且排行最大。为了帮助家庭，为了弟妹的教育，二十岁那年，我就开始操作车衣的工作了。
>
> 在星洲，车衣行的工作，只分为两种：一种是专为洋服店车衣裤，工作比较精细，一种是专车女衣、童衣的，还有一种是专车男衫的。我是属于后一种，通称车水货。但"车水货"，工资"水"，工夫却千万不能太"水"。所以，要当个车水货的女工，也要经过艰苦的学习过程，才能胜任的。
>
> 有人说，车衣工作比较自由，高兴时，多车一点，疲劳时，少车一点，反正按件算钱，跟老板的利益毫无冲突。其实，车衣工作，并不如外行人想像的那么轻松，我们也是要受制于人。比如说，老板发给你若干工作，要你在若干时间内车好，你就得准时起货，否则，便有"手脚太慢"之嫌。为了保住饭碗，车衣的姐妹"带病工作"也是常见的事。
>
> 我们的工作时间，并没有硬性规定，通常是上午八时至晚上八时，遇到忙月，工作加倍，老板一道命令下来，就得车到"月悬中天"才能休息。但是，我们的入息却少得可怜，淡月里，每月净得七八十元，忙月里，车到死去活来，也只得区区百余元——拿来补贴家用，还算可以，如要独当一面负担家庭，就觉得困难了。所以，当了八年车衣女工，我除了身体更加虚弱外，依然两袖清风，毫无积蓄。难怪久干此行的大姐们，经常感叹"车衣女工一世穷"了。

---

① 詹士：《新加坡女裁缝业》，《南洋商报》1959 年 2 月 18 日。

然而，作为一个车衣女工，我感到自豪，我的入息虽然微薄，但每一分钱都是付出血汗挣来的，比起那些无所事事，享领高薪的花瓶，我们自是清高的。①

图 4-3　新加坡联兴制衣厂车缝部女工的工作情景。
图片来源：《联合早报》1970 年 11 月 30 日第 17 版。

车衣女工的工作相当辛苦，她们必须眼明手快，一不小心，电动针可能穿过手指，要不就是车歪了线。除了吃饭，一天八小时都是弓着背，埋着头在那儿机械地操作。在缝纫机旁坐一整天，不但坐到臀部生疮，而且腰酸背痛，头昏眼酸，胃病也是车衣女工的"流行病"。②前文提到的思静为了多赚钱，通常从早上 7 点开工，做到晚上十一二点。"身体这样日以继夜的拼搏，过度辛劳的结果，健康日渐受损，开始感到疲乏，视线朦胧。……腰酸骨痛脚累更不用说了。变得人比黄花，原有 40.86 公斤的体重，减到只有 35.4 公斤，午后人便感到烦热，咳嗽频频。有一天早上，看到痰里带有血丝心中十分害怕，担心染上当时令人闻之色变的肺病。"③她不得不停止车衣工

---

① 郑配：《车衣女工》，《星洲日报》1967 年 8 月 29 日。
② 《有助解决民生与就业问题　谈制衣工业的发展》，《星洲日报》1971 年 5 月 9 日。
③ [新]思静：《我是妈姐的养女》，新加坡文艺协会 1994 年版，第 77 页。

作，结束自己的裁缝生涯。

除了车衣女工，亦有女性担任裁剪师，如宋嫦娥是厂里唯一的裁剪师，她负责厂内全部的裁剪工作，责任重大，公司赚钱与否和她有密切关系。她指出，"我们起码也要求有小学程度的数学常识，裁剪之前，须要根据各人的尺寸计算好，画好了图样才能照着剪，如果计算错误，车出来的几百件衣服，不合身就等于废物了"。问及当裁剪师的感受，她笑着说，"自从发明了电剪之后，工作就轻松了很多，只要把图纸画好，开动电剪，一次就可剪几百件。在过去，即使手指都剪到红肿，也剪不了多少件"。宋小姐认为在大制衣厂工作比在缝纫社好得多，不但不需要受气，而且在制衣厂剪的几乎都是男装，没有女装那么复杂。①

也有华人女性从车衣女工做起，最后自己开了车衣厂，成为老板。美达花园狄斯制衣厂的主持人何美娥就是其中之一。她小学毕业后到药房当杂役，做了七八个月，觉得以自己的教育程度，在药房做难有出头之日，便改行到制衣厂当学徒，她回忆说："这是我的一段辛酸史，名义上我是学徒，其实是做杂役，车边、钉扣、包装，为工友传递东西、扫地、烧水泡茶……样样都做。工作繁重，工资少，每天由上午八点至晚上八九点，月薪只有20元，而且很受气，被人骂到痛哭，掉泪也是常有的事。""工作虽然辛劳，受气，但我并不气馁，相反的，我一边工作，一边趁机偷师向她们学习，不明白的地方就问，大约做了一年杂役，就获得上司的器重而升我做车衣女工了。车衣表面上看很轻松，但实际上并不容易，到了旺季，除了坐在那里死命赶工，车错了还要看老板或上司的脸色。"她做两年车衣妹，又升为厂里的裁剪工。她认为在小规模工厂做比较好，自己独当一面，容易发挥才干，老板也会另眼相看。反之在大工厂，人手多，老板不会重视你。她当裁剪师的时候，因工作关系认识了一个公司的推销员，两人相恋结婚，用多年的积蓄与友人合股开设了制衣厂，她对制衣厂各部门的运作最熟悉，因此负责厂里的管理，丈夫则负责外务。② 从何美娥的经历，可见她具有学习和拼搏精神，努力工作不断进取，最终由一个工厂杂役成长为制衣厂老板之一。

车衣女工是低收入、低技术工作，随着女子教育水平提高和就业机会增多，新加坡女性不愿从事车衣工作。70年代以后新加坡制衣厂普遍面临招工

---

① 雅兰：《制衣姐妹多辛酸》，《星洲日报》1976年12月23日。
② 雅兰：《制衣姐妹多辛酸》，《星洲日报》1976年12月23日。

难问题，转向马来西亚招收女工，80年代这种情形更严重，1986年新加坡制衣厂雇用的工人超过29000名，其中半数是马来西亚人。[①] 为了吸引工人，制衣厂不得不各出奇招：一是提高工资，车衣工人，从没有经验到有经验到手工精细，日薪是20元、24元、30元、40元的递升。因为没有相对高的薪金待遇，留不住车衣工。二是设训练中心，永泰制衣厂设有"缝纫训练中心"，工人在训练的第一个月里，每天除工票外，还有五元五角的津贴，并保证每名工人每天的收入不少于17元。三是提供较好的福利待遇，女工宿舍家具电器一应俱全，有写字桌、电视机，洗衣机和雪柜等。[②]

随着90年代新加坡产业升级，制衣业这种劳动密集型产业被逐渐淘汰，制衣女工迅速减少。

二 电子厂女工

六七十年代以来，新加坡和马来西亚大力发展劳动密集型制造业，电子厂招收大量年轻女工，因为她们细心耐心，手指灵活，能长时间从事细小电子零件的装配工作，70年代和80年代，新加坡电子业中，女性占90%（见表2-10），马来西亚女工在电子厂占70%以上。

电子厂生产的电子产品，有电视、半导体、摄影机配件、电子计算机零件，等等。一般而言，电子女工所做的是最简单的生产操作，她们坐在一条条流水线前，保持同一个姿势，机械重复地工作。一位电子女工说：

> 我做的工作是很刻板的，同样的动作，一天不知要重复多少千次，在工厂里，我好像一副机器，流水式的生产线像发动机带着的皮带，把我牵动着，这种流水作业式的工作，技术虽然简单，但工作却永不停歇，一刻也不断，连停几秒也不可以。[③]

女工们在重复单调的流水线工作中很难有什么技术能力的提高，甚至不知道所生产的东西，用在何处。正如电子收音机工厂里的女工于飞所说：

[①]《我国制衣厂需五千名工人 当局正说服女性工人加入成衣业行列》，《联合早报》1986年4月17日第3版。

[②] 黄叔麟：《订单日多？员工流动性太大？制衣厂各出奇招大量征聘男女工》，《联合晚报》1987年7月2日。

[③]《在电子收音机厂工作》，《南洋商报》1975年1月14日。

"在这一段日子里内,我并没有真正学到任何技能,整架收音机是由许多工友共同完成,至于整架收音机的构成原理,怎样配制,确是不知道的。理论方面所知极少,好些都是靠自己经验领悟出来的。"① 从某种意义上说,电子女工就如同机器一样,不需要用脑,机械地重复同一个动作,就如同流水线上活动的零件。

电子女工有可能升为班长、管工,但上升机会和空间极为有限。"几百个女工中,也不过有几位能有这种机会罢了。"② 19岁的钟环琴在马六甲的电子工厂担任班长,负责督促班里十余名操作员的生产。工厂一开办她就进厂,与三十多位女工一起被派到新加坡受训三个月,成为合格的操作员。因工作出色,几个月后她被提升为班长,工资也由日薪改为月薪,每月是150元,扣除车费、公积金以及家用,所剩无几。她认为,在电子厂工作的女性,虽有升级机会,但是顶点往往受到限制,"厂里的女工有普通生产操作员,有班长,监督、品质管制员等,但机器的保养与修理等工作则是男工才能担当的"。③

电子厂的工作对工人健康损害较大。一是电子元件非常细小,很多时候还需要依靠显微镜来焊接,对电子女工的视力损害非常严重。一位叫罗樱的电子女工在描述自己工作时说:"我是金线焊接员,工作是大略这样:把金线焊在指定的电路上便行了,那条金线比头发还要幼,电路比火柴枝的头还要小,不用放大镜来帮助眼力是根本没有办法下手的,……每天都得在冷冰冰的厂内瞪着放大镜,久了,不但眼力会遭受损害,而且百病丛生,……最常见的是:必须佩戴眼镜了。"④ 多数女工在初用显微镜时,常有呕吐、头晕、眼睛疲劳等现象,有些女工受不了,就离开了。由于电子这行业的女工流动性大,因此电子厂的门外总是挂着"征聘女工"的招牌。⑤ 二是电子厂内的温度很低,也损害电子女工的身体健康。新马气候炎热,各个电子工厂纷纷打出"冷气开放"的广告来吸引工人,看似工作条件不错,但冷气过低,是因为电子元件怕热,而不是为了人。尤其是因为晶片以及机器的保养需要低温环境,所以锡焊室的温度比其他房间和车间的温度要低得多。据电

---

① 《在电子收音机厂工作》,《南洋商报》1975年1月14日。
② 《一个电子女工的话》,《南洋商报》1974年6月1日。
③ 《电子厂女工》,《星洲日报》1975年12月1日。
④ 《一个电子女工的话》,《南洋商报》1974年6月1日。
⑤ 雅英:《电子女工的话》,《星洲日报》1974年1月5日。

子女工林美萍的描述：

> 电子厂内的冷气都开的非常大，经常把人冻的发抖。有一次，一个女工问管工：请问冷气能关小一点吗？另一位冻的嘴唇发白的女工也提出同样的要求。但管工说："你们也许不习惯吧，做久了就不会觉的冷！"说完那位管工便走了。
>
> 这时一位女工向我们解释说："哎，别太天真了！管工怎么会管我们的死活！电子粒才是他们的生命！你们以为厂房里有冷气便是享受，其实是因为那些电子粒，不在冷气的环境下便不能生产！冷气越大对电子粒越有利。"
>
> 我们这才恍然大悟，怪不得电子工厂都装有冷气。①

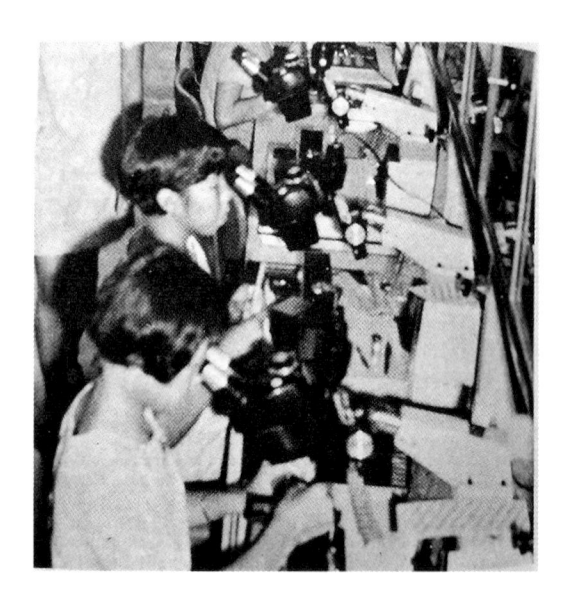

图 4-4 在显微镜下操作的电子女工

图片来源：Joyce Lebra and Joy Paulson, *Chinese Women in Southeast Asia*, Singapore: Times Books International, 1980, p. 158.

由于室内外温差大，女工们在一冷一热环境刺激下，很容易患上感冒。

---

① 《电子女工的心声》，《南洋商报》1971 年 5 月 30 日。

第四章 女劳工的工作感受与权利抗争

一个电子女工慧君描述她在外国投资电子厂的工作,从中可以看到电子厂的工作制度、对健康的影响、性骚扰,及企业文化,如下:

> 我们分为三班,第一班从早上六点到下午三点,第二班由下午三点到晚上十一点,第三班由晚上十一点到早上七点。这间工厂是外国人投资的,所以厂中大部分人都讲英文,大约90%是受英文教育,我的英文不大好,因此在言语上时常发生困难。厂中的机器,一天24小时都在生产,由一千多个女工分班工作,分成三个大部门,大部门又分成几个小部门。电子厂的原料小的如蚂蚁,必须要用放大镜,而灯光很弱,所以对眼睛是有害无益的,尤其是做夜班,更加糟,很多人不喜欢这行,就是因为怕二只眼入四只眼出。
>
> 工作很容易做,也很轻松,每天做多少都要记录,要检查。如果做的东西太少或坏得太多,就要被管工骂。机器坏的时候,技术人员来修理,如果机器一直坏个不停,技术人员就骂我们,真是岂有此理。……说起管工,一年当中不知换了几个,十个中有九个是不公平的,每个都是色狼,和女工说话时,就靠得很近,有时还动手动脚。
>
> 工作虽然轻松,同事们还是埋怨,说在这里做没有前途,如果找到其他职业,就辞职不干,我做了半年,同事已有30多个辞职,这只是我所在部门,其他部门还不知有多少。
>
> 工厂经常组织旅行队、游泳队、羽毛球队、乒乓队,以及其他体育活动,这是本厂的优点,可是也有缺点,就是女工们很摩登,头发长,裙子短,乱搞异性关系,到了年尾,就大开Party,拥拥抱抱,真是肉麻死了。虽然我对这份工作很满意,但是为了不损害眼睛,我已经和它说再见了。[1]

上述可见,电子厂工作环境对女工健康损害较大。80年代初Vivian Lin曾在新加坡和马来西亚五家电子工厂对900多个女工的健康问题进行调查,在新加坡,生产线上工作的女工有17.2%患有眼部疾病,而那些不在生产线工作的人患眼疾的比例只有2.5%;使用显微镜操作的女工25%都患有近视,但那些不使用显微镜的女工的近视率只有5%。在流水线上长期单调重

---

[1] 慧君:《电子厂女工》,《星洲日报》1971年5月30日。

复的操作动作，使得很多女工都有肌肉疼痛等方面的疾病，在513名女工中有408名都有肌肉疼痛、痉挛之类的现象。而且，高强度的流水线生产也容易给女工造成精神紧张与心理压力，新加坡一间电子工厂中有59%的女工认为流水线生产会引起她们精神焦虑与不安。[1]

最引人注目的现象是电子厂女工出现歇斯底里症，一些女工上班时突然狂呼乱叫，失去理智。报纸上常有这类报道，1976年，新加坡一家相机与电子计算机工厂，发生10名女工患上歇斯底里症的事件，有的不断抽搐，有的陷入半昏迷，这是该厂近四天来第二次出现这种事，她们都是装配部的女工，该厂立即请医生与一名巫师到来，女工经治疗后，情况有所好转。[2] 1979年，新加坡文庆路一间电子工厂的10多名女工，突然像中邪一样，乱喊乱叫，有些还倒在地上，陷入半昏迷状态。她们都是印度人和马来人。[3] 1987年马来西亚居銮一间电子厂部分女工连续两天发生歇斯底里事件，一部分马来女工突然神志不清，歇斯底里喊叫，后送入医疗。而在12时许，同样的情形又再发生，惊动全厂的员工。[4] 人们认为是犯冲，一些工厂就请来伊斯兰教阿訇、佛教的和尚、天主教神父和印度教祭司到场念咒。

为什么电子厂女工会患上歇斯底里症？是因为在电子产品生产过程中，要使用化学药剂，"如使用酸碱溶剂对电子晶片或晶粒进行除污、冲洗、蚀刻、氧化以及打磨。这些溶剂的毒性可能非常高，并且可能对人体健康造成长期的影响。车间里的工人经常要接触这些有毒的清洗剂，尤其是负责电路板以及半导体装配的工人。酒精类、脂肪族、芳香族以及含氯碳氢化合物等有机溶剂是工厂中最常用、并且可能也是毒性最强的化学品。这些化学用品有些是纯溶液，有些则是用以混合或稀释其他物质，如油墨、颜料、塑胶或者胶水。……化学品强烈而刺鼻的气味令人作呕，并且经常会导致头痛、嗜

---

[1] Vivian Lin, *Health, Women's Work and Industrialization: Women Workers in the Semiconductor Industry in Singapore and Malaysia*, Working paper, Women and International Development, Michigan State University, 1986, pp. 27-28, 57, 62.
[2] 《近四天来第二次发生一工厂十名女工突患歇斯地里症经过疗治后已告好转》，《南洋商报》1976年7月28日。
[3] 《太空时代竟有此邪怪事！电子厂十多名女工突"中邪"乱喊乱叫》，《南洋商报》1979年6月22日。
[4] 《一电子厂数十女工发生歇斯底里事件》，《联合早报》1987年6月27日。

睡、眩晕及醉醺醺等类似中毒的后果"。[1] 工人长期在这样封闭的环境下工作，加上精神压力大，可能患上歇斯底里症。

电子厂女工的流动性极大，很多人干几个月或一两年就辞职，主要是因为工资低，流水线工作单调，对健康的损害，没有上升空间。1977年在新加坡的电子厂等级最低的生产工人基本起薪是每天4—10元，平均是每天5—7元。美国人工厂的工资比其他国家的工厂工资高，平均每天是7.2元。欧洲国家所设工厂居次，平均每天工资6.6元，日本人工厂的工资与新加坡工厂差不多，是5.7元。香港人工厂的工资最低，平均只有5.2元。[2] 1980年记者对电子厂工人跳槽原因的调查表明，工作环境不好、工资低是他们辞工的主要原因。除此之外，追求提升空间也是辞职原因之一，以电子女工美洁为例，她在电子工厂做了7个月后就辞职，她认为："正如俗语所说：水往底处流，人往高处爬。每个人都希望能爬高一些。所以，现在我辞职后能有时间学习一些专业知识，如：簿记及打字等，以备它日之用。"[3]

第三节　阶级意识与权利抗争

一　阶级意识

20世纪新马华人女工像其他地区一样，是全球市场、跨国公司、本地资本结构中的组成部分，女工的身体被高度物化，她们的身体代表的是勤劳、服从、灵巧、便宜，易于控制，因而成为受欢迎的橡胶园、制造工厂的女工。但女工的身体不只是勤劳和驯服的身体，也是灵巧和反抗的身体，她们深知所受到的不平等对待，萌发阶级意识，进行抵抗。通常包工头和管工是直接对女工的加害者，所以女工的朴素阶级意识和怨恨主要对准他们。

新加坡建筑工会1947年对建筑工人进行调查，详细列出工人受剥削程度，调查表明，新加坡的楼厂有150个，剥削最低限度20%。石厂10个，剥削16%，每个工头有10个工人，剥削方法，平均工资6元，工头拿去1.5

---

[1] 潘毅：《中国女工——新兴打工者主体的形成》，任焰译，九州出版社2011年版，第171—172页。

[2] 《电子业调查报告透露　劳力的变动是我国电子厂面对的大问题》，《星洲日报》1977年9月1日。

[3] 《电子女工》，《南洋商报》1973年5月8日。

元。①

因为包工头克扣工人工资，工人认为包工制是不合理的制度，是一种封建制度，专以剥削工人的血汗私肥包工头。1955年福通胶厂全体男女工人召开紧急大会，讨论废除包工制，实行"公司工"，改善待遇，向厂方提出六项要求，如下：（1）资方将全部男女工友由包工制改为公司工制；（2）全部男女工友在轮值工作中受伤，工资照发；（3）全体男女工友生病时工资照发，医药费由资方负责，医生可由资方指定；（4）资方给该厂湿胶部工友出磅时每磅增加3占；（5）每年每名工友应有享受各一个月薪值之酬劳金；（6）资方从事修理工友破漏之宿舍。②

除了上述有组织的抵抗，女工更多是以日常报怨和咒骂来表达她们的不满。女淘锡工这样痛骂包工头，"那些绝种的，又欺又骗，二千银买那个琉琅底来洗，洗了的锡米定要卖给头家，不知吃了多少磅，那个乌龟王八工头又强抽了四百元金先，用血汗得来的代价都给完他们了"。③ 建筑女工也控诉包工制："我是一个包工制度下的女工，我们整天劳碌，每日不过得到一元零五分的薪金而已，并且工资按日计算，如果不上工，就没有薪金。最后我所愿望者，就是我们的同业兄弟姐妹们应该团结起来，和一切恶劣环境奋斗，以破除社会的黑暗，以求我们工人的利益，向着光明民主之途迈进。"④

橡胶园的割胶女工深受管工的压迫，"管工对工人诸多挑剔，如不给胶桶等，每个月因故多休息一两天，他便叫你'滚蛋'，工作又特别'巴闭'，沾有树皮的树胶丝不可乱丢，必须放在树头。有时割双工下午一点回到胶房又要被骂很懒惰等。最苛刻的还是秤胶屎，有时胶树涂了'刺激素'，胶汁增多，胶屎也多的时候，管工又骂是故意没有放药水，让胶汁凝结成胶屎。更惨的是至少有六七磅的两桶胶屎载回来秤时，只标十磅八磅，血汗换来的成果白白被吃掉"。⑤ 割胶女工诗英在一家外国人经营的大园坵里割了近20年胶，她感叹："时间就像刀口下的树皮，一刀一刀地被割去，只是牛奶般的胶液养肥了他人，我只得可怜的残渣！"她控诉"管工是个大混蛋，仗着经理的威势，作威作福，欺压胶工。他不是嫌这个胶工割得慢，就是嫌那个

---

① 《建筑工友分析劳资问题报告》，《南洋商报》1947年3月24日。
② 《福通胶厂全体男女工友 向厂方提六要求》，《星洲日报》1955年9月27日。
③ 猗萍：《洗琉琅的妇人》，《星洲日报》1940年9月1日。
④ 《关于"公司工"》，《南侨日报》1947年5月22日。
⑤ 小草：《听—— 女胶工诉心声》，《星洲日报》1976年6月14日。

胶工割得太深伤树身。还时常以上告经理和'吊桶'作威胁。最令人愤怒的，是对年轻女胶工毛手毛脚"。①

女工深感受到剥削和压迫，并不关心公司的利益。有一个胶园着火，经理要工人去救火，工人却不动，气得经理大骂："你们不去救火，大火烧了胶树，没树可割，你们就得统统饿死"，工人在心里说："我们才不那么笨呢，替剥削人的去卖命，死了也不值得。"② 此外，工人还以怠工或做假的方式进行抵抗，有一个60多岁的陈妹当胶工已有四十多年，她认为管工是最会欺骗工友的，胶汁即使不渗水去秤，胶汁含量也会被压很低，既然如此，工人也多不客气，把胶渗水，以获得更多工钱。③ 这种"弱者的抵抗"，经常发生于女工对压迫的日常反抗中。

制衣工作对车衣质量要求较高，不合格的衣服要拆了重做，女工的收入是计件制，拆衣重做费工费时，拆坏了还要赔偿，由此引发诸多不满，老板或管工骂女工不细心，女工则怨恨老板挑剔和找麻烦。比较极端的事例是1979年新加坡峇鲁工业区一制衣厂的车衣女工许春叶（音译）用剪子划伤管工江亚琴，起因是江亚琴检查许春叶的衣服，认为不合格，就将衣服丢给许，要她重做，两人争吵起来，互骂粗话，在盛怒下，许用剪子划伤江，她说，江亚琴经常在工作上给她制造很多麻烦和为难。④ 看来许对江积怨已深，终于爆发。

外国投资电子工厂尽管工资较高，也举办各种文化活动吸引工人，但也普遍存在违背雇工法律的现象：（1）尽管雇员条例明确规定超时工作必须是自愿，不能强加给工人，事实上工人经常被迫加班；（2）有时超时工作被换个说法"重叠"，意为工人在正常工休时要继续工作，早班延长到午后。如一个美资工厂要求工人"重叠"（overlap）超过八小时，意味着工人工作16个小时，但并不支付加班费。这种做法实际上违反了雇员条例的两项规定，一是工人不能连续工作超过12个小时，二是在任何规定工作之外的加班，雇主要支付加班费；（3）当工厂没有订单时，强迫工人休无薪年假，用此方

---

① 诗英：《割双工》，《南洋商报》1975年2月1日。
② 云：《一个女胶工的日记》，《星洲日报》1971年5月8日。
③ 小草：《听——女胶工诉心声》，《星洲日报》1976年6月14日。
④ 《不满工作受诸多为难 车衣女工盛怒下 以利剪划伤督工》，《星洲日报》1979年1月4日。

法，工人被剥夺了有薪年假。① 一些工人以辞工进行抵抗。

管工和包工头对女工的规训方式是训斥和克扣，女工的日常抵抗则是背后咒骂、怠工和掺假，阶级意识就存在于这多重冲突和张力中，最终以群体抗争的方式表现出来。

二 群体权利抗争

"二战"前，华人女劳工面临的主要问题是收入低、劳动条件恶劣、同工不同酬、性骚扰等。华人女工采取多种方式，争取自己的权利。

三四十年代新马工人运动风起云涌，华人工人采取罢工的方式进行斗争，主要目标有四个，一是提高工资，二是实行八小时工作制，三是改善劳动条件，四是资方不得无故开除工人。

女工积极参与罢工斗争，所以争取女工的特殊利益也在罢工斗争的范围之内，如居銮胶厂工潮中提出的条件包括"第四条，女工生产照劳工条例实行。第五条，园内小孩已达到劳工条例所规定之人数者，园主须请一看妇管理之"。巴生树胶制造厂提出"女工因生产缺工，厂方要将其工职保留，惟该女工须向厂方请假"②。1937年3月巴生李金赐火柴厂工人罢工，提出二十四条要求，除提高工资、改善劳动条件等要求外，还提出针对女工的要求：工头不得任意捉弄女工；女工生产前后休息一个月，工资照给；要求厂主在全体女工中，由工人选出两位女管工。③ 1939年新加坡机场建筑工地700余男女工人罢工，工人代表三男一女，这次罢工对女工利益进一步关注，注意到如何避免对女工的性骚扰问题，罢工条件中提出，"守门印人，以后不得入女宿舍或开除女工；……体格检查时，男医生查验男工，女医生查验女工"。④ 马六甲六个橡胶厂工人在提出改善待遇、提高工资的同时，也提出"不许调戏女工"。⑤

当经济景气，劳动力需求旺盛时，大部分罢工斗争在华民护卫司、劳工

---

① Evelyn Hong, ed., *Malaysian Women: Problems and Issues*, Penang: Consumers' Association of Penang, 1983, pp. 73-74.
② 参见《居銮胶工潮解决条件》(13条)、《巴生华侨树胶制造厂工潮解决条件》(18条)、《巴都亚冷煤炭山工潮解决条件》(23条)，傅无闷编：《南洋年鉴》，新加坡华侨商报社，1939年。转引自陈翰笙主编《华工出国史料汇编》(第五辑)，中华书局1984年版，第61—64页。
③ 《巴生李金赐火柴厂罢工后正待调解要求廿四条件》，《南洋商报》1937年3月16日。
④ 《军用飞机场建筑工人罢工》，《星洲日报》1939年4月29日。
⑤ 《马六甲六家胶厂工友要求改善待遇》，《星洲日报》1940年4月30日。

局和侨领的调解下得以解决,工人的要求尽管没有全部满足,但部分得到解决,工资有所提高,劳动条件初步改善,女工的特殊利益受到部分保障:(1)女工生产期间,工作职位仍予保留,并可根据劳工条例,可支取工资若干;(2)大规模之矿山胶园,如果工人人数较多,应由矿主园主设立学校,以备工人儿童就学之用;(3)资方不得借故辞退工人,如欲辞退需具相当理由。(4)工人宿舍需适合卫生,工人用水必须清洁;(5)工人发生疾病时可入三等医院治疗,而医药伙食等费,则由资方担任。①

但从罢工工人提出的提高工资要求看,男工的工资仍高于女工,如新加坡军用飞机场建筑工人提出增加工资的要求是:男大工最少每工增至1.45元,男小工最少每工增至1.15元,女小工最少每工增至0.85元。② 完全没有提出同工同酬。可见在那个时代,不仅老板认为男工工资应高于女工,就是工人也视此为理所当然。此外,对女工的性骚扰问题似乎没有受到重视。

在罢工运动中,女工除与男工共同斗争外,还单独发起和领导了多次小规模罢工,表明她们并不是男工的附庸。如1938年5月太平橡胶信昌公司和宝昌公司女工数十人罢工,原因是厂方削减女工工资,每人每天减工钱0.15元,女工提出抗议,说她们家境困难,日常生活全靠她们的工资维持,她们原来的工钱就不多,每天不过7角、6角或5角,现在又减少,不能够维持生活,厂方让步,只减去一角,但女工仍不满意,实行罢工,厂方派人劝女工复工,并答应补足工钱,不再减薪。③

工人运动是无产阶级革命的重要组成部分,得到共产党的鼓动和组织,女工作为工人阶级的一员,也较早通过罢工来争取自己的权利,她们的斗争尚处于自发阶段。

战后到独立前,新马工人运动继续发展。1953年全马胶工联合会与马来亚种植业雇主公会签订协议,从7月1日起,胶园男女工人实施同工同酬制度,如此一来,女工工资每日增加五角,受惠女工达2万人。④ 这是马来亚第一个实现男女同工同酬的职业。1955年马来亚殖民政府颁布《雇佣法令》,禁止女工夜间工作。1957年马来亚通过新的《雇佣法令》,规定女工

---

① 关楚璞主编:《星洲十年》(文化),《星洲日报》社1940年版,台北文海出版社1977年影印版,第984页。
② 《军用飞机场建筑工人罢工》,《星洲日报》1939年4月29日。
③ 《太平二树胶土库,女工数十人罢工》,《星洲日报》1938年5月5日。
④ 《胶工会与雇主公会协议 由下月起实施 男女同工同酬》,《星洲日报》1953年6月5日。

分娩前可停止工作30天，分娩后也可停止工作三十天，停工期间，可领取法定的"分娩津贴金"①。但许多企业为了规避这一规定，宁愿雇用未婚少女或老妇。

独立后，1967年马来西亚国会通过法律，禁止在1967年以后建立的新企业设立工会，而在此之后是制造业大发展时期，许多企业主要是女工集中的电子、制衣、纺织等劳动密集型工厂，没有工会组织，女工的权益如何维护？1974年马六甲国民半导体（NS）电子厂的女工发起罢工运动，要求增加工资，该厂有上千名女工。厂方同意每日增加8角，即由原来的2.6元增加到3.4元，其他薪级的工友，待遇也得到改善，即300元以下者，每月加30元，301元—400元者，加20元，401元—500元者，加15元。②电子厂是新兴工业，马来西亚政府禁止在上述工厂设立工会，1974年大马职工总会向政府提出在纺织及电子厂工人组织职工会，都被劳工部长拒绝，人们批评这是政府怂恿外国公司用廉价工资剥削本地工人。由于没有工会，劳资间的问题，通常通过双方代表协商解决，有时工人只能采用抗议或罢工的方式争取权利。

70年代中期后新兴企业被允许设立工会，但不能建立联合工会，而且其职能仅限于协商增加工资和工伤事故的抚恤金，不能罢工，也不能对劳动时间提出怀疑。如马来西亚原有的电子业工会（EIWU）不能接纳外国投资的电子业工人加入工会，1980年政府重申反对的理由：电子业在社会经济中起重要作用（吸引外国投资，减少失业），在目前国家经济发展中，急需大量外国投资，因此工人加入工会需要慎重对待。这导致工人权利维护更加困难，一个工人说："如果有工会，我们要求加薪就会容易些，但是只有我们几个人抱怨报酬太低，我们是战战兢兢的，如果管理人员发现，其他女孩又不追随我们，我们会被开除。"③

新加坡独立后，人民行动党实行威权统治，设立职工总会，但禁止在外国投资电子企业设立工会，劳资双方的问题通常由双方代表协商解决，政府也会介入，因此新加坡很少发生罢工。除了协商，也有女工向报章投书表达诉求。1971年一群电子厂女工投书《南洋商报》，指出工资低、加薪少，厂

---

① 《劳工部发言人释雇佣法令 女工分娩获两月津贴》，《星洲日报》1957年12月2日。
② 《甲国民半导体电厂》，《星洲日报》1974年2月19日。
③ Evelyn Hong, ed., *Malaysian Women: Problems and Issues*, Penang: Consumers' Association of Penang, 1983, pp. 67, 72.

方"对于工友的薪水，能省则省，日薪以2.4元起，起初每三个月加一次，每次每小时加3分，以后则八九个月也不加薪。最近物价上涨，厂方对工人也有调整，不但发出白卡及警告书警告工人，加薪制则变为每小时有的加1分，有的加2分，有的加3分，有的没加。试问每小时加1分，每日工作8小时，才加8分，叫工人怎么补贴家用？而工作却有增无减。况且请假一天，不但当天薪水被扣，连星期六的超时工资也要被扣。年假又拖过期不给。……许多同行姐妹，为了生活，为了饭碗，只得敢怒不敢言，以忍一时之屈，因此，我们只好借'读者之声'，来发出我们的心声"。①

也有女工投诉厂方苛待工人，希望有关当局调查：

> 我们是某卫星镇某大制衣厂的一群女工，因为工厂最近所实行的措施，使我们非常的不便，现有数个问题如下：
>
> （1）该制衣厂不但没有饮下午茶的时间，我们在热烘烘的缝纫机前操作，有时口渴的实在不能忍受，也不获准到餐室喝杯水。即使是熟练车工，有时所车的衣服已经超过当日的底薪，照理，过后的工作应属于自己的了，但是为何也不准有行动自由的权利？
>
> （2）已往该厂在午餐或下班时间，所有门口均开放给员工外出，虽在大门处设有例行检查人员，对此，我们并没有怨言，何以最近竟然改变办法，把千百工友当小偷看待，只留一个小门外出，且门外两旁再安置把守员，检查后，方准一个个放行。于是几千名工友皆拥挤在小门处，你推我挤，非常难受，请问厂方是否把工友当作罪犯？
>
> 若厂方继续敌视工友，那么，即使是熟练车工也必会渐渐产生离心，则后果对厂方是很不利的，希望有关当局调查此事。②

殖民地时代工人的权利抗争更多以罢工的方式呈现，而独立后工人的权利抗争更多以协商的方式呈现。这表明，一方面，新加坡和马来西亚政府的控制力加强，两国都长期实行威权统治，管制能力伸展到各层面；另一方面，两国都建立了各种工会组织，能代表工人进行协商，新兴工业虽然不能建立联合工会，但可建立工会，加之政府居中斡旋，使得大规模的

---

① 《资方太刻薄女工多埋怨》，《南洋商报》1971年5月13日。
② 《工厂女工的难题》，《星洲日报》1972年7月25日。

罢工难以组织起来，工人权益尽管不能得到全部满足，但能得到部分改善。政府的目标是吸引投资发展经济，跨国公司资本家的目标是最大限度提高效率和收益，双方在一定程度上合作，限制建立工会、禁止罢工，延长工时和压榨工人。在资本家、政府和工人三角博弈中，工人处于最弱势的地位。

第五章

公共与私人服务业中的华人女性

　　服务业是新马华人女性劳动力从业最多的行业之一，这个行业种类繁多，既有个人服务业，如保姆、厨师、花匠，也有服务行业的服务人员，如招待员、清洁工、售票员、理发师、厨师等，还有公共服务人员，如警察与行政人员，等等。本章只选取几种职业进行重点探讨，一是女佣职业，这是20世纪华人妇女从业者最多的职业之一，随着时代发展而由盛转衰，从中可见这一群体的跨国流动、工作感受、姐妹情谊、家国情怀；二是曾被"色情化"的舞女、女招待、理发女职业，从这些职业"色情化"到"正常化"的演变，可见利益驱动、性别规范、政府管制之间的紧张关系，及女性在其中的能动作用；三是女警察与公共交通女服务人员，从其变迁与消长，可见性别、政治与技术发展对女性职业的影响。

第一节　女佣群体的跨国流动与职业变迁

　　华人女佣亦称阿妈、妈姐、住家工、家庭工、管家，是20世纪新马华人妇女从业最早和最多的职业之一，直到70年代以后才开始逐渐衰落。女佣群体有其鲜明的职业特点，她们大部分是广府人，来自广东珠江三角洲地区（简称珠三角），尤以顺德妈姐最为著名；她们在故乡主要从事缫丝和务农，移民新马后充当女佣，有较强的自主能力；她们中有不少人是自梳女或不落家，不论是在故乡还是他乡，都坚守自己的身份；她们克勤克俭，以侨汇赡养父母子侄，与故乡保持密切联系。女佣群体中也有海南人和福建人，她们主要随丈夫移民。女佣群体中也有不少本地出生者，尤其是20世纪中叶和下半叶，马来西亚农村和小城镇的华人女性向新加坡、槟城和吉隆坡等大城市移民，从事家佣服务。但随着华人女佣越来越少，来自菲律宾、印尼等国的女佣成为女佣业的主体，女佣群体一直呈现极强的跨国流动色彩。

本节主要探讨广府女佣的跨国流动和职业特点，兼及其他方言群的华人女佣。

一 广府女佣群体的移民动机与方式

广府女佣都来自广东珠三角地区，这一地区特有的经济发展模式和文化习俗，深刻影响到广府妇女的跨国流动和职业选择。

晚清以来，珠三角地区是缫丝业的基地，形成桑基鱼塘的生产模式，养鱼、种桑、养蚕、缫丝、丝织、种稻结合起来。珠三角地区妇女适应这种生产模式，形成两大职业，一是女农民，主要从事农业生产，进行种稻、种菜、种桑、养蚕、养猪、养鱼等所有农业活动，她们为家庭务农。二是缫丝女工，她们在缫丝厂工作，有工资收入。1881—1911年，顺德境内的缫丝厂有142家，每厂雇用女工至少300人，有的在800人以上，女工总数超过六万人。[1] 缫丝女工收入较高，1920年代中期，丝厂女工日工资0.4元—1元不等，一个女工一年能挣200元左右，当时五口之农民家庭，一年所需之生活费用大约195.8元，所以，女工的工资足以养活全家。[2]

珠三角地区早就存在自梳女和不落家习俗，女性在缫丝业的重要地位和自立能力加强了这一习俗。所谓"自梳女"，是自己梳起头发，立誓终身不嫁。所谓"不落家"，是妇女名义上嫁人，但不在夫家居住，不与丈夫发生性关系，自己出钱给丈夫娶二奶，死后归葬夫家。随着缫丝业的发展，珠三角地区女子自梳倾向越发强烈，自梳女和不落家日益增多，尤以顺德最盛，但具体人数没有统计，顺德周边的番禺、南海、中山、新会等县亦有不少，1933年番禺有自梳女7011人。[3]

从20世纪20年代后半期开始，广东缫丝业出现不景气，1929—1933年世界经济危机更是对丝业打击深重。广东是中国丝业中心地区之一，其产品以外销美国为主，1923年每担生丝价格为2420元，1924年以后美国进货商转向日本市场购买生丝，中国生丝价格直线下降，每担为1170元。1930年

---

[1] 刘正刚：《明清地域社会变迁中的广东乡村妇女研究》（下册），社会科学文献出版社2016年版，第501页。

[2] 张茂元：《社会地位、组织能力与技术红利的分配——以近代缫丝女工为例》，《中国社会科学》2013年第7期，第98页。

[3] 番禺市地方志编纂委员会编：《番禺县志》，广东人民出版社1995年版，第896页。

受世界经济危机和日本竞争的影响,中国生丝下跌到每担650元(10月),1931年丝价略有回升,为每担900元。① 丝价的持续下跌导致广东缫丝厂大量破产,1929年广东珠三角地区有丝厂146家,丝车72455台,到1932年丝厂下降到58家,丝车30243台,1934年仅剩丝厂37家,丝车20396台。② 换言之,1934年广东丝厂数只有1929年的1/4。

丝业衰落,丝厂倒闭,女工失业,蚕农困苦。"因丝厂倒闭,女工失业36480人(实际有五万多人),因蚕造失败而失业的58871人,其他连带失业的12430人,如连农民计算,失业及半失业的有数十万人,极为惨重。"当时人说:"蚕农过着非人的生活,衣不备,食不饱,住不宁,终岁勤劳,贫病交迫,情况惨重。"③

珠三角失业女工和农妇不得不离开家乡,到广州和香港谋生,主要是转作女佣。广州中等以上之家,多雇佣人,各司其职,有专门烧饭的,有只管带孩子的,还有专门清扫洗衣的。这些女佣被称为"妈姐",尤其以顺德妈姐最为出名,她们"作事小心,体贴入微,很受雇主欢迎。豪商显宦之家,多雇她们作'干妈'(广州俗称乳娘为'湿妈',保姆为'干妈')、'近身姐'(专替雇主料理精细的身边事务,如整理床铺、装烟递茶、摇扇盛饭、熨衣整履、出入随侍、送礼请安等的女佣)及厨娘等,甚至把全部家务,都委托她们照料。故'顺德妈姐'曾饮誉一时,雇用'顺德妈姐'便成为显贵人家的时尚"。④

珠三角地区女工和农妇在涌向广州和香港佣工的同时,也涌向南洋当佣。

广府妇女很早就出洋当佣,据说顺德沙头乡早在1886年就有黄银欢、黄润金和黄就来到新加坡做女佣,每月有7元报酬,足以自立,还能寄钱回家。她们在新加坡站住脚后,越来越多的沙头女子来到新加坡当佣,估计

---

① 广州市地方志编纂委员会办公室、广州海关志编纂委员会编译:《近代广州口岸经济社会概况——粤海关报告汇集》,暨南大学出版社1996年版,第1084—1085页。
② 转引自陈慈玉《近代中国的机械缫丝工业(1860—1945年)》,"中央研究院"近代史研究所1989年版,第182页,表4-6。
③ 李本立:《顺德缫丝业的历史概况》,《广东文史资料》第15辑,1964年,第124页。
④ 陈通曾、黎思复、邬思时:《自梳女与不落家》,广东省政协文史资料研究委员会编:《广东风情录》,广东人民出版社1987年版,第30页。

1886—1934年，赴新加坡的沙头女子有500人之多。① 到20世纪初，更多女佣进入新马，据香港船政司统计，1906年出洋妇女中女佣人数为3533人，1907年为2619人，1920年为2833人，她们中90%以上前往新加坡。女佣是出洋谋生妇女中人数最多的。②

20世纪30年代由于经济危机引起的中国华南地区丝业衰退，以及农村生活艰难，失业女工和贫穷农妇大量拥向新马。从当时的记载和后来的回忆来看，移民妇女大多是为谋生而南渡，"一船一船的广东妇女——多半是顺德和东莞的妇女，来到马来亚"。③ 1934年4月20日一艘抵达槟城的轮船，载有300余名女工，她们大都来自东莞，年龄最大不过40岁，因国内生活困难，相率南来寻找工作。当时报纸指出，妇女南来船费便宜，又不受移民条例限制，"是以妇女工人一时潮水般涌来"。④ 珠三角许多失业缫丝女工和农妇就是在这一时期移民新马，但新马没有缫丝业，纺织厂也很少，而女佣入职门槛低、需求量大，于是她们大都当女佣谋生。据陈印陶、方地80年代对顺德地区女归侨的调查，在319个样本中，从新马回国者占87.7%，女佣占93.4%，她们中，有19人是1919年以前出洋的，122人是1920—1929年出洋的，140人是1930—1939年出洋的，25人是1940—1949年出洋的。1920—1949年出洋者占90%，作者认为顺德缫丝业的衰退是促成失业女工出洋的主要原因，她们绝大多数是自梳女，在国内是农民、女佣或缫丝女工，到新马后都从事女佣业。⑤

下南洋的广府女佣的移民方式都属于主动迁移型，即妇女出于谋生或自立的需要而独自移居国外。⑥ 她们的移民动机主要是：

---

① 叶汉明：《华南家族文化与自梳风习》，载李小江等主编《主流与边缘》，生活·读书·新知三联书店1999年版，第94页。
② [日]可儿弘明：《近代中国的苦力和猪花》，东京岩波书店1979年版，第211页，表43。
③ W. L. Blythe，《马来亚华工》，转引自陈翰笙主编《华工出国史料汇编》（第五辑），中华书局1984年版，第184页。
④ 《昨日鲤门号轮船抵屿载有三百余名女工登岸》，《槟城新报》1934年4月21日。
⑤ 陈印陶、方地：《广东省顺德县女性人口国际迁移的原因及其特征》，《南方人口》1987年第2期，第40—41页。
⑥ 笔者认为近代中国女性国际迁移可分为三种模式，即依附迁移型、主动迁移型和被动迁移型。依附迁移型主要是指随丈夫和家人迁移，或出洋与丈夫以及亲人团聚者；主动迁移型是指妇女出于谋生或自立的需要而独自移居国外；被动迁移型是指违背本人意愿的移民，主要是被人口贩子拐卖出洋的中国妇女和少女。范若兰：《近代中国女性人口国际迁移》，《海交史研究》2002年第1期。

（1）因为经济原因而南渡谋生。何仪婵（Ho It Chong）50年代在新加坡对女佣群体的调查表明，因家贫而出洋谋生是妇女迁移的重要原因，有一位在新加坡做女佣的明姐就是因为家贫来到新加坡，她是顺德人，在中国时她和丈夫都在田间辛苦劳作，但连饭都吃不饱。据她说，村里的妇女不仅要做家务，也要做田里活。当孩子会走路时，她决定离开家到新加坡，因为在新加坡能挣钱养家，"这是我们那里的习俗：妇女离开家找一份工作养活家庭"。① 陈印陶在顺德对新加坡女归侨调查表明，大部分人出洋是因为外国挣钱多。②

（2）因为婆婆虐待而出洋。有一位名宋姐的新加坡女佣16岁就在家乡结婚，四年生了三个孩子，婆婆对她很不好，她一天到晚干活，没有喘息的机会，于是她决定离开家到外面找工，丈夫不同意，她就用自己的积蓄，先去香港，然后与亲戚一起来到新加坡，先干苦力活，之后才当妈姐。③

（3）为独立和抗婚而出洋。这类妇女主要在自梳女和"不落家"群体中表现最为突出，她们中一些人出身于较富裕的家庭，主动出洋并不是由于贫困，而是为了自立和见世面。很多自梳女在中国就是自食其力者，她们当丝厂女工和女佣，有很强的独立性。叶汉明对顺德沙头村冰玉堂姐妹的调查表明，她们并非都是由于经济理由赴新加坡，而是为了要"自主自立"，她们表示自己很好胜，要自食其力，又渴望见见世面，故坚持出国独立谋生。④ 笔者在新加坡口述历史档案馆所见的梁燕玉的口述档案也证明这一点，梁燕玉1900年生于广州，没受过教育，她说自己喜独立，"譬如说我喜出国，我就出国，东南西北，我又去上海，上海太冷了，我不喜欢"。于是在24岁时和几个女孩一起来到新加坡，她初来时做女佣，后来做媒婆为生，终身未嫁。⑤ 珠三角地区有不少年轻姑娘因不愿嫁人而远走南洋，如顺德均安镇沙头村的黄合葵，父亲做缫丝生意，家庭富有，有缫丝厂、鱼塘、店铺、房

---

① Ho It Chong, *The Contonese Domestic Amahs: a Study of a Small Occupational Group of Chinese Women*, Singapore: University of Malaya, 1958, p. 53.
② 陈印陶、张蓉：《广东省台山、顺德两县女性人口国际迁移比较研究》，《中国人口科学》1989年第4期，第38页。
③ Ho It Chong, *The Contonese Domestic Amahs: a Study of a Small Occupational Group of Chinese Women*, Singapore: University of Malaya, 1958, p. 55.
④ 叶汉明：《华南家族文化与自梳风习》，载李小江等主编《主流与边缘》，生活·读书·新知三联书店1999年版，第95页。
⑤ 梁燕玉，口述访谈记录，新加坡口述历史档案馆，编号：A000505/08。

产，她曾在缫丝厂当女工，1934年随堂姑到新加坡当女佣，她之所以南渡，是因为"我不想出嫁，我看到我母亲在家中没有地位，被姑妈们管制。不断地生孩子，而孩子又不断地死去，身心受到的伤害是常人难以想象的。我生性爱自由，不愿受束缚。我在家做姑娘，只要听说邻近的村镇有什么热闹，我都要去看。所以我决定不嫁，而逃避出嫁的唯一出路就是去新加坡"。① 还有一位名麦棣的妈姐也是为逃婚而来新加坡，她生于顺德，"当听到有人要替我做媒时，我就怕得不得了，所以就索性南来谋生"。②

自主迁移型女性的移民方式，以链条式移民为主，家人、亲戚、朋友在她们决定南渡时起很大作用。黄合葵说："我们村子里的姑娘很多都到新加坡打工，有姑姑带侄女去的，也有姐姐带妹妹去的，更多的是同房的姐妹约好一起去。因为我们村去的人很多，抵达后，能得到先去新加坡的姐妹们的帮助，很快找到工作。如果一时找不到工作，她们会接济后去的姐妹，解决暂时的吃宿问题。"③ 梁秀琦（音译）到新加坡谋生就是跟同乡一起来，"我家是缫丝的，但生意不好，我决定出外找工，正好邻村我的一个姐妹从新加坡回来，给我讲了新加坡的情况，她要返回时，对我说如果我想去，可以跟她去新加坡，我乐于去。我们从村子到广州，然后到香港，再从那里到新加坡。我们从轮船经纪人那里买到船票"。④ 链条式迁移对女性的职业选择也有很大影响，顺德妇女多移居新加坡等大城市，且多操女佣业为生，陈印陶等人的调查表明，顺德妇女出洋是"经同乡、亲属提携，单个或几个一起外出，属链条式，职业目标明确。如沙头乡19位归侨出国，靠亲戚迁出者12人，由在外同乡牵引者6人，经人介绍者1人，职业全部为家务工"。⑤

"自梳女"和"不落家"身份也促使广府女性选择当女佣。一方面，她们认为做家佣的工作相对容易，不像胶工、建筑工和淘锡工那么辛苦，而且这个工作有助于她们保持独身；另一方面，雇主在找女佣时，希望她们没有

---

① 黄合葵口述访谈记录，记录人屈宁、高丽。载李小江主编《让女人自己说话：文化寻踪》，生活·读书·新知三联书店2003年版，第96页。

② 叶宝莲：《梳不尽的岁月——二位妈姐的故事》，《联合晚报》1984年3月22日。

③ 黄合葵口述访谈，屈宁、高丽记录。李小江主编：《让女人自己说话：文化寻踪》，生活·读书·新知三联书店2003年版，第99页。

④ Kenneth Gaw, *Superior Servants: the Legendary Cantones Amahs of the Far East*, Singapore: Oxford University Press, 1988, p. 83.

⑤ 陈印陶、方地：《广东省顺德县女性人口国际迁移的原因及其特征》，《南方人口》1987年第2期，第41页。

家庭拖累,能当住家工,于是能够保持独身的广府女性也就成为女佣首选。相比之下,海南妇女和闽南妇女也有少数从事女佣业,她们大都是随丈夫移民,如果丈夫也从事家仆业,她们就一起受雇当女佣。否则的话,她们很难长期当女佣。

图 5-1 顺德妈姐在新加坡的合影

图片来源:顺德沙头乡冰玉堂(范若兰摄)

二 女佣的工作与收入

女佣是新马华人妇女从业最早和最多的职业。新加坡 1871 年人口普查表明,有 550 名女佣。到 20 世纪上半叶,女佣人数进一步增加,根据马来亚人口普查,1921 年华人女佣人数为 13215 人、1931 年为 17774 人,1947 年增加到 33173 人(见表 1-4)。女佣逐渐取代男佣,成为家庭服务业的主力。从 30—70 年代,华人女佣人数众多,达到女佣业的极盛期,70 年代以后,随着老一代广府女佣退休,新一代华人女性因教育水平提高和工厂就业机会多而不愿当女佣,华人女佣业逐渐衰落,到 21 世纪初,华人女佣屈指可数。

(一) 女佣服务对象

华人女佣的服务对象主要是华人、欧洲人、海峡华人和马来人家庭。50

年代以前新马的女佣工价低廉，中等以上家庭都雇得起1—2名女佣，有钱人家更是雇多个阿妈，各司其职。黄合葵与五姑妈在一潮州人家当佣，事头（雇主）共雇有六个住家工，五姑妈负责做饭，黄与另一住家工负责杂活、其他三人负责带孩子。①

华人女佣有不少在欧洲人家工作，俗称"打洋工"。殖民地时代和独立后，新加坡和马来亚有为数不少的英国官员、商人、军人，他们带来家眷，需要仆人照顾孩子、做饭和清洁卫生，有多少华人女佣在欧洲人家服务？没有具体统计，1963年马来西亚建立前后，在马来亚联合邦约有3500名女佣受雇于英军军人家庭，②而在新加坡约有一万名女佣为英军服务。③一些华人女佣之所以愿意在欧洲人家做工，主要是因为薪水较高。妈姐刘卿施回忆，南来后"给人家做打扫、洗衣的工作，自己做饭。带孩子是高等一点的工作，工资10元—30多元，打扫工是10多元，给华人家打工便宜，便给西人打工"。④这是战前的工资，到60年代，英军军部雇用女佣的工资，在马来亚是每月120元⑤，新加坡是130元，⑥高于一般家庭女佣的工资。而且，由英军军部雇用的女佣，薪水由殖民政府支付。此外，欧洲人家工作时间清晰，界限分明。有女佣"更愿意为欧洲人工作，他们有固定的工作时间和活路，而华人雇主随意差遣你干许多活"⑦。

欧洲人找阿妈很重视前雇主写的推荐纸，因此做洋工的妈姐即使对工作诸多不满，也绝对不敢与洋雇主吵架，辞工也要和颜悦色，托辞有事而走，以便雇主的推荐信有好的评语。⑧

---

① 黄合葵口述访谈，屈宁、高丽记录。李小江主编：《让女人自己说话：文化寻踪》，生活·读书·新知三联书店2003年版，第101页。
② 《槟城新山英军女佣人昨举行抗议大会，抗议英军部将彼等薪金交予有关官兵个别付给》，《南洋商报》1963年7月28日。
③ 《英军部解雇一万名女佣》，《星洲日报》1964年8月24日。
④ 她是广东西樵人，在中国做缫丝女工，到新加坡后做妈姐为生。刘卿施口述访谈文稿，新加坡口述历史档案馆，编号A000837/02。
⑤ 《槟城新山英军女佣人昨举行抗议大会，抗议英军部将彼等薪金交与有关官兵个别付给》，《南洋商报》1963年7月28日。
⑥ 《英驻星三军军部经决定解雇万名军人家属女佣》，《南洋商报》1964年8月20日。
⑦ Kenneth Gaw, *Superior Servants: the Legendary Cantones Amahs of the Far East*, Singapore: Oxford University Press, 1988, p. 105.
⑧ ［新］思静：《木屐踩过的岁月》，玲子大众私人传播有限公司2000年版，第126页。

（二）女佣工作种类

女佣的工作主要是照看孩子、做饭、清洗、采买之类，但还是分为不同种类，且在不同时代有所变化。

1. 住家工

女佣的工作大都是住家工，即住在雇主家中，包吃包住，这一种工作种类贯穿20世纪，可分为以下几类：

一是全职，俗称"一脚踢"，即包揽所有家务，做饭、洗衣、带孩子和搞卫生，30年代的收入是一月5—12元，包食宿。"一脚踢"的工作十分辛苦，收入又低，通常都是刚从中国来、急于找工的妇女干。一位阿妈阿一（音译）回忆："我找第一份工（一脚踢）用了很长时间。雇主是汽车司机，有六个孩子，我与孩子睡在一起，有时孩子夜里尿床，我也湿透，我在那家干了两年，挣的钱都不够还债，债是我没工作时借的。后来我为另一广府人家当保姆，一月12元。"[①] 陈阿娣（音译）来新加坡后用了20天才找到一个"一脚踢"工作，一月工资5元，干了两三个月，以后"我大都是在华人家当一脚踢，包括做饭、搞卫生、洗衣、熨衣，但不带孩子。大部分家庭有6—7个人，我早上五点起床干活，做早饭，主人早饭后去上班，我从头到尾打扫房间，洗衣，之后准备午饭，主人要回来吃饭。饭后洗碗、熨衣，这些都干完后，我洗个澡，又到做饭时间了，晚饭后我收拾碗筷，也就到九点了，我才自由"。[②]

二是保姆，俗称"凑仔"，英国人称"baby阿妈"，专门负责带孩子，在阿妈中地位最高，保姆穿着体面，经常带孩子随女主人去商店、访友，甚至去度假。她们的收入也高于"一脚踢"。梁秀琦在新加坡和马来亚只为欧洲人家庭当baby阿妈，她回忆了保姆一天的生活：

> 我总是与孩子一起睡，早上6点起床，先收拾自己，然后叫醒孩子撒尿，之后吃饭、喝奶、散步，9点回家洗澡，他玩我喝茶，让他上厕所，时间是固定的，他再玩一会儿，睡一小觉。
>
> 当他睡觉时，我为自己做饭。我是自吃自做，不与主人一起吃。我

[①] Kenneth Gaw, *Superior Servants: the Legendary Cantones Amahs of the Far East*, Singapore: Oxford University Press, 1988, p. 107.

[②] Kenneth Gaw, *Superior Servants: the Legendary Cantones Amahs of the Far East*, Singapore: Oxford University Press, 1988, pp. 107, 112.

要快快吃完，12点叫醒他，喂他吃饭，之后训练他用便盆，玩一会儿后，他再小睡，我洗个澡。

3点他醒来，喂他喝桔子汁，每天都喝，之后是散步时间，通常我带把伞去花园，那里有许多baby阿妈，我们玩到4点，带他回家，晚饭前给他洗澡，晚饭在6点，通常是罐头食品，肉菜，你知道，欧洲人吃的东西。7点上床，有时他太兴奋，睡得晚，我得等他睡了，才能做自己的晚饭，有时直到8点才吃上饭。晚饭后，我洗衣缝补，9点上床。①

三是杂工，俗称"打杂"，不负责做饭和带孩子，其他杂活都干，收入较低。有一女佣描述她的"打杂"工作："我为一个大家庭干活，他家有20多口人——11个孩子，还有父母、孙子，我的工作是洗熨衣服，清洁房间，这个大房子有三层，我每天花一早上洗各种东西，每个星期要刷地板和楼梯。刷地板那天我就干不完平时要做的熨衣。"②

70年代新马华人女佣日渐减少。老一代妈姐逐渐退休，来自马来西亚农村的华人女性多当厂工，也有少数人愿当女佣，她们主要是：(1) 出身贫苦人家的女童；(2) 没有受过教育或仅受一二年教育的少女；(3) 中年妇女(40—55岁)；(4) 进不了工厂的非公民。③ 她们仍以住家工为主，一般小家庭所雇的女佣有限，都属于"一脚踢"，但富有家庭通常仍雇有多个女佣，煮饭、打杂、带孩子，各司其职。如出生于霹雳一个小渔村的侯巧珠，几乎没有受过教育，16岁随同乡到吉隆坡做女佣，她做过带孩子的保姆，也做过"一脚踢"，1986年到一个富豪家做管家（对女佣的尊称），一直做到现在，她只负责煮饭和采买，这家同时雇用两个菲佣或印尼女佣，负责打杂。④

女佣工资在50—70年代变化不大。50年代妈姐的工资一般在80元—100元，欧洲人家女佣的工资一般是120元—160元，华人家女佣一般是80元—110元。⑤ 70年代初女佣的工资，照顾孩子的小保姆月收入为60元—80

---

① Kenneth Gaw, *Superior Servants: the Legendary Cantones Amahs of the Far East*, Singapore: Oxford University Press, 1988, pp. 118-119.
② Kenneth Gaw, *Superior Servants: the Legendary Cantones Amahs of the Far East*, Singapore: Oxford University Press, 1988, p. 114.
③ 陈昌明：《家庭女佣日益缺乏》，《星洲日报》1971年2月2日。
④ 侯巧珠访谈，访谈人：范若兰，时间：2019年1月20日，地点：吉隆坡。
⑤ Ho It Chong, *The Contonese Domestic Amahs: a Study of a Small Occupational Group of Chinese Women*, Singapore: University of Malaya, 1958, p. 61.

元,"一脚踢"月收入在80—120元,在洋人家做工的大都是妈姐,收入在150元以上。① 随着70年代以后的"女佣荒",女佣工资迅速提高,到80年代初,新加坡女佣的月收入至少300元以上,比一般书记还要高。"一脚踢"的月收入起码400元以上。②

2. 公馆工

还有女佣不是打住家工,她们在麻将馆、酒楼、俱乐部从事清洁和服务工作,俗称"公馆工"。公馆工有不菲的小费,收入远远高于一般住家工。如顺德妈姐黄兰开1932年到新加坡后,一直在酒楼、麻将馆做工,主要是斟茶递水,帮客人买消夜等,有小费收入。她曾给英国人打工,会讲简单英文。③ 另一位妈姐爱姐30年代在新加坡的"闲娱"公馆做工,这个公馆是麻将馆,客人还要招"琵琶仔"(歌妓),"只要赌局一开,爱姐便忙得团团转,没一刻清闲。这个要换筹码,那个要拿香烟,有人要饮啤酒,更有人喜食武夷茶鸡蛋,或要喝一枝花的生榨蔗汁,她都要应付,全得到对面珍珠巴刹去买"。④ 通常做惯公馆工的妈姐是不会打住家工的,她们的工钱虽不算多,但"下栏"(小账)多。"香烟啤酒汽水卖出的营利都有她们的小账,替人客叫'花'(琵琶仔),买东西,也有利可图;还有旧报纸酒瓶、香烟罐都能卖钱。客人赢钱打赏不在话下,赌输向妈姐借钱翻本,也要给利钱。一切一切可说是猪笼跌落水,头头有入路。"⑤

3. 钟点工

80年代初,由于女佣越来越难请,新加坡兴起"钟点工",不需要雇主包食宿,按时间和工作内容收费。钟点工的年龄为30—50岁,多为新加坡本地妇女,有小贩、家庭主妇、工厂女工,为了换取外快贴补家用而做钟点工。

据 个钟点女佣服务中心负责人黄先生说,申请当钟点工的女性,必须有两名保证人担保签字。申请者大多数是新加坡人,也有一些马来西亚人,但必须有工作准证。钟点女佣通常每次最少服务2小时,每周最少一次,只

---

① 陈昌明:《家庭女佣日益缺乏》,《星洲日报》1971年2月2日。
② 翁少芬:《家庭女佣知多少!》,《星洲日报》1981年9月17日。
③ 黄兰开口述访谈,屈宁、冯惠棠记录。李小江主编:《让女人自己说话:文化寻踪》,生活·读书·新知三联书店2003年版,第83页。
④ [新] 思静:《我是妈姐的养女》,新加坡文艺协会1994年版,第12页。
⑤ [新] 思静:《我是妈姐的养女》,新加坡文艺协会1994年版,第13页。

搞卫生的话，每月收费41元，如果洗衣熨衣，每月46元。钟点女佣的收入不一，勤快的，每月收入可超过700元，比全职女佣还多。而且，钟点女工的工作时间可以自己选择，有些家庭主妇上午买菜照顾孩子，下午抽时间去当钟点工。①

80年代末，聘请钟点女工的家庭，以政府组屋为主，大多是夫妇都有工作。通常一个钟点女佣打扫5房式组屋，一星期三次，一个月大约需付180元。如果需要煮饭和洗烫，就需根据家庭成员数目或时间长短来计算，一般一个钟点女佣一个小时的费用是10元。新加坡本地女佣喜欢做钟点工，时间可以由自己安排，工作也比较不死板。一个勤劳的钟点女佣月收入可能超过1000元。②

钟点工比较受欢迎，一是雇用她们比雇用外国女佣便宜，雇主不必为她们缴交女佣税、按金或者支付食宿的生活开销。二是在生活上可以享有更多的隐私自由，不必像聘请住家工一样得让一个外人留住在家里。因此，一些没有孩子需要照顾的家庭喜欢雇用钟点女佣。③

4. 陪月

华人妇女生孩子后讲究坐月子，家境好的人家都会请陪月来侍候月妇。陪月亦称月嫂，要有丰富的照看产妇和婴儿的经验，还要讲究卫生，懂得各种方言人群的风俗习惯，按主人的要求煮合适的食物，还要熬夜照看婴儿，工作十分辛苦，但工资也高，新加坡陪月的工资，50年代是100元—120元，还有额外的红包。70年代的陪月基本工资为300多元，④ 80年代陪月的薪酬，至少500元，最高是1600元，一般是1000元。⑤

陪月清一色是华人妇女，过去都是由经验丰富的老妈姐担任。妈姐退休后，其他中年妇女担任，她们中有新加坡人，还有不少来自马来西亚，年龄介于三十岁至五十多岁。大部分陪月是住家工，也有少部分陪月是半时工，她们通常是家庭主妇，想增加收入而愿意提供陪月服务，工作时间通常是上午8时至中午12时，下午4时至傍晚。收费介于500元—600元。⑥ 90年代

---

① 《为职业妇女解除家务烦恼 钟点女佣开始在我国出现》，《星洲日报》1981年12月11日。
② 许瑞霞：《多家介绍所在计划 以钟点女佣取代外国女佣》，《联合晚报》1987年12月22日。
③ 《便宜又"实用"本地女佣受欢迎》，《联合晚报》1989年4月23日。
④ 慧彬：《职业妇女面对难题 不易雇得家庭女佣》，《星洲日报》1975年5月27日。
⑤ 叶淑美：《陪月女佣——产妇的好帮手》，《联合早报》1989年9月26日。
⑥ 叶淑美：《陪月女佣——产妇的好帮手》，《联合早报》1989年9月26日。

陪月工资又水涨船高,在马来西亚怡保,陪月的基薪是 900 马元—1200 马元之间,最高可达 1300 马元(约 806 新元)。在新加坡,陪月工资更高,基薪是 1000 新元,红牌陪月收入甚至高达 1300 新元—2000 新元,这笔收入还不包括红包及额外的赏钱。因此怡保华人妇女纷纷到新加坡当陪月。而 90 年代新加坡华人妇女已很少人愿意当陪月,因为收入 1000 多元,对她们来说并不高。但对马来西亚华人妇女有吸引力,新加坡人也爱用她们,因为她们勤快和负责任。①

20 世纪新马华人女佣各方言群都有,但以广府人最多,其中又以顺德妈姐最为有名,她们以长于烹饪、照看孩子、干净和敬业闻名于华南和南洋。新加坡女性思静雇用过多个女佣,对顺德妈评价最高。她请的顺德妈姐——彩姐,年纪约 40 岁,照顾婴儿有丰富的经验,而且也是烹饪能手,"平日一天给彩姐两块钱买菜,每餐煮成三菜一汤,有菜有肉,她知道我们最爱吃她做的饼,便常常买来整条新鲜的豆腐鱼,花时间刮肉打鱼饼,这种饼吃起来特别有弹性,而且非常可口"。后来还请过一个五十多岁叫瑞姐的顺德妈姐,"她工作勤快,不喜欢说话,是个沉默寡言的人,她爱清洁,把孩子上学的白鞋洗刷得干干净净,屋里收拾到井井有条,一天到晚不停地这边洗洗那边抹抹,门窗家具焕然一新,做的菜也适合我们的口味"。瑞姐走后,她家换了好几个佣人,换来换去,素质越来越差,她认为,"自从大陆变色后,妈姐已经没有新的来源,再难找到一个令人满意的了"。②

三 女佣的生活与姐妹情谊

广府女佣有较高的辨识度,她们的服装并不是广州女佣盛行的一身黑衣,而是白衣黑裤,所以也有人称其为"白衣黑裤"(white and black)。她们平时梳一条大辫子,只有过年或喜庆宴会才改为梳髻,以示隆重。

广府女佣有不少结婚者,但也有不少自梳女和不落家,还有许多是在新加坡"梳起",如顺德少女十多岁时到新加坡,21 岁左右应该"梳起",她们在新加坡举行"上头"仪式,正式成为自梳女。③ 她们不愿嫁人的原因多

---

① 《月入可达两千元 怡保妇女纷到新给产妇当"陪月"》,1993 年 6 月 29 日。
② [新] 思静:《木屐踩过的岁月》,玲子大众私人传播有限公司 2000 年版,第 120、131、132 页。
③ 叶汉明:《华南家族文化与自梳风习》,载李小江等主编《主流与边缘》,生活·读书·新知三联书店 1999 年版,第 96 页。

种多样，主要是"不喜欢人家管"（刘卿施），"我想独立，不想照顾公婆、小叔和小姑"（陈欢），"我害怕生孩子，也不想承担养孩子的责任"（陈清玲），"我不想当媳妇，我想自由"（梁秀琦），"怕成为男人的奴隶"等。①她们延续了故乡的自梳习俗，仍然坚持当年的不婚信念。

广府女佣通常几个人合买或合租一间房，名为"咕喱房"，可以放置自己的物品，失业时可住在此处，初来找工者可落脚，假期时相聚于此，她们可以聊天、玩牌和交流信息。黄爱群初到新加坡时，就住在姑姑租的咕喱房，她说很多姐妹都在牛车水租有咕喱房，"三几人合伙，长期包租，平时各人到雇主家打工，吃住在雇主家，只是一旦没有工作，才会到咕喱房来住"。②黄合葵等沙头乡姐妹甚至合买了一间房，起名"超顺堂"，用于姐妹聚会，这是家乡姑婆屋的海外延伸。咕喱房对于妈姐们具有重要意义，它使失业女佣有落脚地，使妈姐们在劳作之余有放松之地，使妈姐有向姐妹们诉苦和寻求安慰之地，是退休妈姐的养老之地。总之，它使远离家乡的妈姐们有了心灵皈依之所。

女佣也参加同乡会，如顺德同乡会等。芙蓉的女佣加入"芙蓉顺德会馆"，这个会馆的会员"以女佣姐妹居多，她们离乡别井，出为人佣，自食其力，把积蓄得来的钱，鼎力维持这间会馆"。③沙头女佣也加入新加坡的沙溪黄氏同乡会，会馆领导仍然是男性，但会员以自梳女占大多数，在表决时占优势，自梳女对会馆事务有发言权。

广府女佣中的自梳女和不落家非常顾家，她们视帮助父母、兄弟、子侄为己任，许多女佣将钱汇回家乡，帮助父母买田、盖屋，帮助子侄上学、娶亲，当她们年老时，由子侄负责养老。30年代广东农村贫困，侨汇是重要收入来源，下南洋佣工的自梳女是家族的一大救星。④战后，尤其是1949年以后，中国新移民基本断绝，但新马女佣与广东家乡的联系仍很密切，50年代对新加坡广府女佣的小范围调查表明，汇款是妈姐与家乡亲人联系的最强纽

---

① Kenneth Gaw, *Superior Servants: the Legendary Cantones Amahs of the Far East*, p. 43. M. Topley, Marriage Resistance in Rural Kwangtung, in ed by W. Wolf and R. Witke, *Women in Chinese Society*, Palo Alto: Stanford University Press, 1975, p. 192.
② 黄爱群口述访谈，屈宁、高丽记录。李小江主编：《让女人自己说话：文化寻踪》，生活·读书·新知三联书店2003年版，第138页。
③ 黄学礼：《顺德旅外邑人之社团组织》，《顺德文史》1988年第15期，第11页。
④ 参见叶汉明《华南家族文化与自梳风习》，载李小江主编《主流与边缘》，生活·读书·新知三联书店1999年版，第94页。

带，有23个妈姐寄过钱，其中3位妈姐汇款超过300元，4人汇款超过200—300元，11人汇款为100—200元。① 中国大跃进时，一位自梳女汇款1000元为大队买肥料，三年困难时期，新马女佣向家乡邮寄油、糖、腊肠等，帮亲戚渡过难关。②

广府女佣通过坚守习俗、咕喱房、同乡会、汇款，与故乡保持密切的精神上和物质上的联系，她们希望退休后能返回家乡养老。但自梳女死后的牌位不能放在父母家中，而是放在"姑婆屋"中。为使返乡自梳女有归居之所，顺德沙头乡捐出土地，为自梳女建"冰玉堂"，在新加坡当女佣的沙头乡自梳女捐献了大笔款项，当冰玉堂建设有可能被搁置时，自梳女以财大气粗、人多势众使得工程继续进行，冰玉堂于1950年正式落成。80年代以后，随着年龄老迈，顺德女佣陆陆续续回到故乡，60—69岁返回者有38人，70—79岁返回者有214人，80岁以上返回者有56人。③ 她们中有些人就居住在冰玉堂，或经常到冰玉堂活动。80年代中期和1991—1992年，她们又先后捐款6000元、14000元、7730元人民币对冰玉堂进行大修。冰玉堂成为从新马返回的自梳女们活动、拜神、安放去世者神主牌位之所在，是她们身心皈依之所在。

老一代妈姐一直以女佣为业，职业能力和操守一流，而新一代女佣在工业化时代下有更多的就业机会，她们大多不愿当女佣，宁愿当厂工，即使厂工的工资比女佣少得多。为什么如此，一位名为阿香的前女佣指出：

> 女佣人的入息比较多，且食宿都由主人供应，但我不愿为了多赚几个钱而把自由卖掉。当女佣，实在不是外人所想象那样好的，我们像个囚犯，没有经过主人的许可，不能离开屋子半步。工作了三十天，才可以获得一天休假。假如遇到一个苛刻、冷漠的主人，一个月做足三十天是平常事。你想，为了每月那一百多元薪金，一天24小时都被人束缚着，对于一个酷爱自由的人，实在太辛苦了。但作为主人，他们永远不

---

① Ho It Chong, *The Contonese Domestic Amahs: a Study of a Small Occupational Group of Chinese Women*, Singapore: University of Malaya, 1958, p.90.
② 叶汉明：《华南家族文化与自梳风习》，载李小江主编《主流与边缘》，生活·读书·新知三联书店1999年版，第98页。
③ 陈印陶、方地：《广东省顺德县女性人口国际迁移的原因及其特征》，《南方人口》1987年第2期，第42页。

会体谅到佣人的这种苦的。

虽然说，主人付出了金钱，佣人付出了劳力，大家是公平交易，彼此的地位也不会有多大的悬殊，但话是这么说。事实上，在一个家庭里，主人和女佣的地位到底还是有距离的，有阶级之分的。尤其是当大富人家的女佣人，主人那种高高在上的傲慢作风，稍有自尊的人，都不能忍受的。

（辞去女佣当工人后）在入息方面，虽然比以前少，但做了工厂女工，我会得到更多用钱买不到的东西。比如，我就利用晚上空闲时间去学习一些技术的东西，如裁缝、簿记，我还计划不久就参加政府开办的公民团结班。这种生活，我觉得充实，不像当女佣的时候，每天工作至夜晚才能休息。休息后在房内看书，主人也满脸不高兴地说，这个月的电费又加多了，暗示我不能太晚关灯。还有，当女佣时，朋友们都少来往了，生活实在过得既空虚又寂寞。①

老一代妈姐离去，年轻一代华人女性教育水平提高，就业机会增多，她们不愿从事没有技术含量和晋升空间的女佣职位，而来自菲律宾、印尼等国的女佣如同早年来自中国的女佣一样，填补了这个职业空缺。

四 女佣的维权行动

广府女佣有极强的自尊心，这也许是因为有咕喱房做后盾，有姐妹们团结支持，有对自己职业能力的高度自信，她们的自尊心极强，有些妈姐不能容忍雇主说她们任何不是："脾气好的听不入耳，自动不干；脾气坏的，一言不合便和对方大吵大闹才走；有些更厉害，故意把工作做不好，使雇主忍无可忍，不到月底便给足钱让她走。"② 她们与雇主是平等雇佣关系，合则留，不合则去，绝不愿意"受气"。

女佣的工作时间很难界定，通常不属于《就业法》或《工人补偿法》《公积金法令》的管理范围，那么遇到解雇或工资问题，女佣如何维护自己的权利？一般来说，如果是雇主辞退女佣，要给足她一个月的工钱，如果女佣自己辞工，则做几日拿几日的工钱。当雇主解雇女佣而又不给足她工钱，

---

① 惠娘：《女佣人》，《南洋商报》1976年6月14日。
② ［新］思静：《木屐踩过的岁月》，玲子大众私人传播有限公司2000年版，第123页。

女佣会用最恶毒的言语高声大吵,让整条街都知道,雇主大多抵挡不住这招,只好给足工钱。也有极少数雇主不怕咒骂,就是不肯给足一个月薪水,妈姐就到街边找写信人把雇主姓名写在红纸上,傍晚拿到大坡东方戏院后面"打小人",把红纸放在地上,用拖鞋用力猛拍,口中念念有词,咒死咒衰咒败来泄愤。[①] 这种维权方式只能是个人所为,不能上升为群体力量,也难以有效提升女佣的权利。

粤华妇女互助会是广府女佣的职业组织,但笔者尚未看到该组织有关维护女佣权利的事例。目前所能看到的女佣群体维护权利事例是新马英国军部女佣维权事件,发生在1962—1964年,迄今学界对此尚未有研究。

在英军工作的女佣有自己的工会组织,驻马来亚英军军部雇用的女佣属"平民雇员公会",驻新加坡英军军部雇用的女佣属"洋人雇员联合会",1963—1965年新加坡是马来西亚的一个邦,其在教育和劳工方面有一些自治权。

因为军部雇用的女佣有自己的工会组织,能够提出一些权利要求,1962年马来亚女佣提出改善工作条件的要求,由平民雇员公会提交给英军部。诉求大致可分为三项:(1)烹饪是一项专业工作,希望从女佣的职责表中删除;(2)女佣应只在白天工作,并为照顾孩童获得额外的报酬;(3)军人家属无权根据国籍挑选女佣,女佣的再就业机会应该基于资历。[②] 通过谈判,1963年7月英军军部同意女佣的新工作条件,包括不烹饪,不看管孩童,工作时间由上午八时至下午四时,并享有公共假期。[③]

但这似乎是张空头支票,1963年英军出于降低开支、减少管理成本与难度的需要,决定改革女佣雇佣制度,即军部不再雇用女佣,而由军人家庭自己雇佣,女佣工资不再由军部支付,而是打入军人津贴中,由军人自行支付。雇佣制度改革将严重损害女佣的利益,按照军部之规定,一名女佣如果是军部雇员,她的假期和薪酬都与其他平民雇员一样,[④] 如果由军人自己雇用女佣和发工资,意味着女佣从英军平民雇员转变为私人雇员,她们将缺乏有效维护自身利益的途径,而且,由军人自己直接聘请女佣,很容易产生滥用权力和虐待女佣的后果。

---

① [新]思静:《木屐踩过的岁月》,玲子大众私人传播有限公司2000年版,第123页。
② "Amahs Call off Strike Threat", *The Straits Times*, July 3, 1963.
③ 《秘书长吴亚吉非议职工总会》,《南洋商报》1963年7月15日。
④ 《军部女佣改善预算平民雇联万名会员将发动全国性罢工》,《星洲日报》1963年9月26日。

为了维护自己的权利，1963年8月12日，马来亚2000余名各族群女佣举行和平抗议游行。她们穿着各族群服饰，四五人一排行进，手中拿着各种横幅与标语，上书"我们要公平的待遇与正义"，"我们不是奴隶，我们要求在雇员法令下受到保护"。① 这是马来亚独立以来女佣的第一次大游行，游行结束后举行大会，一致通过六项议决案：在没有工会同意的情况下，女佣的身份不会发生改变；一旦其地位发生变化，军人们能够受到法律上某些服务条款的约束，保障她们的休假和酬金；军人获得津贴的条件为雇佣女佣，"没有女佣，就没有津贴"。②

但英军部不为所动，1964年3月14日，英军部秘书通知平民雇员公会，在马来亚诸州内为英军部服务的3500名女佣从4月1日起，将由军部平民雇员转换为英军家庭的私人女佣，同时提出薪金和待遇建议。③ 平民雇员公会对此提出抗议，还发出罢工威胁，但英军军部态度坚决，马来西亚政府也进行斡旋，最终，平民雇员公会与军部达成协议，于1964年6月27日发表联合声明，同意凡是受雇于军人的女佣，每周最少有48小时的工作时间，其服务条件如下：（1）每月薪金125元（无住宿）或120元（有住宿）；（2）每周有一天有薪假期。（3）每年有一周有薪假期；（4）每年有十一天有薪的公共假期；（5）女佣如有疾病，可以依照家庭佣人的通常惯例给予全薪；（5）如欲解雇，必须于十四天前通知或以薪金代替。④ 军部平民雇员公会将保留一份以前在军人家中服务的女佣名单，还强调"女佣是英军平民雇员公会的会员，雇主必须准许代表会员的公会职员提出的适当代表权。英军平民雇员公会，将竭尽所能，调停女佣与雇主之间的纠纷。如果情况不能令人满意，也保留向雇主的司令官提出申诉的权利"。⑤ 可见，声明基本接受了军部有关女佣权利待遇的建议，承认了雇佣制度改革。

1964年8月英军驻新加坡军部宣布将于9月1日正式解雇属下大约一万名军人家属女佣，改由军人直接雇用。对此，洋人雇员联合会坚决反对，并于8月23日召开有关女佣大会，讨论军部解雇问题。大会通过提案，强烈

---

① 《全马英军平民雇佣联属下二千名各名族女佣昨日集中首都游行》，《星洲日报》1963年8月11日。
② "Off goes cable to Queen on amah dispute", *The Straits Times*, August 13, 1963.
③ 《英军部秘书通知军部平民雇员公会》，《南洋商报》1964年3月13日。
④ 《英军部与平民工会有关女佣地位政治谈判结果达致协议》，《南洋商报》1964年6月27日。
⑤ 《军部平民雇员改善待遇，两日谈判已获协议》，《星洲日报》1964年6月27日。

谴责英军当局在新加坡面临严重失业威胁情形下，采取片面解雇军部家属雇员的措施。① 但女佣的抗议毫无结果，她们仍由军部雇员改为私人雇员。

英军女佣在平民雇员公会的帮助下，提高了部分待遇，但对严重损害她们权益的雇佣制度改革无能为力。这表明，女佣作为弱势的一方，难以对抗强势的英军军部，而马来西亚政府要借助英军的防卫以抵抗印尼的威胁，也不可能支持女佣的权利诉求，换言之，只能牺牲女佣的权益来维护与英国和英军的关系。

此后，女佣再也没有这种有组织的、大规模的维权活动，但她们通过报刊表达诉求，或向劳工部投诉。1973年3月1日，有女佣向《星洲日报》投书，全文如下：

编辑先生：

做女佣的平日工作已经很苦了，每天清早六点多就起身做家务，到了晚间才能休息，但是我们两周才休息一日，公共假日没放假，也没有津贴，每月所获得的薪金是少之又少，还要替主人左担心右担心。

虽然有些主人是很好的对待佣人，但有些就不同了，只把我们当奴役使唤。我们这些女佣人的命运是否很苦？希望那些做主人的对我们佣人也应客气点，我们也是人呀！同时，也希望有关当局能给我们协助，使我们的工作条件和待遇得获改善。

一群女佣人上②

信中可见，女佣提出没有公共假期，没有津贴，两周才休息一天，希望得到当局的帮助。但按照新马雇佣法令，关于年假、病假和公共假期的规定并不适用于家庭佣人。所以马来西亚的妇女工友服务中心呼吁政府承认女佣属于工人阶级，规定她们的最低工资及其他津贴。③

回首百年，华人女佣从20世纪初下南洋开始女佣生涯，经历各种艰辛，实现经济自立，还能回报家乡，积极参与抗日救亡运动，实现了从个人、家乡、国家的升华，这是一向被视为小人物的女佣的伟大之处，也是20世纪

---

① 《英军部解雇一万名女佣》，《星洲日报》1964年8月24日。
② 《女佣的心声》，《星洲日报》1973年3月1日。
③ 《妇女工友服务中心促政府明文规定女佣的最低薪金》，《星洲日报》1982年1月4日。

低层华人职业女性的缩影。

第二节 "污名"与"正名":女招待、舞女和理发女职业变迁

20世纪二三十年代新马华人社会出现女招待、女店员、舞女和理发女等新兴职业,引起人们的关注,这些职业因为经济危机而兴盛,因为以"色相"招徕而被"色情化",引来政府的管制和一些人的批评;也因为女子职业与经济自立而得到一些人支持。同时,这些职业女性发挥能动性,积极为自己"正名"。随着社会发展和女性职业拓展,到20世纪下半叶,这些职业已成为"正常"职业。

一 从"色情化"到"正常化"的女招待

(一)女招待职业的兴盛及其"色情化"与"污名化"

一般认为,新马华人社会女招待这一新兴职业出现于1929年经济危机时期,其实不然,早在1916年槟城就出现女招待,位于汕头街的"亦桃源"首雇女招待。大约同时或稍后,新加坡也出现女招待,当时华文报刊报道,新加坡的咖啡茶店有雇用女子为招待,"以致一般狂蜂浪蝶,浪迹其间,嬉笑谐谑,秽语常闻"。[1] 新马华人女招待的出现,与广州香港女招待兴起有关联。香港女招待出现于1910年的茶档,广州女招待出现于茶档不知何时,但出现于茶楼是1920年,"民国九年,各茶楼多用女招待"[2]。女招待带来的厚利及新鲜感引得广州邻近地区纷纷仿效,佛山等地"各茶室酒楼,均有若辈踪迹,几成一种风气"[3]。而新马华人社会与华南密切关联,广州和香港雇用女招待的风气,很快传到新加坡、槟城等地,引起少数商家的仿效。但这一时期雇用女招待并未形成风气,女招待人数极少。

新马雇用女招待风气大盛是在30年代初,与两个因素密切相关。一是经济不景气,1929年爆发的世界经济危机导致新马经济萧条,为吸引顾客,咖啡馆、茶馆等服务行业竞相雇用女服务人员,于是女招待开始兴盛。当时

---

[1] 《招徕生意定要雇用女子耶》,《南洋商报》1923年9月15日。
[2] 阿翔:《廿年来广州茶楼进化小史》,《广州国民日报》1925年5月13日。
[3] 广东省妇女联合会、广东省档案馆合编:《广东妇女运动历史资料》(第四辑),广东省妇女联合会1991年版,第372页。

人指出："经济危机，市面萧条，店家雇佣美丽之女招待，吸引客人，顾客不辞远道而来。"①"不景气弥漫南岛以来，市上之茶肆酒楼，多聘女招待，以随顾客心理之所好，藉以招徕生意。受聘之女招待，若年青漂亮，其生意因此必佳，若色笑稍逊，其生意亦次之，至若无聘女招待者，每见其茶室里之生意寥寥。……访者曾往返各埠，目所睹者莫不如是。"② 二是殖民地政府禁娼政策，1930年新加坡宣布妓院为非法，1931年1月马来联邦也禁止妓院，一些娼妓转向茶室咖啡室充当女招待谋生，当时很多报道都指出禁娼与女招待兴盛的关系，如"庇劳禁娼后，严拿私娼，双管齐下之下，代替而兴起之女招待，先盛行于芙蓉，而后蔓延到庇劳"③。

于是，30年代初，新马各地咖啡茶室雇用女招待风气大盛。新加坡女招待最盛时为1931年，每间咖啡茶室雇用1—2名女招待，共有数百名女招待，有良家少女，但大多是前娼妓。④ 女招待按其姿色分为上、中、下三等，上等薪金每日2元，中等1.5元，下等1元或数角。工作时间较长，白天从上午11时到下午4时，晚上从7时到11时。⑤ 槟城的咖啡茶室雇用女招待之风很盛，"各处咖啡茶室，争相聘用女招待，大有不如是，则不成其为咖啡茶室之概"。⑥ 吉隆坡咖啡茶室也热衷于雇用女招待，据雪兰莪华民护卫司小范围调查，女招待年龄大多在20岁以下，最大的是34岁，超过20岁者有11人，20岁以下者，有13人，其中3人为17岁，2人为16岁，6人为15岁，2人为14岁。男女工资差异巨大，男跑堂工资最多不过25元，女招待最多竟达65元，男跑堂最低工薪只有3元，女招待最低也有35元，且食宿免费。⑦

雇用女招待带来生意兴隆，于是这一风气迅速向小城市蔓延。在怡保，新街口一开始几个茶档，后来增多，有茶档雇用女招待，于是"你聘我聘，数日间，全城经营茶档，均聘有女招待"⑧。女招待一天工资1.8元，足以自给。森美兰首府芙蓉也出现女招待，而后蔓延到小城镇庇劳，第一家聘请女

---

① 《茶店女招待盛行于暗邦》，《南洋商报》1929年10月28日。
② 《女招待风气遍怡保》，《叻报》1931年4月17日。
③ 《聘任女招待风行一时》，《槟城新报》1931年3月2日。
④ 《新加坡女招待小史》，《南洋商报》1935年1月1日。
⑤ 《新嘉坡社会素描（二）》，《南洋商报》1933年3月9日。
⑥ 《槟城咖啡茶室女招待之生活（一）》，《南洋商报》1933年10月13日。
⑦ 《取缔茶花女问题吉隆坡卫生局开会详加讨论》，《南洋商报》1931年8月13日。
⑧ 《怡保茶花女多属娼妓化身》，《槟城新报》1933年6月22日。

招待的是英群茶室，随后十数日，效尤者有十余家，"一时茶花怒放，花枝招展"，受经济不景气影响的冷清，为之改观。① 太平、金山等城市，莫不如此。

女招待的职业定位是招徕生意，以姿色吸引顾客，从一开始就被"色情化"了。"咖啡店老板聘用女招待，系利用青年女性'活招牌'，作营业之工具，而号召顾客。"② 男顾客则是将女招待视为情欲消费对象，殖民地政府关闭妓院后，男性没有了情欲发泄处，女招待似乎在某种程度可以成为娼妓的替代品，看到女招待的冶容和媚态，"那些有意寻芳猎艳的风流少年，早已目瞪口呆，神魂颠倒。因此，有的人本来就不想喝茶，为了要吊女招待的膀子，故意要来喝一盅"。③ 而前妓女充当女招待，更强化了这一职业的"色情化"。妓女愿意担任女招待，"一则可以每月有固定薪金，二则招待之际可以假送秋波，择肥而吃"，④ 于是，"一般狂蜂浪蝶，及无知青年，因禁娼后，无地寻欢，不得不转移目标，流连于咖啡茶室，而女招待，有之前妓女转业的，此时不论生张熟李，咸能复聚，不过花些少茶资，便可以流连其间。可以看到，咖啡茶室总有一般青年，三五成群，坐在茶室，与女招待谈得天昏地黑"。⑤

"色情化"女招待，对华人女性职业发展特别不利。战前新马华人妇女职业有限，除了传统的女工、女佣、接生婆和娼妓等职业，新出现的女性职业有教师、医生、律师、护士、秘书等专业技术职业，还有女招待、理发女和舞女等服务职业。专业技术职业需要一定教育水平，华人女性从业者不多，而女招待这一职业不需要教育资历，技术要求较低，收入较高，因而成为来自贫困家庭、没受过教育的年轻女子的职业选择。但人们并没有从女子职业角度来看待女招待这一新职业，而是从"色"与"性"的角度看待，女招待成了情欲消费对象。店家用女招待的"性魅力"招徕生意，女人如果"生得颜容漂亮，身躯娴娜，而富有诱惑性，那茶店老板就会抢着来雇用你了"。⑥ 男顾客通过搭讪、调戏女招待获得愉悦和满足，女招待则用自己的美

---

① 《聘任女招待风行一时》，《槟城新报》1931年3月2日。
② 《槟城咖啡茶室女招待之生活（一）》，《南洋商报》1933年10月13日。
③ 刘挚夫：《华侨妇女生活》，《华侨半月刊》1936年第92期，第27页。
④ 《怡保羔啡女招待之恐慌》，《总汇新报》1931年2月18日。
⑤ 《咖啡店之夜》，《南洋商报》1932年6月25日。
⑥ 刘挚夫：《华侨妇女生活》，《华侨半月刊》1936年第92期，第27页。

貌吸引顾客，获取更多收入。可见，女招待"色情化"是店主、顾客、女招待三方合力的结果。

女招待职业"色情化"的结果，导致这一职业的"污名化"，女招待成了娼妓的代名词。她们被视为供人快乐的尤物和欢场中人，男顾客带着这种心态进入茶馆，直接将嫖妓的经验加诸到女招待身上。新加坡大坡松柏街咖啡档雇的一位女招待，"姿色好，招待周到，有一救火员甲，迷上女招待，每晚必到，女招待因其纠缠不已，厌恶之，不太理他。甲怒，强抱女坐于腿上，强吻之。"[1] 更多的情况是，男顾客对女招待调笑、捏手、摸腿、拍臀，各种轻浮举止，一些女招待为了增加收入，也曲意奉迎，越发让人认为"女招待多为娼妓之变相，生张熟魏，一概款待，举动固极风骚，态度亦极淫荡，而艳曲怪事，遂由咖啡馆中，层出不穷"。[2]

女招待"色情化"的另一个结果，是承担"伤风败俗""诱人堕落"的污名。如在庇劳，"一向民风淳朴之庇劳社会人士，为茶花女神魂颠倒，街谈巷议，都是以茶花女为话柄，情形之盛，开庇劳之新纪元。但长此下去，不加取缔，则于风化殊有碍也"。[3] 不少男青年流连咖啡茶室，女招待被认为是诱惑之源，"禁娼后遗毒遍全坡，咖啡店女郎由收银职务转而为女招待，粉面脂唇，服装妖艳，诱惑青年"。[4] 有人发出"有用青年，日趋堕落，谁之罪也"的责问。[5]

女招待"色情化"更严重的后果，引来因争风吃醋的打架斗殴、私会党勒索等治安问题，要承担"祸水"的污名。女招待如果与相熟的客人聊天，殷勤相待，怠慢了其他客人，会引起其他客人的不满，口角斗殴。打架斗殴还算是小事，新加坡还发生因私会党介入女招待职业而引发的数起命案。私会党要求女招待交纳保护费，入会3—4元不等，以后每月1元。如不交，会受其骚扰。有些女招待坚持不付保护费，饱受私会党威胁，有些勇敢的女招待去报警。而付了保护费的女招待，则受私会党保护，结果女招待受人欺负时，私会党上前，又引发打架斗殴，甚至出人命。[6]

---

[1] 《调戏咖啡女》，《南洋商报》1928年8月8日。
[2] 《聘任女招待风行一时》，《槟城新报》1931年3月2日。
[3] 《聘任女招待风行一时》，《槟城新报》1931年3月2日。
[4] 《读者来信》，《南洋商报》1931年4月1日。
[5] 《咖啡店之夜》，《南洋商报》1932年6月25日。
[6] 《马来亚之华人女招待与私会党流血斗争之关系》，《南洋商报》1933年5月15日。

女招待职业"色情化"是各方利益纠结合力的结果，男性在其中起主导作用，实际上，是男性对财（店主利用女体招徕）和色（顾客的情欲消费）的欲望促成了女招待职业的"色情化"，女招待只是出卖自己的"色相"，处于这一"色情化"职业的末端。正如时人所言，"茶客心目中，视女招待不啻是惹人怜爱的鲜花，而于雇主之心理，亦无异视女招待为装饰门楣之活动招牌，彼此各怀心理，各有用心。不幸者则为生活压迫而投此业之女招待，任人玩弄，为生活而挣扎而为人做工具者耳"。① 但最终，女招待承担了主要的"污名"，成为殖民地政府限制和禁止的对象。

（二）政府对女招待的限制与禁止

随着女招待的兴盛，其"色情化"及所引发的破坏禁娼和治安问题，引起殖民当局对女招待的高度关注。新加坡当局经常对咖啡茶室的女招待进行严查，一网打尽带回警局问话，对可疑者则送进保良局，如1929年新加坡华民署派探员到珍珠山脚巴刹，逮捕20多个女招待，逮捕原因是影响治安和少数女招待做皮肉生意。② 但政府发现单靠突击检查和拘捕解决不了女招待问题，她们通常消失几天，又重出江湖。为了寻求更好的解决办法，1931年以后新马各城市的卫生局、华民护卫司、警局、市政局等机构召开多次会议，讨论女招待问题，商量对策，先是出台限制女招待的政策，最后是禁止。

1931年2月，怡保政府"为切实禁娼起见，乃令女招待到华民署领取牌照，非在政府机构摄影者，并非经店东担保者，不准充任"③。而且规定女招待不能为客人奉茶，不准与客人调笑。怡保共有103名女招待领取牌照。1931年3月底，太平洁净局规定，茶室雇用女招待，需提交照片存档，由华民政务司盖印，年龄要求在20岁以上。④ 同年3月，芙蓉卫生局只准许雇用25岁以上之女招待，且照片要贴于牌照上。

1931年8月5日，吉隆坡卫生局开会，主题是应雪兰莪华民护卫司之请求，讨论雇用女招待问题。在会上，雪兰莪华民护卫司介夫指出，欧洲的女招待，为顾客叫菜、取食取酒等，穿统一制服。华人女招待只是招呼客人，点烟、调笑、卖弄风骚，而叫菜、取食取酒等仍由男跑堂进行，却拿着比男

---

① 《羔丕店女招待素描》，《总汇新报》1934年7月30日。
② 《大捕女招待续闻》，《南洋商报》1929年6月11日。
③ 《怡保羔啡女招待之恐慌》，《总汇新报》1931年2月18日。
④ 《霹雳太平政府当局决定严厉手段取缔女招待》，《南洋商报》1931年4月4日。

跑堂高得多的工资。女招待中有的年龄只有14岁，按法律，14岁以下为童工，工作时间，每天不能超过5小时，也不能在下午四点以后工作，有违童工法律。他还指出，自雇用女招待后，打架之事，已属平常。其中有许多女子，从前是娼妓，现在是商家之诱饵，女招待不是一般的女侍，不是女子的正当职业。所以他主张"卫生局应该禁止任何咖啡店，雇用女招待"①。华人议员则反对禁止女招待，认为"此辈女子无以为生时，仍不免当私娼"，也会使其及家人陷于困境。此次会议最后通过的政策是：只有领有牌照的店家，且获得卫生局主席之准许，才能雇用女招待（店主亲戚）。② 1931年9月7日吉隆坡卫生局再次讨论女招待问题。英国官员仍主张禁止，华人议员反对禁止，黎德禄提出变通办法，为免女招待失业陷入贫穷，应逐渐禁止女招待，第一步，禁止女招待晚上工作，限制女招待之年龄。这一提案，获得多数票通过。③

1932年6月槟城卫生局制定条例，要求女招待需将姓名和住址报告卫生局，以便当局稽查。具体办法是女招待先去卫生局申请，然后去华民署问话，华民护卫司对于申请牌照的女子，详加盘问，除籍贯、出生地、姓名、年龄、住址、家人等基本信息外，还要考问为什么要当女招待，如已成家，还要丈夫陪同一起问话，如无成家，则要找人担保。如果女子装饰妖冶，举止轻佻，就不获准。获得护卫司允许的女子，才可拍照，领取牌照。④ 然后再到侦探局，接受侦探局长的一番详细查问，通过后才可到店充当女招待。

新加坡政府1931年5月规定限制女招待：（1）女招待年龄最低为二十二岁以上；（2）女招待需缴相片，到市政局注册；（3）咖啡店主人，需要担保女招待不暗中当娼。如有发现，店主罚百元，牌照取消，不得继续营业。⑤ 1932年新加坡政府向工部局建议，完全禁止各食品店和咖啡店雇用女招待，以免增加社会纠纷。工部局对此建议进行讨论，认为"完全禁止，一时不宜实行，但在公众卖物场之女招待，则必须经执照办法控制之。提出有关女招待执照之附则。规定：领取执照种种手续，交由华民政务司署办理，

---

① 《取缔茶花女问题吉隆坡卫生局开会详加讨论》，《南洋商报》1931年8月13日。
② 《取缔茶花女问题吉隆坡卫生局开会详加讨论》，《南洋商报》1931年8月13日。
③ 《女招待雇佣问题之新消息》，《总汇新报》1931年9月8日。
④ 《槟城咖啡茶室女招待之生活（三）》，《南洋商报》1933年10月18日。
⑤ 《咖啡店女郎又复销声匿迹矣》，《总汇新报》1931年5月30日。

因该署对于充任女招待之妇女，有相当之认识，较工部局有经验"。① 1933年，新加坡工部局通过决议，雇用女招待需经该局批准，否则永不得雇用，如果该店私自雇用女招待两次以上者，以后永不批准该店雇佣女招待。②

新马各地政府对女招待的限制性政策并没有持续多久，很快转向更严厉的禁止政策。

1931年6月怡保近打市政局开会，讨论禁绝女招待问题。最后，会议通过决议，从1931年7月1日起禁止女招待和女收银员。③ 1932年2月森美兰庇劳卫生局会议讨论，决定从1932年4月起，不得雇用女招待。④ 1932年5月吉隆坡当局借更换牌照之机，将所有女招待之牌照停发。⑤ 1933年，新加坡新任华民副护司蜜陀勿落氏上任，力主严厉取缔女招待。他召见了新加坡现有的110名女招待（有25人未到），她们都有牌照，其中有七八名女招待同时也是咖啡店主人，领取咖啡店执照，加领女招待牌照，只有这几个女招待未被取缔，其他女招待都被取缔，这实际上等于禁止了女招待。⑥

1934年吉隆坡游艺场开业，内设的茶档申请雇用女招待，吉隆坡卫生局召开会议讨论此事。所有官吏议员（英国人）都主张游艺场茶档咖啡档要领执照，不能雇用女招待，而非官吏议员（华人）则主张不禁止女招待。最后表决，八比六通过非官吏议员的提案，允许游艺场雇用女招待，并提交参政司批准。⑦ 但参政司否决了这个提案，并明确规定，从1934年4月1日起，所有游艺场食物档或咖啡档不准聘用女招待。⑧

上述可见，新马各地对女招待的限制措施大同小异，都是要求女招待申领牌照，牌照上有照片，并挂在咖啡茶室的墙上，以便当局监督和管理；限制女招待的年龄，杜绝少女当炉；要求店家保证女招待不当暗娼，以免伤风败俗和破坏禁娼。当这些限制措施达不到政府的要求时，各地很快转向禁止女招待，小城市动作最快，也禁止得最彻底，如怡保、庇劳等地，大城市紧

---

① 《本坡女招待存废问题》，《南洋商报》1932年11月25日。
② 《本坡工部局通过要案数宗雇用女招待须经该局批准否则永不得雇用》，《南洋商报》1933年7月15日。
③ 《怡保严禁雇用女招待》，《总汇新报》1931年6月27日。
④ 《不得雇用女招待 庇胜港由四月起实行》，《南洋商报》1932年2月13日。
⑤ 《吉隆坡卫生局设法杜绝女招待》，《总汇新报》1932年5月9日。
⑥ 《新嘉坡咖啡店女招待多假借名义勾引不良少年》，《南洋商报》1933年8月23日。
⑦ 《洁净局会议关于游艺场茶档雇用女招待事》，《南洋商报》1934年3月9日。
⑧ 《吉隆坡游艺场内由四月一日起一律不准雇用女招待》，《南洋商报》1934年3月28日。

跟而上，如吉隆坡。新加坡表面上没有彻底禁止，仍给女招待发牌照，但因为只给同时是店主的女招待发牌照，鉴于能成为店主的女性极少，实际上就是禁止了女招待。

从新马各城市对女招待从限制到禁止的政策变化，可以看到，英国殖民官员是主要推动力量，他们考量女招待问题的出发点，是禁娼政策和治安问题。女招待职业的"色情化"，使殖民官员认为女招待成为前妓女的化身，不仅败坏了道德，也破坏了禁娼的成效，而私会党向女招待收取保护费，不仅导致严重的社会治安问题，保护费也成为私会党的经济来源，削弱了政府对私会党的整治。雪兰莪华民护卫司介夫和新加坡副华民护卫司蜜陀勿落氏对女招待的看法很有代表性，他们以英国的女招待为标准，认为华人女招待是"伤风败俗……一般所谓茶客，每当女招待经过时，上下其手。且女招待，多为私娼，其存在等于开放禁娼"[1]。因此，英国殖民官并不将女招待视为正当的女子职业，也从不考虑女招待的权益，而是一味简单地限制和禁止。尽管一些华人议员从女子职业和谋生角度反对禁止女招待，反对将女招待等同于妓女，但在殖民地，英国人掌握大权，最终出台了禁止女招待的政策。而由政府直接出面限制和禁止女招待，其实意味着政府接受并推动着女招待的"污名化"。

（三）女招待的抗争与职业"正常化"

女招待职业的"色情化"和"污名化"是各方利益纠结合力的结果，男性在其中起主导作用，但殖民政府的限制和禁止措施，却主要以女招待为针对目标，少数针对店家。结果，店家虽然也承担了罚款和生意萧条的苦果，但女招待却承担了限制和禁止的最大苦果，她们的谋生之路断绝，还经常因无牌照而被逮捕。新加坡、槟城等地虽未完全禁止女招待，但严格限制女招待领取牌照，能领到牌照的微乎其微。1933 年新加坡限制女招待后，女招待为领取牌照，声泪俱下地央求商家代向当局担保，准予其当招待，只求有点收入，用以养家。但一般商家，因为难以担保其行为，予以拒绝，"故若辈茶花，一筹莫展，坐吃山空"。[2]

限制和禁止女招待，导致女招待的人数和收入大大下降。1933 年以后，由于殖民政府限制和取缔女招待，这一职业几起几落，人数和收入，都大大

---

[1] 《星洲咖啡茶室女招待存废问题堪注意》，《南洋商报》1933 年 6 月 27 日。
[2] 《妙龄茶花女在当局严厉取缔下　谋生之路几绝》，《槟城新报》1933 年 3 月 21 日。

下降。因为能领取牌照的女招待不多，且多为大龄女性，生意不好做，许多咖啡店停止营业，尚在营业的咖啡茶室不再雇用女招待，因为"多聘一位女招待，则多一笔薪水之开销，而店主所获之利，究不见若何增多"，① 只有新加坡、槟城和吉隆坡等大城市还存在女招待，且薪水大不如前。1934 年新加坡女招待减少到数十名，年龄都在 20 多岁。② 吉隆坡 30 年代中期女招待 40 多人，收入较前减少，她们原来多是撕胶女或家庭妇女，为生活所迫操此职业，工作时间从晚 7 时至凌晨 1 时，日工资一元三角或一元。③ 据 1933 年记者调查，槟城咖啡茶室有 300 余家，除印度人 10 余家外，其他都是华人所开。只有 13 家茶室雇用女招待，雇用最多的是晏晏园，聘用四人，以前聘用 6 人。新上海、乐华聘用 2 人，其他只聘用 1 人。④ 女招待人数二三十人，她们白天工作时间从下午 1 时到 4 时，晚上从 7 时到 12 时，月薪从 25 元到 30 元不等。⑤ 30 年代末女招待的收入更不及从前。同样是槟城，1939 年女招待工作时间是白天 4 小时，晚上从 7 时到凌晨 1 时，月薪只有 15 元—25 元。她们大都已成家，而且以新移民居多。⑥ 1940 年，新加坡女招待 100 多人，大多 20 岁以上，30 岁以下，未婚者居多，她们的薪水，普通为 33 元—40 元，也有少数 50 元以上。⑦

女招待职业的"色情化"和"污名化"已经固化，影响这一职业的"正常化"。其实经过限制和禁止之后，女招待职业的"色情化"几乎不存在，30 年代中期以后，女招待中并没有前娼妓，她们大都是已婚者，都是"良家妇女"，还有一些是日本侵华而逃难来新马的妇女。从女招待的年龄、出身和收入来看，这一职业已是一个正常的女子职业，没有了之前的"色情"。但女招待的"污名化"并没有丝毫减弱，一方面，殖民政府对之严防，严格控制女招待牌照申领，探员和华民护卫司仍戴着有色眼镜看待她们，如一英警员巡视，见一女招待与一班客人谈笑甚欢，便进入店中，先连

---

① 《槟城咖啡茶室女招待之生活（一）》，《南洋商报》1933 年 10 月 13 日。
② 《新加坡女招待小史》，《南洋商报》1935 年 1 月 1 日。
③ 《争聘女招待做招徕》，《益群日报》1934 年 4 月 9 日。
④ 《槟城咖啡茶室女招待之生活（一）》，《南洋商报》1933 年 10 月 13 日。
⑤ 中国驻槟榔屿领事馆：《槟城华侨女子职业之概况》，南京国民政府《外交部公报》第 9 卷第 3 号，1936 年，第 472 页。
⑥ 《槟城女招待职业，今不如昔》，《星洲日报》1939 年 2 月 3 日。
⑦ 《本报记者特写新嘉坡的茶花女》，《南洋商报》1940 年 12 月 3 日。

打她几耳光，再向她索要牌照，并教训一番。① 另一方面，男顾客仍视女招待为欢场中人，进行性骚扰。"女招待遇顾客轻薄，动手动脚，如果稍现不悦之色，则老板必怒，轻则斥责，重则立即解雇。常有茶花，因被顾客轻薄，忍至不能忍，泪水盈眶，而其内心之痛苦，可以知也。"② 一般人看女招待，仍视其为"不正经"的下贱职业。即使到50年代，"污名化"仍然存在，吉打警方告诫咖啡茶室女招待要举止端正，要求她们遵守以下三点：（1）切勿与顾客同坐一桌；（2）切勿与顾客作无谓之交谈；（3）切勿与顾客同饮或分食食物。③

面对政府的限制与禁止，华人社会各界也有发出反对之声，但并未能改变政府的决定。女招待是受禁令影响最大的弱势群体，她们发出了微弱的反抗之声。1931年6月怡保近打市政局会议决定从7月1日起，禁止各咖啡店雇用女招待，这意味着100多名女招待将失业，靠其生活的家人也将无饭可吃。女招待对此十分焦虑，集会讨论此事，决定先筹款，每人至少3元，雇请律师，向当局请愿，这次会议是"破天荒之茶花大会也"。④ 但女招待的请愿毫无结果，当局照样实行禁止。除此之外，新马其他地方的女招待面对禁止政策，没有丝毫的反抗能力。

一些知识分子则从女子职业、男女平权角度对当局禁止女招待政策进行批评。《槟城新报》发表社论《关于禁止女招待》，指出"男女平等，基于经济地位之平等，女子要经济独立，必先使其有职业，因此女子职业问题，是今日女子之中心问题也。……然而女招待又将有宣布禁止之势，……那么女子职业范围，天天的缩小，更使女子们非靠男子生活不可。这是与妇女解放的目标很矛盾的事，更使女子处于不平等的地位"。⑤ 女子经济独立，是男女平等的先决条件，因此，"女子需要一种职业，实与男子同样重要。所谓'妇女解放'，'男女平等'，必先让女子之经济独立。……女子在咖啡店当招待，固为职业之一种，并非有何卑贱可言。"⑥ 但这些批评只限于言论，没有转化为实际行动，当吉隆坡当局禁止游艺场咖啡档雇用女招待时，人们只

---

① 《女招待之当头棒》，《槟城新报》1932年1月12日。
② 《新嘉坡社会素描（二）》，《南洋商报》1933年3月9日。
③ 《亚罗士打茶店女招待 禁与顾客坐同桌 警方要她们遵守三条件》，《星洲日报》1952年1月20日。
④ 《破天荒之怡保茶花大会》，《南洋商报》1931年7月6日。
⑤ 言：《关于禁止女招待》，《槟城新报》1932年4月19日。
⑥ 《槟城咖啡茶室女招待之生活（一）》，《南洋商报》1933年10月13日。

能感叹,"从此女子职业又少一门"。①

华人议员算是殖民地有点话语权的人,他们大部分从店家利益、女招待生计着眼,反对禁止女招待,抓住殖民官员关心禁娼的心理,指出女招待失业,会导致其被迫当私娼。② 也有少部分华人议员从女子职业角度,反对禁止女招待,如华人议员黎德禄认为,世界进化,男女平权,女子当有执业能力,应当允许雇用女招待。③ 李孝式认为,"自1931年以来,华人之思想,曾经过一番激烈变化,……青年女子,亦曾在社会服务,而自食其力"。④ 他坚决主张吉隆坡游艺场不应该禁止雇用女招待。但在殖民地,宗主国官员才是权力拥有者和决策者,最终华人议员的主张不被采纳。

"二战"以后,女招待人数增多,因为这个职业的工作不像胶工那么辛苦,收入也比较高。柔佛咖啡店的女招待一月平均收入70元以上,一天还有三餐免费。一个曾是割胶工的女招待说:"我喜欢这个工作,因感觉在孤独的园坵生活,太单调、工作繁苦,每天早上五点半就要开始工作。而当招待,每日可于11点开始工作,至晚上11点或11:30停止,虽然工作时间较长,但有说有笑,迎来送往亦不觉得时间冗长,何况又能赚更多钱,穿绸吃油,生活写意。假若做胶工,只有过新年那天才有穿新衣的机会。"⑤ 她们坚决反对该州有人企图禁止女招待的建议。

实际上,随着商业和服务业发展,以及女子大量进入职业领域,60年代以后,餐厅、咖啡茶室、酒店雇用女招待已成正常现象,报纸上经常刊登酒店招聘女招待的广告。⑥ 换言之,女招待职业基本"正常化",她们在餐馆酒店咖啡店的服务员中占据主导地位。

80年代,随着女性教育水平提高和劳动力短缺,新加坡餐馆酒店较难聘请到足够的女招待,如有25年历史的大华酒家,80年代末女招待缺额8—10人。丽华酒家也有同"难",他们从1986年至1987年登了好多次广告招全职女工,但收效不大。餐馆酒楼业人士认为,现代女性不愿到餐馆递茶捧

---

① 《槟城新报》1934年4月5日。
② 《取缔茶花女问题吉隆坡卫生局开会详加讨论》,《南洋商报》1931年8月13日。《吉隆坡洁净局讨论女招待问题之详细情形》,《叻报》1931年8月10、11日。
③ 《洁净局例会略志》,《槟城新报》1931年1月14、15、16、17日。
④ 《洁净局会议关于游艺场茶档雇用女招待事》,《南洋商报》1934年3月9日。
⑤ 《咖啡餐室女招待穿绸吃油生活好决反对禁止彼等工作》,《南洋商报》1948年11月8日。
⑥ 《东南亚大酒店 增聘女招待》,《星洲日报》1956年8月31日。《再发大酒店 增聘女招待》,《星洲日报》1956年9月14日。

菜，主要因素包恬：工作时间太长，待遇欠佳，外来工人不易得到工作准证。①

女招待是在经济危机下兴盛的新马新兴华人女性职业之一。当时女子职业极少，女招待被商家利用"色相"来谋利，男顾客则热衷于情欲消费，男性对"利"和"性"的欲望促成了女招待职业的兴盛，也不可避免地使女招待职业"色情化"和"污名化"，招致殖民地当局的限制和禁止。随着经济发展和女性就业的扩大，女招待在20世纪下半叶成为女性的正常职业之一，不再需要以色相招徕，而是"殷勤有礼的服务是吸引顾客的最佳方法"。②

二 舞女的"污名"与"正名"

（一）舞厅与舞女职业的兴起和发展

新马最早的舞厅是欧洲殖民者引入的，第一次大战带来的战争创伤需要消解，战后欧美涌现跳舞热，这一风气也波及远东，新加坡第一个舞厅是20年代出现的莱佛士酒店附设舞厅，但只限外国人跳舞，华人不能参加。新马舞风大盛是受中国的影响，20年代末中国大城市兴起跳舞

图 5-2 征聘女招待广告

图片来源：《星洲日报》1967年2月17日第7版。

热潮，上海、北平、天津等地的大饭店和游乐场竞相开办舞厅，聘请舞女，一时之间，人为舞狂。这股风气很快传到南洋，1934年新加坡、槟城、吉隆坡等大城市也出现跳舞热潮。新加坡的"大世界""新世界""快乐世界"设有舞厅，以前限制华人的舞厅，现在也取消限制，欢迎华人进入跳舞。槟城的舞厅有春满园、爱丽施舞厅、春潮旅馆舞厅、东方荷属旅馆附设的舞厅等，马六甲有1934年开张的长春园跳舞厅，怡保、麻坡等中小城市也出现舞厅。

新马大城市的跳舞之风从1934年开始兴盛，与当地商业发展有关。之

---

① 《工作时间长·待遇又欠佳 餐馆女招待难请》，《联合晚报》1988年4月1日。
② 《餐馆女招待殷勤有礼》，《联合早报》1990年7月18日。

前，马来亚经历了1929—1933年世界经济危机的打击，百业凋零，加之殖民政府1930年取缔妓院，1931限制或禁止女招待，市面颇为冷清。1934年市道好转，各业渐有活力，娱乐业立即跟进，跳舞即是其一，舞厅纷纷开张，舞风渐盛。从1934年一直到1941年年底日本入侵马来亚，新马舞潮保持热度，1940年新加坡舞厅近十所，除三"世界"外，还有莱佛士酒店舞厅、椰林舞厅、世界酒家楼下的舞厅。

为了加强竞争，舞厅都雇有舞女，新加坡舞女各种族都有，有华人、印度人、菲律宾人、暹罗人、马来人、欧亚人等，共有700多人，[①] 华人舞女占多数，1939年新加坡有舞女570人，80%为广府籍。[②] 1941年新世界有舞女200人，快乐世界有120人，大世界有100人，南方舞厅有50人。[③] 各舞厅还从上海、香港聘请红舞女，以广号召。

舞女的收入依其伴舞舞券而定。1934年新加坡"大世界"舞厅，夜舞每七张舞券售价2元，茶舞则每六张舞券售价1元，每一张舞券，舞女得0.15元。舞女跳舞时间不一，通常下午5：30—7：30，晚上9—12点，有时延长到凌晨2点。"新世界"规定，晚舞券每九张售二元，每张舞券舞女得0.12元，茶舞每6张售1元，每张舞券舞女得0.10元。舞女收入相对较高，1934年据记者调查，舞女收入高者可得120元以上，通常收入在60元—75元。[④] 1939年舞女收入可分为三等，上等舞女每月收入约100元—200元，中等50元—100元，下等收入只有二三十元。[⑤] 1947年新加坡当红舞女月收入有700元，另有舞票佣金，一般舞女月收入200—300元。[⑥]

五六十年代，新加坡的舞厅，主要是大世界舞厅、快乐世界舞厅、新世界中的"阿迷哥"舞厅和南天舞厅，雇有数百名舞女。许多舞女是兼职，她们中有30%白天从事缝纫、理发，或电话生、打字员等工作，晚上当舞女，以补收入不足。[⑦]

1965年新加坡舞厅夜总会开业，是一种新的娱乐形式，即舞厅夜总会化，生意极好，导致伴舞女郎不够，该厅再征聘百余名伴舞女郎，无须陪客

---

① 《海峡殖民地舞女多至七百余在当地已成为社会问题之一》，《南洋商报》1939年7月20日。
② 《舞女协会昨成立》，《星洲日报》1939年11月7日。
③ 《舞女》，《南侨日报》1947年4月12日。
④ 《本坡舞女生活写真》，《南洋商报》1934年12月19日。
⑤ 《舞女协会昨成立》，《星洲日报》1939年11月7日。
⑥ 《舞女》，《南侨日报》1947年4月12日。
⑦ 《舞女叫苦！将讨论生活问题》，《南洋商报》1951年3月6日。

出街，服装随便，不会跳舞者亦可。① 夜总会舞女收入可观，60 年代，舞女坐台费每小时 12 元，70 年代调整到 15 元，80 年代因一些高级酒厅夜总会的竞争，提高到 20 元，也有些涨到 25 元。据说，坐台费每小时收 20 元时，一般夜总会的"分账"是：舞女拿 14 元，夜总会拿 6 元，涨到 25 元后，舞女拿 20 元，夜总会拿 5 元。也有多间夜总会为了防止舞女"跳槽"，甚至把全部坐台费都归还给舞女，目的是要舞女多招顾客。②

（二）舞女的"污名"

舞女职业横跨娱乐业和服务业，服务对象是男性，于是从一开始，舞女就像女招待一样，被高度"色情化"了。

舞女的主要功能是吸引舞客，为舞厅和自己挣钱。她不仅要擅长跳舞，还要性感迷人，工作方式又是与客人搂抱在一起跳舞，或者与客人谈笑饮酒。舞女"满足了男性中心社会偷窥癖与观看癖，男舞客肆无忌惮地将目光逼向舞女的身体，她们猩红的嘴唇、高耸的胸部、雪白的大腿无一不是他们觊觎的对象，舞女无疑变成了男舞客眼中的'性符号'"。③

因此在一般人看来，舞女就是欢场中人，比女招待更等而下之。侨领陈嘉庚就对舞女深恶痛绝，他说舞女"唇红口丹之冶容，异服奇装之妖态，车水马龙，眩耀于道，堂堂皇皇，毫无羞耻"。④ 男舞客与舞女的情爱故事也见诸报端，最多的是争风吃醋和情死。1934 年 9 月 15 日《槟城新报》有一报道，说新加坡陈姓青年因热恋舞女被阻而自杀。1939 年马六甲的舞女卢霏霏携情人双双自杀，卢霏霏美貌如花，当舞女年余，收入颇丰，她与一男子相好，为男家所不容，双双殉情自杀。⑤ 还有舞女当小三，介入别人家庭，引发家庭矛盾。如广府舞女雷桂芳于舞场上结识闽人吴光信，情投意合，吴将其金屋藏娇（当妾），后为大妻所知，逐常吵闹，要求妾回家住，不能另筑屋。雷不堪羞辱，自杀。⑥ 有一客籍林某娶舞女黄丽妮为妾，另居，为大妻所知，告上警局，说黄丽妮隐藏其夫，离间其合法家庭。警局不理此案，建

---

① 《新嘉坡舞厅夜总会 再度增聘伴舞女郎》，《星洲日报》1965 年 9 月 18 日。
② 何盈：《求"才"如渴·货腰"吃香"舞女坐台收费升涨》，《联合早报》1984 年 2 月 8 日。
③ 任文惠：《民国时期上海舞女身份研究》，《北京舞蹈学院学报》2017 年第 5 期，第 44 页。
④ 陈嘉庚：《南侨回忆录》，岳麓书社 1998 年版，第 42 页。
⑤ 结局是女死，男活。《舞女卢霏霏携情人双双自杀》，《槟城新报》1939 年 5 月 10 日。
⑥ 《不愿毁人家庭，舞女自杀》，《星洲日报》1937 年 5 月 21 日。

议其向华民政务司起诉。① 还有一欧洲男子与华人舞女郑惠珍发展婚外情，其英国妻子要求离婚，获法庭批准。②

这类故事加剧了舞女的"污名"，"道德先生以为她们是乱世的妖孽，登徒子以为她们是野草闲花，阔大少以为她们是姨太太的候补者，至于老婆妻子，则当她们是媚惑的荡女，丈夫的盗窃者！"③ 陈嘉庚对跳舞反对最激烈，甚至认为舞场比青楼更糟，因为青楼远离良家住宅，青年畏于家长，不敢入内，而舞场与良家混杂，"不但血气少年受其迷乱，便是中年老辈亦多乐此不疲，至以舞场为营业者之计划，则网罗周备，诱惑多端，夜舞日舞，酒舞茶舞，时时可舞，事事可舞"。陈嘉庚对此现象"痛心疾首"，指出"若此跳舞营业，有百害而绝无一利，直是卖淫变相，为祸害青年陷阱"。④ 陈嘉庚曾向新加坡总督发去一信，建议禁绝跳舞，如果不能禁绝，也应加以限制，他举菲律宾的例子，建议舞厅设在离市五英里以外，且禁止日舞和茶舞。但殖民政府很久后才回复，"政府现正考虑"，过后再无消息。⑤

其实，一些殖民官员也认为舞女插足他人家庭，造成严重的社会问题。华民政务司佐顿在英国皇家社会卫生大会上发言，认为舞女是"严重之问题，比有牌照之娼妓更加难以处理。盖以娼妓方面，在许久以前，已获得满意之解决，而舞女多数在17岁以下，其所被携带之所在，有远至孟买、上海者。其种族十分复杂，有印度、菲律宾、暹罗、马来、安南、爪哇、缅甸等。中国因日本入侵，许多沦陷区妇女被迫南来，以致沦为舞女者比比皆是，此等舞女，许多人无父母或监护人，又因为经常在灯红酒绿中，与男性接触，于是难免在道德上发生问题"。他认为舞女对殖民地青年婚侣造成了最严重的损害，许多青年男子，涉足舞场，迷恋舞女，不顾家庭，与舞女双宿双飞。⑥

舞女和女招待职业一样，都被"色情化"和"污名化"，但为什么殖民当局限制和禁止女招待，却没有限制或禁止舞女？笔者尚未看到这方面的资料，可能的解释是：（1）从经济上来说，舞厅能带来经济繁荣，为经历了

---

① 《大妻起诉妾》，《星洲日报》1937年5月25日。
② 《丈夫与舞女实行同居》，《南洋商报》1939年4月15日。
③ 玉华：《舞女生活谈》，《星洲日报》1939年3月22日。
④ 陈嘉庚：《南侨回忆录》，岳麓书社1998年版，第42页。
⑤ 陈嘉庚：《南侨回忆录》，岳麓书社1998年版，第42页。
⑥ 《海峡殖民地舞女多至七百余在当地已成为社会问题之一》，《南洋商报》1939年7月20日。

1929—1933年世界经济危机的马来亚注入新经济活力;(2)跳舞与文明、社交联系在一起,殖民当局禁娼以减少拐卖妇女和性病,但需要鼓励文明社交;(3)舞女带来的问题尚没有严重到要限制的地步。

但舞女的"污名"还是对政府决策有所影响,1957年新加坡劳工厅规定,16岁及以下者,不能在夜总会俱乐部、舞厅当舞女。① 1960年新加坡社会福利厅与五间主要舞厅经理协商,做出决定,舞女不得在跳舞时间与顾客外出,也就是说,所有舞女必须在晚上9:00—11:30,在舞厅内逗留,不得与顾客外出。此规定目的是阻止舞女外出进行不道德活动。②

(三)舞女"正名"策略

舞女们认为自己通过伴舞,养活自己和家人,舞女职业是一份正当职业,并不是人们所想象的色情职业,她们通过积极参与社会活动,清清白白做人来为自己"正名"。

首先,舞女积极参加抗日救亡运动和各种教育、慈善活动,捐款数额巨大,表明自己"爱国"和"善心",试图洗去"污名",为自己"正名"。

舞女群体积极参与抗日救亡运动,充分发挥她们的演艺优势,以跳舞和演剧进行筹赈,筹款数额巨大,表现特别突出。新加坡筹赈活动一开始,舞女就立即捐款,她们通常一次捐款上百元,大大超过一般华人妇女。舞女还将伴舞收入捐出,1939年舞女周玛莉伴舞筹赈,得国币580元,大世界舞女朱飞媛伴舞助赈筹得国币1000余元,董安妮和董芬妮姐妹伴舞助赈叻币120元。③ 舞女也利用助赈来扩大自己的知名度,几乎每一个新到舞厅的舞女,都宣布正式下海第一天的伴舞收入悉数助赈,如从香港来新加坡新世界舞厅的舞女白德莲17日首次伴舞,收入悉数报效助赈,沪江红舞星杨双华受聘于新加坡快乐舞厅,正式下海伴舞首晚舞票收入悉数助赈。④ 此外,舞女所依托的舞厅也经常举办跳舞助筹活动,所获捐款甚巨,如1939年3月4日新加坡"大世界""新世界""快乐世界"三世界舞场联袂举行助赈舞会,助赈券每张一元,于晚上九点同时开始,盛况空前。1939年新世界举行舞女

---

① 《劳工法令保护女子利益 限制舞女年龄》,《星洲日报》1957年2月6日。
② 《舞女在跳舞时间内 不得偕同舞客外出》,《星洲日报》1960年4月2日。
③ 《舞星周玛莉伴舞赈难成绩佳》《朱飞媛女士伴舞助赈筹得千余元》《董安妮董芬妮下海伴舞助赈一百廿元》,《南洋商报》1939年3月7日、7月11日、1940年3月31日。
④ 《南洋商报》1939年6月14日。《南洋商报》1939年7月16日。

筹赈，募得叻币五千余元缴广帮募捐会，① 1940年怡保天然舞厅举行跳舞筹赈，得款三千余元叻币。②

舞女不满足于只是伴舞筹赈，希望能筹募更多捐款救助国难，于是充分发挥自己长于表演的优势，自组剧团，表演粤剧、话剧等，以扩大募捐数额。槟城的爱丽丝舞星剧团于1939年1月建立，成员自筹经费演剧筹赈，3月19日公演名剧《茶花女》，获得巨大成功。槟城第二个舞女剧团是春满园舞星剧团，舞女捐经费650元，筹备演剧助筹，售票收入达叻币2500余元。③ 新加坡舞女人数最多，筹赈也十分积极。抗战以来，舞女前后两次演剧筹赈，共得叻币8000元左右。④ 舞女积极参与筹赈活动，捐款数额巨大，令人刮目相看，表现出舞女心系祖国抗战，"商女亦知亡国恨"，改变了舞女只知拜金的形象。

舞女也为救助华南水灾进行义演。1947年中国华南发生水灾，新马各界进行筹赈活动，舞女也积极参与。吉隆坡舞女协会主办义舞筹赈华南水灾难民大会，在中华舞厅、东方舞厅、安乐舞厅举行。⑤ 新加坡舞女通过义舞共筹得17700余元，是新加坡所有团体中最多者。⑥

50年代初新马华人筹建南洋大学，所有华人都积极捐款，舞女也不甘落后，新加坡舞女协会积极支持建立南洋大学，1953年5月4日起一连五晚，在新加坡各舞厅伴舞之会员，将全晚舞券及坐台之收入，全数报效。⑦ 槟城舞女协会也举行义舞赞助南大，售券成绩达六千余元。⑧

其次，建立舞女协会，加强舞女团结，为自己"正名"。

1939年11月7日新加坡舞女协会成立，主席江玉蝉，副主席梁惠兰，正司理陈湄湄。该会是一个舞女行业组织，在中国和南洋地区都属首创。舞女协会有三个目标：（1）抗日救亡，努力团结加紧筹赈，"我忠勇之将士，为争取四万万五千万民族之自由，浴血抗战，后方民众，自当努力输将，我

---

① 《新世界舞女筹赈昨结束叻币五千余元缴广帮募捐会》，《南洋商报》1939年7月21日。
② 《怡保天然舞厅舞娘中国夜跳舞筹赈》，《南洋商报》1940年7月27日。
③ 《春满园舞星剧团各舞女捐经费650余元》、《春满园舞星剧团售票成绩》，《槟城新报》1939年1月31日，4月20日。
④ 《舞女义演爱国情绪溢全场》，《南洋商报》1940年7月30日。
⑤ 《吉隆舞娘义舞大会为华南灾黎请命情况热烈成绩优异》，《南洋商报》1947年7月27日。
⑥ 《舞女义舞成绩筹得巨金一万余元》，《南洋商报》1947年8月6日。
⑦ 《舞女协会会员 赞助南洋大学》，《星洲日报》1953年4月10日。
⑧ 《槟舞女职工会同人 举行义舞之夜》，《星洲日报》1953年8月6日。

人已属国民一分子，亦当尽力协助进行筹赈"。（2）参与推动妇女解放运动，"我国社会向来以男性为中心，妇女们被旧礼教的过度束缚，不容一息之自由、呼吸，欲占社会政治等一席地位，更加谈不到了，……抗战以来，祖国各地的妇女勇敢地踏上大时代的最前线，妇女的地位便得提高，但这优越的地位只有前进的女性方能达到，一般未受教育或永守深闺的妇女仍是和以前一样，所以我们要跟全马各地的妇运机关密切切实合作，共同负起解放桎梏的责任，使我国的妇女能与各前进国家一样地并驾齐驱"。（3）改革不良生活，"我人因环境关系，生活未免失常，但吾人应极力避免无谓的酬酢，虽然吾人的营业是逢迎供人搂抱，可是营业的目的仅在出卖脚力与香汗，并不出卖肉体，不出卖灵魂。姊妹中平时能洁身自爱的很多，而生活较为浪漫的也着实不少，……所以我们必须戒除一切虚浮的应酬，洁身自爱"。① 舞女协会的三个目标，涵盖了抗日救亡、妇女解放、改变舞女不良风气，实际上是在打造舞女的进步形象，为舞女"正名"。除新加坡外，槟城、吉隆坡等地也建立舞女协会。

这种"正名"策略收到一定效果，舞女不再是妖冶的尤物，不再只是拜金的物质女，她们洁身自好，清白做人，出淤泥而不染，心系祖国抗战，积极筹赈，追求进步。她们的筹赈活动，都能得到侨领的大力支持，1940年7月29日舞女协会在皇庭剧院演剧筹赈，规模盛大，侨领李俊承主持，陈延谦致辞，舞女演出粤剧，共得叻币1300余元。② 从当时报章报道，更多是报道舞女助赈、参与社会活动的正面形象。

舞女协会也针对舞女的"污名"，针锋相对地提出反驳。1956年槟城舞女协会主席吴莉莉指出，外人曾指舞女为妓女，这完全不符合事实，舞女中有日间任职裁缝店、理发店和其他工作，为了增加收入，被迫晚间当舞女。③

舞女协会也帮助舞女争取待遇和权利。1953年槟城光舞厅加入舞女协会的80多位舞女要求改善待遇，光舞厅有舞女110名左右，其中80%为槟城舞女协会会员。④ 通过谈判，舞厅全面接受舞女要求，双方在劳工司署签订

---

① 陈湄湄：《我对于舞女协会的希望》，《星洲日报》1939年11月12日。
② 《舞女义演爱国情绪溢全场》《舞女协会售衣助赈达叻币七百余元》，《南洋商报》1940年7月30日，1940年10月12日。
③ 《舞女并非神女 论者应知辨别》，《星洲日报》1956年6月20日。
④ 《槟市光舞厅舞娘要求改善待遇》，《星洲日报》1953年2月6日。

协议。内容如下：（1）舞票三张由 1 元增至 1.2 元；（2）坐台每小时由 10 元增至 12 元；（3）舞票及坐台票，舞女得75%，舞厅得25%；（4）经盖章之新舞票依新比率计算，旧舞票依旧比率计算。①

最后，舞女强调自己"清白"的形象。

舞女们在接受记者访问时，都会说自己不喜欢纸醉金迷的生活，因为要养家，不得不当舞女，其实更喜欢安静的普通生活。舞女许丽姐幼年丧父，日本侵华后，随母亲和小弟从厦门来到南洋，找不到工作，只好在大世界当舞女，"我到南洋来，原就不想到会当伴舞的，但是生活的圈子，一定要教我这样做，那又有什么办法呢？"② 舞女葛幼文中学毕业，当过护士、店员、职员。上海战火起后，来到南洋当舞女，先到槟城，后到吉隆坡，再到新加坡，她说："不喜欢过这样的生活，固然，我并不认为伴舞是低下的职业，然而我总感觉到我的个性实在不适合于这生活，我宁愿在文化机关，普通商店当小职员。"③ 舞女钟丽霞是槟城人，当伴舞两年，在纪念七·七事变义舞时，舞票第一名。她自言喜欢安静，不善于交际。④ 一个 18 岁的舞女，读过中学，爱读小说，因为日本入侵，她从广州来到南洋，想找工作，但未找到，只好当了舞女。⑤ 这些舞女所展现出来的形象，与人们想象和看到的妖冶、性感的舞女形象大相径庭，她们所着力塑造的，是舞女的"清白"形象，强调当舞女只是生活所迫。

1985 年有一部描写舞女生活的电影《舞女》在新马公映，引起舞女们的一片抗议声，认为该片描写的舞女完全失真，舞女"形象完全被歪曲"。在接受记者访问时，舞女朱美璇认为，"当舞女是很正当的职业，不是被逼的，……而且不是每个舞女都出卖肉身的，客人也不会无理要求。舞女是出卖笑脸但不是身体。只有妓女是出卖身体的"。舞女梁小姐认为"影片中舞女们的随便滥交，的确破坏了我们的形象"。这很容易让人以为舞女都是非常随便，有钱就可以出卖肉体的下贱女性。她们一再强调，舞女是一门普通的正常职业，不是丑业！⑥

---

① 《槟市光舞厅舞娘 要求改善待遇 已获资方接纳》，《星洲日报》1953 年 2 月 7 日。
② 《访问舞女许丽姐》，《星洲日报》1938 年 3 月 18 日。
③ 《年青健美的葛幼文女士可怜流浪到天涯》，《星洲日报》1938 年 3 月 15 日。
④ 《钟丽霞女士一席谈》，《槟城新报》1941 年 7 月 19 日。
⑤ 《舞女问题》，《南洋商报》1939 年 8 月 2 日。
⑥ 《抗议！舞女不是妓女！》，《联合早报》1985 年 12 月 5 日。

三 从"色情化"到"正常化"的女理发师

（一）女理发师出现及"色情化"

女理发师是华人女性从事的服务行业之一，俗称"女技师""理发女""剪发妹"或"理发女郎"，该职业从女性稀少到女性主导，亦经历了从"色情化"到"正常化"的过程。

19世纪末20世纪初，新马华人理发业完全是男性的天下，到20年代末出现女理发师，据说最初是福州人开设的华益理发店从香港请来了两位粤籍女理发师，她们的手艺巧，甚受顾客欢迎，于是女子理发应运而生，坐落在松柏街与大坡二马路转角处的华光理发室便是最早崛起的女子理发室，聘请十多位穿着纯白制服的女理发师，为顾客理发。① 宋蕴璞1927年考察海峡殖民地时看到，理发馆"……间有以妇女充之者，手艺较男子尤精细，其价颇昂，大约每次须在一元以上"。② 女理发师月收入在五六十元以上。③

30年代经济危机期间市况萧条，理发业受影响较大，剪发价格下降，由四角而三角，由三角而降至二角，甚至有一些理发店降至1.5角。为了招徕顾客，一些店聘请女理发师，"特聘国内之女子充理发工，藉以广招徕。……自有女子理发以来，店中顾客，络绎不绝，若店中无女工者，虽踵事增毕，亦有门堪罗雀之慨，而男子同业者，亦每每有落伍之叹"。④ 聘请女理发师的店生意转旺，"因此一来，其他理发店争相效仿，现在，不论偏僻及规模较小的理发店，都聘有女理发师。……因聘用女技师之后，生意兴旺，故对于女技师之薪金，要高一些，通常每月薪金40元左右"。⑤ 到1940年，女理发师人数更多，新加坡有130多人，工作时间是从早上8点到下午6点。她们的收入分为两种，一种是月薪，另一种是与店东四六分成。月薪的一般20—30元，分成的，就看个人本领了。⑥ 尽管收入有所下降，但仍比橡胶女工和工厂女工工资高些。

30年代经济危机促使更多女理发师出现，也加剧了这一职业的"色情

---

① [新] 区如柏：《祖先的行业》，胜友书局1991年版，第9页。
② 宋蕴璞：《南洋英属海峡殖民地志略》，蕴兴商行1928年版，第78页。
③ 吴柳斯：《新嘉坡的女理发师》，《南洋商报》1940年12月29日。
④ 云愉民：《新加坡琼侨概况》，海南书局1931年版，第54页。
⑤ 《不景气下剪发业叫苦连天》，《南洋商报》1932年10月3日。
⑥ 吴柳斯：《新嘉坡的女理发师》，《南洋商报》1940年12月29日。

化"。一个理发女回忆:"民国十九年,便开始有剪发女,先时人少,而且新奇的很,待遇也就很高,月薪每人竟有百多元,那时有人想用95元聘我,我还不肯去呢。而且当时大家都很朴素,一律是穿白衣黑裙的学生装,工作时也庄严得很,顾客虽然轻薄,最多只装作无意地把我们的衣袖碰一下,绝不敢捏手捏脚的。"但1933年后,"可就不同了,因为待遇好,经济压迫的女学生、家庭妇女、女工,蜂拥般扑来抢吃了,及后,最糟的是连茶店女招待也大帮拥进来,她们素来爱卖弄风骚,理发店便成了卖弄风骚的场所,捏手捏脚的事,使我们的名誉坏了"。[1] 从店东来说,借助女理发师吸引男顾客,要利用她们的"色相",因而要求理发女打扮性感、妖娆,否则就会解雇她们,为了保住饭碗,理发女只能如此。接受访问的理发女说:"我们穿妖冶的衣裳,擦脂涂粉,是我们愿意的么?只要有一天粉擦得不厚,东家就会说了:'病人一样,粉也不擦,做什么工?'照这样下去,饭碗便要跳舞了。"另一个理发女说:"东家会指着一些打扮得妖怪一样的同事,啧啧地称赞说:'多么美丽!你们看她是多么美丽!这才是做工人!'东家是要我们打扮得像妖怪的,要维持饭碗,又想加薪,我们有什么法子呢?"[2] 从男顾客来说,接受女理发师的服务,是为"一亲女性之手泽也"。[3] 普通人则从男女大防出发,认为女人替男人理发是件丢脸的事,简直比女招待还要下贱,"理由是女招待只不过捧茶水给客人,而剪发妹却要亲手去为顾客理发、洗发、修脸,遇着一些'醉翁之意不在酒'的家伙,多少总要吃亏的"。[4]

当时人都将女理发师与女招待相提并论,因为这些职业都是新兴的女子职业,要"出卖色相"为男顾客提供服务。但与女招待不同的是,女理发师除了要靠"色相",也要靠理发"技术",这是一个有一定技术含量的职业。而且,30年代"妇女装饰日趋时髦,高跟鞋、旗袍、电发。尤其是港沪舞女的到来,更是引领"。[5] 女子短发、烫发流行后,女理发师、电发师为女顾客服务,更扩大了她们的工作范围,因而殖民政府没有像限制、禁止女招待一样,去限制、禁止女理发师。

女理发师既有"色相",又有"技术",逐渐在理发业站稳脚跟。尤其

---

[1] 惠明:《理发女的生活》,《星洲日报》1939年2月5日。
[2] 惠明:《理发女的生活》,《星洲日报》1939年2月5日。
[3] 《槟城理发业最近之状况》,《南洋商报》1934年1月14日。
[4] 《梳梳剪剪二十年》,《南洋商报》1960年11月20日。
[5] 胡涛:《本坡女子电发店》,《南洋商报》1940年11月9日。

是女子短发、烫发流行后，女理发师为女顾客服务，更扩大了她们的工作范围，也极大冲击了男理发师的工作和收入，技术较差的男理发师站不住脚，他们只好三五合作，另外开店，设备简陋，收费低廉。一个男理发师向女同行抱怨说："过去没有女理发师时，我们男子每月可得三四十元薪金，现在有了你们，我们一月十五元还拿不到。事实上你们的技艺不及我们，可是你们的薪金反比我们多，这样的情形，你还敢说男子不被打倒。"女理发师回答"这是适者生存，谁让你们男子这样的无用。"男理发师则说，"什么有用没用，什么适者生存，都是社会喜欢女子的缘故，女子的所谓'适'，不过是以'色'胜人而已。"[1] 这段对话很有意思，点出了理发师职业的性别意涵。女性挤入男性主导的理发领域，并以"技术"和"色相"占据这一行业，对男理发师构成挑战。女理发师认为理发业是"适合女性"的职业，"适者生存"，而男理发师则认为女性不过是以"色"适合这一行业。

（二）女性主导理发业及其"正常化"

1945年"二战"结束后，新马经济困难，女理发师更多涌现，还出现女子理发店。新加坡的女子理发店多分布在大坡大马路牛车水一带，有五六间，从业者多是粤籍妇女。理发业的薪水分配制度有所改变，1945年因为劳资纠纷，男工友要求店主采取"摊分制"，女理发师也实行此制度，男理发师多三七分成，女理发师多五五分成。[2] 50年代末吉隆坡也出现不少女子理发店，装潢瑰丽，设备摩登，吸引了顾客的注意，使得全部是男性理发师的理发店相形见绌。"但理发女郎，也时有苦恼，原因是不少阿飞青年，常借洗头或剃须为名，强占座椅，虽工作已完，依然留恋不走。"[3]

六七十年代，新加坡的理发业已然成为华人女性主导的行业，其中电发师90%以上是女性。[4] 这一时期，理发、电发、裁缝是受教育程度不高的华人女性所中意的职业，她们当不了"白领"，又不想当吃苦受累的"蓝领"劳工，而理发电发不但有一技之长，而且收入高于一般劳工，能保证衣食无忧。据相关调查，70年代初的新加坡，与其他教育程度低的妇女所从事的女佣、女工、裁缝等相比，女理发师和电发师的收入最好，工作最自由，一般正式的女理发师平均月收入有200—300元，有些更红的女理发师，还可多

---

[1]《现在的世界男子被打倒女子渐抬头》，《南洋商报》1932年8月22日。
[2]《星加坡华族行业史调查报告之一：福州人与理发行业》，《星洲日报》1972年1月6日。
[3]《隆女子理发店 有如雨后春笋 工资优厚引起妇女兴趣》，《星洲日报》1962年7月10日。
[4] 陈玉莲：《电发生活》，《星洲日报》1971年10月19日。

得小费，收入更高。① 所以一般受教育程度不高者愿意从事这一行业，就像一个女理发师所说的：

> 我自知不是学习的"料"，所以，初中还未念完，便向家人表明心迹，说要出来学一门手艺。在家人同意下，我跟随表姐，在她开设的一间电发院学电发。……虽然"电发"不是一门什么高薪的工作，毕竟它是一门手艺，一种谋生的技能。……再说，做电发的，一般上都供给膳宿。吃和住既不成问题，每日的开销自然减轻了不少，如能在其他方面再节省一些，把能够储存下来的钱都储存下来，日积月累，数目自然可观。②

六七十年代新加坡理发业已然成为女子主导的行业，完全由女理发师组成的各种女子理发院，"可以说是有如雨后春笋，纷纷在星加坡各处冒出芽头，开始滋长，有的得地利人和之益，营业有长足的进步，顾客如云"。③ 据统计，70年代初有20家女子理发店在新加坡开业。

女子理发业兴盛的时代，正是新加坡经济起飞之时，生活水平提高、商业社会对外表的讲究、休闲享受要求提高，促进了女子理发业的兴盛。第一，是旅游业的影响，女子理发店在日本、中国台湾、中国香港已很普遍，新加坡是东南亚的商业交通中心，各地商业往来频繁，人们从中看到商机，有众多外国客商和本地商人需要高档时尚的理发店，许多人认为在新加坡开女子理发店是一件有利可图的事；第二，新加坡经济起飞提高了人们的生活水平，以往简单的剪发服务已经不能满足顾客的多种需求。而女子理发院提供的电发、染发、按摩、美容等服务正好适应了这种需求的变化，女子理发店不仅着力于时髦的发型，还改进理发卫生设备，引入电动按摩椅、冷气、音乐等，再加上修指甲、电动按摩身体、脸部按摩美容等，给理发注入新的内容，使理发成为一种享受；第三，开设理发店所需资本不高，如果有2万元资本，就可开设一间有冷气及现代化设备的理发店，最好设备的理发店，也不超过6万元。如果几个朋友合资，一人出几千块，由原来从事这个行业

---

① 方娟：《星加坡女子理发业》，《星洲日报》1972年6月13日。
② 《一位电发艺师的话》，《南洋商报》1975年8月28日．
③ 《星加坡女子理发业》，《南洋文摘》第13卷第9期，第635页。

的亲友主持，经营得法可以赚钱，营业欠佳最多也不过损失几千元，这也是女子理发店蓬勃兴起的原因之一；第四，一般女理发师较男理发师有更好的吸引顾客的条件，她们手法轻柔，外貌美丽，活泼、爱说笑，对顾客比男理发师温柔、和气，不像有些男理发师那样边工作边抽烟。①

图 5-3　美丽多女子理发院聘请多名女理发师
图片来源：《星洲日报》1972 年 10 月 13 日第 13 版。

由于上述原因，女理发师渐渐主导了理发业。六七十年代新开张的理发店几乎清一色是女子理发院，甚至一些原来的男子理发店，为了求生存和发展，也改善设备、装潢、卫生、招牌，变为女子理发院。到 80 年代，传统的男子理发店越来越少，这类理发店设备简单，没有冷气，收费低廉，比新潮女子理发厅便宜两倍，顾客主要是劳工、老人和小孩，男理发师步入老年，后继无人，勉力维持。②

随着女性主导理发这一行业，人们对女理发师的观感也逐渐改变。五六十年代还有不少人对女理发师有偏见，把她们与"女色"联系在一起。从一个名叫慧君的女理发师给报社编辑的信中就能看到这点："编辑先生：您好！恕妹不会说客套话，现有疑问，望先生指教和加以批评。谢谢！这些疑问，相信也有很多同行的姐妹所想知道的，做女理发师的为什么都是被人看不

---

① 方娟：《星加坡女子理发业》，《星洲日报》1972 年 6 月 13 日。
② 《受市区重建影响加上后继无人 传统男子理发店渐少》，《联合晚报》1983 年 4 月 24 日。

起？有人认为做女理发师不好，甚至有人说是'下流'。用自己的劳力换取生活所需，也被称为'下流'，这是什么道理？"① 也有人认为女人为男人理发是"下贱"工作，一位名刘玉玲的读者给编辑写信，说她想学理发，但父母反对，"认为女子理发的对象多是男人的头发，一个女人在男人面前修发多难看！"② 人们之所以仍带着有"色"眼光看女理发师，一方面是受"男女授受不亲"传统旧观念的影响，另一方面也与女理发师的特点有关，女子理发院为吸引男顾客，对女理发师的要求往往先是"温柔""身材美""容貌漂亮""口才流"，③ 那些年轻貌美的女理发师最受欢迎，收入也较高，这加剧了人们以"色"看待女理发师。但女理发师认为，"最重要的是靠自己的手艺赚钱，容貌美艳与否是次要的，因为她们不是花瓶或交际花，要靠容貌取悦于人"。她们确实会遇到"口花花不正经的，甚至粗言粗语"的男顾客，她们的应对之策是"合听且必要时便答腔，否则就缄口待之，当成耳旁风"④。更多人以一种自然和正常的眼光看待女子理发业，而且认为这门职业对女性十分适合，可以说，女子理发职业已经"正常化"了。

女理发师的工作时间较长，早上九点半开工，晚上九点下班，旺市时要做到十点半，而且理发一直是站立着，收工时已身心疲累。由于工作时间长，一般结婚的女理发师，十之八九都辞工，否则对丈夫及家庭、子女不能兼顾。随着新加坡女性普遍接受中学及以上教育，她们更愿意从事文秘、教师等"白领"职业，愿意当理发师的女性越来越少，于是，来自马来西亚的华人女性填上了这一空缺，六七十年代新加坡有不少女理发师来自西马，到80年代，大约80%的女理发师来自西马。⑤

一位50年代就从事理发业的林月琴女士是新加坡第二代女理发师，从事理发业30多年，她的经历可以说是20世纪下半叶女理发师职业的缩影。林月琴50年代初拜一位战前就很有名气的女理发师芳姐为师，大约两年就"出师"了，1954年她由同行姐妹介绍，进入当时的"大店"——华光理发店，正式以"师傅"身份独当一面替人理发，后来她经营九洲女子理发院。她的师傅芳姐也一直干着这一行，在吉隆坡经营一间叫"芳子"的女子理发

---

① 《女理发师的处境》，《南洋商报》1971年7月17日。
② 《女性职业谈》，《星洲日报》1960年6月23日。
③ 《女理发师》，《南洋商报》1976年4月6日。
④ 梁文华：《女理发师的话》，《星洲日报》1972年7月6日。
⑤ 《劳工部控制工作准证发出 新潮理发厅人手严重短缺》，《联合晚报》1983年4月22日。

店，名气不小。据林月琴说，60年代以来，新加坡的女理发师多半来自西马，其中出女理发师最多的地方是怡保，其次是吉隆坡。以她经营的九洲女子理发院来说，目前有10位女理发师，其中7位是马来西亚人，多数来自怡保和吉隆坡。林月琴和九洲女子理发院的女理发师一致强调：女子理发业是一个正当的行业。她们是靠自己的劳力谋生，呼吁人们不要因为少数不自爱的女理发师有不正当的行为，而戴着有色眼镜看待这个行业的姐妹。①

（三）政府管治："色情"与"正常"的纠结

女理发师以技术和服务，成为这个行业的主导，女子理发也成为"正常"职业，但"色情"标签并未完全撕掉，主要表现：一是女理发师与男顾客有染，导致不少家庭主妇控诉女理发师抢了她们的丈夫；② 二是少数新潮理发厅设有按摩床等与理发无关的设备，暗中接客，成为变相色情场所。新潮女子理发厅先从台湾传到吉隆坡和怡保，再传到新加坡，除理发设施外，还有按摩床、较封闭的厢房、暗淡的灯光。

新潮女子理发厅与传统女子理发院的不同在于，传统女子理发厅多数没有厢房，而且室内灯光比较明亮，理发师手艺高超，主要靠手艺靠谈吐靠交际手腕为客人服务。而新潮女子理发厅除理发外，提供多种按摩服务，甚至个别女子理发厅为客人提供一些额外的特别服务。③

新马政府对新潮女子理发厅的涉"黄"情况极为重视，采取措施加以治理：

第一，新加坡政府控制对马来西亚女理发师的工作准证。为了预防部分新潮女子理发厅经营不正当的生意，新加坡劳工部加强管制女理发师工作准证的更新与发给。据劳工部和肃娼组对理发厅进行的突击检查中，发现一些理发厅竟拥有床铺和房间等与理发毫无关系的设备，所以对于那些怀疑有不法行为的理发女郎，劳工部停止发给新的工作准证。④

第二，突击检查新潮女子理发院，逮捕可疑的理发女郎。新潮理发厅在吉隆坡和怡保两地很盛行，马来西亚当局采取严厉措施，基本销声匿迹。新加坡政府也着力打击，1983年6月，新加坡警方肃娼组、劳工部执法组与移民厅人员联合出动，突击检查被疑是"变相"的新潮理发厅，带走最少40

---

① 《战后女子理发业概况——访林月琴女士》，《联合晚报》1986年12月2日。
② 《新潮理发女郎 抢走我的丈夫》，《联合晚报》1983年4月21日。
③ 《新潮理发厅的崛起 带来许多社会问题》，《联合晚报》1983年6月19日。
④ 《劳工部控制工作准证发出 新潮理发厅人手严重短缺》，《联合晚报》1983年4月22日。

名有"问题"的理发女郎。① 联合突击小组继续展开严厉的行动，以防这些理发厅变成变相的"色情"场所。

第三，要求理发院拆除按摩床、厢房、调亮灯光，否则不批准营业。1983年9月，新加坡当局发信给全国最少120间新潮女子理发厅，要负责人携带商业注册准证和理发女郎的工作准证，到劳工部重新审查。为了防止装置有厢房的理发厅"暗藏春色"，要求最迟在1983年12月31日，理发厅应该把厢房和按摩床拆掉，同时理发厅也应该有足够光度，理发师之人数不能超过理发之座位，即一个理发椅，只能聘请一个女理发师。② 如果在限期内没依照以上要求，不但工作准证不被批准，连以往已发出的准证都将被一律收回。1984年新加坡当局检查嘉莲娜女子理发院时，发现其没有拆掉理发厅内的厢房，也没有加亮灯光，因而吊销4名理发女郎的工作准证，迫使该理发厅停止营业。③

上述措施使一般理发院的生意都大受影响，一方面，许多经常来光顾的客人不敢上门理发，另一方面，女理发师受到当局有关工作准证或移民厅条例的调查不能上班，理发院人手严重不足。这些女子理发厅本来就面对人手短缺的困难，如今压力更大，有些理发厅只剩下少数女理发师勉强维持场面。④

上述措施更严重影响到来自马来西亚女理发师的声誉和就业，使她们蒙受不白之冤。前述被吊销工作准证的4名女理发师都来自西马，其中3人大叫冤枉，她们是在理发厅隔邻的电发院工作，虽然两店的招牌一样，但她们不是理发师而是电发师，嘉莲娜女子理发院占店面一半，另一半是嘉莲娜电发院，电发部与理发部员工是同一个招牌，但老板不同，因此她们认为准证不应该被吊销，她们是无辜的。3名女电发师联名写信给劳工部，希望当局能洞察此事，给她们一个公平的交代。⑤ 也有马来西亚的女理发师向《联合晚报》致函，表明她们是以真正的技术服务于顾客，而不是以色相事人，少数"害群之马"并不代表大多数女理发师，希望新加坡当局严厉管制那些打

---

① 《净化新潮理发厅》，《联合早报》1983年6月14日。
② 《为杜绝新潮女理发厅色情活动 当局可能不再发工作准证给来自邻国理发女郎》，《联合早报》1983年9月20日。
③ 《四名理发女郎工作准证吊销》，《联合晚报》1984年9月18日。
④ 《警方扫荡新潮理发厅 理发女郎纷纷遁回大马》，《联合晚报》1983年6月16日。
⑤ 《四名理发女郎工作准证吊销》，《联合晚报》1984年9月18日。

着"新潮"旗帜的理发厅,以免她们蒙上不白之冤。这封信全文如下:

> 我们是一群大马理发小姐,对于贵报近日来刊登一则《新潮理发女郎抢走我的丈夫》的新闻,觉得有话要说。因为在新加坡取得一张准证,并不容易,是要经过劳工部细心审查才获得。我们都是以真正的技巧服务于顾客,并不是象外传以色相迎人。所谓一种米养百种人,每个行业都有害群之马。"受害者"所诉说她丈夫变心之事,除了其夫应负大部份责任外,或其中还有不为人所知之原因。就算那位女郎存心抢走她的丈夫,也并不代表所有在此行业工作的许许多多女士们。
>
> 其实在其他行业工作的人士,也常有发生婚变的事情,诸如男的抛妻弃子,女的离家远走另觅情郎,又如何解释呢?所以不能因为害群之马,而告所有的理发小姐。当然,我们也希望有关当局严厉管制所有的理发厅,尤其一些打着"新潮"与"色情"旗帜的理发院,以免其他在此行业工作的女士们,蒙上不白之冤。
>
> 祝编安
> 伸冤者①

这封信正确指出,任何行业都有"婚变"情况,男方是主要责任人,女理发师以技术提供服务,极少数"害群之马"的行为不能代表女理发师。一般人也认为,"行为不检的男人,在什么地方都可以迷上行为不检的女人,太太们,怪理发女郎不是办法"。②

理发业关系到人们的日常生活,是不可或缺的服务业。新加坡当局对涉"黄"理发厅的严厉打击,以及收紧马来西亚女理发师的工作准证,导致整个理发业员工严重不足,也使得当局在治理理发厅时,面临如何处理"色情""正当""服务"的矛盾与纠结。如新加坡当局为杜绝变相卖淫现象,规定撤掉厢房、按摩床、调亮灯光,其撒手锏是不批准工作准证,针对的只是雇用马来西亚女理发师的雇主,如果雇主聘请的是新加坡公民当女理发师,不需要替员工申请工作准证,也就不必受上述规定约束。矛盾之处在于,涉"黄"之事难道只有非公民?新加坡公民就不会涉"黄"吗?评论

---

① 《一群大马理发女郎函本报》,《联合晚报》1983年4月29日。
② 孔大山:《丈夫被抢》,《联合晚报》1983年5月2日。

者认为，其实，这些伤风化事件多数是新加坡公民所为，因为她们不受工作准证控制，不怕被遣回国，也不必经过真正的理发技术考试。如果聘请新加坡公民当理发师，厢房按摩床等设备就不必被拆除，色情生意有可能继续存在，反而影响到理发业的健康发展，影响到同行间以理发技术的公平竞争。[①]

此外，"一人一椅"的准证发放原则也不符合理发业的实际运作情况。新加坡女子理发院一般都是每周七天营业，理发师轮流休息。假如一间理发院有十个座椅，其中四位是新加坡公民，剩下六个座椅只发六张工作准证，可是女理发师需要轮休或请病假等，势必造成每天有一两个座位空着没有理发师工作，这会导致理发店人手不足，增加其租金压力和成本。[②] 新加坡当局不得不根据实际情况调整治理政策，维持理发业的正常发展。

可见，女子理发虽然"正常化"了，但以前的"色情化"标签并没有完全消失，由于女理发师的服务方式和对象，有人仍戴着有"色"眼镜看待她们，这是新加坡政府治理新潮理发厅的基础。而这种治理的扩大化，又带有对外国劳工的歧视，女理发师因为是"理发女郎"和"外国劳工"，面临双重歧视，女子理发业始终存在"色情化"与"正常化"的纠结与冲突。

总之，20世纪女招待、舞女、理发女职业从"色情化""污名化"到"正常化"的变迁，折射了性别观念、经济发展、政府治理的时代变化。20世纪上半叶的华人社会是根深蒂固的父权制社会，女招待、舞女、理发女职业"色情化"是父权制"物化"女性的惯常做法，商家雇用女体来搭配各色消费，利用女招待、舞女、理发女的"色相"吸引男顾客；男顾客也热衷于消费女招待、舞女、理发女，从中得到口觉（甜言蜜语）、视觉（漂亮的脸蛋、婀娜的身材）、听觉（莺声燕语）和触觉（上下其手）的愉悦，释放他们在经济、政治和家庭中倍受压抑的诸多欲望。于是，男性对"利"和"性"的欲求促成了女招待、舞女、理发女职业的兴盛和"色情化"。但"色情化"不可避免带来"污名化"，"红颜祸水"就是父权文化对女性的又一种污名，所有与之相关的社会问题都被归结到她们身上，招致一般社会公众对女招待、舞女、理发女的歧视。[③]

女招待、舞女、理发女职业尽管被"色情化"，但其与娼妓有根本的不

[①] 《理发厅·理发椅·女理发师》，《联合早报》1983年9月28日。
[②] 《理发厅·理发椅·女理发师》，《联合早报》1983年9月28日。
[③] 范若兰：《红颜祸水：二战前新马华人女招待的污名与困境》，《华侨华人历史研究》2019年第1期，第82页。

同，她们是出卖"色相"而不是"身体"，因此她们发挥能动性，竭力为自己"正名"。随着性别观念变化和经济发展，20世纪下半叶女招待、舞女、理发女职业逐渐"正常化"，但以前的"色情化"标签并没有完全消失，由于"酒吧女郎""理发女郎"的服务对象和方式，有人仍戴着有"色"眼镜看待她们，因而成为治理的对象，而这种治理的扩大化，又带有对外国劳工的歧视，因为是"酒吧女郎""理发女郎"和"外国劳工"，她们面临双重歧视，一定程度上仍存在"色情化"与"正常化"的纠结与冲突。

第三节 改变性别刻板印象：
女警察与女司乘人员

20世纪上半叶，新马公共服务业中极少华人女性的身影，20世纪下半叶，华人女性出现于所有公共服务业领域，包括公共交通业，如女火车司机、女巴士司机、女飞行员、空姐、女乘务员、女售票员；政府管理部门，如女警察、女税务人员、女海关人员，等等。其职业变迁，与性别观念、经济发展、政治发展和科技发展息息相关。

一 女警察发展壮大

（一）从无到有的女警察

19世纪和20世纪初，新马没有华人女警察。新加坡最早通过警察法令是1857年，当时只有1名警曹和20名警员，1861年警察部队人数有410人，1884年成立刑事侦查局，专门调查私人会党和一些暴力罪行。[1] 上述警察都是男性，根本没有华人妇女的身影。30和40年代的人口普查表明，有2位华人女警察，但不知道她们的姓名和所从事的工作。

二战结束后，为应对妇女和儿童犯罪之事，需要招收女警察。1945年陈树南医生在新加坡咨议局开会时建议设立女警察，殖民当局对此深表赞同，因为涉及妓女及孩童犯罪，由女警察处理，可收更大成效。[2] 1947年新加坡警察当局将拟建女警察计划呈政府查核，并邀请英国女子警察派代表前来，

---

[1]《1857年的新加坡警队只有1名警曹和20名警员》，《星洲日报》1982年6月14日。
[2]《陈树南建议本坡应设女警察》，《南洋商报》1946年7月24日。

协助组建新加坡女子警察队。① 1949年3月新加坡女警队成立,起初定名为"特别女警小组",共有10名女警,她们之所以被视为特别警察(简称"特警"),是因为当局对女性当警察能否胜任,没有把握。事实证明,女警察表现出色,经过一年多的试验,改名为新加坡女警队。1951年女警队扩大到25人,其中特警19人,大多数为华人,也有少数马来人、印度人和混血。② 1957年新加坡的女警队增加到46名,包括一警长。③ 1967年新加坡女警队扩大到240名,包括3名警长,1名助理警监。女警中华人175人,马来人38人,印度人8人,混血9人,锡兰人1人,菲律宾人1人,华人女警察占绝对多数。④ 1983年新加坡女警察增长到近900名,占警察总人数的13.2%。其中包括26位女警长,1位女助理警监。⑤

新加坡女警也担任高级职位。第一位女助理警监是温玛丽,她于1949年加入女警队,曾空手逮捕过2名男犯人,1961年升任助理警监,是新加坡第一位女助理警监,她于1973年12月退休,由吴冰娘(亦译为吴曼莉)接任助理警监职务。吴冰娘是1952年17岁时加入警察部队,父亲反对她当警察,认为警察不适合少女,希望她当护士或教师,但她认为警察是有挑战性的职业。由于父亲不喜欢看她穿着警察制服的样子,她要求调往刑事侦查局当便衣警探,时常"装扮成弱质妇女之流,以擒捕罪犯"。吴冰娘由于屡屡建功,由警探升为伍长和警曹。在刑事侦查局工作五年后,她被调往中央警署担任指挥室女警的组长。她希望升为警长,但当时没有女人当警长的先例,女警员也没有机会上警长课程,但她自己主动去听为男警员而设的晋升警长法律课程。后来,她参加警长法律考试顺利过关,终于成为新加坡第一位见习女警长,后来她升任助理警监,1982年被调往刑事侦查局并担任肃娼组主任一职,这是肃娼组第一次任用女警官当主任。⑥ 她在扫荡卖淫集团与泰国妓女中不遗余力,展现了领导才能,受警察总监颁奖奖励,被称为"铁娘子"。1996年另一位女警林丽华被任命为警监,这是新加坡警阶最高的

---

① 《星洲将设立女警察专门负责取缔私娼》,《南洋商报》1947年3月2日。
② 《女警察薪饷低微难望扩充》,《星洲日报》1951年10月31日。
③ 《女警察目前人数四十六名》,《星洲日报》1957年4月17日。
④ 《女警主管官温玛丽演讲 维持法律与秩序 女警所扮演角色》,《星洲日报》1967年4月23日。
⑤ 《除非受结婚影响女警员很少辞职》,《联合早报》1983年4月9日。
⑥ 《我国警界"铁娘子"——吴冰娘谈警察生活》,《新明日报》1987年7月5日。

女警。①

图 5-4 新加坡助理警监温玛丽
图片来源：《南洋商报》1973 年 11 月 3 日第 3 版。

图 5-5 新加坡肃娼组组长吴冰娘
图片来源：《新明日报》1987 年 7 月 5 日第 2 版。

"二战"后马来（西）亚也出现女警察。1948 年槟城有女特警参与任务，② 1953 年太平警察局拟招募 2 名女副警长，负责处理警局内部公务。该局还特别向华联中学发出通告，请各教师协助介绍。申请者资格：30 岁以下，七号英文程度，能阅读中文字至少 1000 字，薪水每月 206 元（包括衣住生活津贴），加上华文津贴 29.6 元，华语津贴 14.8 元，每月共有 250.4 元。③ 1954 年马来亚联合邦警察部雇有五名女警长，32 名女警员。④ 1956 年马来亚扩大招收女警察，录用 54 名女警员，1957 年还要征录 30 名女警长。

---

① 《林丽华升任警监成为警阶最高女警》，《联合早报》1996 年 10 月 9 日。
② 《槟城妇女特警昨晨正式出勤封锁道路及任搜查》，《南洋商报》1948 年 8 月 7 日。
③ 《太平警察局拟召募二名女性副警长 曾函吁华联中学协助》，《星洲日报》1953 年 3 月 30 日。
④ 《联邦警察部任用女警长与女探员》，《星洲日报》1954 年 7 月 18 日。

这一时期马来人优先政策尚不明显，华人女警察相对较多，吉隆坡警察服务委员会录用华人女警长7名，印巫女警长各6名。① 1960年砂拉越出现2位女警察，其中一人为华人黄祥珍。② 1964年砂拉越再招50名女警，其中华人有25人，马来人17人，陆达雅人3人，海达雅人2人，马兰诺人、印度人、欧人各一人，尚有14个空缺，仍在招募中。③ 1969年马来西亚警察队伍中共有144名女警，④ 有2位女助理警监，37名警长，4名警曹。⑤ 1995年，马来西亚女警察人数增长，占警察总数的5.63%。⑥ 由于1969年后马来西亚政府奉行马来人优先政策，女警察大部分是马来人。

新马的女警察队伍都是从无到有，逐渐扩大的，性别观念改变和警察职业优势推动了越来越多的女性愿意当警察。

警察职业与暴力、武力、勇敢联系在一起，一向被认为是男子专属的职业，所以19世纪和20世纪上半叶，警察是男子职业，几乎没有华人女警察。这种对警察的刻板印象阻碍了女性当警察的意愿。1951年温玛丽到新加坡的女校招募警察，各英校女校长均表示反对女生参加警队。有女校长认为，警察职业粗鲁且危险，女警经常出外巡视街道，接触社会罪恶，可能影响女生之道德观念。也有女校长认为，女警察不适宜聪明女生担当，英文九号班毕业之女生，可在教育界谋得更好职位，只有学历稍差的女生方适宜参加警队。还有女校长认为，女性适宜的工作是看护及较轻松之工作。只有新加坡女权运动发起人福丝达夫人赞同女性参加警察工作，认为这是女性一个良好机会。⑦ 可见，当时即使是社会精英的女校长们，也大多认为警察职业不适合女性，更遑论普通民众，所以吴冰娘的家人坚决反对她当警察，也就不奇怪了。

此外，四五十年代警察收入低微，但女警资格要求不低，要求能操英语

---

① 《联合邦警察当局征募卅名女警长》，《南洋商报》1957年4月11日。
② 《砂胜越增设女警部门 两名女见习警官 飞往吉隆坡受训》，《星洲日报》1960年8月8日。
③ 《砂胜越新招女警五十名 在警署助男警工作》，《星洲日报》1964年8月22日。
④ 《大马警察部队 十九女性职位空缺尚待征聘》，《星洲日报》1969年2月3日。
⑤ 《助理女警监明春擢开为副警监》，《星洲日报》1970年6月3日。
⑥ Metro Manila, *Gaining ground?: Southeast Asian women in politics and decision-making, ten years after Beijing: a compilation of five country reports*, Philippines: Friedrich Ebert Stiftung, Philippine Office, 2004, p.87.
⑦ 《女警队长温玛丽向各女校 演讲招募女警事》，《星洲日报》1951年11月27日。

和其他一种方言，身高不少于五尺，有良好的视力和听力，有健康的体格。①收入低微降低了女警的吸引力，1951年女警长温玛丽在招女警时就指出，除非目前女警察薪水重新修正及提高，否则我们很难完成招募工作。②

60年代警察待遇有所提高，女性当警察的意愿提升。马来西亚警察最低学历资格是小学六年级，拥有初中文凭者会优先录用，年龄在18—26岁，身高为5尺以上。见习女警，每月可领48元津贴，受训期满，每月薪金为91元，另加生活费。③ 1964年马来西亚警方招募10名女警，但应征者超过2000人，可见有更多女青年愿意加入警察服务。④ 新加坡女警察优厚的待遇以及较多的升迁机会也吸引了不少女性。警察与公务员的底薪差不多，但是如果加上免费供应的制服、警务津贴等收入，警察待遇实际要比普通公务员好。尤其是对于那些只有初中文凭的女性来说，当警察是个不错的选择。而且，女警察还有不少升迁机会，她们在正式服务满三年后，可参加晋级考试，及格者升为一划女警，一年后，可再申请参加考试，升级为二划女警。之后可参加三划女警考试。如果资历够（中学毕业），工作成绩表现优良，又有空缺时，女警察有机会升为警长。⑤

八九十年代，性别平等观念改变了传统的性别认知，警察不再被视为男性专属职业，女警察越来越多，新加坡《警察生活》年刊指出，由于警察部队所提供的职业安全稳定，有职业潜能、工作多姿多彩，而且有工作满足感。⑥ 1989年新加坡招收新警察，有800人申请当警察，其中超过半数是女性。"对于女性的积极反应，警察部队欣喜不已。"⑦

（二）女警察工作范围的扩大

女警队刚建立时，她们主要从事辅助工作，一是协助交通，二是协助处理涉及妇孺的案件。

1950年10月5日，新加坡街道上第一次出现女警察指挥交通，共有七

---

① 《警察周特访 女警察的任务》，《星洲日报》1958年7月12日。
② 《女警察 薪饷低微 难望扩充》，《星洲日报》1951年10月31日。
③ 《如何加入马女警察部队》，《星洲日报》1969年3月4日。
④ 《警方招募十女警 应征者逾二千人》，《星洲日报》1964年10月5日。
⑤ 《新加坡的巾帼英雄——女警》，《南洋商报》1967年7月3日。
⑥ 《除非受结婚影响女警员很少辞职》，《联合早报》1983年4月9日。
⑦ 《警察部队招募新血反应热烈 逾八百人申请 有半数是女性》，《联合晚报》1989年3月17日。

位女警被派往各十字路口指挥交通,① 引起人们的惊奇。女警察的日常任务多是押护儿童及女犯人,处理妇女的案件投诉,录取口供等,凡有搜查女犯人或有妇女的案件,女警即被传召到场协助男警进行调查。马来亚的女警察也是协助交通,50年代初槟城的女警察要协助放学之儿童过马路,以便男警员能专心执行其他任务。② 此外,女警察分驻于各州政治部,其任务是审问向当局投降与被俘之女暴动者,检查所获的文件,押送女犯人。这些女警员都懂英文,并能操数种方言。③

随着女警察增多,五六十年代女警的工作,除了指挥交通外,她们还被分配在指挥室内工作,专门负责无线电发报、讯查室执勤、处理遗失居民证等。她们也有在罪犯调查部、政治部、交通组、移民厅、关卡组等与男警员一起工作,并经常随警队出发,参加搜查和搜捕工作,女警担任钓鱼角色,如乔装成女佣,在菜市场协助抓小偷。女警还被派到肃娼组,协助男警察突击娼寮旅馆,录取女证人口供。④ 她们的出色表现,使人们"承认女警员已在她们的工作中表现出女性特有的天才,在特别适合她们的工作中,执行了特别的任务"。如在一些探查工作中,女警察比男警察更容易和有效,通过女警问讯妇女和儿童通常更有效果。在一些突击搜查中,女警作用很大,如对赌场、娼窝、女厕所的搜查。⑤ 可见,警察的不少工作是"适合女性"的。

70年代,女警察工作范围更广。新加坡警察局的内勤工作几乎都由女警负责,以警察局管辖的珍珠山无线电指挥控制室为例,1971年新加坡警方宣布:"当局近日已着手在珍珠山上的无线电指挥与控制室内进行一番大更动。这项更动,将使该室内的一切设备之管理人员逐渐由一批经过特别训练的女警人员取代。……警方进行这项更动的主要目的,是使到该室内的一部分男警员可以外出担任警务,加强维持本地的治安。……一俟(新加入的女警察)全部受训完成后,该无线电控制与指挥室内除了值勤警官等四人为男性外,其余工作人员将清一色属女性。"⑥ 同时,由于男警察人数不足,女警也

---

① 《1950年10月5日 女警察 第一次指挥交通》,《联合晚报》1983年10月5日。
② 《槟女警察新任务 协助儿童过马路》,《星洲日报》1953年9月19日。
③ 《联邦警察部任用 女警长与女探员》,《星洲日报》1954年7月18日。
④ 《警察周特访 女警察的任务》,《星洲日报》1958年7月12日。
⑤ 《女警主管官温玛丽演讲 维持法律与秩序 女警所扮演角色》,《星洲日报》1967年4月23日。
⑥ 《一切设备管理人员逐渐将由女警取代》,《南洋商报》1971年11月25日。

开始担任一向由男警察控制的职位，如流动交警，以前是清一色男警察，1971年，新加坡首批女子交警流动组开始执勤，新加坡交警流动组共有男警员150人，女警员只有6人。① 此外，新加坡警察部队还训练女警员担任驾车工作，包括警察巡逻车。之所以如此，主要是因为男警察缺乏，初级男警察的空缺有1000多个。②

图 5-6 新加坡首批女流动交警

图片来源：《星洲日报》1971年3月10日第7版。

80年代，警察部队的所有部门几乎都有女警察，她们的地位和作用进一步提高。1984年新加坡警察部队破例准许女大学毕业生直接受训为警长，并且让女见习警长担起刑事案件的调查工作。过去，女大学毕业生不能直接升任警长，都是先从警员做起，而男大学毕业生则可直接受训为警长。这些新政策一方面是为了提高女警的地位，让她们有更多发挥潜能的机会，另一方面是男警长短缺和邻里警岗的扩展，需要人力。这一时期，新加坡女警察以交通警察最多，最少有5名女警长，31名女警曹，25名二划女警员和80名

---

① 《女子交通警察工作表现良好》，《星洲日报》1971年3月10日。
② 《我国警察部队正训练女警员担任驾车工作》，《星洲日报》1975年5月25日。

普通警员，34名在交警巡逻队服务，女警察第二多的是负责接听999的无线电总署。①

90年代女警察不再满足于内务，如处理文件等工作，她们愿意从事更多专业工作，② 不仅要上街巡逻，还要出海巡逻。③

从女警察的人数增长和职责扩大，可见20世纪下半叶随着国家独立、性别观念变化和就业增长，越来越多女性进入一向被视为男性职业的警察队伍，其职责范围也逐渐扩大，从与妇孺相关案件扩大到其他案件，从协助男警执勤到主导某些业务，从内务工作到外勤，她们以"适合女性"的妇孺案件进入警界，逐渐扩大职责范围，提升职级。尽管到20世纪末，警察仍是男性主导的职业，但女警也扮演越来越重要的角色，一定程度上改变了"警察＝男性"的性别刻板印象。

二　公共巴士女司乘人员

"二战"前，新马公共交通服务业中几乎没有华人女性的身影，"二战"以后，出现巴士女售票员，之后出现巴士女司机和女查票员。随着技术发展和磁卡的运用，八九十年代巴士逐渐取消售票员，巴士售票员这一职业很快消失。

（一）女售票员

巴士售票员也被称为"剪票员""巴士女郎"，是战后才出现的华人妇女新职业。

新马最早出现巴士女售票员的地方是怡保，1947年怡保市内巴士车运输公司雇用女售票员，大受顾客欢迎，她们彬彬有礼，年龄在18—25岁，工作时间每天8小时，每日工资5元，每五天休息一天。④ 1950年星柔巴士有限公司雇用3名女售票员，⑤ 1951年槟城出现巴士女售票员，大部分是华人女子。1954年吉隆坡也开始招聘女售票员。⑥ 这一时期新加坡没有出现女售

---

① 《女警地位日见提高》，《联合早报》1984年10月8日。
② 《警察总监郑大昔：她们不再满足于处理文件 现代女警越来越愿意以更专业的姿态出现》，《联合早报》1995年2月24日。
③ 《不再让男警"垄断"警察部队要招女警·上街除暴出海巡逻》，《联合早报》1996年5月26日。
④ 《妇女新职业巴士女售票员大受顾客欢迎》，《南洋商报》1947年2月27日。
⑤ 《星柔巴士有限公司采用女售票员》，《南洋商报》1950年2月27日。
⑥ 《隆市巴士将有女售票员出现》，《南洋商报》1954年9月1日。

票员，1950年新加坡电车公司曾想雇请女售票员，但最终没有成功。主要原因是巴士公司老板认为女性不适合当售票员，因为新加坡车多人多，巴士车厢尤其是拥挤的焦点，乘客像沙丁鱼一样挤在车厢中，兼之"扒手"和坐霸王车的人参杂期间，"试问一个娇滴滴的小姐，怎样能应付得了呢？"①

星柔巴士公司雇用的三位女售票员，主要跑新加坡——新山长途线，女售票员年轻貌美，柔和有礼，身穿制服，令乘客耳目一新。据记者采访，如果这三位女售票员在工作上成绩不错的话，巴士公司将招聘更多女售票员。记者寄语这三位女性，"要好自为之。倘使其他巴士公司能更多聘用女售票员，那么，这的确使妇女们又增加一条新的职业途径了"。② 事实证明，"巴士女郎的工作效率不但和男人一样，而且服务得更加周到，很得一些搭客们的赞扬。她们不但行动要敏捷，还要能说几种方言"。③

50年代中期，更多巴士公司雇请女售票员，包括槟城林成成巴士有限公司、兴巴士公司、怡保市内巴士公司、雪兰莪巴士公司、东北运输有限公司等，马来亚联合邦的女售票员大约200名，主要是华人，也有不少是马来人。④ 槟城的林成成巴士公司和兴巴士公司，除司机和办公室职员外，售票员基本都是由女性担任。林成成公司有30多位女售票员，分为上下午两班，上午班从凌晨5点到下午1：30，下午班从下午1：30到夜里12：30，每十日换班一次。女售票员没有假期，生病和生育请假，不发工资，医药费自己负担。她们的月薪从75元起，每年加薪，到95元止。查票员由资格较老的售票员升任，月薪103—130元。⑤

1957年马来亚联合邦立法会通过《雇佣法令》，禁止女工上夜班（晚上10点以后），这一规定影响到巴士公司的女售票员。有些巴士公司准备辞退一半女售票员，由男子代替，如怡保巴士公司就解雇了13名女售票员。马来亚运输业公会请求政府修改雇佣法令，指出许多女售票员要负起养家的责任，现在失业，家庭生计受影响。而且，立法的本意是维护职业女性的权益，然而她们反而要受失业之痛苦。⑥ 政府接受了这一建议，1958年马来亚

---

① 张白萍：《记星柔巴士车公司售票女郎》，《南洋商报》1950年3月9日。
② 张白萍：《记星柔巴士车公司售票女郎》，《南洋商报》1950年3月9日。
③ 张白萍：《巴士女郎》，《星洲日报》1952年11月15日。
④ 《雇佣法令定星期六起实施 巴士女售票员将失业》，《星洲日报》1957年5月26日。
⑤ 《漫谈槟城的职业女郎》，《南洋商报》1957年6月9日第13版。
⑥ 《马运输业公会要求政府修改雇佣法令》，《星洲日报》1957年6月4日。

联合邦劳工福利部长颁布一项关于女售票员的雇佣条例，规定，凡受雇于公共汽车服务公司的女售票员，可以在晚上 10 点至凌晨 1 点工作，但不可在早上 1 点至 5 点工作。① 女售票员的夜班工作问题得到解决，更多巴士公司雇用女售票员。

巴士女售票员进入过去由男子控制的领域，并以细心、耐心、和气等良好的服务态度得到人们的赞扬，甚至有人还专门写诗来歌颂她们：

  多少惊异的眼光
  说明你的出现并不简单
  但你光荣地加入公共服务
  你脸上闪着坚毅的光芒
  不爱奇装异服妖艳打扮
  却爱以朴素衣服清洁布鞋
  亲尝巴士服务的甘苦
  ……
  不爱娇弱般依人身旁
  却爱以双脚踏入男人的领域
  向传统挑战
  ……②

新加坡直到 1974 年才出现巴士女售票员。1974 年 10 月新加坡巴士有限公司雇用了 109 名女售票员进行培训，到 1974 年 12 月，该公司已经拥有 23 名正式女售票员及 3000 多名男售票员。新聘请的售票员日薪 9.6 元，加上超时工作津贴，每月工资可达 350 元。③ 新加坡巴士有限公司决定多增聘 300 名女售票员，之所以增聘，是公众对女售票员评价较高，认为她们较男售票员更礼貌和耐性，她们的表现也不逊于男职员。一个乘客向《南洋商报》的"读者之声"投书，表扬女售票员："笔者于 1 月 27 日下午三时过后，与一友人在小坡二马路一巴士站，乘搭一辆 141 号之巴士，当时车上售票员是一

---

① 《劳长颁布公众汽车女售票员雇佣法令》，《星洲日报》1958 年 6 月 2 日。
② 《勇敢的女性——给巴士女剪票员》，《南洋商报》1974 年 4 月 6 日。
③ 《星加坡巴士公司 聘逾百女售票员》，《星洲日报》1974 年 12 月 4 日。

位女性，只见她工作认真，且有礼貌，不时在车上走来走去，手不停手的为搭客剪车票，尤其是巴士到站停车，则有关心搭客下车之举动，极为周到，这样的表现，可称得上一位模范售票员，实当之无愧了。"① 巴士公司自1974 年聘用女售票员以来，公众的投诉减少了许多。1975 年 3 月该公司共有 8 千多名雇员，其中女司机五名，女售票员有 234 人。② 女售票员人数快速增长，到 1975 年 8 月底，新加坡巴士有限公司已经有 731 名女售票员，占售票员总数的 20%。③

70 年代的女售票员大多具有小学或中学教育水平，她们中不少以前是女工，因为 70 年代中期制造业不景气，加之售票员收入相对较高而转行。她们热爱这份工作，也承受着这份工作的酸甜苦辣。31 岁的售票员吴女士表示，一个人只要有为社会服务的精神，就可以参加巴士交通行业。她说："妇女应该走出厨房，发掘人生的乐趣。……在我担任了售票员之后，我才真正了解到售票员工作艰难，了解到为什么搭客会搭不到车，我也更关心妇女、老人及上学生，我总是尽我的能力协助他们。"④ 售票工作看似简单，但实际并不轻松，正如一位女售票员指出的，"巴士女剪票员在工作的过程中所负的责任是相当繁重的，精神负荷也不轻。要做一位好剪票员除了做好剪票子的工作，还必须负责照顾巴士车上乘客的安全，提供周到的服务……为了避免不必要的困难和麻烦，在工作时精神必须充沛，动作要快捷，头脑要灵活。……同时，还必须有足够的胆识和智慧，以便能够面对一些意外发生的不愉快事件……尤其是女剪票员常常还会遇到一些搭客不礼貌的情况。"⑤ 售票员要眼观六路，开门关门，注意上下车乘客，在拥挤的车厢走动剪票，还会遇到乘客的刁难。售票员曹凤娘指出，"有些搭客坐过了站，让他补票，反对破口大骂。有些搭客拿 10 钞买票，问他要小钞，大声回说没有。我有时真想按公司的规定，收到他的十元，要他过后到公司去取回余数，但又觉得这对顾客是一个麻烦，又不忍心这样做"。⑥

---

① 《女性售票员表现不逊色》，《南洋商报》1975 年 2 月 11 日。
② 《巴士公司拟聘请 三百女性售票员》，《星洲日报》1975 年 3 月 4 日。
③ 《巴士公司多数聘用女性担任剪票工作》，《南洋商报》1975 年 10 月 1 日。
④ 范舜华：《巴士交通业的女开拓者 女巴士司机暨剪票员介绍》，《星洲日报》1975 年 8 月 9 日。
⑤ 《一个巴士女剪票员的话》，《南洋商报》1975 年 4 月 24 日。
⑥ 范舜华：《巴士交通业的女开拓者 女巴士司机暨剪票员介绍》，《星洲日报》1975 年 8 月 9 日。

图 5-7　新加坡巴士上的女售票员

图片来源：《星洲日报》1975 年 8 月 9 日第 42 版。

售票员秀梅的感受很有代表性："当我还没有投入巴士之前，我以为当一个巴士剪票员的工作是多么的清闲，整天跟着巴士在马路上跑动，有搭客上车就剪剪票，没有搭客上车则可以坐下来看看街景，这该是多么写意的工作啊，而且每天能拿到九元多的薪金，这不是以前我在电子工厂工作领的待遇所能匹比的，尤其是在假期或休息日再工作，更可以领取到双薪，这更加另外人羡慕不已。但是自从我当上了巴士女剪票员以后，我才充分了解到当一个巴士剪票员并不是我想象中的那么写意。"她指出，售票员工作主要面对这些问题：（1）工作太过疲劳。（2）没有吃饭的时间。（3）休息时间被剥夺。（4）（生活的不规律）容易引起健康问题。①

新加坡巴士女售票员职业存在时间并不长。为了降低人力成本，新加坡巴士公司在 1981 年开始裁减售票员，是年该公司共有售票员 3600 人，公司希望售票员学习驾车，转行为司机。② 1984 年新加坡巴士公司计划全部巴士改成一个人操作，即只有一位司机，不设售票员，乘客自己投币，这一改革将为公司每年节省几百万元，也将导致三千名售票员逐步被淘汰，售票员要

---

① 《卸任女售票员的心声》，《南洋商报》1977 年 2 月 28 日。
② 《新加坡巴士公司实行新制度　售票员可申请受训成为合格巴士司机》，《星洲日报》1981 年 9 月 4 日。

么接受训练转行为司机,要么失业或转行。① 一些售票员接受驾驶训练转职为巴士司机,有些售票员被分配当仓库管理员、接线员、辅币分拣员、油站服务员、车身技工和加油工人。②

90年代,公共巴士逐渐实行刷卡购票,保留人工售票的线路极少,巴士女售票员这一职业基本消失。

(二)女司机

司机一向被认为是男性专属,新马公共交通服务业直到50年代末才出现女司机,而且是出租车司机,1958年新加坡华人女性黄玉清是第一个申请成为出租车司机的女司机,第二位是冼玉珍,主要载学生和女书记,余下的时间才载外客。③ 出租车出现女司机引起人们的关注,有人担心女司机的人身安全,认为这一行业不适于弱质女子,也有人认为既然女子能驾车,不如献身公共交通服务,驾驶巴士,主张新加坡巴士公司司机应该开放给女性,这样还能为职业妇女增加一个新出路。记者就此问题访问新加坡车辆注册官和巴士公司主管。车辆注册官认为根据政府法令《工部局条例》申请巴士司机资格的规定,任何年满20岁以上的人都可申请,法令没有规定巴士司机只限男性,因此,只要巴士公司聘请女司机,当局会接受其申请。但巴士公司主管不赞成女性当巴士司机,认为巴士是大型车辆,工作吃力辛苦,不适合女性担任司机。况且新加坡人多,路况复杂,司机需要较高的技术,也不适合女性。④ 可见,直到50年代末,人们普遍认为司机是男性职业,女性因为体力和技术,不适合当巴士司机。

到70年代,这种看法有所改变,1975年,新加坡巴士有限公司雇有5名女司机,234名女售票员。⑤ 曹亚枝是新加坡巴士公司的第一位女司机,1974年3月18日正式上岗。女人当巴士司机是一件新鲜事物,据说市面上有人打赌,她如果能熬过三个月就输2000元,也有人说她最多三个月就知难而退,曹亚枝不服气,"我用行动给他们看,粉碎了他们这种瞧不起女性的看法。我希望今后有更多女性走出厨房,如果她们有能力在社会上工作的

---

① 《全部巴士改单人操作售票员为前途担心》,《联合早报》1983年7月6日。
② 《只有四百余巴士售票员接受公司所安插新职》,《联合早报》1984年1月29日。
③ 《妇女职业新风气 又一廿六岁女郎 申请为德士司机》,《星洲日报》1958年5月28日。
④ 《女子可否当巴士司机车辆注册官认为可申请车公司主人则不以为然》,《南洋商报》1958年6月6日。
⑤ 《巴士公司拟聘请 三百女性售票员》,《星洲日报》1975年3月4日。

话,她们应该出来社会工作,不要老让男人瞧不起"。她说,刚开始驾车时,"我觉得工作确实辛苦,每一个站都要踩刹车,脚酸得很,还要用心注意其他车辆,还要注意乘客的上下车,精神负担很重。但一想到人们看不起女性,就耐心做下来,现在我已对这工作习惯了,也不觉得辛苦了。从这里,我认为凡事只要能刻苦耐劳,做下去,就一定能做得好"。目前唯一让她感到难受的是,有些乘客不合作,例如,有些乘客等车到站时才举手,使司机不得不紧急刹车;有时车已到站,乘客还在和朋友谈话,车要开了他才跑过来。她强调,乘客要配合司机和售票员,也可以避免危险发生。[1]

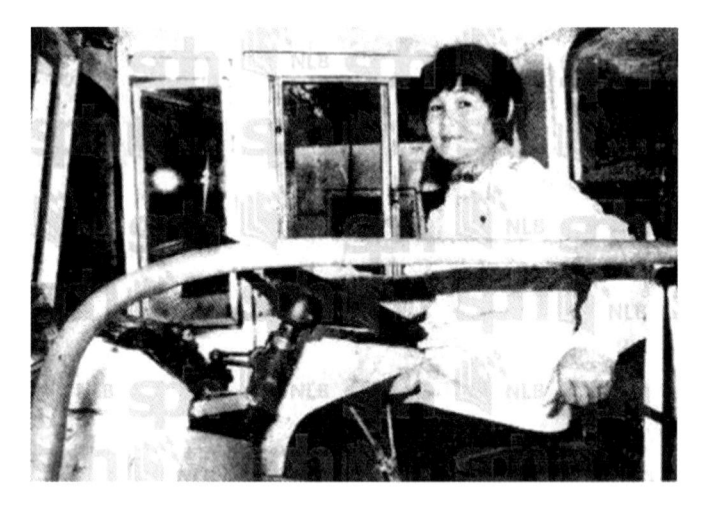

图 5-8 新加坡巴士上的女司机
图片来源:《星洲日报》1975 年 8 月 9 日第 42 版。

和男司机相比,对体力较弱的妇女而言,巴士司机是个更辛苦的工作。女司机陈爱治说:"我最初工作的第一个月在操纵驾驶盘和踩'克拉'(离合器)换牙时,觉的很吃力,回到家里,周身疼痛,疲倦无力,比起驾驶普通的汽车繁重了许多。就以踩'克拉'换牙来说吧,从一个车站到另一个车站,在踩'克拉'时,最少要踩八下,而且是要用力的,我们从车头驾到车尾,来回行程是二十五英里,试想这只专门踩'克拉'的脚是多么的辛苦

---

[1] 范舜华:《巴士交通业的女开拓者 女巴士司机暨剪票员介绍》,《星洲日报》1975 年 8 月 9 日。

呢!"① 此外，女司机也与男司机一样，面对工作辛苦、吃饭和休息时间没有保证等问题，但她们用自己的行动表现，改变了人们对女司机的看法，证明女性也能和男性一样能干，肩负起繁重的交通任务。

当八九十年代巴士公司为减少成本而裁减售票员时，一些女售票员接受驾驶培训转行为司机，巴士女司机成为司空见惯的职业，最终改变了"司机＝男性"的性别刻板印象。

从20世纪华人女性在私人和公共服务业职业变迁，可见，在需要"抚育技能"的佣人业，女性被认为是最适合的，因此华人女性迅速取代男子，成为家佣的主导；"年轻貌美"是女性进入职场的"优势"，这是父权社会"物化"女性的必然结果，结果女招待、舞女、理发女虽然是女性的新职业，却不可避免被"色情化"和"污名化"，直到20世纪下半叶才"正常化"；女性的"温柔和蔼"使她们成为巴士售票员，这被认为是"适合女性"的职业，这一职业又给了她们当巴士司机的机会，从售票员到司机，女性的职业又取得一个突破；而警察本是标准的男性职业，但涉及妇孺的案件需要女警察，被认为"适合女性"，女警察以自己的努力和良好表现，逐渐拓展职责范围，最终参与到所有警察职责中，改变了性别和职业刻板印象。

华人妇女以"适合女性"进入这些职业，充分发挥自己的能动性，不论是努力工作，还是努力"正名"，最终使自己成为某些行业的主导。

---

① 《女巴士司机的生涯》，《南洋商报》1975年3月29日。

第六章

专业技术职业华人女性的工作与感受

教师、医生、护士、律师、工程师等职业属于专业技术人员,需要较高的教育水平。其中,小学教师、护士、接生妇属于低级专业技术人员,医生、大学教师、律师、工程师属于高级专业技术人员。在性别刻板印象中,低级专业技术人员属于"女性职业",高级专业技术人员属于"男性职业"。20世纪上半叶,由于经济和教育落后以及华人妇女人口稀少,新马华人妇女从事专业技术的人数极少,只有为数不多的女教师和接生妇;到20世纪中叶,女教师人数增多,女护士和女医生也有所增加,还出现数位女律师,但女工程师和女建筑师仍没有。随着新加坡和马来西亚独立及经济和教育发展,华人妇女从事专业技术职业的人数大大增加,到20世纪末,女教师占教师职业的多数,女医生和女律师人数接近该职业的半数,女工程师和女建筑师人数有所增长。本章主要描述从事专业技术职业华人女性的工作、感受与权利争取。

第一节 教书育人的女教师

女教师是新马最早出现的专业技术女性之一,是20世纪初知识女性的首选职业,但人数较少,随着女教师增多,20世纪下半叶,新加坡和马来西亚教师职业逐渐"女性化",到20世纪末,女教师成为教师职业的主体,尤其是中小学。她们对新马教育发展、女性意识的提升和性别平等的推进,发挥极大作用。

一 华人女教师来源的变迁

20世纪初,华人女子教育刚刚兴起,女教师短缺,"一言及于南洋的教育，莫不知现今之最缺乏者，在于教员。而女教员则更加如麟角凤毛，尤为一时之所最缺乏者"。① 所以20世纪上半叶华人女教师绝大多数来自中国。从新加坡静方女校1929年女教师来源看，是年该校共有8名教师，只有1人毕业于本地学校，1930年该校共有9名教师，全部毕业于中国的大学和中学。② 1933年吉隆坡坤成女校教师共14人，毕业于中国大学和中学者共11人，只有3名教师毕业于本地学校，其中两位毕业于坤成女校（见表6-1）。1935年南洋女校共有23名教师，毕业于中国各级学校和外国学校的共有17人，占74%，新加坡本地学校毕业生才6人。③ 1938年静方女校教师共20人，13人毕业于中国，7人毕业于本地学校，其中2人毕业于静方女校，1人毕业于南洋女校，4人毕业于英文学校。④

表6-1　　　　　　　　　1933年坤成女学校教员名录

姓名	籍贯	性别	履历
沙渊如	江苏	女	上海大同大学毕业，曾任宁波进德女校校长，广西省立第二女子中学幼稚师范主任
陈洁	江西	女	湖南省立高级中学毕业，国立中央大学肄业。曾任教湖南省立第二中学、周南女学
陈玉华	湖南	女	湖南长沙湖湘女中毕业。曾任教湖南定庆爱莲女师，湘乡第一女校等
吴瑞英	浙江	女	上海东方大学高级师范科毕业。曾任教福建泉州华侨女中，北婆罗洲亚庇中华学校、明德学校、怡保公立女校
聂叔平	广东	女	天津女子师范毕业。曾任教广东南海坤娴女校、崇德女校、达才女校
刘修梅	广东	女	上海神州女学校文科毕业。曾任教荷属廖岛端本学校
黄瑞兰	广东	女	上海神州女校初中毕业
曾启群	广东	女	官立师范毕业。曾任教巴生中华女校、暗邦安邦学校、吉隆坡培德学校
伍慧玉	广东	女	官立师范毕业。曾任教芎蕉园新民学校

---

① 《举办女学尤贵慎选教员》，《槟城新报》1912年9月20日。
② 《静方女学校校刊》，新加坡：静方女学校，1930年，第11页。
③ 《新嘉坡公立南洋女子中学校校刊》，新加坡：南洋女子中学，1935年。
④ 《星洲静方女学校筹款建校及概况特刊》，新加坡：静方女学校，1938年，第38—40页。

续表

姓名	籍贯	性别	履历
叶瑞瑚	广东	女	坤成女校初中毕业
严秋容	广东	女	坤成女校初中毕业，官立师范修业
谭瑞莲	广东	女	美以美女校第九号毕业
唐焘	湖南	女	长沙衡粹女校图书科、自治女校刺绣科毕业。曾任教自治女校、萍乡县立女中
许瑞燕	广东	女	上海培成女校初中毕业，爱国女校体专肄业。曾任教麻坡化南女校

资料来源：坤成百年校史编委会：《坤成百年校史汇编》（1908—2008年），下册，坤成中小学暨幼儿园2010年版，第143页。

图6-1 1947年坤成女中教师与学生合影。

图片来源：坤成百年校史编委会：《坤成百年校史汇编》（1908—2008年），上册，坤成中小学暨幼儿园2010年版，第49页。

随着女子教育发展，本地出身的教师越来越多。四五十年代新马华人女校教师中来自中国的教师逐渐减少，如位于槟城的福建女校1950年共有教师54人，来自中国的教师只有18人，占33%，其他都毕业于新马的学校，其中27人毕业于福建女校，9人毕业于本地英文学校（见表6-2）。南洋女校、南华女校、坤成女校、福建女校、莱佛士学院、美以美女校等中学和办有师范班的女校是提供女教师的主力，新马华校本地产女教师大都来自这些学校。

表6-2　　　　　　　　　1950年福建女校全体教职员一览表

姓名	性别	籍贯	学历	经历	现任职务	到校年份
朱月华	女	广东	国立中山大学教育系毕业	曾任中山大学附小教师二年	校长	1934年
廖宝和	女	江苏	南京金陵女大数理系毕业	历任本校代理教务长、中学部数学教师、教务主任	教务主任兼数学教师	1930年
胡淑卿	女	安徽	上海光华大学数理系毕业	历任本校中学部数理化教师、训育主任	训育主任兼数理教师	1935年
陈由义	男	福建	上海南洋中学毕业	历任本校事务主任	事务主任兼珠算教师	1931年
潘梦	女	广东	上海两江体育专门学校毕业	曾任湖南长沙含光女中体育教师、怡保女子中学体育教师	体育部主任兼体育教师	1946年
谢瑞琼	女	广东	广州国民大学经济系毕业	曾任槟城协和学校中学部教师	舍监兼国文历史地理教师	1945年
吴人俊	女	福建	福建厦门大学商学系毕业	曾任新加坡崇福女校训育主任	国文教师	1936年
梅玉杰	男	广东	国立山东大学商业系毕业	曾任广东省立钦州师范教师、新加坡宁阳学校校长、槟城台山学校校长	国文历史地理教师	1947年
许西亚	男	福建	上海新华艺术专门学校毕业	历任槟城钟灵中学美术教师	美术教师	1948年
张黛熙	女	广东	国立中山大学政治系毕业	历任本校教师	国文历史地理教师	1947年
李秋英	女	广东	上海东南医学院肄业	曾任苏门答腊养慧学校教师	数学化学教师	1947年
黄月娟	女	浙江	上海私立中国新闻专科学校毕业	曾任云南昆明私立粤秀中小学教师	国文卫生教师	1949年
柳月徽	女	福建	私立福州文山女子中学高中毕业	曾任福建文山女校教师、槟城益华学校教师	国文数学历史教师	1934年

续表

姓名	性别	籍贯	学历	经历	现任职务	到校年份
周学新	女	江苏	南京中华女子中学高中毕业	曾任南京市立实验小学学教师	音乐数学动物教师	1932年
章善乐	女	河北	上海私立东亚体育本科毕业	曾任上海正行女子中学体育教师	体育教师	1948年
秦善林	女	浙江	上海沪江大学毕业	曾任浙江宁波甬江女中英文主任等职	高师教育课教师	1950年
林建泉	男	福建	通过剑桥资格考试	历任本校英文教师	英文教师	1949年
毕锦贤	女	广东	通过剑桥资格考试	历任本校英文教师	英文教师	1939年
叶月英	女	广东	本校简易师范毕业	历任本校教师	普通科教师	1936年
邱吉友	女	福建	本校简易师范毕业	历任本校教师	普通科教师	1930年
孙真珠	女	福建	本校简易师范毕业	历任本校教师	普通科教师	1938年
冯如春	女	广东	复旦中学高中毕业	历任本校教师	普通科教师	1939年
李瑞昭	女	福建	本校简易师范毕业	历任本校教师	普通科教师	1931年
梁秀英	女	广东	本校简易师范毕业	历任本校教师	普通科教师	1935年
冯如瑞	女	广东	本校简易师范毕业	历任本校教师	普通科教师	1936年
李冬英	女	广东	复旦中学高中毕业	曾任苏门答腊亚齐华侨学校教师	工艺兼普通科教师	1947年
陆宝球	女	广东	本校简易师范毕业	历任本校教师	普通科教师	1937年
陈金片	女	福建	本校简易师范毕业	曾任槟城颍川学校教师	图工音等科教师	1936年

第六章 专业技术职业华人女性的工作与感受

续表

姓名	性别	籍贯	学历	经历	现任职务	到校年份
邓艳芳	女	广东	本校简易师范毕业	历任本校教师	普通科教师	1949年
李金婵	女	广东	本校简易师范毕业	历任本校教师	普通科教师	1946年
林明珍	女	广东	通过剑桥资格考试	历任本校英文教师	英文教师	1949年
许清音	女	福建	通过剑桥资格考试	曾任槟城修道院英文学校教师	英文教师	1934年
周连音	女	福建	通过剑桥资格考试	曾任大山脚华英女学校教师、槟城菩提小学英文教师	英文教师	1949年
陈秀莲	女	福建	通过剑桥资格考试	历任本校英文教师	英文教师	1947年
施素叶	女	福建	通过剑桥资格考试	历任本校英文教师	英文教师	1947年
林素真	女	福建	通过剑桥资格考试	曾任槟城明德学校英文教师	英文教师	1943年
梁秀花	女	广东	通过剑桥资格考试	曾任亚罗士打修道院女校教师	英文教师	1949年
杜文连	女	福建	本校简易师范毕业	历任本校教师	普通科教师	1946年
张秀燕	女	福建	本校简易师范毕业	历任本校教师	普通科教师	1946年
陈林意	女	广东	本校高中毕业	历任本校教师	普通科教师	1949年
林梦珠	女	广东	本校简易师范毕业	历任本校教师	普通科教师	1941年
尤平素	女	福建	本校简易师范毕业、南洋女中高中肄业	历任本校教师	普通科教师	1947年
林明珠	女	福建	本校简易师范毕业	历任本校教师	普通科教师	1947年

续表

姓名	性别	籍贯	学历	经历	现任职务	到校年份
陈特明	女	江苏	本校简易师范毕业	历任本校教师	普通科教师	1947年
赖莲娣	女	广东	本校简易师范毕业	曾任亚罗士打华侨中小学教师	普通科教师	1947年
谢友兰	女	广东	本校简易师范毕业	曾任亚罗士打中华女校教师	普通科教师	1935年
王琼珠	女	广东	本校简易师范毕业	历任本校教师	普通科教师	1947年
林金包	女	福建	本校简易师范毕业	历任本校教师	普通科教师	1931年
陈林美	女	广东	本校高中毕业	历任本校教师	普通科教师	1947年
梁秀凤	女	广东	本校简易师范毕业	历任本校教师	普通科教师	1938年
傅育新	女	福建	本校简易师范毕业	曾任培育学校教师	普通科教师	1932年
李醒群	女	广东	本校简易师范毕业	曾任本校教师一年	图书馆主任	1936年
黄月华	女	福建	本校简易师范毕业	曾任本校教师四年	事务员	1936年
张洁蕙	女	广东	本校简易师范毕业	历任本校教务员	事务员	1947年

资料来源：《福建女学校三十年周年纪念特刊》，1950年。

20世纪下半叶，新加坡和马来西亚的华人女教师绝大部分出身于本地。从坤成小学教师的学历统计，可以看到女子教育和女教师的百年剧变。据表6-3，1933年本地教师只有4位，占44.4%，1953年是31位，占79.5%。1968年本地教师是38位，占86.5%，1978年本地教师共31位，占96.8%。80年代以后本地教师占100%。与此同时，教师的学历构成也随着时代和政府政策而变化。坤成女校在战前办简易师范，战后办师资训练班和高师，培养了不少女教师，1978年以前，坤成小学教师学历主要是简易师范、初中、师资训练班、高师。马来西亚政府为培养教师，也办师训班，并规定接受师训的才能当教师，所以1978年以后，毕业于日间师训或假期师训的教师大大增加。随着女子大学教育的增多，坤成小学教师中具有大学学历者也增多，1998年为6人，2008年达到30人。

表6-3　　　　　　　　　坤成小学教师学历统计　　　　　　　　　单位：人

来源地	学历	1933	1953	1968	1978	1988	1998	2008
中国	大学		2	1	1			
	师范/高师	1	6	5				
	高中		1					
	初中	3						
马来西亚	师资训练（30年代）	2	3		1			
	简易师范（40年代）		1	2	2			
	战前初中	1	3	3				
	师资训练班（战后）		4	6				
	高师（1948—1957）		13	20	13	3	1	
	日间师训（1958年起）				3	32	34	20
	假期师训（PPAK）				3	7	6	5
	大学						6	33
	高中			1				
	STPM与相等中六资格							2
	SPM与相等中五资格	1	6	7	9	5	1	3
总计		9	39	44	32	47	48	63

注：STPM，指马来西亚高等教育文凭。
SPM，指马来西亚教育文凭考试。
资料来源：坤成百年校史编委会：《坤成百年校史汇编》（1908—2008年），上册，坤成中小学暨幼儿园2010年版，第63页。

尽管20世纪中叶以后本地出身女教师逐渐增长并占多数，但在20世纪初期和中叶，新马华文女校校长都是来自中国，她们大都具有较高的学历、丰富阅历和办学经验。

南洋女校校长刘韵仙（1901—1975），祖籍江西吉安，生长于湖南湘潭，就读于燕京大学，未毕业就出国游历，曾任缅甸《晨报》记者、古巴《民声日报》编辑，之后到法国留学，在巴黎与傅无闷结婚，1927年随夫来新加坡，被聘为南洋女校校长，一直到1966年退休。刘韵仙对南洋女校发展居功至伟,该校能发展为南洋最著名的女校,基本是由刘韵仙奠定的。1930年南洋女校设立高中,是新马第一个设立高中的女校,提升了女子教育级别。到1942年日本入侵新加坡前,南洋女校不再是20年代局促于租来的狭小校舍的女校,而是拥有巍峨的校舍、图书馆、完备的理化实验室、动植物标本室、校车、大钢琴等硬件设施,加上良好的学风,南洋女校成为新马最著名的几所华校之一。1945年日本投降后,南洋女校在刘韵仙的领导下迅速复校。刘韵仙对女子教育的贡献为她赢得1958年英女王OPE勋章,1966年她退休,为表彰她的贡献,新加坡总统为她颁发公共勋章。刘韵仙对华人女子教育的贡献受到后人极高评价:"她四十年如一日,为女子教育事业,贡献出了全部的精神和体力,为女子教育事业开拓了一条路向。眼看着当前女子教育,在这个年青的国度里蓬勃地长成,开着灿烂的花朵。刘校长四十年的努力和自我牺牲,是不会没有代价的。"[①] 刘韵仙被誉为"南中之母""华教之光",她当之无愧。

图6-2 刘韵仙(右)退休后,由刘佩金接任南洋女校校长。
图片来源:《南洋八十:承先启后》,新加坡:南洋女子中学,1997年。

坤成女校校长沙渊如(1907—1987年),江苏江阴人,上海大同大学毕业,曾任宁波进德女校校长,广西省立第二女子中学幼稚师范主任,1933年

[①] 《教育家刘韵仙女士》,宋哲美主编:《星华人物志》(第一集),香港东南亚研究所1969年版,第88、90页。

出任坤成女校校长,一直到1951年辞职(其间有半年时间由陈玉华掌校)。沙校长长校期间,坤成女校得以发展,1936年设立四年制简易师范,1940年开办高中。沙渊如以严厉著称,严格要求学生遵守纪律,刻苦学习,注重良好校风的培养,"校方唯一在乎的是纪律与校规。坤成校规严格,绝不容学生越雷池一步。在沙渊如时代,在她与兼任舍监的陈玉华教师管制之下的寄宿生只准顺从,纵使不满亦不能吭声反抗。"[1] 1945年日本投降后,坤成在一个月多内复课,全赖战前学校存款有一万多元。沙渊如仍出任校长,为坤成学校的发展立下汗马功劳,被认为是"坤成早期校长中对学校贡献最大,居功至伟的一位"[2]。战后沙渊如积极参与吉隆坡华校教师公会(教总)的活动,支持林连玉领导的维护华教运动,1951年她辞去坤成校长一职,全心致力于华校教师公会的活动,担任副主席一职,她对华教运动贡献极大,林连玉指出,沙渊如是"最大的动力,如果当时没有她,吉隆坡教师公会的成就,会大大逊色"[3]。她也是马来亚女教师公会的顾问,在女教师权益争取中发挥一定作用。

静方女校校长杨瑞初(1909—1984),广东番禺人,毕业于中山大学,曾任教广州女子师范,1937年经广东省教育厅推荐,出任新加坡静方女校校长,杨瑞初有丰富的教育经验,做事极为认真,说话极有条理,在她领导下,静方女校有较大变化,初级师范由三年改为四年,采用最新教学方法,亦重视体育训练。1945年后杨瑞初出任新加坡南华女校校长,对华人女子教育做出巨大贡献。

坤成女校校长林宝权(1903—?),广东新会人,曾就读于广东省立女子师范学校,北京女高师,1921年考入巴黎的中法大学,后就读于巴黎大学,主修教育,1926年获得巴黎大学博士学位,博士论文题目是《中国的女子教育》。1927年她受聘于上海的暨南大学,教授教育与心理课程。1932年日本在上海发动"1·18"事变,她逃离上海,到广州担任广东省立第一女子中学校长,1935年她调任广东省教育厅督学。1938年日军轰炸广州,她和

---

[1] 坤成百年校史编委会:《坤成百年校史汇编》(1908—2008年),下册,坤成中小学暨幼儿园2010年版,第105页。

[2] 坤成百年校史编委会:《坤成百年校史汇编》(1908—2008年),上册,坤成中小学暨幼儿园2010年版,第118页。

[3] 《教总33年》,吉隆坡:马来西亚华校教师会总会,1987年,第2页。转引自坤成百年校史编委会《坤成百年校史汇编》(1908—2008年),上册,第118页。

丈夫邱代明逃难到重庆,后丈夫死于日军大轰炸,她任教于中山大学战时的师范学校(在云南澄江),1943年她担任广东执信女子中学校长,因为成绩卓著,受到教育部奖励。1949年她离开广州前往香港,任教于珠海学院,1953年来到坤成女校出任校长。当时坤成校舍破陋,她与校董合作,筹建新校舍,使得学校面貌大为改观。她还积极争取,让坤成学生获准资格参加剑桥考试,获得出国深造的机会。[1] 林宝权的座右铭是"处事勤劳""对人谦逊""行己中和"。也常以这十二个字来勉励学生。[2] 1960年她为了与在美国的儿子团聚,辞去坤成校长一职,前往美国,又负责旧金山的中华学校十年。

杰出的女校长们奠定了女校发展的基础,在她们之后,本地出身的女教师和女校长成长起来,刘韵仙之后由刘佩金出任南洋女校校长,她毕业于南洋女校。

二 女教师争取平等权利

殖民地时代,在政府工作的女公务员、公立学校的女教师、公立医院的女医生和护士面对不公平的对待,主要是男女同工不同酬,及已婚女性不能担任永久职位。马来亚独立后,这种不平等规定仍然延续下来,职业女性非常不满,一位女教师气愤地指出:"女教师不但得不到与男教师同样的报酬,而且女教师如果不合时宜地与男人结婚,既遭到失去永久职位的惩罚;女教师结婚后就是临时雇员……这种剥削是不能让人容忍的。"[3]

为了争取女教师的平等权利,马来亚全国女教师总公会于1960年成立(简称"女教总"),该会的宗旨是:(1)争取男女同工同酬;(2)争取已婚女教师亦可享受永久性职位;(3)争取女教师的工作条件与男教师相同;(4)为会员谋福利。[4] 该组织是跨族群组织,华人、马来人和印度女教师参加,会长是布巴南夫人,副会长是钟敏璋,义务秘书是符玉泉,顾问是沙渊如。

---

[1] 李又宁:《访教育家林宝权》,坤成百年校史编委会:《坤成百年校史汇编》(1908—2008年),上册,坤成中小学暨幼儿园2010年版,第207—215页。
[2] 李又宁:《访教育家林宝权》,坤成百年校史编委会:《坤成百年校史汇编》(1908—2008年),上册,坤成中小学暨幼儿园2010年版,第214页。
[3] 《大家起来争取同工同酬》,《南洋商报》1960年9月18日。
[4] 《全国女教师总公会 订下周在隆成立》,《星洲日报》1960年3月5日。

首先，女教师最迫切的目标是争取男女教师同工同酬的权利。

马来亚独立前后，仍奉行殖民地时代男女同工不同酬的传统。如1957年实行小学教师新薪制，规定：

> （一）（1）凡有三年中学程度，但只能教授媒介语之男教师，起薪195元，年增7.5元，至210元，起薪220元，年增加15元，至385元；女教师，起薪180元，年增7.5元，起薪225元年增10元，起薪280元，年增12元，至310元。（2）凡具有上述教育程度，且能教第二语文者，男教师，起薪210元和220元，年增15元，至415元；女教师，起薪195元，年增7.5元，起薪225元，年增10元，起薪280元，年增12元，至335元。（3）凡执有9号学业文凭，或较高之资格者，男教师，起薪235元，年增15元，至445元。女教师，起薪210元，年增7.5元，起薪225元，年增10元，起薪285元，年增12元，至360元。
>
> （二）受训期间付给之津贴如下：（1）首年全部时间受训，男女教师每月45元；（2）第二及第三年部分时间受训，男教师每月105元，女教师每月100元。①

从上述小学教师薪金规定可见，男女教师资历相同、教授对象相同，但男教师起薪永远高于女教师，且年加薪幅度大于女教师。

女教总致力于男女教师同工同酬，在提呈政府的《备忘录》中指出，同工不同酬导致更多不平等，"不论任何种类的女教师，不仅起薪低，而且增金也少于男教师，以致最终点之薪金，较同等资格之男教师少20%。还有更令人惊奇的，一个较低资格之男教师，其最高薪金远较高资格之女教师为高"。而且，"这种对男女教师的不平等待遇，不仅影响薪金本身，也影响到其他权利，如医药服务是政府所给予政府雇员者，均以其底薪为根据，女教师因为底薪较男教师为低，是以只能享受低级之医疗照顾。在购车贷款房屋及旅行津贴上，这些歧视继续存在，都是因为根据底薪计算"。②

女教总对此提出反对，指出"在学历、训练期限、学习科目考试、考试

---

① 《新薪制小学 教师薪金》，《星洲日报》1957年3月7日。
② 《女教师职工会向政府提呈备忘录（二）》，《星洲日报》1962年3月28日。

之标准及训练费用方面，男女均一律相同。在职务上，他们之工作与责任，亦无差别，授课时间相同，根据上述种种事实，本会认为政府无法继续对女教师之歧视"。女教总认为，教师应该实行同工同酬，因为"教师职业至高无上者，妇女之天然本质对此职业极为适合。在马来亚，亦如别国大部分之女性，均从事教育事业，在小学及女子中学，女教师占高度优势，在男子中学，因战后男性及格教师数量不定，极多将职位开放给妇女，尤以大学先修班为然，此足以更进一步承认女教师之才干表现。任何人，如认为学校中的女教师比同校的男教师，所做的工作为少的话，是不负责的成见。也无人敢说一个三组中学之女校长较同校男教师轻，但事实上在现在的薪金制中，女教师较男教师之待遇为低"。女教总还批驳了为同工不同酬的辩护言论，"有人说男性要养家，故需较多薪金，此种似是而非之理由，本会认为是虚构且毫不相关。一个人所得薪金并非根据他的家庭负担而定，事实上政府从未根据雇员所养家之数量而发给薪金。第二种争辩根据，则以生产假期为借口。本会申诉，无一个开明政府考虑此种生产假期为妇女进程之障碍。若以生产假期为拒绝同工同酬之借口，则未婚妇女何以同受其累？"① 女教总还义正词严地指出，"马来亚承认男女之平等权利，然而我们强调指出，除非等到妇女在经济方面取得平等之权利，不然真正的男女平等是谈不到的。同工同酬是基本人权之一，妇女在经济方面要求平等是一样重要的，故承认与实行同工同酬原则，为妇女经济地位之基础"。② 从上述可见，女教总的《备忘录》运用教师职业"适合女性"的修辞，指出女教师的重要性，强调她们的工作成绩不输于男教师，已占主导优势，最后将同工同酬权上升到人权的高度，有力地为同工同酬进行辩护。

当马来亚女教师尚在争取同工同酬权利时，新加坡已走在前面，1962年新加坡政府宣布，接受男女同工同酬原则，女教师因此而取得与男教师同等的薪酬。新加坡政府的做法得到马来亚妇女团体大加赞扬，特发函给李光耀表示祝贺。③

1964年马来西亚联邦政府宣布政府女公务员及女教师与男性同工同酬，但未具体实施。1969年马来西亚政府宣布从8月1日起实行同工同酬，女教

---

① 《女教总提呈备忘录（三）》，《星洲日报》1961年6月21日。
② 《女教总提呈备忘录（五）》，《星洲日报》1961年6月23日。
③ 《政府实行男女同工同酬 公务员机构皆表示欣喜》，《星洲日报》1962年3月5日。

师们的多年努力终于实现。①

图 6-3 槟城女教师争取同工同酬大会
图片来源：《星洲日报》1966 年 2 月 14 日第 10 版。

其次，争取已婚女教师的永久地位。

马来亚独立后，继续延用殖民地时代辞退已婚女公务员和教师，或将其转为临时雇员的做法。而临时雇员职位不稳，随时有可能被辞退。

1958 年槟城教育局长发布通告，规定凡临时注册之已婚女教员，"可能"于明年开始被解雇，其中包括未受训之临时教师，被返聘之退休教师。对此，全国教师联合会槟城分会召开女教师大会，与会者认为，已婚女教师已是多年经验的"老"教师，如果当局硬解雇她们，是国家的一大损失。联合会的目标是，无论已婚或未婚之女教师，应一视同仁，为当局所承认，不应有临时非临时性质之分。② 巫统国会女议员花蒂玛支持女教师的要求，她在下院发言，请求政府收回将已婚女教师视为"临时教师"的做法，指出："教育当局最近规定，凡是已婚的女教师，即被视为临时教师，另一方面，

---

① 《大马政府定八月一日起 实施男女同工同酬》，《星洲日报》1969 年 5 月 10 日。
② 《已婚临时注册女教师 明年将受淘汰》，《星洲日报》1958 年 4 月 14 日。

男教师结婚后，却不被认为是临时教师，这是一种歧视女教师的措施，而且损害到女性的地位，可以说是非常不合理。试问，在其他方面，男女都享有平等的待遇，女子也有选举权，为什么女教师却受到歧视？已婚女教师中，许多曾受过师资培训，包括被派到英国，花了政府不少钱，如果这些女教师结婚后，被视为临时教师，而需要辞职话，不是浪费了公帑吗？希望有关当局立即采取措施，撤消此不合理的措施。"①

女教总也指责对已婚女教师的不公正对待，呼吁终止对女教师们这种有失尊严与公道之歧视。② 1969年，这一不利于女性职业发展的规定被废止。同时规定已婚女教师和女公务员拥有生活津贴和退休金，"与未婚公务员生活津贴一样，有儿女负担和守寡女教师和女公务员之生活津贴，与已婚而有儿女之公务员之生活津贴一样。……已退休或已停职的女教师和女公务员可被支付扶养金，那些定罪的除外"。③

三 华人女教师的工作和感受

20世纪上半叶，女教师是华人女性为数不多的具有知识和理想的群体之一，妇女解放、男女平等是她们追求的目标，这种信念支持着她们谋求经济独立和献身教育事业。刘韵仙致力于发展女子教育，她认为男女教育是平等的。"男女同是人，男子应该走向光明的大道，女子也应该。男子应该有民族思想，有国家观念，女子也应该。男子应该有独立的能力，女子也应该。所以男女教育平等，差不多是天经地义。"④ 因此，女子教育不应该仅停留在培养贤妻良母，而应该将女子培养为社会人，也就是对国家民族有用的人，能有独立人格的人。她的理念深深影响到南洋女校学生成长，她们具有极强的社会责任感和职业能力，成为其他学校和机构争聘的对象。

女教师以自己的学识、敬业、奋斗精神不仅教授了学生知识，而且为女学生树立了榜样，新加坡一个后来也选择教师职业的女子写道："渐渐有了女教师了，女孩子们是多么的仰慕她们啊，佩服她们有奋斗的勇气，而且又

---

① 《执政党议员花蒂玛女士 为已婚教师请命》，《星洲日报》1959年11月29日。
② 《女教总提呈备忘录（五）》，《星洲日报》1961年6月23日。
③ 《公共服务主任即将发表 男女教师与公务员 同工同酬新薪金制》，《星洲日报》1969年9月5日。
④ 刘韵仙：《华侨女子教育不发达之原因》，《星洲日报周年纪念刊》，星洲日报有限公司1930年版，F19页。

是那么的慈爱，常常有比男教师更好的表现，有着潜伏的力量，使人走上正常的路，那时的我，也常愿意自己会成为一个教师。"① 毕业于坤成女校的黄丽绥（1938— ）认为，教师对学生的影响很大，林宝权就是这样的人，"林校长是女子教育权威，她常跟我们讲，女子应该自强自爱，不要等人家来爱。她经常特别给我们介绍什么是诺贝尔奖，居里夫人有哪些伟大的贡献，用实际的情况来鼓励你。这是一个教育家的办学精神。她曾在校刊指出教育与科学可决定一个国家的命运，而女生亦须加强信念，坚定立场，尽其所能，共为新生国家而努力。她是一个很严肃的校长，虽然严肃，但不是不可亲近。林校长给我立下了很好的基础。"② 黄丽绥高中毕业后，在坤成教书一年，之后考上南洋大学的化学专业，又到加拿大 McGill 大学攻读硕士和博士学位，毕业后进入拉曼学院任教，从教 30 年，1995 年担任拉曼学院的院长，促进了该学院的发展，当她 2002 年卸任时，学生人数从 7200 人增加到 30000 人。之后她又担任拉曼大学创校校长，也是马来西亚第一位大学女校长，学生人数从最初的 400 人增加到 17000 人。③

毕业于坤成女校的陈达真（1935— ）一直记得林宝权校长的毕业致辞："我希望你们能使人敬，而不只是使人爱。女生未来的路途很坎坷，只有用学识和操行，赢得赏识和尊重，才是瑰宝。"④ 激励着她不断努力进取。陈达真 1955 年在坤成小学任教，1964 年调到尊孔小学任教，在华小当教师长达 22 年，她主要教音乐课和普通科目，还要搞 300 多人的乐队。1977 年她创办雪兰莪音乐学院，直到现在。如何兼顾事业和家庭？陈达真为了避免找人代课的麻烦，订婚与结婚都选在 12 月进行，而且生孩子也尽量是在假期。她共有五个孩子，生小孩的时间也是计划好的，每隔三年生一个，一来减轻照顾上的负担，二来也可降低聘请保姆的费用。她在学校勤力教学，回到家里还教钢琴、做家务，照顾孩子。⑤ 陈达真也积极参加社会活动，是著

---

① 金燊：《我是一个女教师》，载南方晚报社出版《我是一个职业女子》，新加坡南方晚报社 1952 年版，第 42 页。
② 《黄丽绥访谈》，坤成百年校史编委会：《坤成百年校史汇编（1908—2008）》，上册，坤成中小学暨幼儿园 2010 年版，第 477 页。
③ 《黄丽绥访谈》，坤成百年校史编委会：《坤成百年校史汇编（1908—2008）》，上册，坤成中小学暨幼儿园 2010 年版，第 479 页。
④ ［马］杨洁：《热心服务的华社大姐——陈达真》，载《马来西亚中华大会堂总会妇女部二十五周年纪念》（1992—2018），马来西亚中华大会堂总会妇女部 2018 年版，第 158 页。
⑤ 陈达真访谈，访谈人：范若兰，访谈时间：2019 年 1 月 26 日，访谈地点：吉隆坡。

名的社会活动家，1986年她担任雪兰莪中华大会堂妇女组首届主席。1992年她筹组并担任马来西亚华人大会堂联合会妇女部主席，长达十年，积极推动妇女权益和妇女解放。

女教师热爱教书育人的工作，这带给她们培养人才的成就感，也从中学到很多。一个从业三年的女教师写道，她对于教书的职业，兴趣日增，"除了园丁，我想任何职业部门的从业员都不会有这份令人兴奋的快慰的享受吧？一枝幼苗，经过了辛勤的浇水、施肥后，它便蓬勃地生长，不久它开花了，结果了。获得丰富的收成后，过去的辛勤被忘记了，充塞在心灵里的，只是无限的慰藉，无边的兴奋……"[1]

1965年毕业于坤成女校的黄玉苑，考入马来亚大学，大学毕业后，在英校和马来学校执教30多年。最开始是在瓜拉登嘉楼一间国中教了七年数学，因为要用马来文教学，华校出身的她不得不拼命学习马来文。之后她申请调回吉隆坡，被派到BBGS（武吉敏登女校）教书，一教就是19年。BBGS是吉隆坡出名的英文女校，有百多年历史，有良好的纪律及学习风气。她认为，受西方文化培养的女孩子充满自信，能言善道，勇于尝试。"不像华校出身的我们，我们时时刻刻被提醒凡事要谦卑，不可炫耀，结果办起事来每个人都不敢自我推荐，唯恐被人误解为自视过高。"1998年她申请调到莎亚南的国中教书，她是这个学校唯一的华人教师。"不过我最欣慰的是被赞许为'有教无类'的好教师，我提早退休时学校还特别给我办个盛大的欢送仪式，学生给我很窝心的谢卡，让我看到马来学生对华裔老师的尊重，我好感动。这一点，我感到很骄傲，因为我觉得自己在某个程度上，做了个榜样，改变了他们对华人的一些看法。"黄玉苑在华校受教育，在英校和国中都教过书，她认为这些经历对她很有益处，"我觉得华校赐我根深的儒家思想，英校扩展我的视野，马来学校给我了解伊斯兰教文化与社会的机会，能在教育界经历三语和三种文化，这是华校生才能享有的优势"。[2]

女教师也面对困难和苦恼，主要是收入低、工作压力大等。

教师的工作压力较大，除教学外，还要批改作业、组织学生活动等，但收入并不高。在国中教书的陈秋菱认为教师课外负担太重，她1979年毕业

---

[1] 萌萌：《我的从业小史》，载南方晚报社出版《我是一个职业女子》，新加坡：南方晚报社，1952年，第19页。
[2] 《黄玉苑访谈》，载坤成百年校史编委会《坤成百年校史汇编》（1908—2008年），上册，坤成中小学暨幼儿园2010年版，第506—508页。

于马来亚大学生物专业,被派到柔佛州巴株巴辖一间国中执教。一年半后申请调职到万绕教了六年,最后申请调回家乡柔佛丰盛港任教。她担任中学老师十三年,主要教生物和化学,同时兼任学校辅导老师,由于大部分时候负责中六升学班,她自言压力很大。她的丈夫也是教师,两人共有三个孩子,雇佣人带小孩,不过只要她一放假,佣人也会放假,她休假要带小孩,等同365天都在工作。她热爱教书,也和学生很亲近。1992年她辞去教职,开办美容学院。主要原因是对教育制度不合理和收入低感到失望,教师属于公务员,除了教学,还要帮教育局做许多案子,一来影响教书工作,二来辛苦工作的老师没有获得奖励,而平时不见人影的官僚却获得嘉奖。而且,教师不仅负担重,收入还微薄,"做老师的,第一年加薪30元,十年后每年加一百元,生活真的比较清苦"。① 最终辞去做了13年的教师,开始创业。

在华小当教师29年的林书玉(1958—)在访谈时也说教书最大的苦恼,是不能专心教学,有许多课外活动要组织,课外工作要做,各种烦琐的文书,各种成绩要输入电脑,电脑速度慢,自己又不熟练,觉得很烦恼。林书玉小时家境不富裕,她说自己是用哭来争取到读中学的机会,"家里经济困难,读中学时,每年都不知下一年还能读不"。中学毕业时,知道家里的经济情况,她不奢望能读大学,目标明确是当小学教师,而要当教师首先要报考师训,要考马来文和英文,她集中力量复习马来文,通过了师训考试,毕业后到华小当教师。她热爱教师工作,觉得很有成就感,尤其是在乡村小学任教时,教孩子们读书、卫生,小学生们认真听讲。她生育四个孩子,一直没有中断工作,雇有保姆帮忙照顾。为了兼顾工作和家务,平时吃饭比较凑合,中午在学校吃,在家做晚餐时,还要开着电脑,一边做饭,另一边输入资料,这是因为当时电脑速度慢。②

殖民地时代,女教师还因生育面临更大的失业压力。尽管产假只有短短的一个月,"董事们还会摇摇头,说是白赔了薪水真冤枉。所以,也就有些地方,公然不欢迎女教师,每逢榴梿上市了,饭碗首先受到威胁的,也就是女人们"。③ 1940年有一个华校董事会决定不再聘用已婚女子做教员,引起

---

① [马]曾丽萍、杨洁:《乐学敬业的教育企业家——陈秋菱》,载《马来西亚中华大会堂总会妇女部二十五周年纪念》(1992—2018),马来西亚中华大会堂总会妇女部2018年版,第176—177页。
② 林书玉访谈,访谈人:范若兰,访谈时间:2019年1月19日,访谈地点:麻坡。
③ 金桑:《我是一个女教师》,载南方晚报社出版《我是一个职业女子》,新加坡南方晚报社1952年版,第43—44页。

争论，赞成者为其辩护的理由是："南洋女教师已渐不感缺乏的现在，已婚而又多育的女子，已须负教养子女的责任，倘同时又去就教师或其他的职业，将不免发生于己于人，均有不便的问题。"① 新马独立后，经过多年争取，已婚女教师的权益得到保障，但马来西亚还有许多临时教员，多为女教师，她们因为没有师训或师范资格，不能注册成为正式教师，只能当临时教师，简称"临教"。她们的工资不仅低，而且不能享受分娩假期、有薪假期，工作没有保障。

四 教师职业"女性化"

20世纪，新马华人女教师职业沧桑剧变，一个趋势是层级提升，从20世纪初只有小学教师，30年代出现中学教师，战后出现大学教师；另一个趋势是人数和比例提升，从20世纪初占比不足10%，到30年代占比30%左右，战后女教师占比逐级提升，1970年新加坡的小学女教师占65.4%，中学女教师占47.8%。大学女教师仅占16.0%。② 到1997年，新加坡小学女教师占全部小学教师的78.6%，中学女教师占64%（见表2-11）。1996年大学女教师占31%。③ 可见，到20世纪下半叶，教师职业，尤其是小学和中学，已成为"女性职业"。马来西亚教师职业女性化速度略慢于新加坡，80年代末，女教师人数超过男教师，占51.5%。④ 尤其是中小学女教师多于男教师，但大学女教师比例仍很低，到2000年，大学女教师占42.8%，⑤ 较70年代大大提高。

教师职业"女性化"的关键因素是性别观念与经济发展。20世纪上半叶新马华人社会是工商社会，具有崇尚商业、崇尚金钱的社会风气，使得教师这一不能发财的职业并没有受到在中国本土那样的尊敬，"精神劳动者一般的收入要比肉体劳动者来得低。学校教师一向被看作和苦力同等"。⑥ 人们一般对男子当教师不以为然，大多数男子也并不视教师为理想职业，只是退

---

① 紫明：《已婚妇女就业问题》，《星洲日报》1940年4月14日。
② 《本邦学校教师人数女性经已超过男性》，《南洋商报》1971年8月17日。
③ UNESCO, *UNESCO Statistical Yearbook 1997*, Paris: UNESCO, 1997, p. 262.
④ 《教育界阴盛阳衰是利是弊尚未知》，《联合早报》1987年12月9日。
⑤ Jamilah Ariffin, ed., *Readings on Women and Development in Malaysia*, Petaling Jaya: Mediate Communications Sdn Bhd, 2009, p. 266.
⑥ 胡愈之：《论新学风》，（新加坡）《风下月刊》1946年6月。《胡愈之文集》（四），生活·读书·新知三联书店1996年版，第425页。

而求其次的选择，一有机会就会另谋高就，如企业家黄光明初到新加坡时任教师，后来投身商界。为什么转行？是因为华校教师收入太低，"普普通通的生意人都瞧不起他们。例如，倘若女婿是一个教师的话，未来的岳父母是不会同意这桩婚事的。开始时我岳父母也不同意我们的婚事，原因是教师没有前途。他们最初坚决反对我们结婚，只是最后才终于同意的。因为这个，我决心放弃教职，改行经商"。① 但当时新马经济不发达，就业机会不多，当教师仍是不少男性的职业选择。20世纪下叶随着新马经济发展，就业机会更多，"男性一般都认为目前的教师待遇，并不比商行或工厂来得优厚，而一般的男人，是宁可选择商行或工厂的工作"。② 因而愿意当教师，尤其是中小学教师的男性越来越少。

与此同时，性别观念认可女性当教师，因为这一职业符合人们对女性角色的期待，女性的关爱、耐心、文雅被认为"适合"教师职业，教师职业也被认为能满足女性照顾家庭的"责任"。一位新加坡大学华人女教师的说法就很有代表性，她认为："在私人公司工作，待遇固然好，但压力很大，工作也很紧张，时间很受限制。而在学校教书，性质完全不一样……尤其对于已婚妇女来说，教书的确是一份理想的职业——工作时间短而假期又长，能有较多时间与家人相处。"③ 所以知识女性视当教师为职业首选，而且，"男教师的工作（就业机会）会比女教师来得广，他们能做各种工作，而女教师虽说也能和男教师一样做其他工作，但是许多女性较喜欢安稳的工作，所以教师职最适合她们不过"。④ 由是，教师职业逐渐"女性化"。

教师职业"女性化"引发对中小学教育缺乏阳刚之气的担忧。人们认为，幼儿园和小学应聘用女教师，"她们在小学生的心中犹如母亲一般的重要"，但上了中学则应该接触男教师，现在中学的女教师越来越多，"虽然她们还没有对男学生性格的发展产生严重影响，但是长此以往还是不好的"。人们承认，女教师教学水平较高，但还是强调，"许多时候，男教师的角色比女教师重要，如上课外活动时，如游泳、划船露营等，男教师和学生一起活动就显得比女教师方便"。⑤ 为了增加男教师，从70年代末开始，新加坡

---

① 黄光明口述访谈，新加坡口述，历史档案馆，编号A000038/06。
② 《女教师人数日增，男性执教者日减》，《南洋商报》1975年4月25日。
③ 《访新大高级讲师——冒新华》，《南洋商报》1978年12月13日。
④ 《男教师转业机会多，柔华小阴盛阳衰》，《联合早报》1989年6月9日。
⑤ 林思云：《缺乏父爱中学生需要男教师关怀》，《联合早报》1987年11月26日。

政府不得不采取提高教师工资、对男教师不再要求教师资格证书等特殊政策。① 90 年代也多招收男教师以平衡男女教师比例，但很难改变"女性化"的趋势。②

女性角色因为"适合"教师职业，加之教师收入相对较低，使得教师职业逐渐"女性化"。而人们在担忧教师职业"女性化"时，更强调男教师对学生的重要性，某种程度上折射了男刚女柔、男强女弱的思维定式。

第二节 救死扶伤的医务人员

英国殖民马来亚后建立现代医疗体系，19 世纪医生和护士几乎都是西方人，极少华人，更没有华人女医生和女护士，妇女生产时大都由接生婆用传统方式接生。20 世纪初，接生婆接受新法接生训练，并接受政府管理。华人女医生和女护士也开始出现，但人数极少。20 世纪下半叶，华人女护士和女医生增多，私人接生妇逐渐被医院助产士取代。

一 接生妇

（一）殖民地时代的接生妇

接生妇亦称助产士，是华人妇女的传统职业之一，过去的接生婆以土法接生，婴儿和产妇死亡率较高。殖民当局为减少母婴死亡率，从 1905 年起进行新法接生培训，先是对传统的接生婆宣传消毒等知识，同时招收年轻女性在医院进行新法接生培训。1912 年，新加坡市区卫生局便在维多利亚街设立了妇产科医院，招收接生妇进行新法接生训练与领取执照，凡是训练合格的接生妇可取得 B 级执照，而一些较能干的传统接生妇则取得 C 级执照，并接受监督。政府成立接生妇委员会，负责接生妇的训练及注册。③ 当时人认为，"各项职业之最适合妇女者，当推助产之一科"。④

据说新加坡第一位注册接生妇是在 1917 年 5 月 7 日注册的。1920 年在

---

① Christine Inglis, The Feminization of the Teaching Profession in Singapore, in Lenore Manderson, ed., Women's Work and Women's Role: Economics and Everyday Life in Indonesia, Malaysia, and Singapore, Canberra: Australian National University, 1983, p. 233.
② 《教育部会尽量招聘男教师以平衡男女教师比例》，《联合早报》1994 年 3 月 12 日。
③ 吴宏砚：《妇孺诊疗所говорится》，《联合早报》1986 年 3 月 31 日。
④ 《马来亚助产妇计共有九百名》，《南洋商报》1933 年 9 月 13 日。

图 6-4　1924 年在霹雳妇婴医院取得接生资格的接生妇与医生合影。

图片来源：Ho Tak Ming, *Phoenix Rising：Pioneering Chinese Women of Malaysia*, Ipoh：Perak Academy，2015.

新加坡工部局注册的接生妇共有 104 人，其中欧洲人 10 人，华人 57 人，葡萄牙人 14 人，日本人 7 人，印度人 3 人，爪哇人 8 人，还有其他种族 5 人。[①] 30 年代注册接生妇人数增多，1931 年人口普查华人护士和助产士人数为 785 人（见表 1-5）。1933 年全马来亚接生妇大约有 900 名，[②] 1934 年槟城有接生妇 326 名，威省 135 名，各种族都有，这份名单登载于《槟城新报》1935 年 6 月 19—26 日，包括槟城所有接生妇的姓名、注册日期、地址、种族（包括方言群）等，是一份十分珍贵的史料。

新加坡工部局严格规定，只准有助产执照者才可接生，凡未领执照之助产妇，一旦被发现为人接生，将被判罚 250 元，[③] 但一些未有执照者仍替人接生。50 年代新加坡立法会修改这一禁令，允许虽未有证书，但有接生经验的接生妇可以执业，因为乡村地区没有足够的注册接生妇。[④]

注册接生妇可分为两种，一种是私人接生妇，主要服务对象是在家生产

[①] 《接生妇注册数》，《新国民日报》1920 年 1 月 20 日。
[②] 《马来亚助产妇计共有九百名》，《南洋商报》1933 年 9 月 13 日。
[③] 《当地婴儿死亡率去岁已锐减》，《南洋商报》1933 年 6 月 5 日。
[④] 《无正式资格之接生妇若有能力将不被禁止执业》，《南洋商报》1954 年 9 月 19 日。

者。这些接生妇通常在其住所门前悬挂招牌，上书姓名，两旁是"皇家考取，西法接生"字样。产妇家人找她们到家中接生，如果产妇难产，接生妇应将其送到医院，否则受到责罚。钟主惠就是私人接生妇，她的口述记录成为我们了解接生妇工作的最珍贵记录。钟主惠1914年出生于广东揭阳，母亲是基督徒，在母亲的坚持下，她得以接受小学教育。1927年随父母南来，为帮助家计，她去冯氏牙科帮忙，清理做牙齿的工具。21岁结婚，丈夫也是基督徒。婚后她到竹脚医院报名学习接生，当时潮州人极少愿学接生，认为肮脏、染霉气，丈夫支持她，他们都信上帝，不在乎这些说法。她1936年开始接受培训，一起学习的有18人，医院不收学费，一个医生每周二教她们接生，平时她们照顾产妇，观察医生和护士怎样做。钟主惠1937年毕业，1938年挂牌接生，一年缴二元牌税。接生妇配备接生蓝，内装药、剪刀等用品，都经过严格消毒，接生时有严格的操作程序。战前她接生一个婴儿的收费是4元、6元、8元不等。日据时期丈夫被日本人打死，她靠接生的收入不仅养活了自己的几个养子（抱养的弃婴），而且在父母死后养大了四个弟妹（当时分别为16岁、15岁、13岁、12岁）。[①]

另一种是在医院做接生妇。30年代新加坡竹脚医院接生妇有数十名，医生有三位。该院对贫苦产妇提供一日三餐，不收费用，但产妇需要自备粗纸七斤，肥皂二条。[②] 50年代的竹脚医院仍是新加坡最大产科医院，有众多接生妇就业和受训。该院对贫穷产妇完全免费，产妇只要交上四盒卫生棉，但住宿条件较差，一个大房间，挤着百多张床位，顺产接生由接生妇负责，难产则由医生接诊。该院也设有头等病房和二等病房，头等病房是一人一间，医药服务和膳食一流，但收费极贵，顺产也要上千元，不是普通人家付得起的。二等病房是四人共住一间，有医生接生，收费比头等病房便宜一半，常常供不应求。[③]

（二）独立前后接生妇的权利争取

接生妇也组织了职业公会以维护自己的利益。1955年在新加坡政府医院服务的接生妇成立了一个接生妇联合会，成立之初有50名会员，都是竹脚产科医院的接生妇。该会也开放让其他持有毕业文凭之接生妇参加。[④] 1957

[①] 钟主惠，口述访谈文稿，新加坡口述历史档案馆，编号A001217/09。
[②] 《新嘉坡竹脚助产医院参观记》，《南洋商报》1937年2月12日。
[③] [新] 思静：《木屐踩过的岁月》，玲子大众私人传播有限公司2000年版，第104页。
[④] 《接生妇成立联会》，《星洲日报》1955年9月18日。

年该会有120名会员,其中72人在竹脚产科医院工作。① 新加坡私人接生妇也建立自己的组织,即新加坡私人接生妇联谊会,1957年有400名会员。

接生妇积极维护自己的权益。1957年新加坡接生妇联合会提出增加接生妇薪金及改善工作待遇的要求,否则将举行罢工。这些政府雇佣的接生妇服务于竹脚产科医院、诊所及乡村区之妇孺诊疗中心,据该会主席陈玛莉称,接生妇的主要困难是工资低和负担重。其一,工资低。接生妇每月基薪加上所有津贴为181元,而合格护士一开始服务即为220元基薪加上各种津贴为280元,两者之工作重要性一样,而待遇却相差巨大。护士有许多提升机会,而接生妇在服务达到13年后每月始获得235元,超过这种程度后仅有2个职位可提升到295元。如果两个职位没有空缺,则永远是235元,全无提升机会。其二,接生妇的工作极为繁重,不但负责接生,还要照顾产前产后的孕妇,还要出勤到产妇家中去服务,政府不供给交通工具,在市内工作可以乘坐巴士,但在乡区工作者,不管天晴天雨皆要步行。在乡区诊所服务之接生妇每周要工作五天半,在此五天半内24小时日夜准备应召服务,不能返家。有时她们一晚上接生10多个20个婴儿,工作之繁重,可想而知。此外,在竹脚产科医院服务之接生妇,还负有训练医科学生及护士有关接生知识。②

新加坡政府同意以仲裁方式解决接生妇要求提高待遇之诉求,仲裁庭经过1957年7月15日及16日两次开庭,于12月提出审决报告书,认为接生妇的薪金应该提高,增薪应于1958年2月1日起实施。薪金相较合格护士为少,1958年6月,政府与该联合会谈判以后,建议受训接生妇之薪金如下:168元级别,每年增加8元,至200元;220元级别,每年增加10元,至270元为止。③ 此后新加坡接生妇联合会继续维权,接生妇薪金有所提高。

新加坡接生妇的抗争鼓舞了马来西亚的接生妇。1965年马来西亚政府接生妇联合会要求政府提高接生妇之薪金,与新加坡接生妇的收入看齐。该会指出,马来西亚各州政府接生妇月薪仅157.25元,新加坡是212.5元,马来西亚接生妇最高薪金是259元,而新加坡是429元。该会认为,新马接生妇担任同样的工作,但薪金差距如此之大,是不合理的。④ 为了更好地争取

---

① 《政府与接生妇的纠纷》,《星洲日报》1957年3月8日。
② 《接生妇坚要改善待遇 否则决将罢工》,《星洲日报》1957年3月11日。
③ 《接生妇改善待遇去年二月起有效》,《南洋商报》1958年12月29日。
④ 《政府接生妇联会 要求立刻加薪》,《星洲日报》1965年4月5日。

权益,马来西亚的两个接生妇组织,即政府接生妇联合会(1000名会员)和马来亚接生妇雇员会(600名会员)合并,统一为雇员总会,该会立即致力于两项工作:(1)广泛地征求会员;(2)要求政府修改接生妇之薪金率,使其与新加坡接生妇之薪金平行。①

在政府接生妇为权利而斗争时,私人接生妇也在为维护自己的权利而斗争。新加坡竹脚医院对贫穷产妇的免费接生待遇,以及政府接生妇外出接生,极大地挤压了私人接生妇的接生机会。1957年新加坡私人接生妇联谊会总务黄钦珍发表谈话,称政府医院派出接生妇出院为产妇接生,对私人接生妇的业务影响很大,新加坡已有400余名注册接生妇遭受失业之威胁,"自从政府医院接生妇到产妇家里接生以后,我们的工作就一天比一天少,生活也就一天比一天困难,政府为贫苦的产妇免费接生,我们不反对,但是也为富有的太太免费接生,似乎是太浪费公款,政府应该做的事太多了,为什么不拿有限的公款多为一般贫民谋福利呢?"② 她们提出五项要求:(1)为使政府医院接收产妇不致影响私人接生业务起见,医院当局必须了解产妇家庭经济情况,以确定她是否是贫苦者;(2)医院发现产妇是来自富人家时,应该让该产妇在头等或二等病房留医;(3)被收容于免费之三等病房的产妇,于分娩后,应准许在医院住院3—5天才出院,因为分娩后24小时出院,对她们的身体恢复有极大影响;(4)政府医院应停止派接生妇外出服务,因为这将会影响私人接生妇之业务;(5)如果政府不能接受以上四项要求,当局应让私人接生妇联谊会的会员成为政府雇员,参加政府产科医院之服务工作。③

(三) 接生妇纳入护士体系

随着产妇更多到医院分娩,私人接生妇越来越少。60年代马来西亚槟城市议员、卫生官苏金兰医生说,随着医院生产设备之改良,私人接生妇已逐渐减少,该市注册之私人接生妇,1962年有123名,1965年减少为105名。④ 到80年代,新加坡私人接生妇只有7人,其中一名开设留产所为产妇接生,另6名为登门接生。⑤

在新加坡这个医疗水平发达的城市国家,接生妇的形象已发生翻天覆地

---

① 《两接生妇职工会告合并 俾更有效争取权益》,《星洲日报》1965年7月12日。
② 《政府医院派接生妇出外服务影响私人接生业务》,《星洲日报》1957年5月8日。
③ 《私人接生妇联谊会八名代表谒林有福提五项要求》,《南洋商报》1957年5月17日。
④ 《随着医院生产设备改进 私人接生妇渐减少》,《星洲日报》1965年1月15日。
⑤ 翁少芬:《护士开产院·我国仅一人》,《联合早报》1986年1月12日。

的变化，20世纪初，接生妇是一个旧式的妇人形象，用传统方法接生，到20世纪下半叶，接生妇是受过较高教育、受过严格护理和接生训练的护士形象。1975年新加坡通过护士及接生妇法案，将护士局和接生妇局合并，统称护士局，因为时代已经改变，接生妇现在已成为护士的训练科目之一。①1978年新加坡有2762名注册接生妇。② 1996年竹脚医院助产士仅剩99名，接生工作渐由护士取代。③

但在马来西亚，因为乡村地区医疗条件落后和交通不便，还存在大量未注册接生妇，40%的婴儿是由未受训接生妇经手的。1971年马来西亚实行接生妇注册法令，要求接生妇，包括未受训及土法接生妇，必须向当局注册，同时须受当局的监督与管制。④ 接生妇注册费10元。1975年，西马有2702名受过训练的甘榜（乡村）接生妇，她们都受过三星期的基本训练，但还是有27%的婴儿是由未受训接生妇接生。⑤

二 白衣天使——女护士

女护士亦称女看护。新马最早的护士是修女，她们在1885年进入新加坡中央医院充当护士。⑥ 最早的华人女护士不知出现于何年，1911年马来联邦人口普查没有华人女护士，1921年马来亚人口普查有85位华人女护士和接生妇，1931年有785位，1947年有1323位（见表1-5）。

新加坡第一位华人女护士据说是柯艾丝，1922年进入产科医院任职，六个月后，她开始担任婴儿健康检查员，职责是检查婴儿的身体并根据检查结果作出报告，她每天要检查大约40名婴儿。1939年她由于健康原因辞职，但还是自愿抽出一部分时间为新加坡家庭计划协会的医务所效劳。⑦

战前新马护士主要是英校毕业，很多女护士来自英国，1938年《南洋商报》的报道说女护士共有170人，每年有多人因结婚而辞职。⑧ 马来亚政

---

① 《护士及接生妇法案 将两个部门合并 对行政工作有利》，《星洲日报》1975年3月28日。
② 《注册合格接生妇共二千七百余名》，《南洋商报》1978年7月31日。
③ 《工作渐由护士取代 竹脚助产士仅剩99名》，《联合晚报》1996年4月7日。
④ 《接生妇注册法令明年初起施行 接生妇均须注册受监督》，《星洲日报》1970年10月27日。
⑤ 《大马半岛出生婴儿 百人中有二十七人由未受训人员接生》，《星洲日报》1975年10月18日。
⑥ 《护士行业百年诞·八日设晚宴欢庆》，《联合早报》1985年11月3日。
⑦ 《第一位华人女护士——柯艾丝》，《新明日报》1987年1月7日。
⑧ 《医院看护妇组织有如婚姻介绍机关》，《南洋商报》1938年12月19日。

府医院女护士缺乏，每月都要向英国招聘。① 有关战前华人女护士的资料极少，一位名林秋美的护士写了一本回忆录，有她在新加坡当护士的回忆。林秋美生于广东，幼年时被人贩子从中国拐卖到新加坡当妹仔，1934 年她 10 岁时被保良局解救并送到教会学校读书。1939 年她进入教会医院圣安德烈医院（St. Andrew's Mission Hospital）学护士，这个医院建于 1913 年，最初只是位于牛车水的一个小诊所，1923 年建成医院。当时新加坡没有护士学校，医院就是培训护士的地方，圣安德烈医院的教学设施很少，因此病房护理的重点是实用护理，培训的时间是三年半，结束时护士们得到两份证书，一份是"妇女和儿童普通护理医院证书"，另一份是政府颁发的助产士证书。1950 年以前新加坡没有正式的护士注册，所以医院证书（接生妇除外）是护士所拥有的唯一资格。但其他医院并不愿意承认这些证书，每个医院都认为自己的证书是最好的。② 林秋美在新加坡 1942 年沦陷前得到了护士证书。

林秋美回忆，医院的护士人数少，培训时要做许多工作，大部分的清洁工作也由护士来做，包括擦洗厕所和便盆，而新加坡其他医院都是由病房佣人来做这些，护士只做与病人相关的工作。林秋美也对华人所受到的歧视留下深刻印象，华人护士受到阶层和种族歧视，如她们不能使用电话和电梯，只有欧洲医生和修女护士能使用电梯，而华人护士只能爬无尽头的楼梯。她还听到一个外国传教士骂一个初级护士："你们是肮脏愚蠢的华人，你们不像日本人那样优秀，因此我父亲告诉我，你们华人是愚蠢的，现在滚出去。"她认为，我们这些初级护士因工作不好而受到责备也许是应该的，但我们的民族受到谴责是不可忍受的，一个护士气愤地说："我们的父辈和祖先对她做了什么，让她指责我们？"③

战后，新马各医院的医生和护士都缺乏。当时人认为，护士缺乏的原因，一是日据时期未能培养护士；二是待遇菲薄，女性不愿就此职，有英文文凭者更愿意到银行公司商业机构就职。④

其实四五十年代护士的收入虽然不高，但对于受过中学教育的女子还是有吸引力。普通护士受训时间为三年四个月，受训期间，第一学年是"学生护士"，每月底薪 103 元，第二学年 108 元，第三学年 114 元，外加生活津

---

① 《马来亚医院看护妇多以结婚为归宿》，《南洋商报》1938 年 9 月 25 日。
② Janet Lim（林秋美），*Sold For Silver*，London：Collins，p. 103.
③ Janet Lim（林秋美），*Sold For Silver*，London：Collins，p. 97.
④ 《神圣工作少人重视本坡看护极感缺乏》，《南洋商报》1948 年 1 月 26 日。

贴,免费住宿,制服和生活用品由医院免费提供。训练完成成为正式护士,最初每月底薪240元,每年增加月薪12元,增加到276元。护士长每月324元起,每年增加月薪18元,到480元为最高额,此外还有生活津贴及其他津贴。① 但护士的报考资格仍要求英文文凭:最好有剑桥九号程度,七号班及八号班及格女生可受测验,如及格亦可受训。如果七号班未及格但五号班英文及格,可入陈笃生医院受训为助理看护。② 许多华校女生愿意从事白衣天使这一职业,但英文文凭要求,使得华校女生只能望门兴叹。

随着50年代末马来亚和新加坡独立或自治,护士资格扩大到其他语言。如在新加坡,申请见习护士,需要剑桥九号毕业或华校高中毕业,申请助理护士,要求是英校七号及格或华校初中毕业,年龄在17—25岁。③ 马来亚则要求国语(马来文)和英语资格。60年代护士的待遇进一步提高,新加坡受训护士已有152元月薪,连同津贴共有190元。合格后的正式护士,基薪为220元,加上津贴每月有283元,以后每年加薪15元,直到470元。护士长基薪350元开始,升至655元,总护士长第二级基薪由690元起,每年加30元,最高是930元。第一级则由960元开始,每年加薪35元,至1240元止。以前,新加坡护士大多是英校毕业,华校生没有申请的机会。现在,四大源流学校中学毕业生都有资格申请受训,所以,60年代华校出身的护士增多,她们大受欢迎,因为她们通晓英语、华语,还有方言,对病人交流十分有利。④

五六十年代,新马医护人员缺乏,在这种情况下,医生在工作中,很多时候都需要护士的全力配合。著名作家韩素音曾在马来亚新山政府医院当过医生,她对在这所医院工作的护士们由衷地佩服:"勇哉,护士!华人、印族人、欧亚混血儿,还有一些欧裔护士(当然在级别上是最高的),她们每位都是那么地尽职。"⑤

马来西亚也与新加坡一样,面临护士短缺问题。政府采取下述措施增加护士:(1)增加护士学校受训的学生人数,从1970年的900人,增加到

---

① 陈清芝:《护士是女孩子最理想职业》,《南洋商报》1952年11月24日。
② 《看护主任林都小姐广播演讲望少女们以看护为职业》,《南洋商报》1954年4月8日。
③ 《护士——女性最理想的终身职业》,《星洲日报》1964年9月24日。
④ 吴舍:《当护士》,《星洲日报》1966年5月17日。
⑤ 转引自[新]章星虹《韩素音在马来亚:行医、写作和社会参与(1952—1964)》,南洋理工大学中华语言文化中心2016年版,第64页。

1972年的1385人,另外增加两间护士学校,以扩大招生;(2)在国内外征聘护士;(3)放宽对在海外取得护士资格的国文(马来文)条件,他们可在三年内考取此项资格。[1] 三位在吉隆坡医院工作的华人护士在接受访谈时指出,最近政府的政策是提升护士训练水平,她们认为这是积极的一步。但她们也认为,以后华人当护士的机会越来越少,过去绝大多数护士都是华人,但1969年后,马来语成为官方学校教学的媒介,马来语也是进入护士培训的必要条件,加之政府优待土著的政策,非土著很难获得奖学金和晋升机会。她们认为,"晋升不再是基于能力的一种奖励,而是基于种族,更多给予马来人"。许多受过教育的华人移民他国,华人护士会越来越少。[2]

六七十年代,护士是受过中学教育的华人女子所中意的职业。白衣天使的形象令人神往,她们需要对病人爱心、耐心、关心。护士的工作非常繁重,病人的一切照料都要由护士负责,工作是三班倒,有时还要兼做清洁和洗便壶的工作。所以护士们一致认为,"一个人若决定要当护士,她就必定要有牺牲精神,要能吃苦,能忍受气,心地善良,否则的话,迟早一定会离开的"。[3] 黄嘉月是新加坡的护士,她在报纸上开专栏,写医生、护士、医院的工作情况。她也认为"一个护士应该待人友善,她是谦恭的,使人觉得可以依赖的,这些都是作为一个护士所不可缺少的基本品德,尤其是恭敬有礼,更是执行看护工作时应有的态度"[4]。

但护士收入并不高。为争取提高工资,新加坡护士曾在1963年举行罢工,经过多年谈判和仲裁,1972年终于解决。护士的薪金分为五级:(1)受训护士起薪190元,每年加薪10元,至210元;(2)护士,月薪345元,每年加薪25元,至425元,跳级至450元后,每年加薪25元,至575元,跳级至600元,每年加薪25元至725元;(3)护士长,560元—1030元;(4)高级护士长;(5)护士长主管。助理护士分为三级:(1)学生助理护士,月薪170元—200元,(2)助理护士,月薪255元—525元;(3)高级助理护士,月薪485元—665元。助理护士之试用期也从三年减为一年。[5]

---

[1] 《大马卫生部采取五步骤 克服护士奇缺问题》,《星洲日报》1972年5月24日。
[2] Joyce Lebra and Joy Paulson, *Chinese Women in Southeast Asia*, Singapore: Times Books International, 1980, p.196.
[3] 韵思:《护士手记》,《星洲日报》1973年6月23日。
[4] 黄嘉月:《护士应有的态度》,《星洲日报》1972年1月22日。
[5] 《卫生部属下五千三雇员 薪金谈判获解决》,《星洲日报》1972年6月5日。

图 6-5 1975 年因工作表现优异而得奖的新加坡护士，左起，胡美芬（接生护士）、李美珠（普通护士）、刘秀花（助理护士）、卓玉钻（精神病科助理护士）、林喜粧（牙科护士）。

图片来源：《星洲日报》1975 年 5 月 17 日第 5 版。

即使如此，护士的收入仍不高，加之工作辛苦，三班倒，到八九十年代，护士职业不再是华人女性青睐的职业。正如一位护士所言，护士面对的主要问题是：（1）待遇不高，许多护士被私人医生吸收，也有人当私人看护，待遇比在政府医院高多了。（2）缺乏护士，以致工作繁重，几乎每一个护士都要做双倍的工作，这也影响许多人放弃这份工作。（3）责任重大，造成精神紧张，负荷很重，比如打针、吃药、都不简单，可以说是"步步为营"，病人跌倒了，护士没发觉，对这些她要负全责。（4）轮夜班的次数很频繁，许多结婚护士退出这行，再加上待遇不合理，工作压力大，她们宁愿当家庭主妇。（5）约束多，不自由，工作班次的分配很零乱，自己很难计划自己的时间，还有头发、指甲严格限制，有些人无法接受这种朴素的生活。[1]

愿意当护士的人越来越少，护士职业已不如 15 年前吸引人。人们认为，

> 在一个现实的社会里，只要薪金和福利都不理想，再神圣的工作也没有人会做的。一位普通护士的月薪大约是七百到八百元之间，除了平

---

[1] 络禾：《一点了解》，《星洲日报》1982 年 5 月 9 日。

时为病人打针.吃药之外，还得为病人换床单等，有时还得看病人的脸色。当然还少不了要为那些行动不方便的病人，清理大小便等工作。做这么多工作只得到区区几百元，是一般新加坡女性极不愿意做的，她们宁愿坐在有冷气的办公室里，当一个月薪仅有三四百元的书记，也不愿当病人的'女佣'。此外，当护士是必须轮班的，当完了夜班后便得睡饱以应付隔天的工作，连娱乐、轻松神经的时间也不多，比起书记工作，当护士实在是不划算。①

因此到八九十年代，新加坡医院面临"护士荒"，导致护士工作更加繁重，护士辞职者更多，形成恶性循环。以80年代中期的新加坡中央医院为例，原本护士与病人的比例，是每层楼需要14名正式护士，10助理护士，以及不定数的见习护士，每天以3班轮替照顾全楼A、B、C三等病房的73名病人，且每名护士每12天即轮到一次担任夜班。可是自1983年以来，护士人数逐渐减少，现在每层楼只能分配到10名正式护士，5名助理护士，以及不定数的见习护士。愿意当护士的人显著减少，而护士辞职人数显著增加，于是，护士人手捉襟见肘，在职护士疲于奔命。②

新加坡记者黄叔麟以生动的笔墨，记载了中央医院的"护士荒"：

中央医院第5座第58号病房是一个非常紧急的部门，这个病房所照顾的是施手术过后完全不能起来的人。当这病房满座的时候，能容纳病人16个，但夜间只有两名正式护士和1名助理护士或是见习护士照顾，致病人铃声四起的时候，3名护士穷于应付。ICU是一个更重要的部门，即重症监护室，这个病房的病人不但不能起床，而且都是靠仪器呼息的。满座时有病人10个。可是白天分配到3名正式护士和2名助理护士，夜间只有两名正式护士和1名助理护士。一名在ICU的护士说，这个部门经常有"人命关天"的紧急事件发生，可是每名护士都仅仅是两条腿和两只手。

B2病房是过去的3等病房，这种病房满座时是病人36名，原本应

---

① 俊杰：《长远的解决办法 鼓励本地人当护士》，《联合早报》1987年12月25日。
② 黄叔麟：《离职者多加上病人要求提高 医院护士严重短缺》，《联合晚报》1984年7月12日。

该分配3名正式护士和4名见习护士值班,但今年以来却经常只分配到1至两名护士,而昨天最严重。病房里有26人,却只有1名护士,那名护士在病房里,为病人团团转了6个小时。

医院女佣也短缺。与护士的严重短缺同样严重的是医院女佣也短缺。过去,每个病房有4名女佣,目前只剩下两名,且经常请假不来上班。由于女佣难找,护士长不敢轻易得罪她们,而造成了她们懒惰的习气,许多原本应该由她们负责的工作,也推到护士的身上,而且还得寸进尺,变本加厉的反过来指挥护士工作。一名护士投诉说,一个夜班女佣,一睡就到天明。[1]

新加坡政府采取措施解决这一问题。一是提高护士薪酬,正式护士的起薪1982年是658元,1989年为932元,顶薪也从1247元增加到2007元。助理护士的起薪从同期的523元增加到702元,顶薪从933元增加到1380元(见表6-4)。二是制订改善护士形象和工作负担的计划,吸引更多青年男女从事护士职业。三是考虑放宽条例,让外国护士到新加坡短期工作,[2] 来自马来西亚、菲律宾、中国的护士进入新加坡工作。

表6-4　　　　　　1982年和1989年新加坡各级护士月薪　　　　　单位:元

护士等级	1982年		1989年	
	起薪	顶薪	起薪	顶薪
正式护士	658	1247	932	2007
助理护士	523	933	702	1380
护士长	980	1793	1495	2681
高级护士长	1660	2447	2301	3595
高级首席护士长	2274	2880	4257	4775
总护士长	1938	3227	6480	

资料来源:(1)《护士学校从今年开始重新直接招收见习护士》,《星洲日报》1982年2月2日第3版。

(2)《各级护士的薪金》,《联合晚报》1989年5月22日第12版。

---

[1] 黄叔麟:《离职者多加上病人要求提高 医院护士严重短缺》,《联合晚报》1984年7月12日。
[2] 《卫生部正研究改善护士工作》,《联合早报》1987年3月27日。

1993 年中国卫生部与新加坡卫生部签订交换项目，每年从中国派 100 名左右的护士到新加坡工作，每批为期两年。1993 年第一批中国护士来到新加坡，这个项目大概进行了五年。笔者访问的中国护士索菲娅（化名）是 1995 年来到新加坡的，属于第三批，这批护士分在四个政府医院，她被分到了新加坡国立大学医院。中国护士先要进行三个月培训，主要是培训英语、了解新加坡医院系统、护士工作流程。之后由新加坡护士局进行资格考试，通过考试后留下工作。前半年的收入是 600 多新元，之后就涨到 700 多新元，再加上值班津贴，一个月收入应该有 900 多新元。中国护士的收入比本地护士要低得多，同样资历的，本地护士每个月拿 2200 新元—2300 新元。[①] 21 世纪以后，新加坡护士待遇大大提高，护士短缺现象有所缓解。

马来西亚也同样面临"护士荒"问题。因为工作负担重、待遇不高，护士职业也不再是马来西亚女性青睐的职业。马来西亚政府除增聘护士外，也以合约方式聘请印尼、菲律宾和印度的合格护士来解决"护士荒"。[②]

护士一直被视为"女性职业"，因其关爱、温柔、耐心、照顾的职业要求符合性别规范对女性角色的期待，因而女性被认为最"适合"护士职业。但护士职业"女性化"，一方面，导致男性不愿进入这一职业，而事实上，护士职业需要男性，1978 年新加坡卫生部长杜进才指出，"外人以为护士行业是女性的职业，这是不合事实的见解，我们也需要男护士。令人失望的是，去年 11 月征聘护士时，只有 17 名男性申请当护士"。[③] 政府提高护士待遇，男护士人数有所上升，21 世纪初每年增加 50 名男护士，这对于新加坡是不小的成绩。另一方面，护士职业女性化也使得这一职业被低技术化与低收入化，护士收入长期较低，加之工作负担重，不仅男性不愿进入，女性也不再向往，导致新马出现"护士荒"，政府以提高待遇，引进外国护士等方法来解决这一问题，于是，护士也成为国家发展差序与跨国流动的组成部分。

三 女医生

20 世纪新马出现华人女医生，最早的华人女医生是李珠娘（1895—

---

① 索菲娅访谈，访谈人：范若兰，访谈时间，2021 年 7 月 3 日。
② 《大马护士短缺明年将增聘数百位》，《联合早报》1989 年 10 月 26 日。
③ 《卫生部长杜进才博士 昨表示政府医院需要男护士服务》，《星洲日报》1978 年 6 月 14 日。

1947),她是海峡华人,先在新加坡华人女子学校读书,后转到莱佛士女校就读,1911 年她考获剑桥九号文凭,是第一个取得这种荣誉的海峡华人女性。1912 年进入新加坡的爱德华七世国王医学院就读,1919 年毕业,是从该校取得医生资格的第一位女性。毕业后她在中央医院担任助理外科女医生,并负责管理妇科病房的工作。① 30 年代她在新加坡开设私人诊所,是一位著名的华人女医生。

图 6-6 新加坡第一位华人女医生李珠娘照片

新马第二位华人女医生是苏金兰(1894—1981),她于 1917 年通过剑桥九号文凭考试和初级医学考试,进入新加坡的爱德华七世国王医学院学医,在第二年的考试中,她获得了林文庆奖章。她于 1923 年毕业,成为新加坡中央医院妇产科教授 JS English 医生的助理。1927 年,她在吉隆坡开设私人诊所,并为华人妇婴医院提供免费产科服务。1962 年,她成为该院的医疗主管。②

殖民地时代,新马华人女医生可谓凤毛麟角,1935 年全马来亚注册西医

---

① [新]宋旺相:《新加坡华人百年史》,叶书德译,中华总商会 1993 年版,第 291 页。
② Ho Tak Ming, *Phoenix Rising: Pioneering Chinese Women of Malaysia*, Ipoh: Perak Academy, 2015, p. 137.

700名左右,不知华人西医有多少,女医生有几人。① 1936年马来亚女医生不超过30人,女医生非常缺乏,人们认为女医生在马来亚大有可为,因为习俗与观念使然,儿科、妇科、产科需要女医生。② 此外,应该还有屈指可数的华人女中医,1937年泉州女名医陈秀萱来到槟城行医,她持有福建省民政厅特给的行医证书,当时女医生极少,女病人不方便,公立中医院聘请她担任妇儿内科医生。③

五六十年代新马女医生仍很少,华人女医生更少,韩素音是其中之一。韩素音(1916—2012)是著名作家,她是中外混血儿,父亲是中国人,母亲是比利时人。她自幼在中国长大,肄业于燕京大学,毕业于比利时自由大学,1948年取得执业医生资格。1952年她随第二任丈夫到马来亚,先是在政府医院——柔佛新山中央医院当医生,后在新山和新加坡分别开设私人诊所,1964年离开马来西亚之后专心写作。她在新马行医12年,在她的回忆录《吾宅双门》中,她记录了当时马来亚的医疗卫生情况,新山政府医院医护人员不足,韩素音担任妇婴科医生,要负责治疗儿科70多个床位的病人,并"兼管一个妇科附属病房"。儿科病房收留的病童患着各种疾病,但都挤住在同一个大病房里,他们中"有患白喉的、脑膜炎的,也有的得了脚气病和肺炎,几乎是一个挨一个"。由于医生人手不足,每一名医生除了照顾住院病人,上午还要到门诊部为挂号病人看诊,"从上午8点到中午12点,要看大约100名病人,医生根本无暇仔细检查,有时候病人静静地死在走廊的病床上,过了好久才偶然被匆匆经过的护士发现"。④ 因为工作过于繁重,许多医生辞职。1953年她离开政府医院,在新山开设私人诊所,1956年又在新加坡牛车水开了一个诊所,她还雇了一个接生妇,一个药剂师,一个护士,都是女性,是一个全女班诊所。

随着国家独立和教育发展,70年代以后新马的女医生有所增加。1975年,在新加坡进行的一项调查显示,23.7%的医疗机构从业者为女性,1976年,马来西亚的医生和牙医有15%的女性。⑤ 1981年新加坡女医生占医生总

---

① 《槟城注册西医及殖民地医官总调查》,《槟城新报》1935年6月13日。
② 《马来亚需要女医生》,《槟城新报》1936年11月23日。
③ 《泉州女名医陈秀萱来槟悬壶》,《槟城新报》1937年2月17日。
④ [新]章星虹:《韩素音在马来亚:行医、写作和社会参与(1952—1964)》,南洋理工大学中华语言文化中心2016年版,第63页。
⑤ Joyce Lebra and Joy Paulson, *Chinese Women in Southeast Asia*, Singapore: Times Books International, 1980, p. 198.

数的30%，但女专科医生相对较少，共有143位，约占专科医生的20.5%。在公共卫生服务方面，女医生在微生物学的人数占一半以上，在儿科和麻醉学也占大多数。① 1987年新加坡注册医生共2854人，女医生为828人，在专科医生中，妇产科占14%，其中男医生占82%，女妇产科医生占18%。②

女医生大都是妇产科或儿科医生，或门诊医生，这与性别观念密切关联。首先，女医生被认为适合妇产科，不适合外科。一位新加坡的女医生在受访时指出，女性被鼓励进入妇产科、儿科和妇幼保健，不被鼓励学习外科，因为："人们认为外科手术要求太高，太复杂，除了整容手术外。我同意，除非是女人永远是把工作放在第一位。"一位马来西亚受访者也指出女医生被鼓励符合"女性特质"，而不被鼓励选择外科，她说自己很想成为一名外科医生，但是困难重重。③ 其次，大多数女医生更喜欢在门诊和妇幼保健部门工作，那里的工作要求较低，很少值夜班，可以照顾家庭。最后，看妇产科的女病人更喜欢找女医生，感觉更自在，而且，女医生的医术与接生手法并不比男医生逊色。④

女医生面临双重负担，大部分女医生坚持继续工作，极少数因为照顾家庭和孩子而选择兼职或辞职。1975年新加坡的一项调查表明，3.2%的医生是兼职工作，其中55.2%是女性，她们中2/3是因为"家庭责任"而不得不选择半职，还有人辞职。⑤ 新加坡政府对女医生辞职颇为不满，1981年新加坡卫生部常任秘书兼医药服务总监周元管在医学毕业生典礼发表讲话中称，他注意到最近登记的医生、牙医、药剂师和护士中，有57名部分执业时间的是女医生，另外31人毕业后没有执业。他认为这很糟糕，"我们花费了这么多时间和金钱培养一个医科学生，而女性却不能完全在医药方面做出贡献"。⑥ 政府认为培养女医学生是浪费资源，因而新加坡国立大学减少招收女医科学生。

---

① 《女医生婚后走入厨房是否时间与金钱的浪费？一女医生撰文批评引述统计数字作反证》，《星洲日报》1981年10月5日。
② 林秀莲：《妇产科女医生多是"大忙人"》，《新明日报》1987年11月2日。
③ Joyce Lebra and Joy Paulson, *Chinese Women in Southeast Asia*, Singapore: Times Books International, 1980, p.199.
④ 林秀莲：《妇产科女医生多是"大忙人"》，《新明日报》1987年11月2日。
⑤ Joyce Lebra and Joy Paulson, *Chinese Women in Southeast Asia*, Singapore: Times Books International, 1980, p.201.
⑥ 《在国大毕业典礼上周元管批评女生结婚后就走进厨房》，《星洲日报》1981年9月6日。

女医生们认为上述说法不符合事实，一位中央医院女医生用卫生部的数据进行反驳。她指出，女医生和男医生放弃行医的比例几乎是相等的，女医生是3.8%，男医生是3.1%。她也指出，一些女医生倾向选择部分时间和门诊工作，是因为她们要承担家庭和孩子的责任，而男医生不愿看门诊，因为那是一种烦琐和吃力不讨好的工作。女医生多在政府医院工作，但极少女医生居于高位，因此她们的平均收入也低于男医生。她认为，国立大学限制女医科生招生人数的做法是不合理的，将阻止那些杰出表现的女学生进入医科，这将减少未来医生的总体素质。而且，面对医生短缺的现象时，我们更不应该减少录取女医科生的数目。① 从上述争论可见，新加坡女医生与男医生相比，不仅人数少，还处于相对低职位、低专业、低收入的地位，这与性别规范有一定关联。因为要照顾家庭和孩子，女医生更多选择部分时间和门诊工作，在专业上难以提升，专业和职称等级低，收入相对也低。

马来西亚的华人女医生也面临双重负担，更要面对族群不平等问题。马来西亚在大学招生上实行"固打制"，马来人受到优待，尤其在医学、法律等专业，华人和印度人考高分也难以进入上述专业，这无形中减少了华人女医生的产生源头。但还是有少数华人女性进入医学专业，成为为数不多的女医生。砂拉越的罗韵华就是其中之一，她在1973年考入马来亚大学读医科，这非常不容易，因为"华人是第二等的，要非常有竞争力，才能够去上大学。而且像医科，都是很辛苦的才能进的"。1978年大学毕业后，她先到政府医院工作3—5年，去了很多个小医院工作。② 1982年她辞去政府工作，与同是医生的丈夫一起开私人诊所。这个诊所是全科的，"从眼睛到脚什么病都看。如果要说专长呢，我是学皮肤病、传染病的。我丈夫专长是看职业病，因为这边出海的人多，有不少这个方面的职业病。来找我们看病的，土著、马来人和华人等都有。所以我们要会讲很多种语言，每天要看30到100个病人。平常只有春节才关闭放假，其他时间都会开放的"。如何既当好医生，又要照顾好四个孩子呢？罗韵华说与丈夫分工合作："因为我和丈夫是全科都看的，所以有时候我和丈夫就轮流工作，只要一人在，诊所就可以开放。女儿出生后1岁时，我正好申请了去英国留学两年。我们就安排好，我

---

① 《女医生婚后走入厨房是否时间与金钱的浪费？一女医生撰文批评引述统计数字作反证》，《星洲日报》1981年10月5日。
② 罗韵华口述，载黄晓坚等编《从森林中走来：马来西亚美里华人口述历史》，广东人民出版社2014年版，第517页。

读完回来了，他才去留学。"另外，家公、家婆和女佣帮忙带孩子。①

罗韵华还提到不平等的族群政策导致华人专业人才再移民。土著优先权是全方位的，华人专业人士人数下降。现在砂拉越华人中的专业女医师比例并不高，古晋、诗巫只有1—2个。很多华人去国外读书，留在国外工作，因为不习惯用马来文学医科。此外，新加坡和马来西亚的医学联系非常密切，70年代新加坡培养的医生，每4人中就有一位是大马公民。②罗韵华的孩子毕业后就留在新加坡工作，是最好的佐证。而且罗韵华与丈夫每一两个月，就去吉隆坡、新加坡进修，可谓学无止境。

医生属于高级专业技术人员，一向是男性的领地，女医生能够"入侵"这一领地，部分得益于她们的女性身份，因为妇产科需要女医生，所以新马最先出现的华人女医生都是主要从事妇产科。女医生也被认为更"适合"当儿科妇科医生。在医学领域，外科处于专业链上端，妇科儿科处于专业链下端，外科多男医生，儿科妇科多女医生，换言之，男医生仍居于医学的更高层。女医生多从事门诊工作而不是专科工作，也与她们的女性角色有关，因为她们要承担照顾孩子和家人的责任。而长期从事门诊工作，使她们在专业上难以提升，专业和职称等级低，收入相对也低。但无论如何，随着越来越多女性进入医生行列，她们除在"适合女性"的儿科妇科占据越来越大的地盘外，也必会"外溢"到内科和外科。

第三节 女律师、女工程师和女建筑师

律师、工程师、建筑师是高级专业技术职业，精英中的精英，一向被视为"男性职业"。20世纪初，新马华人女性在这些职业中的人数是0，20年代、30年代、40年代，律师职业出现华人女性，但工程师和建筑师中仍然没有华人女性的身影。60年代以后，华人女律师缓慢增加，华人女工程师和女建筑师也开始出现，尽管人数仍然很少。

一 女律师

战前新马的华人女律师真可谓凤毛麟角，取得律师资格的只有三位。

---

① 罗韵华口述，载黄晓坚等编《从森林中走来：马来西亚美里华人口述历史》，广东人民出版社2014年版，第518页。

② 《在国大毕业典礼上 周元管批评女生结婚后就走进厨房》，《星洲日报》1981年9月6日。

一位是华人女律师林鸣凤（Mrs. B. H. Oon，本名 Lim Beng Hong，1898—1979），她毕业于槟城圣乔治女子学校，1923年与弟弟林开成一起到英国留学，1926年姐弟一起获得律师资格，是马来亚第一位获得律师资格的女性。1927年在槟城考取律师执业资格，1929年她加入其弟在槟城的律师楼，是新马第一位华人女律师。有关林鸣凤在战前的律师工作，笔者没有找到相关资料，报纸上有关她最多的报道，是她受到一外国人的性骚扰而展开诉讼之事，[①] 从中可见她的法律能力和性别意识。

一位是张舜琴（Teo Soon Kim，1904—1978），其父为著名商人张永福。她毕业于美以美女校，1922年19岁时赴英国留学，在伦敦法律协会攻读法律，1927她在英国取得律师资格，之后回国，1928年，张舜琴在新加坡考取执业律师资格证，成为新马第二位华人女律师。但她同年与罗隆基结婚而赴中国，并没有在新加坡开展律师业务。她到上海继续当律师，因她华文不行，只能接外国人的诉讼，生意清淡，同时在光华大学教授英文。张舜琴与罗隆基个性差别极大，婚姻并不幸福。1931年张舜琴回到新加坡并加入宋旺相律师楼执业，这才真正开始她在新加坡的律师工作。张舜琴第一次独立办案是1932年1月为一桩谋杀案做无罪辩护，并胜诉，这个案件十分轰动，在接受报纸访问时，张舜琴说，律师是女子极好的职业，她相信凡女子任律师，必能如男子一样，这是她从美国法律界观察得到的结论。[②] 遗憾的是，她在新加坡时间极短，1932年又随父母返回中国，[③] 真正在新加坡执律师业只有大约一年时间。

第三位华人女律师是林明德，她是林鸣凤之妹，在英国获得律师资格，1934年也加入其兄的律师楼。但她几乎没有开展律师工作，很快就去中国从事传教工作。

战前虽有三位华人女性取得律师执业资格，但遗憾的是，她们几乎没有在新马真正开展律师工作。

二战后新马女律师零星增加，当时报纸上不时会刊登女律师执业的消

[①] 《全侨社会一致注目欧人对林鸣凤女律师无礼案》，《南洋商报》1930年4月4日。
[②] 《女律师张舜琴与西报记者一席谈》，《叻报》1932年1月11日。
[③] 1932年张舜琴跟随父母迁居中国，在多所大学任教。1938年前后，她到位于城固的西北联合大学任教，与王振刚结婚。之后辗转多地，1958年，张舜琴到合肥师范学院外语系教书，1978年4月，张舜琴逝世。2010年12月，张舜琴的骨灰由她的孙女王雷从安徽合肥带回新加坡，安放在蔡厝港的基督教墓园内。新加坡眼，www.yan.sg。

息，如以新加坡总理李光耀夫人闻名的柯玉芝（1920—2010），1950年与李光耀一起在英国通过律师资格考试，回国后加入同一个律师楼当见习律师，1951年正式获得在新加坡的律师执业资格。[①] 1952年10月30日《星洲日报》刊登张金英在吉隆坡挂牌执律师业的消息，说她毕业于芙蓉的一间英校，1948年赴英国留学，1952年返马。《南洋商报》1953年10月13日刊登华人女律师林昭森获准执业。《南洋商报》1958年5月5日刊登华人女性陈如娣获律师资格的消息，她是霹雳第一位华人女律师。60年代女律师略有增多，《南洋商报》1960年3月8日刊登槟城高庭一下批准五名律师执业，其中三位是华人女律师。

50年代以后新马华人女律师才真正活跃起来。林鸣凤在战前几乎没有从事律师工作，在战后马来亚实行紧急状态期间，林鸣凤为许多案件担任辩护律师，1948年她被任命为立法会议员，1952年她获得OBE勋章。她还加入劳工党参加选举，1957年大选她是劳工党在槟城市议会的候选人。

五六十年代，马来亚最著名的华人女律师是林碧颜。林碧颜（1915—2013）出生于海峡华人家庭，父亲是著名律师林清渊，母亲何珍洁毕业于英国爱丁堡大学医学院。林碧颜和弟弟们在西方教育和性别平等氛围下长大，她在槟城修道院女中毕业，1934年进入英国剑桥大学读书，1938年考取文学学士学位，回国后短期就职于其父林清渊的律师楼，之后担任槟城修道院女中的英文老师。1946年林碧颜重回英国继续学业，1948年获得英国律师公会大律师（高级律师）资格，1949年考取剑桥大学硕士学位，回到马来亚加入其父的律师楼，1954年取得马来亚律师资格。林碧颜的律师生涯主要集中于五六十年代，她的主要活动有：（1）1953年李明案，李明是马共党员，被搜出拥有一颗手榴弹而被判死刑。在辛尼华沙甘律师的帮助下，李明获得免费向英国伦敦上诉。但因为她不是英国殖民地公民，伦敦高等法庭不接受她的上诉。林碧颜律师在伦敦活动，动员了几十名有正义感的上流社会人士签名支持，又请求霹雳州苏丹赦免她的死刑。最后，死刑判决改为终身监禁。据李明回忆，"这宗轰动马来亚社会的案件结束后，林碧颜律师曾到太平监狱探望我。她热心地帮助过我，我非常尊敬她，也当面向她表示衷心

[①]《李光耀柯玉珠夫妇律师同时获准执业高等法院又创一新纪录》，《南洋商报》1951年8月8日。

感谢"。① （2）担任维护华文教育的教总的法律顾问，在1961—1964年义务为林连玉被褫夺公民权一案抗辩。（3）1955—1956年担任马来亚律师公会秘书，并参与律师行业的活动，1965年代表马来西亚律师公会出席于澳洲悉尼举行的共和联邦法律大会，1966年代表马来西亚律师公会出席于斯里兰卡召开的国际法律委员会研讨会。（4）为职工争取权益。1962年马来亚公众与民事服务部门雇员联合会召开女公务员大会，要求男女同工同酬。林碧颜律师认为，男女同工同酬原则，已获得世界性的承认，她希望大会催促政府早日实施男女同工同酬制度。② 1964年林碧颜担任泛马种植工友职工总会和全马种植雇主公会工资纠纷调解委员会委员。1964年协助女皇律师格尔福特为马来亚铁道局雇员争取政府公务员身份。（5）推动非穆斯林婚姻法的修订，1970年出任非穆斯林婚姻离婚法皇家委员会委员。1971—1980年林碧颜担任马来西亚驻联合国和其他国家的大使，不再从事律师工作。③

图6-7　林碧颜律师

70年代砂拉越也出现华人女律师，1971年黄巧珍取得律师执业资格，1972年杨秋莲取得此资格。④ 新加坡女律师更是成批增加，1976年新加坡律师协会一次批准29名执业律师，其中19位是女性。⑤

但这一时期女律师人数仍然很少，力量也弱小，人们不重视女律师的作

---

① ［马］郑昭贤：《陈田夫人——李明口述历史》，策略资讯研究中心，出版年不详，第75页。
② 《政府公共及民事服务雇联 女公务员昨开大会 强调男女同工同酬》，《星洲日报》1962年3月31日。
③ 详见［马］周美芬《维权律师：林碧颜与她的时代》，拉曼大学陈祯禄社会与政策研究中心2019年版，第55—58页。
④ 《婆罗洲大法官批准四男女为执业律师》，《南洋商报》1972年1月9日。
⑤ 《二十九名青年获准执律师亚女性占了十九名》，《南洋商报》1976年1月29日。

用。1967年马来西亚女律师郭佩玲呼吁政府给女律师提供更多职位，认为女律师有能力担任少年法庭的推事职位，因为她们适合处理有关儿童的问题，但"由于政府提供给她们的职位有限，女律师只得在私人机构工作，这种机构不但竞争很激烈，且对妇女有很大的歧视"。① 1968年新加坡大学举办"女律师的问题与前途"座谈会，参加者有外籍律师阿夫特孟夫人、新加坡法律援助局助理局长黄丽施、新加坡律师公会会员马金莲。她们指出，公众对女性有偏见，这种情形在男女律师对质时，表现更明显，女律师很难得到大客户，因为要认识这类顾客，需要通过社交，如商业宴会等，女律师面临劣势，商人通常不信任女律师。② 70年代学法律的女生增多，但能从事法律工作的女毕业生不多，正如新加坡大学法律系主任查耶古玛副教授指出的："法律系女毕业生很难找到工作，尤其是律师楼，都不大愿意雇用她们"，他认为原因有三，其一，一般人认为男律师更适合参加社交活动；其二，凡是有诉讼案时，律师楼需要有意往返于法庭的年轻男律师，因为女律师都不喜欢这类工作；其三，客户比较喜欢与男律师交谈。他最后指出："希望律师楼门户开得更大，以便吸收女律师。同时也希望女律师必须注意，不可对分配给她们的工作太过挑剔，反之，她们应该准备做各种各样的工作。"③

无论如何，随着女性更多进入律师行业，她们的出色表现越来越得到认可。1979年女律师陈宝莲当选新加坡律师公会会长，这是新加坡有史以来第一次由女性担任该公会的会长。陈宝莲毕业于莱佛士女校，在伦敦接受法律训练，1955年在英国取得律师资格，一年后，进入新加坡律师公会，成为新加坡执业律师。她有23年的执业经验，主要处理关于产业转售的事务。④ 而马来西亚律师公会直到1995年才出现第一位女会长，即欣侬莫哈末，2007出现第二位女会长，即安美嘉，但尚无华人女性出任这一职位。

80年代以后新马女律师人数迅速增长。1986年2月新加坡新获得律师资格者共86位，其中女律师就有53位。⑤ 90年代，新加坡女律师超过律师人数的1/3，1991年女律师占39%。⑥ 2005年马来西亚女律师有5322人，

---

① 《郭佩玲促请政府提供更多职位给女律师》，《南洋商报》1967年9月25日。
② 《女律师不亚于男律师 可惜一般存有偏见》，《星洲日报》1968年9月15日。
③ 《新大法律系主任指出法律系女毕业生受歧视》，《南洋商报》1977年10月25日。
④ 《陈宝莲小姐当选星律师公会会长》，《星洲日报》1979年1月5日。
⑤ 《又86位新律师今日获准执业》，《联合晚报》1986年2月12日。
⑥ Aline K. Wong and Leong Wai Kum, eds., *Singapore Women: Three Decades of Change*, Singapore: Times Academic Press, 1993, p. 277.

占律师总数的44.9%（见表3-8），笔者访谈的两位华人女律师黄玉珠和李素桦就是在1979年和80年代进入律师业的。

律师工作分为多种，有主要从事刑事辩护的、庭审辩护的、婚姻家庭事务的、房屋买卖的，商业纠纷的，等等。女律师通常更多从事婚姻家庭、房屋买卖、公司合同等事务，而不是从事庭审辩护。这与其性别有一定关联，女律师关注弱者，关注女性权益，黄玉珠律师就关注婚姻问题的案子，认为"婚姻问题、孩子的权利、家庭纠纷应该有多一点人去关注，……因为我一直都以平等的身份去和客户会谈，她们也可能感觉这个律师可以交心，她们会很放松，我们就比较容易协助她们解决问题"。黄律师也处理其他法律事务如：与州政府合作发展城镇计划、屋业买卖、商业纠纷、公司重组、公司债务或者是公司上市的筹备等。[①] 李素桦律师也是如此，"我自己非常倾向于弱者，所以我的律师工作专长是女性跟小孩，我一开始都是专打女性跟小孩的案子，还有公民权的，这些都是我的专长"。[②]

她们认为，律师职业其实很适合女性。女律师多会选择处理一些比较没有争议或不复杂的案件，比如说房地产买卖，草拟合约，或是涉及婚姻家庭法、公司企业法等案件，这类工作很适合女律师。当然也有女律师很愿意接受挑战，选择处理一些比较特殊的案件，从中吸取经验。她们也认为，女律师所受到的性别歧视不明显，收入上是同工同酬，办案子也没有受到歧视。这表明，随着性别平等主流化以及女律师增多，90年代女律师所受到的性别歧视，要较六七十年代少得多。

律师的职业特性是追求公平、正义和法治，这使得不少律师成为社会活动家、民运人士或政治家，女律师尤其如此，她们积极参与妇女解放运动和民主运动。如新加坡的张素兰律师是民运人士，她1973年毕业于新加坡大学法学系，1981年与女律师赖美龄合办律师事务所，是该所的高级合伙人。她们致力于改变律师都是高高在上、只关心自己利益的形象，根据客户的收入状况收费。鉴于穷人付不起律师费，她还试图说服律师公会建立面向公众的刑事案法律援助计划，并被律师公会接受。她和其他一些律师还对1984年新加坡刑事法典的有关条文修订、1985年宪法公民条款的修订、1986年报章与印刷品修正法案、1986年法律专业修正法案等提出反对意见。张素兰

---

① 黄玉珠访谈，访谈人：范若兰，时间：2019年1月21日，地点：吉隆坡。
② 李素桦访谈，访谈人：范若兰，时间：2019年1月24日，地点：吉隆坡。

也参与新加坡女律师公会的活动，"从1978年起或大致那段时间，我积极参与每两个星期在女皇镇联络所提供法律咨询的活动，为期约两年。1984年12月，新加坡女律师公会举办了面向公众的'法律与你'展览会，通过提供信息，增强一般新加坡民众对新加坡普通法的认识，我负责'宪法'课题相关的研究与资料收集"。新加坡女律师公会的活动，进一步增强了她对律师职业的信心。她也关注新加坡政治发展，曾协助新加坡的在野党——工人党竞选。① 上述活动，尤其是协助工人党竞选和对一系列法律修订提出异议，被李光耀政府视为威胁，她于1987年在内安法下被拘留，释放后她发表声明，驳斥政府指责他们的言论，于是再次被捕，直到1990年6月才被释放。

马来西亚的女律师有许多是妇运和民运分子。如上文提到的黄玉珠律师2012年担任吉隆坡暨雪兰莪中华大会堂妇女组主席，2016年担任马来西亚华人社团妇女组主席，积极促进性别平等、妇女权益和弱势群体利益。② 马来西亚华人女律师陈丽艳主打婚姻官司，维护妇女权益，也积极参与民运活动。在几次净选盟大集会中，她与其他律师一起组成法律援助队伍，为被逮捕的集会者提供法律援助。③

律师一向被视为男性精英的专属领地，战前新马尽管出现华人女律师，但基本没有什么作为。战后女律师逐渐增多，她们多从事婚姻、房屋合同等案头工作，这些工作被认为"适合"女律师，使她们在律师行业占有了一席之地。随着女律师增多，"适合"她们的律师业务范围也扩展，到21世纪初，女律师已占律师业的半壁江山。女性身份与律师身份相结合，女律师积极参与社会运动和妇女运动，成为"社会良心"。

二 女工程师

殖民地时代，新马没有出现华人女工程师，60年代马来西亚出现第一位女电气工程师智美曼娜，但不是华人。④ 1970年马来亚大学工程学院第一次出现一位女生，而且是华人女生陈丽，她在接受记者访问时说，学习工程专

---

① ［新］张素兰：《在蓝色栅门的后面》，林康译，八号功能有限公司2015年版，第379—380页。
② 具体内容详见本书第十一章之《能够帮助弱势群体是我最大的满足——黄玉珠口述》。
③ ［马］周美芬编著：《风华策动：十位女社会运动分子的掏心分享》，策略资讯研究中心2013年版，第60—61页。
④ 《马第一位女电气工程师 智美曼娜 周六返隆》，《星洲日报》1965年9月9日。

业是自己的兴趣,希望在第三年选读电信工程科,做一个电信工程师。她自信,男人能做到的,女人也能做到,而且还能做得更好,"我选修工学院,就是要证明这一点!"①

随着女生进入工程学院学习,70年代新马出现华人女工程师。陈丽后来是否成为电信工程师,没有找到相关资料,但新加坡一位电子工程师陈楚云的经历,可以让我们看到女工程师起步阶段的经历和感受。陈楚云在选择专业时,放弃会计学,转而选择更有挑战性的工程系。工程学包括电子、机械、土木,她认为三种工程学当中,电子工程最适合女性,而土木工程必须时常巡察工场,非常辛苦,机械工程师必须修理机器,粗重肮脏,女性体弱,难以胜任。1978年毕业后她进入一家私人电子公司,负责产品检验,如果某一种产品的成品率特别低,她要亲自检查并加以改善,务使成品率达到100%。她的底薪是一千余元。工作数月,她的感受是:"在分析的工作方面,女性比男性细心,分析得也较为透彻,然而,当工作牵涉及机器零件的搬运时,女性由于体力,较为吃亏。在工作时间方面,我必须时常轮值夜,这对于未婚女性来说,还不要紧,但对于已婚而又有了孩子的妇女来说,非常的不方便。"②

80年代新加坡女工程师仍然很少,1984年在新加坡工程师学会的2290名会员中,有69名是女工程师,占3%,在专业工程师局的2000名注册会员中,女性只有20名,占1%。其中女机械工程师更少,黄美佳是其中之一。她中学毕业后,在一间工程公司任绘图员,后来选读新加坡工艺学院机械工程系5年的部分时课程,40多个同学只有她一个女生。因为是女性,她在学习和工作中都要面对质疑,但她非常努力,做出成绩,在一个私人有限公司做主管工程师,负责该公司在国大医院的维修工作。她说:"正因为很少女性进入机械工程行列,所以男人总免不了会对女性在这方面的能力表示怀疑。起步的阶段是困难的,不过,我向公司证明了我的价值,而我的客户也对我的工作成绩相当满意。"③从绘图员到助理工程师、工程师及主管工程师,黄美佳的奋斗精神令人鼓舞。

新加坡电机工程师刘心玲生于1953年,她毕业于加拿大艾伯塔大学电

---

① 《马大首位女生攻读工程学院》,《南洋商报》1970年5月12日。
② 《访电子工程师陈楚云》,《南洋商报》1978年12月20日。
③ 叶宝莲:《半工半读完成工艺学院课程 女青年奋斗成功如今领导82名男人》,《联合晚报》1988年3月1日。

机工程学系，回新加坡后从电台工程师做起，历任教育部系统署助理署长、电脑署副署长、财政部预算署副署长等职，90年代担任新加坡能源公司执行副总裁（财务与行政）。她的工作经验，是以实力说话。刘心玲认为，工科的训练使她受益良多，即使不再从事工程仍能受惠。工科训练教导一个人如何有系统地处理事务，包括先了解局限所在，再做明确的假设，然后进行系统地分析，经过分析之后还要用心思考，从各种方案中选出最行得通的方案执行，有关议案执行之后，还要进行检讨。对于女性工程师，她强调，"工程讲求实践，不要讲太多，多讲也没用。女性在工程界的发展，能力如何，多讲没用，去做就是，以实际成果来证明。"女性从事工程事业，要有自信，要有原则和懂得自重。她还建议，女工程师在工作时最好穿长裤，搬动重物时若获得同事的帮助，要特别感谢，而不要视为理所当然。更不要一有难题就叫男同事，而是要尽力自己解决。①

三　女建筑师

殖民地时代新马没有女建筑师，60年代出现华人女建筑师，1966年新加坡有五位女建筑师，② 70年代逐渐增多。过去建筑业也有女性，即从事泥水和搬运的"红头巾"。随着教育和就业机会增多，70年代"红头巾"基本消失，由外国劳工取代，而女建筑工程师开始出现。毕业于新加坡大学土木工程系的叶淑凤任职于新加坡公共工程局，她每天大部分时间要到工地上巡察，验视工程的进展和质量，"一般承包商承接工程皆以牟利作为出发点，建得越快，对他们越有利，他们可说是重'量'的，然而，我们却是重'质'的。我每天到工场去巡视，目的就在于确保建筑的'质'不会受到任何客观因素的影响"！许多人觉得女性在工地有诸多不方便，她认为这些不方便可以克服，而且作为一个女工程师，她得到比男工程师更多的照顾，"有时我必须进入地下道巡视，承包商会为我找来一把梯子，让我慢慢爬下去，至于男工程师呢，就必须自己跳下去了"。叶淑凤常常超时工作，有几次由于机器发生故障，她甚至通宵留在工地上解决问题。但她并没有因此而后悔选择当建筑师，"实际上，对我来说，工作的本身就是一种乐趣。"③

---

① 《电机工程师刘心玲：工科训练受惠久远》，《联合早报》1996年4月29日。
② 《本坡营业建筑师共有一百卅八名》，《星洲日报》1966年6月24日。
③ 《敬业乐业的叶淑凤》，《南洋商报》1979年2月7日。

出生于马来西亚的新加坡女建筑师李美花（1963—   ）毕业于南洋理工学院土木工程学系，设计和建筑了船坞、峇淡高尔夫球场和峇淡工业园等，她也是 LBW 土木工程顾问公司董事，1996 年她成为新加坡工程师学会的第一位女理事，这是该学会 30 年来第一次有女工程师成为理事。她还记得，当她第一次出现在工地时，遇到的是其他女建筑师同样的待遇：工人的口哨声四起，她在建筑工地足足"待"了两年时间，戴头盔，穿胶鞋，与工人在一起。"只要女工程师能证明自己的实力，有真材实料，他们都会很服气地跟你做工，而且也很肯为你拼搏的。"1996 年她自己出来创业，成立一间土木工程顾问与咨询公司。[①] 2006 年从政，当选新加坡国会议员。

图 6-8　新加坡女建筑师李美花

图片来源：《联合早报》1996 年 4 月 29 日第 9 版。

注：李美花（左二）在工地跟男工程师及管工们讨论工程的建造进展。

马来西亚女建筑师陈佩英生于 60 年代，1984 年毕业于澳大利亚墨尔本大学建筑学系，回国找工作时却连连碰壁，因为"这个行业很重男轻女，去应征的公司都会质疑你，一个女生怎么去工地，怎么去'控制'那些承包商？"她得到一个机会去见老板，想呈现设计概念，但老板看到她是女性后，直接说往后不会再请她。刚开始工作时，遇到很多这样的问题，向承包商说他做错了，他看都不看你，还讲：我吃盐比你吃米多，有什么资格讲我？性

[①]　《口哨声中起高楼——土木工程师李美花》，《联合早报》1996 年 4 月 29 日。

别歧视明目张胆,毫不掩饰。但这些挫折也让她更有决心向别人证明自己的能力。工作几年后,陈佩英决定创业,1989 年注册自己的公司 PI Architect,一开始只有她和一位秘书。公司在接下 IOI 集团的工程后开始起步,慢慢从店屋、高级公寓建起,到购物中心到办公大楼,许多重要的工程都出自陈佩英公司。

1989 年她加入马来西亚建筑师公会(PAM),"我加入的时候,建筑师公会还很少女性,基于我也有同等的专业,其他人对于我的任职不敢怎样,但始终有人会用有色眼镜来看你。你要证明给他们看你是可以的,才能改变很多人对你的看法"。她先后担任公会的财政、秘书、副主席,2001 年当选主席,这是该公会历史上第一位女主席。同年她被委任为马来西亚工程师局(Board of Architect)成员,参与政策咨询决定。2006 年她当选亚洲建筑师公会副主席,2013 年担任主席。

因性别歧视的困扰如影相随,陈佩英有很强的性别意识,致力于推进性别平等,强调要给女性机会和资源,而不是照顾。她不认为建筑师要特别强调性别,"我们都是专业建筑师,受过专业调练,考过一样的试,无论是男还是女,我们都应受到一个建筑师应有的尊敬,以能力来评估,而不是刻板印象"。所以她不推崇"我们不一样"的想法,不认同女性固打制的硬性规定,"我希望女性被任用是因为她们能够胜任,而不是只为了要达到 30% 固打制。她强调,女性需要的是能让她们待在职场的机制,以及展现才华和能力的机会,我们要的是 Gender Equity,不是 Gender Equality,后者只让男女在同一起跑点上,前者是提供支援帮助男女能在同一起点上"。陈佩英积极参与推动改变建筑领域的性别制度与"行规",2017 年,她带领建筑师国际工会(UIA)属下的性别平等委员会,在首尔会议中提出性别平等宣言和政策纲领,要求代表成员在各国建筑领域中,设计对性别更友善、更公平的机制和机会,并向其他建筑单位推广性别平等理念,获得所有参与成员通过。[1]

陈佩英一再说,"我从来不觉得自己人生很顺,但是我相信任何发生在我身上的事,都是为了让我成为更好的人。如果人生一帆风顺,你不会成长"。[2] 这其实也是所有女教师、女医生、女律师、女工程师、女建筑师成长

---

[1] [马] 邓婉晴:《建筑界铁娘子——陈佩英》,载《马来西亚中华大会堂总会妇女部二十五周年纪念》,2018 年,第 170—171 页。

[2] [马] 邓婉晴:《建筑界铁娘子——陈佩英》,载《马来西亚中华大会堂总会妇女部二十五周年纪念》,2018 年,第 173 页。

过程和职业成就的写照，她们生长在性别不平等、族群不平等、机会不平等的社会，职业生涯经历多次挫折，要想入侵男性掌控的领域并站稳脚跟，要利用"适合女性"的修辞进入相关职业工作，而后占据这个工作，然后再不断拓展职责范围，拓展女性的职业空间。而在"不适合女性"的工程师、建筑师领域，女性通过能力、实干和努力，干出成绩，在这些"男性职业"站稳脚跟，如是，医生、律师、工程师、大学教师等高级专业技术领域才能出现越来越多女性的身影，最终改变医生＝男性、律师＝男性、工程师＝男性、教授＝男性的性别和职业刻板印象。

第七章

文秘、企业家和政治家中的华人女性

20世纪上半叶，文秘、企业家是男性职业，只有屈指可数的华人女性跻身其中。到20世纪下半叶，尤其是90年代，文秘已成为女性职业，是新马女性从业人数最多的职业之一，同一时期，企业家和政治家仍是男性主导，但华人女企业家和女政治家也有所增长。文秘、企业家与政治家属于不同职业层级，但有一定的联系，一些华人女企业家和政治家是从文秘做起，提升为经理，再成为高级经理或从政。本章主要对20世纪华人女文秘、女企业家、女政治家的职业变迁进行探讨，从中可见政治、经济、教育、族群关系的宏观变化与个体经历的交织，及与性别观念变化的关联。

第一节 文秘职业"女性化"及其影响

文秘人员主要指秘书、书记、簿记人员、办事人员、打字员和速记人员，20世纪百年间，这一职业经历了巨变，从20世纪上半叶的男性职业，到20世纪下半叶的女性职业，而且，随着电脑普及，打字员和速记员基本消失。从性别视角审视文秘职业的变迁，是很有意义的课题。

一 从"男性职业"到"女性职业"：文秘职业变迁

"二战"以前，文秘职业是标准的"男性职业"，华人女文秘人员极少。1910年以前，完全没有华人女文秘的记载，20年代以后，出现女文秘人员，但人数极少，从1921年、1931年和1947年新马人口普查来看，华人女文秘人数分别为90人、199人、1994人，占该职业人数的比例只有0.53%、0.64%和4.68%（见表1-5），她们大都受过小学以上教育，主要在公司供职，需要良好的英语水平，因此，毕业于英校和教会学校的女生比毕业于华校的女生有更多就业机会。她们以能力和细致，得到雇主欣赏。有一洋行雇用女子当速记员，雇主认为华人女子的速记水平较其他种族为高，每分钟130字，因此又多雇用两位华人女速记。① 这一时期华人女文秘人员不仅人数极少，而且职级较低，她们很少是秘书，大都是打字员、速记员。

50年代华人女文秘略有增长，她们大部分是在政府机构和工商机构服务。据新加坡一个职业介绍所的数据，1952年由该所介绍任速写、打字员者，有2/3是女性，其他如招待员、电话接线员，亦多由女性担任。② 吉隆坡一间职业介绍所数据也显示，申请职位者达800余人，有100多人找到工作。求职男子多是找书记与机器工人之职，女子多数是找书记与佣人之职。凡是找佣人之职的，都如愿以偿。③ 霹雳职业介绍所也发现，前来求职的人除劳工外，以书记阶层为多，但书记找工较为困难，女佣找工相对容易。④ 这一时期女文秘虽有增多，但找工不易，她们的就业机会甚至不如女佣。究其原因，这一时期新马尚未独立，政府机构录用人员有限，经济尚不发展，商业机构雇用文秘人员也有限；华人女文秘一般都是受英文教育，她们多服务于外国人开办的公司和企业中，而华人的经商方式尚未发展到聘用女性为文员的阶段，因此，华校毕业女生更难找到书记类职业，"反之，受英文教育者，尚可找到秘书之类的工作"。⑤

六七十年代，随着新马独立、经济发展、女性教育水平提高，从事秘书职业的华人女性越来越多，她们大量就职于政府和商业机构。女秘书主要有两种类型：一类是较低级别的女书记，主要负责打字、接电话、速记、招待宾客等工作，另一类则属于高级秘书，她们在公司或机构中享有相当高的地位，参与公司的管理工作。1964年，据马来亚劳工部七月份发表报告，一家律师楼雇用一位女书记长，任职已五年，月薪300元，她负责管理11位职员，雇主给予她下列利益：（1）每年一星期之有薪假期；（2）有薪病假；（3）每年有2个月花红；（4）分娩时有两个月之全薪生育假期。⑥ 这位女书

---

① 《星洲华人女子所任职业，多能得雇主赞许》，《槟城新报》1939年7月26日。
② 《妇女职业逐渐普遍 速写打字多为女性》，《星洲日报》1953年3月29日。
③ 《吉隆职业介绍所》，《星洲日报》1953年4月24日。
④ 《吡职业介绍所发言人称 登记者除劳工外书记阶级亦众多》，《星洲日报》1954年5月5日。
⑤ [英]傅利曼著，郭振宇、罗伊菲译：《新加坡华人的家庭与婚姻》，台北正中书局1985年版，第57页。
⑥ 《劳工部七月报告披露 马妇女在职业上地位已日见提高》，《星洲日报》1964年9月24日。

第七章　文秘、企业家和政治家中的华人女性　　*311*

记长属于高级秘书。新加坡的林江艳文长期担任秘书，上升到高级秘书，后担任一家银行的大芭窑分行主任。她的履历如下：1953—1954 年任职书记，1954—1956 年在新加坡一家商行担任出口经理之秘书，1956—1957 年在新加坡一家商行公司秘书处担任秘书，1957 年担任一家商行董事之秘书，1957—1961 年在伦敦一家研究协会担任技术秘书之秘书，1961—1962 年担任一家伦敦特许会计公司之助理公司秘书，1963 年加入崇侨银行服务，在总行充任一级受训职员，1964 年提升为总行助理秘书（一级职员），1969 年 11 月提升为大芭窑分行主任。语言：能操英语、粤语与闽语（见图 7-1）。林江艳文从低级书记做起，到高级秘书，到银行经理，是那个时代少有的成功秘书。

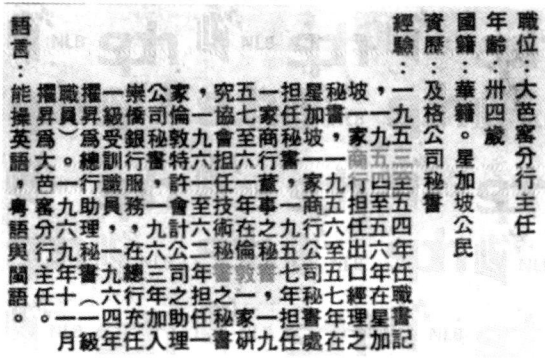

图 7-1　林江艳文女士介绍
图片来源：《星洲日报》1969 年 12 月 6 日第 23 版。

这一时期新马华人女文秘明显增加，1957 年新加坡华人女文秘只占职业女性的5%，排在第5位，1970年上升到16.9%，排名第3位（见表2-6），1957年马来西亚华人女文秘只占华人职业妇女的2.0%，排名第7位，1970年上升到7.3%，排名第6位（见表3-4）。女文秘出身英校和华校者皆有，要具备较好的中英文水平。她们通常是中学毕业，极少大学毕业者，也有不少人是在各种商业学校专门学习秘书课程，新马女性大多参加英国特许秘书协会的考试，考试及格即可得到该协会的文凭。许多以前只有白人才能担任的职位，现在多由本地女秘书充任，如银行雇用的女文秘日益增长，60年代末，新加坡一家银行的职员，包括经理部和书记，只有15%是女性，到1971年，女性占了50%，大多数是担任书记、秘书，接受男银行家的命令，只有四位行员是女性。[1]

对于中学毕业的华人女性而言，文秘职业是她们最向往的职业之一，既是坐办公室的"白领"，报酬又较优厚。70年代初，新加坡普通级别秘书的工资平均都在四五百元，往往规模越大的公司薪水越高。高级女秘书的工资都在1000元以上，几乎是普通女秘书的一倍。[2] 从当时招聘广告来看，对于秘书，明确标明是女秘书，要求通晓中英文，最少高中毕业，此外，问讯处职员、电话接线生、出纳也明确要求女性。对于会计和簿记，则男女不限。[3]

女文秘增多，其群体力量有所增强，要求平等待遇。1963年马来亚全国政府书记工友联合会举行会议，通过如下决议：（1）向政府提交备忘录，要求对书记、速记员、打字员以及电报机打字员服务重新改组，重新制定薪金制度，并授权执委会，寻求途径与资方接触，提出要求；（2）呼吁政府实行男女同工同酬原则，并立即给予女书记与男子同等的待遇……[4]通过争取，女文秘取得与女公务员一样的权利，包括同工同酬，婚后继续工作等。

八九十年代，新马经济发展迅速，女性教育水平提高，受中学、大学教育者增多。经济发展能提供更多就业岗位，接受较高教育的女性也更能胜任文秘工作，二者结合，华人女性大量进入文秘职业，文秘成为女性主导的职业，也成为华人职业女性第一大职业群体。1980年新加坡女文秘有99188人，占该职业的62.7%，1994年为181589人，占该职业的74.6%，在女性

---

[1]《星加坡妇女在银行界 有巨大前途》，《星洲日报》1971年9月20日。
[2] 沙丁：《你想做女秘书吗》，《南洋商报》1970年8月13日。
[3]《征聘广告》，《星洲日报》1971年10月16日。
[4]《政府书记工联大会议决 请求对书记速记员打字员服务重改组》，《星洲日报》1963年12月9日。

职业中占27.4%，排名第一（见表2-7）。1980年马来西亚华人女文秘人员占华人职业女性的17.2%，排名第三（见表3-4），2000年华人女文秘人员占该职业的75.9%，占女性职业的24.5%，排名第一（见表3-5）。新马文秘职业已经是女性占主导地位，这一职业也成为标准的"女性职业"。

二 从"花瓶"到"白领丽人"：女秘书形象变化

在传统职场的性别分工中，男性处于主导地位，女性处于辅助地位，于是，男医生与女护士、男经理与女秘书，似乎成了职场"标配"。但在20世纪上半叶的新马，因为华人女性人口少及教育水平低，需要具备中英文水平及一定学识的文秘其实是男性职业，只有极少数华人女性跻身文秘职业，她们服务于经理老板，在这个男性主导的场域又一次不可避免地被物化为"花瓶"。

因为"花瓶"形象，女文秘的专业水平并不重要，重要的是要美貌、要善打扮，还要陪老板出入咖啡馆、电影院、饭店等地，女秘书"如不装饰的花枝招展顺应老板的心理，地位就会起动摇，女秘书拒绝经理的邀请赴宴会而被无故辞退也是常有的事"[1]。某种程度上，女秘书被认为变相出卖"色相"，尽管不像女招待那么直接。一位名素芳的女秘书因美丽而被录用，她的工作是陪老板"出入茶室、电影院和餐室，在他的朋友面前，他显出得意洋洋的样子为我介绍"，美貌的女秘书成为老板炫耀能力和财富的资本。但是，素芳对此并不引以为荣，"我很痛苦，我想，那些没有'本钱'的女人，在这个城市里她们如何生活呢？我已决定跳出这秘书生活，……我虽是女人，但我也是人，我要尽我的劳力去换得生活上的需要，我不愿意供人欣赏，被人们称为'花瓶'"[2]。

六七十年代，女文秘人数人人增加，她们以细心、温柔、工作认真有效而得到人们认可，文秘成为"适合女性"的职业。但很多人仍认为女秘书是靠美貌的花瓶职业，认为成为一个受欢迎女秘书的秘诀并非打字打得快、速记记得快、商业知识丰富，而是要拥有"美貌""仪态"和"会交际"，其中美貌和仪态是最为重要的，正如一家公司老板所说，他们不用机器，却要

---

[1] 明素：《妇女运动应打出狭义范围》，《星洲日报》1939年5月21日。
[2] 素芳：《我是一个女秘书》，载南方晚报社出版《我是一个职业女子》，新加坡南方晚报社1952年版，第69页。

花费更多金钱来雇用一位女秘书,是因为女秘书的美貌不会看得多了令人讨厌。① 这是典型的男性视角、老板视角,希望女秘书成为赏心悦目的"花瓶",点缀紧张的职场。

一般人对女秘书形象的想象:

  ——秘书是坐在老板大腿上的漂亮动物
  ——秘书是老板桌子上的花瓶
  ——秘书是老板娘口中的狐狸精
  ——所以秘书也可能是老板的情妇。②

因为女秘书被视为"花瓶",又多服务于男性上级,她们也被想象为"情妇"。实际上,"物化"女秘书导致的职场性骚扰,是她们不得不面对的难题之一。一些女秘书不能忍受,多选择辞职。报纸上曾刊登一位名叫宛君的女书记自述她辞职的原因,具有一定普遍意义:

> 我是一个文静而很怕事的女孩子。……从工作第一天开始我都是以谨慎、礼貌、文静的态度对待同事们,尽量避免参与人家的是非圈里。……令我头疼的却是那天天与我接触的老板,真要命!才工作不到一个星期就在我面前投诉他太太如何不好,他得不到温暖,而对我百般献殷勤,问冷问热,真叫我手足无措,……我既感到不安又感到厌恶。……起初我以为保持缄默,过会儿他便会自觉没趣而罢,谁知他竟变本加厉,告诉我他对太太一点感情都没有,我听了委实不舒服,心里暗替他太太喊不值得,……他越讲越起劲,竟拉到男女的性问题上去。……每天下班回家,他自告奋勇天天到我家门口接送,我不好意思回绝他,只好硬着头皮坐他的车回家,他竟利用这个机会,在车上讲东讲西,尽是些无聊的话。还说他从来没看过这么可爱典型的少女,说什么要是他能有一位像我这种瘦小、美丽的太太,情愿为她做牛做马一辈子……一大套又脏又臭又下流的话。至此,我自知没有必要再留下来

---

① 沙丁:《你想做女秘书吗》,《南洋商报》1970年8月13日。
② 张琴棋:《两个不同身份人物的对话 上司讲秘书 秘书说上司》,《新明日报》1984年4月17日。

了，每天受这种精神虐待，心理不安已经够我受了，于是在月底领薪水前几天便向他辞职了。①

还有一个英校毕业的女生，好不容易找到一份月薪120元的书记工作，但没干几天就辞职了。这份工作名为书记，实为打杂，什么都要做，从打字、写信、抄账，到抹桌子、扫地、泡茶。她对这些也没意见，但最不能忍受的是老板，交代工作时总是动手动脚，不是摸她的背，就是摸她的头。当她提出抗议时，老板还说"出来工作的女孩子，何必这样认真"。这种男老板较多，他们往往以聘女书记或秘书为名来诱惑刚离校、没有社会经验的女子。② 这是父权制下性别和权力不平等在职场的必然产物。

但实际上，女秘书是靠工作能力和成绩立足，而不是只靠徒有其表的脸蛋，一个成功的秘书要具备下述能力：

——智慧与美貌并重，美貌是其次，工作能力为首
——她是老板的左右手，缺一不可
——她也是老板的另一脑袋，身负提醒安排大小事物的重任
——她需要判断力冷静思考。③

80年代女文秘已成为这一职业的主导，她们有能力反抗男人加在她们身上的"花瓶"标签。1981年在一个谈工作效率的研讨会上，一名男经理提出这样的看法："漂亮的女秘书是造成时间浪费的人！"此观点引起争议。赞成的人认为，漂亮的女秘书会使公司的男职员分心，因而影响工作效率。反对的人认为，有了漂亮的女秘书，不但可以使职员间增加欢笑，也使办公室生色不少。上述两种观点，都不脱女秘书是"花瓶"的窠臼。女秘书对此提出抗议，明确指出："这是大男人主义的偏见，只有心胸狭窄的人才有这样的看法；这样指责女人太不公平，如果男人那么容易分心，只能表示他缺乏工作纪律；反过来说，如果公司有英俊的男职员，使到女职员分心，他是否也会被受到谴责？"更多人正确认识到，"今日的女秘书，有相当的工作分

---

① 宛君：《我也辞职了》，《南洋商报》1970年6月11日。
② 《女书记有如打杂 更难堪老板索油》，《星洲日报》1971年9月19日。
③ 张琴棋：《两个不同身份人物的对话 上司讲秘书 秘书说上司》，《新明日报》1984年4月17日。

量，她们如果没有真材实料是不能应付的。而且，她们也都是经过特别课程的训练，考取一张职业文凭，并非是虚有其表的"。① "花瓶"说是对女秘书的贬低。

80年代以后，"花瓶"已是一个落伍的名词，不能代表女秘书的形象，更合适的词是"白领丽人"，一方面，她们要处理繁杂的事务性工作，上至处理老板的公文分类，下达主管的旨意，安排访客的约会，下至泡咖啡、安排宴客名单、订座与点菜、安排入住酒店等，这需要认真、细心、头脑清楚、反应敏捷。另一方面，有些女秘书已逐渐成为公司或机构中的高层人员，甚至参与关键性决策，权力相当于机构主管或经理级人物，有上情下达的特权。一些女秘书有远大的人生目标，努力拓宽知识领域，培养能力，对公司业务熟悉，并能提出相应对策，令老板另眼相看，有机会挑起更大的重任。② 不少女秘书被提升为经理，提升了自己的职业层级。

八九十年代新马经济转型、产业升级和科技发展，对女文秘提出更高的职业要求。秘书必须要有管理能力，同时，也必须对科技、商业和经济知识有更深入的认识，这样，她才能在管理层扮演更重要的角色。新加坡私人与执行秘书协会主席邝美年在秘书研讨会上指出，随着办公室电子设备的革命性变化，秘书是"速写簿和铅笔"的传统形象已有所改变，现在秘书是快速联络网的核心，必须挑起更多责任，具备更多条件。③ 秘书工作不再囿于打字、速写、接电话、排约会等传统任务，在办公室普遍采用电脑等现代办公设备的趋势下，秘书的上述工作会变得简单及更快速完成，所以秘书不仅要善解人意，思路清晰、口齿伶俐，还必须具有广泛的商业知识，分析和研究有关资讯的能力。④ 新加坡社会发展部兼教育部政务部长薛爱美则指出，成功的秘书，除了协助上司处理一些日常行政事务，她们的资讯科技知识，将使她们参与公司的决策工作。⑤

1988年新加坡贸工兼交通与新闻部政务部长马宝山提醒女秘书们，她们必须掌握更宽广的管理技能和知识，因为现代公司机构要求秘书处理会计、

---

① 英：《女秘书不是花瓶！》，《星洲日报》1981年3月2日。
② 《打破"花瓶"的框框》，《新明日报》1984年4月16日。
③ 《邝美年鼓励秘书们 不必因科技发展而对职业产生恐惧感》，《星洲日报》1982年4月20日。
④ 《尽管办公室自动化 秘书工作仍然重要》，《联合晚报》1987年4月25日。
⑤ 《薛爱美：符合社会需求 秘书须接受新科技训练》，《联合早报》1989年4月24日。

管理办公室、负责人事甚至公共关系等事务。他也奉劝女秘书要"装扮像女人，头脑像男人，工作像匹马"，① 这句带有调侃意味的话，表明男性心目中的合格女秘书形象：容貌打扮靓丽，思维头脑像男性一样理性和清晰，工作努力。这是典型的"白领丽人"形象：能力出众、头脑聪明、妆容精致、衣着优雅。新加坡设有秘书节，每年举办最佳女秘书评选，1990 年陈秀琼荣登该年度"最佳女秘书"的宝座。她在华侨银行训练与发展部门当秘书 10 年，热爱这份工作，认为秘书是一门受人尊敬的行业。在老板的眼中，陈秀琼不但办事效率高，还常自动地执行任务，是一位难能可贵的左右手。② 每年一度的"最佳秘书"评选，展现出女秘书标准的"白领丽人"形象。

"白领丽人"强调女秘书的能力，但仍然存在对美貌的推崇，在一定程度上消解了对女秘书专业能力的认可。

三 文秘职业"女性化"的影响

20 世纪上半叶，文秘是典型的男性职业。70 年代文秘职业处于男女交替状态，女文秘增长势头很猛，同时男文秘仍为数不少，文秘职业"女性化"的影响之一，是男文秘的就业机会减少，报纸上聘请秘书、书记的广告，都是明确要求女性，这严重冲击了男文秘的就业机会，使得他们面临失业。当时报纸上不时出现男文秘们的抱怨，他们指出现在是男女平等时代，但秘书职业是男女不平等，一封署名"失业者"的信说：

> 我们是一群任职于裕廊区某一制药厂的书记，由于工厂停业了，我们失业至今已有几个月。由于近来中英文报纸之招聘广告多数聘用女职员及女簿记员，征聘男职员及男簿记员的广告少得可怜。男女受同样教育有着同样做事的本领，为何一定指明要用女性，而不给男性去应征？由于男的失业太久，生活无着落，假如男的已成家立室，孩子们生活无着落，在走投无路时，打家劫舍的事件增加实也难怪。说到待遇方面，一样的酬劳，男女一样可以接受，为何一定要聘用女性？身为雇主们，你们也是男的，应该为男的着想，应该男女一律聘用，因为男女受同样

---

① 曾月丽：《不止于速写打字 秘书人员应参与执行工作》，《联合晚报》1988 年 11 月 25 日。
② 《办事效率高·自动执行任务——最佳秘书陈秀琼》，《联合早报》1990 年 4 月 28 日。

教育，有着同样忠于职守的品德。①

还有男性强调，"女性失了业，丈夫可以付给家用，而男的失了业，生活费无着落后果真是不堪设想"。② 男文秘以男性是家中经济支柱，女性是辅助养家者，男性失业必将带来灾难为说辞进行抗争，但女性在文秘职业的优势日益明显，使她们取代男子，该职业还是不可避免地"女性化"了。

为什么老板在聘请文秘时，变得"重女轻男"了呢？其实，不仅文秘职业，还有制造业工厂也更愿意雇请女工，除了女性"适合"相关职业，还有工作能力和工作态度的考虑。据当时人观察，老板们不愿请男性主要是因为，许多男性对所担任的工作存有极大的挑剔心理，他们认为不理想，就向老板提出辞职，甚至有的还不辞而别，"男性们此种好动的性格，尤其是一般未有家庭的单身汉更具有那种'跳槽'的特性，往往令到雇主们束手无策"。相比之下，女性任职时，大多安于职守，且做事细心尽责，为老板所信任。③ 可见，女性的工作能力，踏实、勤奋、细心的工作态度，忠于职守，更受到老板青睐。

文秘职业"女性化"的影响之二，是该职业的男女收入差距减小。从劳动力市场来看，由于女性大多处于低技术、低职位位置，她们的收入普遍低于同行业的男性，但如果该职业是"女性化"职业，男女收入差距会减少（见表2–19，表3–16）。1984年新加坡劳动力调查报告，男女收入差别最大的是销售人员、服务人员和工人，女性工资只是男性的63%，差别最小的是文秘人员，女文秘工资是男文秘的86%。此外，小学老师、护士等"女性化"职业也存在类似情况。这表明，一方面，与经理管理、销售人员等相比，收入相对较低，男性另谋高枝；另一方面，当一个职业"女性化"后，其收入相对较低，两者互为因果。但无论如何，该职业的男女收入差距减少。

文秘职业"女性化"的影响之三，会加剧性别刻板印象，不利于性别平等。任何职业"男性化"或"女性化"都不是正常现象，也导致一系列不良后果。从性别平等来说，性别职业隔离使女性集中于低职位、低收入、低

---

① 《一味聘女性对社会不利》，《南洋商报》1977年12月13日。
② 《聘男性广告少到等于零》，《南洋商报》1978年5月6日。
③ 小卒：《为何都聘女性？》，《南洋商报》1978年5月5日。

技术领域，不利于性别平等；从劳动力市场来说，性别职业隔离扭曲了资源配置，使劳动力市场僵化，浪费人力资源，降低效率，不利于这个职业的发展。因此，护士职业需要男护士，小学教师需要男教师，秘书职业也需要男秘书。80年代末，新加坡强调男性也应该加入秘书工作，薛爱美在秘书周开幕式上指出，"男性加入秘书行列将是一个好的转变，女性从事秘书工作是我们的传统，但随着社会的演进，这种现象是会改变的。秘书行列需要男性的加入，教师行列也有此需要"。① 女秘书对此回应，"男性可以当秘书，但不比女性来得适合。……女秘书做事细心，态度温柔，善解人意，日理万机的老板最需要这种漂亮、能干和服务态度良好的人"。②

上述对男秘书的讨论别有深意，可以看到文秘职业经历了多么巨大的变迁。20世纪下半叶文秘职业"女性化"已被普遍认为是一种"传统"，要费力地推动男性加入文秘业，完全忘记了20世纪上半叶文秘职业是"男性职业"。而且秘书的"标准"也改变了，变成了"适合"女性的"细心、温柔、善解人意、美丽、能干"，男性被认为不适合这样的标准。可见，职业的性别分工并不是固定不变的，而是随着经济、教育、社会变革而不断变化，女性从最开始的"适合"入手，逐渐占据这一职业，并将"适合"女性的标准上升为职业标准。

第二节 华人女企业家与"女强人"迷思

新马华人社会是工商社会，从小杂货店，到商店、种植园、矿场、工厂、银行，这些大大小小的企业产生了众多经理和老板，经理和老板并不是截然分割的两个群体，一是对那些中小企业来说，老板和经理合二为一，二是许多老板过去是经理，后来自己创业成为老板。实际上，高级经理和老板都可归入企业家之列。在新马华人的职业层级中，经理和企业家处于高级层级，战前，有为数极少的华人女经理和女老板，1921年和1931年的人口普查表明，种植园、矿场、工厂、商店有女老板和女经理人员（见表1-5）。战后，尤其是90年代以后，新马华人女经理和女企业家有数有所增长，但与男性相比，比例仍极低，在女性职业排名上也一直处于末位（见表2-6、

---

① 《薛爱美：符合社会需求 秘书须接受新科技训练》，《联合早报》1989年4月24日。
② 《男人也可当秘书?》，《联合早报》1989年4月24日。

表2-8、表3-4、表3-5)。

一 女企业家产生路径

20世纪上半叶,新马也有华人女店主、女种植园主、女厂主等,但人数极少,其企业规模也极小,我们所能知道名字的女企业家有黄典娴,她从办教育转向办实业,先是经营橡胶园,成绩不佳,转而经营矿务,"披荆斩棘,不避劳苦,成女界之铮铮者"。[①] 还有许多不知道名字的女企业家,如新加坡一华侨女实业家创立祥发织布厂,有织布机40余架,女工50名,每日可出四十匹布。[②] 20世纪下半叶,尤其是90年代以来,新马华人女企业家有所增长,她们既有继承家族企业者,也有自主创业者,还有从经理上升为老板。

(一) 继承家族企业的女企业家

新加坡女企业家周玉琴(1961—),1984毕业于新加坡国立大学法律系,加入知名的得尊律师事务所工作三年,是一名律师。她的外祖父陈振传是华侨银行董事主席兼总经理,周玉琴自幼与外公一起生活,耳濡目染,对经商颇感兴趣,之后她应外公邀请,进入家族企业服务。"当初我被邀和外公共事时,我向外公提议不妨让我试试工作两年。如果两年后他觉得我不配或是我不喜欢这份工作,我们就会和气地分道扬镳,而我们祖孙之间良好关系就可以保持不变。"周玉琴于1987年加入Tecity集团,在商界拼搏多年,成为杰出的女企业家,她后来成为Tecity集团、海峡贸易(The Straits Trading Company Limited)执行主席,同时也是马来西亚熔炼公司和ARA Trust Magnagement(Suntec)Limited的主席。另外,她受新加坡股票交易所邀请担任董事。周玉琴已成为身家815亿的大企业家,在2020年福布斯富豪榜上,周玉琴位列第29名。周玉琴也是商界富有才华并深受敬崇的领袖,2010年她获颁"法国国家功绩骑士勋章"、2014年获颁"新加坡企业家奖",2016年获总统颁发国庆日"功绩奖章",2019年获得新加坡女企业家"Super Nova 荣誉之星奖"。[③]

女企业家林秀琴(1943—)在马来西亚商界无人不晓,她是孝恩集团

[①] 招观海:《南天游记》,《海外月刊》1935年第32期,第56页。作者还指出:"闻霹雳一地,以一女子而经营矿务者,只有两人,黄女士外,尚有一客人云。"
[②] 《我侨女子新兴手工业星洲祥发织布厂概况》,《槟城新报》1938年4月25日。
[③] 《女企业家坚守理念 成绩耀眼闯出一片天》,《联合早报》2019年7月10日。

图 7-2　新加坡女企业家周玉琴

董事主席。其夫朱正华是马华公会总财政，创立马化控股公司，1987年创立马来西亚第一个私营的风景墓园——汝莱孝恩园。1996年朱正华去世，孝恩园尚在起步阶段，林秀琴接过丈夫的事业，将其发扬光大，2007年建立孝恩馆，集展览中心、讲堂、生命关怀资源中心、放映厅、大礼堂与殡仪设施于一体。孝恩馆内设有生命故事馆，收藏的主题书籍为生死教育、临终关怀、失落哀伤等。此外，该馆也设有辅导与咨询指导服务，希望协助丧亲者在辅导师的陪伴下走过悲伤。孝恩园是马来西亚经营最好的墓园之一，林秀琴以其杰出的领导能力和人文关怀，2005年获得杰出华裔企业家的称号。[1]

（二）自主创业的女企业家

新马自主创业的华人女企业家也有不少，她们从小企业做起，逐步发展壮大。

马来西亚的女企业家陈秋菱毕业于马来亚大学生化专业，曾当了13年

---

[1] ［马］杨洁、曾丽萍：《为爱成就一生：殡葬界先行者——林秀琴》，载《马来西亚中华大会堂总会妇女部二十五周年纪念》，中华大会堂妇女部2018年版，第181页。

国中教师，1992年辞去教职，创办美容院。在陈秋菱看来，美容和生物化学是相通的，美容产品中的成分和化学有关，皮肤护理则与生物学相通，在开始创业时，她首先选择与自己专业相关的美容院，其次选择在家乡开店，因为店面是父亲的产业，可节省成本，但装修店面也需要资金，如何筹措？她采用向顾客推销美容配套，一人1300马元，招十个人就筹足了第一笔装修资金。她运用较少的资金开始创业，通过为客人提供优质服务，赢得顾客的信任，美容院的业务越做越好，还开了分店。她的创业心得是："没有大资本，就要靠手艺和讲解，获得顾客的信任后，小资本也可以开始做生意。"2002年，她把业务扩展到美容学院，这是教育与企业相结合的产物。学美容的学生一般中学成绩不好，学习态度不认真，她发挥教师的耐心，督促学生认真学习。当时政府主办第一届全国美容技能比赛，她以教师的经验，认为参加比赛会提高学生的学习动力，于是鼓励学生去参加。学生非常积极，一改懒散态度，还有两位学生成功获取那一届的冠亚军。这不仅鼓舞了学生的学习热情，也打响了美容学院的知名度。随着人们更注重纯天然的有机食物和养生，陈秋菱又创立养生中心——绿禾养生坊。开店需要资金，她再次以她良好的信誉，获得十个美容学院的前学生集资，一人一万，十万元本钱创立绿禾养生坊，采取综合养生的概念，既有养生餐厅，也有有机蔬果和产品的销售。[1] 陈秋菱是一个教育企业家，既具有专业知识，也有教学经验，更有创业眼光，她将这三者有机结合，成就了自己的事业和理想。

新加坡教育企业家胡锦珠（1953— ）是伊顿国际教育集团创办人及董事长，她的大学专业是会计，毕业后踏入职场，成为一名出色的审计师。结婚后她随丈夫外派到伦敦工作，当了12年全职主妇，养育三个子女。90年代举家搬回新加坡，因为女儿找不到合适的学校，胡锦珠决定自己开一所幼儿学校，这就是伊顿教育集团的缘起，随后20多年间，伊顿教育集团已经发展为跨越12个国家的国际教育机构，旗下拥有超过100所国际学校和幼儿园。胡锦珠创业时已经43岁，当时女性创业并不多见，面对众多质疑声音，她都不去理会，只是专心做好想做的事。胡锦珠的经历诠释了女性在不同阶段的角色转化——职场精英、全职妈妈、女企业家，她认为无论在家庭

---

[1] ［马］曾丽萍、杨洁：《乐学敬业的教育企业家——陈秋菱》，载《马来西亚中华大会堂总会妇女部二十五周年纪念》（1992—2018），马来西亚中华大会堂总会妇女部2018年版，第177—179页。

或职场，女性都扮演着 CEO（chief emotional officer）"首席情绪调控官"的角色，女性的智慧是能够在多重身份中转换，在追求家庭与事业的平衡中继续追梦，这无关乎年龄、性别、社会的标准和定义。①

新加坡女企业家林爱莲（1961— ）出生于马来西亚霹雳州金宝甘榜，是一个弃婴，生长于贫困家庭，1982 年她考入新加坡国立大学化学系，1986 年毕业后在新加坡的一间荷兰药剂公司从事化学药剂师工作，年薪 4 万美元。眼光敏锐的她发现废水再生市场具有广大的发展空间，于是在 1989 年毅然辞掉稳定的工作，卖掉车和房子，筹集 1.2 万美元成立了自己的公司——凯发公司。公司成立之初，她只有一间狭小的办公室和 2 名雇员，3 人每天不停奔波于新加坡、马来西亚和印度尼西亚之间，推销废水治理设备。回收生活污水和工业废水，以及淡化海水，对于新加坡摆脱对马来西亚水源的依赖，是非常重要的，世界上还有不少国家也需要这项技术，凯发公司适应市场需要，迅速崛起，2001 年 1 月凯发成为首家在新加坡交易所上市的水务公司，并自 2005 年 3 月起成为海峡时报指数的指数股。凯发因其卓越表现曾获得过 2003 年新加坡最佳企业奖、2006 年度全球水务公司奖，并连续多年获得美国《福布斯》全球最佳中小企业等荣誉。到 21 世纪初，凯发的市值已达 15 亿新元，公司拥有亚洲最大的膜材料研发中心，掌握世界上最先进的膜法海水淡化技术，为石油、化工、冶金、纺织、印染、生物、医药食品、发酵、纸浆、造纸、电子、电力等工业领域以及市政公用领域提供低成本、高效益、经济环保的流体处理解决方案。凯发公司的业务还扩展到中国、印度、中东、北非等国家和地区。2005 年林爱莲以 2.4 亿美元的身家登上《福布斯》杂志亚洲版东南亚富豪排行榜，位居第 39 位，成为有史以来第一位进入该排行榜前 40 名的女性，同时还成为该榜单历史上最年轻的富豪。2009 年 8 月由世界杰出华商协会组织评选的"2009 全球华商富豪 500 强排行榜"中，林爱莲也以 22.21 亿元的身家排名第 374 位。②

新加坡女企业家王美金（1963— ）是机械工程公司 Marunda Utama 董事经理。她出身贫寒，没有读过大学，中学毕业后报读过秘书课，也学当模特儿，还曾在一家发廊当过发型师。1985 年，她有一位印度尼西亚朋友的父

---

① 李雅歌：《欢庆新加坡女性年 打破刻板印象 书写女性故事》，《联合早报》2021 年 3 月 28 日。
② 《林爱莲登〈福布斯〉排行榜，成东南亚第一富婆》，《创业家》2018 年 6 月 5 日，https：//baijiahao.baidu.com/s？id＝1602424513401945777&wfr＝spider&for＝pc。

图 7-3　新加坡女企业家林爱莲

亲希望在新加坡开一家机械代理公司，需要一名新加坡合伙人，希望当时只有 22 岁的王美金帮忙，方式是印尼合伙人负责出资，她只需为英语不流利但会说华语的印尼合伙人担任翻译，但可拥有 10% 的股权。她以为这是无本多利的好事，便答应下来，工作中才发现翻译工程名词极为困难，"我经常翻译错误，印尼合伙人听得懂就会说'这个不是我的意思'。之后他要求我销售产品，我连电传打字机怎么操作都不懂，也不明白什么是信用证明，完全就是个商业新人"。凭着强烈的求知欲和不认输的性格，王美金到图书馆借工程书学习，熟读公司产品的操作指南，向合伙人请教，渐渐地掌握了相关知识。后来公司严重亏损，面临清盘，王美金也陷入困境，"当时公司所有信件都是我处理并签署的，贷款也是我申请的，可是印尼合伙人却说，没钱，债主要告就告啦。可是面对后果的人是我"。因为不愿意面对破产的后果，王美金决定接手欠下 150 万元债务的公司，这笔钱在当年是不小的数目，她所承受的压力可想而知。她向债主一一解释情况并承诺会还钱，以诚意成功说服债主延长还款期限。

要想公司生存下去，首要任务就是争取新的代理权。王美金写信给美国大型引擎生产商 Fairbanks Morse，表明代理其产品的意愿，待对方来新加坡商谈合作计划时，王美金坦诚公司的财务情况不佳并承诺会在一年内找到购买引擎的潜在客户。当时新加坡环境部有意提升一座污水处理厂的设施并公开招标，她说服参与竞标的数家大型工程公司采用所代理的引擎，赢得工程的公司正是其中之一。这次成功无疑为她注入了一支强心针，大大提高了她独立经营公司的自信，随后有了更多的客户，如美国海军战舰使用 Fairbanks Morse 引擎，在新加坡靠岸时经常要求她的公司 Marunda Utama 提供零件和技术支援，王美金发现，战舰上还需要其他配件和维修服务，例如更换冷气管的绝缘材料，当海军招标寻找承包商时，她就参加竞标，公司以实惠价格争取到美国海军的合同，业务发展更加稳定。王美金多年的努力获得社会的肯定，2018 年她获得第二届新加坡女企业家奖"最佳闪耀之星奖"。[1]

新加坡女企业家庄秀华是达芬奇家居私人有限公司执行董事，早在 1978 年，她就开始促销厨房煮锅，行程遍及新加坡、马来西亚和印尼。1994 年，庄秀华设立达芬奇家居公司，业务开始多元化，包括高档欧美古典家具。到 2001 年，达芬奇家居公司在五个国家或地区共有 15 间展示厅，所占面积达 36 万平方英尺以上，雇员人数计 600 名。她于 2001 年赢得新加坡中小企业家协会"最杰出女企业家奖"。[2]

新加坡女企业家周士锦是 77 街（新）私人有限公司董事经理。她在英国学习发型造型，抱着成为企业家的梦想回到新加坡，1987 年接管一家理发院，自己当老板，当时，她只有 5000 新元的资本。理发同时，她从伦敦进口时尚服装和配饰卖给顾客，很受热爱时尚的人士欢迎，她从中看到商机，于 1988 年开设 77 街商店，专营潮流服装和饰品，"77 街"是新马地区年轻人时装潮流引导者，除了进口服装，也有自己的品牌。到 2001 年，"77 街"在新马两地的连锁店分别有 10 间和 6 间，她获得 2001 年新加坡中小企业家协会"最有潜能女企业家"称号。这使她有了与"真正的成功企业家打交道"的机会，"并受到女企业家的极大鼓舞"，以后她的企业发展壮大。[3]

新加坡女企业家张齐娥是悦榕酒店和度假村（Banyan Tree Hotels & Resorts Pte Ltd）联合创办人，也是悦榕控股（Banyan Tree Holdings Ltd）高级副总裁。张齐娥毕业于新加坡国立大学社会学系，后留学法国，之后进入法

---

[1] 李蕙心：《自学补强知识成为工程业女中豪杰》，《联合早报》2018 年 8 月 9 日。
[2] 《巾帼不让须眉为我国经济作贡献》，《联合早报》2001 年 11 月 23 日。
[3] Kanwaljit Soin & Margaret Thomas, eds., *Our Lives to Live: Putting a Woman's Face to Change in Singapore*, New Jersey: World Scientific, 2015, pp. 63–64.

国驻新加坡大使馆担任翻译工作。70年代末,丈夫何光平在香港《远东经济评论》当记者,张齐娥随他来到香港,在香港大学攻读社会哲学硕士学位,同时担任助教。90年代,她与丈夫在普吉岛建造度假村,后发展为悦榕酒店,又在各地发展为连锁酒店,1995年创立悦榕控股,2006年在新加坡交易所挂牌上市,2017年业务遍布28个国家。[①]

(三) 经理出身的女企业家

有一些女性长期担任经理职位,因业绩突出,被任命为总经理或董事经理。

1984年梁林玉莲(Evelyn G. N. Lemg)被任命为渣打金融公司经理,1985年被任命为董事经理,这是新加坡银行界及金融界首位出任董事经理职位的妇女。她在银行界工作多年,先在万国宝通银行工作数年,后加入新加坡发展银行之金融公司,1976年她进入丰隆集团担任丰隆金融公司的市场经理。[②]

1986年4月新加坡华侨银行任命杨美云出任总经理,这是新加坡第一位女性银行总经理。她毕业于澳洲国立大学,在银行界已有二十年以上的丰富经验,1977年她出任美国银行新加坡分行副总裁,是新加坡第一位出任此职位的女性。除了担任华侨银行的总经理,杨美云还被任命为新设立的华侨证券公司的董事。[③] 但她任职时间不长,一年后辞去华侨银行总经理一职。

有些华人女性从秘书做起,升为经理,成为董事经理或总裁。如马来西亚的陈彩连是多元重工集团董事,该公司旗下有90家活跃公司,领域涵盖产业、汽车和服务业务。她的专业是会计,大学毕业后先到毕马威(KPMG)担任审计师,随后在一些上市公司担任秘书。2006年,她进入多元重工集团涉足汽车领域,这也是她第一次涉足非金融领域。陈彩连在多元重工担任企业公关与秘书董事,主要负责集团的所有秘书和法律事务,是集团高层决策者,也是董事部唯一一名女性。她认为,"只要你有表现,就会得到机会"。[④]

马来西亚的邹慧冰中学毕业后先当书记、秘书,后来成为经理,1989年

---

① 《杰出女性创造商界奇迹》,《联合早报》2017年3月16日。
② 《银行金融界首位女强人 梁林玉莲夫人出任渣打金融董事经理》,《联合晚报》1985年5月9日。
③ 《杨美云升任华行高职 本地银行界出现第一位女总经理》,《联合早报》1986年4月3日。
④ 《深懂教育重要陈彩连学习改变人生》,《南洋商报》2016年1月29日。

她担任总部在新加坡的跨国公司吉隆坡分公司的经理,"整个吉隆坡的公司是我一个人管,公司里有很多部门,有建筑,有服装,有纸张,我负责整个吉隆坡公司的运作,做得不错。后来老板跟我说,别的国家的公司有很多问题,不赚钱,只有我操作的马来西亚公司赚钱,老板问我可不可以帮他去管别的国家,比如中国。我答应了,1995年去了深圳,以后每个月会去深圳一个星期"。后来,她成为这个跨国公司的亚洲区副总裁,负责整个亚洲区的业务。"有一段时间,我一个月跑七个国家,从马来西亚到中国,经香港,我在机场见经理开会,开完会我就从香港坐火车到深圳的罗湖,车子在那边等我,直接去深圳的公司。过几天又再回到香港,从香港去台湾,台湾也有分公司。从台湾飞回来一个星期,又飞新加坡总公司去报告。每个月都这样,做了好几年。"她在这家跨国公司工作21年,直到2010年退休。[①] 之后,邹慧冰又与大女儿一起创业,做美容产品。她负责产品的销售和出口,大女儿是药剂师,负责产品研发。除了自己的美容品外,她们的公司还有两个美容保健中心,做经络、推拿、艾草、刮痧之类的护理。

从女企业家的产生路径看,除了继承家族企业或是企业经理的,新马女企业家设立的大部分是中小型企业,通常属于零售、教育和服务业。她们通常是唯一的老板,如果与人合作,她们通常选择与家庭成员合作。除此之外,女企业家创业时的资金,多数是自己的储蓄,或家人朋友集资。

二 女企业家的成长与特质

90年代以前,新马很少华人女企业家。企业家一向被视为男性职业,需要头脑机敏、遇事果断、紧抓商机、奋力拼搏。黄麟根曾指出,早期华人企业家是"粗壮的开拓者",他们通常具有"将军的好战品格,外交家的政治手段,资本家的商业眼光,死命压榨工人的狠心"。[②] 女性特质不符合这样的企业家标准,所以周士锦说,一般人认为女性"成为一个企业家并不被看做是一个好的职业选择,它太过冒险了。最好的选择是获得尽可能好的资格,并最终加入一个能够提供稳定就业的公司"[③]。

[①] 邹慧冰访谈,访谈人:范若兰,访谈时间:2019年1月25日,访谈地点:吉隆坡。

[②] L. K. Wong, *The Malayan Tin Industry to 1914*, Tucson: University of Arizona Press, 1965, p.40.

[③] Kanwaljit Soin & Margaret Thomas, eds., *Our Lives to Live: Putting a Woman's Face to Change in Singapore*, New Jersey: World Scientific, 2015, p.64.

新加坡南洋理工大学的张淑琴讲师在 1994 年对新加坡女企业家进行调查，调查结果显示，女性之所以创业，主要是希望能发挥所长，拥有独立的经济能力，同时提升她们的社会地位。创业初期，女性面对的主要难题是聘请员工困难和资金问题，银行和供应商对女企业家缺乏信心，不愿意提供贷款和赊账，竞争激烈。企业经营成功，女企业家认为应归功于产品与服务，自己和员工的素质。张淑琴指出，新加坡成功的女性企业家基本上有几个特点：一是学历比较高，二是曾经拥有工作经验，三是平均年龄在 40 岁，四是在有企业背景的环境中长大。[①]

1995 年以前，新加坡中华总商会是"全男"董事会班子，就像是男企业家俱乐部，1994 年该商会成立事业女性组，让新加坡的女企业家有了总商会平台，1995 年颜诗琴和张齐娥加入董事会，这是中华总商会董事会首次出现女董事，她们积极推动事业女性组活动。到 2007 年，总商会女会员人数已从 150 名增至 534 名，张齐娥提出，希望在未来 10 年女会员能增至 1200 名，达到会员的 30%。张齐娥强调："我们先要争取姐妹们走进这个以为是全男人之地，然后再积极参加活动，发掘自己的潜能，为自己创造发挥才能的空间，再争取进入董事会，成为领导团队的一员。"[②]

女企业家在男性世界打拼并获得成功，她们要具备怎样的特质呢？

首先，女企业家具有坚强的毅力，自信自强，面对困难永不妥协，努力进取，奋力拼搏，将企业做大做强。

新加坡女企业家王美金认为，她在以男性为主的工程业中率领一家公司取得成功，是一项重大的成就，"我希望我的经历对其他女性是一种启发，加入这个行业。别认为这是不可能办到的，任何事都是有可能的。如果投入心力和毅力，别看轻自己，你一定能取得成功"。[③] 在她看来，自信、毅力、投入，是成功的关键。

马来西亚女企业家连美玲是 IBM 董事经理，负责销售、市场营销、服务等的战略与运营事宜。她认为，"在我的职业生涯中，我一直追随自己的热忱去实现个人目标和价值观。在我看来，成功得来不易，因为成长和舒适绝不会共存。……23 年前我加入科技领域时，这仍是男性主导的产业。我选择

---

① 《理大讲师调查显示 我国女性创业多为满足个人欲望》，《联合早报》1994 年 7 月 9 日。
② 《新加坡中华总商会：十年内要争取逾千女会员加入》，《联合早报》2008 年 2 月 25 日。
③ 李蕙心：《自学补强知识成为工程业女中豪杰》，《联合早报》2018 年 8 月 9 日。

每周工作80个小时,要更上一层楼绝对少不了努力工作。……我学到无论从事什么工作,努力工作、保持弹性和专注都很重要。……女性要在企业世界里成功,需要有雄狮般的心,对自己和所做的事充满信心,让别人看到你的能力和表现。"① 在她看来,自信、努力、专注非常重要。

柔南中小企业公会理事朱凤仪认为女性从商也有优势,因为女性普遍拥有耐心、刻苦耐劳、柔中带刚的特质,她们的细心、耐心、洞察力,使她们能够在职场上大展拳脚。② 李素桦也认为,女企业家有优势,"我们细腻,吃苦耐劳。有些男人很快就觉得不行了,放弃了,女性可能会坚持到底,有耐力,有韧性,这是我们的优势"。③

其次,不断学习、终身学习。

几乎所有女企业家都强调学习的重要性,正如连美玲所说,"终身学习是帮助我在职业生涯中走得更远并成就现在的我的关键因素"。④ 时代在进步,企业在发展,只有不断学习,才能赶上时代,壮大企业。女企业家们身体力行,活到老学到老。

马来西亚女企业家林秀琴到老年还在追求新知充实自己,"2011年我到清华大学上课(领导韬略国际研修班),……过了几年,我又去北京大学念短期的EMBA(高阶企业管理硕士)课程,……我一直梦想戴四方帽,在儿女的支持下,也算是圆梦了"。⑤ 陈秋菱为了办好养生坊,继续学习,还考取了加拿大应用营养学文凭,运用学到的知识在养生坊教健康烹调,教学生如何用食物调理自己的身体。⑥ 邹慧冰在48岁时读MBA,"我读的学校是一所美国大学在吉隆坡的分校,读这个学位真的很辛苦",她工作繁忙,经常出差,于是在飞机上捧着厚厚的书在读,在上海住外宾旅馆,早上5点就起来读书。"终于两年之内我50岁时拿到了文凭,成绩还很好。"⑦

---

① 郑美励:《女力优势 高度竞争也能冒出头》,《南洋商报》2021年3月8日。
② 苏欣恩:《兼顾家庭事业牺牲心血更多 女性创业路更难》,《南洋商报》2011年4月15日。
③ 李素桦访谈,访谈人:范若兰,时间:2019年1月24日,地点:吉隆坡。
④ 郑美励:《女力优势 高度竞争也能冒出头》,《南洋商报》2021年3月8日。
⑤ [马]杨洁、曾丽萍:《为爱成就一生:殡葬界先行者——林秀琴》,载《马来西亚中华大会堂总会妇女部二十五周年纪念》,中华大会堂妇女部2018年版,第182页。
⑥ [马]曾丽萍、杨洁:《乐学敬业的教育企业家——陈秋菱》,载《马来西亚中华大会堂总会妇女部二十五周年纪念》(1992—2018),马来西亚中华大会堂总会妇女部2018年版,第177—179页。
⑦ 邹慧冰访谈,访谈人:范若兰,访谈时间:2019年1月25日,访谈地点:吉隆坡。

21世纪以来，华人女企业家成长环境更加友好，人数也更多。如新加坡发达和良好的营商环境，有利于更多女企业家成长，在跨国企业戴尔（Dell）2016年女企业家城市指数（Women Entrepreneur Cities Index）排名中，新加坡被选为亚洲最能吸引和培育女企业家的城市，是唯一进入十强的亚洲城市，在全球则排名第五。戴尔女企业家城市指数对一些城市的女企业家发展因素做出评估，评估内容涵盖科技、文化、资本、市场和人才等层面，然后选出25个最能吸引及支持高潜能女企业家的城市，新加坡在人才、科技和文化方面的得分最高。数据和研究证实，一旦女企业家面对的发展阻碍消除，相关城市的经济会出现大幅度的提升，由此可见女企业家对经济发展的重要性。[1]

21世纪马来西亚女企业家人数有所增长，但仍很少。2011年全国共有956家上市公司，有约5769个董事部，但女董事只占8.9%。[2] 2011年马来西亚政府为鼓励女企业家，宣布企业决策层必须有30%为女性，这些企业包括上市公司、政府相关公司、法定机构和金融机构。马来西亚有50万家中小型企业，其中有15%的企业是女性创办的。政府实行针对女企业家的微型贷款计划，意在培育女企业家。[3] 据《南洋商报》报道，截至2020年7月，马来西亚公司委员会共录得1971878名注册女性企业家，但维持活跃的只有608729人，其中马来人占58.5%、华人占30.65%、印度人占8.15%，其他族群占2.68%。[4] 总的来说，马来西亚的华人女企业家是在90年代以后，尤其是21世纪以后增长较快。

三 "女强人"迷思

女企业家的毅力、耐力、果断、自信、永不妥协、不断学习的特质，与男企业家并无二致。但她们身为女性，进入男人的世界，会面临怎样的性别困扰？

随着越来越多女性进入经理、老板、律师、工程师等一向是男人把持的领域，80年代新马华文报章出现一个新词——"女强人"，所谓"女强人"，

---

[1]《最能吸引与培育女企业家榜 我国列亚洲第一》，《联合早报》2016年6月24日。
[2]《世界女性经济论坛：黄燕燕：抛弃竞争心态 女性应善用优势与男性合作》，《南洋商报》2011年9月20日。
[3]《罗丝玛：政府提供资金 助妇女创业是精明策略》，《南洋商报》2011年12月9日。
[4]《全国有197万女企业家》，《南洋商报》2020年08月12日。

有人认为,"大概是因为妇女解放的原故,女人有机会在社会上大展身手与男人一争长短,所以才有女强人。女强人之强,并不是因为力气大(力气大的男人如苦力、拳师或举重健将,似乎都没有人称他们为男强人),女强人之所以会是女强人,是因为她有男人一样的气魄和胆识,她能'领导群雄雌霸天下'"。①"女强人"是一种贬称,指女性像男人不像女人,"张牙舞爪行事狠霸,完全抽离了女性阴柔温婉的内在特质"。②

能干的、坐上高位的女性被贴上"女强人"标签,她们在工作和婚姻上被贬低。

首先是在职场上,同样是经理,男经理工作负责,要求严格,态度强硬,符合性别规范对男人的期望,而女经理如果采取相同的工作态度,她会得到一个不屑的评语:"她想当女强人嘛!"如果她采用传统女性规范的工作方式,又会因为柔弱,难以服众。③女经理们对此深有体会,在一次管理培训课堂上,男讲师认为,男性和女性在管理领导技术上并不需要采取不同的方式,但是女经理指出,男女在管理上面临区别对待,"男性和女性在管理上是截然不同的两回事,一个男经理可以发号施令,但一个女经理却只能劝告。我尝试采用主动的方式,但男人却认为我在威胁,他们不喜欢!"④ 实际上,职场长期是男性主导的天下,现在女性不仅进来了,甚至还要领导他们,男人如何能服气,"在男人眼中,女人应该隶属于他们,现在让他们有一个女上司,他们如何吞得下这口气?"⑤ 于是,不像女人的"女强人"成为贬低这类女性的称谓。

其次在婚姻上,"女强人"被认为面临婚姻困境。"女强人"完全违背了传统的男外女内、男主女从、男强女弱的性别规范,人们认为她们要么嫁不出去,要么丈夫受不了而离婚,有一些调查似乎提供了佐证。"根据一项最近的调查显示,在商界中地位越高薪酬越厚的女强人,比一般地位较低的普通职位女性,所遭遇离婚率较高,而且,女强人们更理所当然地要做更长时间的工作。这项调查有下列几点呈现:(1)月入超过一万元的女强人,80%每周的工作时间达五十一小时。(2)月入超过一万元的女强人,每四个

---

① 孔大山:《女强人》,《联合晚报》1983年7月22日。
② 廖辉英:《女强人》,《联合早报》1989年2月13日。
③ 于修:《当女强人讲易做难 争取晋升机会》,《联合早报》1983年7月23日。
④ 《一个管理课程得出结论管理领导方法男女经理不应有别》,《新明日报》1985年7月2日。
⑤ 芳尘:《做女强人,难!》,《联合晚报》1984年11月12日。

当中，就有一个认为工作带来最大乐趣；而普通职位的女性，则只有八分之一认为工作有兴趣。（3）在月入超过一万元的女性中，每两个人当中就有一个遭遇离婚的命运，与普通职位女性相比，超过三倍左右。"①

人们普遍认为，成功的男人背后都有一个女人，但"很多女强人的背后，都是'没有男人'，这也是女强人要面对的困境，因为，这毕竟是个大男人的社会。……很少男人愿意娶个女强人回家与自己在家里一较高低。女强人在外头尽管样样第一，回到家里最好是自动屈居第二；男人在家里做惯了一家之主，很难忍受比自己跋扈的女人。……男人喜欢的是娇滴滴、千依百顺、面容姣好、头脑简单的女人，一言以蔽之，不是女强人"。② "女强人"被认为要么嫁不出去，要么被离婚，是婚姻的失败者，这被视为对违背性别规范者的"惩罚"，多少安慰了那些失意的大男子主义者，或让那些"婚姻幸福"的"小女人"找到不少优越感。

但是，实际上不少"女强人"有幸福家庭，得到丈夫的支持和鼓励，女企业家在外拼事业，丈夫是她们最坚实的后盾。

新加坡女企业家胡锦珠创业时得到丈夫的大力支持，创业第一年亏了100万元，丈夫非但没有责备，还宽慰鼓励她，只要坚持把品质做好就会看到转机。胡锦珠说："先生是我的支持者，每次有问题我都会问他，旁观者清当局者迷，他总是会很理性地给出建议。另一半给予心灵上的支持很重要，如果你做东西，别人一直在旁泼冷水很难继续。只有收获了鼓励和力量，才能带着信心坚定往前走。"③ 马来西亚女企业家邹慧冰得到丈夫的全力支持，"我不在的时候，他可以照顾孩子，会送她们去补习"。当老板让她负责中国子公司，而这个职位要经常出差，基本顾不上家庭，丈夫也积极支持她，"你喜欢就可以"，所以邹慧冰感慨地说："一个成功女人的后面也有个男人。"④ 可以说，丈夫的支持对女企业家的成功是非常重要的，一是丈夫可分担照顾孩子和家庭的责任，缓解女企业家的家庭压力；二是丈夫可从精神上给她们鼓励和支持。

然而，父权制性别规范对男女角色定位不同，照顾家庭是女人的职责。

---

① 慧：《女强人离婚率较一般妇女高》，《新明日报》1981年2月9日。
② 孔大山：《女强人》，《联合晚报》1983年7月22日。
③ 李雅歌：《欢庆新加坡女性年 打破刻板印象 书写女性故事》，《联合早报》2021年3月28日。
④ 邹慧冰访谈，访谈人：范若兰，访谈时间：2019年1月25日，访谈地点：吉隆坡。

男企业家可以一心打拼事业，家庭由妻子一力承担，而女企业家要承担更多的家庭责任，不能忽略为人妻子及母亲的责任，因而双重负担更为严重。新加坡女企业家颜毓莹是建煌基建工程董事经理，曾写过一篇自述，感叹"女企业家并不容易当"，"身为女企业家，不但要在事业上比男人更努力兼忍耐才可以做好，比起男人，女企业家还要兼顾家庭。曾几何时我在事业打拼及家庭兼顾的路上，连照个镜子都没有照好，就得急着为孩子和工作两头忙，如果你是当时认识我的一个朋友，一定会认为我只是个极普通——又黑又胖，头发短到不能再短的一个白手起家、亲力亲为的女企业家"。① 投身美容生产领域已有50年的马来西亚女企业家施月菊说，一位女性要平衡扮演妻子、母亲、企业家这三个角色确实不容易，尤其当今社会还是重男轻女，家庭是已婚女性创业的另一个绊脚石。她所接触的女商人中，有不少人因工作忙碌须夜归，早上出门前就必须把午餐甚至晚餐准备好。②

李素桦认为，女企业家要突破困境，有两点比较关键，第一，女性需要更多的支持，男人能够接受一起分担家务，分担照顾孩子，"如果男性能够接受跟女性一起承担家务的话，我相信会有更多女性挪出时间来参与企业"。第二，企业界是男人世界，男人在一起形成生意圈，女性怎样能够进入圈子？女企业家一定要形成规模，组成圈子，"女性人数累积到一定时候，她们能够发挥的能量不会比男人差，如果女性企业家多的时候，游戏规则也会改变"。③ 这句话很精彩，男性主导某一职业时，职业标准和游戏规则是男人制定的，为男人量身打造，当女性主导某一职业时，职业标准是为女人量身打造，如文秘职业。所以，当越来越多女企业家出现，有一定的话语权时，企业家的游戏规则和职业标准也会改变。

"女强人"尽管带有贬义，但它所代表的能力、事业心、高职位，是一些女性所追求的，一位新加坡女性很想在事业方面有一番作为，她认为，"趁年轻，觉得有精力，时间允许，不妨做一些有挑战性的工作。……很多人说，女强人有太强的事业心，在感情方面，是很脆弱的。也许是吧，不过，我相信，一个成功的女强人在各方面都必须做到面面俱圆"。她希望"在事业有所作为，因为，我的事业已迈向成功的第一步，接下来，有待自

---

① 颜毓莹：《女企业家事业家庭两头忙》，《联合早报》2017年12月14日。
② 苏欣恩：《兼顾家庭事业牺牲心血更多 女性创业路更难》，《南洋商报》2011年4月15日。
③ 李素桦访谈，访谈人：范若兰，时间：2019年1月24日，地点：吉隆坡。

己再努力的奋斗"。① 90年代，"女强人"的内涵越来越被接受，新加坡报章呼吁"新时代女性一定要做女强人",② 张齐娥在荣获1998年杰出女性奖时声称，"不当'女强人'，要当'强女人'"，实际上是认可"女强人"，只是换个说法而已。这表明，追求事业、追求成功、追求卓越被越来越多的女性所认可，并影响到人们对女性成功标准的评价。

第三节　华人女政治家及其制约因素

"二战"前新马没有华人政治家，作为英国的殖民地，新马政治大权掌握在英国人手中，少数华人男性精英被任命为立法会议员，对殖民地事务起建议和咨询作用，这一领地没有华人女性的身影。新马独立后，男女被给予同等参政权，华人女性开始登上政治舞台，但政治一向是男人独占的领域，华人女政治家凤毛麟角，当选议员、出任部长级官员的女性屈指可数。90年代以来，尤其是21世纪以来，新马华人女政治家人数有较大增长，显示了教育发展、政治民主化及性别观念变化对华人女性权力参与的深刻影响。

一　新加坡的华人女政治家

"二战"结束后，新加坡走上去殖民化的道路，1951年新加坡立法会选举，有一位女性维拉丝妮·莫诺夫人参加并成功当选，她是第一个进入新加坡立法会的女性，但不是华人。1957年市议会选举时，新加坡首席部长林有福号召妇女竞选立法议员，自社党主席的太太陈才清夫人响应，"有空闲时间之妇女，不妨参加政治，因此是一件好事",③ 将参与政治视为"有空闲时间"的太太不妨一试之事。1957年市议会选举有三位华人女性当选，即陈翠嫦、何佩珠和梁苏。陈翠嫦（1934—1981年）的社会背景吸引了大多数女选民，她生长在牛车水，父亲是小贩，因为家境贫困，她在课余时间帮父亲卖猪肠粉。她毕业于南洋女中，积极参与政治，1954年加入人民行动

---

① 柠仕仕：《女强人》，《联合晚报》1988年5月11日。
② 《新时代女性 一定要做女强人》，《新明日报》1995年3月5日。
③ 《妇女参政 林有福发出号召后 太太们已跃跃欲试》，《星洲日报》1957年2月26日。

党,23 岁被选为市议员。① 1959 年选举是新加坡历史的分水岭,有多个政党参加此次选举,并将妇女议题提出来,尤其是人民行动党提出的竞选纲领中包括男女平等和同工同酬等。此次大选人民行动党大获全胜,该党的女候选人陈翠嫦、何佩珠、沙哈拉(Sahorah bte Ahmat)、方韵琴、新加坡人民阵线的萧白龙当选议员,女议员占 9.8%(见表 7-1),1961 年议会通过《妇女宪章》,得益于陈翠嫦等女议员的大力推动。1963 年大选有三位女议员胜出,她们是来自行动党的陈翠嫦和阿瓦达(Avada Dhanam),来自社会主义阵线的卢妙萍。

1968 年是新加坡独立后的第一次选举,人民行动党牢牢控制选举,只有一位女候选人参选,即来自该党的陈翠嫦,她不选自胜,成为议会中唯一的女议员,遗憾的是,1970 年陈翠嫦自动退出议会,因为人民行动党当时有个不成文规定,丈夫担任政府要职,其夫人不能参政。陈翠嫦的丈夫王邦文担任内政部长,她不得不退出政坛。陈翠嫦是新加坡建国前后著名的华人女政治家,对推动《妇女宪章》有重大贡献。

此后多年,新加坡议会中再无女议员,1972 年、1976 年和 1980 年大选人民行动党未推出女候选人,议会中的女议员人数为零(见表 7-1)。1980 年记者提问为什么议会中没有女议员时,当时任人民行动党竞选委员会主席的吴作栋回答,人民行动党已经有几个考虑中的女性,但发现她们无法作为合适的候选人,"你能不能找到一位女性,她拥有像男性一样的品质,和男人一样能干,她的丈夫或未婚夫或男朋友会同意她从事这样一份危险的职业"。② 在吴看来,政治是危险的职业,不适合女性,女人只有像男人一样能干,还要得到丈夫或男友的同意,才能从政。执政党既然对女性从政有这样的偏见,自然不会推出女候选人。反对党虽然推出女候选人,但无一人胜选。

国会中长达数年无一女议员引起女性的不满,新加坡国立大学社会学系讲师简丽中直接问吴庆瑞:"人民行动党为什么没有女性国会议员?"吴回答"人民行动党并不禁止女性参加选举,只是没有合适的女性愿意出来"。③ 简

---

① Aline K. Wong and Leong Wai Kum, eds., *Singapore Women: Three Decades of Change*, Singapore: Times Academic Press, 1993, p. 286.
② Jenny Lam - Lin, *Voices and Choices*, *The Women's Movement in Singapore*, Singapore Council of Women's Organization and the Singapore Bahai Women's Committee, 1993, p. 122.
③ 黄朝翰:《吴庆瑞和新加坡的中国研究:从儒学到现代中国问题研究》,《东南亚研究》2011 年第 5 期,第 15 页。

丽中一直研究女性问题,她认为妇女问题与社会问题密切联系,愿意从政。李慕真是医生,在加入人民行动党之前从事社会工作,她对国会没有女议员也深感不满,"已经14年没有女议员了,我要向它挑战,我的整个家庭也持同感。"[1] 1984年大选人民行动党推举李慕真、简丽中和符喜泉三位女性为候选人,符喜泉是工会妇女委员会的秘书,负责妇女和儿童事务,最终这三位女候选人顺利当选。1988年大选共有9位女候选人,只有行动党的四位女候选人获胜,她们是李慕真、简丽中、薛爱美和符喜泉。

表7-1　　　　　　　新加坡国会女议员人数和比例　　　　　　单位:人

年份	全部	女议员	女议员占%
1959	51	5	9.8
1963	51	3	5.9
1968	58	1	1.7
1972	65	0	0.0
1976	69	0	0.0
1980	75	0	0.0
1984	79	3	3.8
1988	81	4	4.9
1991	81	2	2.5
1997	84	4	4.8
2001	85	10	11.8
2006	85	18	21.2
2011	90	20	22.2

Sources:(1) Reports of Electoral Boundaries Delineation Committees; Government Gazette, Statement of Polls; *Sunday Times*, 1 September 1991.
(2) 国际议会联盟网站:http://www.ipu.org/wmn-e/world-arc.htm。
(3) 新加坡大选网站:www.singapore-elections.com。

李光耀时代新加坡的女政治家人数极少,亦没有女性出任部长职位,当然更没有女总统、女总理、女议长等。

---

[1] "Interviews with Women MPs of Singapore", *Women Now*, January, March 1987.

1990年执政32年的李光耀辞去总理职务，由吴作栋接任，1991年大选是吴作栋执政后的首次大选，来自人民行动党的简丽中和符喜泉当选议员，女议员占议员总数只有2.5%。1997年大选共有四位女候选人获胜，即来自人民行动党的简丽中、符喜泉、梁莉莉和陈惠华，女议员占总数的4.8%。2001年大选有较大突破，人民行动党推出10位女候选人，最终10位都当选，新加坡女议员首次突破10位，比例突破10%，达到11.8%。

2004年8月李显龙接任总理，他的主要压力来自要求更多民主的诉求。面对要求增加女议员的呼声，李显龙表示，"我们会更加努力，以使更多的女性进入下届议会，如果妇女在事业和认识自己上有进步，那么这个任务会更容易实现。但我思考了很长时间，吸纳女性融入政治会比男性更困难，加上她自己的事业和她作为妻子和母亲的责任，女性很难应对作为议会议员的要求"。[1] 尽管李对女议员并不看好，但他实现承诺，2006年大选人民行动党推出17位女候选人，结果她们全部中选，来自反对党工人党的林瑞莲也中选，议会共有18位女议员，占议员总数的21.2%（见表7-1），这是新加坡女议员比例首次突破20%。2011年大选选民渴望改变，反对党势头更加强劲，女候选人数也是史上最多，人民行动党推出20位女候选人，工人党推出4位，民主党3位，国民团结党2位，人民党1位。大选结果，共有20位女议员胜出，其中人民行动党最多，共有18位，另外工人党1位，人民党1位。

21世纪以来新加坡女政治家人数增多，职位也提高，有三位华人女性出任部长职位，即2009年出任内阁总理公署部部长的陈惠华，她是新加坡历史上第一位女部长，另一位是傅海燕（1964— ），2012年她被任命为总理公署部部长，她也是新加坡著名女教育家刘韵仙的孙女，独立自强的刘韵仙是她的榜样。[2] 第三位是杨莉明，2017年她被任命为总理公署部部长，后担任人力部长。

陈庆珠也是新加坡杰出的女政治家，她曾担任驻联合国常任代表，政策研究院院长，东南亚研究院院长，新加坡国际基金会会长等职。新加坡华人女政治家最高的职位是部长，反而是马来人女政治家哈莉玛职位更高，哈莉

---

[1] Wil Burghoorn, Kazuki Iwanaga, Cecilia Milwertz and Qi Wang, eds., *Gender Politics in Asia: Women Maneuvering within Dominant Gender Orders*, Copenhagen: NIAS Press, 2008, p.204.

[2] 《教育家祖母是我的榜样》，《联合早报》2019年8月10日。

图 7-4　新加坡文化、社区及青年部长傅海燕

图片来源：《联合早报》2020 年 7 月 26 日。

玛原是新加坡造船与海事工程雇员联合会的工运领袖，后任全国职工总会中央委员会委员兼助理秘书长和妇女委员会主席，担任多届议会议员，2013 年 1 月 14 日她被任命为新加坡第 9 任国会议长，是新加坡历史上首位女议长，2017 年她"自动当选"新加坡总统，成为新加坡第一位女总统。哈莉玛能成为新加坡总统，与她的马来人身份密切相关，2016 年新加坡国会通过宪法修正案，改进民选总统机制，确保少数族群有机会当选总统。规定如果连续 5 届总统选举中，某个族群代表没有当选总统，下一届选举只保留给这个族群竞选。由于过去 40 多年新加坡都未出现过马来人总统，根据宪法规定，2017 年总统选举保留给马来人。有 3 名马来人报名参选总统，其中两人是私人企业家，没有达到参选要求，只有担任国会议长超过 3 年的哈莉玛符合参选资格，因而"不战而胜"成为总统。

无论如何，这些女政治家为女性树立了榜样，扩大了女性对自己人生目标的想象空间，提示了未来的诸多可能性，傅海燕回忆，"当人们上前告诉我，'你启发我的女儿，她立志成为新加坡第一个女总统'时，我才发现自己正在做的是为女性把边线再往前推一点"。实际上，女政治家们都在为女性推进边线，"让后来的女性看到，成为第一个女部长、女议长、女国会领袖，其实没什么大不了，这为女性传达了正面的信号"。①

二 马来西亚华人女政治家

"二战"后马来亚走向协商独立的进程，有几位华人女性被任命为咨议局成员，如1946年10月林鸣凤被任命为槟城咨议局成员，苏金兰医生被任命为马来亚联邦咨议局成员，她提出在联邦立法会中应该为女性分配至少8个席位，即2个官方议员和6个非官方议员，但未果。②1956年华人女律师颜质华被选入雪兰莪州行政委员会。

1957年马来亚独立，妇女被给予选举权和被选举权，但在70年代以前，没有出现华人女政治家，只有几位马来女性当选议员。直到1975年，华人政党马华公会才第一次推出女候选人周宝琼竞选，她成功当选国会议员，这也是华人首位女国会议员。周宝琼（1927—　）在怡保接受小学教育，毕业于香港大学文学系，曾在吉隆坡文良港中华中学担任教师，1972年开始从政，1975年当选国会议员，1982年蝉联国会议员，她也是马华公会妇女组第一任主席（1975—1985年）。1981年她担任马来西亚卫生部政务次长，1982年曾担任文化、青年及体育部副部长和教育部副部长。邓育桓（1939—　）也是一位著名华人女政治家，她在吉打日打拉中华学校接受小学教育，大学就读于台湾政治大学文学系，1974年开始从政，担任马华妇女组执行秘书。1986年当选国会议员，此后1990年和1995年蝉联国会议员，担任马华公会妇女组主席（1985—1999年），并在1987—1999年担任青年体育部副部长、文化、艺术及旅游部副部长。

90年代，华人女议员有所增加。1990年大选共有11位女议员胜出，其中马华公会3位（邓育桓、林水仙、林丽云），民政党女性赢得槟城州议席，民主行动党女性则在霹雳和雪兰莪赢得2个州议席。③1995年大选有15位女议员胜出，其中巫统7位，马华公会赢得3国（邓育桓、陈仪乔、林丽云），1州（陈清凉），民政党女性赢得1国、3州，华人女国会议员有4位。④

---

① 林心惠：《首位独掌部门女部长与女国会领袖》，《联合早报》2016年3月7日。
② Virginia H. Dancz, *Women and Party Politics in Peninsular Malaysia*, Singapore: Oxford University Press, 1987, p. 92.
③ [马] 温凤玉：《独立之后妇女政治地位的演变》，载 [马] 张景云主编《当代马华文存》，马来西亚华人文化协会2001年版，第285页。
④ Mahfudzah binti Mustafa, Women's Political Participation in Malaysia: The Non‑Bumiputra's Perspective, *Asian Journal of Women's Studies*, Vol. 5, No. 2, 1999, p. 29.

图7-5 周宝琼（左）和邓育桓（右）

图片来源：马华公会资源中心提供。

（见表7-2）。这一时期，有多位巫统妇女出任部长或副部长，相比之下，华人女政治家在这一时期最高担任副部长，尚未有人出任部长职位。1981年周宝琼被任命为卫生部政务次长，1982年她被任命为文化青年体育部副部长，这是第一位华人女性出任副部长级别的官职。此后，来自马华公会的周宝琼和邓育桓先后出任教育部、青年及体育部、文化、艺术及旅游部副部长。

表7-2　　　马来西亚国会华人女议员人数（1955—2013年）　　　单位：人

年份	全部	女议员人数	女议员比例（%）	华人女议员人数
1955	53	1	2.00	0
1959	104	3	2.90	0
1964	104	3	2.90	0
1969	144	2	1.38	0
1974	154	5	3.25	1（1975年补选）
1978	154	7	4.54	1
1982	154	8	5.19	1
1986	177	7	3.95	2

续表

年份	全部	女议员人数	女议员比例（%）	华人女议员人数
1990	180	11	6.11	3
1995	192	15	7.80	4
1999	193	20	10.4	7
2004	219	23	10.5	8
2008	222	22	9.9	7
2013	222	23	10.4	3
2018	222	32	14.4	na

Source：（1）Mahfudzah binti Mustafa, Women's Political Participation in Malaysia: The Non-Bumiputra's Perspective, *Asian Journal of Women's Studies*, Vol. 5, No. 2, 1999, p. 37.

（2）Metro Manila ed., *Gaining ground?: Southeast Asian women in politics and decision-making, ten years after Beijing: a compilation of five country reports*, Philippines: Friedrich Ebert Stiftung, Philippine Office, 2004, p. 95.

（3）马华公会妇女组：《马华妇女组33年建国之路》，吉隆坡：马华妇女组，2008年。

（4）《1999年全国大选女候选人及成绩》，[马]《星洲日报》2004年3月6日。

（5）Lynda Lim, *Malaysian Women's Entry into Politics*, Centre for Public Policy Studies, Malaysia, 2013.

（6）国际议会联盟网站，http://www.ipu.org/wmn-e/classif.htm.

1997年马来西亚陷入金融危机，导致严重的政治危机，副总理安瓦尔突然被解职，引发烈火莫熄运动（意为"政治改革"），开启了马来西亚民主转型。1999年大选是在要求政治改革的强烈呼声中进行的，为争取妇女选票，各政党推出比以往更多的女候选人，共有62名女候选人竞选国州席位，选举结果，有20名女性成功当选国会议员，来自巫统的国会女议员仍然位居第一，共9位，马华公会女国会议员共4位，即黄燕燕、陈仪乔、林美娇和周美芬，州议员为2位，即陈清凉和尤绰滔，民政党只有2位州议员，即吴秀丽和纪碧真，民主行动党共有3位女国会议员胜出，即章瑛、冯宝君和郭素沁，还有一位女州议员（周玉清），这是行动党第一次有女国会议员。[①]

2004年大选各政党推出更多女候选人，共有94名女候选人参与国州竞选，最终有23名女性成功当选国会议员，32位当选州议员。马华公会得到

[①] 《1999年全国大选女候选人及成绩》，《星洲日报》2004年3月6日。

5国5州，国会女议员为黄燕燕、陈仪乔、林美娇、周美芬和曾亚英，州议员为尤绰滔、黄雅兰、林其妹、刘丽玲、陈清凉。① 行动党的章瑛、郭素沁、冯宝君成功蝉联国会议员。

2008年大选在各政党激烈竞争的情况下展开，女候选人达120名。此次大选共有22名女性成功当选国会议员，反对党女候选人在大选中取得上佳表现，来自行动党的章瑛、张念群、郭素沁、冯宝君，来自公正党的旺·阿兹莎、努鲁依莎当选国会议员，行动党的郭素沁、杨巧双、李映霞、周玉清、黄美美，公正党的颜贝倪、黄洁冰当选州议员。② 而执政党的表现不如以往，巫统女议员人数减少，马华公会也一样，只有2国1州女议员胜选，国会议员是黄燕燕和曾亚英，州议员是林其妹。③ 民政党的陈莲花当选国会议员。

2013年大选竞争异常激烈，女候选人人数再创新高，共168人。大选结果，共有23位女议员当选国会议员，其中巫统女议员有8人，其他国阵成员党有6位女议员，但马华、民政和国大党竞争国席的女候选人全部落败，而反对党女候选人表现甚佳，行动党赢得4席，为郭素沁、张念群、刘长燕和一位印度裔女性，公正党赢得3席，伊斯兰党赢得2席。在州议会方面，巫统有26位女州议员，马华、民政和国大党的女候选人全军覆没，无一胜出，而反对党成绩辉煌，行动党胜出18位女州议员，伊斯兰党和公正党分别胜出8位和5位。④ 尤其值得一提的是，2013年来自行动党的杨巧双担任雪兰莪州议会议长，这是第一位华人女性担任此职。

2018年大选，马来西亚终于"变天"，执政61年的国阵政府被推翻，希望联盟上台执政。共有32位女性当选国会议员，华人女议员有多位，包括民主党的郭素沁、杨美盈、张念群、杨双巧等，但马华公会和民政党的华人女候选人全部败选。

在行政领域，这一时期华人女政治家的行政级别有所提升。2008年起马华公会副会长黄燕燕（1946— ）先后担任政府的妇女、家庭及社会发展部

---

① 马华公会妇女组：《马华妇女组33年建国之路》，马华妇女组2008年版，第137页。
② 《时势造英雄 女杰放光芒》，星洲互动网，2008年3月9日。http://www.sinchew-i.com/sciWWW/node/11584?tid=19。
③ 马华公会妇女组：《马华妇女组第35届全国代表大会总秘书报告》，马华公会妇女组2010年版，第24页。
④ Lynda Lim, *Malaysian Women's Entry into Politics*, Malaysia: Centre for Public Policy Studies, 2013, p.6.

部长，旅游部部长，她是马来西亚第一位华人女部长。① 周美芬担任妇女、家庭及社会发展部副部长，王赛芝先后担任新闻、通讯及文化部副部长，及妇女、家庭及社会发展部副部长，民政党的陈莲花曾任新闻部副部长，后任国内贸易部副部长。2018年变天后，希望联盟政府任命两位华人女部长，郭素沁担任原产业部长，杨美盈担任能源、工艺、科学及环境部部长，还有两位华人女性担任副部长。

三 影响华人女政治家诸因素分析

20世纪下半叶新加坡和马来西亚华人女政治家开始出现，但增长缓慢，直到21世纪初才有明显增长，并出现华人女部长。那么，制约华人女政治家成长的主要影响因素是什么？尽管新马早已分家，但两国有相似的政治模式，即一党独大、威权政治、议会内阁制；相似的族群结构，即马来人、华人、印度人三大族群为主，只是新加坡是华人占多数，马来西亚是马来人占多数；相似的华人传统性别观念，即男主女从、男外女内、男刚女柔、男强女弱，因此，新马华人女政治家影响因素有共同之处。

（一）民主化程度深刻影响华人女政治家的增长。

新加坡和马来西亚分别在1965年和1969年确立威权统治，其特点是一党长期执政，威权统治者个人执政长达20年以上，执政党完全控制议会，压制反对党。新加坡总理李光耀明确指出："国家要发展，纪律重于民主。民主发达导致无纪律和紊乱的行为，这对发展根本不利。"② 在这种理念指导下，李光耀政府打压反对党，限制女性参政，新加坡女性参政长期处于低水平。李光耀认为新加坡发展最好的年头是1965年到1981年，因为"在这一段时间里，新加坡享有历来最高的经济和社会进步，也正是在这些年里，我们政治稳定，在国会里没有好斗、吹毛求疵的反对党，这并不是偶然的事"。③ 而恰恰是在李光耀眼中最好的年头，新加坡女性政治参与水平最低，议会中甚至没有一个女议员。当1984年人民行动党重新提名女候选人后，也只有该党的女候选人能获胜，反对党女候选人则难有机会。吴作栋和李显

---

① 黄燕燕毕业于马来亚大学医学系，从政前是医生，1975年开始从政，1999年当选国会议员，曾担任马华公会妇女组主席（1999—2008），2003年担任财政部副部长，2008年担任妇女家庭及社会发展部部长，2009年担任旅游部部长。
② ［美］约翰·奈斯比特：《亚洲大趋势》，蔚文译，外文出版社1996年版，第64页。
③ 《联合早报》编：《李光耀40年政论选》，现代出版社1994年版，第172页。

龙执政时期，新加坡的威权统治较李光耀时期略有松动，带有"协商民主"色彩，对反对党的控制有所放松，对女性参政较前重视，人民行动党推举更多女候选人参选并胜选，反对党的女候选人也成功当选，使得新加坡华人女政治家人数和职位都有明显提升。

马来西亚民主化进展缓慢，1969年以前马来西亚还处于民主起步阶段，女议员比例不超过3%，华人女议员更是为0。1969—1998年是威权统治，威权统治是典型的父权制，"这一点乃从国家资源配置缺乏透明度、言论尺度紧缩、国家领袖干预司法公正、未经审讯扣留国家政敌等现象显示出来。透过内安、煽动、诽谤等法令的庇护，执政集团的利益经常化身为不可侵犯的某种特权（马来特权）或某种道德（亚洲价值观），任何质疑该特权和道德价值观者，经常受限制或对付"。[①] 与威权政治相伴而来的是金钱政治和裙带关系，这对于女性权力参与特别不利，女性长期处于权力边缘，国会女议员比例从未超过10%，华人女议员不超过3名。由于政府打压反对党，反对党议员人数较少，从未超过三分之一，而且从未出现过反对党女国会议员。所以少数华人女议员都来自马华公会，无一人出自反对党。

1999年以来马来西亚的民主转型扩大了妇女的参政空间，女议员比例上升到10%，华人女议员人数也有所增加，尤其是反对党民主行动党女候选人表现出众，如章瑛、郭素沁和冯宝君等人。但华人女议员人数不是持续增长，而是此消彼长，随着华人选民民主化诉求高涨，反对党民主行动党赢得更多华人支持，该党华人女议员也显著增加，但执政党马华公会和民政党的华人女候选人在2008年、2013年和2018年大选中却全军覆没，结果，华人女议员人数没有大幅增加，担任部长、副部长和其他高级官员的女性人数也没有增加，反而随着马华公会和民政党的惨败而减少，直到2018年"变天"，华人女部长和副部长才有所增加。

（二）族群结构与族群政治影响华人女政治家人数和职位。

新加坡主要族群是华人、马来人和印度人，华人人口占76%以上，所以华人女议员、女部长要远远多于其他族群。但少数族群的政治权利也受到重视，所以马来女政治家哈莉玛能当上新加坡首位女议长和女总统，职位反超华人女政治家。

---

① ［马］傅向红：《性/别运动与自由民主运动：一起打，分开走》，载［马］潘永强编《旧政权新政府》，大将出版社2004年版，第198页。

马来西亚的主要族群是马来人、华人和印度人，马来人处于优先地位，掌握政治控制权。由巫统主导的马来西亚政府基于族群身份而不是公民身份赋权民众，加剧了各族群的不平等。在族群政治影响下，马来妇女借助巫统的力量，较早进入权力领域，不论是在人数上，还是在占据权力高位的比例上，一直高于其他族群妇女，国会女议员长期是巫统女性独占，女部长也只有巫统妇女出任，华人女性直到1975年才出现在国会中，在独立以来到2017年10多位女部长中，华人女部长只有一位，其他都由马来女性担任，总体来看，华人和印度族女政治家远远少于马来妇女。

族群不平等引起非马来人的强烈不满，华人渴望改变，改变族群政治的弊端，改变国阵长期执政的积弊，实现政党轮替。女候选人成为"改变"的另一种选择，因为女性代表了纯洁和变革，选民对金钱政治、贪污贿选非常不满，女候选人吸引了渴望变革和廉洁政治的选民。尤其在2008年、2013年和2018年大选时，华人选民大力支持反对党，而民主行动党推出的充满活力、年轻的女候选人吸引了渴望变革和新风的选民，尽管她们缺少经验，但她们为政坛带来激情、活力、清新之风。[①] 加之华人一心要变天，"选党不选人"，所以行动党推出的女候选人能赢得选举，而马华公会和民政党的女候选人却全军覆没。

（三）政党机制影响华人女政治家

新加坡和马来西亚的政党都设有妇女组，主要职责是动员妇女，为党助选，培养女党员。女党员都属于妇女组。政党对女政治家有决定性影响，因为政党决定女候选人的提名，分配选区，委派官职。所以女政治家必须依附政党，并将遵守政党方针、纪律，配合政党工作放在首位。

新加坡人民行动党女党员一直较少，女党员非常不活跃。为了加强女党员的力量，人民行动党于1989年建立妇女团，简丽中任团长，妇女团的主要功能是配合宣传执行党和政府的政策，协助提高女性的社会意识和政治意识，鼓励女性参加基层和国家的政治活动，但妇女团在人民行动党权力结构中处于边缘。七八十年代人民行动党领导人不重视女性参政，曾经不推出女候选人，导致女议员比例为零，或只推出极少的女候选人，使得女议员比例长期低于5%。2001年以后人民行动党政府注重女性参政，

---

① 《各党派纷打"才女牌"》，《联合早报》2008年2月25日。《时势造英雄、女杰放光芒》，星洲互动网，2008年3月9日。http://www.sinchew-i.com/sciWWW/node/11584?tid=19。

2004年吴作栋总理声称人民行动党希望下一届大选时能将执政女议员增加到15—20位。① 果然在2006年大选中女议员增加到18位，其中执政党女议员为17位，如此精准地实现执政党政府的意愿，只有一党制或一党独大制国家才能做到。

马来西亚华人政党像其他政党一样，都设有妇女组，马华公会妇女组成立于1975年，行动党妇女组成立于1972年，民政党妇女组成立于1982年，妇女组作为政党附属组织，在支持父党、动员选民方面发挥较大作用，但妇女组在政党权力结构中处于边缘。正如何启良精辟地指出，"各党妇女组的建立是被误解为是女性参政意识伸张，实际上却是父系利益的延伸"。② 华人政党的领导职位不是通过自由竞争，而是指定名额，1976年马华公会修改党章，规定青年组和妇女组的全国领导人可以成为党的副主席，所以妇女组主席自动成为马华副会长，中央委员会通常只给妇女组3—4个名额，女党员不能通过自由竞选获得更多的进入中央领导层的机会，只能通过有限的妇女组内的名额，这导致妇女组激烈内斗。③ 后来马华公会规定通过党选产生会长和副会长，女副会长人数有所增加，第一位通过票选产生的女副会长是黄燕燕，第二位是周美芬。

女性在华人政党决策层中处于边缘，这对女政治家产生不利影响，一方面，政党不注重提名女候选人，或将其放在"黑区"（无望选区）竞选。④ 华人政党对妇女组和女党员在选举中的定位是"助选"，而不是"参选"，是为了政党利益利用妇女组争取选票，而不重视促进妇女权力参与，因此政党只希望女党员为党服务，听党指示，为选举拉票，却不愿意提名女候选人，使得国会和州议会选举时女候选人比例极低，从50年代到80年代，参加国州竞选的女候选人从未超过2.5%，⑤ 竞选国会席位的女候选人从未超

---

① 《吴总理：希望女议员能增加到15位》，《联合早报》2004年2月8日。
② ［马］何启良：《政治动员与官僚参与——大马华人政治述论》，华社资料研究中心1995年版，第126页。
③ ［马］詹运豪：《90年代大马政治》，Sarawak：Impact Management，1997年，第16页。
④ 选区通常有三种：确保、边缘和无望席位，确保席位是政党在某些选区一定能获胜的席位，即使候选人选举表现糟糕；边缘席位是政党在某些选区是不确定的，假如候选人选举表现好，有可能获胜，选举表现糟糕，有可能输；无望席位是指政党在某些选区完全没有支持基础，即使候选人竞选表现再好，也不可能获胜。
⑤ Jamilah Ariffin, *Women and Development in Malaysia*, Kuala Lumpur：Pelanduk Publications, 1992, p.111.

过4%，90年代才略有增加，1995年女候选人达到5.8%，①1999年以后，各政党，尤其是华人政党女候选人人数才有显著增长。

另外，女性在政党决策层缺失不利于她们进入内阁，出任高级公职。按照马来西亚政治分肥制，总理有权分配内阁成员和其他高位，这种选择主要取决于各政党职位分配、党员在党内和选区的影响力和实力，如女高级官员不仅是国会议员，还至少应该是政党的区会或中央领导人。但她们在这些职位上人数极少，制约了她们被任命为部长或副部长的可能性。

（四）*性别观念影响华人女性权力参与。*

新加坡和马来西亚仍是父权制社会。父权制建立在一整套男尊女卑、男主女从、男外女内、男强女弱、男刚女柔的性别秩序之上，尽管当代社会性别平等已成为主流，但父权制性别观念仍然存在，男外女内、男强女弱、男刚女柔等性别刻板印象深深影响着人们对男女两性行为的不同认知，在政治领域表现尤其突出：政治被认为属于公共领域，而家庭则是私人领域。根据男外女内的性别分工，男人被认为属于政治，适于从事政治活动，妇女的妻子母亲角色是属于家庭的，她们被认为不适合从事政治活动；根据男强女弱的性别认知，政治被认为需要刚性、果断、勇敢、进取，只有具有所谓"男性特征"的男人才适合从事政治，而女性被认为是柔弱、优柔寡断、感情用事、缺乏主见，因而不适合从事政治；政治被认为是肮脏的，充满尔虞我诈、欺骗、阴谋和暴力，而女性的善良、纯洁使她们不可能适应肮脏的政治。

传统性别观念和性别刻板印象使女性参与政治面临更多的阻碍。新加坡的女政治家陈翠嫦因为丈夫担任政府高官而退出议会，为什么是陈退出而不是她的丈夫退出？肯定有当时的权力考量，但这背后也隐含着男外女内的影响。马来西亚愿意从政的华人女性较少，马华公会妇女组主席邓育桓指出："传统上，华人对政治的看法是，政治是少数人的事，政治是危险的事，政治更是抛头露面的事，这种对政治的缺乏正确的了解的态度，使女性对政治视为畏途。"② 此外，人们普遍认为政治是肮脏的，这一方面影响到选民认为政治不适合妇女，另一方面许多女性自己也不愿卷入"肮脏的"政治。更重

---

① Ministry of Women, Family and Community Development, *The Progress of Malaysian Women Since Independence 1957–2000*, Kuala Lumpur, 2003, p. 97.

② ［马］邓育桓：《谈妇女参政》，《南洋商报》1986年3月12日。

要的是，因为妇女的首要角色是母亲和妻子，如果她们参与政治，就势必影响到她们履行妻子和母亲的责任，不能照顾家庭，这也限制了很多妇女的从政愿望。90年代一个华人女政治家在接受调查时指出，如果一个女人卷入公共活动，会遭到反对，缺少家人或丈夫支持，人们不认为政治是女人的权利，这对于她是浪费能力和时间，使她不能集中于家庭。[①] 女政治家要有超人能力，平衡她们的各种角色：母亲、妻子、职业女性和政治家，来自槟城的女议员说自己"最大的挑战是平衡家庭主妇、妻子、母亲和社会领导的责任。如果忽视丈夫和孩子，（一个人）不能履行（政治）责任"[②]。行动党妇女组主席温凤玉曾连任三届州议员，1999年大选时，该党有意派她到士布爹竞选国会议员，但她的家和诊所都是在八打灵再也，如果在士布爹竞选及获胜，无法兼顾家庭和诊所，她只好放弃参选，"女性的顾虑及想法常常被忽略，很多男性都无法理解女性的心情，也不明白女性以家庭为重的想法"。[③]

因为要以家庭为重，马来西亚有不少华人女政治家都是在孩子长大后才积极参加政治活动，如周宝琼、邓育桓和黄燕燕，也有不少华人女政治家一直保持独身，如周美芬、郭素沁等。周美芬指出："为什么妇女从政那么困难？因为年轻的时候，她必须要照顾孩子家庭。很多女性在人生轻重的排列中，永远都是家庭第一，事业第二，社会活动第三。男性则是事业第一，社会活动第二，家庭第三。很多时候，一些女性真正能够出来，有所表现，全情投入的时候，都是因为她的孩子长大了，但是，她已经度过了最黄金的、最活力充沛的那段时间。"[④] 1999年，独身的郭素沁取代温凤玉上阵士布爹选区并胜选，从中似乎可以看到家庭与女性政治生涯的内在关联。

华人女政治家的工作范围和职位也深受传统性别观念影响。女政治家的职责范围被框定在与妇女儿童有关的领域，执掌妇女部、福利部等"软权力"部门，限制了女政治家施展更大的政治抱负和能力。周美芬指出，"我觉得我从政生涯一个最大的遗憾是，我从一开始进入政府部门直到最后，都是在妇女家庭社会发展部，我想这和我的性别有关，因为我是女性，领导很

---

① Ramli, Rashila "Political Participation of Women in Malaysia: Transgressing Invisible Boundaries", Working paper presented at the International Conferences on The Practices of Democracy in Southeast Asia, Copenhagen, Denmark, 24 Sept – 4 Oct. 1997, p. 9.
② Mahfudzah binti Mustafa, Women's Political Participation in Malaysia: The Non – Bumiputra's Perspective, *Asian Journal of Women's Studies*, Vol. 5, No. 2, 1999, p. 33.
③ 《号角响起：民主行动党元老口述历史：中委篇》，民主行动党，2016年，第261页。
④ 周美芬访谈，访谈人：范若兰，访谈时间：2019年1月26日，访谈地点：吉隆坡。

自然地认为我只适合在妇女家庭社会发展部，事实上我更希望有机会可以在其他部门服务"。① 身为女性，她当然关注妇女议题，但身为政治家，她也关注其他议题，而不是仅局限在女性议题中。她后来出任马华公会党校校长一职，关注的都是政治议题。郭素沁则尽量少讨论女性议题，"因为我有一个看法是，女性政治工作者不能够老是谈女性的课题、家庭的课题，其实我们要显示给人看的是，我们可以跟男性一样，谈很多其他大的课题，而不是围绕在妇女这个圈子"。② 她后来出任原产业部部长，杨美盈出任能源部部长，在一定程度上改变了人们的性别刻板印象。

随着女性教育水平、经济能力和政治参与能力提高，性别观念也在变化，民主化带来变革之风，以及人们对女性"纯洁"的想象，推动更多华人女政治家涌现，尤其是年轻女性，如冯宝君、张念群、杨美盈、黄洁冰、颜贝倪等，年龄在30岁上下，已婚或未婚，她们充满活力，敢言敢干，赢得渴望改变的选民的支持。

女企业家、女政治家进入男人掌握的领域，担任具有较大权力的职位，冲击了男主女从、男强女弱、男刚女柔的性别认识，因而面临更严重的女性角色与职业角色的冲突。她们一方面要强调女性"适合"企业家、政治家角色，如女性的耐心、韧性、亲和力、沟通能力，另一方面要尽量承担妻子和母亲的角色，这一角色又延伸到负责妇女部门及相关职位，关注女性议题，才能在企业界和政界站稳脚跟。在此基础上，她们，尤其是女政治家，展现出自己的政治能力，及解决非妇女议题的能力，她们从议员、到副部长、到部长，其职责范围也从妇女、福利等"软权力"扩展到"硬权力"部门，不断推动女性的职业层级及边线向上发展。

---

① 周美芬访谈，访谈人：范若兰，访谈时间：2019年1月26日，访谈地点：吉隆坡。
② 郭素沁访谈，访谈人：范若兰，访谈时间：2019年1月22日，访谈地点：吉隆坡。

第八章

从公娼到私娼：20世纪新马华人娼妓业及其治理

娼妓现象是所有社会的痼疾，它成为性病、拐卖和压迫妇女、黑社会的渊薮。殖民地时代新马娼妓业发达，华人妓女众多，殖民政府出于经济繁荣和外来劳工性需求的考虑，允许妓院和妓女合法存在，要求其向政府注册，是为公娼，同时私娼也存在。娼妓业引发的拐卖妇女和性病问题使殖民政府深感头痛，在宗主国英国的压力下，最终海峡殖民地政府于1930年、马来联邦政府于1931年宣布娼妓业为非法，关闭所有妓院。可是公娼禁后，私娼盛行，尤其是日据时期，被迫卖淫的妇女更多。马来（西）亚和新加坡独立后，私娼仍然存在，仍带来性病和社会治安问题，两国政府仍致力于禁娼。

本章主要梳理20世纪新马华人娼妓业的百年变迁，并探讨政府对娼妓业的治理措施及成效。

第一节 公娼发展及殖民政府的治理

一 19世纪末20世纪初之娼妓业

从19世纪中叶起，英国人引进大量华人和印度劳工开发马来亚，使得商业、锡矿业和种植园迅速发展，而这些单身男性劳工聚集的城镇，又吸引了娼妓的到来。新马大城市的妓院相对集中，殖民当局为便于管理和检查，有意将注册妓院集中在红灯区，与其他地区"隔离"开来。新加坡上等妓院多设于大坡长泰街、牛车水、小坡的新街、桂兰巷等地，下等妓女多在大坡林荣美巷及草市后。槟城妓院集中于新街，吉隆坡妓院集中在茨厂街一带。

19世纪下半叶到20世纪初新马娼妓业十分繁荣。1864年新加坡有349

第八章　从公娼到私娼：20 世纪新马华人娼妓业及其治理

间妓院，2061 位注册妓女。① 1891 年新加坡注册妓女共 1917 人，还有大量私娼。② 据李钟钰在《新加坡风土记》的记载，新加坡"牛车水一带，妓馆栉比，闻注籍于护卫司之妓女，共有三千数百人，而此外之私娼女伶，尚不计其数。皆广州府人，或自幼出洋，或在坡生长者"。③ 1892 年槟城有妓院 90 家，注册妓女共 1049 人。④ 同年马六甲共有妓院 14 家，华人妓女 86 人，日本妓女 10 人。⑤ 到 20 世纪初，妓院和妓女数量进一步增加，1906—1915 年海峡殖民地每年都有 500 多间妓院，3000 多名妓女，其中华人妓女最多，占 70%以上，日本妓女位居第二，还有不少印度和马来妓女（见表 8-1）。马来联邦的妓女人数与海峡殖民地不相上下，以 1906 年为例，马来联邦共有 440 间妓院，3647 名注册妓女，华人妓女最多，占 63.9%，日本妓女第二，占 31.8%。⑥ 以上数据仅是公娼，还有众多私娼未统计在内。

表 8-1　　　　　　　　海峡殖民地妓院和妓女统计　　　　　　　单位：人

年份	妓院	妓女人数							华人妓女占%
		华人	日本人	欧洲人	泰米尔人	马来人	孟加拉人	总计	
1906	542	3000	736	33	67	56	2	3894	77.0
1907	541	2954	748	28	86	49	2	3867	76.4
1908	572	2950	743	22	78	71		3864	76.3
1909	536	2709	660	30	88	45		3532	76.7
1910	564	2786	599	40	89	67		3581	72.3
1911	573	2948	606	53	90	81		3776	78.1
1912	583	2879	661	48	79	89		3756	76.6
1913	582	3028	715	45	74	102		3964	76.4
1914	539	2639	507	41	59	56		3322	79.4

---

① Lenore Manderson, *Sickness and the State: Health and Illness in Colonial Malaya (1870-1940)*, New York: Cambridge University Press, 1996, p.167.
② 《本坡娼册》，《叻报》1892 年 1 月 9 日。
③ （清）李钟钰：《新加坡风土记》。转引自余定邦、黄重言等编《中国古籍中有关新加坡马来西亚资料汇编》，中华书局 2002 年版，第 192 页。
④ 《槟城妓籍》，《叻报》1893 年 2 月 24 日。
⑤ 《甲中娼妓》，《叻报》1893 年 2 月 25 日。
⑥ Lenore Manderson, *Sickness and the State: Health and Illness in Colonial Malaya (1870-1940)*, New York: Cambridge University Press, 1996, p.171, table 6.1.

续表

年份	妓院	妓女人数						华人妓女占%
		华人	日本人	欧洲人	泰米尔人	马来人	孟加拉人	总计	
1915	507	2487	576	34	44	66		3207	77.5

Source:《华人护卫司报告》(*Protector of Chinese*), 1906 (Co.275/74), 1907 (Co.275/77), 1908 (Co.275/79), 1909 (Co.275/81), 1910 (Co.275/84), 1911 (Co.275/87), 1912 (Co.275/89), 1913 (Co.275/91), 1914 Co.275/94, 1915 (Co.275/96)。

新马妓院的华人妓女可分为三类：第一类称"公主"，是鸨母买来的"养女"，或被拐卖来的女子，她们属鸨母私有财产，由鸨母提供食宿和安排接客，收入全部归鸨母；第二类称"绑年"，或称抵押妓女，通常因为父母欠债，被迫向老鸨借钱，而将女儿典押给妓院，期限若干年（通常六年），典押期间老鸨提供食宿和安排接客，卖淫收入全归鸨母。典押期满后，如果未还清债务，需要继续留在妓院接客；第三类称"搭灯"，或称自愿妓女，她们在妓院租房卖淫，食宿自理，自己决定接客与否，收入与老鸨四六或三七分成。①

20世纪初，马来亚华人妓女不只有广府人，也有闽南人、潮汕人、上海人等。据宋蕴璞在新加坡所见，华人妓女大概可分为四等，"上等者，名琵琶仔，多自赁楼房而居，善弹琵琶或打琴，唱粤闽之调，宾客宴会之时，召使侑觞，清歌一曲，婉转可听，故各俱乐部中，恒不断若辈之踪迹，其香巢中游客寥寥，灭烛留髡之事，颇不常有，有之则缠头费，非二、三十元不办也"。第二等者多来自上海，能说普通话，能唱二黄小曲之类，"游客震于二黄之名，颇喜听之。……此等妓女，留髡较多于琵琶仔，每度需资十五六元"。第三等妓女大都在豆腐街，"居室以一楼一底为多，楼上为宿室，下则见客之所。见客时，皆列坐椅上，任游客品评，游客如悦某妓，即询以有生意否，倘日无生意，即相将登楼，共寻巫山之梦，至次晨始去，每度需费五六元"。最下等妓女多居小坡，每度仅需一两元。②

---

① James Francis Warren, *Ah Ku and Karayuki-san: Prostitution in Singapore (1870—1940)*, Singapore: Oxford University Press, 1993, p.98. [澳]颜清湟:《新马华人社会史》，粟明鲜等译，中国华侨出版公司1991年版，第237—238页。黄贤强:《槟城的娼妓与华人社会》，载[新]黄贤强《跨域史学：近代中国与南洋华人研究的新视野》，厦门大学出版社2008年版，第127—128页。
② 宋蕴璞:《南洋英属海峡殖民地志略》，蕴兴商行1928年版，第146—147页。

妓女的生活十分悲惨，尤其是"公主"和"绑年"，她们被迫接客，不听话、逃跑都会受到严厉惩罚，包括毒打、监禁、强奸、转卖等。黄贤强根据《槟城新报》的报道，详细描述了槟城妓女的凄惨待遇，指出"绝大部分妓女的遭遇是悲惨的，她们一方面受到妓院鸨母的苛待和剥削，另一方面又要面对嫖客的种种要求和欺凌"①。

二　殖民政府对娼妓业的治理与禁止

娼妓业存在本身就是一种罪恶，它是"黄、赌、毒"三害之一，与私会党、治安、性病联系在一起。殖民地官员对娼妓业的态度是矛盾的，一方面，一些殖民官希望关闭所有妓院，因为妓院代表堕落和罪恶，导致社会风气败坏，性病蔓延，拐卖妇女，私会党横行等丑恶现象，不符合英国文明进步的标准；另一方面，一些官员认为不能废除公娼，因为这会导致私娼盛行，性病更加蔓延。更重要的是，娼妓业与殖民地经济繁荣联系在一起，加之大量单身男性劳工的性需求问题，使得殖民政府更倾向于支持公娼业的存在，但要加强管理。

1870年殖民地实行《传染病条例》（Contagious Disease Ordinance），规定妓院和妓女必须注册，妓女需每月到医院体检，有病者留院医治，不得接客。华民护卫司毕麒麟在1886年12月9日给殖民大臣的信中说，《传染病条例》是"改善这个殖民地妓女可悲处境的唯一可能的方法"②。但1888年该条例取消，不再注册妓女。1889年海峡殖民地出台新条例，规定华民护卫司署官员有权在任何时候检查妓院，传唤鸨母和妓女进行调查。但这些规定被认为违背了英国法律，1894年当局对这一条例进行了修正，削减华民护卫司的权力，他不能随意搜查妓院，只有在接到投诉后才能搜查，而且妓院注册也被取消，不再强迫妓女体检。"这种倒退是一种错误，结果是妓院的虐待案件增加了。"③为了帮助被拐卖妇女和妓女，殖民地设立保良局，第一个保良局于1888年在新加坡设立，槟城（1888年）和吉隆坡（1895年）也设立保良局。1896年殖民地颁布《妇女和少女保护条例》，禁止收容、隐藏或

---

① 黄贤强：《槟城的娼妓与华人社会》，载［新］黄贤强《跨域史学：近代中国与南洋华人研究的新视野》，厦门大学出版社2008年版，第134页。
② James Francis Warren, *Ah Ku and Karayuki-san: Prostitution in Singapore* (1870-1940), Singapore: Oxford University Press, 1993, p.109.
③ ［澳］颜清湟：《新马华人社会史》，粟明鲜等译，中国华侨出版公司1991年版，第239页。

使用16岁以下的女子为妓,并为不愿为妓的妇女提供政府保护,华民护卫司的权力有所增加。1899年政府修改该条例,规定妓院老板让染有性病的妓女接客是非法的。总的来看,殖民地相关法律条例的不断修改和反复,表明殖民当局对娼妓业的矛盾和分歧。

1888年取消《传染病条例》,1894年废止妓女体检的结果,是性病的进一步加剧。新加坡的性病患者呈上升趋势,据治疗性病的医院统计,1884—1888年新加坡每1000个男人中,平均有144.28人患有性病,其中50%是淋病,1892—1896年每1000个男人得性病的比率上升到434.17人,其中2/3是梅毒。英国海军士兵热衷嫖娼,据船长估计,大约50%的士兵得性病。到20世纪初,一位殖民地医生Galloway指出,性病在新加坡男人中如此普遍,以至于他们"必须在每一次看病时都要陈述是否有性病的病史"。[1] 海峡华人中性病泛滥,先是丈夫,后是妻子,然后是孩子传染性病,导致死胎和流产的情况经常发生。1923年一名医生估计,每四个华人儿童中就有一个在出生时患有梅毒。[2] 殖民政府开始关注性病问题,过去,人们认为"性"是自然的,但是现在,它被认为是如同吸鸦片一样的恶习,政府将其上升到公共卫生的高度进行干预,新加坡第一个官办性病诊所于1922年1月设立,之后又开办多所,但性病患者并没有减少,且呈增加趋势,据Bostock Hill教授记录诊所医治的病人数量,1923年是6476人,1924年是18994人,1925年是20089人。[3]

娼妓和性病严重损害了殖民地的形象,殖民政府受到越来越多的批评。新加坡经济繁荣,市政建设良好,有人称为"东方巴黎"。但因为妓院林立,妓女众多、性病泛滥、私会党猖狂,也有人称新加坡为"东方污水坑"。1912年Archibald Mackirdy和W. N. Wills出版《白奴市场》,描写新加坡的欧洲妓女遭遇,说新加坡是拐卖妇女的中心,还说妓女中有90%患有性病,这本书在西方引起轰动,对新加坡的形象造成极大负面影响。[4] 1916年,著名社会改革家约翰·考恩(John Cowen)考察新加坡的娼妓业,并向英国的

---

[1] Lenore Manderson, *Sickness and the State: Health and Illness in Colonial Malaya (1870 – 1940)*, New York: Cambridge University Press, 1996, p. 178.

[2] Council Paper No 86, Proceedings of the Straits Settlements Legislative Council, 1923, CO 275/109, pp. C289 – 90.

[3] Lenore Manderson, *Sickness and the State: Health and Illness in Colonial Malaya (1870 – 1940)*, New York: Cambridge University Press, 1996, p. 198.

[4] Archibald Mackirdy and W. N. Wills, *The White Slave Market*, London: Stanley Paul, 1912.

"道德与社会卫生协会"（Association for Moral and social Hygiene）提交了一份详细报告，他的调查报告强化了《白奴市场》给人留下的可怕印象，即新加坡是东方主要的卖淫中心，那里已成为"受到污染的粪坑"。他还指责："新加坡政府竟然公开默许娼妓业的存在，使得民众一周又一周、一月又一月地为此消耗自己的生命和财富。政府还绞尽脑汁采用各种形式将妓院合法化，就好像法治是他们最高贵的追求之一。"①

新加坡的"东方污水坑"形象引发了英国的道德改革家和禁娼主义者的不满，他们群起批评殖民政府。著名组织有英国政府的"反对性病全国委员会"（National Council for Combatting Venereal Disease，NCCVD）和非政府组织"道德与社会卫生协会"（Association for Moral and Social Hygiene），积极反对娼妓业以及由此带来的性病。"反对性病全国委员会"所办杂志《健康与帝国》（Health and Empire），1924年4月发表一文，引用新加坡花柳病调查报告，认为"不论在任何一处注册营业之妓女，每星期或隔两星期委以医药检查一次，其法已不能证实受检查之妓女，必保其无病，反而使一般寻花问柳者，生出谬误之见解，以为妓女受过医药检查，定然清洁而无病"。② 报告指出，体检并不能阻止花柳病传播，假如一妓女受过检查后不久即得花柳病，在下次检查前，已接客百余人，会被传染。据报告，花柳病至少有40%是由妓女传染，新加坡花柳病情况严重。③ 英国议会也经常有议员从道德或公共健康角度质疑海峡殖民地的娼妓与性病问题，1924年英国下议院女议员亚斯托夫人质问东方娼妓业，提议英属口岸，一律禁止娼妓营业。④ 英国精英一致认为，娼妓对于社会之危害，可归为三点：一是影响人类之道德；二是引起妇女之卖淫及拐卖；三是花柳病蔓延。⑤

英国社会的批评给殖民当局造成极大压力，迫使英国殖民部和马来亚当局对娼妓和性病采取进一步的治理行动。1913年新加坡政府禁止妓院的欧洲

---

① No. 60716, Charles Tarring, the Association for Moral and Social Hygiene to the Secretary of State for the Colonies, 18 December 1916 in Sir Arthur Young to Walter Lord, 13 July 1917, CO 273/457. 转引自 James Francis Warren, Ah Ku and Karayuki - san: Prostitution in Singapore (1870 - 1940), Singapore: Oxford University Press, 1993, p. 156.
② 《娼妓注册大问题》（一），《南洋商报》1924年5月24日。
③ 《娼妓注册大问题》（二），《南洋商报》1924年5月28日。
④ 《英国下议院东方淫业之质问》，《南洋商报》1924年2月16日。
⑤ 《扶轮社昨日周常餐会安图医生讲私娼之流毒影响人类道德》，《南洋商报》1939年7月27日。

妓女，到1916年，欧洲妓女在妓院绝迹。1921年1月，英国道德与社会卫生协会的罗伯特·海兰（Rupert Hailam）医生和纳威勒·沃尔夫夫人（Neville Rolfe）访问新加坡，考察"亚洲道德"或"特殊的"当地环境与娼妓业的关系，其报告导致1923年海峡殖民地政府任命了一个性病委员会，主要职责是调查和报告性病的患病率和流行的原因，并对预防与治疗提供建议。① 委员会建议新加坡立法会重新实施对妓院注册、对妓女发放牌照、体检，以控制性病传播。1924年7月英国殖民地办公室成立了一个"社会卫生咨询委员会"（Advisory Committee on Social Hygiene），成员包括"反对性病全国委员会"和"道德与社会卫生协会"的成员，委员会建议废除所有妓院，罪及靠妓女为生者。1925年，"反对性病全国委员会"改名为"英国社会卫生委员会"（British Social Hygiene Council），目标是防止和控制帝国内外（联合王国和殖民地）的性病，成员包括医生、心理学家、社会学家、生物学家和"虔诚的基督徒"，设立分委员会负责英帝国各殖民地，其"远东委员会"主要负责东亚、东南亚、南亚的妓女。② 1926年英国社会卫生委员会直接派员到新加坡实行社会卫生项目，推动海峡殖民地政府全面禁娼。

在英国的压力和推动下，海峡殖民地政府最终逐步实行禁娼，1927年宣布禁止妓女移民马来亚，并宣布将于1930年取缔所有妓院。1927年11月1日起，当局禁止歌妓（琵琶仔）出局酒楼公馆等，③ 商家请求延缓实行，得以延缓到1928年1月1日，严格实行。④ 政府不再发给妓院和妓女牌照，并逐步收回原有牌照，海峡殖民地的妓院迅速减少，1927初新加坡尚有190家妓院，同年就自动关闭45家，1928年又有50家妓院自动关闭。⑤ 妓女人数也从1926年的2211人下降到1929年的519人。⑥ 1929年12月，新加坡当

---

① Report of Venereal Disease Committee, Council Paper No. 86, Proceedings of the Straits Settlements Legislative Council, 1923, CO 275/109.
② Lenore Manderson, *Sickness and the State: Health and Illness in Colonial Malaya (1870 – 1940)*, New York: Cambridge University Press, 1996, pp. 197 – 198.
③ 《酒楼禁止歌妓侑觞逐渐实行》，《南洋商报》1927年10月28日。
④ 此禁令后有所变通，允许琵琶仔出局，但只许清唱，不准坐于客后，代客饮酒，及狎亵行为。《琵琶仔已不准出厅于一月一日实行》，《南洋商报》1928年1月9日。
⑤ James Francis Warren, *Ah Ku and Karayuki – san: Prostitution in Singapore*, Singapore: Oxford University Press, 1993, p. 175.
⑥ Lenore Manderson, *Sickness and the State: Health and Illness in Colonial Malaya (1870 – 1940)*, New York: Cambridge University Press, 1996, p. 200.

局宣布从18日起,长泰街的九家妓院一律清除。① 到1929年年底,最后一家妓院关闭。② 1930年10月14日当局公布新修改的《妇女和少女保护条例》,其中第七、八章规定:(1)凡经营或管理娼寮者;(2)凡租屋人,或包租人,或住屋人,或屋内之管理人,明知租住屋之全部或部分作为娼寮者;(3)凡屋主或屋主之代理人,明知将居屋之全部或一部分租与人作为娼寮者,或明知而仍旧任其继续租用作为娼寮者,都属有罪。换言之,开设妓院、出租房屋供人卖淫都属犯罪行为,初犯者将受到不超过六个月之监禁,或科以不超过五百元之罚款。而再犯者,将受到不超过十二个月之监禁,或科以不超过一千元之罚款,或监禁与罚款并施。③ 马来联邦也于1931年1月立法禁止妓院和妓女,各地妓院迅速减少,怡保妓院由50间减少到26间,政府严令3月28日前关闭所有妓院,如到期不关闭,一经查出,则严厉惩罚。④

从《妇女和少女保护条例》有关规定来看,严格说来,法律并非禁止娼妓,而是禁止妓院和以妓女为生者。为什么不禁止妓女?这与英国的法律观念密切相关,任何社会都有妓女,她们为了生存而出卖肉体,并不是犯法,既然出卖肉体的女人没犯法,那么买肉体的男人也没犯法,男人为了性需要去嫖娼,是自然权利。所以英国法律规定,只有贩卖少女的、以娼妓为生的、逼人为娼的、经营娼寮的人才犯法。

娼妓业对殖民地造成极大的负面影响,禁娼呼声一直存在,但是禁娼又会导致私娼盛行和性病更加泛滥,因此反对禁娼的声音也一直存在。殖民当局最终在1930年和1931年实行禁娼,仍然遭到一些殖民官员和华侨界的反对,认为这会导致私娼盛行,性病蔓延,"禁绝娼妓,将使社会于无形中遭受重大危险,一旦娼妓不被许公开营业,彼等将于暗中活动"。⑤ 针对反对的声音,殖民当局指出禁娼目标是杜绝贩卖妇女,而不是禁绝私娼和性病。新加坡华民护卫司对记者发表讲话,指出政府之所以禁娼,并不是禁娼即可杜绝花柳病之传播,而是在于杜绝贩卖妇女。未禁止公娼以前,每年由中国来

---

① 《长泰街妓馆结束之确期》,《叻报》1929年12月6日。
② 当局本计划1929年12月初结束全部妓院,但有不少老鸨向华民司请愿,陈诉苦衷,恳求展期,华护司宽限半月。到昨日,限期已满,都去销牌照。《本坡娼寮昨日一律闭幕》,《南洋商报》1929年12月19日。
③ 《禁设娼寮之两新例》,《总汇新报》1930年7月15日。
④ 《怡保废娼决实行》,《南洋商报》1931年3月10日。
⑤ 《马六甲侨界呼声　娼妓禁绝不得》,《南洋商报》1930年7月2日。

马来亚之妓女数以百计,"妇女保护之设,其动机即在禁止妇女贩卖,至于花柳病之防患,是医生之事,非法律所能为力"。① 马来联邦华民护卫司雅伦也公开指出,禁娼的目的是保护妇女,一是杜绝贩卖妇女,二是禁止妓院。②

尽管殖民地官员深知娼妓不可能禁绝,性病不可能根除,但还是希望禁娼能减少性病的传播。马来联邦华民护卫司雅伦引用日内瓦顾问委员会的报告,指出依据禁娼国家的经验,虽然仍有私娼,但花柳病有所减少,公共卫生会有改善。③

第二节 禁娼之后:殖民政府的私娼治理及成效

一 私娼盛行与私娼之悲惨遭遇

正如人们所预料的,马来亚公娼禁后,私娼兴盛。槟城公娼被禁之后,"私娼之风,却日见其盛,街头巷尾,触目皆是,私窝之开设,竟如雨后春笋",主要集中于孟加拉巷、油较路、中路及其他小巷。④ 新加坡禁娼后,上等私娼多在竹脚、芽笼、惹兰勿刹等处,下等私娼多集中于林荣美巷、草市后。⑤ 芙蓉私娼集中在三间庄及巴刹巷等处。⑥ 私娼多为粤人,少数为闽人、客家人,还有马来人、印度人、混血人等。⑦ 1931年《马来西报》记者专门调查新加坡私娼,发现公娼禁后,娼妓不仅没有减少,反而增加,记者看到的私娼有暹罗人、华人、马来人。⑧

私娼卖淫方式与公娼类似,共为四种:第一种是"搭灯",有人身自由,衣食自备,夜度资与鸨母分析,最高三七开,最低四六开,妓拿七或六。第二种是"领家",系父母或亲戚卖断,住在领家,收入归领家。妓女行动有人跟随,毫无自由,不能反抗。第三种是"押账",家人或亲戚因经济所迫,先借贷数百元,以其身体为质,亦需住在领家,每天卖笑收入对分,还款完后,可获得自由。第四种是"捆账",衣饰伙食由领家供给,夜度资全给领

---

① 《华民政务司与本坡华字报记者谈话》,《南洋商报》1930年7月14日。
② 《马来联邦实行禁娼》,《总汇新报》1931年1月21日。
③ 《马来联邦实行禁娼》,《总汇新报》1931年1月21日。
④ 《禁娼若是耶?》,《南洋商报》1929年10月4日。
⑤ 《林荣美巷几成下等烟花之渊薮》,《南洋商报》1932年9月3日。
⑥ 《芙蓉埠私娼死灰复燃》,《南洋商报》1932年11月7日。
⑦ 《槟城私娼近状素描》,《总汇新报》1934年1月27日。
⑧ 《禁娼后之娼妓情况》,《槟城新报》1931年1月23日。

家，到期可恢复自由。①

妓院取消，加之当局大力破获淫窝，私娼卖淫地点不断变化，大体可分三种：（1）在旅馆卖淫，一些私娼长住旅馆卖淫，一记者到槟城、怡保，发现旅馆楼下住着较多女客，衣着艳丽，涂脂抹粉，举止妖娆，昼伏夜动。②这类私娼较有姿色，她们陪客人聊天或留宿，陪坐者一次三元，留宿者十元；（2）租房间卖淫，一次嫖资二元，扣六角房费；③（3）下等的街头妓女，年老色衰，嫖资仅为几角。据报道，1934年吉隆坡洛士街巴刹巷等地，每到黄昏过后，私娼齐集此处，等候嫖客光顾，价钱仅为三角五角不等。④私娼收入较之公娼时代锐减，过去身价15—20元者，现在3—4元，高等私娼最多10—15元，最贱者是孟加里巷和调和路之土娼，一次不过2—3角，最多4—5角钱。⑤

30年代马来亚娼妓之所以禁而不绝，与经济困难、妓女缺乏谋生手段有很大关系。殖民政府1930年、1931年取缔妓院之时，正值1929—1933年经济危机高潮时期，随后马来亚经济进入长期萧条，破产和贫困是普遍现象。贫困在将妇女挤压进劳动力市场的同时，也将一些妇女和少女挤压进人肉市场，靠出卖肉体为生。马来亚私娼主要来源有三：

（1）原来的妓女被迫重操旧业。1927年海峡殖民地政府宣布将禁娼后，妓院逐渐关闭，妓女们开始另谋出路。一些人前往马来联邦、婆罗洲、缅甸等地继续卖淫，少数人从良，还有各别妓女转行谋求职业，有人沿门售卖药油药品，还有两人学习西法接生，借以自立。⑥也有人与朋友合开洋货店，⑦或在茶楼当女招待谋生。但更多的是转入地下，成为私娼。在贫困的压迫下继续或重操旧业，"自当地政府禁娼以还，一般操神女生涯者，顿受莫大之打击，以生活无依，职业又不可获得，故有多数人，避走小埠，或移居附近村落，暗设阳台，仍操其一贯政策"。⑧一个名叫李亚娥的闽籍27岁私娼，1929年结婚，丈夫去世后，她迫于生计到妓院为娼，与杨美丰相识，此时正

---

① 《公娼禁后私娼盛，所过皆非人生活》，《总汇新报》1933年5月24日。
② 《如此之马来亚（三）》，《南洋商报》1932年7月22日。
③ 木其：《靠妓女过活的一群》，《南洋商报》1941年6月7日。
④ 《廉价拍卖肉体》，《益群日报》1934年2月10日。
⑤ 《槟城私娼近状素描》，《总汇新报》1934年1月27日。
⑥ 《禁娼声里之莺燕分飞》，《南洋商报》1928年1月12日。
⑦ 《废娼期近　花楼大姊筹开洋货店》，《槟城新报》1930年5月22日。
⑧ 《一私娼窟被破》，《星洲日报》1934年10月5日。

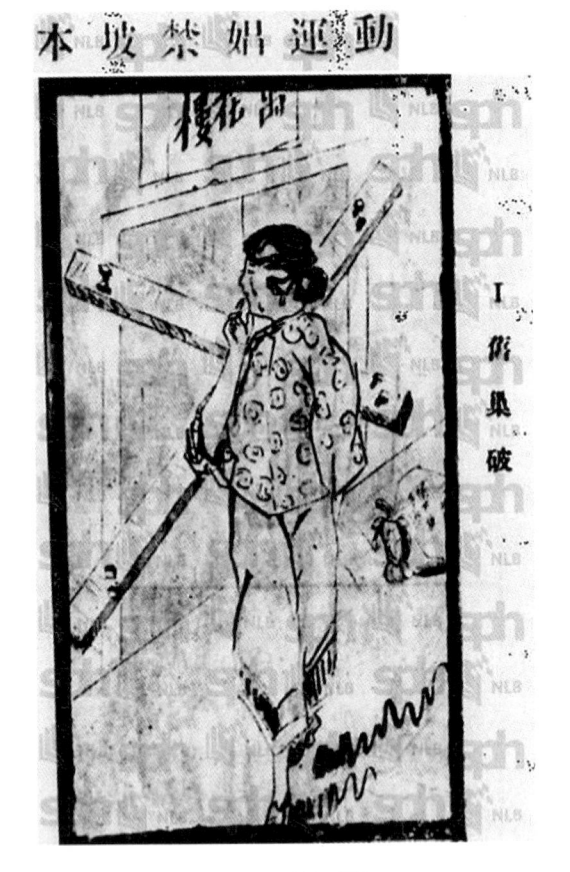

图 8-1 禁娼漫画

图片来源:《南洋商报》1930 年 8 月 11 日。

值政府取缔妓院,她便从良嫁与杨美丰。但经济危机时丈夫失业,坐吃山空,她只好"再作冯妇,重设香巢,出作神女生涯"。丈夫依赖她过活,游手好闲,不务正业,每天向她要钱,如不给,就拳脚相加。① 私娼梁亚容 1930 年前在大坡卖淫,后结识琼人吴亚林,两人同居,吴亚林给其赡养费,1935 年 9 月,吴亚林生病不能工作,赡养费停止,她因经济所迫,不得不卖淫为生。② 私娼黄宝珠说,她因家贫遂当妓女,夜度资仅三元,与李怀甲有感情,乃从良嫁与李,最初三个月,李每月给其 15 元生活费,第四月起就

① 《闽人杨美丰被控靠李亚娥当私娼过活》,《星洲日报》1935 年 11 月 16 日。
② 《琼青年吴亚林被控靠妇女卖淫为生》,《南洋商报》1936 年 4 月 9 日。

分文未给，问之讨要，则命她去当娼。①

（2）被拐卖欺骗的妇女被迫当私娼。被拐妇女和少女一直是妓女的主要来源，禁娼后，拐卖妇女的罪行仍然存在，被拐女子成为私娼的主要来源之一。拐子们"专经花言巧语，诱骗一般乡村良家妇女，并予经济上、舟车上种种帮助，使其南渡。至马来亚后，则以索取盘川为名，利诱威迫，迫其就范"。②如李月英状告两男子，说自己丈夫早死，被诱骗来到新加坡，被迫为娼，卖淫两年，每月所得夜度资大约一百元，全都交与两被告，生活费只靠客人给的赏钱，身染花柳病还要接客。她想转行当佣妇，被告不准，她不得不到华民护卫司署求救。③有一粤女李亚梅原在广州为佣，听信邻人陶八说新加坡如何繁华，如何容易找工，随他南下。一星期后，李被陶以460元卖给粤妇蒙亚庭，蒙逼她接客。三个月后，李亚梅找机会逃到华民护卫司署报案，她被送到保良局治花柳病，蒙则被判二年苦监。④还有一粤籍女工卫少珍因失业，被人介绍给陈亚丽，陈愿帮卫支付船票及各种杂费，双方明确卫来新加坡工作后，双倍偿还各种费用。卫少珍信以为真，同陈来新。一个月后仍找不到工作，陈就逼卫当私娼还钱。卫少珍在新举目无亲，被迫从命。⑤还有一名亚来的私娼，两年前丈夫死于中国，她随着水客来新加坡找工，被水客以250元卖给鸨母林亚望，被迫卖淫，每月赚的六七十元钱全部交给林氏，后亚来怀孕，林氏仍逼她接客，孩子生下后，林氏将孩子抱走，满月后又逼她接客。亚来向华民护卫司署报告，林亚望被判六个月苦役，并赔款50元给亚来。⑥

（3）生活困难的良家妇女，不得不当私娼谋生。一些女工失业，无以为生，不得不当私娼养活家人和自己，当时人指出："许多从工厂中失业或农村中无以为生而出来的女子，只有为人佣工，做人婢仆。而在此哀鸿遍地，失业群众满坑满谷的时候，何处有如许富豪的人家容纳此无限的可怜的人们？就是幸而能被雇佣而工资微薄，也不足以维持一家的生活，到此无路可

---

① 《李怀甲被控靠娼生活罪名成立》，《星洲日报》1937年8月5日。
② 《本坡尚有少女交易所，政府决尽力取缔》，《星洲日报》1938年3月13日。
③ 《弱女子坠溷记》，《槟城新报》1930年11月24日。
④ 《李亚梅不远千里而来，可怜被逼卖肉》，《叻报》1930年12月30日。
⑤ 《广州南来女工被迫为娼》，《星洲日报》1938年4月26日。
⑥ 《心毒妇专做皮肉生意》，《叻报》1931年1月21日。

走时，更惟有鬻之于妓院，所以南洋近来娼妓特别多。"① 一私娼李阿女就称，她过去在陈嘉庚公司当女工，因收入太低，不足开支，遂当妓女。② 还有不少人因家境贫困，被父母或丈夫或亲戚逼迫为娼。如一童养媳陈二，只有14岁。其公婆周利木和王水迫童养媳当妓女，被抓获。审判时，陈二指证，王水、周利木让她当娼，李伦为介绍人，所得夜度资，每晚十元，李伦抽三元，其余都交给公婆。③ 怡保一男子迫使其妻为娼，每次收费1元到5角不等，其妻不甘，到华民护卫司署告其夫。④

私娼处于社会最底层，所受压迫和屈辱最深重。一些恶徒经常向私娼勒索私费，不遂其愿，就殴打。有一粤籍私娼，被一马来少年勒索五元不遂，招致毒打，遍体鳞伤。私娼同伴报警，马来少年被捕。庭审时，其他私娼称，平时饱受此辈勒索，故此事发生后，她们都愿到警局作证。⑤ 还有人行霸王嫖，有一私娼二妹接客一闽人嫖客，事毕，私娼向其要钱，不料该嫖客不名一文，私娼拦住他不让走，此人就殴打私娼，并夺门而逃，妓女只能大骂嫖客无良。⑥

私娼中有不少幼女，她们的遭遇最令人痛心。据吉隆坡保良局报告，1937年在局少女共50人，均为华人，以妹仔最多，也有不少是妓女和雏妓，她们中10—12岁者多染有梅毒，其中最小的只有7岁。⑦ 有一位陈姓少女的个案十分典型：

> 陈予龙原籍粤东，14岁，容貌秀丽。其父经商失败，无钱返乡，将其以140元卖给金英（被告），随即来新加坡，金英强迫她接客，她欲反抗，但人地生疏，且被告看守很严，只好从之。初接客时，每夜给15元，后减为10元。客人有时多给些钱，但都被被告夺去。新加坡生意稍冷时，被告又带她到马六甲，但马六甲生意太惨淡，还不如新加坡，于是又返回新加坡。最近被告看到华卫司对私娼侦查甚严，恐被捕，欲

---

① 叶绍纯：《星洲当局之废娼与取缔女招待问题》，《南洋情报》1933年第2卷第6期，第283—284页。
② 《女工改操淫业 鸭母被罚百元》，1934年3月8日。
③ 《商况不景忍心令媳作私娼被控公庭》，《南洋商报》1932年1月13日。
④ 《迫妻为娼》，《槟城新报》1930年2月14日。
⑤ 《社会上最可怜还有人去勒索》，《南洋商报》1933年2月28日。
⑥ 《社会上最痛苦者莫若娼妓还有人想去揩油》，《南洋商报》1932年12月8日。
⑦ 《吉隆坡保良局现有少女50名》，《星洲日报》1937年6月25日。

到加东暂避,要带上她。她因染上花柳病,痛苦异常,若随之到加东,痛苦永无减轻之日。于是本月 11 日先逃到一老妇家(以前认识,知其为好人),求老妇救她一命。老妇让她向华民政务司报告,华卫司署立即带她到医院看病,据医生检查,她染有极严重梅毒,阴部完全糜烂。法官判被告金英有罪,判其入监 2 年,罚款 300 元。①

日本占领新马时期,许多妇女因为父兄与丈夫被屠杀、货币迅速贬值、生活穷困而陷入困境,沦为娼妓。新加坡社会福利部副部长认为,1945 年光复之后,显然妇女以妓为生者,数量大增,英军政部之医生发现有 12 岁或 13 岁之少女曾当娼,并染花柳病。② 光复后,新马民众贫困,仍有不少当妓为生,据当时人调查,1949 年槟城妓女嫖价不等,普通妓女一夜是三十元,亦有 20 元、10 元,有些妓女打游击,一局五元。还有些半老徐娘姿色已失,街头拉客,嫖资更低。③

二 治理私娼措施

公娼被禁后,私娼盛行,殖民当局广布线人,大力打击私娼业,重点是捣毁卖淫窝点、抓捕老鸨、皮条客、拐卖人口贩子、收容卖淫者,当时报纸经常有这类报道。

前文提到《马来西报》记者调查私娼的报道,很有反响,当局立即搜捕记者提到的窝点,抓捕华人私娼 60 余人。该报道还提到暹罗妓女,被译为暹罗文登在曼谷的报纸上,引起暹罗舆论之批评,督促暹罗政府根究此事,暹罗驻新加坡领事馆调查暹罗妓女。很快暹罗妓女销声匿迹。④ 1932 年 4 月 11 日新加坡大批警察到大门楼后街,抓捕到六名私娼,有爪哇人、马来人、华人等,其中两名私娼染有花柳病甚重,被送往医院医治。还当场捕到两名男子,被控以娼业为生。两被告被判有罪,各处苦监 9 个月。⑤ 同年 5 月,新加坡华民护卫司在小坡桂兰街房中抓捕三名粤妇,并将其控上警三厅,罪名是协助私娼卖淫,第一被告梁珍合 32 岁,第二被告温亚好 50 岁,第三被

---

① 《归不得父亲卖少女搭安庆轮抵星》,《南洋商报》1930 年 12 月 23 日。
② 《沦陷时期之星洲妇女处于惨苦境遇中》,《南洋商报》1947 年 3 月 7 日。
③ 维善:《漫谈槟城的娼妓》,《南洋商报》1949 年 4 月 27 日。
④ 《马来西报注意私娼行动》,《槟城新报》1931 年 2 月 5 日。
⑤ 《昨日警探在花柳制造厂内捕到大批残花败柳》,《南洋商报》1932 年 4 月 12 日。

告黄亚玲47岁。① 1934年新加坡护卫司半夜抓捕2名私娼和1名嫖客，第二天将其中一名控上警三厅，控其经营娼业，法官判其卖淫一罪成立，罚50元，经营娼业一罪成立，罚50元，共100元，如不缴付罚款，将判苦监三月。②

政府对皮条客大力打击，人力车夫也成为打击对象。一些私娼因为卖淫场所经常被警察搜到，因此改乘人力车拉客，或利用人力车夫代为拉客。有一闽籍人力车夫亚工，代私娼介绍嫖客，不想竟介绍到侦探头上，他不知侦探的身份，为其介绍私娼，并告知卖淫地点，侦探将其拘捕带回警局，控以帮助私娼之罪。③

当局对淫窝经营者和管理者着力打击，控罪时注重证据，判罪时以罚款和监禁为主，还有一些刑满后驱逐出境。如有一案例：

> 新加坡华民护卫司在惹兰勿刹街47号逮捕私娼9人，男子2名，即为李广恩和邓光怀，都是福清人，被控以开设娼寮罪，在警三厅受审。先是证人上堂。第一个证人是马来女子，年近不惑，说她在该处为娼已5个月，嫖资一元被告抽3角，嫖资5角被告抽1.5角，嫖资3角被告抽1角，两男子是接收"抽头钱"之人。其他同操娼业之女子，常有十多人，"抽头钱"原来是给另一男子，他被捕之后，改交这两男子。第二个证人名苏亚灿（福清人），40岁左右，称每晚7—10点在该处为娼，每晚房钱2角，交给被告。第三证人为粤籍黄阿桂，35岁，在该处卖淫有半个月，每晚下午五点到凌晨一点，房钱一角，交给被告。第四个证人为粤籍陈阿好，36岁，在该处月余，嫖资三角抽一角，不知包租人是谁。后面几个证人，证词大体相同。第一被告李广恩和第二被告邓光怀否认是淫窝管理人，但法官不信其言，判其有罪，第一罪开设娼寮，3个月苦监，第二罪助人为娼，1个月苦监，出狱后驱逐出境。几位私娼则被释放。④

当局对旅馆也十分注意，因为私娼借旅馆卖淫，当局严禁旅馆收留娼妓

---

① 《三粤妇办理私娼事务昨日被控于警庭》，《南洋商报》1932年5月5日。
② 《女工改操淫业 鸨母被罚百元》，1934年3月8日。
③ 《人力车夫之副业 兼代私娼拉嫖客》，《南洋商报》1932年11月18日。
④ 《营丑业者鉴》，《南洋商报》1933年9月12日。

在内卖淫。政府派出大批侦探到各旅馆查询，女住客形迹可疑者，会被拘捕，[1] 窝藏私娼卖淫的旅馆，将被罚款，严重者则吊销营业执照。1934年广安旅店店主准许娼妇投宿被罚廿元，1935年太平群商客栈主人被控为以客栈作娼妓阳台罪案成立，罚金十五元，1940年立卑一旅店店主因收容私娼卖淫，被罚款三百元。[2] 也有旅馆店东虽被提控，但辩护得力，最终撤案。如粤华旅馆老板被控上警三厅，罪名是收藏私娼在旅馆卖淫。律师辩护称，店主按政府规定对顾客进行登记，若女顾客投宿，或有男子同来，称为眷属，或称良家妇女，店主实难分辨其是否为娼，并不是有意收留妓女卖淫。法官认为律师辩护理由充足，撤案。[3]

当局对涉娼人员的打击方式有所不同。对老鸨、皮条客、拐卖人口贩子、淫窝经营者，着力打击，或重罚款，或判苦监，或驱逐出境；对于私娼，是从轻处罚或不罚；对嫖客，则没有任何处罚。警察抓捕私娼，也会控于法庭，私娼通常充当证人，指控老鸨、娼寮管理者，法官重判被告，但对私娼不会严惩，罚款1元，或监禁一天了事。1931年某日侦探抓了五个妓女，一个包租妇陈亚好，法官对私娼告诫了一番，释放，但对于陈亚好，则是扣留，控以窝娼一罪，展期再审。[4] 1934年槟城13名华人妓女被抓，每人被罚1.5元，释放。[5] 鸨母多被控重罪，或苦监，或出境，而妓女17岁以下者，多被送到保良局，年高者，多释放不问。[6] 对嫖客，则没有任何惩罚，他们不会被捕，也不会被罚款。

殖民当局对私娼业的打击，主要靠线人的举报和举证，因此广布线人，巫印线人招华人和暹罗妓女，或以华人线人招其他种族之妓女，以使人证俱在，无可狡辩。为了坐实证据，当局甚至在钞票上标注符号，交由线人到私窝或旅馆召妓，然后警察立即去搜捕，以标号钞票为证，将犯有窝藏私娼（旅馆），或私开娼寮（私窝）者控上法庭。[7]

线人制度是以恶治恶，线人利用自己能够举报娼寮和私娼的特殊身份，经常私下勒索私娼。如华民护卫司署的线人郭进，被数名私娼控告其勒索。

---

[1] 《如此之马来亚（三）》，《南洋商报》1932年7月22日。
[2] 《南洋商报》1934年3月21日，1935年8月12日，1940年1月22日。
[3] 《私娼常假旅馆作阳台》，《南洋商报》1932年9月7日。
[4] 《对于私娼之另一处置法》，《槟城新报》1931年6月4日。
[5] 《十三名华妇被控营皮肉生涯》《槟城新报》1934年7月5日。
[6] 《槟城私娼近状素描》，《总汇新报》1934年1月27日。
[7] 《槟城私娼近状素描》，《总汇新报》1934年1月27日。

一私娼亚好指称，郭进到其家，坐在她腿上，调戏她，还让她入房，她不允，郭勒索五元，若不交，必让华民护卫司拘捕她。她当时没钱，就没给他，法官以证据不足宣判被告无罪。但郭进一出门，又被另一探员拘捕，也是勒索之罪，有五六名私娼作证，称被告向她们每人勒索2元，有的先交1元，被告心还不足，常到她们那里搅扰，她们被迫报案。法官认为这次证据充足，判其有罪，罚款40元。① 还有一线人麻子秋被控于警二厅，罪名是勒索六位马来私娼三元。私娼指称，麻子秋要求她们每月必须给他五角，否则举报她们。她们报警，探长将三张面额一元的叻币，记下号码，交给私娼。当麻子秋来勒索时，人赃俱获。② 当时报纸还有不少这类报道。③

当局打击私娼业可谓不遗余力，通过广布线人、警察搜捕来打击卖淫窝点和卖淫旅馆，并将鸨母、皮条客、经营娼寮者、靠妓为生者罚款判刑，这样的打击行为贯穿整个30年代，一直持续到1941年年底日本入侵马来亚。但私娼打之不尽，从未绝迹。1939年，峇株巴辖市的华巫私娼一到晚上，就浓妆艳抹，三五成群，以吸引嫖客。某天警探搜查旅馆，捕获马来妓女2名，身着巫装之华人妓女3名。④ 1941年9月警察围捕一飞机楼（下等私娼窝点），抓捕34人，其中12人为中年粤妇，穿佣妇装，其余20多人年龄在16—34岁，将被以卖淫罪控于法庭。⑤ 私娼抓不胜抓，1940年有调查者对新加坡私娼进行调查，私娼人数仍有1000人以上，最多的是惹兰勿刹一带，有400—500人，其次是大坡的琵琶仔，有200多人，新街桂兰巷大约有100人以上，飞机楼将近100人。⑥ 1948年年底，据警方估计，新加坡共有娼妓3500人，其中180人系沿街招揽生意者，920名则在180间娼寮当娼妓，还有2400名用各人房间接客，或召至其他地方接客。⑦

三 私娼治理效果评价

殖民当局一直着力治理私娼业，治理效果如何？有截然不同的两种评

---

① 《线人行为不当希图勒索私娼》，《南洋商报》1932年11月7日。
② 《华署报线人屡有向私娼勒索之行》，《南洋商报》1934年5月8日。
③ 《陈炎发向私娼身上揩油水要捕人反遭逮捕》，《南洋商报》1934年4月14日。《线人陈金生被控勒索三私娼案，昨日被判九个月苦监》，《南洋商报》1934年10月18日。
④ 《峇株华护司大捕私娼》，《南洋商报》1939年1月25日。
⑤ 《警察大搜飞机楼捕获妇女三十四人》，《星洲日报》1941年9月10日。
⑥ 《提供社会改革者去研究的本坡娼妓问题资料》，《南洋商报》1940年12月5日。
⑦ 《全星娼妓约三千余名》，《南洋商报》1949年10月27日。

价。一种认为取得一定效果，1934 年新加坡英文报纸《星期论坛报》发表署名 LKH 的文章，指出新加坡过去有"东方污水坑"之名，经过政府治理，娼寮关闭，私会党敛迹，尽管还有私娼，但不似年前之猖獗。"时至今日，新加坡已不再是东方污水坑或东方之芝加哥之恶名矣，此实系禁娼之功也。"①另一种看法认为公娼被禁，但私娼盛行，性病泛滥，正如 1937 年《马来西报》刊登的读者来信所言，新加坡仍是"东方污水坑"，因为此地妓女都是私娼，无任何检查，性病泛滥。②战后，因为新加坡仍然存在不少私娼，新加坡妇女协会秘书长福士达夫人曾在科伦坡举行的亚非妇女会议上形容新加坡是一个"巨大的娼寮"，引起新加坡政府严重不满。③

如果以私娼禁绝与否来评价治娼效果，似乎难以评价。一是因为任何社会都有私娼，私娼永远不可能完全禁绝；二是因为殖民当局的目标是禁止妓院，杜绝拐卖妇女罪行，并没有将禁绝私娼作为目标。实际上，1930 年《妇女和少女保护条例》只是禁止妓院，并没有禁绝娼妓之规定。

评价马来亚治娼效果，首先应从政府自己设立的目标着眼。殖民地政府禁娼目标一是禁止妓院，二是杜绝拐卖妇女之罪行，三是减少性病。这些目标达到了吗？

第一个目标，禁止妓院基本达到。所有妓院关闭，之后政府对各种淫窝点、旅馆大加打击，基本上难有成规模的娼寮长期存在，但小的、临时的窝点仍然存在。从当时报纸报道，可见当局对卖淫窝点的打击。

> 1935 年新加坡华民副护卫司向警三厅提起数宗控告。
>
> 第一宗，控房东张金安、张炳毛、黄海五三人，明知房客是妓女，还租房给其做淫窝，二少女以 23 元，向其租房，违背 1930 午之《妇女和少女保护条例》。三人向法庭承认有罪，被判各罚 60 元，或 2 个月苦监。
>
> 第二宗，被告郑雪水，被控依靠娼妓过活，被告否认有罪，展期审讯，以 200 元俱保。
>
> 第三宗，被告黄源杰，被控租房给娼妓卖淫，被告认罪，搜捕之

---

① 《新加坡与禁娼之关系 罪恶的动态已较前减少》，《南洋商报》1934 年 5 月 28 日。
② 《公娼可废私娼终难除》，《南洋商报》1937 年 4 月 6 日。
③ 《新加坡非一大娼寮，福士达夫人之指责被纠正》，《南洋商报》1958 年 2 月 22 日。

时，户内有两少女，其一正与男子睡觉。被告被判有罪，罚60元，或2个月苦监。

第四宗，第一被告刘亚贵，第二被告陈亚妹，被控代私娼招揽生意，及租房作阳台（淫窝）。两被告承认有罪，第一被告称，他受雇于一私娼，月薪五元，一切皆出自雇主之命。第二被告称自己去年才从香港来，受雇于私娼之处，一切听命于私娼，不知犯法。但控方指出，抓捕之时，两被告与私娼与嫖客接洽，找阳台，应属老鸨。法官判第一被告罚款五十元，或苦监2个月，第二被告念其年轻无知，以五十元具保，六个月内不得再犯。①

第二个目标，杜绝拐卖妇女没有完全达到，但这类犯罪有所减少。拐卖、欺骗妇女卖淫之事一直没有禁绝，1939年香港一英文月刊还报道警察破获一贩卖中国妇女团伙之事，缴获一批文件，表明香港仍是贩卖中国妇女之交易所，海峡殖民地仍是拐卖妇女的输入地。② 殖民地政府着力打击这类犯罪，使得犯罪数量有所减少。从华民护卫司的报告来看，根据《保护妇女和少女条例》被判有罪的案件，无论是海峡殖民地、马来联邦还是马来属邦都呈下降趋势，1932年共有358起，1934年为168起，1936年为101起，1938年为100起，1939年为75起（见表8-2），表明政府的打击卓有成效。从报纸报道看，拐卖欺骗妇女卖淫都是个人所为，似乎没有有组织的拐卖行为。战后殖民政府实行新的移民法，加之1949年新中国成立，从中国拐卖妇女当娼，或中国娼妓进入马来亚基本断绝。③

第三个目标，减少性病的目标基本达到。殖民地政府在禁娼同时，设立大量性病诊所，希望减少性病。从海峡殖民地和马来联邦性病门诊统计的看病人数来看，性病患者确实有所减少，1930年海峡殖民地性病患者最多，达36388人，1931年起逐年下降，1935年为最低点，20341人。马来联邦性病患者1929年最多，为40802人，以后逐年下降，1936年为最低点，只有17741人（见表8-3）。1934年殖民地政府认为近年来性病患者大大减少，主要是因为实行禁娼政策，其他次要因素包括：（1）更多设施和药物投入治

---

① 《禁娼条例严厉施行下》，《总汇新报》1935年6月19日。
② 《大批可怜妇女由港被贩卖来马，苦操皮肉生涯》，《星洲日报》1939年2月27日。
③ 《娼妓未绝迹但已无由祖国南来者》，《南洋商报》1950年11月20日。

表 8-2　依据《妇女和少女保护法》起诉案件（1932—1939 年）

单位：件

年份 案件	1932 有罪	1932 无罪或撤诉	1933 有罪	1933 无罪或撤诉	1934 有罪	1934 无罪或撤诉	1935 有罪	1935 无罪或撤诉	1936 有罪	1936 无罪或撤诉	1937 有罪	1937 无罪或撤诉	1938 有罪	1938 无罪或撤诉	1939 有罪	1939 无罪或撤诉
新加坡	263	9	150	13	85	37	43	3	29	6	19	10	18	7	8	
槟城	23	3	52	5	15		37	10	17	4	19	1	39	4	5	1
马六甲			1	1	1				1		3	1	1		4	
霹雳	30	6	15	11	39	16	44	30	30	7	5	2	12	6	17	6
雪兰莪	22		29	3	5		6	2	6	1	4	1	2	1	14	1
森美兰	13	7	10	2	7	4	2	1	1						1	
彭亨	5	2	2		2	1										
柔佛	2	2	4	1	14	6	15	3	13	9	4	3	27	16	26	10
吉打	—	—	1						4	1			1	1		
总计	358	29	264	45	168	64	147	49	101	28	56	19	100	35	75	18

Source: *Annual Report of Secretary for Chinese Affairs*, Malaya, 1936, 1937, 1938, 1939.

疗；（2）经济危机，收入大减，导致嫖妓人数减少；（3）华人女性移民增加；（4）宣传的影响；（5）经济危机下许多劳工返回家乡，尤其是华人劳工，减少了性病患者。① 1935年11月海峡殖民地发表卫生报告书，称严厉禁娼下花柳病已减少。② 从表8-3性病门诊统计可见，1930年禁娼后，殖民地的性病患者确实在逐年减少，即使1938年有所回升，也未超过1932年。战后新加坡的花柳病患者有所增加，据新加坡官方统计，1939年花柳病患者有10437人，1947年为10605人，1948年为12986人。③

表8-3　　　　　海峡殖民地和马来联邦性病门诊统计人数　　　　单位：人

年份	海峡殖民地	马来联邦
1927	24883	
1928	28568	
1929	33684	40802
1930	36388	35734
1931	28059	31817
1932	26700	25207
1933	23356	23176
1934	21429	19704
1935	20341	18422
1936	23280	17741
1937	22881	18996
1938	25050	21421

Source：（1）Robert L. Jarman, ed., *Annual Reports of the Straits Settlements (1855 – 1941)*, Vol. 9、10、11（1927 – 1941），London：Archive Editions Limited，1998. 相关年份。

（2）Federated Malay States, *Annual Report on the Social and Economic Progress of the People of the Federated Malay States*, Kuala Lumpur：Federated Malay States，1938，1939.

如果从殖民政府的禁娼目标来看，可以说禁娼取得较大成效，关闭妓院的目标基本实现，杜绝拐卖妇女的目标没有完全实现，减少性病的目标基本

---

① Federated Malay States, *Annual Report on the Social and Economic Progress of the People of the Federated Malay States for 1934*, Kuala Lumpur：Federated Malay States，1935，p. 10.
② 《当地政府严禁下，槟城娼妓逐渐肃清》，《槟城新报》1936年6月22日。
③ 《为减少花柳病蔓延决严厉禁绝娼妓》，《南洋商报》1949年6月27日。

实现。

但在许多人看来，私娼盛行，性病泛滥，性病患者仍然满坑满谷，所以当局的禁娼是失败的。1933年陈祯禄指出，"娼妓不仅未见消弭，其祸害较前更厉，染花柳病毒者，日见增多。从事实上证明，当局之禁娼，已感到痛苦之失败"。① 尤其是1938年性病患者有所回升，反对的声音更大了。1938年立法会非官守议员斯密士医生主张恢复公娼制度，新加坡著名女医生李珠娘向记者发表谈话，以医生和妇女之立场，对斯密士医生的主张大表赞成。她认为新加坡私娼盛行，"足见政府实行之禁娼制度，结果为失败"。②

为什么有人认为禁娼有一定成效，新加坡已不是"东方污水坑"，为什么有人认为禁娼完全失败，主张恢复公娼制度？双方分歧之根本，是目标不同。政府的目标是禁绝妓院和拐卖妇女，减少私娼和性病，而不是禁绝妓女和性病，是有限的禁娼目标，从有限目标结果来看，禁娼卓有成效；而一些精英和民众的期望是禁绝妓院、禁绝拐卖、禁绝私娼和性病，"废娼之目的，乃为禁绝一切之花柳病"，③ 是彻底的禁娼目标，当私娼和性病并没有禁绝，就认为政府的禁娼是失败的。

那么，禁娼的目标应该是什么？精英和民众的彻底禁娼目标，才是禁娼之根本目的。殖民当局的有限禁娼目标，与其之前对公娼业的矛盾态度一脉相承，1930年依据《妇女和少女保护条例》禁止妓院，但没有禁止妓女之规定，华民护卫司认为，"欲扫除娼妓必先清剿窝藏之所"。④ 殖民当局基于法律规定，并不以禁绝私娼和性病为目标，只以关闭妓院和杜绝拐卖妇女为目标。法官只对老鸨、窝主、人口贩子、依靠娼妓生活者进行处罚，而对私娼、嫖客网开一面，使得私娼和嫖客逍遥法外。但只禁妓院，而不禁私娼和嫖客，性病也就不可能禁绝。当时人不禁质疑，"今本埠政府严禁娼寮之存在，而不禁妇女之卖淫，得无舍本求末耶？"⑤

禁娼是一种综合治理，难度极大。禁娼应有阶段目标和最终目标，最终目标是禁绝娼妓和性病。殖民地政府只设立禁娼的有限目标，虽然取得关闭妓院、减少犯罪和性病的成效，但成效有限。要实现禁娼的最终目标，需要

---

① 《妇女保护修正条例在立法会中大遭反对》，《南洋商报》1933年10月27日。
② 《著名医生李珠娘赞成公娼制度并主张妓馆应领取牌照》，《南洋商报》1938年9月4日。
③ 《名医威加鲁卫氏认为私娼盈坑满谷 反对取缔公娼》，《总汇新报》1933年3月20—22日。
④ 《欲扫除娼妓必先清剿窝藏之所》，《南洋商报》1932年10月8日。
⑤ 何德如：《禁娼寮不如禁娼》，《南洋商报》1935年6月2日。

综合治理，不仅要禁绝妓院、杜绝拐卖欺骗胁迫妇女卖淫、打击淫业人员，还要打击妓女和嫖客，进行性教育，提供各种卫生医疗措施，更重要的是，是减少贫困，铲除娼妓产生的贫困土壤。而这一目标对当时的殖民地政府来说，似乎是不可能完成的任务，或者说，是没有信心和决心完成的任务。那么，独立后的新加坡和马来西亚政府能做到吗？

第三节 独立后新马的娼妓业及政府治理

一 私娼仍在存在

1957年马来亚独立，1959年新加坡自治前后，娼妓问题仍很严重。除华人妓女外，还有为数众多的马来妓女，1958年马来亚泛马伊斯兰教道德协会估计，马来亚的马来妓女有27000多人，但这不是确切的数据。[1] 同年，据非官方数据，新加坡约有妓院200多处，妓女6000多人。[2]

1965年，新加坡罪犯调查部肃娼组主任助理警监何志安披露，新加坡约有900间妓院（嫌疑或已知的），这些房屋通常是租用的，有洋房和排屋，据估计，每一间娼寮有5—10名妓女，比较高级的娼寮有冷气设备，雇佣人打理，有电话便于联系。德士司机对这些娼寮非常熟悉，娼寮经营者发出营业卡片，大都由德士司机经手发给嫖客。据何志安对妓女的盘问，妓女的收入每月有500—1000元不等。有许多娼寮经营者与马来西亚同行有联系，对方可以送来"新血"。[3]

1970年南洋大学学生曾庆海、林贵忠、符名均、李绍基、谢建国、林家登、王福化等人组成调查组，对新加坡妓女进行调查，并写出调查报告，这份报告是了解这一时期新加坡妓女情况的珍贵史料。报告指出，据新加坡社会卫生组估计，新加坡妓女人数超过15000人，其中男娼约2000人，主要分布在以下区域：（1）恭锡街、德林街、裕源街、多生律一带。（2）实笼岗律、惹兰勿沙、美芝律、上威尔街一带；（3）雪兰莪街、文罗街一带；（4）沈氏大道、芽笼一带；（5）义顺一带。他们调查了300名妓女，其中70%是华人，40%来自马来西亚，80%年龄在21—40岁，最年轻的是15

---

[1]《泛马回教 道德协会 登记娼妓》，《星洲日报》1958年6月9日。
[2]《如何肃清娼妓》，《星洲日报》1958年5月4日。
[3]《肃娼组主任在联青社演讲 娼妓活动真相》，《星洲日报》1965年9月12日。

岁，最老的是 70 岁。① 妓女的收入不等，低级妓女每月收入约 500 元以下，中等妓女收入在 500 元—1200 元，高级妓女收入在 1200 元以上。而 50—70 岁的老妓女，接一次客只收入一两元，她们的生活很悲惨。300 名妓女有一半是因为经济问题被迫为娼。②

70 年代末，据一项非正式统计，新加坡闹市一带的夜总会和酒吧里，共有 12000 名妓女。有 500 间普通娼寮，散布在各地，德林街便是其中一处著名的红灯区，这里是低薪阶层嫖客的光顾地，一次交易在 10 块钱上下。新加坡高级妓女通常在高级住宅区活动，这类洋楼妓院通常由外号"巴巴山"（日语，意为爸爸）的皮条客主持，开放时间多从晚上 7 点到凌晨 3 点。具体操作方式是，一个妓院有三个"巴巴山"，有 10 多个年龄在 30 岁以下的妓女，妓院通过电话与市内的 30 间旅馆联络，当旅馆或德士司机拉到嫖客，便打电话到青楼，"巴巴山"就带着妓女上旅馆。这样的一次交易，旅馆或德士司机可以得到妓女所得的 40%，另外 15% 归妓院主人所得，"巴巴山"得到 15%—20%，而妓女所赚到的，还不到一半。如果嫖客付 200 元—250 元，妓女就要陪他过夜。如果妓女"出勤率"高，每个月可以赚到一千元，皮条客月入也有近千元。③

马来西亚妓女人数没有统计，妓女的月收入相对较高，1966 年大约 350 马元，70 年代中期大约 1000 马元，80 年代初月收入在 1400 马元—1600 马元。④

新加坡和马来西亚娼妓业之间有密切联系。1949 年以后，来自中国的妓女基本断绝，新加坡的妓女主要来自马来西亚和其他国家，据新加坡警方统计，1971 年新加坡约有 3000 名妓女，超过一半来自马来西亚。⑤ 1980 年新加坡妓女约有 80% 是来自马来西亚，包括吉隆坡、怡保或槟城，小部分来自柔佛州南部，大都是华人，她们平均每月的收入在千元以上。⑥ 来自其他国家的妓女也有，主要是泰国，据新加坡肃娼组统计，1977 年抓捕的泰国妓女

---

① 《有的娼妓竟是七十老太婆 娼妓该不该合法化》，《星洲日报》1971 年 3 月 27 日。
② 《社会的另一面》，《星洲日报》1970 年 8 月 29 日。
③ 一尘：《新加坡妓女面面观》，《南洋商报》1979 年 10 月 8 日。
④ 《每月入息千五元左右应召收入高诱惑力大 受低教育妇女操丑业者渐增》，《南洋商报》1980 年 9 月 15 日。
⑤ 《罪犯调查局——肃娼组访谈记》，《星洲日报》1971 年 6 月 3 日。
⑥ 《肃娼组大举驱逐之下盛传当局有意 使红灯区集中在芽笼》，《南洋商报》1980 年 5 月 12 日。

有 31 名，1978 年增加到 291 人，1979 年增加到 371 人，1980 年共拘留 4732 人。泰国妓女价格为 50 元—300 元不等。新加坡本地妓女大约有 1500 人。①

80 年代中期以后艾滋病流行，对新马娼妓业有所打击，因为担心染上艾滋病，嫖客有所减少。据娼业人士说，吉隆坡的娼妓行业过去一直处在一枝独秀的地位，不管经济怎样萧条，娼妓业都不受影响，可这次娼妓业再保不住它的"超然地位"了，生意一落千丈。②

新加坡和马来西亚都不承认娼妓合法，但私娼一直存在，嫖客除本地人外，主要是外国军人、游客、底层劳工。两国社会精英仍然关注娼妓问题，有人主张坚决取缔妓女，也有人主张既然私娼不可能消除，就应该恢复公娼制度，可加强管理。南洋大学学生在调查新加坡妓女后，指出禁娼和娼妓合法化都不是解决问题的最佳办法，前者导致私娼泛滥，还将其营业范围扩大到娱乐场所。后者会导致妓女人数增加；造成人口贩卖和拐卖增加；对国家声誉有损害，等于承认国家的道德水准低落。他们提出建议：娼妓有条件"合法化"，或曰"管制化"，即娼妓可以合法，但需要某些条件限制，（1）凡娼妓，都需要到政府医院体检打预防针，定期检查，随时出示检查证明。娼妓有性病时，立即停止营业。（2）有执照的妓院，应集中于某些适当地点，如在军营、码头附近，海员聚集的地方。（3）有性病的妓女，除应送医院治疗外，还要给予她技能训练，治愈后可从事其他行业。（4）严惩没领执照之妓院主持人，及依赖妓女过活之人，采用更有效的方法，对付这些妓女的剥削者。（5）发执照时要有限制，执照只发给现存的妓院和妓女，这些现有妓院，都是官方机构有记录和众人皆知的妓院，对申请执照的妓女，应加以严厉的审核，包括年龄、健康等。当局对私娼，要彻底有效地禁绝，才能对妓女人数有效地控制。（6）为避免非法妓院主持人、鸨母、皮条客的剥削，政府有必要在妓院聚集的地区，将旧有妓院拆除，改建美观大厦作为公开的妓院，成立一个独立的委员会，由社会名流和官方代表主持。如此，一方面可避免剥削，另一方面又不妨碍市容和卫生，可一举两得。至于地点，最好是建在新加坡附近小岛，主要以军人和游客为对象，这样新加坡才不致有"妓院到处分布"的现象。（7）妓女与私会党的关系。妓女合法化后，妓女的利益和安全，受到国家的保护，使他们不致受私会党和不良嫖客的逼

---

① 《肃娼组今年首 8 个月扣留 489 名泰国妓女》，《星洲日报》1981 年 9 月 30 日。
② 《经济不景加上爱之病阴影 隆娼寮生意淡 竟大减价拉客》，《联合晚报》1985 年 12 月 26 日。

害，这也同时可以杜绝私会党的财源，使其势力不致猖獗。①

南大学生强调有条件"合法化"娼妓只是一种过渡办法，最终的目标是铲除娼妓现象。他们的建议考虑到私娼存在的现实和加强管理的可操作性，对后来新加坡政府治理娼妓有一定影响。

二 新马政府对娼妓的治理措施

1957 年马来亚独立，就在这举国庆祝之时，吉隆坡的私娼激增，这是因为新加坡当局大力肃清私娼，她们都跑到马来亚。马警方对娼妓提出警告，在独立庆典期间，不得在吉隆坡活动。② 娼妓这一丑恶现象提醒新独立的马来亚政府，娼妓是造成社会罪恶的根源，许许多多的犯罪是因嫖娼引起，还有青年的道德和健康，更与嫖娼有关。他们认为在建国伊始，必须彻底扑灭娼妓。③ 1959 年新加坡自治及 1965 年独立后，也积极解决娼妓问题，那么，独立后的新马政府的治娼措施及效果与殖民政府有何异同？

作为后殖民地政府，新马在治理娼妓方面继承了不少殖民地时代的法律和政策，但也根据新的环境和形势有所改变。

第一，修改相关法律，对娼妓业加强打击和管制。

新加坡政府 1960 年宣布修改的《妇女保护法令》，规定，（1）政府将严格取缔娼寮，任何人如经营或协助经营娼寮，皆为违法治罪；（2）任何人将其房屋租予人利用作为娼寮，亦将作违法治罪，除非彼不知利用作为娼寮；（3）任何租户将其租屋分租予他人作为娼寮，亦将作违法治罪；（4）任何人违犯该法令，将被控告定罪后，可被科监禁不超过六个月，或罚款不超过一千元，或二者兼罚。第二次或以后再犯，将被科监禁不超过 12 个月，或罚款或二者兼罚。④ 从这一法律规定看，新加坡政府基本照搬了殖民政府 1930 年的《妇女和少女保护法令》，甚至连罚款都一样。而且只规定了禁止妓院，也没有禁止妓女卖淫。

1961 年新加坡实施《妇女宪章》，《妇女宪章》第一百二十八条，详载与娼妓卖淫有关的条例。以下行为属于违法：（1）买卖妇女或少女去当娼妓卖淫，或是出租妇女与少女以充卖淫的用途；胁迫妇女或少女，或是以欺诈

---

① 《社会的另一面》，《星洲日报》1970 年 8 月 29 日。
② 《马警方对娼妓提出警告》，《星洲日报》1957 年 8 月 21 日。
③ 《隆文化界拥护宗教家主张 设调查委会扑灭娼妓》，《星洲日报》1957 年 9 月 13 日。
④ 《保护妇女新法令昨实施 严厉肃清娼寮》，《星洲日报》1960 年 2 月 20 日。

瞒骗的手段,使她们与男人发生婚姻以外的性关系;自外地带妇女或少女进入新加坡,或是加以窝藏,以充卖淫的用途;违反妇女或少女的意愿,把她们扣留在娼寮里,或是把她们扣留在任何地方,以充卖淫或其他不道德的用途;全部或部分依靠娼妓卖淫过活。上述违法行为,可能被判五年以下监禁,外加鞭笞,同时被判不超过一万元的罚款。(2)经营、管理,或是协助管理娼寮;任何租户、住户,或是管理任何场所的人,把住屋、房间,或任何一场所充作娼寮,也属犯法,除非那个人能证明他不知情。上述违法行为,可能被判三年以下监禁,或是三千元以下的罚款,或是两项兼施,再犯可能被判五年以下监禁,或不超过一万元的罚款。①

《妇女宪章》对"卖淫"的定义,是指女性献出其肉体作杂乱的性交,即出卖肉体以获得金钱或实物。对"娼寮"的定义,是指任何地方,由两名或更多的妇女或少女所用或使用,在同一时间或不同时间充作卖淫的用途。从《妇女宪章》法律条文来看,娼妓在房间内卖淫以维持生活,并不算犯法,但她们在街上或公共场所拉客,就是犯法,上述犯法属于轻微罪,通常是罚款了事。但经营娼寮,或是依靠这些娼妓的收入过活,或是拐卖妇女少女当娼,就是犯法。可能被判重刑,或判罚巨款。②

此外,法令禁止不满21岁的女子卖淫,被捕的未成年少女皆收入福利部少女收容所,直到她们年满21岁为止。嫖客也可能受到法律制裁,依照《妇女宪章》,男性与16岁以下少女发生肉体关系,可能与逼良为娼受到同样的处罚。如果与14岁以下少女发生肉体关系(非婚姻),不论少女是否自愿,都可被控为强奸罪。③

马来(西)亚政府也对殖民地时代的《妇女与儿童保护法令》进行了修改。早在1959年,槟城有400—500名妓女在市区活动,警方对她们束手无策,因为按法律规定,警方必须在某种情形之下能证明他们有交易费之移交,才能将其拘捕。而警方如果利用警员作钓饵,法庭却不予采信。在旅馆卖淫的妓女,警方也很难有证据定其罪,所以警方希望修改《妇女及儿童保护法令》,使法庭能判决:"凡在旅社登记簿中发现某女子连续与三名不同姓

---

① 郑重:《先了解法律条文才不致空谈》,《南洋商报》1976年10月8日。
② 郑重:《先了解法律条文才不致空谈》,《南洋商报》1976年10月8日。
③ 李奕志:《罪犯调查局——肃娼组访谈记》,《星洲日报》1971年6月3日。

名之男子在一起，能构成卖淫之证据。"① 1962 年马来亚劳工暨社会福利部和内政部考虑提出修改法令，授予警察更大的权力，并在各州建立复兴所，收容被捕的娼妓教以一技之长，使其在社会中能获自立。但法律修改过程漫长，直到 1973 年 2 月马来西亚国会才三读通过《妇女保护法案》，规定强迫妇女卖淫、经营娼寮、以妓女为生，属于违法，政府在蕉赖和瓜拉丁加奴设立训练所，提供妓女改造，也为那些有可能沦为妓女的人提供教育技能。②

第二，搜查和取缔娼寮。

新加坡和马来西亚都设立肃娼组，职责是抑制卖淫业的发展。1965 年新加坡一独立就设立肃娼组，目标是：（1）对依赖卖淫收入为生的人士逮捕与进行控告；（2）抵制贩卖妇女和少女并让其当娼；（3）取缔娼寮；（4）拯救少女出火坑；（5）抵制色情图片、相片、影片、刊物之发行和出售；（6）严厉实施旅馆法令以及旅馆执照条例之条文。③ 1976 年，为了更好地对付娼妓及相关人员，新加坡成立新的组织——肃娼执法组，取代过去隶属刑事侦查局的肃娼组。肃娼执法组直接由内政部管辖，该组的任务，包括进行突击、调查、提控等。④

新加坡报纸经常报道肃娼组对妓院的搜查活动。从 1965 年 1 月到 8 月 31 日，新加坡肃娼组总共进行了 2168 次突击检查，大都是在凌晨进行，拯救了 28 名少女（21 岁以下者）交给福利部。⑤ 肃娼组的主要日常工作，是每天都到娼寮进行例行搜查，以将未成年妓女带往福利部少女收容所进行改造。1970 年，肃娼组共将 96 名少女救出火坑，1971 年年首五个月，救出 11 名少女。⑥ 1988 年新加坡肃娼组突击加东区两座私人公寓，捣毁两个地下娼寮，逮捕七名涉嫌主持非法娼寮的男女和 11 名卖淫的西马女郎。之后警方将七名男女控上法庭，他们分别面对如下控状：（1）黄其英，36 岁，面对 18 项控状：第一项指控他 1988 年 2 月 26 日至 4 月 8 日，在加东麦雅路赤道公寓 3 楼开设娼寮。第二项指控他利用同一地点为嫖客拉皮条，第三项指控他在 1987 年 27 日至 8 月 4 日，利用美丽园 D 座公寓 2 楼的住家当娼寮，第

---

① 《槟有四五百名神女活动 警方希望政府当局修改妇女保护法令》，《南洋商报》1959 年 11 月 20 日。
② 《福利部长谈肃娼 应更加广泛进行》，《星洲日报》1973 年 8 月 29 日。
③ 《肃娼组主任在联青社演讲 娼妓活动真相》，《星洲日报》1965 年 9 月 12 日。
④ 《为更有效对付娼妓活动 肃娼执法组已成立》，《星洲日报》1976 年 8 月 3 日。
⑤ 《肃娼组主任在联青社演讲 娼妓活动真相》，《星洲日报》1965 年 9 月 29 日。
⑥ 李奕志：《罪犯调查局——肃娼组访谈记》，《星洲日报》1971 年 6 月 3 日。

四项指控他为一名妓女拉皮条,其他 14 项指控他在今年 3 月至 4 月间,靠 14 名妓女卖淫为生。(2)蔡爱恩,女,24 岁,面对一项协助经营娼寮的罪名。(3)蔡爱珠,女,36 岁,是前一被告的姐姐,面对协助经营娼寮与拉皮条的两项罪名。(4)冯伟强、郑光龙、刘英成、黄其福等四被告,各面对一项协助经营娼寮的罪名。①

马来西亚肃娼组和警方也有搜查娼寮的行动。1974 年对吉隆坡市娼寮突击检查,沉重打击了娼妓业,使其生意一落千丈,肃娼组带回了 14 名涉嫌卖淫的少女到警局,在其他地方的突击中也带回多人。② 1981 年大山脚警方为了制止娼妓的猖獗活动,出动人马突击各旅社,有六名在一旅社"干活"之华巫印籍女郎,一齐被带到警局备案,妓院的 38 岁女主持人,也一起被带走。③ 同年,吉隆坡执法组和肃娼组也大举扫荡红灯区对付非法按摩院。

新加坡和马来西亚的肃娼组经常性搜捕娼寮和妓女,打击了娼妓业的猖狂,也打击了有组织的犯罪和少女卖淫现象,但并不能根绝妓女。

第三,设立红灯区,集中管理妓女。

新加坡和马来西亚政府都不允许娼业合法化,认为这有损国家形象,但考虑到妓女不可能根绝的现实,采取实用主义态度,对娼妓实施管制化措施,实际上承认娼妓的半合法化。

新加坡的一个管制措施是要求妓女、男娼、吧女定期体检,给他们发黄色卡片,上贴有照片和详细个人信息,要求他们每两周必须去指定医院体检,记录在案,没有性病才能继续"营业"。那些未定期检查者,会接到催促信。若他们置之不理,卫生部官员会将她们强行带到医院接受检查。④ 这一措施的目的是减少性病,而持有黄卡的妓女实际上有了卖淫的资格,而没有黄卡的外国妓女则会被捕并遣送出境。

另一个措施是在芽笼一带集中设立红灯区,过去新加坡的红灯区散布在柔佛路、基里玛路、惹兰勿刹、恭锡街、芽笼、乌节路、利峇峇里、直落古楼以及加东一带,与住宅区混杂,不方便管理,既然红灯区无法彻底消灭,

---

① 《七男女涉嫌开娼寮十一西马女郎卖淫》,《联合早报》1988 年 5 月 27 日。
② 《肃娼组搜索频神女生涯冷淡》,《南洋商报》1974 年 1 月 4 日。
③ 《马警方搜查灯红区带走六名各族女郎》,《南洋商报》1981 年 2 月 14 日。
④ 《娼妓每两周必须 作一次身体检查》,《星洲日报》1977 年 1 月 15 日。

第八章　从公娼到私娼：20世纪新马华人娼妓业及其治理

那么，政府便将它集中在芽笼一带。① 尽管新加坡政府从不承认娼妓合法化，但芽笼一带的红灯区确实举世闻名，一般寻芳客或游客都会去"开开眼"。芽笼红灯区全盛时期，"淫窟多达三百多间，常驻娼妓四、五百人，专门载应召女郎的私家汽车多达三百余辆"，但80年代末芽笼红灯区也衰落，娼妓只剩下百人左右。据业内人士分析，主要原因有以下几点：（1）爱之病的恐怖阴影笼罩全球淫业，新加坡已有一些人被爱之病"爱"上，芳客谈"爱"色变；（2）马来西亚新山的淫业"欣欣向荣"，收费又比新加坡低，新加坡人到长堤彼岸"采花"，既省钱又可避免让熟人撞见；（3）新加坡警方肃娼组近来经常到红灯区突击检查，令嫖客们裹足不前。②

总之，独立后的新加坡和马来西亚继承了殖民地时期有关妇女保护的法律，又加以相应修改，严禁妓院经营者，迫使妇女少女为娼者，以妓女收入过活者，上述行为是违法行为，对妓女的打击力度也较殖民地时代有所加强。从治理效果来看，新加坡强于马来西亚，新加坡政府一向以行政高效著称，娼业基本处于政府的严格管制之下。

到20世纪末，华人娼妓仍然存在于新马，但与20世纪初相比，只是极少数人为之。可以说，随着经济发展、教育水平提高、就业机会增多，新马华人女性因生活所迫而为娼者几无其人，通常更是为挣大钱、挣快钱而为之。外来妓女成为主流，主要来自泰国、中国、越南等国，她们通常拿着旅游签证进入新加坡和马来西亚，从事性交易。如同20世纪初一样，妓女来源仍主要是跨国流动，不同的是，新马政府一直进行打击和治理。

最后，笔者以一首节选的诗结束本章，这首写于50年代的诗说出了当时人对娼妓的同情和愿望：

> 姊姊妹妹站起来！用我们的劳力去改善自己，我们不能永远被迫在这苦难的深渊，我们不能再脆弱地受折磨；姐妹们，勇敢地、坚忍地、站起来。
>
> 姊姊妹妹站起来！要丈夫不去嫖娼，惟有消灭这不平等的社会畸形现象，惟有根绝娼妓这个污辱妇女杀害妇女的职业。我们可以去工厂做

---

① 《肃娼组大举驱逐之下盛传当局有意 使红灯区集中在芽笼》，《南洋商报》1980年5月12日。
② 《寻芳客 谈"爱"色变 红灯区大萧条》，《联合晚报》1989年9月27日。

工,我们也可以种田耕地,我们能够养猪放牧,我们也能够洗衣织布,我们还可以淘矿沙,洗锡泥,我们也可以开机器,做苦力。

姊姊妹妹站起来!同是妇女,不能相轻,而是互助,我们要解放,我们要跳出火坑,我们要改造自己和改造别人,要创造环境和开阔新路。①

---

① 希路:《姊姊妹妹站起来》,《星洲日报》1955年8月31日。

第三编

口述访谈与个体经验：个人"述"说

第九章

胶工、厂工与女佣的个人访谈

20世纪马来西亚华人女性从事低层职业的人数最多,笔者访谈了胶工、厂工、月嫂、女佣等,她们出生于20世纪30—60年代,教育程度大多是文盲或小学未毕业,从事过多种职业,工作足迹跨越新马,甚至远到美国,基本上都是在低层级职业领域。她们的婚姻状况,有已婚、离婚、丧偶、未婚。从她们的个人自述,可以看到低层级职业的女性如何辛勤工作,如何支撑起家庭。

第一节 我自己是拼命做工不要给人家看不起
——陈金美访谈

访谈时间:2019年1月18日
地点:麻坡
访谈人:范若兰、郑名烈
整理人:范若兰、黄杏婷

陈金美大约出生于1935年,没有读过书,婚姻是包办,婚前婚后都一直在麻坡做胶工,她实际上是家庭支柱。她的出生于五六十年代的女儿们,只接受过小学或中学教育,要帮家里割胶,到新加坡打工,而出生于70年代的女儿们,基本接受了大学教育。从她和女儿们的教育与职业变化,可以看到时代变迁与个人际遇的关联。

外婆一直叫我妈妈卖掉我

陈婆婆的祖籍是福建永春,她的父亲出生在马来亚,母亲出生在马六甲,16岁嫁给父亲。她还记得,"我爸爸的父母很早就去世,由姐姐管他,姐姐嫁了个有钱人"。妈妈是侨生，穿娘惹装，"我外婆是中国过来的了，我外公还有一个小老婆，是本地人，土生华人，所以我妈妈的穿着是受到了她的影响"。父母亲都没有读过书。

陈婆婆并不清楚她是哪一年出生的，经过儿女的一番推算，大约是在1935—1937年。但陈婆婆清楚知道自己的家乡在利丰港，"出生的时候在那边，小小的时候住在那边"。后来日本人来了，去乡下住了三年，"我的妈妈要跟那个马来人租田来种。"

日据时期及以后，家里很穷，没有钱，没得吃。陈婆婆家有三英亩胶园，算是有一点点小产业，但问题是孩子多，生活困难。陈婆婆有10个兄弟姐妹，她排行第四，有三个哥哥，五个弟弟，一个妹妹。她完全没有读过书，"没有送给人家就算好了，还能给我上学！"她清楚地记得，"我11岁住在外婆家，我的外婆一直叫我妈妈卖掉我"。外婆甚至带人来，"我的外孙女卖给你"，她至今清楚地记得当时的情景。也许是当时只有她这一个女儿，妈妈没有卖掉她。到她妹妹出生后，也要被卖掉，"我的妹妹，很小哦，也要卖。我的妹妹，我很疼她，我不要给她卖"。当时也是同一个人来商量卖掉妹妹的事，"我听到，就跑去骂那个人，我就一个妹妹，我不让你买"。陈婆婆非常疼爱妹妹，坚决反对卖掉妹妹，"两个姐妹人很好嘞"。妹妹大约出生在1940年代，后来读到高中毕业，去到新加坡工作，在诊所配药。

陈婆婆对于自己没有读过书非常难过，她一说到这个，就觉得遗憾，"我看到朋友去读书，我都很想"。语带哽咽地说，"不要讲了，不要讲了"。

陈婆婆从小在重男轻女的环境中长大，至今印象深刻，"我妈妈有一天就骂我，'我要看那个男的前面，不要看女儿的后面（背面）'"，意思就是要看就看男子的脸，不要看女子的屁股，只想要男孩，不想要女孩。陈婆婆对此耿耿于怀，说到此处，不禁哽咽。她也提到，妈妈后来有后悔，不该这样骂女儿，"后来她有疼我，她来看我"。能得到妈妈的些许疼爱，对陈婆婆略有安慰。

不如意的包办婚姻

陈婆婆18岁结婚，完全是父母包办。"媒人婆来说媒，就讲的很好，我的妈妈就愿意了，我不敢反对。"其实陈婆婆当时有喜欢的人，"有人爱我，我也爱他，现在可以讲出来。那个人很好，是开店的，他叫我的舅母来求亲，我妈讲，'我已经给人家了，不可以'。"陈婆婆伤感地回忆："我妈妈很凶，我不敢反抗。我知道，我恨我自己的命了。我问我妈妈，'你为什么这样啊？逼我'。"

结婚之前，陈婆婆没有见过未来丈夫。结婚之后，对丈夫没有感情，丈夫做工很慢，也很懒惰，"要去割胶了，他八点才去，我五点就去了。割胶要早早去，我都割20片了，他才割两片"，结婚两年的时候，当时还没有孩子，她就想离婚，"我就觉得这个丈夫有什么用，要我自己做，我就要和他离婚"。因为什么活都要自己做，"我就要做个半死了，我跟我大嫂讲，我要离婚，要不然，我就很苦"。但她母亲坚决反对，"我妈讲你要离婚，我就不要认你"。那时候麻坡这个地方很少人离婚，关乎面子和名誉问题，所以只是提提而已，根本不可能离婚。

一直做割胶工

陈婆婆未嫁以前，在娘家就开始割胶，帮忙撕胶。她15岁时，有一个祖籍是海陆丰的客家人赚了钱要回中国，将自己的胶园以200元卖给大哥，这片胶园离家有5公里，能种田养猪，她就开始割胶干活，做了三年，直到出嫁。

这片胶园靠近森林，马共有在那一带活动，陈婆婆的大哥、二哥可能与马共有联系。后来有人去通报英国军队，政府就派了一队人去森林抓马共，抓到一个共产党，是海南人。军队还去那个房子搜查，大哥和二哥都逃跑了，大哥去外地当三轮车夫，二哥到新加坡工作，他可能是共产党，三哥后来加入劳工党。

陈婆婆出嫁后，继续割胶。割胶特别辛苦，要早上五六点起床，骑脚踏车去到胶园，最远的胶园有五六公里，骑脚踏车过去大概半小时。胶园不是一整片的，而是分散几处，所以要"这边跑那边跑"，一上午跑三个地方，要处理大概三四亩。到胶园时先割橡胶，割完以后要收胶汁，之后要做胶片，"做得很累，差不多要到十二点才做完"。如果下雨，胶汁淋雨，就白费了。到70年代末80年代，改为坐摩托车去割胶。陈婆婆家只有10亩橡胶园，与丈夫两人割，半天就割完了，每天割橡胶是没有胶汁的，必须要停一天，第二天就到小叔子的胶园割，双方换工。

割胶每天都要做，只有下雨才不做。生孩子要做月子，不能割胶，"就跟人家雇咯，雇半天，几毛钱咯"。也让大的孩子照看小的，中午快快回来，要煮饭，要洗衣，要做所有家务。除割胶外，陈婆婆还做春卷，卖春卷，她会做各种各样的春卷、糕点，用来补贴家用。

陈婆婆对丈夫的"懒惰"不停抱怨，"我做工很快，他爸爸做工很慢的，哪里跟他能相处好啊"。她说丈夫做工与人闲聊，干一会儿休息一会儿，回家已很晚，"有人讲的，你的老公很可怜了，做的暗暗才回来哦。我说哪里，是我可怜啊，不是他可怜"。她还抱怨丈夫后来赌博，借高利贷，"我不知道，三年了还没有还"。

那个时代男人很少干家务，"他会上街，去咖啡店聊天"，女人要割胶，还要忙家务。"有些人讲，女人啊，要美美的穿，这是现在的人。以前，我哪有衣服这样穿得美美的啊。"她说自己要割胶，要做家务，而且家里经济困难，一直很节省，哪里有漂亮衣服穿？

图 9-1　陈金美与丈夫（陈金美提供）

陈婆婆的儿子对母亲不停抱怨父亲并不认同，他说爸爸也有做家务，主要是去街上买菜，基本负责那些对外采购的，过年时要搞卫生，爸爸要打扫房子。当然那个时代男子很少做饭，爸爸确实有赌博。在儿子的记忆中，父母亲经常吵架，不容易沟通，母亲很容易上火。

儿女的教育与职业

陈婆婆18岁结婚，21岁生大女儿，共生了九个儿女，五女四男。那时候没有避孕措施，只能多生多育。生了这么多女儿，陈婆婆的妈妈又劝她卖掉女儿，"女儿生那样多，给人家，这个卖很多钱的"。说女孩可以卖很多钱，陈婆婆就顶她，"卖女儿卖很多钱，卖男的更多钱。我的女儿不要给人家。女儿是我养的，我不要给人家了"。她自己经历过幼时差点被卖，妹妹差点被卖，所以很反感将女儿送给人或卖给人。

孩子们基本上都读到中学，有三个读了大学，其中两个女儿，一个儿子。陈婆婆说自己好强，不愿被别人看不起，"我自己是拼命做工，我有志气的，我不要给人家看不起。福建话讲，输人不输阵，输阵很没面。儿子要读书，我要拼命做，给你读书，没有反对"。有儿子读到博士，周围的人都很羡慕她，尊敬她，她也觉得很自豪。

陈婆婆较大的孩子们没有读到大学，似乎主要是因为家庭经济条件和读书能力的影响。大女儿1954年出生，初中毕业，读书成绩一般，她16岁左右就到新加坡当车衣工。二女儿1956年出生，小学毕业，读书成绩不好，也去新加坡打工。两个女儿都到新加坡做工，是因为陈婆婆的弟弟在新加坡经商，可以提供住宿的地方。女儿们在新加坡做车衣工，她们很顾家，拿钱回来养家，家里经济才慢慢好转。大儿子读书成绩一直很好，考到台湾侨大先修班，当时家里正好房子要翻建，儿子却要读书，家里没钱，也需要帮手，她劝儿子放弃："你是哥哥了，你要帮忙了，你不要去了。"儿子听话，就没去台湾读大学，过后他很后悔，一直埋怨母亲，陈婆婆也很后悔。三儿子成绩不错，也到台湾读大学，后来在厦门大学读到博士学位。四女儿只读到初中，成绩不好，就开始做工，二十六岁结婚，算是家里最早结婚了。五女儿成绩很好，到台湾上大学，最小的女儿也读到大学，台湾大学毕业，后来在新加坡教书。

可以看到，随着家庭经济情况好转，陈婆婆的儿女们受教育情况也在好转。大的孩子们要到橡胶园帮忙割胶，要操持家务，这可能影响到她们的学习成绩，更因为家里经济状况不好，不能支持上大学的费用。陈婆婆感慨："大的孩子就很辛苦了，他姐姐呀，就是帮我很多。"随着家里经济好转，小的孩子不再需要花大量时间到橡胶园帮忙做工,尤其是最小的女儿,完全没有经历到家里的艰难时光,不用到胶园割胶,没有吃过苦。

因为孩子读书,陈婆婆也对丈夫多有抱怨。女儿要到台湾读书,需要钱,陈婆婆靠标会,标到四千块钱,没有想到丈夫借了高利贷,以地契做抵押,高利贷的人来讨,陈婆婆与他多次谈判,丈夫在旁边一声不吭,最后就是五千块成交。这个钱本来是给孩子读书的,结果却还了高利贷,陈婆婆说起来就气愤,她怨丈夫无用,怨"放高利贷的人没良心啊"。

从陈婆婆的经历,可以看到女性在家庭中的重要作用,当命运落在她们肩上,她们就要承担起来,没有选择。

(访谈文稿由陈金美家人审阅)

第二节 我一直给家里做工
——李思云口述

访谈时间:2019年1月21日

地点:巴生

访谈人:范若兰

整理人:范若兰、陈懿

李思云,1948年出生于玻璃市,客家人,只读到小学三年级。她十多岁就帮家里割胶,到锡矿淘锡,1971年鼓足勇气来到吉隆坡这个大城市打工,学做裁缝,婚后与丈夫一起经营小食档。她一再强调,自己是帮家人工作,没有从事过正式工作,也就没有公积金,她对此似乎十分遗憾。可见,女性所从事的非正式、不付酬工作,影响到她们的经济收入,也影响到她们对自己经济贡献的认知,自觉将自己的角色定位于辅助地位。

10多岁割胶和淘锡

我1948年出生于玻璃市,客家人。我父母亲是农民,耕种、割胶。他们有识字,但受多少教育,我不清楚。

我母亲生了5个孩子,四男一女,我排行第四,是唯一的女儿。我读到小学三年级就不读了,那时候在乡村,很多小孩就是跟父母去耕种,普普通通,念几年书就算了,帮忙家里做做胶,我自己也没有想到要读书。

不读书了，就帮着家里割胶，我们自己有胶园，我十多岁就割胶了。每天早上很早起床，冬天树叶落了的时候，我们就要2点多起身去，如果迟了，太阳一出来那个胶汁就干了。割胶差不多半个钟的时候，胶汁就流出来，收完胶汁后拿回家，天已经亮了，在胶房那边再把它做成胶片。家里小孩都要去割胶，我是唯一的女儿，也要做，因为我父亲是那种疼男孩的，对女孩并不疼，有点重男轻女。

在割胶的同时，有时候我们也去锡矿场做，我们那边有锡矿场，我负责看冲水车，给它加水，差不多干几个小时，又去换人。我也去洗琉琅，那时10多岁。其实我妈妈也是十多岁去洗琉琅的，我跟着她去。我没有申请淘锡纸，淘出来的琉琅有人收，他们再卖给别人。我有时候是帮忙挖沙，给那些大人洗啰。做锡矿的钱我也不知道给谁了，可能给我爸爸了。以前我们小孩子没有说要赚钱自己用的，什么钱都是交给父母，要用钱问他要，像买衣服了。

来到吉隆坡打工

看人家出来城市做工，我很向往，也想出来。我大哥他们就讲，"女孩子在家里比较好，外面城市很多坏人，你们又不懂怎么去，你要去什么？"他劝过我两三次了，不要出来。我听了，觉得对，就不出来。我的朋友全部出去了，讲外面怎么好，我又想念我的朋友，又向往那种生活。我又跟我大哥讲，因为他去外面做过工嘛，他就整天劝我，但我都停不了不想这个事啊，我心里就想，自己要出去，跟他讲是不成功的，所以我就不跟他讲了。我明天要走的时候，头天晚上才跟他讲，他没有办法了，说"你要去可以啊，现在吉隆坡我有一个朋友在那边，你一出去就要找我的朋友先"。

1971年我终于出来吉隆坡，在一个衣档学车衣，算是学徒，一个月才10块钱，还不包吃。在那边做了差不多一两年这样，认识了我后来的丈夫，他也是乡村出去给人做工的，他说"我带你们出去走走啦，吉隆坡熟悉下啦"。那时我们是不大敢跟男孩子出去的，他就讲"不要紧的，我是卖你们的人嘛？带你们去走走，是没有事情了"。我自己放心一点了，就跟他去走走，后来跟他来往了啰（谈恋爱），来往了差不多两年多就嫁给他了，做家庭主妇，生了四个孩子。

我丈夫以前是做轮胎的，他也是给人家打工。后来他的公司要搬去槟城，那时孩子还在念书，他不想去，跟他老板辞工，公司赔他一笔钱，他自己用来做小生意，做小贩，我就跟着丈夫去做小贩。我们主要卖鸡饭啊，意面啊，粥啊，赚点钱罢了，养大了孩子。

我没有公积金

其实我一路来都是做自己家里的工，我没有帮人家做过工的，所以我的EBF是没有的，我是没有公积金。早年我是帮我父母做工，没有跟别人做过什么工作，就没有公积金。到吉隆坡学做衣服的地方只是人家的档口，学了一年多，当然也没有公积金。后来做小贩，我只是帮丈夫罢了，因为我觉得我没有正式跟人家打工啦，受工钱这样，只是跟丈夫做小贩罢了。

将家人带到了吉隆坡

刚到吉隆坡的时候，我很不习惯，总是想着家里人，想着哥哥嫂嫂侄儿。我曾想着要回去，但是我警告自己，我这样困难才出来，要走下去，如果回去，再没有什么机会出来了。所以我一直等等等，等到自己结婚了，我的弟弟也跟着出来了，他知道姐姐嫁来吉隆坡了，也想要出来城市，我妈妈就跟我讲，"弟弟要出来了，你要照顾他"。他就出来在我家住一个时期，后来找到工作。跟着我的侄儿也出来，很多家人出来了，所以我是第一个带头出来的，好像一颗种子一样，慢慢就发芽了，慢慢都走出来了。

第三节　我做很多份工
——陈添素口述

访谈时间：2019年1月21日

地点：巴生

访谈人：范若兰

整理人：范若兰、区晧文

陈添素，1952年出生，祖籍福建人，没进过学校，11岁就当小保姆，后来当鞋厂女工，结婚后协助丈夫经营肉骨茶铺，做了17年。后因经营矛盾而婚姻破裂，再做保姆、清洁工等，养大并供孩子上大学。

我没有进过学校

我是1952年出生于雪兰莪州，祖籍中国福建。我四岁的时候，爸爸就过世了，我妈妈一个人要养五个孩子，幸亏我爸爸留下一个椰园，妈妈就是靠种椰子，一个半月叫人家来采，拿去卖钱，另外也种菜自己吃。家里很穷，要很节省才可以，供哥哥弟弟读书，女孩子没让读书，那时候重男轻女，女的是嫁出去，不用读书，所以我完全没有进过学校。

我就在家里照看弟弟，后来我妈妈认识的人介绍我做小保姆，那时候我只有11岁，照顾别人家的女儿，这一家两夫妻都是教书的老师，平时上班家里没有人，我就帮他们看小孩，我也是在这家才学认字。我当保姆很多年，一做做到二十多岁。

22岁时进入鞋厂做工，在鞋厂的时候就认识她（张秀玉）。我们的鞋厂有很多部门，我是在轮胎部门做了几年。

肉骨茶铺好帮手

然后就认识了我的先生，他以前在肉骨茶铺做工，后来他的老板老了，老板的孩子不要做，我丈夫就接手这个肉骨茶铺。不够人手，我还没有嫁的时候，就过去帮他做。25岁嫁给他之后继续做，做了整17年。

我刚嫁过去的时候，都是我丈夫在砍肉，过后就慢慢变成我接手，我们都是买的猪手来砍。然后我就学煮，每天早上四点就要起床，平时是煮四锅，一锅大概30公斤，还要放中药和各种香料下去，大概要煮一个半到两个小时，一煮就煮到八九点。在礼拜六日节日的时候，就要加多两锅，早上三点半就起来煮。煮好之后我丈夫就开始卖，早上很多人，我要帮手。卖到大概十点，比较少人了，我就进去房间，在里面包茶叶，茶叶买回来是散装的，我就要包起来。再卖到大概下午一点，就收档，让工人扫地、拖地、洗碗这些。每天就是这样，一直做做做，脑袋都空空的。

我只管干活，钱全都是丈夫管，所以我以前不懂钱，我的朋友后来就骂我不懂得钱的好用。我出门不带钱，吃东西就在店里，也不用付钱，所以不知道钱的好用。我丈夫要变心的时候，婚姻有问题要分开了，我才知道钱好用。我有五个孩子，两男三女，他一个月给我和孩子一千块。

婚姻为什么会出问题呢？我丈夫的姐姐妹妹全部没有嫁，我家婆很年轻的时候，公公就去世了，只有我丈夫一个儿子，我丈夫赚钱最多，最顾家，婆家的开销全是他给的。他的姐姐妹妹想要拿肉骨茶铺去做，可是我是这边的主力，我就跟我丈夫说，看你要用我，还是用自己的姐妹。他要顾着自己的姐妹，我就跟他讲，那5个孩子带回来我自己家，这个生意你妹妹去做。

谁知道，我出来之后第二天，我丈夫什么都煮好了，要开店的时候，他的三个妹妹全都没有来，就不能开店。他就回家说她们，"你们这样，我怎样做？"我的家婆就开口，"不能做就给姐姐妹妹做"。丈夫没有跟我商量，就没做了，给他姐妹做，我完全不知道。有一天我忘记买黑酱油，去到店里拿，我的姑子就问我要什么。我以前一说我丈夫的名字，就可以拿，因为生意是他的，但是我的姑子说不行，我整个人傻了。过后我就回去问我丈夫，怎么生意不做，也没跟我讲。他说"一个人，做不了"，我说"你不能做，可以叫我过去做的，不能就这样放给你的姐妹"。如果没有她们，我们两个人都可以做，我很会做的。

我的婚姻就这样破裂，丈夫也没有回来我这边，去了他妈妈那边。放假的时候说我家婆要看几个孩子，就带了三个过去。等到开学，我去要三个孩子，已经要不回来了，我的家婆守住门不让我进去。

我那时与丈夫分开，但没有离婚，是过了很多年才离婚的，其实分开已经二十七八年了。我丈夫二十多年前提出离婚，我没有同意，觉得我没必要再嫁，干吗要离婚，我就拖着他，也是希望可以挽回。拖着拖着，我的一男一女长大了，儿子鼓励我，如果是根本不能够复合，就跟他离婚，这才离婚。

我做很多份工

与丈夫分居后，他给我一千一个月，后来他要走三个孩子，只给我两个孩子，就减为五百块，五百哪里够？后来他又给我两万五，我再跟银行借贷，花四万多买了一辆马来西亚产的小型汽车。孩子的学校很远，我要开车载孩子去学校，载他们去补习。

我自己做很多工。先是做保姆，人家把孩子送到我家，我帮人家带，孩子大了读幼儿园又被接回去，我还要从头找新的。我跟孩子还是有感情的，他们要抱走孩子我都要哭的，我心就很痛。我就想还是不要做保姆，去餐厅做，卖点心。下午我就跑去办公室当清洁工，做了二十多年。晚上又去人家婚礼上端盘子，一个晚上也有几十块。我要做很多工，给我孩子补习、读大学。

如果我不这样做，我孩子都没钱补习。我自己没本事读书，所以我很鼓励孩子读书。我跟他讲，"你现在什么都没有，就要从教育翻身，要有一张像样的文凭，你才有机会拿笔，不然就是要拿大笔（拖把），像妈妈这样给人家拖地"。

我两个孩子都读大学了,他们都在新加坡那边工作。可是他现在有了自己的家庭,不会觉得妈妈辛苦养他、栽培他。以前的人说养儿防老,现在不敢讲这句话了,没有这种歌唱了。现在我还在做工,要靠在这两间office做清洁工维持生计。

第四节　跨国女工
——李双凤口述

访谈时间:2019年1月21日
地点:巴生
访谈人:范若兰
整理人:范若兰、彭嘉婧

李双凤,1951年出生,祖籍福建,小学未毕业,18岁进入工厂做工,之后做过凤梨厂、鞋厂、虾厂、米粉厂的工人、管工等。丈夫早亡,曾到中国台湾和美国做车衣工,有娘家网络的支持。

我是1951年出生于雪州,祖籍中国福建。我父亲是木匠,没受过教育,母亲做小生意,也没有受过教育。我有12个兄弟姐妹,我排行第三。我没有读完小学,那时爸爸一个人要负担整个家庭,孩子又多,爸爸就跟我讲"你不要读了,在家顾妹妹了",不要读就不要读了,家庭优先嘛,我也就没有想要争取了。

不读书了,我就在家照顾弟妹了。差不多18岁时,我进了做罐头的凤梨厂,主要工作是拣凤梨,将那些不漂亮的、有坏的、拣出来,然后机器经过铁罐,包装一下,很麻烦这样。这个工作应该做了两三年,之后我做鞋厂,这个鞋厂是一般的小厂,我做几个月,就裁员了。然后我就做虾厂,开始做女工,后来升为管工,看哪些工人做得不好,我们要帮忙,这个工做了两年,之后又改做那个米粉厂,做不久又升我做管理货仓,做了三年。

我24岁结婚,我丈夫是做家私,是木工。一年后我儿子出世了,这时候我丈夫生病,我就在娘家,帮着我妈妈做小生意。我儿子8岁的时候,我丈夫就往生了,那之后我一直在家帮妈妈做生意。

1988年跟人家坐飞机去到台湾,到纺织厂做工,只做了一年。当初带我们去的人没讲清楚，也没有打合同，所以算是骗人的，我们那时候不懂，以为去了台湾很好赚钱。到了以后，老板跟我们讲要干一年多，我们就反对，因为有孩子嘛，我们过年一定要回去过年，所以我们就争取，到年尾，我们就争取回来了。

1989年我又去美国做车衣厂，那时我的妹妹和妹夫先过去，那边安顿好了，就叫我们去，因为那边有人接应，我们就过去了。1989年去美国，一直到1993年回来，做了四年。那时我的孩子有十三四岁，我有一个好娘家，我父母、姐妹帮我照顾孩子。1995年我又到美国做工，这时我妹妹他们是做餐馆，我还是做车衣厂，因为我的英文不好，不能够做餐馆，如果做餐馆只能做后面厨房的活，我的个子这样小，去做餐馆洗碗不适合，搬重东西搬不动。这次我在美国做了两年就回来了，一是因为想到孩子在这边，二是爸爸往生了，妈妈就一个人，所以姐妹叫我回来陪妈妈，我就回来了。

我在美国做的车衣厂，老板不是台湾人，就是香港人，后来也有韩国人。韩国人的衣厂通常是算计时的，不是算件的，算计时的比较稳定，一个钟是6块，一天做10个钟，你就有60块了。我在美国的收入，一个月大概有千多块（美金）。

美国工厂的环境还好，我没有太介意了。因为我们为了要做工，要赚钱，是我们自己愿意多干的，比如说算计件，差不多一天你要做10多个钟，我们早上8点开工，做到晚上七八点，差不多有10多个小时，你要早回也可以，少赚钱啰。那时候可能年轻，也不累，我就很感谢我爸爸妈妈给我一个很好的身体，有时候工厂旺季的时候，一个月30天我都做到完，没有休息，因为我们要赚钱，就拼命做啦，我身体也顶过来了。

我们车衣厂有淡季，淡季的时候，有月假，我们也去旅行咯。礼拜天朋友约了，去花园逛逛、喝喝茶，这样也算不错了。

回来马来西亚后，是帮我妹妹带孩子，我帮她顾了几个孩子，2003年我妹妹再生一个小女儿。因为我妹妹是做保险的，家里都没有人看管孩子，我妹妹就请我去她的家帮她看家，帮佣就帮到现在啦。

我这一生很不容易，我朋友讲，命水啦。我没有改嫁，人家会疼我儿子吗？如果不疼还不如不嫁。幸亏我有一个好娘家，我有父母兄弟姐妹弟弟帮，所以我才能放心去到外国做工。

第五节　裁缝、店主与月嫂
——南希口述

访谈时间：2019年1月21日
地点：巴生
访谈人：范若兰
整理人：范若兰、黎蕙燕

南希，出生于1950年，客家人，初中未毕业，做过裁缝、美容、服装设计师、月嫂，开过婚纱店、服装店，工作足迹遍布新马。

我1950年出生于雪州的丹绒士拔，祖籍是广东大埔，客家人。我父母都是第二代移民，我父亲受过小学教育，当裁缝。妈妈也是一样，上过几年小学，两夫妻一起做裁缝。他们两个时常吵架，我妈妈经人介绍去做陪月，她三十多岁就开始做月嫂。

我上到初中二年级。为什么没读完中学？我代表学校篮球队去打球，妈妈不喜欢，就反对，我很生气，一赌气就跑去另外一个州柔佛州，学裁缝。那时是14岁，去学裁缝，一去就是4年多，18岁才回来，继续帮父亲做裁缝，一直做到我结婚。

我21岁结婚。我丈夫是高中毕业，家里开药店的，收入还好，婚后我生了三个孩子，两男一女。那时候我自己做美容美发店，卖化妆品，后来还开婚纱店。就在这时，我发觉我先生有些不对劲，不过没有亲眼看到，就不敢相信，后来我的大儿子发觉了，就报告给我听，我也不信，因为我眼睛没有看到我不相信。结果真的是那样，我就要跟他离婚，他不肯，因为我很会去找钱，收入很好，所以他就不同意了。1984年我跟他离婚了，但我觉得我太强了，这样不大好，有些男人接受不了。

离婚后我就去外国做工，去澳洲，我是去做裁缝，不过我想念女儿，半年就回来了。回来之后就去新加坡，一去就是十多年。我在新加坡先是在奥琪工厂做服装设计师，这个厂很出名的，我负责设计女装，做了五年。新加坡那个公司福利很好，给三个月花红，如果我们做的衣服很好卖，我们都有钱赚，给我们另外加。每一个月可以挣新币1000块。

之后我就自己出来，与一个新加坡人合伙开服装店。我还需要做事挣钱，给孩子读书，因为我的前夫供一半就不供了，他负担不了孩子上大学，所以就把孩子丢回给我。我就心想，我一定要管孩子读书。我的合股人就说做陪月收入高，说很多马来西亚人在新加坡做陪月，鼓励我去，我那个合股人很好，他知道我需要钱，所以他说不要紧我来顾店啦，你去做。我就去加班做，有时候是一天做三份工，在工厂做，在店里做，六点半钟就在家里做，做到天亮，很辛苦的。

后来我退股这个服装店，专做月嫂，做到我的第二个孩子大学毕业，2000年我才从新加坡回来。回马来西亚后，先是做车衣，但收入少，心想没有什么钱，要怎样去找更多钱的，我就想到还是做月嫂，做到现在，从2000年做到现在，从两千块做到现在五六千块。

我做得最久的工作应该是月嫂，我就喜欢做月嫂，也不觉得辛苦，因为我喜欢小孩子，我带的小bb啊，都是很少闹的，吃饱了睡，偶尔也会碰到比较难带的，都是这样带过来。做月嫂最大的苦恼，是遇到那些比较麻烦的人啦。要是没有遇到麻烦的事，很好做的，不过我都不会遇到很多麻烦，每个人对我都好像家人。我做事情不会说斤斤计较，有些他们家婆说"南希你今天可以帮我煮一下菜吗?"我说"可以"，有时他们没有工人，帮他打扫一下卫生也可以，所以我的名声都很好，我的工作都是他们介绍，是靠那些做过的朋友介绍，我没有靠那些经纪。

我做的都是华人家的。还有人给我介绍外国去做月嫂，去外国的包飞机票，算美金，新加坡是算新币，平时三千块都有，新币因为汇水（汇率）高嘛，拿回来换钱比较多，可以换到十多千（一万多），就蛮高。

孩子现在长大了，结婚的结婚，工作的工作，我就比较好，自己做自己用啦。我现在还做月嫂，最近刚刚做完一家，2019年3月开始另一家。

第六节　我的一生好像波浪线
——张秀玉口述

访谈时间：2019年1月21日
地点：巴生
访谈人：范若兰
整理人：范若兰、陈懿

张秀玉，出生于1956年，祖籍中国福建，受过小学教育，做过小保姆、鞋厂女工，家庭主妇，承包食堂，婚姻不幸，自己养家养大孩子。

我很早就开始做工

我出生于 1956 年，读到小学毕业。我父母亲都是出生于马来亚，父亲只读过三年书，做建筑。母亲读到小学四五年级，是家庭主妇，没有做工。

我很早就打工挣钱，先是帮我舅母看小孩，一个月 20 块。我父亲做学校的食堂，后来我就帮父亲，主要是收碗，收钱，卖东西，比如卖零食、卖糖果，父亲不给我工资。18 岁到年龄时，进入鞋厂做工，这个鞋厂是华人开的，规模很小，机器不先进，工资低，很多待遇都不好。我在鞋厂做了两三年，结婚后就不做了。

我 21 岁结婚了，丈夫是水管工，教育程度是小学六年级。婚后我们生了两男两女四个孩子，孩子小时，我在家里照顾孩子。孩子 10 多岁的时候，我就又出来做食堂，以前是我爸爸当老板，这次是自己当老板了，我们有做食堂的基因啊。

做食堂

我做的是办公室的食堂，只做早餐、中餐，没有晚餐。每天早上 3 点钟就起来，一直做到下午 4 点，一天要做十多个小时，下午 5 点可以回到家，还要照顾家里了。每天很疲倦，晚上八点就睡觉。

我负责食堂的经营和采购，另外请三个印尼外劳负责打杂，还有请个大婶帮我煮饭，她煮饭忙不过来时，我也去帮忙。我做食堂做了 19 年，食堂收入，每月有四五千元。

我性格开朗，与顾客沟通很好，他们很喜欢来食堂跟我聊天。他们工作没做完就很有压力，需要解压，就来找我聊天。我忙时，就说"我没有空，你不要来啊，3 点多你才来"，有时候我在那个 store，放货物的房间，他们也会进来找我，叫我出去跟他们聊聊。

自己承担养家之责

我之所以要做食堂，是因为丈夫有外遇，不顾家。那应该是我 29 岁以后几年，我人生最低谷的时候，那时候孩子还小，我丈夫有了外遇，还打我。他给的家用很少，1000 块钱而已，孩子要读书，要补习，要坐校车，屋子也要水电费，这些都要钱。我先生不管的，他给你1000块，你自己搞定，他什么事都不管。孩子跌倒撞车要去医院，女儿给他打电话，他说"啊？什么东西啊？"就挂掉电话。后来我回来，女儿讲："妈妈，弟弟撞车，爸爸挂电话。"我说赶快带他去医院，进私人医院。其实小孩很小我就帮他们买了医药卡，因为我知道这个家庭不能够发生意外，他们一旦有事情就可以送医院，他们有医疗卡嘛。可是我丈夫不知道孩子有没有药卡，以为要他拿钱，就挂电话。

不是每一个家庭的丈夫都有责任感，要看他的性格，也要看你的命水。我在外面很受欢迎的，偏偏我在丈夫面前不受欢迎，外面的女人都说喜欢我，可是他偏偏喜欢外面的女人，这就是命水！有时候要认命。

食堂工作帮了我很大的忙，我做这个生意能改变到自己的命运，不然我是很惨。靠做食堂十几年，我养大了孩子，还供他们读到大学，二女儿到英国读大学，她是读药剂师。后来孩子们大了，都工作了，我就退休了，去年退休。我以前种米，现在我割米。

参加行动党基层工作

我的孩子加入了行动党，他就拉我参与政治。其实我也会关心国家的时事，我们的前朝政府（纳吉布政府）已经很烂，好像强盗这样子。首相的老婆罗斯玛，一双鞋子做10个样子，一双鞋子是3000块。这个鞋子是我朋友做的，我听朋友讲了，我真的很气。她做了没有来拿，钱汇过数给公司，但这是我们人民的钱。

我在行动党区会做财政，选举的时候，我拉票拉得很够力啊。我们放很多国旗，站在路边，每辆车经过，我们就跟他讲，你要投我们火箭（行动党）。天气很热，我们被这样晒，但是我们很高兴。

我的一生哪，好像波浪线。我的人生有好有坏啦，现在很好。

后来我一直提升自己的学习，也有自信，让我还能够活人生出来。我的人生也挺波折的，这一路走来也是不容易，可是现在很容易了，因为我的儿子OK，对我很OK，他很孝顺的。

第七节　从小保姆到管家
——侯巧珠口述

访谈时间：2019年1月20日
地点：吉隆坡
访谈人：范若兰
整理人：范若兰、陈璐

侯巧珠，1961年出生于霹雳，小学未毕业，先做小保姆，之后一直当女佣，亦称管家。从她的职业经历，可以看到华人女佣的工作变化，及与外国女佣的关系，她是女佣兼管家，指挥外国女佣，二者呈现国籍、等级的差别。

我1961年出生在霹雳的一个渔村，祖籍是潮州。我爸爸从中国来，做建筑，盖那种木屋，他识点字，我妈妈好像不识字，她18岁就嫁给我爸爸了。我家有八个兄弟姐妹，我有4个姐姐，两个哥哥，下面还有一个弟弟。父亲比较温和，没有厉色，母亲对我们很严。

16岁出来做工

我小学没有读完，才会来做这份工。我为什么不上学了？有一个老师很凶，他教华文，咬音要咬到很重，可能我怕他，我就不去上学了。后来出来打工，才会知道后悔。我是自己后来慢慢去修（学习）来的，华文可以看，马来文可以讲，英语会听一点点。

我1976年出来做工，那时是16岁。我因为不读书了，就在家待着。有两个邻居长辈，我们叫老婶、阿姆，她们两个先出来做工，她的主人就讲你们家乡还有没有人？她讲有，就这样一个介绍一个，就出来了。那时家里人反对我出来做工，说吉隆坡全部都是关门的，好像坐监牢这样，家乡的门就大开的，要走就走，要出就出，要进就进。我一定要出来，自己发誓，我一定要成功，我不会倒回头去。

第一份工做了4天就不做了。这一家很有钱，是福建人，已经有我们一个同乡在做，我那几天做的，就是主人的小孩上学前，要给他准备一点早餐。他家吃的东西我吃不下，吃不下我就受不了。福建人吃的东西，那些饭煮得软软，菜也煮得软软，我就吃不惯这样的东西，我就跟我同乡讲我不做了。我去找阿姆，她再介绍我一份带小孩的工。第二份工就是带小孩，我去的时候主人是大肚的，我做到 bb 生出来一岁多，我又再换工，因为我不想带小孩。英语就是我带小孩时学到一点点，这一家他们是说英语的。

做工我喜欢跳来跳去

第三份工就做煮饭，主人也是潮州人，这份工作做了一年多两年。不懂那时候因为年轻还是什么，好像做工我喜欢跳来跳去。跳槽跳出来后，再去做一份香港人的住家工，他是做股票的，晚上工作，就是接外国的电话，白天睡觉。我负责做饭，还要给他们洗洗衣服，就算"一脚踢"了。1979 年我再做一份工，也是潮州人，在马来西亚开酒店，他太太是新加坡人，我在他家做了有两年。之后在槟城做过一份医生家的，做一年多。我再出来就见这份工，还是原来做酒店的主人介绍的，他们两个老板是朋友。本来，开酒店的潮州人想让我到香港跟她女儿做的，我想我孤身一个人到香港，就不要去了。他就介绍他的朋友，1986 年就介绍了我来做这一份工，一直做到现在。

一两年就换工作，有些是因为不开心，不开心我就走，有些是因为看小孩，我不要做了，因为看小孩很麻烦，还很累，反正就从那时起到现在，有小孩我是不做的，只管煮饭。我做饭的水平麻麻哋，还可以做两餐饭，家庭饭。

华人帮佣越来越少

70 年代我出来做的时候，还有很多华人帮佣，没有外劳的，那时候帮佣全部都是本地人。我刚出来时，妈姐还多，我没有跟她们相处过。听讲有些妈姐很好，有些很凶，很凶，就是你做得不好什么的，她都会骂人很凶那一种。

90 年代以后华人很难请了，有些是嫌薪水不是很理想，有些是不愿意做这个。华人不像我这样打住家工了，要做也是做钟点工，薪水比较高，而且更自由。比如，这个家我做两个钟点，那个家做两个钟点，做完我就可以回家，薪水还比你住家的高，因为有些她是本地人，不用去租房。我就不喜欢打钟点工，即使钱少一点，但省点事。在我认识的人中现在都没有住家工了，我们一帮人 10 多个出来，就剩我一个人在做了，她们有些结婚就不做了，当主妇了。

也有人问我，为什么你不去新加坡做？因为我是比较爱静的人，我以前很少话讲，最近这10年才有一点话讲。以前我朋友也是很少，我不会交朋友，我的好朋友就这几个，我也不会去尝试认识新朋友。也有人叫我做别的工，比如厂工，我就想我不喜欢去做厂工，工厂太乱了，我不喜欢太复杂，我也不喜欢听那些是非。也有人讲你出去餐馆做煮菜的厨师，做那种工很辛苦，我不要。

长久的住家工兼管家

现在我做的这家主人是上海人，是个大老板，他们从上海到香港，又从香港来马来西亚，我不会讲他们做什么，这也是职业操守吧。我从1986年做到现在，在这家做了30多年的管家。

我的工作主要是做饭和买东西。我只做三个人的饭，老板娘、老板和我的饭，其他工人的饭不用做，我负责买食材给他们，他们自己做。平时我只煮三个人的饭，我做菜，可能我会奄尖一点，我做菜不会马马虎虎，很精致，要做到整整齐齐，就是菜我都会弄到干干净净，不会随便洗一洗，所以我做菜的时间就会长一点点。我也不会叫那些印尼佣人帮我弄什么，偶尔紧张我叫她们给我剥一下蒜头。

我的工作也不轻松，除了做饭，我还要出去到市场买东西，吉隆坡很塞车，出去几个钟才回来。我要买其他外国佣工吃的东西，还要负责买狗粮，这也是我的工作。

我在这家做了30多年，我自己也没有想到我会做这么久。刚刚去的时候，我心里想，这份工还好，没有小孩，全部都是大人，如果可以做到10年，我已经很高兴，没想到一年一年就这样做下来了。老板娘已经去世，老板年纪也大了，他都已经是近百岁的人，现在他女儿住在家里，与我一起照顾老板，平时我们两个人一定要有一个人在家，因为老板这么老了，不可以两个人都不在家，他吃饭什么的，就要有一个人照顾，不放心完全交给印尼佣人，所以如果老板女儿早上出去，我晚上回来就可以。

老板的儿子就住在我们隔壁，那边本来也有一个做了10年的管家，后来不做了，他请外劳帮佣，就叫我过去帮忙照看。现在我是两头走，他儿子那边，我也负责买东西，所以说我就忙一点，假如是一份工还能轻松一点，现在我也要买隔壁儿子家外劳吃的，他们自己煮。

我与老板家的关系还好，做工我通常都很会忍的，但是我忍到不行时，我就会爆发出来，就会走人。现在这一份工，也是有长有短的，我有时也不高兴，我没有跟女主人讲，他女儿回来时，我会跟他女儿讲，今天我跟你妈妈有什么事情，有什么我都会告诉他女儿。我不要他们误会"我妈妈年纪大了，你在家欺负我妈妈"。我不是这样的人，我以后也会老。我跟他女儿讲，我也常常跟我朋友这样讲，我不当他是老板，我会当他是一个长辈。就是这样做着就做下来了。

与外国女佣难相处

老板娘从香港移民过来马来西亚大概是1994年，从那时老板家就开始请外劳了，最初请菲律宾人，菲律宾人做了几年，有些不做了，他就会换印尼人，印尼人做了几年又在换，柬埔寨人也换过。因为合同一满，他们不签约，就要换新的外劳。

我跟这些外劳从1994年相处到现在，所以很了解他们。我觉得90年代的印尼人比较好教，比较听话。现在的印尼人，可能她们来的多了，不大听话，很敢驳你的，你讲什么，她根本不理，还反驳我。偶尔我会跟她们生气了，生气了就会去吵一下，过后我想想也没意思，我理不了这么多，因为你教她，她们不明白，反而讲你这样啰唆，有时候就一个眼睛开一个眼睛闭吧。

菲佣她们会讲英语，好像高高在上的，她们不服我讲，"你也是做工的"。老板病重时雇了两个菲律宾人，一个人24小时，有一个知道我在这家做很久，她就会尊重我一些，另外一个就不服我。我也不理的，她尊重我也好，不尊重我也好，我都不理。

柬埔寨人比较听话，她们不会讲马来话，是来到这里才开始学习，她们话不通，不敢跑出去，相对听话一点点，柬埔寨人还是不错的。

所以这份工，最不开心的是那些外劳，那些印尼人和菲律宾人。我也不理她们了，我做好饭，吃完饭，收拾好桌子，洗碗就是印尼人做。我就只管做饭，其他的都是她们来。

我不想结婚

我没有结婚，但每个人问我的时候，我都跟他讲我结婚了，因为在马来西亚你讲没有结婚，会给人家问多，你为什么不结婚？要常常跟人家解释，我很累。我就讲结婚了，他们就不会问多多了。

　　我自己一生都不结婚的，就是不想，而不是为了什么工作。所以有些人问我为什么你不结婚，我讲我从小就有不结婚那种想法。我不喜欢小孩，人家的小孩很得意，我会去抱抱这样，你让我照顾，我不要，我不喜欢。父母那时候有讲要介绍人，我就讲，"不要"。现在马来西亚，没结婚的人很多，这一代人也是很自由的，我还有几个外甥都没有结婚。

　　退休的事，还没有想过。以后老板不在了，才来打算，如果他们的孩子想要我做，就继续做，没有，就退休啦，回老家回自己的乡下，在乡下还能工作，就做一点轻松的工作。回乡下跟嫂嫂住，我父母亲的房子分给我哥哥他们了，回去我都是跟他们住。

　　现在华人管家很少，他们也是有人托我找人。我老板的儿子那边管家走掉了，他也问我有没有人介绍一个，但是实在是找不到。华人你也是要找一个信任的，管家要管钱、买东西，买菜，可靠的人才比较放心。

第十章

书记、营养师和教师的个人访谈

本章收录三位职业女性访谈，她们主要从事过书记、保险代理、营养师、教师职业等；她们通常受过高中、大学及以上教育，这增加她们选择职业的能力。

第一节 书记·家庭主妇·保险代理
—— 郑玉梅访谈

访谈时间：2019年1月19日
地点：麻坡
访谈人：范若兰
整理人：范若兰、南星媛

郑玉梅，1945年出生于麻坡，祖籍福建永春，中学毕业，从青年时起参加圣约翰救护队，做过书记、保险代理人。在她那个年代，女子能读到中学毕业已属少数，通常从事书记工作。后来她从事保险代理，有一份不固定的收入，也能照顾孩子和家庭，还能接触社会和新知识，因而保险代理成为不少家庭主妇的选择。

郑玉梅是另一个受访人郑冰如的姐姐。

父亲非常重视教育

我1945年出生于麻坡，祖籍是福建永春人。

我父亲郑福山非常支持我们受教育，他只读到初中，因为日本人入侵，他没能继续读书，是他一生最大的遗憾。我妈妈也读到四年级，那应该是30年代，很少有女孩子读书。我一个朋友的妈妈就很懊恼她没有受过教育，因为他家很穷。我外公只有两个女儿，一个抱养的，一个是我妈妈，外公是认识字的，所以很支持让我妈妈去读书，只是后来学校要求学生换穿裙子，她不敢穿，那时她家在很偏僻的地方，华人女子都不穿裙子的，她就没有继续读下去。

我1965年高中毕业，在我们这个乡下，女生能读到高中的好像没有几家，我们算是很幸运的，因为我父亲非常重视教育，他经常说，"女性要能够出来工作，能够经济独立，才有权利说话"。所以我们爸爸是很先进的。我们家十个孩子，全都读到中学以上，其中8个读到大学毕业，其实我们家并不富裕，孩子太多，真的一个接一个，我们每个差两岁或三岁。我爸爸天天都讲不够钱用，不够钱，他就去借，还好他的信用很好，跟某人说你可以借我一下，因为我今天要做什么什么，我大概一个月之后还给你，别人借给他。一个月后他标不到会，他就找另外一个人借钱，来还给前一个人，因为信用好，以后你再要跟他去借，他会借你，因为你说一个月还钱，就一个月还钱了。

在那个时候，不要说女生，那些男生，因为家长本身没有受教育，也不重视教育，女生更不用讲，我们算是比较幸运的。我学习一直很好，读到高中毕业没有去读大学，是因为家里孩子太多，我爸爸妈妈很辛苦地做工，那时最小的妹妹刚出生。

我那个时代，小学同学好多没有读完小学，通常做那些割树胶的工作。中学女同学大概20个，真正升学的没有几个，三两个而已，女同学有出去新加坡或者去吉隆坡大城市做工，通常中学出来就是做书记了。我们那个时期还不流行上大学，男生也一样很少升学，我一个堂哥中学毕业想要去台湾升学，他的父亲都不同意，说"你去十年你要花多少钱，这十年你做工你赚多少钱"。他父亲跟我父亲不一样，我父亲是，你想要去读你就去读，没有钱，我父亲会想尽办法，成绩好可以去申请奖学金，贷学金这些。

我中学毕业后没有出去工作，我父亲鼓励我去考马来文凭，能去申请教师或者申请护士之类的职业。可是我们独中生都是以华文为主的，虽然也有读一本英文一本马来文，但是程度差一些，所以考了三次，结果马来文不及格，英文不及格，就没有文凭。我的成绩本来是应该可以拿到文凭，但是这两个科目不及格，就没有机会申请当教师、护士之类的工作。

书记职业

我的同学介绍我去做书记，在麻坡市区的一间锡矿场公司，我做的工作很简单，就是帮老板抄一些账目，也不是真正做账，是做一个很粗的记录账，公司有会计专门做账，我只是帮他整理。书记收入不高，我1970年去做才100元，那个时代有工作就已经很好了，你还要嫌什么，100元照做。书记工作我大概从1970年做到1980年代中期，有十多年，是帮老板做私人书记，做零零散散的东西，薪水有慢慢增加，每一年加20元，加到最后好像是300多元。其实我那个时代，像我做这种书记的工作，比较好的公司已经有500元薪水了，那是比较有发展的公司，我那种只有350元、360元的，算是很少了。

我的工作是零零散散的，不是很单纯的公司的书记，好像老板要汇钱去中国，我也要帮他做，就是这些零零散散的工作。不过因为老板待我很有心，所以也就OK的，工作很轻松。我结婚后家务较多，去得比较迟也没问题，比如我有时候早上送小孩去上学，去到公司已经9点多了，也都没有问题。

不过我的书记工作很简单，我是觉得没有学到很多东西。反而我是出来参与社会活动，在那里学到很多东西。

救护队培养了我的组织能力和交际能力

我还没有去做工前已经开始参与一个团体——圣约翰救护队，这是基督教堂组织的团体，主要学急救的方法，当一个人发生流血，什么是静脉，什么是动脉，你要绑哪里，学这些东西。不过我们这些人与宗教没有关系，我们直接学急救。当初我想去申请参加，就跟父母说是去学急救，如果有一张急救的文凭可能有帮到我以后申请护士。我是这样跟我父母讲，不然他们不随便让我们出门的。1967年我先是参加麻坡的救护队，1968年麻坡的教练叫我到这边组一队，没想到我一放出消息，就有60个人报名参加，我们很兴奋。救护队有很多活动，口琴、歌咏，还有跳舞，土风舞，还有乒乓，那时候我们这个地方，没有什么活动，都是早上割树胶，下午在家里，晚上不知道去哪里，我一找就很多人参加。我们第一次就有60多人，男男女女都有，都是年轻人，最大的只比我稍微大一点。

救护队的活动主要在晚上，后来一直有新的member进来，就训练他们。

有一次水灾，那些灾民全部来到我们小学避难，我们就去帮助他们。我就觉得很有意思，挺有成就感的，能够帮助别人。我在想我没有什么学问，我能够贡献什么给社会？我就在我的世界贡献这么一点点的东西。还有一些队员就讲，还好我有参加，不然我本来要去参加私会党。

救护队活动培养了我的组织能力和交际能力。过去上学的时候，一天里面除了家里、学校、班里面，我们没有机会跟外面交际，也很怕见人，不会说话。有一次，跟我妹妹两个去找我们学校的校长，我考到初级文凭可能有奖励金，我爸爸让我们去办，我们就找校长盖个印。我们不敢跟他讲话，我们也不懂得跟大人交谈，还好他的太太也是姓郑，她就坐下来跟我们问长问短，这样我们才不紧张。另外，我那时候一直看《星洲日报》的社会版和医药版，我的身体健康不好，也是从医药版那边学东西，报上说，如果一个人不善于与人沟通，就要出来参与社会团体活动，我就觉得这样很好，这样能够改善自己。

所以说在我的回忆中，就这一段时间最美，因为我感觉我在里面学到很多东西，至少要上台讲话我随时可以讲，我不用去准备。以前不是，以前想要举手提议，希望大扫除排在礼拜六，想了很久，手都还没有举。所以我感觉我改变了，我很满足这个改变。

救护队一直持续了很久，到最近这几年因为会所坏了，也招不到年轻人，救护队现在是后继无人。因为时代不同了，现在家家有电视机，有连续剧看了，不需要这个了。那时候人们没有社交活动，早上割树胶，下午空闲了，晚上更加不知道要去哪里，那一招唤，一呼百应，就全部滚滚出来了。

保险代理人

有一天，一个小学同学在街上看到我，他就说找儿时去找你，我说你找我做什么？他说我要教你做保险。我说你不用找了，我不会做，我从来没想过。后来他说不要紧，我拜几来，你准备20个人的名单，我陪你去做。他真的很积极，一说就做一说就来，然后我做的第一个就是我的朋友，他开一个小型的农场，经济比较OK，一谈就成了，这就给我信心了。

后来也做安利。一个救护队的member跑来找我，他说叫我做，我说不要了，我没有兴趣。他说"不要紧，你不会做，你要找谁，你跟我讲，我来陪你去"。我自己之前有用过安利产品，觉得还不错，就应酬他了，他一直鼓励，"你有朋友吗？可以介绍啊"。我就想，你既然要介绍一个朋友，就介绍吧，没想到那个朋友很爽快，"好了，可以了"。后来我先生的表妹高中毕业了，她出来做工的时候，我就问她"你晚上做什么？你去参与什么活动？"她说没有，我说你要不要去参与安利，卖东西是可以赚钱的。她说我试试看，就这样做上来。我先生没有做，他还很反对我做。

我后来一直做安利和保险，还算可以啦，可以帮我一点家庭开销。我就在想，反正做这个也没有坏处，我做这些主要是为了经济，不是为了兴趣。因为我的家庭收入很少，所以我一定也要有收入，不然不会够用。这个收入并不固定，你有做到你就有赚到钱，没有做到就没有。

另外，做保险和直销能顾到家里。我有三个孩子，当时书记工作差不多要停了，有人说介绍我去做别家的书记，我就想，我的孩子读小学了，如果我早上出去傍晚才回，孩子们下午能去哪里？我做保险、直销，至少我能够看住他们。我在想，你赚很多钱，孩子如果学坏了，再多钱也是没有用的。做保险和直销可以顾到家里，就这样做上来了。但是赚钱不多，跟人家比实在是太少了。不过是这样的，我们都是量入为出，日子还是可以过了。主要看你要怎样选择了，我知道也有人是选择专去做工，孩子就托人家看顾，因为她的收入可能很高，她放弃工作影响很大。以前托人照顾孩子的钱很便宜，我孩子小时候给人家顾一个月才不到 100 块，我就想，我收入 300 多块还可以的，还有 200 多块存着，如果我完全没有做，就什么都没有了。

做保险和直销，还能接触更多各种各样的情况，至少我知道遇到这种情况怎样去应对。所以说，工作增加经济收入，同样好像自己成长了。

做保险要为客户着想。做保险时，我们一直为别人着想。有的人做保险就讲得天花乱坠，长处讲出来短处不讲，其实不管什么产品都有长和短，我们是照实讲，就是说你量入为出，看你的能力能够达到多少，比如说一个月你可以付出多少，OK，我就跟你策划买什么险种。有的人不是，你有多少钱，你就应该买多少，结果他现在有钱他买，第二天他没钱他就崩掉了。所以我跟经理说，我的保单可以说是 80% 不断，没有断，但是我的单很少。做这行的人是每一年有一个新的 target，就是说你每一年新的保单一定要达到多少才可以，没有达到你可能就要被 out。

我的客户都是华人，马来人只有一个，因为我的马来话都不是很流利。那个马来人是我先生认识的朋友，那么就介绍，不过后来他说他没有钱了，想要提前取出来，我说我帮你去算一下，只有一两千，我说这样不划算了，还是不要退了。他说他要买物资，我说你 2000 块也不能买什么，你还是不要退。还好没有退，过了几年，他死掉了，领到 2 万多元，你看如果当年他拿了 2000 元去，就没有后来的 2 万多元。所以我就觉得，有时候人家说要领钱，还是尽量叫他不要，因为真的是不划算。

我是 1987 年开始做保险代理，那时候华人还是愿意买保险，不过乡下的华人就比较难一点。我都是找这些救生队的 member，他们会比较愿意买。我做的单都是小单，因为我结交的这些朋友都是收入有限的。

早期做保险代理没有什么规定，只要你愿意做都可以做。后来我们的政府规定必须要有中学毕业证书才可以做，因为如果你教育程度太低，可能你有些东西没办法理解，你错误给人家解释，你就是误导人家。后来我们每个要做保险代理的人都要参加一个课程，还要考试，考关于保险的各种知识，还有一些平时的知识，如果你合格了，有一个证书证明你可以做。如果你没有考到，你就不可以成为代理人。

我做保险的初期，女性保险代理不多，后期比较多了，在我之前也有女的做保险，我的经理就是女的，她先生先做，然后让她一起做。我是 80 年代开始做保险，那时做这行的人很少，当我说我要去做保险代理人，我父亲就不赞成，他说保险都是骗人的，我就说，"我就不骗人，我就照实说"。实话实说，我没有修饰一下。

我现在没有做了，因为年龄也大了，保险公司不会限制你的年龄，只要你要做的话。但问题是，跟我年龄一样的人，没有几个买了，他的孩子呢？也就是我朋友的孩子，他们有自己的朋友做保险。我大概两年前才真正停止，因为最后你没有办法达到一年新的保单的量，你就是不合格了，因为你以前做的，一分都没得拿。

（访谈文稿经郑玉梅女士首肯）

第二节　我是很幸运的人
——郑冰如访谈

访谈时间：2019 年 1 月 18 日
地点：麻坡
访问者：范若兰
整理人：范若兰、伍诗韵

郑冰如，出生于 1956 年，祖籍福建永春，在麻坡长大。1978 年就读于台湾大学，毕业后进入马来西亚的私人企业和跨国公司，先后从事化验师和营养师等职业。从她的读书经历，可以看到，父亲重视教育，永春会馆为子弟提供奖学金，对于华人学子升学的重要意义。从她的工作经历，可以看到女性职业发展，以及性别观念对于女性职位升迁的影响。

一　我的家庭重视教育

我父亲热心教育，思想很开明。他在中华中学读了两年还是三年，就遇到日本入侵马来亚，在日本占领的1941—1945年，他被迫休学，为了生活，不得不去种稻、种木薯、种花生。日本战败之后，他就没有机会再升学了，这是他最遗憾的事。之后他就是种树胶。我妈妈受过小学教育，嫁过来之后，就跟着我爸爸一起，也是务农。

一门大学生

我们家一共十个孩子，三个男孩，七个女孩。十个孩子里面有八个接受了大学教育，只有我大姐和最小的弟弟没有上大学，其他的全部都上到大学，算是很不容易了！主要就是我爸爸那种意志力，其实他也是为了实现他的心愿，他很喜欢、很想读书，日本占领时代，他没有机会继续读，所以他把所有心愿寄望在孩子们的身上。[1]

我们家附近一个大婶，看到我家这么穷，孩子这么多，我大姐高中毕业的时候，我家应该是已经七八个小孩，每个相差两岁到三岁，大大小小这样排下去，她就去跟我妈妈讲，"你这样辛苦做什么，让你的大女儿留在家里帮忙做家务，女孩子读这么多书做什么。"我妈妈有点动心，她跟我爸爸讲，我不知道我爸爸是怎样回答的，结果就是，我爸爸请这位大婶来我们家帮忙做家务，她的孩子上小学了，每天很多空，到处去串门子。我妈妈生我妹妹的时候，神经衰弱到躺在床上不能起来，应该是操劳过度加上营养不良，还曾经想要把妹妹送给人，也是这个大婶介绍的，我爸爸没有答应。

我们家读书气氛很浓，我因为家庭环境，才会继续读书，我就觉得不读书能做什么？我不知道，我还有第二条路吗？我家的孩子都很会读书，我姐

---

[1] 郑家一门大学生，以及郑福山夫妇辛勤割胶供养子女接受教育的事迹，曾刊登在报纸上。《麻坡夫妇操劳20年终熬出头 靠割胶栽培子女九个都是大学生》，《联合晚报》1986年6月24日第4版。

姐跟她的同学竞争，每次数学拿100分的，不是第1名就第2名，我比较被动，从来不知道自己拿第几名，一般是第六七名，我下面的两个妹妹也是每次都拿第1名的。

我们家并不富裕，那时候我们家的费用一分一分都要算的，就是很辛苦。我大哥、二姐同时在新加坡南洋大学读书，靠拿永春会馆的奖学金，三姐读大学也是永春会馆给奖学金，否则我们家是负担不起的。后来哥哥姐姐毕业出来工作了，他们能负担我们的费用，家里才好一点。我四姐以后，到我，到我下一个弟弟，我们去台湾读书的时候，就能够负担了，当然我们还有奖学金支持，我一个妹妹在本地读大学拿了奖学金，还有一个妹妹在台湾读书，也拿到奖学金。

读理科好找工作

我们都是读理科。我大哥是读化学系，我二姐读会计系，我三姐读地理系，四姐念农业经济系，我念农业化学系，妹妹念电脑专业，一个弟弟念化工。反正都是读理科了，为什么我们会选择理科？因为我们知道理科出来比较容易找工作，我们都拼命念理科，没有人读文科的。当然我们理科也学得好，但更重要的是因为环境，我们就是认为读理科才容易找工作。可是到我哥哥姐姐他们的孩子这一代，就是去念文科，因为现在的想法已经不一样了，现在即使念文科还是能找到工作。

我二姐毕业后在公司里面做会计，叫会计师。做了一段时间，去学校教书，之后又到另一间公司做会计，最后还是去学校教书，教授会计课程，还教华文。其实她本身是喜欢中文的，她的中文很好。我大哥虽然最后是搞半导体的，他的中文也非常好。我三姐念地理系，毕业后到学校教地理，之后她在董教总工作，编地理课的教科书。四姐是念农业经济的，她一毕业就教数学，教到她退休，教了38年。我妹妹是学电脑的，毕业后在一个公司做城市设计。小妹妹毕业后在台湾做了一段时间的工程师，她的先生是台湾人，后来一起移民到美国，先在家照顾孩子，孩子长大后，她就在美国教中文，目前还在美国教中文。其实我们家兄弟姐妹读的是理科，但后来教中文的很多。

我们算是比较幸运的

其实在那个时代，我们算是比较幸运了。我的很多同学都只能读到小学，父母亲没有让他们上中学，小学女生只有一半上中学，上完中学后，只有我一个上大学，我很幸运，虽然我不是成绩最好的一个，可是因为我是生长在这个重视教育的家庭,所以我小学的12个女同学里,只有我一个上大学,我是属于很幸运的一个。我们全班同学里面,真正上大学的就是我一个女生,还有另外两个是男生,一个是小学校长的儿子,一个是小学老师的儿子,再有一个就是我爸爸的女儿(我),还有一两个同学去上那种技术学院。其实那个时代要读书不容易,我是太幸运了。我堂侄女跟我同班,她是每次拿第一名的,我是拿六七八名那种的,但是后来她只能念到中学,因为家里供不起,她家也是十个孩子,她是老大,她下面还有一整排的小孩,所以她只能上到中学就进师训。

那个时代,女生能上大学的非常少,除了学习成绩,主要看你生在哪一个家庭,那时候人们认为女孩能上小学就可以了。我的一个小学同学后来告诉我,其实她那时也想读中学,只是她父母亲不让她去。所以真的是不容易。

图10-1 郑冰如1982年毕业于台湾大学(郑冰如提供)

二 从化验师到营养师

我1978年到台湾大学读书,1982年毕业。回到马来西亚后,也教过一年书,教化学。但我更喜欢到外面工厂工作,因为我们的课程很多是关于制造、农产品加工，所以千方百计就再找工作，找到一份饲料厂的工作，当化验师，之后就做营养师。

我先在巴生的一个动物饲料厂做化验师，做了4年，之后换到马六甲的一间厂，做了两年化验师，之后改为做营养师。因为我们都比较喜欢做营养师，营养师可以学到比较多东西，另外我念的科系也跟营养有一些关系。能得到营养师的职位，我觉得是有点运气，当然也有努力。这个职位有空缺时，我对自己能不能胜任营养师没有信心，我就打电话问我同一科系的学长，我到底可不可以做？他就问我，"你在外面是蹲了多久？"他用了"蹲"这个词，意思是说没有什么意义了，没有什么上进心的意思。我一听他那句话就明白了，他是叫我要接受，我想他可以做营养师，那我也可以试试看。我刚做营养师真的是非常辛苦，要与那些供应商打交道，但也学到很多，因为要买原料、药物、添加剂等，都会有人来讲解，等于是给你在上课，就是说你是一面做工，另一面读书。

跨国公司工作

我在马六甲的工厂做到差不多整整10年，这间工厂是华人开的。90年代末我换到另外一个跨国公司，这是一个瑞士人开在本地的厂，其他厂设在印尼、斯里兰卡、中国和越南，是规模比较庞大的跨国公司，设立专门的案例部门，我在这个公司专门做研究与发展案例。之所以换到这间跨国公司，是因为我认为它的管理比较好，福利也比较好。

公司有外国人、华人、马来人和印度人。我们的部门需要其他部门的人过来support，比如说兽医大部分是印度人，同事有两个马来人，因为那边请马来人比较容易。总公司里面有一个office，老板会请外国人，CEO永远是外国人，不请本地人。我的理解是，CEO需要直接接触老板，跟西洋人的生活方式一样，沟通方便。比如说我一个同事是西班牙人，他每一餐，都要叫一瓶啤酒，我们华人吃饭就是喝茶，对不对？差别就在这里。

整个公司的企业文化很好。这个公司有很长的历史，有自己的企业文化，员工组成大家庭。我们通常开会在泰国曼谷，负责人帮我们全部人买机票，落地时间接近，然后4个人从不同地方来，比如说有人从东马来，有人从斯里兰卡来，有人从中国来，落地时间接近，我们4个人凑在一起坐一辆计程车到开会地点。他会让你觉得这些同事像一个家人这样，开会时大家相处好几天，感觉上就有一点像一个家庭。同事跟同事之间会互相帮忙，你有问题他也会帮你解决的，同事之间关系好，没有钩心斗角。基本上整个企业文化是这样，干起来就相当开心。

没感觉到性别歧视

我第一份工作是教书，收入是600元左右，当时大部分老师收入都是这样的。在工厂当化验师时，待遇差不多就800元，营养师的薪水一开始是2000多元，那个时候大学毕业出来的底薪大概是1000块。在跨国公司收入更高些，我在这家公司做了十多年，最后一年的年收入大概100千（10万元），也不算高了，因为我们不是做经理之类的职务，经理的薪水就会很高。

工资有性别的差别吗？主要是看职位和公司。我做化验师时，化验师一直是女生做，所以没有比较。做营养师的时候，因为上一任的经验比我丰富，资历也老，他的薪水比我高。跨国公司的待遇好过华人公司，在跨国公司，我的上一任是一个博士，后来我们在印尼工厂的同事辞职了，公司就把他调去印尼，我就接替他的工作，我的待遇跟他差不多一样。最重要的是，职位是影响薪水的关键，也就是说，一个男生做跟我相类似的工作，他的待遇跟我是一样的。

工作中没有感受到性别歧视，因为我们这个行业的女生也是比较强悍型的。其实在我们这个行业里面做技术的虽然大部分是男生，可是几个不同工厂里面最高的技术部门主管，还是有几个女生，为什么会这样呢？男生通常会跑去做营销，因为那个职位挣钱比较多，他们卖得多，有提成，而我们做技术是没有抽成的。而女生一直在技术部门做，因为做技术的压力没有做营销那么大，所以我们女生就会留在技术部门，就升到技术总管，资深的女生会在这个部门升上去。

女性不大愿意接受挑战

我后来一直做营养师，没有升到经理管理职位。一般来说，做经理要负责营销，很不容易，有压力，公司要求比较高，你每年要做到什么样的业绩，要去外面见那些客户，有时候你还要应酬，女生不喜欢，所以做营销的大都是男生，基本上没有什么女生跑外面做营销的。我们女生不大愿意接受这么大的压力，而且女生比较容易满足。从我个人来说，我觉得我不是那种很强势的人，你叫我做经理去管人，不是我想要做的事情。另外，我也觉得做技术是我的兴趣，喜欢这份工作，也能够做得很开心。

我们公司下面有15间厂，每一个厂都有营养师，就有15个营养师。另外，每一个国家还有一个负责这个国家的总营养师，就是他要负责这几个厂的，比如说马来西亚有一个，中国有一个。马来西亚有5个厂，负责马来西亚的总营养师在一个月里面要轮流跑 5 个厂，是比较累了。中国每个厂有一个营养师，那个总营养师也要跑 5 个厂。我工作的时候，女营养师有一两个，还是少。营养师大都是男生，男生比较积极向上的，马来西亚主要还是男生负责养家，所以男生会比较积极。

有一年，我们马来西亚的总营养师要出国留学，我们公司让我们自己申请来接替这个职位。结果女生都不去申请，只有一个男生申请，他只是学士，他太太跟他本来是同学，在一个大学工作，一直读学位，读完硕士还去读博士，他只是一个学士，那么他就必须用职位来表现，所以他就会积极去申请，跟老板要求他做这个职位。而我们女生都不敢接受这种挑战，因为觉得不是这么容易做。

女强人上司

当然，不是所有的女生都这样，还是看个性，我们的技术主管、顶头上司，负责管 15 个厂，她就是一个女强人。她是华人，在马来西亚受小学中学教育，高中到新加坡受教育，然后去英国读兽医系，后来在这个跨国公司升到技术主管。她只是一个学士，可是她手下管的很多是博士，他们服她的。以我的观察，她的确是知识广博，人很能干。我们这种工作是常常要去上课的，比如说那些供应商常常要求我们去上课，又常常有那种展览 exhibition，我们也要去讲解，里面有很多讲座，我们一直要学习，因为这个行业的技术一直在改进。所以，虽然她只是学士，但她一直在进步，又有实践的经验，而那些博士可能是才出校门不久的，他不得不服。

比如，她可以记住每个人的名字和每件事。我一年要做 24 个实验，她会从新加坡打电话来说："mister，我们上次做过一个什么题目，那个资料，你能拿出来吗？"她还都记得清清楚楚。我自己因为一年做 24 个，做了 5 年，都记不清楚了，可是她知道你哪一年做。我就很奇怪，她 60 岁了，怎么还记得如此清楚。有一次我到她的 office，坐在她前面看她，我终于发现她记东西的方法，原来她有做出一个简表出来，把每个人做的工作逐年列出来，需要查时，很快就查到了，她随时翻看，就记得了。我觉得她就是有方法、有效率，所以我很佩服她。

（访谈文稿经郑冰如女士审阅）

第三节 我想回马来西亚做贡献
——黄永宝访谈

访谈时间：2019 年 1 月 25 日
地点：吉隆坡
访谈人：范若兰
整理人：范若兰、陈璐

黄永宝，出生于 1951 年代，父母和兄妹都接受英校教育。1974 年毕业于新加坡国立大学社会学系，1976—1984 年在德国比勒费尔德大学（Universitaet Bielefeld）攻读硕士和博士学位，1984 年获得社会学博士毕业。之后先后在德国的比勒费尔德大学和纽伦堡—埃尔兰根大学任教，1994—1998 年在新加坡东南亚研究所任职，任研究员和副所长。1999—2005 年在马来西亚国民大学（UKM）任教，2010 年在马来西亚理科大学（USM）任访问教授。退休后，又到新纪元大学任教。她的教育和工作经历深受马来西亚族群政策的影响。

我的家庭背景

我父亲祖籍是福州人，一家人都是基督徒，属卫理公会，他读卫理公会的英校，后来上新加坡的莱佛士学院，只读了一年，日本入侵新加坡，所以他没有毕业。我母亲是广东四邑人，也是上的英校，她父亲是翻译，是殖民地政府的小官。可以说，在 30 年代，我父母都是受英文教育，受过良好教育。

我父亲后来在新加坡殖民政府当公务员，我母亲是在公司里当书记。马来亚独立后，父母从新加坡迁到马来亚。我自己感觉，当时这个国家刚刚独立，有很多机会给本地人，如果你有受过教育，你可以有很多机会，因为英国人撤走了，所以我爸爸可以升了。父母让我们受英文教育可能是出于这个原因，因为那时候你要做官，要进入私人公司，英文都是很重要的。

我们家有六个兄弟姐妹，二男四女，我们是在新加坡长大。因为父母都是英校出身，所以我们在家跟父母都是讲英语。我的外婆不会讲英语，所以我在家里跟外婆讲广东话，我小时候会讲广东话，上学后只讲英语，所以我的广东话也不好了。

父母对孩子没有分别男和女，对男女一视同仁。

我的教育经历

我 1969 年考入新加坡国立大学社会学专业。为什么读社会学专业？因为在学校的时候，学的很闷，每年都是历史课。在大学第一次课听到社会学，挺有意思的。大学毕业后，我想回来马来西亚，因为我是马来西亚的公民，我想回马来西亚做贡献。我申请槟城的一间大学读硕士，这个学校的社会学专业很好，但是，我被拒绝了，因为我是华人。

那时马来西亚实行新经济政策，对马来人很扶持。大学入学实行固打制（Quota），从我家兄弟姐妹的升学可以看到固打制对华人上大学的影响。我是第一个上大学的，从我家庭来说，不重男轻女，男女一视同仁，我有机会上大学。但是我的两个妹妹是 70 年代升学，已经实行新经济政策，她们得不到上大学的资格，于是一个妹妹出国留学，一个妹妹没出国，也就没能上大学。看我家庭的历史就会明白，时代变化影响很大，我的父母没能上大学，是因为日本入侵。我没能申请到马来西亚的大学读硕士，我的妹妹不能上马来西亚的大学，是受到固打制的影响了。

后来我就申请德国的大学，一直读到硕士和博士。我读的是发展社会学（sociology of development），之所以读这个专业，是想以后回来马来西亚，是可以做贡献的，我的博士论文是研究马来人的农耕问题，这个是发展的问题，非常重要。

我在德国一直读到博士毕业，在比勒费尔德大学教书，当 lecturer。然后我在德国结婚了，所以也就留在德国。其实我也想过，是住在德国还是要回来？如果要回国或者回来亚洲，什么时候回来？我先生是德国人，我们就待在德国，但是我一直都想回来。1989 年我先申请马来西亚的大学，但未成功。马来西亚公立大学的教职属于公务员，马来人优先，而且我不是在马来西亚读书的，没有人脉和关系。我就申请新加坡东南亚研究所，我是在新加坡长大，又是在新加坡国立大学毕业的，所以我去申请，他们愿意接受我。

我的职业经历

我在东南亚研究所做研究，主要是两个课题，一个是劳工移民（labor migration），不是华人移民，我当时完全没有做华人研究，因为我不会讲华语，我觉得没有这个优势，所以我完全没有做华社研究，我的博士论文是马来社会,我在马来乡村田野一年,学了马来语。第二个课题是日本占领新马研究。当时我还做行政工作,担任东南亚研究所副所长。

1999年我申请到马来西亚国民大学(UKM)的研究员职位,国民大学是马来西亚排名第二的大学,为什么能申请到这个大学?最重要的是我有朋友在这里。因为国民大学的马来民族主义很强,那时候一般马来西亚大学固打比例是四比一,在国民大学,比例可能达到4.5:1,4.9:1,马来学生和教师比例更大。因为我是做马来乡村研究的,所以认识几个马来同行,他们愿意接收我,之前这个大学极少华人学者,接受我的时候,也只是有几个华人学者。

我在国民大学工作六年,之后参与一个跨国研究计划,这个计划需要有三个国家做研究,英国、马来西亚和南非,题目是 religion and immigration(宗教与移民)。这个项目差不多做了三年。

之后我又到马来西亚理科大学(USM),这个大学在马来西亚大学排名第三。我之所以能到理科大学,也是认识人。我为什么总是强调认识人,也就是人脉或关系的重要,是因为当时马来西亚大学的全部职位都没有公开招聘,我对此很惊讶。在德国,每个职位都要公开,有招聘委员会,可能建议申请人先做试讲。但是这里完全没有,都没有公开,你不可以申请,而是由推荐人叫你来介绍。我在理科大学教授社会学,在这里做了两年直到退休。

退休之后一段时间,新纪元学院请我来工作,我一开始不想来,因为新纪元学院离我家太远,我也不知道它的背景。但是最终我决定接受,有三个原因,第一,因为我要学华文,到新纪元学院有利于我学习华文。第二,最重要的原因,新纪元要设立一个研究生院,我在新加坡、在吉隆坡、在槟城、在德国做老师,我觉得,马来西亚的教育程度很低,要 strengthen(加强)我们的专业建设,所以他们跟我讲"我们是要设立一个研究生院",我说OK。第三,一个礼拜只来两天,这也很重要。因为我住在吉隆坡北边,新纪元在吉隆坡南边。而且,我与母亲一起住,我母亲93岁,我要照顾她,不可以天天不在家。一礼拜只来两天,可以接受。

性别与学术环境

我70年代去德国,那时候欧洲尤其德国,还是一个单元社会。而我是在新加坡长大的,新加坡是一个多元社会,我在德国觉得很难受,主要是因为德国的单一性,我习惯的社会是多元社会,有华人、马来人、印度人、西方人，吃的也多样，中餐、西餐、印度餐等。在德国只是一种菜，我觉得很难受。

我是亚洲人，亚洲的文化是含蓄的，西方文化要表达自己，我能行，我会做，如果你不出声，人家认为你不行。我记得有一次，那时候我都在德国很久了，我们在家里——因为我丈夫也是学者，我们在家里办 the private dinner informal the meeting，大家边吃边高谈阔论，我都没出声，因为他们讲的问题，我不太了解，但我有兴趣，我听他们讨论，有一个心理学女教授回去的时候跟我讲，"你一声都没有吭，这样不好"。但是，如果我有想法我会讲，可是我没有想法，就不讲，我想先听，学习，我觉得是一个文化的问题，我们是这样的教育。总的来说，我不觉得我自己有被歧视（discrimination），其实因为我是从亚洲来的，是女性，他们比较喜欢。如果我是非洲来的男性，可能更受歧视。

我经历了德国、新加坡和马来西亚的学术环境，以对女学者的友好程度，我认为最好的是新加坡，德国其实也是开放的，但是德国文化是很 competitive（竞争）的，女性是不容易，尤其是对亚洲女性很难。马来西亚的学术环境，如果是在国立大学，因为马来民族主义很浓厚，你是女性或者男性不是问题，但族群是问题，如果你有能力，也能接受，但是你不可能升。所以我觉得就马来西亚的国立大学来说，gender（性别）不是问题，而是 power（权力），当然男人比较容易过。在私立大学，我觉得性别还是问题，因为华社还是很 authoritative（权威的）、很 hierarchical（等级的），但这更多是文化的问题。我觉得新加坡还好，所以我说新加坡对女性而言是最容易的环境。

我在马来西亚大学都是在研究机构从事研究，研究机构的女性人数不多。大学有华人女教师，但很少。其实马来西亚的大学大部分都是女生，占70%以上，教授也有女性，马来女性相对多，但是华人女性要少。我认为造成这种情况的原因，主要是族群政策，这是马来西亚的特殊性。从70年代开始，不是 gender 的问题，是族群的问题，你想做公务员，如果你不是马来人，是很难，如果你是女性，even more difficult（就更难）。

我觉得马来西亚的特殊性，来自两个因素，第一，我们是后殖民地社会，第二，我们是移民社会，移民社会的结果，是阶级不太重要，谁都可以向上流动。最近我访问一个78岁的老人家，他的父母是文盲，妈妈割胶，爸爸是巴士车司机，他自己中学毕业，成为公司的秘书，他的两个儿子都是医生，这样的故事在马来西亚，非常多，很普遍。而在德国和英国比较少，因为阶层固化，从比较低的阶层上升，就很难。没有文化资本，也没有社会资本就很难上升，这不是上不上大学的问题，是上什么小学和中学的问题，你怎样讲英语？你的口音？你听什么音乐？这些是很重要的。我们马来西亚华人是移民社会，什么都不算，所以我们非常注重教育，通过教育实现职业和阶层向上流动。另外，虽然华人在公务员领域没有机会，但是在私人经济领域还有机会。

（访谈文稿未经黄永宝女士修订）

第十一章

律师、社会活动家和企业家的个人访谈

本章收入五位华人女性访谈，她们经历过多种职业，有记者、律师、护士、秘书、经理，成为社会活动家或企业家，她们有极强的进取心，不断学习，获得职业提升的机会；她们有极强的社会责任感，积极参与社会活动和妇女运动，推动性别平等。

第一节 能够帮助弱势群体是我最大的满足
——黄玉珠访谈

访谈时间：2019年1月21日
地点：吉隆坡
访谈人：范若兰
整理人：范若兰、彭嘉婧

黄玉珠，1954年出生，祖籍福建兴化，是著名律师和社会活动家。2000年任雪兰莪暨吉隆坡兴安会馆妇女组主席，马来西亚妇女发展机构署理总会长，2012年担任吉隆坡暨雪兰莪中华大会堂妇女组主席，2016年任马来西亚华人社团妇女组主席。

一 我的成长环境

我们家祖籍福建兴化，爷爷先南来马来亚，然后就把他弟弟接过来，为迎接美好的未来一起在这片土地打拼。爷爷生病去世前交代他弟弟，一定要把孩子接过来。他去世后，我叔公也真的是依照爷爷的遗言把孩子接到马来亚。那时我父亲才念到小学三年级，从中国南来，后来当建筑承包商。我妈妈是五岁从中国南来的，来时大概是1938年，妈妈没有受过教育，在家里当主妇。

我出生于森美兰的芙蓉，有十个兄弟姐妹，我排行第三，前面有两个哥哥。我生活在一个大家族，包括四个家庭，就是我叔公两房、我爸爸和叔叔各一房，我们四家就住在同一屋檐下，房子很大，孩子也多。

这是个既传统又封建的大家族，叔公是一家之主。有趣的是他虽然很封建，却允许他的孩子，包括女儿都可以上学至完成高中教育，这是他可取之处。可是他让孩子念书，却不让孩子出来社会工作，中学毕业了就在家里等他安排婚事。

家族中其他小孩都是念独立华文中学的，唯独我是选择进入英校。当时我叔叔就跟我爸爸说，不能够让我念英校，担心我念了英校以后就会不听话了。可是我爸爸真的是一个很好的父亲，他说无所谓，就让我尝试一下。中学毕业后我申请出国留学，叔叔也同样反对，他说出国之后就不回来了，还可能嫁鬼佬（外国人），我爸爸还是说不要紧，就让我到外面去闯一闯。我的其他妹妹就没有出国，只念完中学，她们可能也想读大学，但是因为那时候爸爸的事业遇到一些挫折，所以她们就出来工作，结婚生子之后就留在家里相夫教子了。我家族的女孩都是这样的，结婚生子，之后留在家里做主妇。

我之所以读法律，可能与我的成长环境有关。我从小看到我叔公怎样对待他的两房太太和孩子，他家的经济大权都控制在他手里，两个太太在家负责家务，为了争风吃醋加上孩子多，时常吵吵闹闹，叔公会骂会打，两个太太都打，孩子他也打，而且打得很凶的那种，看得我很不舒服也很害怕。过后又看到他怎么包办孩子的婚姻，没有所谓的自由恋爱或选择，完全由叔公一人说了算。后来我叔叔也是这样对待他的孩子，安排婚姻要门当户对，一定要有相对的经济水准。我那时看到这种情况，就觉得很不对劲，所以我小学毕业后就搬到我外婆家住，虽然我外公外婆完全没有受过教育，可是他们都是和和气气的，让你可以很安心，我一直在那种安静的环境里住到中学毕业。

可能是因为这样的经验，让我觉得学法律可以帮助到一些人。

二　律师生涯

1979年我留学英国攻读法律，也要打工赚钱。毕业后回到马来西亚，先在法庭做一些文书工作，同时准备考取律师的执业文凭，一年后正式加入律师公会，成为执业律师。

我初当律师时，什么案子都做，包括刑事案件、民事诉讼、人身保护令、家庭纠纷这些案件我都接。后来觉得刑事案件对个人的安全有一定的危险，特别是贩毒或者是抢劫犯。律师行业里有这样一个讲法："你最大的敌人是你的顾客"，因为他不会把真相或是把所有的事情全盘告诉你，而他的隐瞒有时候会影响整个案件的辩护过程和结果。而且，我觉得，他们虽然不至于会对你做什么，可是他和他的伙伴经常进出你的办公室，不知道什么时候会发生什么事情，后来我就决定不再处理刑事案件。

当年可能是因为我的律师事务所靠近婚姻注册局，就经常接到与婚姻有关的案子。因为我成长的背景，因为我叔公有两房太太，是整天吵吵闹闹争风吃醋至大打出手的那种，所以那时候就开始觉得婚姻问题、孩子的权利、家庭纠纷应该有多一点人去关注，我就开始慢慢把更多的时间放在这方面。可能是因为我一直都以平等的身份去和客户谈，她们可能也感觉这个律师可以交心，她们会很放松，我们就比较容易协助她们解决问题，所以也觉得蛮开心的。我也处理其他法律事务如：和州政府合作发展城镇计划、屋业买卖、商业纠纷、公司重组、公司债务或者是公司上市的筹备等，我的事务所都有处理。

你问做律师最大的成就是什么？如果是指成功为顾客讨回公道，当然会感觉良好。可是我觉得这是微不足道的，充其量它只是会给我的事业加分一点。我认为更重要的是这份职业告诉我，只要你认为对的，那就要坚持，只要你做足功夫、细心、凝神，那胜利肯定是你的，因为正义是跑不掉的。如果我们都能够秉持这个精神和这份专业情操去处理我们的任务，法官和客户是看得到的。在我处理过的众多案件中有一宗印证了我的原则，此案从高庭到上诉庭，再到最高法院，来回两轮一共耗了14年，原先的律师也心灰了，叫业主放弃不要再打了，可是业主不甘心，找我协助。我花了许多时间仔细翻阅了所有文件后，告诉业主这个官司可以打，然后又打了四年，最终为业主赢得终决胜利。这单官司给了我很大的启发，就是无论做什么工作，都要全心全意地去做，成功绝对不是偶然的。

事业上的成功对我来说，没有太大的满足感。我反而觉得，我为普罗大众提供免费的法律援助，让一些弱势群体，或者是经济有困难的人，能够得到协助，那反倒是我觉得最有成就的。曾经有一段时期，我把每个星期六定下来，在我的事务所里提供免费法律咨询，这个工作我做了好几年。一直到今天，我还是不定期地为弱势群体提供免费的法律咨询服务。

做律师最苦恼的事，就是我的对手，若是他玩肮脏手段走一些旁门左道，我们真的是防不胜防。同行中会有这样的害群之马，捏造假证据，或者是反复诉讼拖延案件，刻意耗尽对手的耐性，有时真的会让我们很无奈也很难应付。

华裔女律师

一开始我是在吉隆坡市中心一家著名的法律事务所当律师，我的导师是一位非常著名和资深的印裔律师，他专长于土地诉讼和地方政府行政法规这方面的诉讼，在他的督导下我受益良多。三年后，我就决定自立门户设立自己的法律事务所。

六七十年代我国女律师的人数不多，却出现了一位非常杰出，令我印象深刻的女律师——林碧颜，她是一位很有正义感的律师，为劳工和华文教育贡献匪浅。早年一般人对女律师的能力有所保留，无论是客户或是同行之间都存有这种现象，包括资历深的伙伴也会不放心让你去处理一些比较重大的案件，所以那个年代我们都是负责一些比较简单的案子，甚至是协助这些资深的男同事做记录和研究案例等的工作。

近年来女律师人数有显著的增加，现在律师公会会员，女律师大概是16000人，占律师行业的55%。如果我的观察没有错的话，在这55%里，华裔女律师大约占20%。

律师这个行业对女性来说是挺适合的，因为你不一定要做辩护律师，可以选择的话，女律师多会选择处理一些比较没有争议或复杂的案件，比如说房地产买卖，另外就是草拟合约，或是涉及家庭法、公司企业法等案件，这类的工作很适合女律师。当然还是有很多人很愿意接受挑战的，选择处理一些比较特殊的案件，从中吸取经验。

律师行业里同样会有性别歧视，但是不明显，毕竟大家都是在法律中打滚，懂得拿捏。偶尔可能会有一些不当言论，只要是不过火，基本上我觉得还可以接受。如果是谈到律师收入方面，我觉得应该是没有什么性别差距。因为我的律师楼就没有这样的分别，凡是应聘进来我公司上班的，无论男女都是同样的薪酬。我知道有一两所特大型的法律事务所，他们给员工的薪水也没有区分，没有说你是男的就拿多一点。

三 社会活动

从会馆开始参与社会工作

我从事社会活动比较晚了,主要是因为家庭事业两头烧,抽不出时间。记得是1995年,有一次路过十五碑的街道看到一所建筑的墙上挂着"雪隆兴安会馆"的招牌,兴安正是我家籍贯,当下觉得好奇,就决定上去了解一下。该会的会长正巧也在,他很热情地邀我加入会馆。也许是乡情的呼唤,就这样我成了会员。五年后,我才开始在会馆活跃,那个时候会馆还很封建,已经是20世纪90年代了,却不允许别个籍贯的人参与会馆活动,当时的妇女组也很弱。我觉得这样不行,我们兴安会馆怎么可以这么糟糕,一定要做好,所以我就把他们组织起来,设立了很多小组,大家都开始活动起来了,很是热闹。可是会馆上面的一些老头子就很不开心,说你怎么可以把外人给引进来了,如果发生什么事情谁来承担?我说大家都已经成年了,会发生什么事情?邀大家来唱唱歌,学习书法,发扬家乡文化,我觉得我没有做错,幸好当时的会长很支持我,就这样会馆开始活跃起来,办的活动也经常上报了,大家都开始注意到兴安会馆有一个这样的人。我所在会馆也是隆雪华堂的会员,我以会馆妇女组主席的身份代表我们的会馆进入隆雪华堂,逐渐在隆雪华堂活跃起来。我进入隆雪华堂大概是2007年,那时候我是副秘书,2012年当选妇女组主席。

这一段时间,马来西亚的公民社会开始蓬勃发展,我觉得妇女组,特别是代表雪隆两地华裔妇女最高领导的隆雪华堂妇女组应该参与和推动更有深度和高层次的社会工作,那些季节性的文化传承活动,我们交给会馆去处理,隆雪华堂妇女组应该站在前线,协助处理民生问题、社区发展和提升弱势群体如原住民村落的基本设施,灌输女性关于民主人权的资讯。

帮助弱势群体

1997年我也参与另外一个叫作大马妇女发展机构的妇女组织。这个机构的宗旨是提升国内妇女的经济地位,那时候亚洲金融危机爆发,国家经济不好,很多人失业,我们想帮助妇女创业,让女性经济独立之余又可以多赚一点钱帮助家里。我们就跟政府申请到五百万的款项,成立了一个微型贷款的计划,提供小额贷款给妇女,让她们做一些小生意或在家创业之类。这个计划不是单单给华裔,它是开放给所有的族群申请。这是一个非常成功的计划,我们协助了许多女性成功创立自己的小额生意。可惜的是,因为有一些人不遵守承诺偿还贷款，我们没有办法，就停止了这个计划。

后来，我和这个机构的姐妹开始关注和处理单亲妈妈议题。那时候单亲妈妈这个名称在马来西亚还很陌生，2005年我们为华裔单亲妈妈的经济地位做了一个问卷调查。我们在全国各地跑动，通过会馆协助安排单亲妈妈接受调查，我们分发问卷给她们填，填好的问卷就交给马来亚大学的一位教授研究和分析，然后做了一份报告，呈交到妇女家庭与社会发展部。我相信这是迄今唯一一份华裔单亲妈妈的一个记录。这个调查完全是由我们机构自己出钱来做的，过后我们也办了好几场华裔妇女经济研讨会，邀请了来自全国各地两千多名的单亲妈妈参与。除了激励妈妈们勇敢面对挑战活出自我，我们也邀请到台湾的好多家公司过来举办创业的咨询洽谈，并成功安排了三百多项创业洽谈，协助单亲妈妈提升经济地位。

隆雪华堂妇女组推动跨族群活动

马来西亚社团众多，但纯女性的组织不多。妇女组其实是一个大团体里面的一个委员会，但我们自己有一套完整的机制可以独立自主地处理会务。虽然我们都是经过选举，由位于雪兰莪和吉隆坡的会员团体的妇女组投选出来，可是因为我们是附属在华堂这个大团体里面，没有注册，没有法定身份。因此，即使是人数再多、再活跃和能干，妇女组也只是一个附属的组织，我们的声音可以被忽略。因此我曾经提出过这样的论述，到今天我还是一样坚持地说，成立妇女组——在目前这个环境是应该被鼓励，可是我们也要好好借用这个机会和平台，强化女性的地位，让妇女更加了解她们的权利。我希望有一天，妇女能够凭着自己的力量直接参与华堂的选举，而不是永远局限在一个妇女组里面活动。

早年隆雪华堂是全国华裔的总会，专注于处理华人事务，为华社谋福利。大约12年前在时任会长陈友信的领导下，华堂开始积极推动跨族群活动。事因"5·13"事件后，各族的关系发生了巨大变化和分歧，对国家和谐造成严重影响。时隔50年，我们一致认为是时候消除族群之间的误会和猜疑了。因此，华堂在许多方面向马来团体伸出橄榄枝，游说他们参与我们的活动，并成立了行动方略联盟，获得国内多个不同族群团体的参与，若干年后成功拓展成为国内一个极具代表性的跨族群团体。我觉得他的概念非常正确，妇女组必须大力支持和配合。所以在妇女组，我也发起跨族群的活动。在研讨会方面，我们尽可能举办英语或马来语或者是双语的讲座，就是要让更多人特别是友族认识隆雪华堂和它的宗旨，更重要的是了解华人的心声。因为很多人（特别是执政党）一直标签说隆雪华堂是一个华裔的反对党。上个月我率团拜访马来西亚皇家警察学院，该学院的总警监就说在执法单位的印象中隆雪华堂是一个反对党，我笑着回应说如果说我们是反对党，我们所支持的反对党已经成为今天的政府（希望联盟政府）。

其实现在的华裔女性几乎都能够掌握多语，她们听得懂英语，也能够讲英语，包括马来语。可是因为很少有机会讲，担心讲不好，所以有时候她们会选择不开口。我常告诉大家："为了要让更加多的人认识你们，知道你们在做什么，同时也要培养自信，自我提升，我们一定要跨出去。"妇女组举办活动时，我一定会邀请马来同胞、印度同胞、原住民、包括一些外国的团体来参与我们的活动。这些年来，我们成功和友族团体建立起密切关系，比如说伊斯兰姐妹（SIS），我们经常邀请她们来参与讲座。还有 Ikram 的妇女组也是我们的好朋友，另外还有一个人道组织 Mycare（以前叫作 Rose to Rose），他们是一个穆斯林人道组织，非常关心在中东和东南亚的难民等。自从和他们建立友好关系后，我们也协助这些难民，比如说叙利亚、巴基斯坦和罗兴亚难民提供援助，主要是课本文具、衣物和经济等方面的援助，然后就是安排讲座，让更多的人知道这些情况。除此之外，在我们的节庆，如端午节、冬至和农历新年，我们都会邀请他们来参与。有一个由印裔同胞成立的组织叫 Myskill Foundation，专门照顾那些来自破碎家庭、家境贫寒或辍学的孩子，我们会把这些孩子带过来华堂一起参与活动，展示和售卖他们的手工成品。他们懂得做蛋糕、甜点和缝纫，大家常年一起互相交流，我们逐渐看到一点成绩。当然这些活动必须一直做下去才能看到改变。

帮助原住民

我觉得最有成就感的要算是在帮助原住民这方面。原住民在西马人数很少，但在东马他们却是大多数群体，可是他们的权利一直被忽略或被侵蚀。我曾经到东马内陆探望他们，那个路途真是艰难，我们必须花两天的时间，才能够到达目的地。他们居住的长屋有的是以木板有的是以竹干为墙，锌片或树叶为瓦，这也算了，可是看到他们的食物，我们的心都碎了！那些食物真的很糟糕——薯粉加入热水，搅拌均匀成糊状了就以一根小竹干挑起来吃。那是他们的主食，基本上没肉，要吃菜，就去山上或者是在路边摘采一些野菜回来，用水烫一烫就吃，好几个人年纪轻轻 20 多岁牙齿都没有了。那里没有自来水，没有电，而且很多人没有身份证，没有身份证，就不能够投票，上学也有问题。同是一个国家的人，为什么他们的待遇是那么的不一样呢？我觉得这个国家对他们很不公平，我们应该为他们做一些事情。我就跟他们分享身为公民他们应该享有的权力和利益，以及身份证的重要性。孩子出世了一定要去相关部门报生，以领取报生纸，孩子长大后就可以领取身份证。

后来我遇到一位好朋友，他在东马那一带活跃了十多年，跟这些原住民很熟络。这位朋友特意为原住民研发了一套水力发电设备，非常简单，低成本却又实际耐用，更重要的是零维修，非常适合安装于原住民的村落，以解决这些山里的人群面对没有电流供应的窘境。我觉得这是一个很好的构思，所以我们妇女组就参与这个叫作"点亮婆罗洲"的计划。我们跟着这位朋友到村落去找水源、测量水压、计算路程的距离、购买材料。一路走来我们设立了好多个小水力发电站。那种工作真的很辛苦，因为没有道路，沿途必须要不停地砍伐小树丛以开出一条走道。该村落的原住民也很努力地帮忙，因为发电机可以带给他们方便和光明。他们把一条又一条的塑胶管扛进山里，从水源头的位置开始接驳，引导着水流一直通到村落的一个安置着转轮的小站。水力冲击着转轮开始产生电能，电能随着电线通至村民的家，看到灯泡亮起来的那一刻，真的让我们很兴奋，很有成就感。东马面积很大，原住民多住在深山，里面没有任何基本设施。我们进去为他们设立水力发电站，让灯光照亮他们的家，孩子能够在灯光下温习功课努力学习。

大多的村落没有医疗服务，村民缺少卫生知识。我曾遇见过一名妇女躺在泥地上，我问她怎么了？她说生病了。"生病了为什么不去看医生"？她说"从我家去看医生，我必须要走2天的路程，还没有到那边，我恐怕已经……"后来我们就留下了一些退烧药，可是我们也不敢多给她，主要是不知道她是什么病。我们还千交代万交代地说："你先吃两颗，过了四个小时再吃两颗。"但是她没有时钟，四个小时是多久也没有人知道，怎么办呢？我们只有告诉她说天将近要暗的时候，再吃两颗。

看到这种情形很心酸，我觉得他们很需要帮助，所以我在隆雪华堂成立了一个"原住民小组"，特别关注这些人。新学年的时候，我们会准备校服、鞋子、书包和文具给这些孩子。其实国家有一个部门负责照顾原住民的，可是相信你也知道这个国家贪污很严重，这些拨给原住民的款项是永远不会到他们的手里。我在沙巴问过，原住民表示说如果一个月能有十块钱的收入，那已经很好了。他需要替孩子买书包、买鞋子，钱从哪里来？他们是没有办法拿到这些钱。很多人质疑为什么我们要帮助原住民，这应该是政府的工作呀？可是他们就是没有办法享有政府给予的资助。也有人说原住民很懒惰，可是当你了解了之后会发觉，他们不是懒惰，是环境使然，他要吃，山里就有他的食物，他要喝，河水就是他的甘露，虽然是不符合卫生要求，但这不是他们迫切的考量。要吃肉的时候，他们可以打猎，要吃野果、野菜，山林里到处都有，所以他们是不需要工作。他们世世代代都是这样与世无争，安安静静地度过。我们应该要去了解，不要乱批评。

援助原住民的钱是怎么样筹集的？我们每年会办一个双亲节征文比赛。这是一个弘扬孝道，推广儒家思想的活动，对象是中小学生和公众人士。非常庆幸的是这项活动一直都获得非常好的反应，每年都会收到接近两千份来稿。比赛成绩出炉后，我们会把得奖作品结集出版。然后在双亲节前后安排一个盛大晚宴暨颁奖典礼和新书推荐会。由于奖金和印刷费都是一个很大的数目，所以我们会向一些企业募捐以支持这个活动的印刷费和奖金。每一年活动下来，我们可以有盈余四五万令吉。我也经常办其他性质的活动，每个活动我都尽量想办法找一些人来支持我们，把这些赞助费省下来，累积起来，我们就有一笔相当可观的数目了，可以利用这笔钱来做原住民工作。

推动妇女参政

从整体来说，与 90 年代相比，马来西亚华裔妇女在认知方面是有提升，组织能力也有很大的进步，这是一个可喜的现象。只是我们还没跳出男权至上的思维，另外也可能是因为文化传统和家庭教育的关系，我们有所谓谦虚的美德，可是过于谦虚，人家会认为你没有能力。你看在会馆，包括隆雪华堂，男性居多，领导也是男性。其实女性也有领导能力，可是我们往往会觉得和男人去争是不对的，这些东西就让男性去做吧。久而久之，就形成了男性主导，女性辅佐。我觉得这种现象或思维必须要改变，所以这就是为什么我说要解散妇女组。不过目前还不是时候，因为除了领导能力，我们要有经济能力。华团是一个很畸形怪诞的机构，即使再有才干但没有财力是很难挤入主流。所以说女性如果自身经济搞不好，她是没有办法和男士在社团争一日之长短。

华人妇女政治参与，有成绩也有问题。行动党有很杰出的女性代表，她们有理念而且能言善道。可是除了这一小撮的女性，其他华裔妇女大多对政治冷感，很少愿意参与，包括我身边的姐妹。大家会很热衷参与文化和社区活动，可是如果请她出席一些和政治或国家政策有关的活动，她们都不愿意，要她们发表看法，更难。我认为公民组织要积极推动社会醒觉，我们不一定要做政治人物，但我们必要要对政治有所认识，也要积极参与。净选盟发动第四次第五次示威大游行的时候，我们很多姐妹都参与了，当时我们号召群众到隆雪华堂集合，这里是其中的一个集合点。从这里我们出发一路步行到独立广场，沿途看到很多妇女参与其中，这是一个很好的转折点。

但是，只要有人散播一些恐吓的言论，或者是重提"5·13"事件的话，大多数的妇女就会很害怕，她们会第一时间告诉周边的朋友、家人不要出门、要囤积粮食等。2013年，我做了一件很大胆的事，在5月13日我带了大约10位姐妹到吉隆坡的小印度（十五碑）进行派花活动，并送上一些祝福的话语，目的是传播友爱和谐。十五碑是一个印裔同胞聚居的地方，我们在那边派花，首先要克服内心的恐惧，同时也让大家看到和感受到各族人民是可以和平相处。当时我的姐妹怕到半死，但她们一点都没有显示不安的情绪，平静地完成任务。回来后有人生病了（可能是天气太热加上恐惧），她说，"主席，不好吧，我们不要再搞这样的东西。"

上面讲的现象可能是缺乏政治醒觉或者是长年累月的思想挟架。我们要享有任何权利都必须要勇敢争取，必须要有人可以讲话，能够跟大家辩论，铿锵有力的那种。我觉得隆雪华堂是一个很好的平台，在过去这六年，每一次过节，每一次全国大选，我都会办几场辩论，邀请候选人或者是有机会上阵的女性朋友来辩论。我们是有意图要让大家除了了解各政党的政纲，也希望我们的姐妹能够积极参与政治，因为政治本来是大家的事情。

你说马来西亚的律师很有正义感，你说得对，那时候因为对政府的一些政策很不满，律师公会时任主席安美嘉就发动了一场律师抗议游行，从司法宫游行到首相署，当时还下着雨。这件事当时的确是很轰动，因为一直以来律师在大家的眼中都是上流社会人士，怎么突然间律师要上街游行？所以对整个社会造成很大的震撼，包括后来净选盟的出现。安美嘉也是净选盟的创办人之一，在她的带领之下，大家开始意识到公平干净选举的重要，人民开始提出各种政治诉求。三年前，黄进发找到我，叫我加入净选盟，他说安美嘉是女的，玛利亚陈也是女的，你就进来吧，所以我就加入了净选盟。不过我真的没有多余的时间，虽然是加入了净选盟，可是没有很积极，目前不能够说是很投入啦。

四 协调好家庭与工作

我其实是比较后期才参加社会活动的，因为早期还要照顾孩子和家庭，所以我一直没有参加任何社会活动。我有两个孩子，一直到孩子进入中学，那时应该是40岁左右，我才开始参与社团活动。在工作方面，要合理和适当安排时间。我白天做律师工作，把社团的工作都放在晚上，在家里处理，策划、写新闻稿和报告，举办活动都是选择晚上，要不然就是周末。久而久之就会觉得其实是很容易的，只要懂得安排时间，工作社团互不干扰。

其实我是幸运的，我的孩子小时有我妈妈照顾。我上班的时候就把孩子送去妈妈家，下班后就把孩子接回来自己照顾。孩子开始上学了，我早上早早起来煮了早餐让他们吃，吃了送他们去上学，我才去上班，下班后接了孩子回家煮饭和忙家务。我看现在的年轻人好像很忙，一直在嚷嚷没有时间，我就想，以前我们也是一样，还不是熬过来了。我个人认为在孩子还小的时候，父母应避免参与太多外头的活动，包括社团活动，因为孩子成长的这段时间很重要。孩子到了一定的年纪，能够独立思考，懂得自理和分辨好坏，那个时候你再加入社团也不迟。我想那时候大家才45岁左右，应该还很年轻很有冲劲，那时候才出来贡献也不迟！

律师职业出身，使我对不公不义的事更敏感，更加会要关心弱势群体。律师的身份给我很多方便，在做社会活动和处理工作方面都比较顺利。我觉得能够利用我的职业、我的经验、我的专长，帮助到这些弱势群体，是我最大的一个成就，最感到满足。

（访谈文稿经黄玉珠女士修订）

第二节　我的性格就是有点爱打抱不平
——李素桦口述

访谈时间：2019年1月24日
地点：吉隆坡
访谈人：范若兰
整理人：范若兰、南星媛

李素桦，出生于1957年，祖籍广西，大学毕业，曾做过8年记者，后来成为律师，参与社会活动，推动女企业家的成长。担任多个非政府组织要职，如隆雪华堂妇女组主席（2006—2012）、马中总商会法律委员会主席（2013—2016），国际女企业家机构（Women Presidents' Organisation）马来西亚分会负责人、文冬妇女合作社主席等。

一　我的成长环境

我出生于1957年11月16号，1957年是马来亚独立的那一年，我等于是独立以后第一批出世的华人小孩。

我家祖籍是广西，广西人在马来西亚很少，大概50万人，是排在闽南、广东、潮州、客家、海南之后的第六大方言群。我祖父是第一代移民，我父亲在这边出世，是做运输业的，以前就是开罗厘，他的受教育水平应该是小学。我母亲在中国出世，50年代初期从广西南来投奔我外祖父，她大概受过初中教育。我外祖父去世之后，留9亩园地给她，我母亲是橡胶园小园主，割胶、种菜。我们的家境属于小康，靠外祖父留的园地，加上父亲的运输生意，一家人生活没问题。

我有9个兄弟姐妹，我排行第六。我的大哥二哥小学毕业出来就帮忙家里割胶，长大就帮忙我父亲做运输工作了。三哥读到初中，四哥就读到高中。我高中毕业之后，也没有直接继续升大学。那时候是70年代初期，马来西亚大学招生实行固打制，非马来人要非常优秀非常好的成绩，才能够进入大学，否则的话你是完全被排斥在大学的门外了。

二　记者生涯

凤毛麟角的女记者

我高中毕业之后就进入报馆，先在《建国日报》做校对，几个月之后又去《星洲日报》做校对，做校对大概两年之后，我就申请做记者。我大概是1978年开始做记者，先是跑法庭，接下来跑社团，之后就是跑政治，最后是跑国会。我做了8年记者。

其实这份记者工作也是我争取到的。当我申请做记者时，采访主任就问我，"为什么我要请你？你是女的，我可以派男记者晚上去采访新闻，但不能够派你们女记者去"。对报社来说，女记者出去采访，尤其是晚上采访是不方便的，他们如果能够选择男记者的话，不会选择女记者。我当然也有我的优势，在还没有去应征记者之前，我就喜欢跑法庭，当时很多人不愿意跑法庭的工作。我说我喜欢跑法庭，你就让我做这个。我也很喜欢写稿，拿出我过去在报上发表的稿件，他最后同意我做记者。

我不是跑意外（突发事件）的，如果是跑意外的，可能会非常不方便，因为有时候三更半夜要去现场，可能是车祸现场。采访部主任会安排男记者去采访，给我的采访任务是一些比较适合女性的。我认为，虽然说女记者好像不方便，但是，其实我们还是可以在对我们有利的某些方面，能够做得更好。

我当记者的时候，华人女记者很少，我应该是整个马来西亚华文报界的第四个女记者。当然加上马来报、西报就不止，华文报界的女记者，我是第四个，《南洋商报》有两个女记者，《星洲日报》有一个女记者，然后就是我，应该是第四个。当时报界女记者很少，我们出去采访的时候，经常只有自己一个女的。

记者职业让我开阔视野

我做了8年记者，这个职业给我非常多的人生体验，让我了解马来西亚政治的操作，也扩大了视野，我们什么场面都见过。因为做记者的，无论很严肃的官方场合，或者是民间的社团活动，我们都有机会参与。我觉得做记者可以增加见识，开阔视野，比别人更多机会接触各阶层的人。

我可以告诉你一些令我印象深刻的采访。大概1982年或1983年，有一次我被派去采访回教党的党员大会，大会闭幕之后，他们与记者一个个握手，只有我一个女记者，握到我的时候，手缩回去了，不与我握手。我不知道怎么回事，因为对我来讲与异性握手是非常自然的，我中学就读于国民型中学，有很多马来同学和印度同学，我们相处都很自然。所以我伸出去握手的时候，突然发现他们缩手，对我来讲是相当大的一个震撼。为什么会有这样的事情？怎么会发生在我这个国家？男女授受不亲吗？那是我第一次认识回教党。后来别的马来报记者就跟我讲，说他们不能够摸女性的手，我才知道，噢，原来是这样。过去我对回教党完全没有概念，那时候回教党还是一个很少人知道的政党，现在势力比较大了。我70年代上中学时，我们的马来女同学没有包头，她们跟我一样，上体育课的时候要穿短裤，游泳课也跟我们穿的一样。80年代的这次采访遭遇，真是令我非常吃惊。

另外一个让我吃惊的事，大概1985年有一次跟着当时的副首相坐直升机去东海岸参加竞选活动，他去登嘉楼一个小镇，我第一次发现我看到的全部都是马来人。我出生在彭亨州文冬，80%的华人都是广西人，基本上市镇是华人为主，郊外是马来人，园坵（种植园）里面是印度人，我们的马来同学主要是政府公务员的孩子，华人、马来人、印度人都有机会大家互相在一起。而这个地方全是马来人,[①] 所以当时我也挺震撼的（笑），让我真正感受到，我对我的国家认识得还不够，乡村地方都是马来人，我才感觉到，"噢，原来我的国家是这样的"。那时候我的感受是，我们不能够只了解自己的地方，不了解其他地方。

记者可以是压力集团

我的性格是属于看到不公平的事情，很想去把它改变过来。记得有一次我看到一则发生在文冬的新闻，文冬最出名的物产是文冬姜，新闻讲文冬的农民种姜大概6个月了，要收获的时候，因为他们是用政府的地种植，政府的那些执法官员就来把他们的姜全部销毁。我看到这个新闻非常生气，我向主任申请，想去采访这个新闻，我想了解这些农民是怎么活的，为什么到最后要收获的时候，这些执法官这样来对付他们？主任也知道，我是找新闻的那种人，不是等着主任来派活的，主任同意我去采访。其实姜农是在山上的森林里面种姜，要过很多条河，我看到姜农真的是非常辛苦，执法官员为什么不能够等他们把姜收获了之后，叫他们不要再使用政府土地，这样姜农还能得到一点收成。

通过采访，我了解到原来这些农民是在紧急法令下迁来的，政府没有给他们土地，就怕他们会接近马共，所以说这些农民是完全没有土地。没地的话，叫他们怎么生存？他们只能偷偷在森林里面种姜，最后执法当局全部销毁。执法的是马来人，姜农都是华人，我就写写写。新闻出来之后变成一个社会新闻了，大家觉得这个非常不公平，政治人物也有压力了，就跟州政府说，这些人没有土地，农民又不是小偷，种姜谋生却被毁掉，怎么能这样？最后州政府不得不解决这个问题，每家农民给两亩地，也就是说起码有地可以耕种。

所以我觉得，有时候记者可以扮演压力集团的角色，这也符合我的性格。

现在女记者多了

记者的薪水很低，跟他们的工作量是不成比例的，除非你对那份工作有一份热情，否则干不下去。如果我做生意，可能机会还多一点。但做记者是自己喜欢的工作，也觉得很有成就感，虽然说薪水不高。

早期女记者非常少，男记者很多，现在是倒过来了，华人女记者非常

---

① 登嘉楼和吉兰丹人口95%都是马来人。

多。同样的教育界也是这样，以前男老师很多女老师非常少，现在也是调转来的。我觉得原因，最可能就是薪水的问题，记者薪水低，男记者如果要养一家的话，那个薪水就会不吸引人，女记者薪水不高也能使生活过得好。从90年代后期，女记者一直增加，而男记者越来越少。到现在，男女记者都少，可能因为纸媒已经是夕阳了，人家是看电子报了。

三　英伦留学攻读法律

1986年马来西亚经济萧条，一些报馆也关闭了，包括《星洲日报》也于1986年关闭（后又开办）。但是还没有关闭我就走了，我当了8年记者，有点瓶颈了，想要有所突破。刚好就有一个机缘，一个马来西亚富人在英国有13栋公寓，需要找人来帮忙照顾，可以一边念书一边照顾。我跟我先生那时候结婚了，他也是记者，与我是同事，我们两个人就决定，到英国读书，读法律。

我从小到大都喜欢法律

我很喜欢法律，从小到大都喜欢，我小学的志愿也写着"我要当律师"。为什么当律师？我就觉得能够帮助人，也符合我的性格，我的性格就是有点爱打抱不平。新闻也是同样的，你发现社会有不公平的事情，你就去报道，让人家看到发生什么事，应该去纠正。法律同样如此，扮演的角色差不多。当时我在报社工作多年，觉得瓶颈了，需要突破。我先生当时也在修着英国法律，既然有帮助富豪照顾公寓的机会，我们就辞去记者工作，去英国伦敦念法律。我先生已读完大学先修班，可直接续修伦敦大学的法律课程，我作为陪读，可以读书，也可以工作，我就用这样的身份去到英国。

我到英国先读大学先修址，拿到成绩之后，就申请伦敦大学的法律系。我是一边工作，一边上夜校（evening class）。大学里面，晚上6—9点会为那些成年人提供夜校，每天我就是这样，一边工作一边读书。我花了大概三年得到伦敦大学法律学位。

半工半读

读书第一年，我是帮忙管理13个公寓，底下还有清洁工人，我就帮忙看管。这个工作只干了一年，那个富人将这些公寓全部卖掉了，我要找其他工作。我先生也要打工，他通常是在暑假打工，主要是在酒店的厨房做厨师。我基本上是全职工作，第二年，我又找到一个巴基斯坦人经营的出版社的工作，也只做了一年，因为考试之前的一个月我要完全投入复习，所以快考试的时候我就辞职，考试过关之后，我又另找一个工作，是新加坡的OCBC（华侨银行），我在银行做 letter of credit（信用证明），比如经营进出口的进出口商，他要准备所有的文件，我是专门负责看文件是不是齐全，齐全的话，银行就可以出钱了，文件缺一不可，我做 letter of credit 也是做一年，到快考试的时候，我又辞职备考。下一年，我在英国伦敦的一个旅行社工作。

到最后考试过关了，我就回到马来西亚念律师执业文凭，因为在马来西亚做律师，我们还需要执业文凭。我在马来亚大学考律师的执业文凭，也花了一年的时间。执业文凭考到之后，我们还要实习9个月，之后才正式担任律师。

四 律师生涯

我先生比我早两年毕业做律师，自己成立了律师楼，我就加入他的律师楼干了两年。后来一个企业界的朋友邀请我进入他的公司，我就这样成为他的上市公司的执行董事，做了大概四年。1997年亚洲金融危机，马来西亚的很多公司倒闭，我朋友的公司也受到影响，于是2000年我就又回到自己的律师职业，直到今天。

女律师由少到多

早年律师也是男多女少。我的律师编号排名是3800多，但现在编号已经过万了。70年代女律师非常少，可能占据10%或者10%—20%，80年代女律师增加到20%—30%，90年代开始稍微增加，应该是有30%了，或30%—40%。到现在，女律师大大增加，可能多过男律师了。

为什么女律师增多？因为男女受教育的机会均等了。以前华人的资源只能够供一个孩子读书的话，他一定先让男孩读书，即使男孩没有这么会读书，女孩也是被牺牲的。以前我上初中时，要7元马币学费，几个小孩都上的话，就要几十块。现在我们的教育普及了，学费完全免费，书本也是免费。而且现在马来西亚的大学也多了，不像以前，马来西亚大概只有6间大学，还实行固打制，只有30%保留给华人和印度人，但是最会读书的是这两个族群，所以那时我们的求学机会非常少，许多人只能出国留学。当有人说华人都是很有钱的，我总是用我的例子来告诉他们，不是，华人是要靠自己的。我们的父母也没有说宽裕到让我们能够出国读书，我们是靠半工半读留学的。

做律师很有成就感

我自己非常倾向于弱者,所以我的律师工作专长是女性跟小孩。我一开始都是专打女性跟小孩的案子,还有公民权的,这些都是我的专长。当然律师也必须懂得法庭诉讼,也要做产业买卖。马来西亚不像英国,英国分得非常细的,你是产业买卖律师就专门负责产业买卖,你是属于上法庭律师就上法庭。在马来西亚,我们是两样都做,因为我们国家不大,如果你只选一样的话,你不能够生存。

我觉得做律师,当你帮人家解决了问题的时候,我们讲叫 satisfaction,就是成就感。比如说一些人,一些群体,他们自己对法律无知,利益受到伤害,又没有人可以帮忙他们,找到我们这些律师,我们帮他解决了,可能他甚至付不起律师费。如果说做律师单单只是想我能赚多少钱,那个还是属于很被动,是为工作而工作,不会享受到工作的乐趣。

我就举一个给我印象比较深刻的例子。有一个退休人士有一笔很丰厚的退休金,想在农业方面大展拳脚,他与两个华人农业毕业生合作开公司,年轻人出的是专业,退休人士出钱。农业不是一下子就会有回酬的,种果树要三年到五年之后才有收成。到第三年的时候,那个出钱的人说我不干了,要撤资,他说我们的全部投资分做三份,比如说 90 万,你们两人分别是 30 万、30 万,我 30 万,那么你们欠我 60 万。这两个大学毕业生三年来很辛苦的把事业建起来,水果还没有收成,那边说要结束了,要他们还钱,怎么办?他们非常焦虑,因为钱肯定是没有啊,对方已经开始诉讼了,他们没钱给律师费,其他律师不接,他们找到我。我想这样对待两个年轻人,对方也欺人太甚了,明知道没有钱,这样子来逼也逼不出钱,他们如果被判有罪囚禁,以后就没办法再继续过正常的生活。我就帮他们,用各种证据,让法官看到这两个年轻人是出专业而不是钱,现在即使去起诉他们,他们也是没有钱,但是他们手里有一块地,那块地当时是值 30 万,我说这两个年轻人不要土地了,都给你,你就放他们一马。起初对方态度非常强硬,对方律师也强硬。我让法官看到年轻人的实际情况,法官在还没有进入审讯之前就对对方律师说,两个年轻人已经让出土地给你当事人了,如果你们还不放过他们,我准备判他们胜诉,那么你大概要交 10 万块钱的堂费,这位法官是属于非常有正义感的。对方当事人看到这个法官已经不站在他那边了,只好同意庭外和解,要求两个年轻被告一人给 1 万块钱,大家就和解。我叫那两个年轻人去借那1万块钱,就把这个事情解决了。这两个年轻人后来在农业方面做得非常好,已经是榴梿专家。这是10年前的事情,他们每次看到我就感谢我。

律师工作的性别与种族

身为女律师,性别的问题不大。性别问题不像刚才我讲的记者,记者的话,因为晚上要去采访,会不方便。而女律师不存在这个问题,因为我们上法庭的话,是白天,在办事处也没有这个问题,我们去到监狱那边见人也没问题,因为我们毕竟是律师,而且监狱的人也会关注我们,我觉得女律师没有遇到任何的性别歧视。

其实种族歧视是个问题。有些马来法官有歧视的,当事人是华人和马来人的话,会有不同的判决结果。比如说刑事法典,量刑在一年到十年之间,可能华人会被判到最高那边,马来人可能被判较低的那边。其实我做记者的时候就看到这种现象,70年代马来西亚有一个我们叫作"江洋大盗"的人,他属于私会党,但是他这个人有点正义感,他不打抢那些小市民,他是打抢银行,从银行抢到的钱,拿去分给穷人,劫富济贫。他因为别的案件最后被判死刑,他的打劫银行罪判得也非常重,同样马来人去打劫银行,但是判决比他大概少一半的刑罚。

同一个马来法官,两个不同的被告,同样的性质都是打抢银行,两个被告也都是有很多案底的,但是判决结果不同。这些我在做记者的时候已经看到了,做了律师之后,这些情况一直存在,法官会比较倾向于自己的族群。即使是交担保金,华人也要交更多,马来人会比较少,这个是很明显的,也很无奈。

五 参与维护妇女权利的社会活动

我参与社会活动,是觉得有很多对女性不公平的事情,可以通过这个平台提出来,通过备忘录呈给政府。

加快强奸案的审理

过去,强奸案件跟其他刑事案件是一样处理的,可能积压很久都没有结案,我觉得非常不公平,因为强奸案件的受害人,越快结案她就可以越快过回到正常的生活。如果说一年、两年、三年、四年、五年、六年,都没有结案的话,这对受害者是个惩罚。

我做过很多强奸案件的旁听律师,[①] 我观察到,很多时候案件被一而再再而三各种各样的原因拖延,甚至于案件可能四、五年都还在拖着,这对受害者来讲是非常不利的。有个案件是一起轮奸案,一个女大学生走在路上,一辆车停下来,将女孩拖上车去。这个案件拖了多年未结案,法官换了多少个,主控官也换了很多个。女孩的家长是华小的校长,第四年她的家长找到我,我做旁听律师时,马上看出整个案件不能容忍的程度,我就写信给政府,写信给民政部,写信给总检察署,写信给法庭,说不能够再这样了,一定要同一个法官与同一个主控官把这个案件处理好,否则的话断断续续没有一个连接性。这个案件共三个被告,一个是待在监狱里,一个是被保外,另外一个是人间消失。后来案件审结了,一个被告死在监狱里面,肯定是被打死了,强奸犯往往都是在监狱里面死了,因为监狱里面的犯人也有等级之分,强奸犯是最低级的,囚犯全部欺负他。一个在人间消失的,被杀了,另外一个被判处坐牢18年,差不多是最高的刑罚。

我们妇女组织提呈备忘录,也拉布条,让政府知道我们女性是非常愤怒的,对于这种很残忍的奸杀案,我们都可以通过这个平台,让政府知道我们的感受。我觉得这些妇女组织用这样的平台把不公平的事情提出来,这是最好的。现在法律已经规定了,对这类案件,一年两年之内就要审结。

女性团体的角色

一些对妇女不公平的规定,比如说吉兰丹、登嘉楼要求超市收银台女性男性要分开排队,我们就发文告反对,我们扮演压力集团的角色。凡是对女性有侮辱的言行,我们马上就反击,让政府知道我们这些公民组织不能够容许这种事情发生,我们扮演的角色有一点像是监督。女性组织作用很大,1976年的婚姻改革法令,其实也是我们女性组织争取的结果,我们公民组织与政党妇女组合作,在国会提出有关女性的议案,通过成为法律。1976年婚姻改革法令是针对非穆斯林的,在这个法令之前,男的还可以三妻四妾,这个法律规定一夫一妻制。还有儿童法令,还有家庭暴力法令,也是我们公民组织推动的结果,过去丈夫打妻子,妻子去报案,警方是不处理的,认为这是家务事。有家庭暴力法令之后,受害者可以申请临时保护令,不会让她们继续受到暴力对待,所以这个法令对妇女权利来说也是一个突破。

[①] 受害者是由公诉人提起诉讼,我们只能做旁听律师。

六　女企业家角色

女企业家很少

马来西亚的女企业家不多，如果用公司里面的董事作为代表的话，我们女董事顶多是占10%多，马来西亚有8万多个有限公司，可能女企业主占10%，大概8000人。女董事中，主要是华人，印度人基本没有，马来人也很少，为什么很少？她们很多是公务员。

如果说从公司女董事来讲的话，我们的代表性还不强，大概是10%多，尽管政府一再讲要鼓励更多女性加入企业界，但是女性的参与度还不高，为什么？女性受到社会制约，结婚之后，她是太太，她是母亲，如果她在企业，她能够做到家庭工作平衡吗？如果她做不到的话，她就不得不在家里照看孩子了。但是我认为随着AI时代发展，她可以在照顾小孩的同时也可以照顾到企业，所以我会看好女性未来的发展，就有一点像当初很少女记者，很少女教师，现在已经是完全改观了。所以，未来应该也是这样，女性可能会在企业有更多的表现。

女企业家的人数很少，要怎样突破困境？第一，我们需要更多的支持，男人能够接受一起分担家务，分担照顾孩子，如果说男性能够接受跟女性一起承担家务的话，我相信会有更多女性挪出时间来参与企业。第二，女性自身，因为企业界原本女性不多，这是男人世界，男人在一起形成生意圈，女性怎样能够进入圈子？你一定要有一定的人数，形成一个tribe，你一帮人一个部落，女性人数累积到一定时候，她们能够发挥的能量不会比男人差，如果女性企业家多的时候，游戏规则也会改变。所以我们需要累积人数，女企业家形成规模。

女企业家组织起来

我们马中总商会现在有一个青年企业家组，也有一个女企业家组（女企组），这个女企组就是能量的集中。我们母会当然是不分男女，但女性很少，只有包括我在内的3位女性，50个董事里面只有3位女性而已。所以有一个女企组的话，起码可以把力量集合起来。我们还生活在这样一个社会，一个女性在男人圈里面谈生意，可能会招来闲话。女企组里面全部都是女的，男人也不会去怀疑太太是不是红杏出墙，是吧？所以说，我们要有我们的tribe，大家贡献力量，交流信息。当然我们也不是说完全不跟男企业家一起，但是我们也有我们一群人，互相支持、互相勉励，互相交换信息，他们能做的我们也一样能做。

我在马中总商会是法律委员会的主席，我也是女企业家组的监督。其实律师楼本身也是个企业，我们要雇用员工。人家企业面对的问题也是我面对的问题，包括人才聘请，如何根据社会需要来提供服务。

我也是美国的女总裁组织 WPO（Women President Organization）马来西亚分部的负责人。女总裁组织的资格，企业资本要有 400 万美元。它的活动模式，是每个月召开会议，我们注意三方面问题，第一，是企业，我们企业的发展，我们现在面对的问题是什么？第二，是个人，我们个人现在面临什么问题？第三，是家庭，我们家庭面对什么问题？因为对女性来讲，这三个问题是最重要的。在会上我们会提出这些问题，大家讨论出主意。每组大概是十个人，你的问题，你的盲点，对其他人来讲真的是轻而易举，根本不是困难，她的经验或者她朋友的经验已经化解了这些问题，对你也会有启发。所以大家就是这样一轮一轮的脑力激荡，可能你进来的时候有烦恼，出去的时候你就拿到灯泡（灵感）了，有电灯泡了。

协调好家庭和事业的关系

我先生能够跟我配合，我也能够跟他配合。孩子小的时候，如果我不得空，就由他来负责，他不得空的时候由我来负责，我们大家协调一下。孩子比较小的时候我们也雇佣人，但我们担心，外国女佣用她们那套来教小孩，我们的小孩可能受到的不是传统文化的教育，而是印尼或菲律宾的文化，所以我们还是要有比较多的时间贡献在家庭。夫妻要互相配合，如果说只是我一个人的话，我做不到，我相信我先生如果一个人的话，也做不到。所以说女企业家一定要有支持，否则的话不可能做到平衡的。

我觉得女企业家有优势，我们细腻，吃苦耐劳。有些男人很快就觉得不行了，走了，女性可能会坚持到底，有耐力，有韧性，这是我们的优势。所以我想说，在美国，女企业家已经突破了很多制约，我们面临的问题已经不是她们的问题。我们需要累积人数，累积经验，我们需要结合女性的优势，团结起来，形成更大的力量。

（访谈文稿未经李素桦女士修订）

第三节　我投入最多精力的是妇女行动会
——何玉苓口述

访谈时间：2019年1月20日
地点：吉隆坡
访谈人：范若兰
整理人：范若兰、黎蕙燕

何玉苓1955年出生于沙巴亚庇，祖籍海南。1974—1981年赴英国留学，完成大学和研究生学业，同时在英国开始参与社会活动。1982年回到马来西亚后，她基本上兼顾职业和社会活动两个领域，一方面，她从事产业经纪工作，担任过私人公司总经理，另一方面，她积极从事社会活动，1985年创立非政府组织"妇女行动协会"（AWAM），曾担任该协会两届主席，还参与妇女集体发展中心、雪兰莪社区自强协会、马来西亚行动方略联盟的工作，是马来西亚著名女权活动家和社会活动家。

一　我的成长环境

我1955年出生于沙巴亚庇，祖籍是中国的海南。我父母应该是1949年从海南移民沙巴，父亲先帮人家打工，之后他筹资自己开了咖啡店，海南人漂洋过海来，都是做这样的咖啡茶室。他给咖啡店起名"新中华"，表明他对中国的情感，因为我父亲一直在谈海南谈中国，那时候中国物资匮乏，他就寄衣服之类东西回去，所以我认为他起"新中华"就是希望新的中国能够崛起。我父亲只受过小学教育，但他喜欢看报纸，也喜欢写，他有写文章发表在报纸上。我母亲也只是小学教育，因为我的外祖父有点重男轻女，我母亲是大女儿，没有读到什么书，可是她很好学，时常拿着报纸看，看不明白，就问邻居。我母亲帮着父亲经营咖啡店。

我有六个兄弟姐妹，我排行第五。大哥在台湾好像读的是技术学校，二哥读的香港的一个技术学校，他们没上大学，然后我们其他四个孩子，三女一男，都有上大学，而且都是到英国留学。

当你有教育的时候，你就可以独立

我父亲完全没有重男轻女的观念，尽力让我们接受好的教育。我们三女一男四个孩子都到英国留学,要知道那个年代送四个孩子去英国念书,费用很贵,我们家只是小康,父母亲很省吃省用。当我的外祖父听到要送女孩去英国读书,就说:"女孩子嫁出去了是人家的,你为什么花那个钱?"我父亲不好反驳老人家,只是说:"不要紧了,不要紧了。"对我们,父亲明确说:"我不能够给你们什么,我没有什么家产,可是我给你们的是教育。当你有教育的时候,你就可以独立。即使是你嫁了个不好的老公,嫁了个不好的一个夫家,你都能够有办法自己走出来。"他对男孩女孩一视同仁,鼓励女孩子要独立。

二 兼顾商业工作与社会活动

留学英国与女性主义启蒙

1974 年我到英国留学,我大学念的是 marketing,关于 business commons,这个专业是我自己的选择,我喜欢读商业。

当时英国的社会运动、学生运动、新女权运动蓬勃发展,我很快就投身到社会运动中,我们开始被启蒙,我们去讨论,也参与马来西亚学生运动的活动,我们要了解国家,明白国家,帮助国家,回国建设国家。我的 social activism 就是那个时候被培养起来的。我也特别关注性别平等问题,所以硕士学位论文是关于 sexual harassment,性骚扰的。

我 1981 年毕业就回来马来西亚。其实那时候我是可以留在英国,因为我有可能拿到永久居留证,但是我不要,我就回来了。第一份工作是在沙巴的 C. H. Williams,这是一间沙巴相当有名的产业评估公司,我做产业经纪,就是你要卖产业,需要叫人家去估价,那个公司其中一个业务是产业估价。最初我的工作是先去外面调查,写报告初稿,由老板审查,老板看了认可,由他签名,如果有什么疑问,我再调查。之后我就进入做产业买卖了,我在这个公司工作两年。1984 年我结婚,因为我的先生是西马人,所以我就申请调过来在吉隆坡的 C. H. Williams,在这里做了至少有三年。

参与社会运动

在这期间,我空余时间就会去参加社会活动,1985 年与一帮朋友一起创建妇女行动协会(All Women's Action Society,AWAS),成员是从英国、美国、澳洲留学归来的,还有一些人是本地毕业的女孩子,社运分子。那时马来西亚很缺乏独立的妇女组织,有的就是像中华大会堂的妇女组,是附属于中华大会堂,董事大多数是男人。所以我们要建立独立的妇女组织,很多妇女组织都是在 80 年代起来的。

1987 年我从 C. H. Williams 辞职，回沙巴待产，同时担任沙巴妇女行动资源组织的协调员，做一些社会工作，1990 年担任雪兰莪中华大会堂人权委员会和妇女组助理秘书。1992 年我又回到商业，用了十年时间，一路上升，从担任私人公司董事经理助理做起，到人事部经理、副总经理，最后坐到总经理的职位。这份商业工作我作了十年，因为薪水比较高，我们当时刚刚组织家庭，需要钱，商业公司除了正式收入外，还有年底分红等，肯定比 NGO 高多了，我们在 NGO 工作，其实薪俸是不高。

可是，我在这些商业公司工作，始终心系社会工作，社会工作就好像一直在脑海里面荡漾着，最终还是返回来专职做社会工作。一直到现在，还有人跟我讲，"玉苓，你应该再继续在商业里面做工作啊"。我说"可以，等我花完钱"。我知道，如果我要回去商业的话，我肯定是一个所谓的"强人"，可是我的兴趣不在那上面。现在我已经不需要再考虑收入，心思不会再回去商业。并且做商业公司，除非你选到一家很好的、有社会责任心的企业，否则很多企业因为是追求利益最大化，就要极力削减成本（cost cutting），减少工人的薪俸，我觉得我会卡在那个情况里面，现在我们是资本主义嘛，所以你一定会卡在那里。我知道我避免不了，我就不要把自己摆在那个位置上了，虽然商业公司可以给我很好的薪俸。

从这里可以看到，在一个社会结构或者一个经济结构中，拥有选择的能力很重要，我用这个字眼——幸运，我在那个结构层次中，我有选择的能力，可是很多妇女没有，她们基本上没有办法选择，她就得很努力地去做工，有时候还可能受性骚扰，受不公平对待。

得到丈夫的大力支持

我和我先生是在学运里面认识的，他是学生领袖之一。我们理念一致，他认为女性不一定要在家里相夫教子，所以婚后他也非常支持我、鼓励我，其实我是比他更活跃。1987 年茅草行动发生的时候，我们很多朋友被抓，我跟我先生达成一个共识，我们俩只能有一个人活跃于社会运动，因为那时候大儿子要出世了，等孩子出生后，我来活跃于社会运动，他专注于律师工作。不过近年来，因为孩子大了，他又重出江湖，现在他还是在律师楼做，空余时间参与一些社会活动。

三 妇女行动协会

我现在是全职社会活动家（full time activist）。社会活动中，有一些是有受薪水的，有一些是没有受薪水的，有一些是自由人士（free lance），他会跟这个组织做project，有点是半受薪的。还有一些纯粹是义工（volunteer），我们是长期受薪的。

我投入最多精力的是妇女行动协会（AWAM）。我在这个组织已经30年了，还做了两届主席，我当然在这个组织是非常活跃的。

我们的目标

妇女行动协会刚成立时候的目标是五个，要推动这五个议题：强奸、家庭暴力、性骚扰、大众媒体对妇女形象的扭曲、性工作者。当时是80年代，性工作者的名称还没出来，是用妓女。但当时我们刚成立，哪有这么多精力去进行这五大议题呢？所以初期我们以反强奸为主，然后兼着也处理家庭暴力，之后扩大到处理性骚扰的议题，所以一直到今天，AWAM也还是以这三大议题为主。目前，兼着也有谈一点童婚的问题。不过现在协会的年轻人，她们想碰同性恋问题（LGBT issue），我就说要碰可以，可是你们要有很大的心理准备，因为搞不好那些反对LGBT的人会上门来丢红漆、恐吓，所以如果要做的话，也是要策略性的去处理。

改变了马来西亚民众对强奸和家暴的认知

马来西亚政府对我们的组织没有采取什么打压措施。因为政府一般上来说，只要所谓的"反动势力"没有太过威胁它的时候，它不会对你马上采取什么行动。可是它会注意你，所以在马哈蒂尔当第一任首相的那个时期，是非常紧迫的，我们的民主空间很小。我们花了二十多年三十多年时间不断谈论rape议题，才让大多数的人觉得，被强暴不是你的问题，是社会结构的问题。过去人们经常说，"你们女孩子不要穿得这样暴露，你们女孩子不要走很黑暗的街道"，认为被强奸是女孩穿着暴露，可是今天，如果说这类话，很多年轻的女孩子会站起来反驳，所以可以看到，确实改变了。

还有就是家暴，过去说这是男人打老婆，人家老婆老公吵架关你什么事呢？可是我们不断地努力，让大家明白，家暴is no private（不是私人的事），it is public social issue（它是公共问题），现在大部分人接受了这个观点，所以警方也处理家暴，进行intervention（干预），他们也设立了反家暴的机制，当然我们还不是非常满意。因为与美国、大洋洲比起来，比如说大洋洲，一打电话说被家暴，立刻就启动反家暴机制。可是我们这边还没有，那个受家暴的妇女，还要再申请，申请三天，五天，一个礼拜才能够拿到保护令，那时候她可能都被打个半死了。所以我们认为，许多细节的部分还不能令人满意。

醒觉还不够

通过我们的努力，现在社会上对强奸和家暴反映强烈，会有人神共愤的情况，这是以前所没有的。这可以算是我们二三十年努力的小成就，这是人民普遍的醒觉。可是这个醒觉还不足够，因为还有很多人非常保守。

我们妇女行动协会在推动议题方面，扮演主导角色，大多数的政府部门都知道AWAM，大多数报馆的记者，有妇女议题时一定采访我们，甚至到今天我还经常接受报馆采访。在一个组织发展的早期，很大程度上依赖于领导层与他的成员所做的努力，曝光率如何。当时我们的曝光率很高，包括华文报纸都有报道，所以我们的知名度比较高，尤其是华文报纸，因为我能说华语，华报都是采访我。但我有点遗憾的是，我们是跨族群组织，有马来人，有印度人，有混种人，还有许多不会说华语的华人，因为没有多少人能说华语，所以尽是我在接受华文报纸的采访。

我们妇女行动协会目前的主席是马来人，她是新一代的、年轻的女性，副主席是一个医生，印度人，可是她们都不出名，因为她们都不习惯向大众讲话。现在年轻的一代不像早期，我们要找机会把思想传播出去，现在年轻一代有不同的想法，她们是用Facebook，喜欢用指头讲话。所以这是一个转变，我们以前没有Facebook，所以曝光就是靠媒体，你必须要让媒体来采访你，上电台和电视台，随着议题开始发酵，很多人去关注性骚扰、小女孩被强暴等问题，所以我们都上电台、上电视，期望大众更关注这个议题，而且知道应该是什么样。

妇女行动协会是独立的非政府组织

妇女行动协会的经费来源是向社会募款。我们一直没有跟政府申请款项，因为如果向政府申请款项，政府有时候会有一些要求，影响我们的独立性。我们30多年的一个很重要的价值，就是我们的独立性，自主性与独立性对我们来说是非常重要的。有很多不同阶层的女性参与我们，她们新进来时，没有政治或者性别敏感，她们会讲："我们为什么不跟啤酒公司拿钱？我们为什么不要跟云顶拿钱？其实他们很多钱的，可以向他们申请资助。"我们说"不"，有几个领域我们是不向他们募款，一个就是卖酒的公司，一个就是赌博的公司。当然现在云顶集团并不是纯粹赌博业务，他们也有休闲旅游，如果是休闲旅游的子公司，我们就可以去处理募款。如果这个公司是血汗工厂，是剥削的，we will not take money，我们不会向它们募款。当年我们刚开始的时候，我们也没钱，我们那时候就是白天在商业公司工作，放了工，来到这个组织工作，就大家你分一点我分一点来做，回复信啊，处理一些事务啊，当时都没有钱请全职人员。当然到今天呢，很多组织都已经是formalize（正规化）了，都有全职工作人员。

政府也有给钱，我们拒绝了。2016年，纳吉布政府为了给大选铺路，向非政府组织拨款，说给我们协会20万元，叫我们出席国际妇女节大会，并领取支票，总理纳吉布和他的老婆罗斯玛出席大会，当时我是协会主席，我说："要我何玉苓跑去跟这两个人拿钱，我们AWAM即使马上关掉，我也不去拿那个钱，我不会去，你们谁要去拿那个钱，你们去，我何玉苓马上退出AWAM。"所以协会就回复会议组织者："谢谢，我们不要这笔钱。我们如果拿钱，是以写project, proposal的方式来申请政府资助。"过了大约一个礼拜，他们打电话来说"对不起，弄错了，这笔钱不是给AWAM的"。后来听说他们也有跟JAG有接触，① 要给这个组织拨款，这个组织也说不要这个钱。其实大家都知道，这是纳吉布在大选前的一个动作，想收买人心。

妇女行动协会专职人员很少，我们就只有四个人，这是指全职工作人员（full time），我为了替组织省钱，我自动要求part time，意思就是一个星期我工作三天，比如说今天不是我的工作日，我的工作日是星期一、星期二、星期三，因为我是part time，协会给我的薪水是用part time，就少一些，这样我就不用跟组织拿那么多薪水了。其实我们做起工作来是没有分的，因为这是我积极参与的社会工作，所以我哪有区分full time和part time，即使是星期六、星期日，重要事情也要来处理了。现在妇女行动协会有2个是full time，一个是on contract，一个是part time。我们全部成员目前是25个，是一个跨族群的组织。

四 我们的目标还没有达到

老话讲，"凡走过的必留下痕迹"，对不对？我们是有痕迹，只是很遗憾的，我自己的评估，这个痕迹还没有真正形成的一个大型运动。因为妇女议

---

① JAG是马来西亚非政府妇女组织的性别平等联盟，包括AWAM、伊斯兰姐妹等非政府组织。

题，永远不是最主要的，它是次要的、附属的，在众多的社会运动中，包括劳工运动、妇女运动、学生运动、消费者运动等，妇女运动还没有真正形成一个全面、深入社会各阶层的局面，它在某些层次有一些影响力，可是它还不是真的影响很广的运动，能像净选盟运动那样。它有暗流，慢慢地浮上湖面，偶然你会看到一个波，可是它还没有形成一个海啸。

我们的动员能力有多大？假如说我们要号召一个 demonstration（游行），能招到多少人？可能是一千多人，两千人，最多可能是五千人，不可能像净选盟那样到5万人、百万人了。

我们妇女行动协会是跨族群的团体，也是由精英组成的，我们对于底层妇女的影响力大吗？我们还没有深入到社会各层面，但至少，对于家暴和强奸问题有一些醒觉。在不同族群的妇女中，有不同的影响，比如马来妇女，因为她们是穆斯林，所以她们会从伊斯兰教义来理解，她们不认同 rape in marriage（婚内强奸）这个概念，她们认为女人就应该满足先生的性需要，这是天经地义的，是宗教的规定，就是要 serve your husband（愉悦丈夫），可是我们讲说 you don't serve your husband, both of you are working、serving one and another, you are equal（你不是愉悦丈夫，而是互相愉悦，你们是平等的），我们认为当你不要这个性的时候，你先生不能够逼你要。一般来说，马来妇女是保守一点，或者说是传统的，她们不会觉得应该是这样。

伊斯兰教姐妹（Sisters in Islam）是马来妇女组织，这个组织对《古兰经》有一些新的解释，马来妇女即使欣赏这个组织，也通常不会讲出来。但实际上，这个组织有很多支持者，她们有很好的 office，她们的薪俸，在这些贫穷的 NGO 里面，是最好的。如果说判断一个组织的能力有多大，一个标准就是看它找钱的能力，伊斯兰姐妹经费较多，从中可见其支持度。很多马来人会默默支持它，我们的前首相马哈蒂尔和巴达威的女儿都是这个组织的成员。当然她们的钱来自哪个层次的妇女，我们是无从知道了。伊斯兰姐妹是精英妇女组织，不是一个 mass movement，不是大众运动，当然它也有它的影响了。

我们的目标还没有真正达到，我们追求全民平等，这个全民平等包括性别上的平等，也包括族群上的平等，何年何月才能实现？这是个理想，人是因为理想活着对不对？所以你必须要朝这个目标一直去继续努力了，是不是？

（访谈文稿未经何玉苓女士修订）

第四节　我最喜欢的就是解决困难
——邹慧冰口述

访谈时间：2019 年 1 月 25 日
地点：吉隆坡
访谈人：范若兰
整理人：范若兰　区晧文

邹慧冰，出生于 1955 年，祖籍广东南海。她出生于商人家庭，似乎带有经商的基因，从文书、秘书做起，很快做到经理、董事，曾任跨国公司亚洲区副总裁，55 岁从企业退休，又与女儿合伙开办公司，成为老板。邹慧冰具有努力、用心、拼搏、决断、亲和力等企业家素质，即使到了 64 岁，仍然精力旺盛，思维敏捷，中气十足，很有气场。

一　我的家族

我 1955 年出生于吉隆坡，祖籍是广东省南海的小榄镇。我是第三代华人，我的祖父和祖母在小榄结婚，大概 20 世纪 20 年代南来。我爸爸出生于 1927 年，只读到小学几年，就遇上日本人入侵马来亚，但他蛮好学的，一直有自修，读很多书，进修一些医学的科目，文化水平蛮高。他一直经商，曾经和我祖父开过金店，后来被合伙人骗了，生意失败，之后他在一个批发金条的公司做经理，一直做到 83 岁，他是这个行业很受人尊敬的一位老前辈。他也很擅长烹饪，很多时候大酒店的师傅也向他请教，问他有些食物怎么煮。

我妈妈出生于 1931 年，她读到中学，是吉隆坡最有名的坤成女中，她还代表坤成去唱歌，是女高音。如果她读师范，再读两年就可以当老师了，我小学的很多老师是她的同学。但我曾祖母一直叫他们结婚，因为以前的人结婚很重要的，她不得不退学结婚，做了家庭主妇。我们是一个三四代同堂的大家族，她嫁过去就要照顾很多小叔子、小姑子，所以妈妈是蛮惨的，因为她从放下书包就结婚，结了婚就要去照顾很多很多人，她很辛苦的。

我爸爸是长房长子，我家是三个儿子，一个女儿，我排行第三，是唯一的女儿。我的家族里面很少女孩子，二房没有女儿，三房有两个女儿，四房没有女儿，五房有一个女儿。堂兄弟很多，堂姐妹只有四个，我本来可能变成那种娇娇女,但是我却变成了会照顾人的那种大家姐,不是大小姐。

二 职业之路:从书记到老板

第一份工作是书记

我小学是读华小,中学是读英校,上完中学就上了两年的私人学院,读商科及秘书科。毕业时是 20 岁,第一份工作是做书记。其实是因为我有个同学的爸爸,很喜欢我,因为我在中学时期是班长,他们看我很能干。在我毕业的第二天,他就让他大儿子,也就是我同学的哥哥来我家,叫我去工作。我说 OK,毕业第二天就去做书记,主要是打字听电话,做了 7 个月,发现书记工作太简单,之后我就自己看报纸的招工广告,找到一个秘书的工作,是在一个房屋发展公司做董事长的秘书,秘书工作比书记重要,是老板的左右手。

从秘书到董事

秘书工作做了几年,老板很欣赏我,因为我是工作 100% 投入的那种人,不会偷懒。几年之后我升到公司的董事,我在这个公司做了 15 年,做到经理和董事级别。

我做事是 100% 投入,非常用心,老板说过什么、什么时候说过,我都记得。除了记忆力不错,我觉得态度很关键,我老板跟我说什么,我很少说不行,总是想办法解决。我是很会解决问题的,有些人是很 negative(消极),是不行的。一个人态度积极的话,跟他说什么他都尽可能去干。

成为副总裁

1988 年经济衰退时,一位印尼华人在新加坡有一个公司,他过来马来西亚收购了我就职的公司,我也一同过去,这个跨国公司总部在新加坡,我在这个公司又做了 21 年。

1989 年我成为这个跨国公司的经理,整个吉隆坡的公司是我一个人管,公司里有很多部门,有建筑,有服装,有纸张,我负责整个吉隆坡公司的运作,做得不错。后来老板跟我说,其他国家的子公司有很多问题,不赚钱,只有我操作的马来西亚公司赚钱,老板问我可不可以帮他去管别的国家,比如中国。我答应了,1995 年去了深圳,以后每个月会去深圳一个星期。

我们的总公司在新加坡,是蛮大的跨国公司,有英国厂,澳大利亚厂,深圳厂。我们公司生产的隐形眼镜是那种散光的隐形眼镜,而且我们是全世界第一个生产有色隐形眼镜的,我们比较专注于特殊的镜片,比如说给有散光的人、有近视的人用的。但后来没有好好去发展，其他公司反而做得更好了。

我当时去深圳时，我们公司在中国的市场份额几乎是0，我和每个地区经理到处跑中国的医院，见的都是医院院长，到天津医院见院长，去北京的那些医院见院长。这样，我们在几年里将公司从0做到中国第三位，感谢中国团队的支持和付出。

后来，我成为亚洲区副总裁（COO），是CEO的下一级，负责整个亚洲区的业务。有一段时间，我一个月跑七个国家，从马来西亚到中国，经香港，我在机场见经理开会，开完会我就从香港坐火车到深圳的罗湖，车子在那边等我，直接去深圳的公司。过几天又再回到香港，从香港去台湾，台湾也有分公司。从台湾飞回来一个星期，又飞新加坡总公司去报告。每个月都这样，做了好几年。

我在这间跨国公司做了21年，做到18间公司的董事长。马来西亚规定退休年龄是55岁，2010年我到了55岁，就退休了。在这36年的职业生涯中经历了很多，尝尽酸、甜、苦、辣，但也算是有一个圆满的句号吧，我心中一直感恩老板的信任，同事、朋友和家人的支持。

自己做老板

之后我又开始自己的事业，在2010年，我创业做美容产品。因为我大女儿是英国回来的药剂师，她对原料这些比较讲究。我们就用一个日本的配方，投入了很多的人力进行测试，通过我在读大学的小女儿找了五十个大学生做测试。我和我的大女儿是两个合伙人，一直做到现在。现在我们的产品有自己的品牌，有出口，有帮人家做OEM，[①] 我们还有两个美容保健中心，做经络、推拿、艾草、刮痧之类的护理。

我们的公司规模不大，就是十多个人。那两间美容中心，每间就是几个美容师和按摩师，还有经理，品牌方面也只是几个人在负责，我负责产品的销售、出口。我们也做过很多的尝试，如果在本地市场扩大销售的话，就要投很多钱去打广告才行，所以做了几年之后，做产品给人家卖，有一些产品在西药行（pharmacy），一些产品在国外也有卖。我的公司不是太大规模，

[①] OEM是英文Original Equipment Manufacturer的缩写，也称为定点生产，俗称代工（生产），基本含义为品牌生产者不直接生产产品，而是利用自己掌握的关键的核心技术负责设计和开发新产品，控制销售渠道。原始设备制造商具体的加工任务通过合同订购的方式委托同类产品的其他厂家生产，再将所订产品低价买断，并直接贴上自己的品牌商标。

是小生意，不赚大钱啦。

做老板比给人打工辛苦。做老板的好处是自由，现在公司里的人在做工，我在这边跟你谈天，但也有时候人家在睡觉，我在工作，老板的工作时间没有规定。尤其是开始创业的时候，我们要尽量节省，要用最低的成本去工作。我自己去邮政局，去了很多次，还要去银行开户。这些事以前我可以叫秘书或助理去做，现在都要自己做，所以最开始的时候还蛮感慨的。

图 11-1　邹慧冰照片（邹慧冰提供）

三　事业与家庭

一个成功女人的后面也有个男人

我先生开一个小公司，是建筑业的，铝制装潢品，雇几个员工，不是大公司。我不在丈夫的小公司干，一是因为两夫妇在一起工作不好，牙齿会咬到舌头，两个人在一起工作争吵的机会比较高，相见好同居难。二是他的公司是做建筑类的，不需要女性去做管理。

我工作这么忙，尤其在跨国公司，一直飞的时候，怎么去平衡家庭？

第一，我有一个好老公，我不在的时候，他可以照顾孩子，会送她们去补习。老板让我负责中国子公司的时候，我说："林先生（上司名字），我是人家的老婆，也是人家的妈妈，这样子跑的话，让我回去问问先。"到了机场，我的丈夫来接我，我就说"林先生叫我去帮他看中国的公司，你认为可以吗？"我丈夫想都没想，就说："你喜欢就可以。"他很支持我，一个成功女人的后面也有个男人。我老公有自己的公司，上班时间比较灵活，不用早九晚六，随时随地都可以离开，有时间照顾孩子，我老公都知道我孩子的同学住哪里，因为他是好好先生，补习完载她们一个个送回家。

第二，我们有一个很好的习惯。我从国外回来的时候，三个女儿都会跑到我床上去，我们一起谈天，我会讲公司的一些非机密的事情，比如有什么活动之类的。后来我三个女儿都很有做生意的头脑，可能是培养了做生意的观念，大女儿是跟我一起做公司，二女儿曾经跟我一起开过餐厅，三女儿开了一间私人学校，有400多名学生，正在申请国际学校，做得不错。

完成大学教育

我还记得那时候有两个很重要的愿望，第一个愿望，我三个女儿一定要大学毕业，尽管她们那时还小。我年轻时没读到大学，这也是我的愿望。48岁时我去读MBA，50岁时拿到文凭，这是很少人能做到的。我读的学校是一所美国大学在吉隆坡的分校。读这个学位真的很辛苦，要利用一切时间，经常是飞去出差时，我还捧着厚厚的书在飞机上读。我在上海的时候，住外宾旅馆，早上5点就起来读书。终于两年之内我拿到了文凭，成绩还很好，毕业时三个女儿来参加妈妈的毕业典礼，很好笑。

第二个愿望，每年一定要一起家庭旅游。我喜欢旅游，旅游的时候每个人心情很愉快，一家人去旅游，是一个很好的增进感情的机会。所以到现在为止，都是有时间就去玩，不一定要出国，在本地去海边几天也可以。

我们的家庭充满温暖，上有高堂，下有儿孙。我与婆婆一起生活了三十年，现在我母亲89岁了，三年前我父亲过世后，我就将母亲接来与我同住。对老人家我们要尽孝道，让他们吃好住好，幸福快乐，这是做儿女应尽的责任。感谢上天爱我，让我有一个好老公，三位可爱孝顺的女儿，三位好女婿和可爱的外孙儿们，感恩。

四 职场感悟

我最喜欢的就是解决困难

我是很随意的人，不讲很大的道理，认为是对的我就去做。人家问我工作上有什么困难，困难肯定有。或者问我工作喜欢什么，我最喜欢的就是解决困难。我只要困难都解决了，就觉得开心，也很有成就感。

有些人会妒忌，会有一些找麻烦的事，比如说总公司的某些人。但是对我来说，我做好自己的事就好了。我是不记仇的那种人，过了一段时间，我就忘了，如果一直沉浸在仇恨里面，不是很辛苦吗？

人生态度、工作态度最重要

我觉得一个人最重要就是态度，热诚、用心、努力，都是我说的做人的态度。到最后你成不成功，真的是态度决定的。

工作态度很重要，不会可以教，但你没有好的工作态度，怎么办？工作态度很难教，是人生态度决定的。你不懂的东西可以教你，机会可以给你，我是那种会尽可能成就身边人的人，有一个跟我做了5年的员工，第3年的时候想出去闯，我说："好，我帮你开公司"，我就开了一间合资公司给他经营。但是你没有好的工作态度，我怎么成就你，怎么给机会你？一个人成不成功，就是看人生态度对不对。为什么这么久以来老板都很信任我？是人家觉得我做事可以放心，东西给你做，我就放心了。一个员工，你来告诉我一个问题，尤其是经理级的，你告诉我一个问题，你要给我一些解决方案来选择，这样我才知道，你是有想法的。而不是你告诉我一个难题，却没有解决方法，作为经理你什么问题都推给上司，那不是一个对的工作态度。

马来西亚女性职业发展问题

70年代马来西亚华人女董事长很少，几乎没有。80年代90年代的时候稍微多一点，我所在的公司，男董事、经理有七八个，女董事、经理就两三个。我的老板还是OK的，他不歧视女性，只要做成绩出来就OK。

有些女董事是挂名的，比如公司是她老公的，老公给她挂一个名，给她一个月几千块的薪金，她就是受薪董事，那么老板可以少缴税，当然大部分人不是这样。如果是经理，就是真正干事的。在我看来，实际经商的、真正的女董事、女企业家应该不到10%。

但是就业的女性会很多，而且就业机会，我觉得女性比男性的工作机会多。有很多工作，男女都可以做，但有些工作，女性能做，男性不能做，比如说我退休了没事做可以带孩子，男性不可以，人家不要男保姆，我可以去做月嫂，男的不可以。我还可以去做美容，而很少有男的做美容师。

女性在职场上有优势也有劣势。优势是，老板基本上觉得女性比较忠诚，没有那么贪。弱势嘛，就是女性的家庭责任重，比如工作的时候孩子病了，就要请假回去。作为一个老板，真的会很头痛。我有一个美容师，整天儿子病了，就要请假，为什么不是爸爸请假呢，只有妈妈去看？

另外，现在我们政府刚刚批了法令，女性有三个月产假，太长了，对女性不是一个优势。我生孩子的时候，一个月就 OK 了。那时我的产假是两个月，但每次快满月，我的老板娘就跟我说想去英国，我就说 OK 没有问题，我回来工作。每次我产假一个月就回去工作，当然第二个月我有双倍的工资。我认为产假两个月，很够了。

活到老，做到老

我已经 64 岁了，还没有退休的打算。经常有人问我"什么时候退休？"我就跟他们说，退休是一个名词，其实我不知道为什么会有退休这回事？是因为人到了那个年龄应该停下来？还是公司认为那个年龄的工资太高了，应该停你？还是国家认为你们应该让位给别人做了？

对我来说，第一，你还想做吗？第二，你还可以做吗？你的身体健康还能够让你做吗？第三，有人给你做吗？你还有得做吗？如果都是，你也想做，你就继续做吧。老板当然可以选择什么时候退休，就算是打工，也是有工作好做的，可以做一些压力没那么大，工资比较少的工作。也可以做半天工作，也就是说不用做够每天八小时。

但是有些人真的是没有好好安排，就真的在等死，所以说退休了，有些人很快就会死。看你自己怎么安排，如果你安排得好的话，人生还是很美好的，如果安排不好，那就很糟糕了。

人生过了一大半了，还有多少个明天，没人能够预知，我们尽可能过好今天吧。

（口述稿经邹慧冰女士修订）

第五节　从中国到新加坡，从护士到创业者
——索菲娅访谈

访谈时间：2021 年 7 月 3 日
访谈地点：线上
访谈人：范若兰
整理人：范若兰、王哲敏

索菲娅（化名）1962 年出生于中国，在中国从事护士职业，1995 年公派到新加坡当护士，同时修读工商管理课程并取得本科文凭。1997

年持就业准证再次到新加坡,从事文秘职业,之后与先生创办公司,并成为新加坡公民。她的经历折射了20世纪末中国新移民在新加坡奋斗和职业变迁的历史。

到新加坡当护士

我1962年出生于中国,是家中四个孩子中的老大。1977年9月我考入卫生学校就读护理专业,毕业后到西安市儿童医院当护士。

1993年中国卫生部与新加坡卫生部签订交换项目,每年从中国派100名左右的护士到新加坡工作,1993年第一批护士来到新加坡,我是1995年去的,第三批,主要是从北京、上海、西安来的,我们西安来的护士有10多位,这批护士分在四个政府医院,我是分到了新加坡国立大学医院。

到新加坡后,我们先经过三个月培训,主要是培训英语、了解新加坡医院系统、护士工作流程。三个月后给我们做一个测试,通过考试后就留下工作。这是因为我们是中国的合格注册护士,新加坡方面虽然不承认,但经过培训,发一个培训证书之后,我们就有资格进入临床。院方根据你在中国从事的哪一个科,比如你是儿科还是妇产科、还是手术室、还是内科、外科,就被分配到对应的科室。因为我是从儿童医院来的,所以我就被分到儿科病房,我负责的病房属于比较高级的,叫A CLASS儿科病房。先是由senior(高级)护士带我们三个月,就相当于护士见习一样,三个月之后我们就开始独立顶班了。

我们的收入叫津贴,前半年是600多新元,之后就涨到700多新元。工作轮班也有不同的津贴,比如说你值下午班补贴几块钱,值夜班补贴十几块钱。一个月收入应该有900多新元。当然,我们的收入比本地护士要低得多了,她们与我们同样资历的,每个月拿2200新元—2300新元。

我们在中国做护士跟在新加坡做护士有很大不同。比如在中国,肌肉注射、静脉注射都由护士来做,但在新加坡,肌肉注射是由senior护士做,静脉注射完全是医生做,护士主要做量体温、发药、护理病人的工作。新加坡的病房是不允许家属陪护的,全都是由护士护理。比如我在儿科病房,我们的工作就是给孩子测体温、喂药,有些小朋友吃饭不行,你要帮小朋友喂饭,工作我觉得很简单。我们上班负责12个病床,这12个病床内有任何事情,他们按铃,你在办公室能看到哪一床在叫你,你就过去,小朋友让你帮他洗个水果,或者是他吃完饭餐具没收拾让你帮他拿,或者有些小朋友要让你给他打水。还有小朋友今天要拍片子，也不会要家属来，而是有另一组护理人员，叫 PORTER，相当于运输人员，送病人去拍片子，或者做 CT。这个辅助临床的队伍也是很庞大。了解新加坡医院运作以后我就觉得很感慨，新加坡护士所承担的护理责任很大。

没觉得受到歧视

我们这些外来护士受到歧视了吗？每个人感受不同，我觉得可能跟个人的性格和处事方式有关。我们从中国来的护士七个人住在一个别墅里面，两人一房，经常有人抱怨，觉得本地的护士会歧视外国护士。但是我倒没有感觉有歧视，当时我们儿科大概有十多个护士，一个护士长，一个副护士长，护士中有一个是马来人，一个是印度人，其他的都是华人，外来的护士有2个，我们轮班应该有三四个护士，护士配备量还是比较大的。至于歧视与否，我觉得也可能是看人，我这个人走到哪好像都不会是被欺负的那种，我有什么话就说。比如说我有事，我就提出来。每个周五护士长就会把下周的排班排出来，如果你下周有事，比如你想哪天休息，因为同学过生日啊，要搞 PARTY 啊，你就提出来。有些人有点不敢，我觉得大家平等，我有事我就休，我就提出来，护士长也会根据你的意愿去给你排班。有时我们生病去看医生，要休假，她们会说，"你看那个 PRC（中国人）又休假了"。偶尔我会听到有这样的言辞出来，有人会认为这是一种歧视。但是我不在意，她们爱怎样讲就怎样讲。我有病，我就休假，我身体不舒服，人不是机器，要休息就休息。

我在儿科好一点，儿科里都是小朋友，给小孩洗脸、帮他梳头、剪剪指甲，就像我们对自己的孩子一样。但是我的一些朋友在成人病房，就会觉得不舒服，又累，会抱怨，做这么多琐碎的事情，所以她们觉得有歧视，我觉得应该是从这个角度上讲的。

我们跟医生的关系还好。你自己管的病房，早晨医生来查房，要跟着你的医生查房，医生会问你，比如病人吃得怎么样，喝得怎么样，因为你是第一线，你才能观察到病人吃喝大小便，量体温，你要跟医生汇报。我觉得医生不会歧视外来的护士，他们反倒觉得中国护士很聪明，干啥事儿一交代、一讲你很明白，你就知道做什么，觉得比其他外来的护士更容易沟通，我们悟性很高。

新加坡之所引进外来护士，是因为本地护士缺乏，我认为主要原因一是薪水低，二是倒班制。但21世纪后新加坡政府大大提高护士待遇，本地护士增加了，病房里的护士数量也增多了。2016年我做了个手术，住院一段时间，我看到本地护士的人数增多了。

新加坡护士群体，华人占绝大多数。很多马来护士一结婚，接连生孩子，她就没办法工作了。所以华人在护理行业占比大，其他行业也一样。

在新加坡当护士的两年期间，我利用业余时间去读企业管理的本科文凭，当时没有经济能力一次性地缴交学费，只好按月付学费（这样总的费用会高一些）。为什么去读企业管理文凭呢？一是我喜欢商科、企业管理之类的科目，二是我不能倒班，上了夜班回来后白天几乎睡不着觉。我以后不想再做护士，这两年我就坚持完成企业管理本科文凭。

1997年合同到期后我返回中国，在此之后我的很多同学又回到新加坡，再进入护理行业，而我从此脱离了护理行业。

在物流公司当文秘

1997年合约结束，我先回到中国，因为当时出来是中国公派，拿的是因公护照。1997年年底我又回到新加坡，用因私护照，申请就业准证，进入一个物流公司当文秘，这个公司是小公司，老板是我读企业管理班的同学。

我之所以又回到新加坡工作，是喜欢新加坡的环境，更重要的是为了儿子的教育。当时儿子该上小学一年级了，我想让孩子在新加坡受教育。

我在物流公司干了六年，主要做文秘和管理。新加坡是一个物流中转站，有很多货从新加坡转去其他国家，我们公司主要针对的是马来西亚和文莱，公司不大，我负责很多事，比如公司货物的统计、报关，跟保险公司打交道、船务公司打交道，还跟政府的一些部门，比如税收部门打交道，还负责簿记工作。公司跟客户发生问题了，我也得出面解决这些问题，比如货物送来了，丢失或者损坏了，我都得要处理。

这个公司员工除了我，都是本地的，都是男的，就我一个女的，我跟大家相处融洽。我觉得这跟人的性格有关系，我这人开朗，我不高兴了就说我不高兴，谁错了我该批就批，我错了，别人批评我，我也愿意接受。

我在物流公司每月收入是2500新元，那个时候就算很高了，当时的行情应该是给1800新元，但是我主管的事情比较多，所以在谈入职条件时就要这么多，你请我，我就干，你不给我这个数我就不干。

我先生1999年到新加坡南洋理工大学读一个经济硕士的学位课程，

2000年他自己创办了一个企业和教育顾问咨询公司，那时我白天在物流公司干，其余时间就帮着我先生做留学教育服务和中介服务。

帮助先生创业

2007年我离开物流公司，全力投入做自己的公司。主要是三个原因促成的，第一，当时我们已经拿到永久居民（PR）；第二，我儿子非常优秀，考进新加坡数一数二的华侨中学，我这个当妈的也心安了，就彻底离开有一份稳定收入的物流公司；第三，那个小公司没什么进步空间，因为一直都是给别人打工。当时我的老板想卖公司股份，我和他洽谈想买三成公司的股份。但股东不愿意卖，这样的话我就离开了物流公司。

我和先生的公司主要是做中国政府公务员的教育培训，留学中介服务等。公司最主要的核心业务——公务员教育培训，就是对中国的公务员进行新加坡公务员廉洁、办事效率、服务心态和公共服务的高级公务员培训班。对中国高级公务员的培训使我们公司的经营上了一个台阶，我们公司与新加坡政府部门，如：贸工部、企业发展局、新加坡建屋局、新加坡税务局、新加坡教育部，还有新加坡国立大学、南洋理工大学、理工学院、工艺教育学院等单位联系，为中国公务员培训项目和中国教育高级管理工作者进行培训课程。后来还办特别针对来自中国的校长、教育局局长、职业教师等教育工作者的教育培训班。

我的主要工作是开拓中国的客户资源，举办各种类型的培训班，我负责联系新加坡各个政府部门、公立大学、学校等相关部门，找各行各业的讲师和客座教授，或大学教授等，并编排培训专题课程、安排日程，以及与新加坡相关的政府部门交流和访问、各级学员食宿等。我公司还做的另一块业务是招收中国的中学生到新加坡读中学、专科学院、大学等。

我先生毕业于新加坡南洋理工大学经济硕士，这个项目是新加坡政府和中国政府机构合作的研究生班项目，大部分学员是来自中国的市长、副省长、各部门的局长、厅长等，他们公派出来学习，而我先生与他们是同学，这些人脉对我们今后的业务开拓是非常重要的，他们会介绍我们去找教育局，或其它部门，或学校，通过我们与市教育局和校长们真诚交流和开展合作项目，彼此建立了信任，并建立了雄厚的合作基础，这样得到不少客户，业务持续开展。

我和先生经营我们的公司，当然有很大的成就感，与打工时期的状态不同，首先就不用看别人脸色，你想做什么事情，我们俩商量一下，若有争执就讨论，若没争执就定下来执行。我们的目的是服务好每一个客户，要耐心去跟客户沟通。和我打过交道的客户都说我有耐心，我觉得应该是做护士工作时给我奠定很好基础，耐心地与客户去沟通、并能体谅客户的想法和情绪；再一点是在合作谈判价格上我不是那么死，我认为只要有钱赚和签订合约后，就应该好好提供各项的服务。无论我们收取多少服务费，对于我们提供的服务都是没有区别的，这样一来企业就慢慢发展和壮大，并有了良好的信誉和口碑。

我们在新加坡创业和发展，很快我们成为新加坡公民。由于孩子成绩优秀，当我们成为公民之后，我的孩子就享受了新加坡教育部的全额奖学金，每个月不仅能省下 200 新元—500 新元，而且更重要的是一个荣誉。

对于公司来说，新加坡政府不管对外国公司也好，还是永久居民、本地公民的公司也好，企业税收、政策，没有什么偏差。最近政府对许多中小企业或有困难个人、特别是现在疫情的时候，政府发放的津贴不同。

职业感悟

我觉得我这人情商高、灵活，大家都愿意跟我相处，我倒觉得我是个香饽饽，从来没有受到歧视或排斥，在新加坡这么多年，我的记忆里很难用这样的词汇去形容。

我觉得，人不在于你在学校里面读多少书，读什么专业，关键是在社会大学里面，你怎样与人去相处。我一直以来都是属于提供服务的工作类型，我的一个理念就是常常站到对方的立场去考虑问题。我们一般考虑问题比较细腻，我觉得跟我的护士训练有关，做事很严谨。如果从表面上看，我的性格是比较大大咧咧，其实我在做事情上还比较注重细节的问题。

记得我们第一个培训团是清华大学和厦门大学的房地产总裁班，有 30 多位总裁班的学员加上他们的家属一起来了，共 64 位。做这个项目，就是我先生和我两个人全包，我们从联系人、接机到参观到访问到请教授到教材，所有都是我们两个人，哪一个环节我们都要提前做到细腻再细腻。

第一个项目做下来，让我有了很大的成就感，90 年代那些房地产总裁，都是相当富有，而且不容易跟他们打交道。那时，我对他们既尊重，但是有些事情在原则上我是不妥协的。在如何处理棘手问题上，我的情商很高，就能妥善处理这些问题。有一个例子，这个班有一个房地产女老板，她对她入住的房间不满意,因为酒店有一面是朝向滨海湾,风景很好,另一面朝向的景色普通。她没经过我,直接就去找酒店换房,借口是说房间很吵,要换房间,与值班服务生鸡同鸭讲也讲不清楚,酒店的服务生就带她找了两三个房间,她都不满意,到后面就吵起来了。这时酒店值班经理发现她是我公司的培训学员,就马上通知我。后来我了解她为什么要换房间,她就说了真实原因,我告诉她,风景好的房间价格会贵,我们是按照学员付费的实际情况安排酒店的房间,也告知她我是不能给予特殊待遇。之后我单独与酒店经理沟通,酒店也很买我们的账,第二天换了一个面朝滨海湾的房间,还送了一瓶红酒。后来我同她讲,下不为例,这个事情就平息下去。我举这个例子,因为是我们第一次做这样大型的项目,确实面对的这些人是比较挑剔、比较刁钻的人,但是经过一周的培训、与学员的相处、共同参与各项课程的学习和教授的问答、参观各个实体项目和发展商们的交流等活动,逐渐取得了学员们的信任,第一个项目就这样圆满地完成了,学员们满载收获而高高兴兴返回中国,就这样画上一个圆满的句号。回头来讲,有些东西要坚持原则,你要坚持原则不能妥协,但有些事情一定要随机应变,以达到客户满意,但也不失我们的尊严和我们的原则。

我一直在总结,人的学历无论多高,你在社会上打交道,必须要具备情商,情商高的人群,才能在社会上"玩得转"。但是,一定要真诚做人,一定要认真做事,一定要真心待人。我觉得凡是跟我接触的人,他们有的叫我李姐,有的叫我李老师,说你这人说话很大实话,我说我都大实话,好的事情我讲给你,不好的事情,我也告诉你,让你提前有防范,你做一个平衡,你觉得好和坏,取决于哪一方。

就是这样的经历,所以才在新加坡不能说风风火火,也是平平淡淡就度过了 28 年了。

(访谈经索菲娅女士修订)

第十二章

政治家的个人访谈

本章收录了三位华人女政治家的访谈,她们出生于五六十年代,都接受过大学教育,曾从事过程序员、教师、记者、经理等职业,在20世纪90年代开始从政,当选州议员和国会议员,官至副部长或部长。她们有极强的进取心和使命感,为促进马来西亚的政治发展和女性参政做出自己的贡献,也经受了身为女性所受到的制约。

第一节 窗外依然有蓝天
——陈清凉口述

访谈时间:2019年1月27日

地点:吉隆坡

访谈人:范若兰

整理人:范若兰、黄杏婷

陈清凉,出生于1959年,祖籍广东潮州。生长于一个重男轻女的大家庭,因而向往"去最远最远的地方",当过马来西亚国家篮球队队员。远走加拿大求学,并成为虔诚的基督徒,基督教信仰对她后来的人生理念和从政有巨大影响。毕业后,她从"最远的"地方回到马来西亚,先在日本公司做程序员,之后自己开电脑公司。1993年走向从政之路,受委担任市议员,1995年在槟城竞选成为州议员,并在1999年、2004年大选中蝉联州议员。随着马华在2008年、2013年、2018年大选的惨败,马华女议员全军覆没,她的议员生涯虽然停滞,但上帝又为她打开另一扇门,出任拉曼技职学院的CEO,她在这个新岗位同样做得非常出色。

一 我的成长环境

我 1959 年出生于吉打的双溪大年，祖籍是广东潮州。我父亲十岁就跟着他父亲从中国大陆南来，那时候很穷，他只上过小学，什么工作都做，以前打散工，然后慢慢去做小生意，做汽车轮胎的生意，买卖汽车。我妈妈也是跟着她父母从中国大陆来，大概是 30 年代，她是穷家子弟，没受过多少教育，大概上到小学 2 年级，八岁起就操持家务，16 岁就嫁给我爸爸了。

妈妈真辛苦

婆婆和公公（祖母和祖父）是属于那种比较封建的，我爸爸是大儿子，公公婆婆急着给他娶亲。爸爸喜欢一个邻居女孩，他们是青梅竹马，但是婆婆不喜欢她，说这个人做不了工，她讲男人三妻四妾，很平常的事，你以后有钱有本事，你就去娶。爸爸不是很喜欢我妈妈，我妈妈好像是一个童媳妇，娶过来呢，就是做工，还生了七个孩子，所以很辛苦。爸爸和青梅竹马那个女孩在外面成家立室，我记得我小的时候，爸爸就没有回家睡觉了，爸爸顶多一两个月回来一次，所以我从小很少见到爸爸，不亲。

我妈妈在家做家务做饭，我们家的轮胎店雇有 20 多个工人，还包括我们家有 20 多个人，所以妈妈一个人要煮 40 个人的饭。因为她是大媳妇，媳妇一个人要包办所有家务，婆婆是不做家务的，就像慈禧太后坐在那儿，叫你做你就做。以前没有洗衣机，妈妈还要洗十多个人的衣服，我看她手脚都烂了。我们从小看到妈妈真的辛苦，我们小小的时候，就要帮忙她，我想我以后一定要给她过好日子。

"你留在家扫地，照顾妹妹"

我在兄弟姐妹中排行第四，第四是最没人要的，老大老么有人疼，反正中间就没人要。老大是大姐，老二是大哥，我二姐是第三胎，婆婆一看到是女的，就说太多了，送人。幸亏是我外婆来，把她抱回去，然后再生我的时候，又是女的，婆婆还要送人，我妈妈就说不可以，才将我留下来了。我家很重男轻女，我印象最深的是，我六岁时，我的公公驾着一辆车要载他们去槟城玩，大孙子当然可以去，我的弟弟也要去，哭一下就可以进车了，跟着去。我也想去，但是婆婆就说："你留在家扫地，照顾妹妹"，那个印象真深刻，那个时候就觉得很不公平，这个世界没有爱的。

二　求学与信教

篮球国手

我打篮球很好，打到马来西亚国家队。我小学时因为个子很高，老师看我高头大马，就介绍5年级的我去打篮球。我小时候总觉得家庭里面没有温馨，没有爱，经常都是被骂，我大姑说我这么高，没人要，像印度人一样黑，总是那种很消极地说我。我就想跑远一点，尽量少在家待，每天花时间打篮球，早上打下午打晚上打，就打出一个国手来，进入马来西亚国家队。所以，有时候你的背景，你经历的环境，其实是可以磨炼你，把你塑造成为一个可能没有意料到的明星。我打篮球，纯粹就是因为我不想留在家里。我其实13岁就被选到国家队，但是，因为要读书我没有去，上高中时正式加入。那时候国家队队员都是华人，马来人多数踢足球，华人打篮球，印度人打钩球、赛跑。因为华人住在小镇，能够建篮球场，但是马来人住在甘榜，没有篮球场，但是他们有方块地，就踢足球。

篮球国手的经历对我后来影响很大。运动员就是即使多累你都要坚持到底，你就是要追求达到目标，我一定要赢这场球，斗志是很高昂的。在赛场上，你即使打到脚抽筋，但是当分数太靠近了，你一定要投进去。打下这样的基础，对你未来，在政治也好，在职场也好，你都是坚持到底，一定要达到目标。

去最远最远的地方

我的姐姐读书读到 form five（中学五年级），没上大学。我比较会读书，跟我爸爸讲，"我要上大学"。婆婆就讲，"女孩子无才便是德，读这么多书干吗，读了以后还不是嫁人"。那时候我喜欢看片、看夕阳、唱歌，然后就会想："这个世界如果有神的话，请你为我开一条路，帮忙我，我要读书，我要去加拿大，去最远最远的地方。"为什么？我觉得我想去外面的世界，去找寻生命的意义，所以就想到去最远的地方。我原来以为爸爸不会同意我出国读大学，而且没有钱，要去哪里找钱呢？没想到，他竟然同意卖掉一块地皮给我去读书，所以我说这个是奇迹。1978年我到加拿大滑铁卢大学读数学系，研究电脑和精算学，当时这个专业很热门，而且这个大学在北美洲是最著名的，要进去很不容易，考分是全部都要85分以上才可以进，我算是还不错，可以考进这个著名大学。

图 12-1　投球英姿（陈清凉提供）

我信了上帝

我在国外读书的时候比较辛苦，曾经生病，有阵子我爸爸没有寄给我钱，只能吃面包配白开水。我一个打篮球的加拿大朋友是基督徒，就带我到她们家，她的家人帮助我。世界上有这样好的人啊，给你免费吃住，照顾你，带你看医生，每天早上，都有茶歇，那个时候我开始读《圣经》，开始理解，原来上帝创造人，有天堂，有地狱，有魔鬼，有天使，人为什么会犯罪。那个时候，上帝应了我，让我看到这个世界是有神的，我就信了上帝。

大学毕业了，我的朋友让我留在加拿大，我也很喜欢。但是，我信了上帝，所以我要问天父，"我的天父你的旨意是什么？"上帝告诉我："回家"，去告诉你的家人，神在你的生命中行的美妙事情。所以我就很听话地回家，1983 年回马来西亚了。

三 当程序员与开公司

日本公司的程序员

回来后，我的公公就说："你怎么可以信洋教？"家里因为我信教的事，闹得很僵，我很辛苦。另外，刚回来没有工作，经济也不是很好，我读的这个专业只能找大公司，大公司才要用电脑，小公司不需要电脑人才。我就祷告，问神："你是我天上的父，既然信了祢，祢一定会看守我们，不是吗？"我祷告了三天，神就开路了，让我找到了工作，是一家日本公司，我在公司做电脑程序员。有了工作，就不一样了，你没有整天待在家里，家人就不会认为你是吃白饭。而且这个工作薪水比较高，可以给家里钱。

我在日本公司干了2年，程序员这个工作虽然很好，但是也很枯燥，没有什么挑战，每天都是同样的东西。那个日本大老板有一点色色，我的部门日本经理，也是有点色色的。我们两个大学女学生进到那个公司，大老板会带我们去吃日本餐，有时晚上要陪他吃饭，我不喜欢这种色色的人士，所以就不干了，辞职想去当传教士。

家人知道我想当传教士，就闹翻天了，我记得一次我的公公喝醉酒回来说："我今天就要召开家庭会议，来评论看看，谁支持你信耶稣？如果是支持你，我就离开这个家。没有的话，你就离开这个家。"我的家庭从来没有开过家庭会议，为了我信耶稣，还要召开家庭会议，你看，他们多么痛恨耶稣！

开电脑公司

我想当传教士没当成，之后我跟我先生开了一间电脑公司。那时候电脑还不普及，但很多人要学电脑，政府官员啊，银行家啊，老师啊，全部都来学电脑。当时我先生还在一个日本厂做经理，这个小电脑公司基本上是我一个人经营，雇了两个帮手，基本上都是我自己一脚踢，通常是我教，我卖，先生送货，他白天上班，晚上就去送货，给人家安装。

这个公司经营比较顺利，没有太大困难。我们是整个槟城、北霹雳、南吉打三角地带的第一家电脑公司，我们很出名的，吉打州、北霹雳、槟城，要买电脑的都会来。唯一的困难就是遇到那些顾客什么都不会，你卖了电脑给他，他就要你包教，包到会。但是卖和教是不一样的，遇到那些教不会的顾客，一点点事都要打电话来，就很麻烦。但是这是售后服务啊！我们都会去做。

办公司要做很多事，你要会销售，要会服务，会讲话，会教授，要懂得沟通，还要很容忍，很有耐性。比如说，有一次遇到一个人，就是我一直教，他还是不会，但是他很挑剔，讲话也不客气。遇到这种人，你真的是需要学习怎样去应对、包容。顾客基本上很尊敬我，因为他们不会，都要我教，老师要我教，银行家也是，所以大家都对我很尊重。

1988年我生了孩子，又要照顾孩子，又要照顾生意，就很忙很忙，孩子放在一个教会的姐妹那里，早上送去，晚上带回。

这个公司我从1986年开办，干到1993年从政。如果我没有从政，这个公司会发展得很大，但是，我做到一半，去从政了。

四　从政之路

受委市议员

我为什么从政呢？我是听到一个声音：你明天准备你的履历，他们要委你做市议员。我先生的叔叔是马华公会区会主席，那时候我们那个选区马华从来没有赢，它是火箭（行动党）的堡垒区，从独立到90年代，每一次选举马华都是输。马华就想试一下我行不行，年轻人比较有冲劲，可以讲三语，又是女的，也许派一个女的会有突破，所以他们就要委我做市议员。我听到那个声音的第二天，区会顾问打电话给我："陈清凉同志，你准备你的履历，我们要委你做市议员。"我说："我准备了啊"，他奇怪："你怎么知道？这是机密。"我说是上帝告诉我的。因为是上帝让我去做，我一定要服从，你如果不服从，你可以继续过你的生活，可是，神要用你的潜能，就没有了啊。

有人说你什么都听上帝的，你不是没有自己的想法？我说你错了，我就是因为听从上帝的旨意，我才觉得人生特别有意义。因为上帝有一句话说，你要欢喜在上帝里面，那你心里想要的，上帝就会给你。我觉得，以前我都不知道自己想要什么，后来上帝带我走过了，这就是我想要的，我可以帮助人，我可以帮助单亲妈妈，可以帮助迟钝儿童。我是单亲妈妈协会的主席，我也是迟钝儿童学校的主席，当了21年，我也是监牢的辅导员，当了35年的囚犯辅导。做这些事情我很开心，觉得蛮有成就感的。

我被委为市议员，干得还是很出色的。我去做流动服务，开货车出去，带着桌子和电脑，走到人多的地方，我就在大树下泊车，摆开桌子。他们看到第一个做流动服务的，很新鲜。每个人都想这个女人是哪里来的？我说我是市议员陈清凉，我来帮你们，你们有什么奇难杂症（笑），都可以来找我，不会打信，我打，学校有什么事要找部长，我可以帮跑腿。甚至家庭有纠纷，我都去帮他做辅导（笑）。所以一传二二传三，大家都来找我做服务。

当选州议员

我这样做，报纸就替我宣传，说陈清凉带来一股清流，政坛一股新的气息，没有看过一个女人这样勇敢，可以进到乡区去服务。报告上去，马华的总会长就讲："你做得很好，1995年大选，我要派你当候选人。"我说什么候选人，我不会哦，我不会政治。他说："就是服务民众，以后当议员就是这样服务"，当议员就是服务，我都很天真的，以为政治就是这样。我说我要回去祷告，会长就问"你要祷告啊，你的神会讲话的？竞选你不一定赢，因为这个地方一路来都是黑区，我们从来没有赢过"。我就跟他讲，如果上帝要派我下去竞选，一定能确保我赢，否则我浪费时间。然后我就去祷告，神给我启示，"你去竞选"，我就去竞选。

我给马华总会长写了一封信，跟他开三个条件，第一，我是基督徒，礼拜天我要去做礼拜，礼拜天如果你开会，我不参加。第二，我是基督徒，如果你们的决策违反《圣经》原则和教导，还有我的良心，我是不会支持的。第三，我是基督徒，我要做很多义工，我做监牢辅导，我做帮助单亲妈妈，这些工作我要继续的。这三个条件都没有问题，就开始竞选了，我是马华在槟城唯一女候选人。

第一次参加竞选累得要死，连续12天，每天早上到晚上连续访问，晒到脸都又黑又皱。竞选到最后一天，投票箱5点关了，我们去巡视投票站，有人告诉我，市场上赌你输1500票。唉，赌我输，我有点沮丧。睡觉之前，我就祷告："上帝啊，辛苦劳累的，他们讲我会输，现在怎样呢？"我打开《圣经》，神就讲欢呼喜乐，神会替你开路。睡到8点，电话就响了，"陈清凉，你在哪里？快点来，你胜了"。几开心啊，马华从来没有在这个选区胜过，上一届1990年大选时，马华一个候选人还输了3400票，怎么会赢了呢？我赢661票，来回差不多4000票过来支持我。这是华人占78%的地方，马华赢华人票很辛苦的，马来人多的地方还可以。

我这次之所以能赢，是因为他们火箭（行动党）长期在那个地方当议员，民生问题那么多，他解决不了，可能也是有心无力，因为还是国阵执政。道路破破了，水沟烂烂了，印度人的胶园没有水源，没有电灯，那里的一些人没钱吃饭，没钱读书，很多这种问题。大选时他们火箭又换一个新人上来，这个新人的名声不太好。还有最重要的原因，应该是1995年那次大选是国阵大胜，整个大课题，是对国阵很有利，1990年大选马华在槟城全输，后来马华办拉曼大学的分院，很多人就看到马华也有做一些东西，1995年大选马华全胜。

我第一次当议员，有一些人是大男人主义的，不一定看得起你，我做得很辛苦。我是历任议员，进医院次数最多的，进医院四次。因为太劳累了，24个小时，我除了睡觉六个小时，都是早上出去，晚上才回来，有时半夜一两点才回来。这么搏命，是因为我是女议员，我要做得特别好，要让人家看到，你们男人可以，我们女人也可以，不能被你们看不起，要做得比男人更好。

我一直是竞选州议员，没有竞选国会议员，一是因为我那个选区，国会议员是属于巫统的，如果我要打国会，我必须要去别的选区，如果那边已经有马华的国会候选人，人家不会让你来抢地盘。二是因为我那时在马华中央还没有一个高职位，只是区会的妇女组主席，如果你在中央有一个高职位，好像邓育桓、黄燕燕、周美芬，会安排你去打一个国会议席。1999年大选我还是竞选州议员，又赢了，选票增加到千多票了，从661增加到1500票。

冻结党籍

接下来，我人生最精彩的时刻来了。那时火箭（行动党）提了一个议案：反外环公路。人民全都反外环公路，因为要劈山填海，破坏环境，我是环保分子，人民反对，我也反对，我就不支持国阵，反而去支持火箭。首相马哈蒂尔要求开除我，马华总会长说："你不能够开除我马华的党员，我们国阵没有这样的章程"，马哈蒂尔就讲："我不可以开除她，但我可以开除你的党，我可以将马华踢出国阵。"我就和马华会长讲，"我辞职"。我向上帝祷告，我明明是要为公平、正义、仁爱，因为上帝跟我讲，你要进去政治，我给你三个词：公平、正义、仁爱，你要行使公平，捍卫正义，你要以爱心来照顾你的人民，为人民谋利益。我就跟上帝说，我明明是为了人民，为什么我会遇到这个事情。国阵居然这样的糟糕，我是不是进错党了呢？

那个时候，我的照片每天上封面新闻，因为每天都被那些巫统部长骂。马华又跟民政在吵架，槟城首席部长是民政的许子根，他以为我故意弄他。记者采访我，我说"我是凭良心做事，有错吗？我是为人民的。"报纸大标题刊出"凭良心做事"，首相马哈蒂尔就说，你的意思是说我们没有良心吗？就只有你有良心？巫统、马华、民政吵作一团，马华替我说话，差不多吵了一个月。民间支持我的声音非常高，他们告诉马华总会长林良实，如果你们开除这个议员，下次马华不要选了，原来你们是听上面老板的，你们并不是代表人民的，你们是为自己的乌纱帽，陈清凉不是为乌纱帽的，是为人民的，我们要这样的议员。

党纪律听证会下去吉隆坡，就在路边我们停在咖啡店下来喝咖啡，那时候我不敢出门，每天被人家骂，我头低低的，这时一个锡克人走上来，用英语对我说，你是陈清凉吗？你非常棒，非常棒。他请我们吃饭，我受到鼓励了，原来我这样做是受人民欢迎的。一个记者打电话给我，"陈清凉，你应该高兴啊，你梦里都应该笑啊，你知道吗？民主制度里有这样多的支持者，是你的福气"。

马华最终决定不开除我，只是冻结我的党籍。我向林良实会长要求辞职，会长就说："不行，我是总司令，你是我的士兵，士兵出事，总司令要负责。"我觉得总会长还不错，还会保护我，这样我就留在马华了。当时火箭要我过去，郭素沁还发一个文告"支持陈清凉"，公正党也在拉我过去，说我们需要这种正义的、勇敢的议员。我说，我不做青蛙，我是马华的，我的上帝没有叫我跳去火箭。

党籍被冻结了，丑媳妇总要见家翁，我还要展开活动。我的选区有一个新村，从独立以来，这个新村就不支持马华，从不投马华，都是投火箭。我要去新村参加一个白事，心里担心，不知道选民是怎样看我的。当我走进去的时候，突然看到那些火箭支持者的大男人们站起来迎接我，还跟我握手，他们说，"我们知道，你不为乌纱帽，你是一个清官，是为人民的，我们尊敬你"。

解冻党籍

2004年大选，国阵要把我踢出去。市场又在赌，陈清凉有没有得下？有没有得升？每个都在赌我没得下（参加竞选）。我党籍被冻结，就没有拨款，过去每年我都有办新春晚宴的，现在没钱，新村的人就跟我说："你不用担心，今年我们帮你办，人民帮你筹备，我们出烧猪、咖喱鸡、炒米粉、糕点"，各种食材，全部村民都筹备给我。然后电台也来拍，你看陈清凉，独立候选人，她的选民有多爱她。人民传达了信息，你们不给她下，我们叫她打独立人士，我们一定给她赢。他们没有办法了，所以就把我解冻，我是槟城第一个确定的候选人，在候选人名单中排第一个。

巴达维首相来到我这个选区，当时是国庆日，他一看到我，就说"莫迪卡"（Merdeka，独立），大意说，你自由了。这次2004年大选，我的得票是最高的，得了4800票。那个新村，历届从来没有投给马华，我也在那个新村赢了票，这是人生中很难忘的。但是接下来的2008年大选，我们就是全军覆没，马华的女候选人，一个都没有胜出，当时槟城整个沦陷。没有投我票的很多人是哭着来跟我讲："我们很爱你，对不起，我们爱你，可是我们恨巫统恨国阵，我们这次没有办法给你投票。"所以就这样输掉了。

州议员当不成了，他们叫我做协调员，希望在下一届大选时还可以扳回来。但是，2013年大选我们是扳不回来了，我就想要辞职，要退出了。那时，我在槟城一直跟林冠英对着干，因为我是国阵的宣传局主任。林冠英私底下讲，"全槟城的议员我都不怕，我就怕陈清凉一个，因为我查了她的背景，很干净"。我没有任何贪污腐败，我敢挑战他们，你不要一直讲国阵贪污，你有本事，你讲陈清凉贪污，你看我告不告你。他们只能够讲你的政党，政党在法律上是不能够控告的，因为你只能控告毁坏一个人的名誉。他们火箭党就利用这样的宣传点，宣传我们都是贪污腐败，我们都是走狗。我很生气，我挑战他们，"我们出钱出力，为人民做事，我们哪里是走狗？"

女性从政的优势和困难

女性从政有一定的优势，因为我们的选民一半都是女性。身为政治人物，我们要接触女选民，单亲妈妈也好，家庭主妇也好，而身为女性政治人物，我就容易与她们沟通，她们也不会有顾虑，如果家里没有男人，我们去拜访的时候，她们会开门欢迎我们去。有时候她们遇到困难，女性跟女性谈更交心，她们也可以向我们投诉一些比较家庭机密的事情。有时候，我也需要扮演"辅导员"的身份。而且，在大选的时候，一些女性可能也会倾向选一个同性别的候选人，对她们来说，她们需要服务的时候，可能会比较容易。

当然，在这个大男人主义的环境中，确实存在性别歧视。在我初参政的时候，女性参政是少之又少，我们党内一些同志会不以为然，这个女人是谁啊？从哪里来的？她能够做什么？一般选民也歧视女性，我印象最深刻的一件事是，当我大选拜票的时候，来到一个神庙旁，有一些男人在那边搓麻将，我伸出手与他们每个人握手，其中一个看到我的手，他不但没有伸出手来握，反而吐了一口痰，吐在我手旁边的地上，看着你，继续搓麻将。

在歧视女性参政的环境中，我们要鼓励女性参政。在我成为州议员时，会有一些女性支持者，我们当然就会做一些女性政治醒觉运动，比如办政治座谈会，组织一些女性社团代表去拜访政府部门或者政党，参观国会或者州议会，让她们对政治多了解。我本身也会特别找一些有潜力的年轻女子，给她们一些政治教育课题，也给她们口才训练，让她们慢慢站在台上，会主持，会演讲，所以，这些也是推动女性政治的醒觉。还有，我们也会派当地有潜能的女性担任村长职位，给她们去发挥，培养她们。

我也推动马华党内的女性参政。20年前，我在马华中央代表大会上发表演讲，希望我们党中央能够修改党章，制定配额制，就是特别给女性保留配额来做代表，从区会那边就实行配额制，否则的话，整个区会的中央代表，都是男性包办到完。女性如果要跟他们在基层竞争，可能要过一段时间才能够成功。我们的总会长和会长在听到我的演讲后，他们也特别地批准了，就是说，每一个区会的中央代表一定要保留一个席位给女性参加，这样，女党员就会更加理解在中央代表大会辩论的课题。对她们来说，这不论是在政治知识上，还是政府的运作知识上，都是一个很大的帮助的。

身为女性，在从政上也遇到很多困难。一个困难是交际习俗，我们会去参加一些宴会，有一些男人，就喜欢要跟我们干杯，尤其是整座都是男人的时候，他们会让我喝完那杯酒，甚至有时候，跟他们同用一个杯，他们喝一半，要我喝一半。我本身不是会喝酒的人，所以这件事对我来说非常为难。如果你不跟他干杯，他觉得你不给他面子，他就会很不爽，有时候会有一些男同志代我顶上，有时候我只能说一声，"对不起啊，我不能够喝酒，医生也让我不能喝酒"，跟他们说声拜拜，可以看得到，他的脸色很难看，可能我得罪了他，那也没有办法啊。

另外一个困难，就是男议员的言语性骚扰。在州议会的时候，有一两个州议员，会用性骚扰的言语占我们女性的便宜，每次我都反驳，因为我在州议会里面是很擅长辩论的，连媒体都给我冠上一个"州议会的长辣椒"，不是小辣椒，因为我很高，叫我长辣椒。有时候，我为民请愿啊，机关枪就扫，不管他是首席部长也好，行政议员也好，有时候甚至是自己的国阵的这些议员，我也是照扫，因为在正义和公平面前，你是不能退缩的。有一些议员过去经常有言语性骚扰，每次我都反驳，我说你有太太，有妈妈，有姐妹，你这样对女性不尊敬，不是对家里女性也不尊敬？加之记者会关注这类言行，尤其是女记者，她们都会大肆报道男议员性别歧视的言行，对男议员来说，这对形象不好，所以，他会有所收敛。

图 12-2　2013 年陈清凉竞选马华公会妇女组主席的海报

五　拉曼技职学院首席执行长

2013 年大选后，马华总会长廖中莱叫我负责技术学院，他说自立合作社有一间技术学院，做得非常糟糕。以前这个学院招生是读文凭班，后来拉曼大学已经有了文凭班，他们就去办技术课程，但是，技术课程又办得不好，整个学校每年都亏钱，亏了好几百万，后来这个学院被用一块钱卖给了马华。廖中莱就问我，看学院是否可以继续经营，还是关掉，因为一直亏是不行的。我说，这个学院可以帮助很多华人子弟，尤其是贫穷的、单亲家庭的、不喜欢读书的、不喜欢马来文的、不喜欢历史的，可是这些学生不是笨学生，他可以学技术，有一技之长，就可以找工作，所以这个学院不可以关闭。因为马来人有政府资助，全部可以读免费的，可是华人，如果马来文不及格，就不能上大学。我就说："一定要继续下去，给我 2 年 3 年，我把它扭转回来。"

爱心、责任心、真诚

学院原来设在马华大厦里面，那是商业区，地皮贵租金贵，还没有活动空间，这个地方不适合办学校，我就将学校搬到拉曼。学校校名不好，每个人只知道到自立合作社借钱，都不知道学院，所以我就把它改成拉曼技术职业学院，就是借拉曼大学的名牌去打。搬迁换名，然后我全国去跑着招生，去乡区，去学校，去中学，演讲、登报，很多校长都愿意开门给我，他们认为我这个人有正义感，是真心为人民，否则学校不会随便给私立学校进来招生的。

我很有经验，我曾经做过议员，我曾经做过老师，我曾经做过生意，所以我懂得怎样经营。感谢上帝耶稣的帮忙，我做出好成绩，就这样把学院扭亏为盈。学校名气一有，人们相信我们，学生就来了，学生人数一多，你就转亏为盈啊。每个人都在跟我说，现在马华低潮时，做得最成功的人就是你。

我认为要做什么事情，最重要的就是要有爱心。我很爱我的学生，我鼓励我的老师都要爱学生。怎么爱？爱到他们没有钱吃早餐，我自己出钱给他们吃早餐。两个学生是单亲妈妈的孩子，自己要半工半读，一天吃一餐，只是白饭、番薯，我知道了，就安排免费早餐，又安排生活费、助学金给他们，有空我也会带他们去吃午餐，有时候带回我家，煮给他们吃。我把学生当作自己的孩子，我很愿意花钱在学生身上。我跟他们讲，我不要求回报，我只希望你们以后有事业了，你要记得去帮助那些穷人，帮助那些需要帮助的人。

我们会去找赞助商，赞助一些穷学生学费和生活费，有一些给免利息的贷款。我也对老师一直强调，学生不会，你要教到他会，这个就是我的承诺，对学生父母的承诺。老师们愿意留到晚上 8 点到 10 点，星期六又来教，他愿意付出这个爱心。我让老师知道，要培养国家未来的人才，你要爱他们，你才可以当好老师。你如果没有这个心，你是为了一份薪水，就不要来。我的那些老师，全部都很支持我的目标。第一，我们自己要以身作则。我是 CEO，每天早上我都在那边，小事大事我都管理。第二，我们要真诚。我们讲的话，讲到做到，这就是真诚。第三，我们要有责任心。当你真的很用心去做的时候，就会看到成绩了，所以我整个扭转过来了。

我们学校99.9%都是华人。我是各种族都招，但是，来的都是华人，因为政府会为马来人提供免费的。但是，我学校有两个马来学生，宁可花钱来这边，不去政府学校。

我们学校的主要经费来源是靠学费，我们不像拉曼大学，没有政府的拨款。我们的学费都比市场要便宜，这是因为我懂得经营。我很能节省成本，我的员工要身兼数职，一有空就要帮忙做，我们出去做演讲的时候，他们也可以去招生。我现在还要做ISO，未来我要招国际学生，建成国际学校。我有短期中期长期的规划。

"我从来没有想过我这个儿子可以"

我的学生，有的当小老板了，有的能挣钱养家，看到他们这样成功，我们很开心。因为他们以前在学校都不及格的，在家睡觉啊，打游戏啊，没有事情做，父母很操心，现在可以有工作，有薪水，可以养家，父母多开心，"我从来没有想过我这个儿子可以"。有个学生来学校，两个星期都是睡觉的，我就骂他，你妈妈是单亲，靠车衣赚钱给你在这里读书，你不许在这里睡觉，不许打游戏。两个月后，他去工厂实习，八个月一出来，工厂就请他做工，升级了，老板买了车给他，买电脑给他用，一个月的薪水两千多，可以养一个残障的哥哥，还可以给一点钱给在拉曼大学读书的姐姐，妈妈很开心。

我的学校有一些很受伤的孩子，因为家里穷，在学校读书又被人家欺负。有一个学生，他的品德是E，E就是不及格，最低最劣等品德，[①] 考试时，全部都是0的分数。来学校读书三天就打架，两派一打架就招兵买马，黑社会来了，其他老师没见过这阵势，我做过监狱辅导员35年，什么人都看过，贩毒的，黑社会老大，杀人犯什么的，所以我不会怕，我们也懂得处理。我跟他们两个谈，说这里是学校，不是黑社会，如果你不叫他们走，我现在就开除你。一边硬一边柔，然后叫他们握手言和，好了，他们就被我改造了，染金发的变回黑发，因有老板要形象正的，现在变好人，都毕业了，他的妈妈都不相信，"我的孩子居然可以毕业？"

还有一个孩子的妈妈，毕业典礼那天，从头到尾一直流泪。这个孩子在学校不读书，招学生进黑社会，给警察抓过。之前学校的老师看到不行，就让他来我们学校。我们的老师很有爱心，就一直帮他，改造他，直到他可以

[①] 考评等级分为A，B，C，D，E，A是优秀，E是不及格。

毕业，然后有工作，儿子说，"我第一份薪水就给妈妈"，她妈妈不敢相信，"我这个儿子居然还能找到工作？"

六　陈清凉是一股清流

在我被冻结党籍的时候，《星洲日报》的郑丁贤曾经写过报道，他说陈清凉是一股清流，她很正直，立场很坚定，你看不到模棱两可。从当篮球国手，到议员，到她今天，为人民牺牲不惜乌纱帽。他写这篇文章支持我，那个时候，很多人支持我，最后马华解冻我的党籍，让我回来。我来到马华公会大厦的三春礼堂，有人送花，全体党员都鼓掌。

有人说这是最高的奖励，我说不会追求这些，因为我们是基督徒，追求的是真、善、美、公平、正义、仁义。上帝的这些价值观，都是我们追求的，名利地位是空虚的东西。

有一些人也讲，陈清凉的命不太好，这样能干的人，这样有表现的人，可是就是不能够升官。有一次，他们要委我做行政议员，可是那个同僚因为我要替换他，使了很多手段，跟火箭的人合作来抹黑，污蔑我。所以我说，不是所有政党都有好人，国阵里面有很糟糕的人，马华，火箭里面也有糟糕的人，所以我的决定是以原则、正义为基础，从来不以政党。所以，他们才叫我清流。

今天的社会太讲究名利地位了，太自私了，你应该要有开阔的心胸，要去包容。你包容更大，心就更宽，看的世界就更大。当我被冻结党籍，差点被开除的时候，我就看那个窗，窗是那么小，我就看到外面的蓝天，我今天束缚在小窗口里面，可是我要走出去啊，不要一直被自己的思想捆绑，你觉得这就是世界末日吗？没有，窗外依然有蓝天。这个就是我告诉单亲妈妈的，窗外依然有蓝天，你不要束缚在你是单亲妈妈，被丈夫抛弃，社会看不起你，不要有这种思维，鼓励她们走出来。

我的公公、婆婆、我的妈妈、父亲去世之前，都信了耶稣。因为他们看到，以前我脾气很坏，很叛逆，信了耶稣之后，就很孝顺。我从政，他们觉得很骄傲，"我的家有当官的"，在华人家庭来说，是很值得骄傲的事情。这就是上帝给我的回报。这种从政的经验，我觉得我可以帮助很多人，我很开心，我觉得很满足，圣经中有一句话叫作"施比受更有福"，华人是讲助人为快乐之本，所以我是很开心的。

（口述稿经陈清凉女士修订）

第二节 关注妇女议题，跳出妇女议题
——周美芬访谈

访谈时间：2019年1月26日
地点：吉隆坡
访谈人：范若兰
整理人：范若兰、黄杏婷

周美芬出生于1964年，祖籍海南，台湾政治大学毕业，当过短暂的记者、教师、经理。1991年加入马来西亚华人公会（马华），投身政治活动。1999年参加国会选举，首度当选为马来西亚八打灵再也北区国会议员，2004年蝉联。2004年至2008年担任妇女、家庭及社会发展部政务次长。2008年当选马华妇女组全国主席，并受委上议员及妇女、家庭及社会发展部副部长。2010年辞去马华妇女组主席职位，同时辞去国会上议员与妇女、家庭及社会发展部副部长职位。2013年重返政坛，当选马华副总会长，2014年再度受委上议员，受委妇女、家庭及社会发展部副部长。2018年担任马华公会总秘书长，直到2019年7月因个人原因辞职。

一 家庭与成长

我1964年出生于槟城，祖籍是海南文昌。我父亲出生于1935年，大概三四岁的时候从中国南来，他的教育程度是小学二年级，一直做小贩。母亲是槟城人，上到小学四年级，也是小贩。我有四个兄弟姐妹，一个姐姐，两个弟弟。

父母鼓励我读书

基本上我们家是男女平等的，我爸爸是一名思想比较开放的人，只要你讲得通，他能接受。人家说海南人重男轻女，我倒是没觉得。不过，我确实接触过一些重男轻女的。有一位姓林的富豪，子女很多，就很重男轻女，在他自己的企业里，男孩全是董事或经理，女儿则在办公室里做书记。我首次出任政务次长的时候，他对我说，"你做到这样就够了，女孩子不用做那么高了"，有很强的男尊女卑观念。

但是，我父母不同。我读高中的时候，家里经济不是很好，父母当时在

沙巴做小贩，当年沙巴整体发展虽然落后于西马，但因为伐木业蓬勃，经济发展较强劲，日常生活消费相对高昂，换句话说小贩的食物售价也比雪兰莪、吉隆坡一带高很多。为了生活，父母远赴沙巴从事小贩行业。1981年，我从坤成中学毕业后，就飞去沙巴协助，当时很多人问我妈，"你为什么不让孩子读书啊？为什么要让她来做小贩呢？"我妈妈小的时候想读英校，她爸爸不许，所以只读到小学四年级。她一直认为女孩子一定要有自立能力，要有学问，她听了人家的话，就劝我继续学业。商专毕业后，我申请去台湾读大学，申请到的那天，我在电话里跟母亲说，"我申请到去台湾读书"，妈妈的第一反应是，"你去读书啊！没有钱哦，你读了，万一你弟弟要读怎么办呢？"她话还没有讲完，父亲抢过电话说，"不要管你妈妈，你先去读，你弟弟能不能读，还不知道"。

可以说，在关键时刻，妈妈坚持我继续升学，但到了要出国读大学，谈到金钱支持的时候呢，她第一个想到的是儿子，反倒是我爸爸始终支持我深造。

父母亲对我的影响

我觉得，我对中文的喜爱、做人的道理和我个性的独立，其实都受到父亲的影响。我从小在小贩中心长大，那时我穿着条短裤和T恤，帮着父母售卖午饭，我很会砍鸡肉，常常弄得全身脏脏的。忙完后要去看电影，妈妈总是坚持要我回家先换件衣服，但爸爸会说，"去吧，没问题的"。我有一次问父亲："爸爸，什么叫作潇洒？"他是这样告诉我的："潇洒就是你穿着牛仔裤去到哪里，坐到哪里，起来，拍拍屁股就走，叫潇洒。"这是我爸爸的一个解说，给我留下深刻印象。我小学三四年级时，他就叫我去市政府交水电费，我第一次去，到了柜台前胆怯，没交就折返了，他说："你不敢啊，不敢再去，去到你敢为止。"所以我觉得，父亲对我的影响最大，我的个性就是我爸爸给我的，他让我能够独立。

和感性的父亲比较，我母亲是一位个性刚烈，具有冒险精神的女性，因男尊女卑的观念，加上外祖父拒绝让她在英文小学就读，她在读完小学四年级辍学。她坚信女性必须自强，必须能够自我保护，因此从小送我们姐弟三人习武。我中学想参加女童军，因她不愿支付40马币的制服费作罢，但过后参加柔道学会需60马币购买服装，她却一口答应。

母亲坚持我在完成中学后继续升学，否则，今天的我也许还是小贩。她的坚持造就了今天的我，她也许在个性和思想上并未影响我，但她的培育却造就了我。

二 短暂的记者生涯

我从沙巴回到西马后，申请到台湾读书。在去台湾读书之前那段时间，我在《中国报》做了六个月的记者，那时是18岁。1984年我进入台湾政治大学修读中国文学系，但和新闻系的同学关系很好，我还担任政大大马同学会通讯社社长，从那时开始学写社论，所以我向来蛮喜欢做记者。1987年从政治大学毕业后回到马来西亚，又在《中国报》做了五个月的记者，之后到吉隆坡中华独中教了1年半书，然后就去了一间香港、马来西亚、新加坡合营的公司——亚洲电视，做广告宣传执行人员，过后升任经理。

90年代华人女记者人数已增加，我看至少占1/3以上吧。总编辑以男性为主，女性很少，《光明日报》和《星洲日报》各出现过一名，其他都是男性。总编辑以下的女副总编辑和主管则很多。另外比较明显的是摄影记者大多数都是男性，现在女记者多过男记者，女摄影记者也多了。

我做记者时，第一阶段跑的是教育和社团，第二阶段跑的是普通新闻，各方面都有。1993年我还报读中华函授学校传播科学习新闻及广播写作、编辑与制作、广告技术等课程。记者工作经历和后来的进修，对我后来从政的广告宣传很有帮助。一是我在新闻界有一些人脉，1999年我第一次出来竞选，是在一个大黑区竞选，报社前同事和一些工作上认识的媒体人都会特别的关照我，包括确保我有照片出现在报纸上，照片也会挑选比较好看的。其次是我善于策划大型活动，文宣工作得心应手，也是得益于之前的工作经验。

三 从政生涯

从政之路

我为什么会从政呢？我在台湾读大学的时候，才知道原来当时马华公会的妇女组主席邓育桓也是政治大学中文系的毕业生。当时闪过脑海的想法是，"她可以，我应该也可以"。也许是这念头为我后来的发展埋下了种子。回国之后，我没有从政，也没有想过要去。1991年新年，我的舅母来我们家过年，说"马华妇女组需要有年轻人的帮忙"，她是马华妇女组的基层领袖，介绍我认识了邓育桓，从参加妇女组属下的女青年工作坊开始，几年后受邀出任邓育桓的机要秘书，这算是命中注定的吧，我开始从政。

1999年我第一次竞选国会议员。马华公会的大部分选区都是华人占多数的华人区，向来是行动党的强区，我之所以获得提名，一方面是因为党希望提供机会给女性，另一方面是栽培年轻人。白区已有在任议员，加上党讲究年资和职位高低，因此一般新人都会安排在黑区出战。① 我开始接到的通知是出战我当时党籍所在的联邦直辖区（吉隆坡）蕉赖区，幸好黄家定得知我住在八打灵再也，这个区也是行动党强区，但当时的议员是马华的林国豹，他因柯嘉逊在提名时出现技术问题而在没有竞选下中选，黄家定向当时的总会长林良实建议把我调回八打灵再也北区竞选，因当年选情对国阵有利，我在不受看好的情况下以2481张多数票中选。2004年大选我仍在这个区竞选，获胜，多票数增加至13043票，受委担任妇女、家庭及社会发展部政务次长。

　　但2008年因为政治大海啸，马华公会大败，我也输给了行动党的潘检伟。2008年我当选马华妇女组全国主席，受委上议员，担任妇女、家庭及社会发展部副部长。2010年因不认同当时的总会长，② 辞去所有党职和政府职位。2013年重返政坛后，当选马华副总会长，2014年再度受委上议员，重任妇女、家庭及社会发展部副部长。

　　在我从政之路上，有几位前辈对我的支持和影响很大。邓育桓栽培我，让我有机会参与马华妇女组的女青年工作坊，委任我为马华妇女组中委，过后聘我为她的机要秘书，是她给我平台表现，让我崭露头角。林良实给我机会竞选国会议员，黄家定也极力栽培，让我有机会出任妇女家庭及社会发展部政务次长。马华妇女组的前总秘书曾玉英（前马华华文作家协会主席"曾沛"）和前妇女组总财政周淑媛是一路给我扶持的前辈。

　　性别刻板印象

　　女性从政受到性别刻板印象的影响，我的感受较深刻。比如说，我在马华妇女组的时候，党要叫我去讲课，提供干训，他们会很自然地要求我谈妇女课题，我不以为然，告诉他们："你不要让我讲什么妇女课题，因为妇女课题有妇女组主席讲，我要讲时事。"我是有意识的不将自己局限于妇女课题。还有一次我受党委托和马华青年团的领袖们一起筹办了一项爱国大型活

---

① 白区，是指较有把握获胜的选区。黑区，是指没有希望获胜的选区。
② 马华新会长蔡细历有婚外情，其与情人的性爱光碟流传于网络，成为轰动一时的大丑闻。周美芬不认同这样的人担任马华总会长，愤而辞职。

动,很成功。后来有一些马青团的同志说,如果周美芬不是来自妇女组,这个活动不需要妇女组马青也办得成,但若是只有妇女组,没有马青的协助是办不成的。足见他们对妇女组的轻视。

我觉得我从政生涯一个最大的遗憾是,我从一开始进入政府部门直到最后,都是在妇女家庭社会发展部,我想这和我的性别有关,因为我是女性,领导很自然地认为我只适合在妇女家庭社会发展部,事实上我更希望有机会可以在其他部门服务。我在那本《回应大时代》①里写道,妇女组要跨出妇女议题,要关心其他政策,我很特意地尝试去除人们对女性的刻板印象。

关注妇女议题

我在担任马华公会全国妇女组主席期间,带领马华妇女组推动"7大方向,5大计划",以政策倡导,专业问政,强化并专业化妇女核心任务,培训妇女辅导志工百余人,在全马成立31个妇女儿童援助辅导单位,还成立马华妇女企业发展中心。

在2010—2013年离开政坛的三年间,我还是关注妇女权益议题,在国际妇女节100周年之际,主导并筹办"百年回眸,风华策动——国际妇女节百年庆典暨马中亚太区女性经济高峰论坛",担任大会总策划暨筹委会主席,于2011年3月4日至6日成功举办了一场有七百名各族女性出席的经济峰会,我专访了来自中国、新加坡和马来西亚11位精英女企业家,文章连续一年发表于马来西亚最畅销的妇女杂志《风采》。之后,我走访了国内10位顶尖社会运动分子,这些访谈文章随后编辑进我的第一本著作《风华策动——10女社会运动分子的掏心分享》。②

争取跳出妇女议题

我尽管关注妇女议题,但认为不应局限于此,而应该跳出女性议题。马华总会长廖中莱上任后,一再地鼓励我竞选马华副总会长一职。在竞选前,我跟他讲得很清楚,如果我中选,我要负责政治教育,因为我认为我不应该只是做那些女性家庭议题。竞选获胜,他给我安排了"社会发展委员会"主席一职,还是和女性、家庭、社会相关。我为此特意去他的办公室,"你记

---

① [马] 马华公会妇女组:《回应大时代:马华妇女组巨变中的奋勇前进》,马华妇女组2009年版。

② [马] 周美芬编著:《风华策动——10女社会运动分子的掏心分享》,策略资讯研究中心2013年版。

得吗？你答应我，要给我做政治教育"。他没有办法，践诺任命我为马华政治教育局主任。2014年我重新启动已停滞的马华中央党校，出任校长，说服马华中委会将党校纳入马华章程，在党章中新增一条："设立党校，以培训党员"，从此确立了马华中央党校的永久法定地位，不能随着总会长的更换而停顿。我在担任党校校长期间，主讲的课程主要是《选战策略》《马华在国阵体制下所面对的挑战》《两线制与公民社会崛起下的马来西亚政治》《马华的革新与来届大选的挑战》等，都和女性议题没有直接的关系。

图12-3 2016年周美芬代表马华公会中央党校与华侨大学校长贾益民签署两校《友好合作协议备忘录》，后排左起为中国驻马来西亚大使黄惠康，马华公会总会长廖中莱，马华公会政治教育局副主任梅振仁（照片由周美芬提供）。

我还给黄家定建议，成立能吸引和动员年轻人的组织以接触年轻人，恰逢东南亚海啸发生，他决定成立志工团。根据接获的消息，当他要找一个人负责志工团的时候，他想到很多人选，似乎就是没想到我。后来他问身边那些年轻人谁合适，年轻人都说："让周美芬做啊，就是她最适合了。"

所以，很多时候我都要自己去争取，才有机会证明我不是只能处理女性家庭议题。政治上确实存在性别刻板印象，这种情况是很严重的。我当了两次副部长，一次政务次长，都逃不出妇女家庭及社会发展部，如果现在我再到相关的部门，我是得心应手。但是，我更希望能够在其他部门有更好的表现，不希望说永远局限在我的女性角色。对吧？

我爸爸很鼓励我从政，是爸爸叫我加入马华的，我爸爸一向来都投反对党，但是当我决定从政的时候，他对我说，"如果真正要做事，就要去执政党"。从那时候开始，他转投马华。2010年当我决定辞职而尚未宣布的那段时间，他们也鼓励我，他们甚至怕我不辞职，叫我弟弟打电话给我："你决定怎么样啊？"我说我辞职，他说，"那就好，爸妈都希望你辞职"。所以我觉得我们的价值观念，都差不多。

未婚身份并不影响我从政

我的未婚身份，经常成为话题，但我个人认为，单身对我从政有好的一面。为什么呢？让我可以无后顾之忧，因为我没有家庭的牵绊。我的时间很充裕，所以我觉得反而单身是我的优势。为什么妇女从政那么困难？因为年轻的时候，她必须要照顾孩子家庭。很多女性在人生轻重的排列中，永远都是家庭第一，事业第二，社会活动第三。男性则是事业第一，社会活动第二，家庭第三。很多时候，一些女性真正能够出来，有所表现，全情投入的时候，都是因为她的孩子长大了，但是，她已经度过了最黄金的、最活力充沛的那段时间。所以马华公会在几年前修改了党章，让40岁以下的年轻女性可以进入核心，也就是说，现在马华40岁以下的女性，她的空间是无限的宽广，第一，她可以直接进入马华核心，第二，她可以进入妇女组，第三，她可以选择进入马青。所以，她是如鱼得水，完全没有障碍，就这方面而言，马华是比很多政党都要进步。

女性从政，我们自己也要注意，我现在也告诉我的前秘书，你还单身，你去哪里，尽量避免一男一女，一定要第三个人在，大家要自己懂得怎么去避嫌，因为人言可畏。我也被传过绯闻，问题是，你找不到证据，我自己没有这样的事，完全不用去管。因为如果真有其事，你以为别人会找不到吗？一定看得到一定碰得到的。我远到中国山东爬泰山，路上都可以遇到马来西亚人叫我的名字，我去到泰国，也遇到人问："你是不是周美芬啊？"我们躲避不了，隐瞒不到，还是端端正正比较坦荡。

三 从政感悟

政治人物坦然面对批评

当政治人物，经常受到攻击和批评，我可以坦然面对。因为我觉得，最重要的是问自己，你有没有做错？而且大部分属于人身攻击，比如说，拿你的名字来开玩笑啊！有时骂的课题完全和你无关，然后就硬套在你的头上。对这些我是没有感觉了，除非骂我的是我确确实实做错的。如果我错了，我就承认错了，我觉得从政一定要坦坦荡荡，我错了，就认错啊，讲对不起。如果你硬掰，有好处吗？没有好处的，第一，你把事情弄得更糟，完全没有办法灭火。第二，难道你硬掰之后，你就真的没有做吗，回去自己懊恼，不如干脆直接承认，直接说OK，错了，了结事情，继续往前走。所以我们说damage control，就是说危机管控，这很重要。有时候勉强反驳，反而会让自己受伤更大，是吧？我觉得人谁没错呢？重要的是你错了，用怎样的方式回应。

男议员的言语骚扰是他败阵后的最后武器

一些男国会议员会发出言语性骚扰。我认为，男性和女性争辩输掉的话，唯一能够用来挽回一点男性尊严的，就是用"性别"进行攻击。其实这也恰好反映了他们的无能。你看，男性跟女性辩论到最后，他赢不了你的时候，他就讲一些性别的东西来侮辱你，一向都如此，那就是他们的武器，其实当他使用这个武器的时候，他就已败仗了。

为了制止男性国会议员继续在议会侮辱女性，我率领了妇女组织的领导去见当时负责国会的部长和国会上下议院的议长，要求他们把禁止sexist remark，性别骚扰类的言论加入了我们国会的会议规范里。

四 再启程

马华1991年建立女青年团，我是第一届秘书，但是我们一直以来都是附属在马华妇女组之下。一直到几年前，修改了党章，四十岁以下的女党员也可以参与马青。其他的突破包括黄燕燕成为马华有史以来第一位女副总会长，过后女性竞选副总会长不再成为课题，甚至获得接受为适当的安排。2018年大选马华公会惨败，我在危机中出任马华总秘书，马华第一位女性组织秘书出现在七八十年代，是林香莲，她也是第一位女性华裔女上议员。阔别那么多年后，我们才又有了女总秘书，另外，也出现了第一位青年团女团长，叫王晓婷。

我之所以答应出任马华总秘书，是因为有义务在党需要的时候提供协助，加上自觉可以落实一些可助马华发展的计划，因此答应出任。总秘书长是马华第三号人物，主要负责党政策的制定和执行，我参与《新时代马华，马华新世代》执行蓝图的拟定，这是一项旨在促成马华转型和重振党的改造工程。现在执行蓝图的各项计划已全面启动和落实，如"马华政府监察运动"、马华档案资料中心提升和抢救历史的"口述历史"工作、巡回全国与基层交流，草拟了"国阵新宪章"草案，还带领或协助多个补选工作，处理了数项危机，以及马华机关各部门的改革工作。

马华公会现在处于危机中，我们现在是最坏的时代，也是最好的时代。最坏的时代是因为我们输到只剩下一个国会议席，但是，也因此，我觉得现在要改革比较容易，因为你还没有跌到谷底的时候，要改革是不容易的，尤其是这么大的一个 109 万人的政党。

做学术是我的另一个梦想，2010 年我辞去所有党职和官职后，到拉曼大学修读硕士，师从何启良教授，我的硕士论文是《林碧颜与她的时代》，①2013 年获得拉曼大学硕士学位。我还希望继续深造，读博士，这是 2018 年我答应出任总秘书前已做的决定，因此我只做了 8 个月的总秘书，2019 年 7 月辞去这一职务，8 月到北京大学读博士，开始我的新征途。

对我来说，服务国家、社会与族群是一生的志业，我的前半生有幸因际遇通过参政实践，我希望我的下半生能够通过学术落实。

（口述文稿经周美芬女士修订）

第三节　女性政治人物不能只是谈妇女课题
——郭素沁访谈

访谈时间：2019 年 1 月 22 日

地点：布城

访谈人：范若兰

整理人：范若兰、孟卓尔

---

①　这本硕士论文已正式出版。[马]周美芬：《维权律师：林碧颜与她的时代》，拉曼大学政策研究中心 2019 年版。

郭素沁出生于1964年，毕业于马来西亚槟城理科大学大众传播系，并拥有马来亚大学政治学学位与哲学系硕士学位。1990年加入民主行动党，先后担任该党国际事务秘书、民主行动党宣传秘书，行动党妇女组全国秘书等多个党职。1999年当选国会议员，2004年、2008年、2013年、2018年蝉联国会议员。2008年出任雪兰莪州高级行政议员，2018年7月出任马来西亚联邦政府原产业部部长。

我的家庭背景

我1964年出生在吉隆坡，祖籍是广东省惠州，是客家人。

我父亲是小商人，受过中学教育。他是第二代移民，我的祖父是第一代移民。我母亲受过中学教育，以前是小学教师。我母亲是在中国出生，但我的外婆是在怡保出生，十多岁返回中国，给人家当童养媳，嫁给一个她不认识、比她小、她又不爱的人，生了我母亲。在我母亲大约三岁的时候，外婆又带着母亲坐船回来马来亚，那时正是日本人侵略中国，我母亲常说她是从中国逃难过来的。

加入民主行动党

我从槟城理科大学毕业以后，先在一家企管公司工作，主要是办讲座会，办知识性的讲座和课程，做了三个月，然后就是1990年全国大选，当时马来西亚华人社会喊的口号是"支持反对党，促成两线制"，我是在这样的口号鼓舞下，加入行动党进行助选，放工之后去帮忙八打灵区的候选人柯嘉逊博士。那一年选举，行动党执政槟州。大选后，林吉祥的政治秘书全部中选成国州议员了，需要政治秘书，他选择了我，于是我在1990年的10月或者11月成为他的政治秘书。

我之所以加入民主行动党，是因为我认同他们的两线制理念。之前马来西亚华人政治陷入困境，要留在国阵，有人在朝好办事，从来没有跳出来看，说我们需要促成两线制，要有强大的在野党，可以随时取代国阵政府，以前从来没有人提，所以这样的口号和理念被提出以后，我很认同，我就加入行动党。而且，我大学毕业出来，先去企管公司，做了三个月，就参加助选，参与一个一个斗争，轰轰烈烈的斗争。再回去公司做那种行销课程，叫人家来参与这个课程，而且一给钱就是几千块的，我就觉得这个工作没有什么挑战性。而行动党那边给我同样的薪水，叫我过去，我就这样从政了。

你看，真的是没有想到可以在 20 多年后改朝换代。我加入行动党时，别人当然骂我们是傻的，我父母亲对我参加行动党，也很不赞同，我给他们骂了五年，骂到我受不了，搬出来住。

当选国会议员

我 1995 年就开始竞选国会议员，那一次失败。1999 年大选又成为行动党候选人，这次选举行动党与公正党和伊斯兰党组成替代阵线，华人很不理解行动党为什么与伊斯兰党结盟，不投票给行动党，使得行动党得票率很低，连党领袖林吉祥、卡巴星也落败，他们的落败，确实对行动党是一个打击，我们都依赖的这两个资深的大将倒了。

而我在这次大选中反而获胜，我觉得跟女性因素有点关系。我的选区是士布爹区，女选民多过男性将近两个百分点，也就是 2%，女选民可能倾向于投给我，因为那时候很少女候选人。1999 年我的竞选活动充满性别歧视，我被派到我的国会选区，面临四角战，我面对的一个是廖金华（退出民主行动党的前国会议员），一个是马华公会的蔡崇继博士，这是我的主要对手，在那个地方已经服务了四年，还有一个是印度裔候选人。我像是直升机空降下来，很多人都不认识我，我竞选时看到到处都是竞选布条，说伊斯兰党不容许女性参政，伊斯兰党来了就实行断肢法，这其实是指责与伊斯兰党结盟的行动党，我的处境很不利。

我的主要对手，马华候选人蔡崇继博士以为他稳胜的，因为他服务了四年。竞选期第四天，蔡崇继博士出席当地马华妇女组的宴会，喝了两杯就上去讲话，他说："我肯定比郭素沁优秀，我是男的，她是女的，我是站的，她是蹲的，我是博士，她是硕士，她的硕士也不晓得是哪里得来的？我在这里服务了四年，如果这次再不中选，我就不会再倒回来服务。"那个时候已经有很多女记者，散会后那些女记者走上去问他："蔡博士你讲的这些话可以写吗？"他带着醉意，很豪迈地说："写，没有问题。"这样的新闻是属于有新闻价值的新闻，即使是亲国阵的报章，也乐于刊登，结果《中国报》就半版彩色登了出来，其他华文报章也登，就掀起轩然大波，选民认为蔡崇继的"站蹲论"充满性别歧视。林吉祥看到这是攻马华最好的时机，就发动了所有我们的候选人，在他们演讲时，公开叫马华的对手表态，支不支持蔡崇继的言论。他的性别歧视言论也引起众怒，很多妇女团体发文告，选民也打电话去全国各地的马华办公室，说你们的博士怎么可以讲这样性别歧视的话，还有人写打油诗讽刺，也有很多男士都出来讲话，它就变成是一个全国性议题，很多人要求蔡崇继博士跟我道歉。

竞选期很短，第四天就惹祸，还剩下五六天时间，对马华相当不利，因为他们全国各地的竞选行动室都有选民打电话去骂，他们的工作人员又在电话里跟选民对骂。马华看到不对劲，觉得不能够这样来处理，就让蔡崇继到马华总部开记者会，蔡崇继只好说，他对所有觉得被冒犯的人道歉，但是不对郭素沁道歉。讲话被登了出来，更激起众怒，突然间我的整个选区的选民开始发现我的存在，他们开始来帮忙，我到处去握手，有男性跑来跟我讲，"我一定支持你，我太太是女的，我女儿是女的，我妈妈是女的"。其他选民也会说，我们支持你，我妈妈是女的。

最终我当选，但也只胜了5200多张票。照理这样的风吹过来的时候，我应该是可以有一两万张票的胜出，你可以看到那时华人社会对伊斯兰党的恐惧。

从政成就

从政多年，我很难说有什么骄傲之处，我算是有点幸运吧，因为我觉得比起那些社会活跃分子，他们可能一辈子就是在NGO这种组织工作，但是至少我有一个平台可以在国会发言，可以推动一些东西，比他们占了一些优势。

2004年大选我是以12000多票当选，2008年大选是以36000多票当选，是全国最高的得票数，这不是我个人的成就，要归功给选民，若不是士布爹区选民勇敢地把票投给行动党，我不会有这样的成绩。在这个朝向改革的政治运动里，我只不过是一颗棋子，真正推动国家政治改革和民主化的是人民。这一年雪兰莪州改朝换代，我当上高级行政议员，主要负责的是投资，比如招商引资和贸易这一块，但是因为我们毕竟是在一个州，能够发挥的其实不多，因为大部分权力在中央，这是马来西亚的政治制度。而且第一次做政府，面对好多的打压，什么事情他们都用种族来看待的。

2018年大选希望联盟胜利，组建政府，我受委担任原产业部部长。至于说我会有什么样的成就？要看这一次我当上部长，我能不能够在这短短几年之中有所发挥，我觉得对我来说这个事最重要。

图 12-4 郭素沁

图片来源：郭素沁提供。

性别歧视与性别议题

政坛是有性别歧视的，女性议员要面对语言的性骚扰。

1999年我们行动党三位女性（郭素沁、章瑛、冯宝君）获胜，国会中第一次出现反对党华裔女议员，我们成为被捉弄、被骚扰的对象，很多性骚扰的语言抛在我们的身上，而我们进行反击，每一次都是可以上报纸的，所以越被捉弄，我们的名气就越高。因为这种报道是很安全的，对媒体来说，即使他们是国阵的媒体，男议员不三不四奚落我们的言论，上报纸是安全的，所以我们就频频上报。他们执政党要轰的是反对党，而我们是人数较少的反对党女议员，就成为他们攻击的对象，用性骚扰的言辞。而我们也是得理不饶人，我们是打架机（笑）。

面对性别歧视，你要怎么去应对？你要怎么去表现？对我来说，其实我一直都不是很喜欢标榜我是女性主义者,你可以看到我过去20年来的言论,我不是那么着重于谈妇女课题。我发现我们其他的女议员,她们喜欢谈妇女家庭课题之类,我很少去谈。我也不喜欢一直去谈华教,我觉得这些已经有很多人去谈,就让他们去谈好了。我在国会的演讲,我提出的,是其他人不会提的,其他的女性不去提的。

我第一次当议员时,我有提很多环保和原住民课题,因为没有人提,刚好我接触到关心这方面议题的NGO,好像砂拉越的"巴贡水坝",原住民被迫搬迁,这些课题我就时常在国会去提,还有一些环保课题,虽然我也不是什么大环保分子。因为我有一个看法是,女性政治工作者不能够老是谈女性的课题、家庭的课题,其实我们要显示给人看的是,我们可以跟男性一样,谈很多其他大的课题,而不是围绕在妇女这个圈子。所以你看,我不是行动党妇女组的要员,我已经退出了,我不要在妇女组里面,我想要去做其他的事情,妇女组可以继续存在,让别人继续去发挥。

马华妇女组与行动党妇女组的差别

过去,一般马来西亚华人如果讲妇女参政,他们第一个想到是去马华公会,因为马华妇女组很活跃,时常有很多的活动,她们有很多的钱、资源,也是马华公会机制的一部分,马华妇女组主席一定是副总会长,妇女组也有自己的大会,妇女组有固打去成为候选人,或者是代议士之类的,但这样一来,马华妇女参政也一直被卡在、困在妇女组的圈圈里头。

而这些都是行动党没有的,行动党没有人没有钱,几十年来都是这样。其实,行动党的妇女组一直都很弱,我们是有妇女组,但没有什么出色的妇女干部在里头,妇女组也不很活跃,你可以看到我们很少打出妇女组的名义去办一个什么活动。2008年开始多一点妇女参与政治,因为我们执政槟州、执政雪州,再加上被打压,引起很多妇女对政治的关注,那个时候,你可以看到很多大妈也开始在谈政治,所以行动党才开始慢慢多一些有素质的妇女来参与。

如果今天我们大选或补选,要派女候选人,我们很多基层都不会反对,只要那个女党员或者干部,她们有表现,基本上都会受到提拔的。我们要提拔更多的女性上来,已经在党内得到广泛接受。我们现在还是没有强调妇女组,只要你有条件,你不是以妇女组的身份去成为候选人,而是以你的条件或者当地政治的需要去担任候选人,做领导。

实际上，我们行动党妇女参政不限于妇女组，空间反而更大，因为是男女一起合作，不然的话，往往你们妇女组去做，搞不起来。在90年代初期，我曾经要搞一个妇女组讲座会，出席的男的比女的多，我们的支持者，那些妇女也不是那么热衷要去听你的妇女参政之类的讲座。所以我认为，不如把我的精力投身在其他课题上会更理想。

旺阿兹莎的形象

旺阿兹莎有20多年当党主席的经历，她有她的姿态、她的方式，不是像我们那样去拍桌子跟人家骂架的那种。她这样的姿态，可以吸引马来妇女，也吸引了很多普罗大众对她的政党的支持，她的因为丈夫坐牢的悲情形象，母亲和妻子的形象，是马来妇女接受的。她毕竟是一个象征，你不能期待她成为像英国的特蕾沙梅首相，我觉得，一般人民也没有对她有这样的期许。

很多假新闻是针对我的，说我反伊斯兰教反马来人，我是一个被马来网民丑化攻击的对象，因为我是女人，我是华人，我是基督徒，这些都是他们可以拿去大做文章的。但是你看有没有人对旺阿兹莎做这样的丑化攻击？没有。她还保持着那种圣人的地位，可以说，她有她的那一种影响力，她讨人喜欢，让人觉得温馨。今年我也有拍新年短片，我找她跟我一起拍，就一分钟，因为我知道找她来，就有很多人喜欢去看，去点击。她有她的那一种定位和形象，对于穆斯林占多数的一个国家，对妇女的要求是保守的，是含蓄的，我觉得她的姿态反而是正面的。

未婚身份从政的影响

其实在这样一个蛮保守的社会，未婚身份是不够正面的，也就是说，如果我有一个幸福的家庭摆出来，人家会觉得你参政也可以有美满的婚姻家庭，摆着那种姿态，我觉得是有助于鼓励更多妇女参政。

但是就我而言，当我没有这样的运气的时候，我也只好接受。其实马来西亚很多妇女是单身的，我也是她们中的一员，是单身贵族，当然我就成为被嘲笑的对象，尤其是对马来社会来说，他们觉得这是一个羞耻，但华人社会对此倒不在意，以前我还有点在意，如果是已婚身份，可能就没有这么多人笑话我了。但是今天我反而觉得这是一个祝福，尤其像现在，做部长真的好忙，见了你，等一下就见他的老板，见一个小时，我又要回到我的办公室来开会，所以我叫我的司机去买汉堡包，等一下开会的时候会非常忙。所以，当我的时间很紧的时候，我觉得没有孩子丈夫那种顾虑，是蛮自由的。

华人妇女参政

现在越来越多的华人妇女不介意出来参政，她们上电视，接受访问，跟几十年前比起来，已经先进多了。这是因为当越来越多的妇女受过大学教育，大学毕业生60%以上是女生，实际上，男女平权已经不再是一个像以往那么受争议的课题。所以我觉得这个是一个蛮不错的一个趋势，当然我们的女议员还不是很多，还要继续努力。

（访谈文稿已经过郭素沁女士审阅）

结　语

　　走过百年，20世纪新马发生了翻天覆地的变化，女性地位和性别观念是变化的一部分。时代巨化与妇女职业变迁是一种互动关系，每一个职业变迁都折射了时代的巨大变化，每一个职业妇女都参与和推动了职业变迁，这些平凡和非凡的妇女托起了大时代。

　　影响女性职业变迁的主要因素包括经济发展、教育发展、政治变化、性别观念变化，这四种变量本身就存在错综复杂的互动关系，比如经济与教育，经济发展促进教育发展，前者能为后者提供更多教育经费，后者为前者培养更多劳动力和人才，从而促进经济更快发展；比如经济与政治，政治稳定、政府政策能促进经济发展，而经济发展也带来政治稳定和发展；比如教育与性别观念，教育发展促进性别平等，性别平等促进教育公平发展；比如经济与性别观念，经济发展促进女性经济参与，改变传统性别观念，性别平等促进女性更大范围的经济参与，促进经济发展。而20世纪新马华人妇女的职业变迁集中体现了这种互动关系（见图1）。

　　第一，经济发展水平与妇女职业的互动。产业构成、经济发展速度，决定了华人女性的就业率、职业分布和收入水平。在经济发展迟缓的殖民地时代，华人女性的职业大多是农民、胶工、淘锡工、佣人，而在经济飞速发展的工业化时代，新马华人女性职业大多是工人、文秘、专业技术人员等。经济发展带来充分就业，新马面临劳动力不足，这为华人女性扩大职业参与提供了充足机会，她们不仅在"适合女性"的制衣工人、电子工人、文秘、教师等职业占据主导地位，还将曾经"不适合女性"的职业变成"适合女性"的职业，如律师、医生、记者、司机、保险代理等，而且在"不适合女性"的职业扩大职责范围，如警察、工程师等。而女性的职业参与，又极大地推动了新马的经济发展。此外，新加坡经济发展快于马来西亚，吸引马来西亚华人妇女到新加坡从事车衣、佣人、理发师、文秘、专业技术、经理管理等

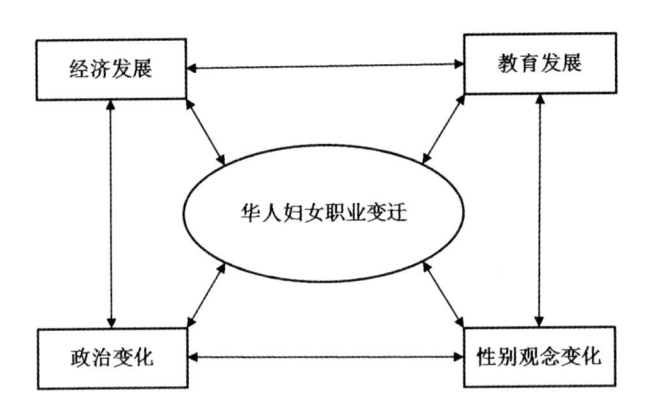

图1　20世纪新马环境变化与华人妇女职业变迁的互动关系

资料来源：笔者自制。

职业，促进了劳动力的跨国流动和职业流动。

第二，教育发展与妇女职业的互动。殖民地时代华人女性大多是文盲，接受小学教育者较少，接受中学教育者更少，接受大学教育者可谓凤毛麟角。独立以后，新马华人女性接受中学和大学教育者逐渐增多，尤其到20世纪末，女大学生人数已占大学生的半数以上。教育水平的提高极大地促进了华人女性的职业拓展能力。通常文盲或只受过小学教育的女性，只能从事农民、女佣、胶工、建筑女工、淘锡工等低级职业；受过中学及以上教育者，能从事小学教师、电子工人、文秘、护士、店员等中低级职业；而受过大学及以上教育者，能从事中学大学教师、记者、医生、律师、工程师、建筑师、经理、管理等中高级职业。教育程度越高，女性职业提升和拓展能力越强。而女性职业提升的需要，促使她们追求更高的教育，也推动了教育发展和教育公平。

第三，政治发展与华人妇女职业变迁的互动。政治变化，尤其是政府政策，一定程度上决定了女性的就业率和职业分布。新马从殖民到独立，从威权到民主转型，推动了越来越多妇女从事公务员职业，高级女性政府管理人员、女政治家也从无到有。政府的生育政策、就业政策、教育政策、性别平等政策等，也深刻影响到妇女的就业率和职业拓展，尤其是马来西亚不平等的族群政策，一定程度上影响到华人女性的大学入学和职业分布。而妇女的职业参与和权利维护，反过来促使政府改变不平等的就业政策，如同工不同酬、已婚妇女改为临时雇员、夜班时间规定等，也促进政府决策的性别主流化。

第四，性别观念与妇女职业变迁的互动。父权制性别观深刻影响了妇女的经济参与意愿、职业选择和职业层级的提升。男尊女卑、男外女内、男主女从、男强女弱、男刚女柔、男女大防等传统观念，强调女性的家庭责任、低等、服从、柔弱。父权制性别观念深刻影响到华人妇女的职业选择和评价，20世纪最初几年，华人妇女的最大职业群体曾是妓女，她们被迫用"身体"（性）来谋生，在父权制下，这被认为是"适合女性"的；20世纪上半叶，一些华人女工用"体力"谋生，如胶工、淘锡工、建筑工，她们其实从事的是重体力劳动，但又相对集中于除草、割胶、淘锡、担泥等次等领域，被认为"适合女性"；一些华人女性用"抚育技能"谋生，如女佣、女护士、接生妇，这些职业被认为"适合女性"；一些华人女性用"色相"谋生，如女招待、舞女、女理发师，被认为"适合女性"，但同时又因为突破了"男女大防"而被"污名"；少数华人女性用"智力"谋生，如女教师和女医生，这些职业与女学生和女病人相关，被认为"适合女性"。20世纪下半叶，"适合女性"职业扩展到所有领域，文秘、中小学教师、护士成为"女性职业"，制造业女工因为"灵巧技能"而受青睐，同时，女性越来越多进入所谓"男性职业"，如律师、工程师、企业家、政治家，以"智力"取胜，同时发挥女性优势，使这些"男性职业"也"适合女性"。可以说，职业参与提升了华人女性的自主意识，加强了女性经济参与的意愿、追求职业成功的决心，挑战性别刻板印象，进军所谓的"男性职业"，从而不断拓展妇女的职业领域。同时，促进了性别平等观念，推动父权制从根深蒂固到松动。

从"适合女性"话语在20世纪历史长河中的不断演进，可以看到，"适合女性"话语虽然附和了父权制对女性特质的建构，使女性史容易进入并主导佣人、工人、护士、教师、文秘、招待等"抚育技能""灵巧技能""文秘职责""服从性工作""外貌优势"等职业领域，在某种程度上强化了女性在职业发展上的次等、辅助角色，使女性局限在所谓"适合女性"的职业，导致她们处于低技术、低收入、低职位领域。但"适合女性"也是赋权女性，为拓展女性职业建构更有利的环境，为妇女进入某一职业建立信心，也使男性更容易接受女性进入这一职业；大量女性进入某一职业，改变了职业评价标准，使之更"适合女性"，如女秘书的"花瓶"形象终于改观；而且，进入某一职业的女性并不满足于只在"适合女性"的位置，她们会外溢到更多更高职位，最终使人们习以为常，如"女强人"得到一定程度的接受，"人们容易反感身居高位的女性是因为她们实在太少了。如果她们的比例达到50%，人们就会接受这种现象了"。[1]

"适合女性"话语为女性撬开了某一职业大门，她们的行动和表现决定了人们对女性的评价，职业女性不仅要证明自己"适合"这一职业，而且要干得更好，所以胶工陈金美"我自己是拼命做工，不要给人家看不起"，播音员黄兼博"为了证明女性也可在广播界进军，我必须战战兢兢，付出双倍的努力去学习，去工作，希望建立人们对女性在广播界服务的信心"。女司机曹亚枝努力工作，"我用行动给他们看，粉碎他们这种瞧不起女性的看法"。女议员陈清凉拼命工作，"因为我是女议员，我要做的特别好，要让人家看到，你们男人可以，我们女人也可以，不能被你们看不起，要做得比男人更好"。女性为自己争气，为女性群体争气，她们在工作中努力进取，不仅表现出认真、细心、耐心、忠于职守的工作态度，也表现出极强的责任感和使命感。而良好的职业表现，为她们的职业拓展和提升打开了更大的空间，推动职业边线的扩大。

更重要的是，女性的职业参与不仅提升了她们的职业流动和拓展能力，也提升了她们的主体意识和群体意识，更提升了她们的社会参与能力和意愿，从关注职业领域的性别不平等，到关注法律、社会层面的性别不平等，并进行抗争，从而改变父权制性别制度，树立性别平等的主流话语，推动新加坡和马来西亚从牢固父权制社会转向松动父权制社会。[2]

20世纪是历史长河中的一小步，却是新马华人妇女职业变迁的一大步，她们在职业提升和拓展上取得显著的进步。目前新马仍是父权制社会，男外女内的性别分工、男强女弱的性别定位仍很有影响，首先影响到社会普遍认为女性应以家庭为中心，使得女性面临职业与家庭的双重负担，其次影响到人们对女性职业的期望，更接受与女性角色相关的职业，更认可女性的次等和辅助职业角色，设置了更多"玻璃天花板"影响女性的职业提升。2013年新加坡社会及家庭发展部做了《新加坡人社会态度调查》，96%的已婚职业女性说她们得负责照顾家人，91%说她们得做家务，76%表示得为家庭做

---

[1] ［美］谢丽尔·桑德伯格：《向前一步：女性、工作及领导意志》，颜筝等译，中信出版社2014年版，第37页。

[2] 范若兰：《东南亚女性的政治参与》，社会科学文献出版社2015年版，第378—383页。

出财务贡献。与此同时，负责照顾家人的已婚职业男性只有53%，做家务的53%，为家庭做出财务贡献却有96%。[1] 这份调查表明，90%以上的职业妇女要承担照顾家庭的责任，同时，也有53%的职业男性要承担照顾家庭的责任，与他们的祖辈父辈几乎完全不做家务相比，已大有改观。但绝大部分职业女性仍是照顾家庭的主力，这在一定程度上影响她们的职业生涯。

因此，提升女性的职业能力，不仅需要打破强加在女性身上的性别刻板印象和角色定位，也要打破对男性的僵化性别角色定位。真正的性别平等不仅需要妇女解放运动，也需要男性解放运动，目标是消除父权制强加给男性的性别角色。只有这样，在男孩社会化过程中，他们才能成为任何自己想成为的角色，从全职爸爸到小学教师，从工人到护士，从秘书到投资银行家。这意味着，我们需要对更大范围的传统性别观念与角色认知进行挑战，因此，"适合男性"也是男性赋权策略，他们可以根据自己的意愿、能力、爱好、家庭情况，阶段性地选择自己的职业，承担自己的责任。重要的是，无论男性从事什么职业，他们都应该平等地分担家务和照顾孩子的责任，而不是将家庭责任视为女性的责任。只有这样，才能进一步提升男女平等，正如美国大法官金斯伯格指出的："当父亲们在照顾孩子方面承担起平等的责任，女性才真正得到解放。"[2]

回首20世纪百年，无数平凡和非凡的新马华人妇女汇入历史长河中，通过积极参与政治经济社会活动，不断拓展职业领域，不仅提高了自己的社会地位和家庭地位，也推动了社会进步和性别平等，带来新马的沧桑巨变。从历史发展趋势来看，在21世纪，她们还能在更大程度上改变社会和世界，这真是令人期待。

---

[1]《男性居多职业 收入增幅较大》，《联合早报》2020年1月10日。
[2] 转引自[美]安妮-玛丽·斯劳特《我们为什么不能拥有一切》，何兰兰译，文化发展出版社2016年版，第153页。

参考文献

一 一手资料：

（一）人口普查

C. A. Vlieland, *British Malaya：A Report on the 1931 Census and Certain Problems of Vital Statistics*, London：Crown Agents for the Colonies, 1932.

Census of the Federated Malay States, 1901.

Census of the Straits Settlement, 1911.

Compiled by A. M. Pountney, *The Census of the Federated Malay States, 1911*, London, 1911.

J. E. Nathan, *The Census of British Malaya*, London：Dunstable and Watford, 1922.

P. A rumainathan, *Report On The Census of Population 1970*, Singapore, 1973.

S. C. Chua, *Report on the Census of Population 1957*, Singapore：Printed by Govt. Printer, 1964.

T. E. Smith, *Population Growth in Malaya：A Survey of Recent Trends*, London：Royal Institute of International Affairs, 1952.

The Population of Malaysia, 2010, https：//www. mycensus. gov. my/index. php/census – product/publication/census – 2010.

The Population of Malaysia, 2000, https：//www. mycensus. gov. my/index. php/census – product/publication/census – 2000.

The Population of Malaysia, 1974. https：//www. mycensus. gov. my/index. php/census – product/publication/census – 1974.

（二）官方报告

Annual Report of the Chinese Protectorate, Co. 275.

Colonial Office, *Higher Education in Malaya: Report of the Commission Appointed by the Secretary of State for the Colonies*, London: H. M. S. O, 1939.

Economic and Social Commission for Asia and the Pacific, UN, ed. *Women in Politics in Asia and Pacific*, New York: United Nations, 1993.

Federated Malay States, *Annual Report on the Social and Economic Progress of the People of the Federated Malay States, 1932 – 1939*, London: H. M. S. O.

Ministry of Education Singapore, *Education in Singapore*, Singapore, 1972.

Ministry of Education Singapore, *Education Statistics Digest*, Singapore, 1998.

Ministry of Women, Family and Community Development, *The Progress of Malaysian Women Since Independence 1957 – 2000*, Kuala Lumpur, 2003.

Official Reports on Education in the Straits Settlements and the Federated Malay States, 1870 – 1939, Singapore, 1980.

Perak Annual Report 1890.

Report of Labour Force Survey of Singapore, 1984, Singapore: Ministry of Manpower, 1984.

Report of Labour Force Survey of Singapore, 1980, Singapore: Ministry of Manpower, 1980.

Report of Labour Force Survey of Singapore, 1976, Singapore: Ministry of Manpower, 1976.

Report On National Survey On Married Women, Their Role in The Family And Society, Research Branch Ministry of Social Affairs, Singapore, 1984.

Report on the Labour Surrey of Singapore, 1994, Singapore: Ministry of Manpower, 1994.

Robert L. Jarman, ed., *Annual Reports of the Straits Settlements (1855 – 1941)*, London: Archive Editions Limited, 1998.

Singapore Ministry of Community Development, *Women in Singapore: A Country Report*, Singapore, 1995.

The Sixth Malaysia Plan (1991 – 1995), National Printing Department, Kuala Lumpur, 1991.

（三）资料汇编、纪念特刊、年鉴

陈瀚笙主编：《华工出国史料汇编》（第五辑），中华书局1984年版。

《福建女学校三十周年纪念特刊》，福建女学校，1950年。

傅无闷编：《南洋年鉴》，南洋商报社 1939 年版。

华人问题研究会：《马来亚华人问题资料》，联合书店 1950 年版。

《教总 33 年：马来西亚华校教师会总会庆祝成立 33 周年纪念特刊》，马来西亚华校教师会总会 1987 年版。

坤成百年校史编委会：《坤成百年校史汇编》（1908—2008 年），坤成中小学暨幼儿园 2010 年版。

马华公会妇女组：《马华妇女组第 35 届全国代表大会总秘书报告》，马华公会妇女组，2010 年。

马华公会妇女组：《马华妇女组 33 年建国之路》，马华妇女组，2008 年。

《马来西亚中华大会堂总会妇女部二十五周年纪念》，2018 年。

《南洋八十：承先启后》，南洋女子中学，1997 年。

《南洋年鉴》，南洋报社有限公司 1951 年版。

《新加坡公立南洋女子中学校校刊》，南洋女子中学，1948 年。

《新加坡南洋女子中学五十周年纪念特刊》，南洋女子中学，1966 年。

《新嘉坡公立南洋女子中学校校刊》，南洋女子中学，1935 年。

《星洲静方女学校筹款建校及概况特刊》，静方女学校，1938 年。

《星洲日报二周年纪念特刊》，星洲日报有限公司 1931 年版。

《星洲日报周年纪念刊》，星洲日报有限公司 1930 年版。

《中华中学创校八十周年纪念特刊（1911—1991）》，中华中学，1991 年。

UNESCO Regional Office for Education in Asia, *Progress of Education in Asian Region: Second Statistical Supplement*, Bangkok, 1975.

UNESCO, *UNESCO Statistical Yearbook 1997*, Paris: UNESCO, 1997.

（四）回忆录和言论集：

Janet Lim（林秋美），*Sold for Silver*, London: Collins, 1958.

陈嘉庚：《南侨回忆录》，岳麓书社 1998 年版。

《联合早报》编：《李光耀 40 年政论选》，现代出版社 1994 年版。

《马克思恩格斯列宁斯大林论妇女》，人民出版社 1978 年版。

马婷、[马] 章维新主编：《平凡妇女镌刻生命：20 个平凡妇女拼搏生活的故事》，简牍书社 2021 年版。

南方晚报社编：《我是一个职业女子》，新加坡南方晚报社 1952 年版。

[马] 黄兼博：《兼博人生：广播、妇女关怀、信仰的如此一生》，文桥传播中心有限公司 2013 年版。

［新］李光耀：《李光耀回忆录：风雨独立路1923—1965年》，外文出版社、新加坡联合早报1998年版。

［新］李光耀：《李光耀回忆录：经济腾飞路1965—2000年》，外文出版社、新加坡联合早报2001年版。

［新］思静：《木屐踩过的岁月》，玲子大众私人传播有限公司2000年版。

［新］思静：《我是妈姐的养女》，新加坡文艺协会1994年版。

［新］张素兰：《在蓝色栅门的后面》，林康译，八号功能有限公司2015年版。

二　口述访谈

陈达真口述访谈，访谈人：范若兰，地点：吉隆坡，时间：2019年1月26日。

陈金美口述访谈，访谈人：范若兰、郑名烈，地点：麻坡，时间：2019年1月18日。

陈清凉口述访谈，访谈人：范若兰，地点：吉隆坡，时间：2019年1月27日。

陈添素口述访谈，访谈人：范若兰，地点：巴生，时间：2019年1月21日。

傅向红口述访谈，访谈人：范若兰，地点：吉隆坡，时间：2019年1月23日。

郭素沁口述访谈，访谈人：范若兰，地点：布城，时间：2019年1月22日。

何书南口述访谈，访谈人：范若兰，地点：麻坡，时间：2019年1月19日。

何玉苓口述访谈，访谈人：范若兰，地点：吉隆坡，时间：2019年1月20日。

侯巧珠口述访谈，访谈人：范若兰，地点：吉隆坡，时间：2019年1月20日。

黄爱群，口述访谈记录，记录人屈宁、高丽。

黄合葵，口述访谈记录，记录人屈宁、高丽。

《号角响起：民主行动党元老口述历史：中委篇》，民主行动党，2016年，第261页。

黄晓坚等编：《从森林中走来：马来西亚美里华人口述历史》，广东人民出版社2014年版。

黄永宝口述访谈，访谈人：范若兰，地点：吉隆坡，时间：2019年1月

25日。

黄玉珠口述访谈,访谈人:范若兰,地点:吉隆坡,时间:2019年1月21日。

李书祯口述访谈,访谈人:范若兰,地点:吉隆坡,时间:2019年1月24日。

李双凤口述访谈,访谈人:范若兰,地点:巴生,时间:2019年1月21日。

李思云口述访谈,访谈人:范若兰,地点:巴生,时间:2019年1月21日。

李素桦口述访谈,访谈人:范若兰,地点:吉隆坡,时间:2019年1月24日。

李小江主编:《让女人自己说话——文化寻踪》,生活·读书·新知三联书店2003年版。

梁燕玉,口述访谈文稿,新加坡口述历史档案馆,编号A000505/08。

林书玉口述访谈,访谈人:范若兰,地点:麻坡,时间:2019年1月19日。

刘卿施,口述访谈文稿,新加坡口述历史档案馆,编号A000837/02。

骆秀凤口述访谈,访谈人:范若兰,地点:吉隆坡,时间:2019年1月23日。

南希口述访谈,访谈人:范若兰,地点:巴生,时间:2019年1月21日。

索菲娅口述访谈,访谈人:范若兰,地点:线上,时间:2021年7月3日。

张秀玉口述访谈,访谈人:范若兰,地点:巴生,时间:2019年1月21日。

郑冰如口述访谈,访谈人:范若兰,地点:麻坡,时间:2019年1月18日。

郑玉梅口述访谈,访谈人:范若兰,地点:麻坡,时间:2019年1月19日。

钟主惠,口述访谈文稿,新加坡口述历史档案馆,编号A001217/09。

周美芬口述访谈,访谈人:范若兰,地点:吉隆坡,时间:2019年1月26日。

邹慧冰口述访谈,访谈人:范若兰,地点:吉隆坡,时间:2019年1月25日。

[马]郑昭贤:《陈田夫人——李明口述历史》,策略资讯研究中心,出版年不详。

三 著作

(一) 中文

陈慈玉:《近代中国的机械缫丝工业(1860—1945年)》,中央研究院近代史研究所1989年版。

范若兰：《东南亚女性的政治参与》，社科文献出版社2015年版。

范若兰、李婉珺、［马］廖朝骥：《马来西亚史纲》，世界图书出版公司2018年版。

范若兰：《性别与移民社会：新马华人妇女研究（1929—1941）》，暨南大学出版社2019年版。

费涓洪：《妇女与劳动力市场研究》，时事出版社2017年版。

古鸿廷：《教育与认同：马来西亚华文中学教育之研究（1945—2000）》，厦门大学出版社2003年版。

关楚璞主编：《星洲十年》，台北文海出版社1977年影印版。

黄麟书：《考察南洋华侨教育意见书》，广东省教育厅，1935年。

黄强：《马来鸿雪录》（上册），商务印书馆1928年版。

李春玲等：《性别分层与劳动力市场》，中国社会科学出版社2011年版。

李小江等主编：《主流与边缘》，生活·读书·新知三联书店1999年版。

梁绍文：《南洋旅行漫记》，中华书局1924年版。

廖小健：《世纪之交的马来西亚》，世界知识出版社2002年版。

廖小健：《战后马来西亚族群关系：华人与马来人关系研究》，暨南大学出版社2012年版。

林远辉，张应龙：《新加坡、马来西亚华侨史》，广东高等教育出版社1991年版。

林志斌、李小云：《性别与发展导论》，中国农业大学出版社2001年版。

刘薰宇：《南洋游记》，开明书店1930年版。

刘正刚：《明清地域社会变迁中的广东乡村妇女研究》（下册），社会科学文献出版社2016年版。

潘毅：《中国女工——新兴打工者主体的形成》，任焰译，九州出版社2011年版。

彭家礼：《英属马来亚的开发》，商务印书馆1983年版。

钱鹤编：《南洋华侨学校之调查与统计》，暨大南洋文化部1930年版。

沈红芳等著：《东南亚的工业化、外国直接投资与科技进步》，厦门大学出版社2014年版。

沈红芳：《东亚经济发展模式比较研究》，厦门大学出版社2002年版。

宋蕴璞：《南洋英属海峡殖民地志略》，蕴兴商行1928年版。

宋哲美主编：《星华人物志》（第一集），东南亚研究所1969年版。

孙小迎主编：《东南亚妇女》，广西人民出版社1995年版。

王焕芝：《抗争与坚守：马来西亚华文教师队伍历史演进研究》，社科文献出版社2015年版。

王勤：《新加坡经济发展研究》，厦门大学出版社1995年版。

星洲日报与文化部：《新加坡历史图片集》，新加坡，1981年。

杨建成主编：《英属马来亚华侨》，中华学术院与南洋研究所1986年版。

郑建庐：《南洋三月记》，中华书局1935年版。

[澳] 颜清湟：《新马华人社会史》，粟明鲜等译，中国华人出版公司1991年版。

[马] 何启良：《政治动员与官僚参与——大马华人政治述论》，华社资料研究中心1995年版。

[马] 连惠慧主编：《当代马来西亚：经济与金融》，华社研究中心2016年版。

[马] 林水檺等合编：《马来西亚华人史新编》（第二册），中华大会堂总会1998年版。

[马] 丘思东：《马来西亚的沙泵锡矿工业》，南洋印务有限公司1984年版。

[马] 文平强：《聚族于斯：马来西亚华人研究》，新纪元大学学院2018年版。

[马] 徐威雄、张集强、陈亚才等编：《移山图鉴：雪隆华族历史图片集》，华社研究中心2012—2014年版。

[马] 张景云主编：《当代马华文存》，马来西亚华人文化协会2001年版。

[马] 郑良树：《马来西亚华文教育发展史》（第一、二册），马来西亚华校教师会总会1998年版。

[马] 周美芬编著：《风华策动：女社会运动分子的掏心分享》，策略资讯研究中心2013年版。

[马] 周美芬：《维权律师：林碧颜与她的时代》，拉曼大学陈祯禄社会与政策研究中心2019年版。

[美] 安妮-玛丽·斯劳特：《我们为什么不能拥有一切》，何兰兰译，文化发展出版社2016年版。

[美] 谢丽尔·桑德伯格：《向前一步：女性、工作及领导意志》，颜筝等译，中信出版社2014年版。

［日］可儿弘明：《"猪花"——被贩卖海外的妇女》，孙国群等译，河南人民出版社1990年版。

［新］崔贵强：《新加坡华人——从开埠到建国》，新加坡教育出版私营有限公司1994年版。

［新］宋旺相：《新加坡华人百年史》，叶书德译，新加坡中华总商会1993年版。

［新］苏瑞福：《新加坡人口研究》，薛学了等译，厦门大学出版社2009年版。

［新］王福祥、林家发等：《社会的另一面——新加坡娼妓调查》，新加坡云南书局1970年版。

［新］游保生、林崇椰主编：《新加坡25年来的发展》，南洋·星洲联合早报1984年版。

［新］章星虹：《韩素音在马来亚：行医、写作和社会参与（1952–1964）》，南洋理工大学中华语言文化中心2016年版。

［英］W. G. 赫夫：《新加坡的经济增长》，牛磊等译，中国经济出版社1997年版。

［英］巴素：《东南亚之华侨》，郭汀章译，台北正中书局1974年版。

［英］弗里德曼：《新加坡华人的家庭与婚姻》，郭振羽、罗伊菲译，台北正中书局1985年版。

（二）英文

Aline K. Wong and Leong Wai Kum, eds., *Singapore Women: Three Decades of Change*, Singapore: Times Academic Press, 1993.

Aline K. Wong, *Women in Modern Singapore*, Singapore: University Education Press, 1975.

Andrea Fleschenberg and Claudia Derichs, *Women and Politics in Asia: A Springboard For Democracy*, Singapore: ISEAS, 2012.

Barbara E. Ward, ed., *Women in the New Asia*, Paris: UNESCO, 1963.

Cecilia Ng, Maznah Mohamad and Tan Beng Hui, *Feminism and the Women's Movement in Malaysia*, London: Routledge, 2006.

Cecilia Ng, Noraida Endut, Rashidah Shuib, eds., *Our Lived Realities: Reading Gender in Malaysia*, Pulau Pinang: Universiti Sains Malaysia, 2011.

CharlesGamba, *The National Union of Plantation Workers: The History of the*

Plantation Workers of Malaya (1946 – 1958), Singapore: Eastern Universities Press LTD, 1962.

Colin Barlow, *The Natural Rubber Industry: Its Development, Technology and Economy in Malaysia*, Kuala Lumpur: Oxford University Press, 1978.

Donald R. Snodgress, *Inequality and Economic Development in Malaysia*, Oxford: Oxford University Press, 1980.

Eddie C. Y. Kuo and Aline K. Wong, *The Contemporary Family in Singapore*, Singapore: Singapore University Press, 1979.

Evelyn Hong, ed., *Malaysian Women: Problems and Issues*, Penang: Consumers' Association of Penang, 1983.

Grace C. L. Mark, ed., *Women, Education, and Development in Asia: Cross – National Perspectives*, New York: Garland Publishing, 1996.

Hoeleen Heyzer ed., *Daughters in Industry: Works Stills and Consciousness of Women Worker in Asia*, Kuala Lumpur: Asian and Pacific Development Centre, 1988.

Ho ItChong, *The Contonese Domestic Amahs: A Study of a Small Occupational Group of Chinese Women*, Singapore: University of Malaya, 1958.

Ho Tak Ming, *Phoenix Rising: Pioneering Chinese Women of Malaysia*, Ipoh: Perak Academy, 2015.

James Francis Warren, *Ah Ku and Karayuki – san: Prostitution in Singapore (1870 – 1940)*, Singapore: Oxford University Press, 1993.

Jamilah Ariffin, ed., *Readings on Women and Development in Malaysia*, Luala Lumpur, 1994.

Jamilah Ariffin, ed., *Readings on Women and Development in Malaysia*, Petaling Jaya: Mediate Communications Sdn Bhd, 2009.

Jamilah Arriffin, *Women and Development in Malaysia*, Petaling Jaya: Pelanduk Publication, 1992.

J. D. Vaughan, *The Manners and Customs of the Chinese*, Kuala Lumpur: Oxford University Press, 1977.

Jenny Lam – Lin, *Voices and Choices, The Women's Movement in Singapore*, Singapore Council of Women's Organization and the Singapore Bahai Women's Committee, 1993.

Jill M. Bystydzienski and Joti Sekhon, eds. , *Democratization and Women's Grassroots Movements*, Bloomington: Indiana University Press, 1999.

Jomolwame Sundaram, *A Question of Class: Capital, the State, and Uneven Development in Malaysia*, Singapore: Oxford Iniversity Press, 1986.

Joyce Lebra and Joy Paulson, *Chinese Women in Southeast Asia*, Singapore: Times Books International, 1980.

Kanwaljit Soin and Margaret Thomas, eds. , *Our Lives to Live: Putting a Women's Face to Change in Singapore*, New Jersey: World Scientific, 2015.

Kenneth Gaw, *Superior Servants: the Legendary Cantones Amahs of the Far East*, Singapore: Oxford University Press, 1988.

Kennial Singh Sandhu, *Indians in Malaya: Some Aspects of Their Immigration and Settlement (1786 – 1957)*, Cambridge University Press, 1969.

Lai Ah Eng, *Peasants, Proletarians and Prostitutes: A Preliminary Investigation into the Work of Chinese Women in Colonial Malaya*, Singapore: Institute of Southeast Asian Studies, 1986.

Lenore Lyons, *A State of Ambivalence: The Feminist Movement in Singapore*, Leiden: Brill, 2004.

Lenore Manderson, ed. , *Women's Work and Women' Roles: Economics and Everyday live in Indonesia, Malaysia and Singapore*, Canberra: The Australian National University, 1983.

Lenore Manderson, *Sickness and the State: Health and Illness in Colonial Malaya (1870 – 1940)*, New York: Cambridge University Press, 1996.

Lenore Manderson, *Women, Politics, and Change: the Kaum Ibu UMNO, Malaysia, 1945 1972*, Kuala Lumpur: Oxford University Press, 1980.

Lim Chong – Yah, *Economic Development of Modern Malaya*, Oxford: Oxford University Press, 1969.

Lynda Lim, *Malaysian Women's Entry into Politics*, Centre for Public Policy Studies, Malaysia, 2013.

Merete Lie and Ragnhild Lund, *Renegotiating Local Values: Working Women and Foreign Industry in Malaysia*, Richmond: Curzon Press Ltd, 1994.

Metro Manila, *Gaining ground?: Southeast Asian women in politics and decision – making, ten years after Beijing: a compilation of five country reports*, Philippines: Friedrich Ebert Stiftung, Philippine Office, 2004.

Neil Khor, ed, *Chinese Women: Their Malaysian Journey*, Petaling Jaya: MPH Pub., 2010.

Pang Eng Fong, *Labour Market Developments and Structural Change: the Experience of ASEAN and Australia*, Singapore: Singapore University Press, 1988.

R. N. Jackson, *Immigrant Labour and the Development of Malaya (1785–1920)*, Kuala Lumpur, Government Press, 1961.

Saw Swee-Hock: *Singapore Population in Transition*, Philadelphia: University of Pennsylvania Press, 1970.

Saw Swee-Hock, *The Population of Peninsular Malaysia*, Singapore: Singapore University Press, 1988.

SongOng Siang, *One Hundred Years of the Chinese in Singapore*, Singapore: Oxford University Press, 1984.

S. R. Quah, S. K. Chiew, Y. c. Ko and M. C. Lee, *Social Class in Singapore*, Singapore: Centre for Advanced Studies, 1991.

Susan Horton, ed,. *Women and Industrialization in Asia*, London and New York: Routledge, 1996.

Tang Chee Hong, *The Cantonese Women Building Laborers: A Study of a Group of San-Sui Women in the Building Trade*, Singapore: University of Singapore, 1960.

TaniaLi, *Malays in Singapore: Culture, Economy, and Ideology*, Singapore: Oxford University Press, 1989.

T. E. Smith, *Population Growth in Malaya: An Analysis of Recent Trends*, London: Royal Institute of International Affairs, 1952.

Tham Seong Chee, *Malays and Modernization*, Singapore: Singapore University Press, 1983.

Victor Purcell, *The Chinese in Malaya*, Kuala Lumpur: Oxford University Press, 1967.

Wil Burghoorn, Kazuki Iwanaga, Cecilia Milwertz and Qi Wang, eds., *Gender Politics in Asia: Women Maneuvering within Dominant Gender Orders*, Copenhagen: NIAS Press, 2008.

W. L. Blythe, *Methods and Conditions of Employment of Chinese Labour in the Fed-*

erated Malay States, Kuala Lumpur: Federated Malay States Government Press, 1938.

Wu Teh-yao, ed., *Political and Social Change in Singapore*, Singapore: ISEAS, 1975.

Yuan-Li Wu and Chun-Hsi Wu, *Economic Development in Southeast Asia: the Chinese Dimension*, Palo Alto: Stanford University Press, 1980.

四 主要论文
(一) 中文

陈爱梅：《被遗忘的工作女性——经济大萧条时期的马来亚客家琉琅女》，《华侨华人历史研究》2015 年第 2 期。

陈印陶，方地：《广东省顺德县女性人口国际迁移的原因及其特征》，《南方人口》1987 年第 2 期。

陈印陶，张蓉：《广东省台山、顺德两县女性人口国际迁移比较研究》，《中国人口科学》1989 年第 4 期。

陈遹曾，黎思复，邬思时：《自梳女与不落家》，广东省政协文史资料研究委员会编：《广东风情录》，广东人民出版社 1987 年版。

范若兰：《红颜祸水：二战前新马华人女招待的污名与困境》，《华侨华人历史研究》2019 年第 1 期。

范若兰：《近代中国女性人口国际迁移》，《海交史研究》2002 年第 1 期。

范若兰：《马来西亚华人女性权力参与试析》，《华侨华人历史研究》2015 年第 1 期。

范若兰：《新加坡妇女权利与国家父权制关系试析》，《东南亚研究》2016 年第 1 期。

范若兰：《战后东南亚妇女参与高等教育教学与管理试析》，《妇女研究论丛》2001 年第 3 期。

范若兰：《战后西马华人妇女劳动力就业结构分析》，《华侨华人历史研究》1997 年增刊。

范若兰：《战前马来亚的私娼治理及成效》，(新加坡)《华人研究国际学报》2020 年第 2 期。

贾杉：《新加坡华人妇女职业变迁 (1959—1979)》，中山大学硕士论文，2004 年。

刘挚夫：《华侨妇女生活》，《华侨半月刊》1936年第92期。

刘玉玲：《教育家刘韵仙与新加坡女子教育研究》，新加坡国立大学荣誉学士论文，2002年。

刘韵仙：《华侨女子教育不发达之原因》，《星洲日报周年纪念刊》，新加坡星洲日报有限公司1930年版。

刘韵仙：《最近星洲华侨教育界几个问题》，《星洲日报二周年纪念刊》，新加坡，1931年。

《马来亚七州府英文学校中的华侨学生和教师》，《侨务月报》1931年第一卷第1期。

《马来亚三州府华校教员生活状况之调查》，《侨务月报》1936年第三卷第5、6号。

《马来亚四州府华校教员之调查》，《侨务月报》1936年第三卷，第7、8号。

吴佩瑾：《建设或建构：以新加坡"红头巾"为例探讨女性与国家的关系》，台湾清华大学人类学硕士论文，2010年。

《严厉取缔女招待》，《南洋情报》1933年第2卷第6期。

叶汉明：《华南家族文化与自梳风习》，载李小江等主编《主流与边缘》，生活·读书·新知三联书店1999年版。

叶汉明：《权力的次文化资源：自梳女与姊妹群体》，载马建钊等主编《华南婚姻制度与妇女地位》，广西民族出版社1994年版。

叶绍纯：《星洲当局之废娼与取缔女招待问题》，《南洋情报》1933年第2卷第6期。

中国驻槟榔屿领事馆：《槟城华侨女子职业之概况》，南京民国政府《外交部公报》1936年第9卷第3号。

中国驻槟榔屿领事馆：《槟城及槟属商工农各业近况之调查》，南京国民政府《外交部公告》1934年第7卷第10号。

中国驻槟榔屿领事馆：《槟城及威省登记华人接生妇调查》，南京民国政府《外交部公报》1935年第8卷第7号。

中国驻新加坡总领事馆：《海峡殖民地之略历及近二十年来之政治经济统计简表》，南京民国政府《外交部公报》1933年第7卷第12号。

［日］田村庆子：《新加坡的妇女与劳动——变化的经济政策与人民期待的女性形象》，乔云译，《南洋资料译丛》2004年第1期。

（二）英文

Charies Hirschman, Industrial and Occupational Change in Peninsaula Malaysia, *Journal of Southeast Asian Studies*, 1982, No.1

Cheng Siok – Hwa, Singapore Women: Legal Status, Educational Attainment, and Employment Patterns, *Asian Survey*, No.4, 1977.

Lim Joo Hock, Chinese Female Immigration into the Straits Settlement, 1860 – 1901, （新加坡）《南洋学报》1967 年总 22 期。

Lim Seow Yoke, Women in Singapore Politics 1945 – 1970, 新加坡国立大学荣誉学士论文, 1984 年。

Mahfudzah binti Mustafa, Women's Political Participation in Malaysia: The Non – Bumiputra's Perspective, *Asian Journal of Women's Studies*, Vol.5, No.2, 1999.

M. Shamsul Haque, Representation of Women in Governance in Singapore: Trends and Problems, *Asian Journal of Political Science*, Vol.8, No.2, 2000.

M. Topley, Chinese Women's Vegetarian Houses in Singapore, *Journal of the Malayan Branch of the Royal Asiatic Society*, Vol.27, 1954, Part1.

Rajah Rasiah, Labour and Industrialization in Malaysia, *Journal of Contemporary Asia*, 1995, No.1.

Shirlena Huang and Brenda S. A. Yeoh, Ties That Bind: State Policy and Migrant Female Domestic Helpers in Singapore, *Geoforum*, Vol.27. No.4, 1996.

Vivian Lin, Health, Women's Work and Industrialization: Women Workers in the Semiconductor Industry in Singapore and Malaysia, Working paper, Women and International Development, Michigan State University, 1986.

Wong Sin Kiong, Women for Trade: Chinese Prostitution in the Late Nineteenth Century Penang, （新加坡）《南洋学报》1998 年总 53 卷。

五 主要新马报纸

《槟城新报》

《叻报》

《联合晚报》

《联合早报》

《南侨日报》

《南洋商报》
《新国民日报》
《新明日报》
《星洲日报》
《总汇新报》
The Straits Times

六 主要网站

国际议会联盟网站：http：//www.ipu.org/wmn‑e/world‑arc.htm。

马来西亚统计局网站：https：//www.statistics.gov.my。

马来西亚政府网站：https：//www.mycensus.gov.my/index.php/census‑product/publication/。

新加坡大选网站：www.singapore‑elections.com。

新加坡国家图书馆报纸，网站：http：//eresources.nlb.gov.sg/newspapers。

新加坡国立大学中文图书馆"华文旧报章"扫描版，网站：https：//libportal.nus.edu.sg/frontend/ms/sea‑chinese‑historical‑doc/main‑contents/straits/sg#bz。

新加坡政府网站：Official website of Singapore's Ministry of Manpower，http：//www.mom.gov.sg/statistics‑publications/。

后　　记

20世纪90年代从事东南亚研究以来，我就关注新马华人妇女议题，写了数篇新马华人女性经济参与的论文，并出版了《移民、性别与华人社会：马来亚华人妇女研究（1929—1941年）》（中国华侨出版公司2005年版）一书，这本书是在我的博士论文基础上修改而成，其中包括战前新马华人女性经济参与和职业状况。多年后，我又加入新收集的史料，重新修订了这本书，并以《性别与移民社会：新马华人妇女研究》（暨南大学出版社2019年）之名再版。

修订该书时，我萌生了写一本20世纪新马华人妇女职业变迁之书的想法。第一，因为找到了更多的一手资料。随着互联网的发展，殖民地时代和独立后新马的历次人口普查数据、官方报告都能找到电子版或PDF版；新马报纸大都电子化，不论是战前还是战后的报纸，都能通过特定网站看到，使得数据和资料的收集更加方便；第二，想尝试口述访谈方法。以往我研究新马华人妇女，只是使用文献方法，现在能方便地出国进行田野调查，可采用口述访谈的方法，研究20世纪下半叶新马华人女性的职业状况；第三，也是最重要的，是20世纪新马华人妇女的职业变迁太令我着迷。20世纪的时代巨变也反映在华人妇女身上，她们在20世纪上半叶大量移民新马，为谋生而从事多种低级职业，随着国家独立、经济发展、教育提高，华人女性从有限的低级职业不断向中高级职业拓展，并在所谓"男性职业"中占有越来越多的地盘，改变性别刻板印象。研究百年华人妇女的职业变迁，浮现在眼前的是妓女的苦难，女胶工、琉琅婆、红头巾的辛劳，女教师的使命，女秘书的形象，女律师的正义，女企业家的干练，女政治家的抱负，历历在目，她们在历史长河中留下自己的足迹，但学术研究却很少有她们的身影。我希望挖掘华人妇女的职业变迁与时代变化的互动,也希望能展现她们的群体面貌和个体经验,从而还原有血有肉的、活生生的妇女史、社会史、职业史。

本书能够完成,得益于很多人的帮助。

首先,我要特别感谢接受我访问的陈金美、郑玉梅、郑冰如、何书南、林书玉、侯巧珠、张秀玉、陈添素、陈秀真、李双凤、李思云、南希、骆秀凤、傅向红、黄永宝、黄玉珠、李素桦、何玉苓、李书祯、陈达真、邹慧冰、陈清凉、周美芬、郭素沁、索菲娅诸位女士,她们曾从事过多种职业,有胶工、女工、管家、月嫂、护士、小学和大学教师、秘书、营养师、记者、律师、经理、企业家、政治家,不少人同时也是社会活动家。感谢她们愿意与我分享她们的生命故事和职业感受,从她们的个体经历,让我看到华人女性的奋斗与进取,时代与个人的关联,女性对家庭和事业的双重承担。因为各种原因,部分访谈文稿未经本人修订,如有曲解或错误,是笔者的责任。

其次,我要感谢帮助我在马来西亚进行田野调查的人士。感谢郑名烈先生,联系多位受访者,安排食宿,并陪同我在麻坡和布城进行访谈;感谢马来西亚华社研究中心主任詹缘端先生,联系多位受访谈人,安排住宿,并陪同我到巴生进行访谈;感谢马华公会副会长周美芬女士,不仅接受我的访问,还安排其他受访人及马华公会查找相关资料;感谢新纪元大学学院廖朝骥博士,联系受访人及查阅资料。通过田野调查,我深刻感受到华人研究学术共同体的温暖和重要。

最后,我要感谢帮助我查找资料的人士。感谢新纪元大学学院廖文辉教授、马来亚大学马瑛博士、云南大学文学院马峰博士、马华公会资料中心主任林恩霆先生,应我的请求,为我提供相关书籍或资料线索;感谢我的硕士生丘奎源同学,为我在网上查找相关书籍或报告的电子版,其难度不亚于在故纸堆中翻查史料;感谢我的学生黄杏婷、陈璐、王哲敏、彭嘉婧、南星媛、伍诗韵、陈懿、区晧文、黎蕙燕等同学,帮我整理访谈录音,这也是一个浩大的工程。

感谢本书的选题策划宋燕鹏先生,宋先生是学者型编审,有深厚的学术功底,从事新马华人社会研究,也能为作者着想,我们数度合作,深切感受到宋先生的专业精神和认真负责。

没有上述人士的帮助，本书不可能顺利完成和出版，再次感谢。

走笔至此，不禁感慨系之。我年近60岁，人生过半，一生努力，无愧于心。本书大概是我学术生涯的最后一本书，但不是我学术生涯的终结。

敬请方家指正。

范若兰

2021年11月1日

于中山大学珠海校区